TÄGLICHE GEISTIGE NAHRUNG

3. Quartal
September-Dezember

ELIZABETH DAS

Deutsch/German

Copyright© 2025 *ELIZABETH DAS*.

Alle Rechte vorbehalten für Audio, eBook (digital) und Papierbuch. Kein Teil dieses Buches darf ohne schriftliche Genehmigung des Autors auf irgendeine Art und Weise verwendet oder vervielfältigt werden, weder grafisch, elektronisch noch mechanisch, einschließlich Fotokopieren, Aufzeichnen, Aufnehmen oder durch ein Informationsspeichersystem, es sei denn, es handelt sich um kurze Zitate in kritischen Artikeln und Rezensionen. Aufgrund der dynamischen Natur des Internets können sich die in diesem Buch enthaltenen Links zu Webadressen seit der Veröffentlichung geändert haben und nicht mehr gültig sein. Bei den Personen, die auf den von Thinkstock zur Verfügung gestellten Bildern abgebildet sind, handelt es sich um Modelle, und solche Bilder werden nur zu Illustrationszwecken verwendet. Bestimmte Stockbilder © Thinkstock. Excerpt From: *Elizabeth Das*: "TÄGLICHE GEISTIGE NAHRUNG"

TÄGLICHE SPIRITUELLE NAHRUNG ISBN

ISBN: 978-1-961625-82-2 Taschenbuch
ISBN: 978-1-961625-83-9 Ebook/EPUB

KONTAKT: nimmidas@gmail.com, nimmidas1952@gmail.com

YOUTUBE KANAL "TÄGLICHE SPIRITUELLE DIÄT"VON ELIZABETH DAS

VORWORT

Am 1. Januar 2018. Ich war allein zu Hause und ruhte mich auf dem Sofa aus. Ich hörte die Stimme meines Herrn, die mir befahl, zu schreiben. In meinem Geist meinte er, ich solle es jeden Tag tun. Ich klärte meinen Prozess und meine Themen und verbalisierte meine Absicht, täglich zu schreiben. Die göttliche Kommunikation gab mir die Inspiration zum Schreiben. Wie es der göttliche Plan vorsah, hörte ich auf die Botschaft des Herrn für den Tag. Ich schrieb den Inhalt. Ich nahm ihn auf und lud ihn auf YouTube hoch. 365 Tage lang machte ich mir Notizen vom Herrn. Ich habe eine Botschaft für alle, die sie annehmen wollen. Unter den Anweisungen des Heiligen Geistes lernte ich, dass Satan Religion, Organisationen, Konfessionen und Nicht-Konfessionen organisiert. Diese Systeme haben nicht die Kraft, Ihnen zu helfen, Jesus nachzufolgen; stattdessen werden sie Sie zu einem anderen Gebäude mit einem Markennamen führen, wo Sie zwar etwas über Jesus lernen, aber nicht über seine Macht und seine Kraft. Ich habe einmal einen Artikel von einer satanischen Prophetin gelesen, die behauptete, dass wir die Menschen zur Mehrheitsreligion, dem Christentum, bekehren müssen, um Satans Reich zu errichten. Wie kann das Reich Jesu zerstört werden? Mit der gleichen bewährten Taktik. Konzentrieren Sie sich auf das, was verboten ist. Wenn Jesus einen Tisch umstößt, eine Höhle baut und dort Diebe einsperrt. Der Hauptvorteil der Bezeichnung einer Struktur als Kirche besteht darin, dass die Menschen nicht verstehen, dass ihr physischer Körper die Kirche Jehovas Gottes verkörpert. Außerdem werden Menschen, die verarmt, unterernährt, süchtig, alkoholabhängig, geistig kontrolliert oder unterdrückt sind, nicht gerettet werden.

Anstatt sich auf Einzelpersonen zu verlassen, die vom Heiligen Geist geschult und gelehrt werden, sollten wir eine theologische Schule einrichten, die alle unsere geteilten und widersprüchlichen Lehren abdeckt und Männer zum Lehren und Predigen ausbildet.

Das ist ein ausgezeichneter Plan! Dieser Plan klingt nicht nur gut, sondern kann auch erfolgreich sein. Konzentrieren Sie sich weiterhin auf Frauen, denn sie können als unsere Sprecherinnen dienen. Sie hat immer noch Spaß am Schaufensterbummel, an der Suche nach guten Angeboten und am glamourösen Lebensstil.

Sie geben sich gottesfürchtig, lehnen aber wahre Macht ab. Diese Art von Lehren können die Begierden der Gierigen, der Lüstlinge und der von Stolz Getriebenen befriedigen. Ich habe erkannt, dass das Leben innerhalb der Grenzen formaler religiöser Gemeinschaften den Einzelnen daran hindern kann, Gott durch persönliches Forschen und Beten zu suchen und zu finden. Die religiöse Führung kann bestimmte Literatur fördern, die das Werk von Irrlehrern oder Propheten sein kann. Sie kann auch die Heimversammlungen daran hindern, unsere Familie, Nachbarn und Freunde zu erreichen. Das ist die Definition von totaler Kontrolle. Darüber hinaus sind religiöse Organisationen zwar Prediger des WORTES, aber sie sind nicht immer Praktiker des WORTES. Ihre Anweisungen lenken die Gläubigen davon ab, das zu tun, was Jesus befohlen hat, indem sie sie dazu anleiten, den Gruppenleitern zu gehorchen. Die Lehren sind nur dann wirksam, wenn man sie ohne Abweichung befolgt. Wir folgen allem, nur nicht den Lehren von Jesus. Ich empfehle Ihnen, die Lehren Jesu zu studieren, wie er es seinen Anhängern aufgetragen hat. Jesus erklärte, er sei der Weg, die Wahrheit und das Leben. Jesus nachzufolgen ist der Weg, um das ewige Leben zu erlangen. Ich brauchte viele Jahre der Suche, um mich aus Satans trügerischem Griff zu befreien und die Wahrheit zu entdecken. Der Herr hat uns eine klare Anleitung gegeben, wie wir seine treuen Jünger erkennen können und wie wir uns nicht von Satans betrügerischen Machenschaften in die Irre führen lassen.

Der Text sagt, dass der Apostel in der Stadt Wunder, Heilungen und Wundertaten vollbringen wird. Sollten wir uns statt auf religiöse Einschränkungen nicht auf diese Früchte da draußen konzentrieren? Das Neue Testament sagt, dass der Herr kommt und in uns lebt, wenn wir Buße tun und in Jesu Namen untergetaucht werden, um unsere Sünden abzuwaschen. Daher werden wir zu Bewohnern des Heiligen Geistes, oder wie manche sagen, zum Haus des Herrn Jesus. Jetzt dient unser Körper als Kirche. Es ist zwar notwendig, die

Gemeinschaft mit unseren Brüdern und Schwestern in Christus von Haus zu Haus und von Stadt zu Stadt zu pflegen, aber es ist nicht notwendig, Gebäude zu errichten. Man ist zur Arbeit berufen.

Wir müssen die gute Nachricht des Evangeliums verkünden, wozu auch übernatürliche Taten gehören, wie die Heilung von Kranken, die Wiederherstellung von Menschen mit gebrochenem Herzen, die Austreibung von Dämonen und die Wiederherstellung des Augenlichts für Blinde. Übernatürliche Kraft kommt vom Heiligen Geist. Der Geist vollbringt alle Heilungen, Wunder und Befreiungen, die in uns leben. Wir brauchen , um hinauszugehen und zu wirken, wie Jesus es tat. Um die Wege des Herrn zu lernen, müssen wir uns seinem Geist hingeben und ihm nachgeben. Wenn wir das nicht tun, werden wir nicht anerkennen, dass wir Gott erschaffen, der an verschiedenen Leiden leidet, wie Unterdrückung, Besessenheit, Krankheit, Gebrochenheit, körperlichen Behinderungen und Depressionen. Der Herr wird sich um alles kümmern, und Sie werden mit einem guten Gefühl nach Hause zurückkehren. Dies ist ein Beweis für die Brillanz des Plans Gottes! Es gibt viele Belohnungen dafür, ein Jünger Gottes zu sein. Zugang zu Vorräten, Schutz, Frieden und Arbeitsprivilegien sind Bonusse. Als Jünger werden Sie ein wunderschönes Haus im ewigen Paradies des Himmels erben. Die Reise des Lebens wird bald zu Ende sein. Dieses Buch kann Ihnen helfen, Gottes Plan mit Klarheit zu verstehen. Ich habe die Bibel durch die Praxis studiert, und auch Sie können ein Student sein, indem Sie sich an ihre Lehren halten. Möge der Herr Ihnen treue prophetische, evangelistische, seelsorgerliche, lehrende und apostolische Amtsträger senden, um Sie für den Dienst in den Armeen Gottes auszurüsten. Folgen Sie Jesus.

Amen!

Elisabeth Das

Inhalt

SEPTEMBER 1

1. SEPTEMBER 2
EINE TÜR WIRD GEÖFFNET SEIN FÜR DIE GERECHTEN! 2
2. SEPTEMBER 5
SUCHEN SIE NACH DEN WURZELN! 5
3. SEPTEMBER 8
LERNE DURCH GEHORSAM! 8
4. SEPTEMBER 11
LEBEN IN DER GEGENWART, DAS SCHICKSAL ERSCHAFFEN! 11
5. SEPTEMBER 14
MACHST DU VATERS GESCHÄFTE? 14
6. SEPTEMBER 17
FAUL UND SCHLÄFRIG 17
7. SEPTEMBER 20
STÜTZEN SIE SICH NICHT AUF IHREN VERSTAND! 20
8. SEPTEMBER 23
WONACH SUCHT GOTT? 23
9. SEPTEMBER 26
NUR SIE KÖNNEN SICH SELBST FREISCHALTEN! 26
10. SEPTEMBER 29
WIE STELLT MAN JESUS VOR? 29
11. SEPTEMBER 32
GOTT MIT SEINEM ZUSTAND DIENEN UND STANDARD! 32
12. SEPTEMBER 35
MENSCHEN, DIE GENANNT WERDEN GOTT 35
SEI DANK! 35
13. SEPTEMBER 38
REDEN SIE VERNÜNFTIG! 38
14. SEPTEMBER 41
HALTE DICH AN DER HAND GOTTES FEST! 41
15. SEPTEMBER 44
DIE ZIELSCHEIBE IST AUF DEINEN GLAUBEN GERICHTET! 44
16. SEPTEMBER 47
ERHALTE FREIHEIT DURCH VERGEBUNG! 47

17. SEPTEMBER	50
WAS IST RELIGION?	50
18. SEPTEMBER	53
WO FINDET DIE SCHLACHT STATT?	53
19. SEPTEMBER	56
EIN ANDERES MASS AN GLAUBEN!	56
20. SEPTEMBER	59
LASST DEN HERRN NICHT VON EUCH WEICHEN!	59
21. SEPTEMBER	62
BEFÖRDERUNG UND DEGRADIERUNG!	62
22. SEPTEMBER	65
DER HÖCHSTE NAME VON JEHOVAH IST JESUS!	65
23. SEPTEMBER	68
HERR, ÖFFNE DIE GEISTIGEN AUGEN!	68
24. SEPTEMBER	71
BRINGT DEN TEUFEL IN DIE GEFANGENSCHAFT!	71
25. SEPTEMBER	74
IHRE ENTSCHEIDUNGEN BESTIMMEN IHREN TITEL!	74
26. SEPTEMBER	77
WIE MAN IN DER KATASTROPHE ÜBERLEBEN KANN!	77
27. SEPTEMBER	80
SIND SIE UNTERDRÜCKT IN IHREM LAND?	80
28. SEPTEMBER	83
HEXE, ZAUBERER, VERZAUBERER, MAGIER!	83
29. SEPTEMBER	86
ZERSTÖRE NICHT DEN TEMPEL GOTTES!	86
30. SEPTEMBER	89
ICH KOMME, UM DEN HERRN ZU SEHEN!	89
OKTOBER	**92**
1. OKTOBER	93
GOTT VERSCHÖNERT DIE SANFTMÜTIGEN	93
MIT DER RETTUNG!	93
2. OKTOBER	96
GUT BEENDET!	96
3. OKTOBER	99
TESTIMONY!	99

4. OKTOBER	102
UNBEKANNTER WEG, SIEHE SEINE HAND!	102
5. OKTOBER	105
GOTT STEHT UNTER HAUSARREST!	105
6. OKTOBER	108
DURCH ERFÜLLUNG DER BEDINGUNGEN EINLÖSEN!	108
7. OKTOBER	111
DER SCHATZ IST IN DER BIBEL VERSTECKT!	111
8. OKTOBER	114
DIE SCHLACHT GEHÖRT DEM HERRN!	114
9. OKTOBER	117
FEIERT JESUS!	117
10. OKTOBER	120
GRUND, RELIGIONEN ZU WÄHLEN!	120
11. OKTOBER	123
DIE VON GOTT GEGEBENE ERHÖHEN	123
KINDER FÜR GOTT!	123
12. OKTOBER	126
WIEDERHOLUNG MACHT UNS PERFEKT!	126
13. OKTOBER	129
HABEN SIE SICH VORBEREITET?	129
14. OKTOBER	132
HABT IHR ERHALTEN DEN HEILIGEN GEIST?	132
15. OKTOBER	135
DIE BESCHULDIGUNG UND DIE ANSCHULDIGUNG SIND DIE ALTEN TAKTIKEN DES TEUFELS!	135
16. OKTOBER	138
DAS GEHEIMNIS CHRISTI!	138
17. OKTOBER	141
GOTT IST BESORGT ÜBER DAS, WAS SIE BETRIFFT!	141
18. OKTOBER	144
DER VERSTAND IST EINE WERKSTATT DES TEUFELS. GOTT ARBEITET MIT DEM HERZEN!	144
19. OKTOBER	147
IHR WORT IST SO MÄCHTIG!	147
20. OKTOBER	150

LASS DIE LEUTE DEN HIMMEL REDEN HÖREN! 150

21. OKTOBER 153
EMPFÄNGER ODER ABWEISER! 153

22. OKTOBER 156
DER GLÄUBIGE ERHÄLT, WAS ER FORDERT! 156

23. OKTOBER 159
SPRICH MIT GOTT IN SEINER SPRACHE! 159

24. OKTOBER 162
PRIVILEGIEN DER AUFGERUFENEN UND AUSGEWÄHLT! 162

25. OKTOBER 165
WER IST JESUS? 165

26. OKTOBER 168
NICHT WIE SIE BEGINNEN, SONDERN WIE SIE FERTIG WERDEN! 168

27. OKTOBER 171
PFLANZE DAS WORT WIE EINEN SAMEN! 171

28. OKTOBER 174
DEIN REICH KOMME AUF ERDEN! 174

29. OKTOBER 177
SIND SIE BLUTGEKAUFT? 177

30. OKTOBER 180
WERDEN SIE TRANSPARENT! 180

31. OKTOBER 183
KURZSCHLÜSSE PRÜFEN IN DEINEM GEIST! 183

NOVEMBER **186**

1. NOVEMBER 187
WELCHE ART VON KIRCHE WOLLTE GOTT? 187

2. NOVEMBER 190
DIE EINZIGE AUTORITÄT, DIE SIE BITTE IST GOTT! 190

3. NOVEMBER 193
EIN GOTT IN DREI ROLLEN ODER DREI GÖTTER? 193

4. NOVEMBER 196
ALLE VERSPRECHUNGEN WERDEN MIT GEMACHT. DAS TRIAL! 196

5. NOVEMBER 199
WACHT AUF, MEIN VOLK! 199

6. NOVEMBER 202
WISSENSBEDARF EINE BEWERBUNG! 202

7. NOVEMBER	205
NIEMAND AUSSER HERRN JESUS KANN ES BEHEBEN!	205
NOVEMBER 8	208
DIE PLANTAGE BRINGT VIEL!	208
9. NOVEMBER	211
WÄHLE DIE SPIRITUELLE FRAU!	211
10. NOVEMBER	214
LASSEN SIE NICHT ZU, DASS IHR DREAM DIE!	214
11. NOVEMBER	217
SCHADEN DER GEBETSLOSIGKEIT!	217
12. NOVEMBER	220
FOLGEN SIE DEN EINFACHEN ANWEISUNG GOTTES!	220
13. NOVEMBER	223
DAUERHAFTER VERLUST ÜBER	223
MOMENTANER GEWINN!	223
14. NOVEMBER	226
HERR, VERGRÖSSERE MEIN GEBIET!	226
15. NOVEMBER	229
WAS IST DAS WICHTIGSTE?	229
16. NOVEMBER	232
WER HAT DAS HAUS BEWOHNT?	232
17. NOVEMBER	235
AKTION ALERT!	235
18. NOVEMBER	238
DURCH DIE AUGEN SEHEN DES PROPHETEN!	238
19. NOVEMBER	241
SEIEN SIE SENSIBEL FÜR IHRE SURROUNDINGS!	241
20. NOVEMBER	244
NICHT ZU BEKEHREN, SONDERN DIE WAHRHEIT ZU VERKÜNDEN!	244
21. NOVEMBER	247
BEREITE DEIN HERZ VOR!	247
22. NOVEMBER	250
DANKESCHÖN!	250
23. NOVEMBER	253
MÖGE DIE PROPHEZEIUNG IN ERFÜLLUNG GEHEN!	253
24. NOVEMBER	256
GEISTIGER ANALPHABETISMUS!	256

25. NOVEMBER ... 259
GOTT SCHENKT IM ÜBERFLUSS KEIN GRUND ZUR ANSTRENGUNG! ... 259
26. NOVEMBER ... 262
UNVORSICHTIGE FÜHRER VERURSACHEN CHAOS IN DER NATION! ... 262
27. NOVEMBER ... 265
IHRE ENTSCHEIDUNGEN SPIEGELN WIDER ... 265
IHR HERZ! ... 265
28. NOVEMBER ... 268
GEISTIGE ÜBUNG! ... 268
29. NOVEMBER ... 271
GLÜCKLICH BIST DU! ... 271
30. NOVEMBER ... 274
GOTTES VERWALTUNG IST DAS BESTE! ... 274
DEZEMBER ... **277**
1. DEZEMBER ... 278
VON GOTT VERBOTEN! ... 278
2. DEZEMBER ... 280
DAS GEBET GEBIERT! ... 280
3. DEZEMBER ... 283
NICHT ZU KURZ KOMMEN! ... 283
4. DEZEMBER ... 286
GEBET UMGESTALTET! ... 286
5. DEZEMBER ... 289
WENN SIE GOTTES GESETZ DURCHSETZEN! ... 289
6. DEZEMBER ... 292
VERTRAGSBRUCH! ... 292
7. DEZEMBER ... 295
ICH KENNEN MEINEN GOTT! ... 295
8 DEZEMBER ... 298
WAS DENKT CHRISTIAN? ... 298
9. DEZEMBER ... 301
RELIGIÖSE MENSCHEN SIND ... 301
PRÄSUMPTUELL. ... 301
10. DEZEMBER ... 304
CHRISTUS GAB! ... 304
11. DEZEMBER ... 307

BEUGT EUCH DEM GEIST GOTTES!	307
12. DEZEMBER	310
GOTT HAT ALLES!	310
13. DEZEMBER	313
WER HAT TARA ERLAUBT?	313
14. DEZEMBER	317
LASSEN SIE NIEMANDEN KONTROLLE SIE!	317
15. DEZEMBER	320
POSITIONIEREN SIE SICH ZUM SPAREN!	320
16. DEZEMBER	323
DURCHDRÜCKEN!	323
17. DEZEMBER	326
NUTZEN SIE IHR TALENT!	326
18. DEZEMBER	329
SEIEN SIE EIN VERMITTLER!	329
19. DEZEMBER	332
BEDEUTUNG DER WURZEL!	332
20. DEZEMBER	335
ZEITAUFWAND.	335
21. DEZEMBER	338
GEHORSAM IST DAS FUNDAMENT!	338
22. DEZEMBER	341
KRITIK!	341
23. DEZEMBER	344
SIEHST DU DEN STACHEL DES TODES IN DER SÜNDE?	344
24. DEZEMBER	347
HABEN SIE NOCH PLATZ FÜR MICH?	347
25. DEZEMBER	350
JESUS HAT MICH KÖNIGLICH GEMACHT!	350
26. DEZEMBER	353
ES WÜRDE NICHT FUNKTIONIEREN!	353
27. DEZEMBER	356
DER GEIST IST DIE GRÖSSTES KAPITAL!	356
28. DEZEMBER	359
WICHTIG!	359
29. DEZEMBER	362
ICH BIN DAFÜR OFFEN!	362

30. DEZEMBER	365
GOTT HAT WEDER FAUL NOCH FEIGE GENANNT!	365
31. DEZEMBER	369
HÖREN, GEHORCHEN UND SICH UNTERWERFEN!	369

SEPTEMBER

1. SEPTEMBER

EINE TÜR WIRD GEÖFFNET SEIN FÜR DIE GERECHTEN!

Aber Gott wird die Tür für die Ungerechten schließen. Was ist nun gerecht? Gerechte Bedeutung: Gesetzestreu, rein, schuldlos. Definition laut der Strong-Konkordanz: die Zustimmung Gottes oder göttliche Zustimmung. Deine Handlung oder Reaktion hat Gottes Zustimmung. Ein anderer Weg, im Licht von Gottes Gesetzen, Vorschriften und Geboten zu wandeln. Diese Leute bekommen die Gunst, wenn sie vor dem König stehen.

Esther 5:2 Als der König die Königin Esther im Hof stehen sah, erwarb sie seine Gunst. Der König reichte Esther das goldene Zepter, das er in seiner Hand hielt. Da trat Esther heran und berührte die Spitze des Zepters. 3 Da sprach der König zu ihr: Was willst du, Königin Esther, und was verlangst du? Es soll dir die Hälfte des Königreichs gegeben werden.

Wo immer die Gerechten hingehen, wird die Tür offen sein. Der Herr berührt das Herz der anderen nur dann, wenn du im Willen Gottes bist. Halten Sie Gottes Gesetz, indem Sie ihn fürchten. Bitte halten Sie die von Gott gegebenen Gebote und Satzungen in jeder Situation ein. Machen Sie keine Kompromisse, fügen Sie nichts hinzu und ziehen Sie nichts ab! Dann wird der Herr die Tür des Gefängnisses öffnen.

Apg 12:5 Petrus wurde also im Gefängnis gehalten; aber die Gemeinde betete ohne Unterlass zu Gott für ihn. 7 Und siehe, der Engel des Herrn kam über ihn, und ein Licht leuchtete im Gefängnis; und er schlug Petrus in die Seite und richtete ihn auf und sprach: Stehe schnell auf! Und die Ketten fielen ihm von den Händen. 8 Und der Engel sprach zu ihm: Gürte dich und zieh deine Schuhe an! Und er tat es. Und er spricht zu ihm: Wirf dein Gewand um dich und folge mir nach!

Es ist Gottes Wort, ohne Unterlass zu beten. Wenn Sie beten, dann wird übernatürliche Hilfe vom Himmel kommen. Es ist sein Wille, dass du weiter anklopfst, bittest und suchst. Geben Sie nicht auf, geben Sie nicht nach, sondern beten Sie, bis Sie die Hilfe vom Himmel sehen. Das Gebet ist die Gerechtigkeit Gottes. Rechtschaffenheit bedeutet das richtige Handeln in den Augen Gottes.

Jesaja 60:11 Darum sollen deine Tore immer offen stehen und weder Tag noch Nacht verschlossen sein, damit man die Heere der Heiden zu dir bringt und ihre Könige holt.

Gott wird dich in der Hungersnot ernähren, wenn du glaubst. Wenn Gott zum Land spricht, hundertfach zu produzieren, muss das Land dem Herrn gehorchen. Wenn du gerecht bist, höre, was Gott dir sagt. Der Herr ist! Der Herr will, dass wir auf Erden als Seine Kinder, Könige, Kinder und hochbegünstigt wandeln. Aber lerne, auf Ihn zu warten, und fahre fort in Seinem Willen und Seiner Richtung. Möge der Herr uns helfen zu verstehen, wie sehr wir unsere Segnungen verlieren, indem wir nicht auf Gott hören. Unsere Gerechtigkeit wird ein schmutziges Tuch genannt.

Jesaja 64:6 Aber wir sind alle wie ein unreines Ding, und alle unsere Rechte sind wie schmutzige Lumpen, und wir verwelken alle wie ein Blatt, und unsere Missetaten haben uns wie der Wind verweht.

Unsere Wege sind unprofitabel und hoffnungslos. Wie viele haben bemerkt, dass wir andere Wege als Gottes gewählt haben und nichts funktioniert? Aber rechtfertigen wir uns, streiten wir und sind wir gleichgültig gegenüber dem Ergebnis unseres Handelns? Der Herr sagte: "Warte auf mich und lass mich das tun. Der Mensch antwortet: Nein, ich werde dich segnen, wenn ich Geld verdiene. Gott, bitte segne meine unordentlichen Wege. Der Weg des Menschen wird Wege der Ungerechtigkeit genannt. Unser Gott ist gut. Wir haben Vertrauen, wenn wir nach den Gesetzen Gottes leben.

Psalm 112:4 Dem Gerechten geht ein Licht auf in der Finsternis; er ist gnädig und barmherzig und gerecht.

Als ich eine körperliche Prüfung durchmachte, schuf Gott einen Weg der Nachhilfe, wo es keinen Weg gab. Ich hatte keine Möglichkeit, mit einem kurzen Scheck von 1.100,00 zu überleben. Meine Raten für das Haus betrugen fast 1.300,00 Dollar. Es gab viele Gebühren. Seit meiner Verletzung muss ich für alles bezahlen, plus alle Nebenkosten. Aber in dieser Zeit salbte mich Gott, Mathematik zu unterrichten. Ich hatte einige Schüler, die mir finanziell halfen. Ich habe vorher nie Schüler gefunden, aber als ich vorübergehend Gedächtnisverlust hatte, fand ich Mathematikschüler. Jetzt denke darüber nach, wie gut Gott ist. Mein Gott unterrichtete diesen Schüler. Sie waren glücklich, als F- und C-Schüler A und A+ erreichten. Es war Gott, der die Türen geöffnet hat. Alles, was ich in der Phase meiner Behinderung gelernt habe, war zu vertrauen. Er sagte: Vertrau mir, ich werde mich um dich kümmern. Er sprach das gleiche Wort zweimal zu verschiedenen Zeiten.

Egal, welche Situation du durchmachst, bitte tu es richtig. Viele finden einen Weg, zu lügen oder durch die falschen Quellen zu kommen. Ich weiß, dass der Herr unser Hirte, Jehova Jireh und Betreuer. Die Schönheit ist, zu entdecken, wie er die Tür öffnet. Wir glauben nie, dass es klappt, aber es klappt. Warten Sie einfach auf den Herrn.

Johannes 10:9 Ich bin die Tür; wer durch mich hineingeht, wird errettet werden und wird ein- und ausgehen und Weide finden.

Jesus ist die Tür für alle. Haben Sie es nicht eilig. Unser Gott öffnet die Tür, wenn sich die andere Tür schließt. Gott sagte, dass ich neue Türen öffnen werde, wenn sich die Tür vor uns schließt. Glaubst du, das wird geschehen? Er sagte: Macht euch keine Sorgen. Ich kann euch helfen und für euch sorgen. Übergebt eure Sorgen und Nöte dem Herrn. Unser Gott hat gesagt, ich stehe vor der Tür. Menschen, die mit Gott gehen, wissen, wie Gott die Tür öffnet. Er sagte es und meinte es auch so. Es wäre am besten, wenn du aufrecht gehst. Weichen Sie nicht vom Pfad der Gerechtigkeit ab. Er ist ein guter Gott.

Oft scheint es, als würden sich keine Türen öffnen, dann betet und fastet man und Gott öffnet die Tür. Der Teufel kann uns aufhalten und blockieren, aber Vertrauen und die Bereitschaft, das Richtige zu tun, werden das Szenario ändern. Die Macht Gottes macht das Unmögliche möglich. Gerechte Männer und Frauen müssen sich nie Sorgen machen. Sie wissen, dass Gott treu ist. Aber die Ungerechten werden Verluste erleiden.

ELIZABETH DAS

Lukas 13:24 Bemüht euch, durch die enge Pforte einzutreten; denn viele, sage ich euch, werden versuchen, einzutreten, und werden es nicht können. 25 Wenn nun der Hausherr aufgestanden ist und hat die Tür verschlossen, und ihr fangt an, draußen zu stehen und an die Tür zu klopfen und zu sagen: Herr, Herr, tu uns auf, und er wird antworten und zu euch sagen: Ich weiß nicht, woher ihr seid: 26 Dann werdet ihr anfangen zu sagen: Wir haben vor deinem Angesicht gegessen und getrunken, und du hast auf unseren Straßen gelehrt. 27 Er aber wird sagen: Ich sage euch: Ich weiß nicht, woher ihr seid; weicht von mir, alle ihr Übeltäter! 28 Es wird ein Heulen und Zähneknirschen sein, wenn ihr Abraham und Isaak und Jakob und alle Propheten im Reich Gottes sehen werdet und euch selbst hinausgestoßen.

Erinnern Sie sich an Mose, Josef, Daniel und andere, die rechtschaffene Sklaven waren, aber Gott öffnet die Tür, um an der Spitze zu stehen, über ihnen zu stehen und sie zu befördern. Seien Sie kühn und mutig, allein zu stehen. Die Tür wird offen sein für die Gerechten, aber die Tür wird geschlossen sein für die Ungerechten.

LASST UNS BETEN

Gerechter Vater im Himmel, deine Gesetze und Gebote sind richtig. Lehre uns die Gerechtigkeit Gottes, um in jeder Nation und an jedem Ort Gunst zu finden. Viele Türen können sich für den Gerechten öffnen, aber die Tür des Ungerechten wird verschlossen bleiben. Gib uns Mut und Kühnheit, das Richtige zu tun. Unser Gott kann uns gegen alle Widrigkeiten, die uns begegnen, retten und bewahren. Du hast Macht über den König, über Orte und Situationen. Gott kann unsere Situation lösen, wenn wir uns auf sein Wort verlassen. Herr, dein Wort wird uns auf den Pfad der Gerechtigkeit führen, also hilf uns. Hilf uns, unseren Kindern Rechtschaffenheit zu lehren, damit auch sie gesegnet werden. Viele Eltern sind sehr beschäftigt und vergessen, ihre Kinder zu unterrichten. Viele leiden deshalb unter Schwierigkeiten. Unsere Rechtschaffenheit hält die Tür offen. Wir danken dir für das Wort Gottes. Der Heilige Geist lehrt uns das Wort. In Jesu Namen, Amen! Gott segne Sie!

2. SEPTEMBER

SUCHEN SIE NACH DEN WURZELN!

Haben Sie sich im Gerangel um "vielleicht, vielleicht nicht" verloren? Oder Sie wissen nicht, was die Lösung ist. Reagieren Sie mit "na ja" oder "ich denke" oder "ich frage mich" und versuchen, herauszufinden, was und wie das Problem zu lösen ist? Ihr Problem kann körperlich, geistig, emotional, mental oder finanziell sein. Es gibt eine Quelle dahinter.

Johannes 9:2 Und seine Jünger fragten ihn und sprachen: Meister, wer hat gesündigt, dieser oder seine Eltern, dass er blind geboren ist? 3 Jesus antwortete: Weder dieser Mensch noch seine Eltern haben gesündigt, sondern daß die Werke Gottes an ihm offenbar würden.

Gott weiß den Grund oder die Ursache der Wurzeln der Probleme. Allwissend, der alles weiß, kann Gott helfen, wenn du bittest, suchst und klopfst. Frage Gott, was der Grund für meine Krankheit ist? Wenn Sie arm sind, dann prüfen Sie, wo Sie den Herrn berauben. Prüfen Sie, wo Sie Ihr Geld investieren. Gibst du dem, der kommt, um zu beten, zu predigen und dich die Wahrheit zu lehren? Lassen Sie den wahren Arbeiter, Propheten oder Lehrer nicht aus Ihrer Tür gehen, ohne dass Sie ihn segnen. Heutzutage gibt es viele Konfessionen, Kirchen und Organisationen, die die Menschen in die Irre führen und täuschen. Sie denken sich immer neue Projekte aus, um Geld zu stehlen. Sie haben kein Projekt, um die Welt auf den Kopf zu stellen, Dämonen auszutreiben, Kranke zu heilen oder Wunder im Namen Jesu zu tun. Ich habe viele, die mich um Geld bitten, und ich habe nichts dagegen, zu geben, wenn es nötig ist. Aber wenn sie nicht gelernt haben, wie man fischt, dann muss ich ihnen beibringen, wie man Fische fängt. Wenn ich ihnen zwei Fische gebe, werden sie am nächsten Tag zurückkommen und um mehr bitten, aber wenn ich ihnen beibringe, wie man fischt, werden sie für den Rest ihres Lebens Fische haben. Also lehre sie durch das Wort Gottes, wie Geld in unserer Dispensation fließt.

Lukas 6:38 Gebt, und es wird euch gegeben werden. Ein gutes Maß, gedrückt und geschüttelt und überfließend, werden die Menschen in euren Schoß geben. Denn mit demselben Maß, mit dem ihr messt, wird euch wieder zugemessen werden.

Wenn Menschen den Zehnten und die Opfergaben an die Kirche zahlen und den Arbeitern nichts geben, dann verlieren sie großen Segen. Denken Sie daran, dass sie Arbeiter sind. Wenn Sie gesegnet werden wollen, segnen Sie die Arbeiter.

Markus 9:41 Denn wer euch einen Becher Wasser zu trinken gibt in meinem Namen, weil ihr zu Christus gehört, wahrlich, ich sage euch: Er wird seinen Lohn nicht verlieren.

ELIZABETH DAS

Wenn Sie sich um die Bedürfnisse der Arbeiter kümmern, dann wird Gott Ihnen Versorgung und Schutz geben. Es wird keinen Alkohol, keine Krankheiten und keine Scheidungen in eurer Familie geben. Keine Frau wird kommen und dir deinen Reichtum wegnehmen, indem sie sich scheiden lässt und dich verklagt. Der allmächtige Gott wird alle Arten von Krankheit, Zerrüttung und Zerfall zurechtweisen. Das Wort Gottes sollte nicht das Geschäft sein, sonst wird der Herr dich als Dieb bezeichnen. Maleachi 3:10,11. Lassen Sie uns einige Wurzeln von Flüchen auf Sie, Ihre Familie und Ihr Land sehen.

Deuteronomium 28:15 Wenn du aber nicht auf die Stimme des Herrn, deines Gottes, hörst und nicht darauf achtest, daß du alle seine Gebote und Satzungen tust, die ich dir heute gebiete, so werden alle diese Flüche über dich kommen und dich überkommen:

Manchmal bitten mich die Leute, sie in die USA einzuladen, weil sie dort ein gutes Leben haben. Ich sage, wenn du Jesus in dein Land bringst, dann werden deine Familie, dein Land, deine Tiere, dein Geschäft, deine Gesundheit, deine Kinder und alles andere gesegnet sein. Bringen Sie Jesus, den einzigen wohlhabenden Gott, in Ihr Land, der uns segnet. Schlagen Sie die Bibel auf und finden Sie den Grund, die Wurzeln, die Ursache von Armut, Krankheit, Fluch und Unglück. Gott sagte, ihr sollt die Wurzeln eures Unglücks, eurer Krankheiten und eures Schmerzes suchen. Gott wird Sie heilen und segnen, wenn Sie Buße tun. Das heißt, sich von der Sünde abzuwenden. Ein impotenter Mann war 38 Jahre lang krank. Jesus offenbarte ihm die Wurzeln oder die Ursache der Krankheit.

Johannes 5:14 Danach fand ihn Jesus im Tempel und sprach zu ihm: Siehe, du bist gesund geworden; sündige nicht mehr, damit dir nicht noch Schlimmeres widerfahre.

Der Mann war an einer Lähmung erkrankt; Jesus kennt die Ursachen dafür.

Matthäus 9:2 Und siehe, sie brachten einen Gichtbrüchigen zu ihm, der auf einem Bett lag; und Jesus sah ihren Glauben und sprach zu dem Gichtbrüchigen: Sei getrost, mein Sohn, deine Sünden sind dir vergeben.

Er stand auf und ging. Wenn Sünden vergeben werden, müssen die Krankheitsdämonen deinen Körper verlassen. Pharisäer, Priester und blinde Führer regten sich auf. So ist es auch heute: Blinde und gierige Führer werden sich streiten, anstatt sich zu freuen. Finden Sie die Wurzeln der Probleme, glauben Sie an Gott und nicht an falsche Propheten, Lehrer und blinde religiöse Autoritäten. Wie Sie wissen, sind die Wurzeln von Krankheiten Sünden oder Generationsflüche, oder jemand hat Ihnen etwas angetan. Zum Beispiel Hexerei, Zauber oder ein böses Gebet, das zu Ihnen gesprochen wurde. Wenn Sie sich auf den Namen Jesus taufen lassen (nicht Vater, Sohn und Heiliger Geist), dann wird das Blut des Lammes kommen und Ihre Sünden abwischen. Und Sie werden geheilt, erlöst und befreit werden. Argumentieren Sie nicht für die Taufe im Namen Jesu; sie ist das Gebot zur Vergebung der Sünden und kein Vorschlag.

Psalm 103:3 Er vergibt dir alle deine Sünden und heilt alle deine Krankheiten;

Warum haben Menschen Probleme mit dem Namen "Jesus"? Petrus, Paulus oder andere Apostel und Propheten Jesu haben nicht gegen den NAMEN Jesus argumentiert.

Apg 22:16 Was zögerst du noch? Steh auf, lass dich taufen und wasche deine Sünden ab, indem du den Namen des Herrn anrufst.

Ihre Krankheiten, Leiden und Flüche werden durch das Blut, das unter dem NAMEN Jesus verborgen ist, weggewaschen werden. Der Name, der über jedem Namen steht! Im Namen Jesu soll sich jedes Knie beugen, und jede Zunge soll bekennen, dass er der Herr der Herren und der König der Könige ist. Amen! Finde die Wurzeln deiner Probleme, Krankheiten und Gebrechen und löse sie durch die Anweisungen, die im Wort Gottes gegeben werden. Amen!

LASST UNS BETEN

Himmlischer Vater, unser liebender Gott, Vater der ganzen Schöpfung, wir kommen zu dir. Wir bitten dich um die Vergebung all unserer Sünden. Hilf uns, nicht zu streiten oder den verlorenen religiösen Führern zu folgen, sondern deinem Wort zu gehorchen, das in dem schwarz-weißen Buch Bibel steht. Du wirst uns nach dem Wort richten, das in der Bibel geschrieben ist. Hilf uns, Herr, zu glauben und zu gehorchen. Dein Wort ist keine Empfehlung, sondern Gebot. Unser Problem kann gelöst werden, wenn wir dem Wort glauben und gehorchen und nicht den falschen Lehrern und Propheten. Die Sünde ist die Wurzel von Krankheiten und Flüchen. Rebellion steckt in uns. Herr, gib uns Mut und Kühnheit, deinem Wort zu gehorchen. Hilf uns, falschen Lehren und Doktrinen zu folgen. Wir wollen, dass unsere Familie gesund, wohlhabend und gesegnet ist, in Jesu Namen. Amen! Gott segne Sie!

3. SEPTEMBER

LERNE DURCH GEHORSAM!

Gott manifestierte sich im Fleisch namens Jesus. Er hat alles durch Gehorsam gelernt.

Hebräer 5:7 der in den Tagen seines Fleisches, als er Gebete und Flehen mit starkem Weinen und Tränen zu dem darbrachte, der ihn vom Tod erretten konnte, erhört wurde, weil er sich fürchtete, 8 obwohl er ein Sohn war, doch Gehorsam lernte durch das, was er litt; 9 und da er vollendet war, wurde er der Urheber des ewigen Heils für alle, die ihm gehorchen

Gehorsam ist besser als Opfer. König Saul war ein gutes Beispiel für Ungehorsam. Er hatte viele Ausreden. Wenn Sie ungehorsam sind wie König Saul oder Eva und Adam oder andere Beispiele aus der Bibel, dann werden Sie nicht lernen. Haben Sie schon einmal erlebt, dass Menschen von einer Konfession zur anderen wechseln, im Computer nach Schriften suchen, ständig studieren und doch nie zur Erkenntnis der Wahrheit kommen? Eine einfache Antwort: Gott braucht jemanden, der zuhört und gehorcht. Nicht zu klug, auf jeden zu hören, nur nicht auf Gott. Es gibt Ungehorsam und Rebellion in uns. Wie traurig? Selbst Gott im Fleisch lernt, indem er alle Gebote hält. Im Fleisch betete Er. Warum? Alle Menschen müssen beten.religiöse Autoritäten.

Palmas 65:2 Du, der du das Gebet hörst, zu dir wird alles Fleisch kommen.

Alles Fleisch muss sich durch das Gebet mit Gott verbinden. Geist-Gott kam in Fleisch und musste sich mit Geist-Gott verbinden. Direkter Kanal zu Gott im Gebet. Wenn wir beten, dann gibt es Gott als Antwort. Bleibe mit Gott verbunden, indem du glaubst und gehorchst. Nutze den Kanal Schritt für Schritt. Das Ergebnis wird überwältigend sein. Das Leben derer, die mit Gott unterwegs waren, folgte dem Lehrbuch der Bibel. Sie waren obenauf, gesegnet, erhaben und begünstigt. Aber wie König Saul, der Angst vor den Menschen hatte und das Amt des Priesters übernahm, wurden sie nicht nur entfernt, sondern mit Flüchen belegt. Gott nicht zu gehorchen, bringt Flüche für deine Nachkommen und deine gesamte Blutlinie. In der Bibel wies Gott die Menschheit an, wie sie segnen sollte. Sie ging in die Hand Satans über, der ein Verdreher, Lügner und Bösewicht ist. Der Feind Ihrer Seele wird immer versuchen, Sie von der letzten Stufe des Erreichens der Verheißungen wegzuziehen und zu stoßen. In Gott sind Sie sicher und geborgen. Paulus begegnete Gott auf der Straße nach Damaskus,, und die Galater, Korinther und Epheser fanden den Herrn. Jesus sagte, wir sollten dem folgen, was geschrieben und von den Aposteln und Propheten festgelegt wurde. Der Herr Jesus hat die Kirche nie gebaut. Denken Sie daran: Sie sind die Kirche, nicht das Gebäude.

Epheser 2:20 und sind auf das Fundament der Apostel und Propheten gebaut, wobei Jesus Christus selbst der wichtigste Eckstein ist;

Die ursprüngliche Wahrheit der Lehre der Apostel und Propheten blieb im ersten Jahrhundert bestehen.

Apg 2:42 Sie blieben aber beständig in der Lehre der Apostel und in der Gemeinschaft, im Brechen des Brotes und in den Gebeten.

Was geschieht, wenn man auf das Fundament der Wahrheit baut und eine Offenbarung von Jesus hat? Fleisch und Blut können dich verwirren und sind ein Produkt der Religionen, um dich in die Irre zu führen. Wenn Sie auf religiöse Führer hören, werden Sie auf den Broadway der Zerstörung geführt! Wie können wir die Sicht, den Weg und den Segen verlieren? Sie hören einfach auf die falschen Lehrer und Propheten und gehorchen ihnen. Sie fühlen sich akzeptiert, geliebt und passen in den Standard des Satans. Sie treiben keine Dämonen aus, öffnen keine blinden Augen und lassen niemanden von den Toten auferstehen. Sie sehen nicht, wie der Geist wirkt, um die Menschen zu verblüffen. Ist Ihr Leben nicht eintönig? Mein Leben mag einsam erscheinen, aber es ist aufregend, weil ich fast jeden Tag neue Menschen treffe. Ich sehe Wunder, Heilungen und Gott, der Zeichen und Wunder durch mich tut. Haben Sie sich jemals gefragt, warum das Christentum stirbt und langweilig ist? Sie halten die Menschen fest, indem sie ihnen eine Position in den Kirchen geben. Ich kannte die Bibel, aber ich habe nie aufgehört, nach ihr zu suchen. Ich war auf der Suche nach dem Zeichen und folgte wahren Propheten und Lehrern. Ich möchte kein Antichrist sein. Der Theologe hatte nie die Offenbarung Jesu, sondern ist voller Argumente. Entschuldigen Sie mich, holen Sie sich die Offenbarung von Gott, bevor Sie über Jesus sprechen. Er wird Ihnen sagen, wer Jesus ist. So wie er es Petrus, Paulus und vielen anderen gesagt hat. Jesus sagte, ihr würdet Größeres tun, wenn ich in euch leben würde.

Johannes 14:12a Wahrlich, wahrlich, ich sage euch: Wer an mich glaubt, der wird die Werke, die ich tue, auch tun; und noch größere als diese wird er tun.

Der Herr sagte, ich solle mehr tun als das. Ich bin auf der Suche danach und stecke nicht in einem Gebäude fest, in dem Verlorene sitzen, Blinde Blinde führen, Taube nicht hören wollen und Kranke krank bleiben. Gestern habe ich ein paar Leute gegrüßt. Er sagte, ich sei krebsfrei. Ich erinnerte mich daran, dass ich im Kinderkrankenhaus in Dallas für ihn gebetet hatte. Bei einer anderen Person betete ich, und Gott sagte, dass er Pornografie anschaut. Also konfrontierte ich ihn, er sagte, ja. Er sagte bitte bete für meine Befreiung. Jesus wollte, dass er mehr in der Bibel liest. Das Wort ist Licht, Nahrung, Schwert und Lampe. Jesus bat mich, ihn einzukreisen und zu beten. Also hielten wir alle unsere Hände um ihn und beteten für seine Befreiung. Nun, nichts davon wusste ich. Der Herr weiß, da ich der Diener Gottes bin. Ich arbeite für ihn, um andere wissen zu lassen, was sie tun müssen. Gott weiß, was Sie tun, egal wo und was Sie tun. Wenn du den Job verlierst, kannst du den Job behalten. Das bedeutet, dass wir Sie nicht mit Gott in Einklang bringen. Sie müssen sich auf den Herrn ausrichten. Seinem Wort, indem du gehorchst und tust, was der Herr sagt. Ihre Reise wird am Ende wunderschön sein. Lernen Sie, auf Gott zu hören. Fliehen Sie vor den falschen religiösen Führern, sogenannten Pastoren und den falschen Propheten und Lehrern. Möge der Herr Ihnen die Liebe zu Jesus schenken. Er liebt dich, um dir das Neue Testament mit der Hilfe des Heiligen Geistes zu geben. Empfangen Sie den Heiligen Geist durch den Beweis des Sprechens in einer Sprache, aber erlauben Sie dem Heiligen Geist, seine Arbeit durch Sie zu tun.

Apostelgeschichte 19:2 Er sprach zu ihnen: Habt ihr den Heiligen Geist empfangen, seit ihr gläubig seid? Trefft wahre Apostel und Propheten wie Paulus und Petrus, damit auch ihr den Heiligen Geist empfangen könnt.

Apostelgeschichte 19:6 Und als Paulus ihnen die Hände aufgelegt hatte, kam der Heilige Geist auf sie, und sie redeten in Zungen und weissagten. Paulus wusste es, denn Jesus hatte gesagt, dass das Reden in Zungen ein Zeichen ist, das folgen sollte.

ELIZABETH DAS

Markus 16:17 Und diese Zeichen werden denen folgen, die glauben: In meinem Namen werden sie Teufel austreiben; sie werden in neuen Zungen reden;

Finde dir einen wahren Jünger, der dich im Namen Jesu taufen kann. Durch Handauflegen werden Sie den Geist Gottes empfangen. Ich empfing den Heiligen Geist durch den Beweis des Sprechens in Zungen. Ich bin vor den anti christlichen Theologen geflohen. Sie beobachten mich immer, da unsere Geister aufeinanderprallen. Wer will nicht den Namen Jesu, wenn er unter Wasser geht, um Vergebung der Sünden zu erlangen? Der Antichrist wird dich niemals mit diesem Namen taufen, der über allen anderen Namen steht. Dieser Name wäscht meine Sünden ab, und ich ziehe Jesus an.

Galater 3:27 Denn so viele von euch auf Christus getauft worden sind, haben Christus angezogen.

Seinem Wort gehorchen. Das Wort ist die höchste Autorität. Warum sagst du dem antichristlichen religiösen Führer nicht, dass es geschrieben steht; es steht geschrieben, wie Jesus zum Teufel sagte? Liebe deine Seele und gehorche, um die Apostelgeschichte fortzusetzen, damit du auch viele Bücher schreiben kannst.

Johannes 21:25 Und es gibt noch viele andere Dinge, die Jesus getan hat, die Hexe, wenn sie alle aufgeschrieben würden, könnte wohl nicht einmal die Welt selbst die Bücher fassen, die geschrieben werden müssten. Amen.

LASST UNS BETEN

Unser himmlischer Vater, wir alle haben einen Blinden auf den Augen und dem Verstand. Entferne dich, um dich zu erkennen, wie es in deinem Wort steht. Wir müssen der Wahrheit gehorchen und dich fürchten. Gott hat es gesagt und meint es auch so. Es ist furchtbar, in die Hände Gottes zu fallen. Wir haben gesehen, was mit Eva und Adam, König Saul, Priester Eli und vielen anderen geschah, die dir nicht gehorcht haben. Aber alle, die gehorcht haben, wurden und werden von Gott gesegnet und gebraucht. Wir lernen deine Lehre, wenn wir wie ein kleines Kind sind, gehorsam und unterwürfig. Wir wollen alles, was du für uns aufbewahrt hast, also hilf mir, Herr, zu glauben, mich dir zu unterwerfen und dir zu gehorchen, in Jesu Namen. Amen! Gott segne Sie!

4. SEPTEMBER

LEBEN IN DER GEGENWART, DAS SCHICKSAL ERSCHAFFEN!

Denken Sie, dass Ihr heutiges Handeln Auswirkungen auf die Zukunft hat? Viele Menschen sind so undurchsichtig. Wenn sie die Umstände, Situationen und die Umgebung sehen, wird ihre Sicht verschwommen. Aber wenn du mit den Augen des Herrn siehst, wirst du sehen, wie sich der Berg bewegt, wie ein Teich in der Wüste entsteht und wie sich ein krummer Weg begradigt. Möge der Herr uns helfen, mit den Augen Gottes als zukünftige Könige, Königinnen, Ratgeber, Lehrer, Propheten und mächtige Werkzeuge in Gottes Reich zu sehen.

Eine schöne Zukunft beginnt heute, wenn du richtig handelst. Derjenige, der die Zukunft entscheidet, bist du und niemand anders. Sieh dich um, kann den Weg zur verheißenen Land durch den Ozean nicht sehen. Denkst du wie Gott, der gesagt hat, nichts ist unmöglich. Es macht mir nichts aus, Gott an mich denken zu lassen. Gott denkt schön, er will, dass ich heute baue und nicht in der Zukunft. Ich bin bereit, Gott für mich denken zu lassen. Ich will nicht nur die Sklaverei Ägyptens sehen, sondern ich lasse Gott denken, dass sich diese Sklaverei in Freiheit verwandelt, sobald ich über den Ozean gehe. Möge der Herr Sie frei sein lassen, sorgenfrei, hoffnungsvoll, heil und nicht zerbrochen, in Fülle und nicht in Knappheit leben.

Psalmen 139:13 Denn du hast meine Zügel in der Hand; du hast mich im Mutterleib zugedeckt.14 Ich will dich loben, denn ich bin furchtbar und wunderbar gemacht; wunderbar sind deine Werke, und das weiß meine Seele wohl.15 Mein Wesen war dir nicht verborgen, als ich im Verborgenen gemacht und in der Tiefe der Erde kunstvoll gearbeitet wurde.16 Deine Augen sahen mein Wesen, da ich noch unvollkommen war; und in deinem Buch waren alle meine Glieder geschrieben, die nach und nach gebildet wurden, da noch keines von ihnen war.17 Wie kostbar sind mir deine Gedanken, Gott! Wie groß ist die Summe von ihnen!

Unser Schöpfer hat sich Gedanken über meine Zukunft gemacht. Der Anfang mag winzig sein, aber die Zukunft könnte der Stern am Himmel sein. Der Herr tut für uns, was wir ihm erlauben. Gott manifestierte sich im Fleisch, nicht nur um die Zeit totzuschlagen, hierhin und dorthin zu gehen und in den Himmel zurückzukehren. Er war in der Gegenwart damit beschäftigt, sich auf die Zukunft vorzubereiten. Seine Zukunft war rosig, denn er tat das, wofür er auf die Erde gekommen war. Er bezahlte sein Leben mit dem Blut, denn das Leben ist im Blut. Er holte sich zurück, was der Teufel zum Gespött gemacht hatte. Der Teufel dachte, ach nun, ich habe getan, um Seine Schöpfung zu beenden. Jesus kam und rettete mich, sagte nein Teufel nein, lass meine Schöpfung. Der Herr sagte: Ich werde das nicht zulassen; ich werde als ein demütiger Mensch kommen und nicht als König der Könige. Ich werde als ein demütiger Diener kommen und nicht als Herr der Herren. Er richtete die Zukunft seiner Schöpfung neu aus, indem er festlegte, wofür er gekommen war.

Gott sagte: Warum siehst du dich gefesselt, blind, sklavisch, drogenabhängig, mit gebrochenem Herzen, lahm, taub, ans Bett gefesselt, ein hoffnungsloses Leben führend? Ich möchte, dass du an etwas Unmögliches denkst, das deine Vorstellungskraft übersteigt, um deine Zukunft heute zu gestalten.

Jeremia 33:2 So spricht der Herr, der sie gemacht hat, der Herr, der sie geformt hat, um sie zu errichten, der Herr ist sein Name: 3 Ruf mich an, und ich werde dir antworten und dir große und mächtige Dinge zeigen, die du nicht kennst.

Eine Dame im Gefängnis hatte nie von dem Herrn Jesus gehört. Der Prediger des Glaubens kam dort hin und stellte ihnen den mächtigen Jesus vor. Der Prediger sagte, ihr könnt alles tun. Du kannst bitten, ohne zu zweifeln, und du wirst es erhalten. Diese Frau im Gefängnis war gut, aber irgendwie ist sie im Gefängnis gelandet. Sie hat zwar kein Verbrechen begangen, aber sie hat gegen irgendein Gesetz verstoßen und saß im Gefängnis. Sie hatte nie in der Bibel gelesen, also bat sie um eine Bibel. Als sie die Bibel aufschlug, um zu lesen, konnte sie sie nicht mehr weglegen. Sie sagte: "Das ist ja wundervoll." Diese Art von Jesus habe ich nie gekannt.

Sie nutzt ihre Zeit, um das Wort Gottes zu lesen, zu beten und an Gott zu glauben. Sie traut sich zu sagen: Herr, ich will ein abbezahltes Haus am Strand. Eines Tages hörte sie eine Stimme, die ihr sagte, dass sie an einem bestimmten Tag ausgehen würde. Sie glaubte dieser Stimme. Obwohl das Gericht an diesem Tag geschlossen war, war der Richter im Urlaub. Und was ist passiert? Sie sah, wie der Gefängniswärter an ihrer Zelle stand und die Tür öffnete, um ihr die Nachricht zu überbringen: Du bist frei. Es war derselbe Tag, an dem Gott zu ihr sprach. Als sie dann herauskam, wurden ihre Bücher veröffentlicht, und sie begann bereits, Geld zu verdienen. Auch ihr Traum vom abbezahlten Haus am Strand ging in Erfüllung.

Ich liebe die Arbeit des Übernatürlichen. Wer hält Ihren Erfolg fest? Der Schlüssel liegt in Ihrer Hand. Schlagen Sie die Bibel auf, gehorchen Sie, indem Sie dem Wort glauben, und sehen Sie, was mit Ihrer Zukunft geschieht. Ihre Zukunft braucht keine Lotterielose oder den Willen von jemandem. Deine Zukunft entsteht, wenn du den wahren Gott hörst, fürchtest, ihn glaubst und gehorchst. Egal, was man sagt oder glaubt, man baut seine Zukunft auf, indem man in der Gegenwart lebt und das Beste für die Zukunft erhofft.

Josua 1:8 Dieses Buch des Gesetzes soll nicht von deinem Munde weichen, sondern du sollst Tag und Nacht darüber nachsinnen, damit du darauf achtest, alles zu tun, was darin geschrieben steht; denn dann wird dein Weg glücklich sein, und du wirst Erfolg haben. 9 Habe ich dir nicht befohlen? Sei getrost und unverzagt; fürchte dich nicht und erschrecke nicht; denn der Herr, dein Gott, ist mit dir, wohin du auch gehst.

Alles, was Sie heute denken, wird morgen geschehen? Planen Sie besser für eine bessere Zukunft. Der Tag, an dem ich den Heiligen Geist empfing und in Jesu Namen getauft wurde, war unbeschreiblich. Ich kann es nicht erklären, denn es war etwas Übernatürliches. Ich wollte der ganzen Welt erzählen, was mit mir geschah, als ich in Jesu Namen getauft wurde. Der Herr sagte, dass ihr die Wahrheit erkennen werdet und die Wahrheit euch frei machen wird.

Ich begann, gegen den Teufel und seine falschen Lehren anzugehen. Ich hörte nie den Namen Jesu bei der Taufe. Der Teufel hat die Wahrheit unter den falschen Lehren und Doktrinen begraben. Ich begann zu lehren und allen zu predigen, die ich traf. Wenn auch nur einer gerettet wird, ist es das wert. Ich weiß, dass Noah die Arche gebaut hat, um die Welt vor einer zukünftigen Flut zu retten. Wie viele haben zugehört? Wie viele hörten zu, als Lot und seine Familie vor Feuer und Schwefel gerettet wurden? Die Frau blickte zurück, anstatt in die Zukunft zu schauen, und wurde vernichtet.

SEPTEMBER 4

Freunde, schaut nach vorne in eure Zukunft und lasst euch nicht von dieser Welt festhalten. Sie brennt überall. Seht euch die brennende Lava in vielen großen, reichen Ländern und Staaten an. Es ist an der Zeit, aufzuwachen und euch auf eure Zukunft vorzubereiten. Ihr mögt zu sagen, was uns vor den kommenden Katastrophen retten kann?

1 Petrus 3:20 die einst ungehorsam waren, als die Langmut Gottes wartete in den Tagen Noahs, während die Arche vorbereitet wurde, in der wenige, nämlich acht Seelen durch das Wasser gerettet wurden. 21 Nach demselben Bild errettet uns auch jetzt die Taufe (nicht die Abwaschung des Fleisches, sondern die Bekehrung des guten Gewissens vor Gott) durch die Auferstehung Jesu Christi:

Vielleicht lachen Sie in diesem Moment, denn die Zukunft ist heute nicht vorhersehbar, aber sie wird geschehen. Die Sünder müssen sich vor zukünftigem Unheil retten, indem sie sich im Namen Jesu taufen lassen, um ihre Sünden abzuwaschen. Die Taufe ist deine Rettung, also bereite dich jetzt in Jesu Namen vor. Amen!

LASST UNS BETEN

Unser himmlischer Vater, wie wir wissen, wiederholt sich die Geschichte, aber sie soll uns eine positive Erinnerung sein. Wir brauchen deinen Segen und deine Weisheit, um uns als fünf Weisen vorzubereiten. Auch zu helfen und lehren die Wahrheit und nicht die Religion für ihre bessere Zukunft. Unser Gott hat es gesagt und wird es tun. Wir wissen, dass viele in die Irre gegangen sind, beschäftigt in dieser Welt, kompromittiert, indem sie anderen gefallen und nicht Gott. Herr, wie Noah gepredigt hat, müssen auch wir das Evangelium von Tod, Begräbnis und Auferstehung predigen, um die Seele zu retten. Herr, erbarme dich, gib deinem Volk die Weisheit, sich auf dich zu verlassen. Wir wissen, dass viele berufen sind, aber nur wenige auserwählt sind. Ich möchte zu den wenigen Auserwählten gehören. Wir stehen für die Wahrheit ein, für unsere strahlende Zukunft und für andere, die dazu bereit sind, in Jesu Namen. Amen! Gott segne Sie!

5. SEPTEMBER

MACHST DU VATERS GESCHÄFTE?

Nun, jemand macht die Bibel zu seinem Taschengeld, zu seinem persönlichen Profit, zu seiner Religion und zu Satans Geschäft, wie ein Priester, Hohepriester und Pharisäer.

Jesus sagte.

Lukas 2:49 Und er sagte zu ihnen: Wie kommt es, dass ihr mich sucht? Wisst ihr nicht, dass ich in den Angelegenheiten meines Vaters tätig sein muss?

Als die Eltern ihren Sohn Jesus nicht finden konnten, kehrten sie nach Jerusalem zurück, um ihn zu suchen. Als sie ihn fragten, antwortete Jesus: "Ich bin im Geschäft meines Vaters." Wir müssen an unserem Auftrag arbeiten. Unsere Aufgabe ist es, in die Fußstapfen unseres Vaters zu treten. Wir haben eine Aufgabe, und wir müssen das tun, was von uns verlangt wird. Jesus sagte: "Ich arbeite, wie mein Vater arbeitet", und diese Antwort verärgerte die Pharisäer. Was hat Jesus gemacht? Herr Jesus hat die Beine, den Körper und die Augen repariert, Menschen befreit und all das, was nur der Schöpfer tun kann. Schöpfungswerke können nur vom Schöpfer allein vollbracht werden. Ich kann das Gleiche und ein noch größeres Werk tun, wenn der Schöpfer in mir wohnt. Ich habe die von Herrn gegebene Autorität und Macht. Der Schöpfer ist nicht begrenzt, wohl aber die Schöpfung. Ich danke dir, Jesus. Als der Herr kam, war er damit beschäftigt, die Geschäfte Gottes zu erledigen. Es waren viele Kranke am Teich, aber der Herr heilte einen, der seit 38 Jahren krank war. Es war der Sabbattag. Religiöse Menschen fanden einen Fehler gegen den Herrn Jesus.

Johannes 5:16 Darum verfolgten die Juden Jesus und trachteten danach, ihn zu töten, weil er dies am Sabbat getan hatte. 17 Jesus aber antwortete ihnen: Mein Vater wirkt bisher, und ich wirke. 18 Darum suchten die Juden umso mehr, ihn zu töten, weil er nicht nur den Sabbat gebrochen hatte, sondern auch sagte, Gott sei sein Vater, und sich selbst Gott gleich machte.

Sohn Gottes bedeutete Gott im Fleisch. Einen Gott zu haben und Sein Kommen im Fleisch zu wissen, verärgerte die religiösen Führer. Jesus war der Gott, der im Fleisch manifestiert wurde. Ein Ein-Gott-Gläubiger weiß, dass das Blasphemie ist, es geht um die Tötung von Menschen. Jesus behauptet in dieser Schriftstelle, dass er der wandelnde Gott ist. Das ist es, was es bedeutet, wenn man Sohn Gottes sagt. Jesus kam, um zu wirken, aber die, die mit ihm zusammenarbeiten sollten, Priester oder Hohepriester genannt, jetzt Pastoren oder Bischöfe genannt, wollten ihn töten. Seien Sie vorsichtig und untersuchen Sie sich selbst! Arbeitest du für oder gegen das Reich Gottes? Es ist gefährlich, in die Hände Gottes zu fallen.

Überprüfen Sie Ihren Auftrag, rufen Sie an und arbeiten Sie fleißig. Denken Sie daran: Wir alle haben eine Berufung.

Matthäus 16:15 Und er sprach zu ihnen: Gehet hin in alle Welt und predigt das Evangelium aller Kreatur. 16 Wer da glaubt und getauft wird, der wird selig werden; wer aber nicht glaubt, der wird verdammt werden. 17 Und diese Zeichen werden denen folgen, die glauben: In meinem Namen werden sie Teufel austreiben; sie werden mit neuen Zungen reden; 18 sie werden Schlangen aufheben; und wenn sie etwas Tödliches trinken, wird es ihnen nicht schaden; sie werden den Kranken die Hände auflegen, und sie werden gesund werden. 19a Nachdem der Herr also zu ihnen geredet hatte, wurde er in den Himmel aufgenommen

Es ist also meine Aufgabe, das Evangelium mit Zeichen und Wundern zu predigen, Kranke zu heilen, Dämonen auszutreiben und Menschen in Jesu Namen zu taufen. Denke daran, es ist das Geschäft von Gott, unser Vater, und du hast ein Jobangebot. Du kannst dich bewerben, mit viele Vorteile wenn du annimmst.

Matthäus 22:14 Denn viele sind berufen, aber wenige sind auserwählt. Gott hat uns seinen Geist mit seiner Vollmacht zum Wirken gegeben.

Matthäus 9:37 Da sprach er zu seinen Jüngern: Die Ernte ist reichlich, aber der Arbeiter sind wenige; 38 darum bittet den Herrn der Ernte, dass er Arbeiter in seine Ernte sende.

Die Zeit ist gekommen, in der wir viele Kirchen sehen, aber sie werben für ihre Art, die Kirchenbänke zu füllen und die Taschen zu füllen. Möge der Herr seinen Jüngern die Qualität zurückgeben, für Gott zu arbeiten, wie es Petrus und Paulus taten. Wir müssen das Werk unseres Vaters tun, Dämonen austreiben, Kranke heilen und das Evangelium verkünden, mit Zeichen, wie Jesus es tat.

In der Vergangenheit, nachdem ich meine Heilung erhalten hatte, arbeitete ich mit Br. James in einem Heilungs- und Befreiungstreffen. Wir gingen von Haus zu Haus, Stadt zu Stadt zu Staat wie sie uns eingeladen haben. Ja, wir hatten viele Versammlungen; Menschen wurden geheilt, befreit und gerettet. Wir arbeiteten jahrelang, bis ich Kalifornien in Richtung Texas verließ. Ich sah das Werk Gottes, die kurze Verzögerung und das Wachstum an der Hand. Intellektuell herausgeforderte Menschen werden befreit, sprechen über Dämonen und geben Informationen darüber, wie sie im Körper wirken. Ich war mir der dämonischen Welt nicht bewusst, in der sich Dämonen manifestieren, reden und Informationen geben. In Jesu Namen müssen sie die Wahrheit sagen, und ich sah, dass die Informationen verblüffend waren.

Ich schränke mich nicht ein. Ich weiß, dass ich die Wahrheit habe und dass die Wahrheit die Menschen befreien kann. Satan versucht, meine Arbeit zu blockieren, aber der Teufel ist ein Lügner. Ich bin so froh, dass Gott mir den Rücken freihält. Ich bin verrückt nach Jesus und seiner Wahrheit. Er ist wahr und gut. Ich brauche niemanden außer Jesus allein. Es ist der Herr, der durch mich wirkt und alles tut. Es ist am wichtigsten, dass Menschen gerettet werden. Die Errettung ist wichtiger als Heilung und Befreiung. Ich habe auf dem Fundament aufgebaut, das die Apostel und Propheten von einst gelegt haben. Ich muss nur den Heilsplan der Umkehr, der Taufe auf den Namen Jesu und des Empfangs des Heiligen Geistes durch das Sprechen in Zungen fortsetzen. Das ist das erstaunlichste Werk, denn wir bauen unsere Kirchen auf dem richtigen Fundament. Versuchen Sie nicht, ein anderes Fundament zu legen.

Epheser 2:20. und sind erbaut auf das Fundament der Apostel und Propheten, wobei Jesus Christus selbst der wichtigste Eckstein ist;

Ich habe gesehen, wie das auf Sand gebaute Werk zerstört wurde. Jesus ist nirgends in ihrem Fundament zu finden. Wir sehen das in der Endzeit, die jetzt ist. Christen sind machtlos. Die Menschen gehen zu

Medizinmännern, Hilfe kommt aus dem Krankenhaus. Viele haben Kompromisse gemacht, weil es um sie herum kein geistliches Wachstum gibt.

Ich habe früher bei der Post gearbeitet. Nachdem ich 20 Jahre lang gearbeitet hatte, erlitt ich eine Verletzung. Da ich sehr gläubig bin, hätte ich nie gedacht, dass ich wegen dieser Situation in den Ruhestand gehen müsste. Ich wurde nicht geheilt, aber der Herr sagte: "Ich nehme dir deinen Job weg und du arbeitest für mich." Und das tat ich. Das Werk Gottes wird sich manifestieren, wenn du im Willen und auf dem Weg Gottes bist. Ich mache mir keine Sorgen um den Gehaltsscheck, denn Gott hält mir den Rücken frei. Später, als ich den Jünger Jesu fand, betete Bruder Jakobus, und ich wurde geheilt und konnte gehen. Wahre Jünger sitzen nicht in einer Kirchenbank, weil religiöse Autoritäten sie ablehnen werden.

Apg 17:6a Diejenigen, die die Welt auf den Kopf gestellt haben, sind auch hierher gekommen

Wenn Sie nach dem Willen und den Wegen Gottes arbeiten, können Sie auch die Welt auf den Kopf stellen. Die Wahrheit wird den neuen Bekehrten anziehen.

Apostelgeschichte 2:47b Und der Herr fügte der Gemeinde täglich solche hinzu, die gerettet werden sollten.

Apostelgeschichte 2:41 Und die, die sein Wort gern annahmen, ließen sich taufen; und an demselben Tag wurden ihnen etwa dreitausend Seelen zugerechnet.

Apg 4:4 Viele aber von denen, die das Wort hörten, wurden gläubig; und die Zahl der Männer war etwa fünftausend.

Wie wichtig es ist, für den Herrn zu arbeiten. Die Berufung gilt für alle und nicht für einige. Unsere Aufgabenbeschreibung steht in der Apostelgeschichte. Viele besuchen die Kirche, aber niemand weiß, dass sie Christen sind, weil sie es nicht sind. Sie akzeptieren die Markennamen von Organisationen, Konfessionen oder Nicht-Konfessionen. Ich weiß, wenn man für Gott arbeitet, hat man keine Zeit für sich selbst. Oft ist es so lustig, dass sie so tun, als würden sie Gott und die Wahrheit lieben, aber man findet heraus, dass sie für ihre religiöse Organisation und gegen Jesus arbeiten. Arbeiten Sie für den Herrn, er wird Sie segnen. Gott hat mir meinen Job weggenommen; ich arbeite jetzt für Gott und verbreite seine Wahrheit. Ich hatte noch nie ein Problem mit Essen oder Kleidung. Ich lebe in den USA mit einem kleinen Rentenscheck, aber Gott hat für mich gesorgt. Gott hat mein kleines Einkommen gestreckt, vervielfacht und hinzugefügt. Er hat so viel getan, dass ich von niemandem abhängig bin, denn der Herr selbst hat gesagt: "Ich werde für dich sorgen". Ich muss nicht unter Organisationen von Konfessionen oder Nicht-Konfessionen arbeiten. Mein Vater führt ein Unternehmen. Ich möchte, dass sein Name gesegnet und verherrlicht wird, in Jesu Namen. Amen!

LASST UNS BETEN

Himmlischer Vater, dein schmaler Weg und die enge Pforte werden uns in den Himmel führen. Danke, dass du uns die Augen geöffnet hast, so wie du es bei vielen getan hast, die dich von ganzem Herzen, mit ganzem Verstand, ganzer Seele und ganzer Kraft lieben. In deiner Wahrheit liegt eine große Kraft. Herr, du hast uns eine Aufgabe gegeben. Wir wollen von dir die Worte hören: "Gut gemacht, du guter und treuer Knecht; du bist über einige Dinge treu gewesen, ich will dich über viele Dinge herrschen lassen"; gehe ein in die Freude deines Herrn. Ich möchte, dass unser Gott verherrlicht wird und nicht irgendeine Religion, Konfession oder ein Führer. Wir wissen, dass die Mission Jesu darin bestand, zu wirken, und unsere Mission muss in seinem Werk fortgesetzt werden, um ihm Herrlichkeit, Ehre und Lob zu geben, die dem Eigentümer und Schöpfer der Erde, dem Himmel der Himmel, gehören, in Jesu Namen, Amen! Gott segne Sie!

6. SEPTEMBER
FAUL UND SCHLÄFRIG

Wir brauchen den Arbeiter, um das Königreich Gottes zu fördern. Ein Arbeiter, der in Saison aus der Saison instant arbeiten kann. Jesus war am Arbeiten, bis seine Kräfte erschöpft waren. Jesus heilte das Ohr des Dieners im Garten Gethsemane, obwohl er erschöpft war und Todesqualen durchlebte. Unser Problem ist, dass wir nicht aufpassen, wenn das Wort Gottes zu uns spricht. Es ist die Zeit gekommen, in der die Menschen eingeschlafen sind. Der Geist der Schläfrigkeit hat die Oberhand gewonnen. Die Menschen haben aufgehört zu beten und zu fasten. Viele gehen nicht mehr hinaus, um zu dienen. Wenn Sie aufgehört haben, die Bibel zu lesen und Zeugnis zu geben, dann befinden Sie sich im Schlummermodus. Wachen Sie auf. Finsternis, Armut und Schwierigkeiten werden dich übernehmen, wenn die Welt sagt Frieden, Frieden.

1 Thessalonicher 5:3 Denn wenn sie sagen werden: "Friede und Sicherheit", dann wird ein plötzliches Verderben über sie kommen, wie Wehen über eine schwangere Frau, und sie werden nicht entkommen.

Wenn plötzliche Zerstörung das Leben übernimmt? Wenn die Menschen in einen geistigen Schlaf fallen. Denken Sie daran, dass dies ein geistiger Kampf ist, der Krieg gegen den Teufel heißt, der ein Feind der Menschheit ist. Das Leben auf der Erde ist ein Kriegsgebiet. Wachen Sie auf und beten Sie! Faulheit ist ein Teil des Menschen. Wir müssen uns daran erinnern, dass wir Arbeiter genannt werden, Arbeiter im Weinberg. In Zeiten wie diesen sollten wir beten und fasten, anstatt zu essen und zu trinken.

Vor ein paar Tagen war ich in einem Restaurant; mein Blick war auf die Tür gerichtet. Jede Person kam mit einem dicken Bauch herein. Ich meine erschreckend groß. Ich dachte, dieser Individuum könnte jederzeit sterben. Nicht einer, sondern viele Männer hatten einen großen Bauch. Was ist passiert? Kennen sie Fasten und Gebet, gehen sie hinaus, um Zeugnis zu geben? Essen wird giftig, wenn die Fülle des Brotes wie in Sodom und Gomorrha kommt. Die Menschen essen so viel, dass sie sich wie betrunken und schläfrig fühlen. Niemand predigt zu den Ameisen, aber sie erinnern sich an ihre Arbeit. Es ist komisch, dass wir so viel Hilfe brauchen und trotzdem faul sind für das Werk Gottes. Wir praktizieren nicht, was wir gehört und gelernt haben. Dein Körper ist der Tempel Jehovas Gottes. Achte darauf, dass du die gute Nahrung in deinen Mund nimmst.

Der Herr sprach: Sprichwort 6:6 Geh zur Ameise, du Faulpelz, betrachte ihre Wege und werde klug. 7 Sie hat keinen Führer, Aufseher oder Vorsteher, 8 sie sorgt für ihre Speise im Sommer und sammelt ihre Nahrung in der Ernte.

Hier Gott benutzt ein unbedeutendes Insekt genannt Ameisen, sehr beschäftigt, lehren uns eine Lektion. Sie tragen immer etwas bei sich, um zu überleben. Sie wissen, dass es eine Zeit geben wird, in der sie einen Vorrat brauchen. Wir brauchen Vorräte für eine schlechte Zeit. Unser Gott hat diese kleinen einzigartigen

Ameisen gemacht.. Ameisen nutzen die Zeit, um zu arbeiten. Wir haben körperliche und geistige Faulheit. Der Planer ist dem Problem immer einen Schritt voraus. Joseph war wie eine Ameise.

Epheser 5:16 und kaufet die Zeit aus; denn es ist böse Zeit.

Ihr könnt auch eure Gebete und Bitten und eure Arbeit für die schlechten Tage speichern. Ihr wisst, wenn ihr mehr Kalzium zu euch nehmt, speichert es in eurem Körper. Wir verwenden es, wenn es gebraucht wird. An vielen Orten sehe ich Menschen, die trockene Lebensmittel für schlechte Zeiten aufbewahren und Geld für Trockenfutter ausgeben. Gott hat Ihr Gebet für Ihre Kinder und ihre Kinder für zukünftige Schwierigkeiten aufbewahrt, die sie durchmachen könnten. Das funktioniert für viele Generationen. Unser Gott bewahrt unsere Arbeit durch ein Gebet für eine zukünftige Zeit auf. Sogar Jesus hat für uns gebetet. Wie schön! Daniel hat dreimal am Tag gebetet. Das half ihm, als er in der Löwengrube war. Als ich durch die Prüfung ging, sagte ein christlicher Mitarbeiter: Gott wird dein Gebet erhören. Gott hat es für dich aufbewahrt. Ja, das tut er. Würden Sie Ihren Kindern und vielen Generationen nach Ihnen einen Gefallen tun? Beten Sie für sie. Gott wird es aufbewahren und sich für sie daran erinnern.

Einmal traf ich einen Farmer, der sagte, die Farm sei gerade über seine verkauft worden und habe Millionen von Dollar eingebracht. Er sagte, dass ich den Großvater des jetzigen Besitzers kannte und auch den Tag, an dem er die Farm für 100 Dollar pro Acre kaufte. Er sagte, ich war noch ein Schulkind, als der Mann die Farm kaufte. Jetzt wird sie für Millionen von Dollar verkauft. Ein Enkelkind ist älter und so glücklich, weil dieses Geld ihn zum Millionär gemacht hat. Ihr Gebet bewirkt dasselbe. Ich bin dankbar, dass meine Mutter und mein Vater für uns und unsere Enkel und Urenkel gebetet haben. Wir empfangen den Segen ihres rechtschaffenen Gebets. Sie mögen sagen, dass sie es nicht verdienen, Millionäre zu sein. Es spielt keine Rolle, was Sie denken. Jemand hat Reichtum für sie aufbewahrt. Gott hat uns durch das Gebet mit dem Reichtum versorgt. Ich schätze das Gebet. Um 3:50 Uhr klingelt mein Wecker. Ich wache auf und bete. Egal, ob ich müde, schläfrig oder krank bin. Ich wache auf und bete. Ich kann es mir nicht leisten, im Bett zu bleiben. In den letzten Jahren habe ich die ganze Nacht nicht geschlafen. Der Teufel entlässt seine Armee aus der Hölle. Die Dämonen gehen umher und stehlen, töten und zerstören. Es ist nicht die Zeit, in der ich dem Teufel erlaube, Schaden anzurichten. Ich schade dem Teufel, denn ich habe Macht und Autorität. Wer hat Macht und Autorität? Warum verweilen die Menschen im Obergemach, um den Heiligen Geist zu empfangen? Ich habe mich um den Heiligen Geist bemüht, nachdem ich die Wassertaufe im Namen Jesu empfangen hatte. Es dauerte eine Weile, aber ich bekam den Heiligen Geist durch den Beweis, in einer anderen Sprache zu sprechen. Jetzt leere ich die Hülle und fülle den Himmel mit Seele. Es macht mir nichts aus zu arbeiten, denn ich habe die Wahrheit, und nur die Wahrheit macht uns frei. Groß ist unser Herr, dass er uns zur Arbeit in seinen Weinbergen mit höherem Lohn einsetzt.

1 Tim 5:18b Der Arbeiter ist seines Lohnes würdig.

Unser Gott sagte, wenn ihr faul seid und schlummert, dann wird die Zeit über euch hereinbrechen, ohne dass ihr es merkt. Gott warnt uns.

Sprüche 6:10 Doch ein wenig Schlaf, ein wenig Schlummer, ein wenig Falten der Hände zum Schlaf: 11 So wird deine Armut kommen wie ein Reisender und deine Not wie ein bewaffneter Mann.

Schütteln Sie sich und setzen Sie Ihren Körper in Bewegung. Die Arbeit ist die Idee des Herrn. Als Gott den Menschen schuf, fand er zuerst die Arbeit; er machte den ersten Weinberg und bat die Menschen, ihn zu bearbeiten. Alle müssen arbeiten, egal was. Ein Bruder sagte: "Meine Frau und ihre Familie sind damit nicht einverstanden." Denn ich arbeite ohne Lohn. Nicht alle bringen einen Gehaltsscheck; einige bringen reinen

Segen, Sicherheit und Gott. Ich arbeite viel, von morgens bis abends, aber ich verdiene kein Geld. Ja, Gott hat mich gerufen, arbeite für mich und ich werde mich um dich kümmern. Ich verliere nie meine Zeit und bin nie faul. Ich habe in jeden Bereich investiert und so viel Arbeit geleistet. Jemand denkt an ein Gehalt in Form von Dollar. Ich denke an ein Gehalt in Form von Segnungen. Geld bringt wenig, aber Segen viel mehr und reicht bis in die Ewigkeit. Also weg mit der Faulheit und dem Schlummer. Schauen Sie sich Jesus an und was er getan hat. Er hatte keinen 9 bis 5 Job, sondern einen Job, der Segen für die Ewigkeit bereithält. Amen!

LASST UNS BETEN

Himmlischer Vater, die gierigen, geldgierigen Menschen schätzen und bewundern unsere Arbeit nicht. Du bewunderst unsere Arbeit, und wir arbeiten für Gott, den Allmächtigen. Unser Lohn ist gesichert und wird nicht nur für uns, sondern für viele Generationen aufbewahrt. Wir danken dir, dass du uns einen weiten Blick, eine Vision der Ewigkeit und ein weises Herz gegeben hast. Die Faulen und Schläfrigen, körperlich und geistig, erhalten keine Nahrung und keinen Segen, da sie nicht die Weisheit und den Wunsch haben, für dich zu arbeiten. Deine Arbeit ist großartig, denn ein natürlicher Mensch kann sie nicht begreifen, wir aber schon. Dein Beispiel, dass wir in der Kreuzigung Nacht nicht schlummerten, zeigt, dass wir immer bereit sein müssen. Auch wenn unser Körper nicht kooperativ oder müde ist, müssen wir uns durchsetzen und durchhalten, in Jesu Namen. Amen! Gott segne Sie!

7. SEPTEMBER

STÜTZEN SIE SICH NICHT AUF IHREN VERSTAND!

Die Bibel ist das Buch Gottes, das vom Geist Gottes geschrieben wurde. Der Mensch benutzte seine Feder, um ein Diktat von Gott aufzunehmen. Einzelne Stenographen für den Heiligen Geist! Wenn man liest, arbeitet oder irgendetwas für den Geist Gottes tut, braucht man göttliches Verständnis. Zum ersten Mal hörte ich von einem Bibellehrer, dass man den Heiligen Geist braucht, um die Bibel zu verstehen. Ich habe mich nur am Kopf gekratzt. Ich wusste nicht, dass Menschen für alles auf Gott warten. Er las die folgende Bibelstelle vor, und mir wurde klar: Ja, das tue ich.

1 Korinther 2:10 Gott aber hat sie uns durch seinen Geist geoffenbart; denn der Geist erforscht alle Dinge, auch die Tiefen Gottes. 11 Denn wer kennt die Dinge eines Menschen, wenn nicht der Geist des Menschen, der in ihm ist? So kennt auch die Dinge Gottes kein Mensch, sondern nur der Geist Gottes. 13 Das reden wir auch, nicht mit Worten, die Menschenweisheit lehrt, sondern die der Heilige Geist lehrt, indem er geistliche Dinge mit geistlichen vergleicht. 14 Der natürliche Mensch aber nimmt die Dinge des Geistes Gottes nicht an; denn sie sind ihm eine Torheit, und er kann sie nicht erkennen, weil sie geistlich sind. 15 Wer aber geistlich ist, der richtet alles, und wird doch von niemandem gerichtet. 16 Denn wer kennt den Sinn des Herrn, daß er ihn unterweise? wir aber haben den Sinn Christi.

Wir stützen uns auf die Lehren unserer Familie, des Predigers und der Lehrer, aber wir kommen nie bei Gott an. Halten Sie sich an Gott und suchen Sie ihn. Suchen Sie ihn für alles. Das ist ein Muss. Sie mögen denken, dass Sie hundertprozentig richtig liegen, und doch liegen Sie hundertprozentig falsch. Der Heilige Geist wird Sie lehren und Sie leiten. Nun glaubt die religiöse Organisation nicht an den Empfang des Heiligen Geistes. Sie rechtfertigen, was Sie erhalten, wenn Sie Jesus Christus als Ihren persönlichen Erlöser annehmen. Lüge um Lüge. Satan führt Organisationen, Konfessionen oder Nicht-Konfessionen, und nicht der Heilige Geist. Es ist offensichtlich, wie viele Menschen stolpern, fallen und das Gegenteil von dem tun, was Gott gesagt hat, weil sie sich auf falsche Lehren stützen. Ich war einer von ihnen.

Die Religion hat die Trinitätslehre in mir verankert. In dieser Zeit hatte ich noch keine Offenbarung von Jesus Christus. Ich kämpfte darum, die Bibel zu verstehen. Bei einem Treffen sagte jemand: "Herr, ich werde dich durch eine einzige Schriftstelle offenbaren." Die ganze Bibel ist eine Offenbarung und nicht eine persönliche Auslegung durch eine Konfession, eine Organisation oder eine Nicht-Konfession. Warten Sie auf Gott und nicht auf Ihr Verständnis. Ich bin überall auf der Welt für verschiedene Nationalitäten und religiöse Menschen tätig. Am schwierigsten ist es, religiösen Christen zu dienen, und ich war auch einmal dort. Durch Gottes Barmherzigkeit habe ich die Wahrheit des einen Gottes erfahren. Ich besuchte verschiedene Kirchen, um Gott zu suchen. Durch die Gnade Gottes fand ich Menschen, die die Wahrheit kannten. Sie unterscheiden sich von religiösen Menschen. Religion ist ohne Fundament, aber geistlich klang zuversichtlich, erfahren und nicht stur, sondern fest. Holen Sie sich die Offenbarung von Gott. Das macht einen großen Unterschied. Wer sonst als Gott? Er weiß alles.

Vor einigen Jahren war ich zu Besuch in meiner Heimat Kalifornien. Ich wollte ein neues Telefon kaufen, aber es war zu teuer. Ich hörte, wie Gott zu mir sprach, ich solle in ein bestimmtes Geschäft gehen. Also bat ich eine Freundin, mich dorthin zu fahren. Sie sagte: "Ich weiß, sie haben es nicht mehr, seit ich mich erkundigt habe. Ich sagte: "Aber der Herr hat mich gebeten, dorthin zu gehen." Sie kannte meinen Weg mit Gott, also fuhr sie zu diesem Geschäft. Der Verkäufer des Ladens wollte das Produkt nicht zum Verkauf anbieten. Während ich mit dem Geschäftsführer sprach, sagte ich: "Gott hat gesagt, Sie haben einen Sonderpreis für ein bestimmtes Produkt, das ich brauche." Er merkte, dass ich wusste, was er verheimlichte. Er zeigte mir, dass es sich bei dem Produkt um einen Online-Kauf handelte. Ich kaufte es zu einem günstigen Preis. Es ist nicht nötig, sich auf jemanden zu stützen. Sehen Sie, wir können nicht warten. Ich habe gelernt, zu bitten, anzuklopfen und zu suchen. Möge der Herr uns wie David machen und nicht wie die Seele.

Heute erhielt ich einen Anruf von einer guten christlichen Freundin. Ich kenne sie; sie ist aufrichtig. Aber sie hat eine Art von Unternehmen gegründet. Nachdem sie begonnen hatte, rief sie mich an, um dafür zu beten. Ich wusste im Geiste, dass es nicht Gottes Wille war. Gott würde helfen, wenn du ihn bittest. Er würde es nicht übernehmen, es sei denn, du sagst, ich gebe auf, Herr, hol mich heraus. Sie ist in einer so kritischen Situation, dass ich sie beraten muss. Sie hat zugestimmt, dass sie sich Gott hingeben muss. Selbst wenn sie im Graben liegt, sich verstrickt oder in Probleme eintaucht, wird Gott sie herausholen. Man weiß nicht, was auf dem Weg passieren kann. Gott will uns helfen, wenn wir seine Zustimmung, sein grünes Licht und seinen Segen haben. Glaube nicht, dass jemand etwas erreichen kann, wenn du seinen Schritten folgen kannst. Ich denke zweimal nach und bete viele Male, bevor ich kleine und große Entscheidungen treffe. Mit Gottes Zustimmung werden wir erfolgreich sein. Möge der Herr uns lehren, uns auf ihn zu verlassen und nicht auf unseren Verstand.

Sprüche 3:5 Vertraue auf den Herrn von ganzem Herzen und verlasse dich nicht auf deinen Verstand. 6 Auf allen deinen Wegen sollst du ihn erkennen, und er wird deine Pfade leiten.

Jeder Mensch kann eine Beziehung zu Gott aufbauen, wenn er sich auf Gott und nicht auf seinen Verstand verlässt. Möge der Herr uns helfen! Gott ist real. Er wird antworten, führen, leiten und lehren, wenn Sie lernen, sich auf Gott zu stützen. Viele Menschen haben nie gelernt, auf Gott zu hören. Manche Menschen fallen weiter und erleiden Niederlagen, Krankheit, Unterdrückung und Versagen. Stützen Sie sich auf Gott; er hat einen Plan für Sie und mich und für alle. Werden Sie nur nicht wie Eva und Adam, König Saul, König Jerobeam und König Zedekia. Diejenigen, die sich vor der Situation fürchten, sehen keine Zukunft für sich. Dennoch gibt es eine leuchtende Welt, die außerhalb deines Bewusstseins und deiner Anerkennung existiert.

Reden Sie sich den großen, schönen Plan Gottes nicht aus. Fasten Sie und beten Sie. Viele weise heidnische Könige kannten Gott Jehova nicht, sondern ließen sich von seinem Volk beraten. Ist das nicht schön? Warum können sich Christen nicht auf Gott verlassen? Wir folgen dem, was unsere Eltern oder unsere Umgebung praktizieren. Holen Sie sich eine himmlische Vision. Verlassen Sie sich auf Gott, er wird Ihnen den Flug eines Adlers, das Augenlicht der Weitesten und eine bessere Vogelperspektive geben, als Sie sich vorstellen können. Verlassen Sie sich bitte nicht auf Ihren Verstand. Denken Sie immer daran, wenn Sie sich auf Gott stützen, wird Satan jemanden schicken, vielleicht nicht in Form einer Schlange, sondern in Form einer schönen Frau oder in Form von Geld oder in irgendeiner anderen Art oder Form, um Ihre Morgendämmerung zu zerstören. Möge der Herr Ihnen die Kraft geben, sich auf ihn zu stützen! Ist es nicht komisch, dass alle, die auf Gott warten, den Plan des Teufels haben, sie hinauszuwerfen? Wenn du betest, bittest, suchst und anklopft, wird jemand vorbeikommen, um dich in die Irre zu führen. Bitte berate dich mit dem Herrn, er wird zur rechten Zeit kommen. Überstürzen Sie nichts und gehen Sie nicht in die Irre, denn Er kennt die Zeit Ihrer Segnungen. Warte, rotes Licht!

Unser Gott ist lebendig und weiß sehr wohl, was wir sind. Viele Könige des Volkes richteten großen Schaden an, weil sie sich nicht auf Gott verließen. Ihre Fehler verursachten viel Unheil, brachten Sklaverei und machten die Völker Israels zu Götzendienern. Am Ende löschte Gott Israel aus. Lernen Sie, sich auf Gott zu verlassen und nicht auf Ihren Verstand. Gott segne Sie!

LASST UNS BETEN

Herr, manchmal denken wir, du bist zu weit weg. Wir wissen nicht, ob du uns zuhörst oder nicht. Herr, unser Leser Wissen kollidiert mit Menschen, die selbst nicht gerettet sind, und bringt Verwirrung. Herr, lehre uns, uns auf Gott zu verlassen und auf niemanden. Der Plan ist dein. Du bist der Schöpfer; du weißt es am besten und niemand sonst. Wir bitten dich, uns zu helfen, uns mit ganzem Herzen auf dich zu stützen, um die richtige Richtung zu finden. Du bist der Pilot und darfst niemals der Kopilot sein. Du übernimmst die Herrschaft über unser Leben und bist der Steuermann des Bootes. Danke für deine Zeit und deine Sorge, uns zu segnen. Du hast uns erschaffen, um uns zu segnen, und du wirst es tun, wenn wir auf dich hören und dir gehorchen. Hilf uns, uns nicht auf unseren Verstand zu verlassen, denn der ist begrenzt und führt in die Irre. So geben wir uns dir hin, hilf uns in Jesu Namen. Amen! Gott segne Sie!

8. SEPTEMBER

WONACH SUCHT GOTT?

Gott sucht denjenigen, der zuhört und gehorcht. Neigen Sie ihr Ohr mit dem Herzen zu Ihrer Stimme. Zeigen Sie nicht anderen, wie groß sie sind, sondern wie groß Gott ist. Lehnt euch an und steuert das Leben durch den Heiligen Geist. Ist es wahr, dass Gott nach uns sucht? Ja, er sucht jemanden, der so ist wie er;

2 Chronik 16:9 Denn die Augen des Herrn gehen auf der ganzen Erde hin und her, um sich für diejenigen stark zu machen, deren Herz ihm gegenüber vollkommen ist.

Ich suche immer nach jemandem, der den Herrn mit ganzem Herzen, Verstand, Seele und Kraft liebt. Da ich keiner Konfession angehöre, sondern eine Seele für das Reich von König Jesus gewinnen möchte. Ich bete immer zum Herrn: Bringt mir die, die du ausgewählt hast, damit ich meine Zeit nicht vergeudet. Die Zeit ist sehr kurz, lassen Sie uns ehrlich sein. Gott sagt, dass ich einige Namen in das Buch geschrieben habe, seit der Gründung der Welt.

Epheser 1:4 wie er uns in ihm erwählt hat vor Grundlegung der Welt, damit wir heilig und untadelig seien vor ihm in der Liebe: 5 indem er uns vorherbestimmt hat zur Kindschaft durch Jesus Christus, nach dem Wohlgefallen seines Willens

Manche Menschen lieben Gott mit allem, was sie haben, und akzeptieren die Wahrheit. Sie sind anders, und sie haben keine Angst vor religiösen Führern. Sie können wie Daniel und viele andere, die sich von Gott getrennt haben, allein in jedem Land unterwegs sein. Gott sucht denjenigen, der berufen ist, sich aber auch dafür entscheidet, nicht das schmutzige Spiel zu spielen wie Judas. Wenn du ein schmutziges Spiel mit der Wahrheit spielst, bedeutet das, dass Gott dir den Geist der Verblendung gegeben hat. Was ist eine Verblendung? Täuschung ist ein Irrglaube, ein Missverständnis, ein Irrtum, ein Fehler. Die so genannte christliche Religion ist so etwas. Machen Sie sich keine Sorgen um sie, denn die Bibel sagt.

2 Thessalonicher 2:9 Er, dessen Ankunft nach dem Wirken des Satans erfolgt mit aller Macht und allen Zeichen und lügenhaften Wundern,10 und mit aller Verführung zur Ungerechtigkeit bei denen, die verloren gehen, weil sie die Liebe zur Wahrheit nicht angenommen haben, um gerettet zu werden.11 Und darum wird Gott ihnen eine starke Verführung senden, dass sie der Lüge glauben,12 damit sie alle verdammt werden, die der Wahrheit nicht geglaubt, sondern Gefallen an der Ungerechtigkeit gefunden haben.

Verdammen bedeutet permanente Bestrafung in der Hölle. Wonach sucht Gott, nachdem er sein Blut vergossen hat, indem er das Fleisch angezogen hat? In der neutestamentlichen Kirche sucht er nach seiner Braut. Seine Braut muss Jesus als ihren Gott und Erlöser annehmen. Eine persönliche Verpflichtung! Keine Hindernisse für irgendeine Art von Religion. Erlauben Sie dem Wort Gottes, Ihr höchstes zu sein und vor allem zu gehorchen. Gott wird Sie darauf vorbereiten, wenn Sie Buße tun und seine Einladung annehmen, indem Sie nur in Jesu Namen getauft werden. Der Name, der über allen seinen alttestamentlichen Namen steht. Empfangen Sie dann den Heiligen Geist, der Jesus ist, der zu Ihnen kommt. Wenn Sie den Heiligen Geist empfangen, wird er in Ihr Inneres kommen.

Epheser 5:25 Ihr Männer, liebt eure Frauen, wie auch Christus die Gemeinde geliebt und sich selbst für sie hingegeben hat, 26 damit er sie heilige und reinige mit der Waschung des Wassers durch das Wort, 27 damit er sie sich selbst als eine herrliche Gemeinde darstelle, die weder Flecken noch Runzeln noch etwas Derartiges hat, sondern heilig und unbefleckt ist.

Diese Braut muss sich auf eine Hochzeit mit dem Bräutigam Jesus vorbereiten. Jesus sucht nicht nach einer, die nicht zuhört und rebelliert, die den Leuten gefällt und machtgierig ist. Die Bibel sagt, dass Gott seine Braut vorbereitet, die auf der Erde durch die so genannte religiöse Autorität gelitten hat, wie er selbst. Kein Problem, denn das ist die ewige Trennung von denen, die die Form der Gottseligkeit haben, aber die Macht ablehnen.

Offenbarung 19:7 Lasst uns fröhlich sein und uns freuen und ihm die Ehre geben; denn die Hochzeit des Lammes ist gekommen, und seine Frau hat sich bereit gemacht. 8 Und ihr wurde gegeben, dass sie mit feiner, reiner und weißer Leinwand bekleidet werde; denn die feine Leinwand ist die Gerechtigkeit der Heiligen.

Nachdem wir unsere Sünden mit dem Blut Jesu gewaschen haben, indem wir auf den kostbaren und unvergleichlichen Namen Jesu getauft wurden, haben wir nun einen Jesus in uns aufgenommen.

Galater 3:27 Denn so viele von euch auf Christus getauft worden sind, haben Christus angezogen.

Verbringe jetzt Zeit mit ihm, indem du das Wort Gottes lernst. Wenn du ihn kennenlernen willst, dann suche dir wahre Lehrer und Propheten, die dir helfen können, Ihr Wort zu verstehen. Folgen Sie dem Wort Gottes und nicht der Religion. Heutzutage gibt es viele Konfessionen, um die Menschen zu betören. Und warum? Weil sie keine Liebe zu Jesus haben. Sie interessieren sich nicht für sein Wort und seine Wahrheit. Gott kennt sie. Vergeuden Sie Ihre Zeit nicht mit ihnen. Denn Jesus sagt,

2 Korinther 4:3 Wenn aber unser Evangelium verborgen ist, so ist es denen verborgen, die verloren sind, 4 in denen der Gott dieser Welt den Sinn derer verblendet hat, die nicht glauben, damit ihnen das Licht der Herrlichkeit des Evangeliums von Christus, der das Bild Gottes ist, nicht leuchte.

Gott schickt Täuschungen und übergibt sie dem Gott dieser Welt, der Satan ist. Seien Sie vorsichtig! Lieben Sie Gott, geben Sie sich hin, vertrauen Sie, gehorchen Sie und unterwerfen Sie sich dem Herrn Jesus. Ich verstand denjenigen, der leicht zu gewinnen ist, der niemals durch falsche Lehren verunreinigt wird. Die Macht der falschen Lehre Satans kann nur wirken, wenn Sie nicht nach Gott suchen, bitten und anklopfen. Es ist ein Zustand des Herzens. Das Herz wird trügerisch und böse genannt. Jesus kam zu der Zeit auf die Erde, als Priester und Hohepriester das Volk Gottes bereits verunreinigt hatten. Wenn Sie erst einmal von falschen Lehrern verunreinigt sind, dann gibt es keine Hoffnung mehr für Sie. Gott kam, um ein Beispiel zu geben. Er wandelte unter ihnen, aber trotzdem konnten sie ihn nicht erkennen.

Johannes 14:8 Philippus spricht zu ihm: Herr, zeige uns den Vater, und es genügt uns. 9 Jesus spricht zu ihm: Bin ich schon so lange bei euch, und du hast mich noch nicht erkannt, Philippus? Wer mich gesehen hat, hat den Vater gesehen; wie sagst du dann: Zeige uns den Vater?

Sehen Sie, wie Jesus ihnen antwortet. Wie töricht und blind? Viele suchen ihr ganzes Leben lang, aber sie finden nie die Wahrheit, weil sie nicht die Liebe zur Wahrheit haben. Liebe die Wahrheit und nicht die blinden Führer und Autoritäten. Einige werden tatsächlich sagen: Herr, haben wir nicht in deinem Namen Dämonen ausgetrieben und Kranke geheilt? Jesus wird sagen: Geh weg, ich habe dich nie gekannt. Ich bereite mich und andere auf Jesus vor. Ich will ihm begegnen. Alles, wonach ich mich sehe, ist Jesus. Ich lebe in den USA, habe Weltklasse gesehen und es genossen, aber es gibt keinen Vergleich mit meinem Jesus. Keiner kann mich kaufen. Ich habe Jesus verkauft. Nichts kann mich aufhalten, denn ich bin Jesus den ganzen Weg gefolgt. Jesus sucht nach demjenigen, der sich verkauft hat. Ergeben Sie sich und gehorchen Sie seiner Stimme und nur ihm. Amen!

LASST UNS BETEN

Himmlischer Vater, wir danken dir. Wir haben das Wort Gottes. Öffne uns Augen und Ohren, damit wir nur deine Stimme sehen und hören. Es ist der Gott, den wir hören müssen, und kein anderer. Wir danken dir, dass du dich im Fleisch manifestiert hast, um uns mit deinem Blut zu erkaufen. Du hast dein Blut gegeben, das dein Leben ist. Ich möchte dir danken, dass du barmherzig bist und meine Sünden abwäschst. Gott hat es selbst für mich getan, indem er Fleisch angenommen hat. Ich danke dir, dass du mir deinen Namen gegeben hast, der über allen meinen Namen steht. Im Namen Jesu beugt sich jedes Knie, und jede Zunge bekennt, dass Jesus der lebendige und einzige Gott ist. Du warst Vater in der Schöpfung, Sohn in der Erlösung für deine Braut und Heiliger Geist, um uns zu trösten, zu stärken, zu leiten und zu lehren. Wir heißen den Heiligen Geist in uns willkommen, in Jesu Namen. Amen! Gott segne Sie!

9. SEPTEMBER

NUR SIE KÖNNEN SICH SELBST FREISCHALTEN!

Derjenige, der das Wort hören, sehen, gehorchen, glauben und sich ihm unterwerfen kann, sind Sie. Niemand außer dir!

Das Wort Gottes sagt: *Johannes 8:31 Da sprach Jesus zu den Juden, die an ihn glaubten: Wenn ihr an meinem Wort festhaltet, so seid ihr wirklich meine Jünger; 32 und ihr werdet die Wahrheit erkennen, und die Wahrheit wird euch frei machen. Der Schlüssel ist also die Wahrheit. Ihr müsst die Wahrheit suchen und nicht die Religion.*

Der Beitritt zu einer namhaften Organisation wird Sie ruinieren. Wenn du dem Heiligen Geist erlaubst, dich zu lehren, wirst du mächtige Werke vollbringen. Ein Mann war ein Mörder namens Seele, die Fischer, Petrus, Johannes, Jakobus und Andreas, der Zöllner Matthäus und viele andere, die die Wahrheit gefunden und den Schatz gehoben haben. Um sich selbst zu befreien, bedarf es Ihrer Zusammenarbeit mit dem Schöpfer.

Die Bibel sagt: *Johannes 8:36 Wenn nun der Sohn euch frei macht, so seid ihr wirklich frei.*

Gott kann dich befreien, wenn du die Anweisungen, Instruktionen und Befehle befolgst, die im Wort Gottes gegeben werden. Du hörst auf Gott, oder du bist auf dich allein gestellt. Satan, die Schlange, legte das Wort Gottes aus, und Eva folgte ihm. Was geschieht dann? Machen Sie keine persönliche Interpretation, die Ihre Augenlust, Ihre Fleischeslust und Ihren Stolz im Leben befriedigt. Es ist Gott oder deine Lust und dein Stolz. Satan wird der Vater der Lüge genannt, der

Johannes 8:43 Warum versteht ihr meine Rede nicht? Weil ihr mein Wort nicht hören könnt. 44 Ihr seid von eurem Vater, dem Teufel, und die Begierden eures Vaters werdet ihr tun. Er ist ein Mörder von Anfang an und bleibt nicht in der Wahrheit, denn es ist keine Wahrheit in ihm. Wenn er eine Lüge redet, so redet er von sich selbst; denn er ist ein Lügner und ihr Vater.

Das Wort Gottes ist Gott. Benutze das Wort Gottes ständig. Wenn du das Wort Gottes hörst, dann lerne, indem du es behältst. Es wird dich davon abhalten, der trügerischen Stimme des Satans zu folgen. Wer hört schon auf eine trügerische Stimme? Schaufensterbummler für Stolz und Lust? Geht nicht auf Schaufensterbummel, müsst nicht mit den Joneses mithalten. Ich möchte, dass das, was mein Nachbar hat, ein stolzer Charakter ist. Warte auf den Herrn! Du wirst vom Herrn mit allem gesegnet werden, was du brauchst. Es ist die Freiheit des Herrn, aber deine Entscheidungen werden dich in Schulden, Eifersucht, Lügen, Stehlen und schlechten Gewohnheiten gefangen halten. Täusche nicht die Lust, indem du Gottes

SEPTEMBER 9

Gebot ablehnst. Gib niemandem außer dir selbst die Schuld, denn der Teufel hat nichts mit den Menschen zu tun, die Gott hören und seiner Stimme gehorchen. Du kannst Gott nicht sagen, dass er mich nicht in die Hölle schicken soll, weil ich von Satan fehlgeleitet bin. Satan hat nie Früchte gepflückt oder geschaut. Satan hat die Früchte nie in den Mund gesteckt, aber du schon. Und warum? Weil du wie Gott sein wolltest. Du bist es, der sündigt. Überprüfen Sie Ihr Herz. Die Täuschung ist in deinem Herzen. Er beginnt in deinem Herzen. Davids Sünden inspirierten ihn dazu, das Bekenntnis Lied zu schreiben,

Psalm 51:7 Reinige mich mit Ysop, so werde ich rein; wasche mich, so werde ich weißer als Schnee.10 Schaffe in mir ein reines Herz, o Gott, und erneuere einen rechten Geist in mir.Dies ist im Neuen Testament zu finden. Wenn Sie auf den Namen Jesus getauft werden, wird Gott Ihre Sünden auslöschen.

Apg 22:16 Was zögerst du noch? Steh auf, lass dich taufen und wasche deine Sünden ab, indem du den Namen des Herrn anrufst. (Krankheit, die durch Sünde verursacht wurde, wird im Wasser abgewaschen. Gott wird Sie von allen Flüchen befreien.

Das können nur Sie selbst tun. Ich habe unzählige Fälle gesehen, in denen Menschen im Namen Jesu aus dem Wasser gestiegen sind und in ihrer Sprache gesprochen haben. Das ist die Gabe, wenn du ins Wasser gehst, um deine Sünden abzuwaschen. Aber wer kann Sie zum Wasser führen? Niemand außer Ihnen! Der Herr wird dich niemals drängen. Der Herr hat dir das Wort gegeben, und du tust oder leugnest es.

Jesaja 28:9 Wem wird er Wissen beibringen, und wen wird er lehren? Denen, die von der Milch entwöhnt und von den Brüsten gezogen sind.10 Denn es muss ein Gebot auf das andere folgen, ein Gebot auf das andere, ein Strich auf den anderen, hier ein wenig und dort ein wenig.11 Denn mit stammelnden Lippen und einer anderen Zunge wird er zu diesem Volk reden.12 Zu ihnen sprach er: Das ist die Ruhe, womit ihr die Müden zur Ruhe bringen könnt, das ist die Erquickung; aber sie wollten nicht hören.

Das Baby würde Mama und Papa nicht sagen, was sie tun sollen. Das Baby ist der Nachfolger. Deshalb ist das Baby in den Händen des Herrn sicher. Lasst uns wie ein Baby sein, das sich auf den Vater, den Schöpfer, verlässt, um sich leiten und lehren zu lassen. Denken Sie daran, dass Sie das tun, was das Wort sagt, um sich von den Fesseln zu befreien und zu verlieren. Ich kann lehren, aber du bist derjenige, der folgt. Wenn ich Bibelstunden gebe, ist derjenige, der zuhört und gehorcht, eine Freude für mein Herz. Aber einige hören die Prophezeiung, die Lehre des Wortes Gottes und gehorchen trotzdem nicht. Ich sehe, dass ihr Leben keinen Fortschritt macht, sie sind sehr klug, schlauer als Gott und können der Stimme Gottes, die das Wort Gottes ist, nicht gehorchen. Ich verbringe viel Zeit mit Gebet, Lehre und Führung, aber wenn sie mich ablehnen, gehe ich von ihnen weg. Du zeigst ihnen mehr als zwei Bibelstellen für die Lehre, aber trotzdem akzeptieren sie die Tradition und die falsche Lehre und folgen der Menge. Die falschen Lehrer und Propheten sind die schwierigsten, trotzdem ist es nicht ihre Schuld, denn ich denke, es kommt auf den Einzelnen an.

Matthäus 10:14 Und wer euch nicht aufnimmt und eure Worte nicht hört, wenn ihr aus dem Haus oder der Stadt geht, der schüttelt den Staub von euren Füßen ab.15 Wahrlich, ich sage euch: Es wird dem Land Sodom und Gomorra am Tag des Gerichts erträglicher gehen als dieser Stadt.Folgen Sie Jesu Wort, um sich zu befreien

Einige Konfessionen, falsche Lehrer, Pastoren, Satan und seine teuflischen Lehren haben viele verführt. Gott bat Adam, ihm zu folgen und nicht einer anderen Stimme. Aber der größte Feind war in ihnen selbst. Du allein kannst einen Fluch oder Segen bringen. Du allein kannst Freiheit oder Knechtschaft bringen. Es ist möglich, sich selbst zu ver- oder entriegeln. Folgen Sie Jesus und gehorchen Sie seinem Wort. Die Wahrheit ist eine mächtige Waffe, um Sie von Fesseln, Krankheiten und Unglück zu befreien. Für die Folgen sind Sie selbst verantwortlich. Amen!

LASST UNS BETEN

Herr, Gott, du bist gekommen, um die Gefangenen zu befreien. Du hast uns schon im Garten Eden die Freiheit geschenkt. Unsere Entscheidungen brachten uns Fesseln, Flüche und Schwierigkeiten, wenn wir nicht auf dich hören. Wir neigen unsere Ohren nicht zu dir! Hilf uns, Herr, denn wir sind nicht besser als Eva und unsere Vorfahren, die dich im Stich gelassen haben. Wir haben dich gebeten, uns den Wunsch zu geben, dir zu folgen und nicht Organisationen, Konfessionen und verlorenen religiösen Autoritäten. Hilf uns, die Bibel zu öffnen, indem wir unsere Herzen und unseren Verstand öffnen, um die Wahrheit zu empfangen. Dein Wort ist wahr und wird uns segnen und aufschließen, wenn wir glauben, gehorchen und uns unterordnen. Also, Herr, hilf, gib uns Mut und Kühnheit, dir in Jesu Namen zu folgen. Amen! Gott segne Sie!

10. SEPTEMBER

WIE STELLT MAN JESUS VOR?

In Matthäus 4 fragt Satan Jesus: *"Wenn du Gottes Sohn bist..."* Satan wusste, dass Jesus Gott war, der sich im Fleisch manifestierte. Er weiß, wer Jesus ist.

In Jakobus 2:19 heißt es: "Du glaubst, dass es einen Gott gibt, und das tust du gut; auch die Teufel glauben und zittern."

Satan kennt das Wort Gottes. Er weiß es,

Jesaja 9:6 "Denn uns ist ein Kind geboren, ein Sohn ist uns gegeben, und die Herrschaft ruht auf seiner Schulter; und man nennt seinen Namen Wunderbar, Ratgeber, starker Gott, Vater der Ewigkeit, Friedefürst."

Er weiß, *Johannes 1:1,14: "Im Anfang war das Wort, und das Wort war bei Gott, und das Wort war Gott... Und das Wort wurde Fleisch und wohnte unter uns, und wir sahen seine Herrlichkeit, die Herrlichkeit des eingeborenen Sohnes vom Vater, voller Gnade und Wahrheit."*

Jehova Gott nahm Fleisch an, um kostbares, sinnloses Blut zu vergießen. Deshalb war er der Sohn Gottes und nicht der Sohn Josephs. Hier ist der Sohn Gottes, der Buchstabe "S" ist groß geschrieben. Jesus kam nicht mit einer göttlichen Natur, sondern der göttliche Gott nahm Fleisch an. Denken Sie daran, dass Satan weiß, dass Jesus der Gott Jehovas ist, da er einst im Himmel war, bevor er vertrieben wurde. Aber wir, die wir geschaffen wurden, brauchen die Offenbarung des Heiligen Geistes, um zu erfahren, wer Jesus ist.

In Markus 5:6 sahen die Dämonen, die von einem Mann besessen waren, Jesus kommen und beteten ihn an, weil sie wussten, dass Jesus der eine wahre Gott in Fleisch und Blut war. "6 Als er aber Jesus von ferne sah, lief er hin und warf sich vor ihm nieder 7 und schrie mit lauter Stimme und sprach: Was habe ich mit dir zu schaffen, Jesus, du Sohn des höchsten Gottes? Ich beschwöre dich bei Gott, daß du mich nicht quälst. 8 Denn er sprach zu ihm: Fahre aus von dem Menschen, du unreiner Geist!"

Für wen hielt der Jünger Jesus?

In Markus 8:27 heißt es: "Und Jesus ging hinaus mit seinen Jüngern in die Städte von Cäsarea Philippi; und unterwegs fragte er seine Jünger und sprach zu ihnen: Wer sagen die Leute, dass ich sei? 28 Und sie antworteten: Johannes der Täufer; einige aber sagen: Elias; andere aber: einer der Propheten."

Dann fragte Jesus sie in Vers *29: "Und er sprach zu ihnen: Wer sagt denn ihr, dass ich sei? Und Petrus antwortete und sprach zu ihm: Du bist der Christus."*

Petrus war der Einzige, der wusste, wer Jesus war. Ihr seid gesegnet, wenn ihr wisst, wer Jesus ist, denn Jesus sagte in

Matthäus 16:17: "Und Jesus antwortete und sprach zu ihm: Selig bist du, Simon Barjona; denn Fleisch und Blut hat dir das nicht offenbart, sondern mein Vater im Himmel.

Kein Mensch, kein Lehrer, keine Bibelschule kann Ihnen beibringen, wer Jesus ist. Wir können die wahre Kirche Jesu Christi nur auf der Offenbarung dessen aufbauen, wer Jesus ist; alles andere ist nur ein Bauen auf versinkendem Sand. Jesus sagte zu Petrus, dass seine Offenbarung von Jesus den Pforten der Hölle standhalten würde.

Jesus sagte zu Petrus in *Matthäus 16:18 Und ich sage dir auch: Du bist Petrus, und auf diesen Felsen will ich meine Gemeinde bauen, und die Pforten der Hölle sollen sie nicht überwältigen. 19 Und ich will dir die Schlüssel des Himmelreichs geben; und was du auf Erden binden wirst, soll auch im Himmel gebunden sein, und was du auf Erden lösen wirst, soll auch im Himmel gelöst sein.*

König Herodes und die Juden sagten über Jesus in *Markus 6:14 Und der König Herodes hörte von ihm (denn sein Name war weithin bekannt) und sagte: Johannes der Täufer ist auferstanden, und darum sind große Taten an ihm zu sehen. 15 Andere sagten: Er ist Elias. Und andere sagten: Es ist ein Prophet oder einer der Propheten. 16 Als aber Herodes das hörte, sprach er: Es ist Johannes, den ich enthauptet habe; er ist auferstanden von den Toten.*

Zur Zeit Jesu wussten die Menschen nicht, wer er war. Um die Identität Jesu zu erkennen, bedarf es der Offenbarung. Saulus von Tarsus (später Paulus genannt) erhielt auf seinem Weg nach Damaskus eine Offenbarung von Jesus. Apostelgeschichte 9:15. Wir alle brauchen Offenbarung und Manifestation von Jesus.

In Epheser 4:13 heißt es: "Bis wir alle hingelangen zur Einheit des Glaubens und der Erkenntnis des Sohnes Gottes, zu einem vollkommenen Menschen, zum Maß der Fülle des Christus".

Jesus ist das ausdrückliche (oder genaue) Abbild von Jehova Gott. Genauso wie Ihr Foto das genaue (oder ausdrückliche) Abbild Ihrer Person ist.

In Hebräer 1:1 heißt es: "Gott, der vorzeiten zu verschiedenen Zeiten und auf verschiedene Weise zu den Vätern geredet hat durch die Propheten, 2 hat in diesen letzten Tagen zu uns geredet durch seinen Sohn, den er zum Erben aller Dinge eingesetzt hat, durch den er auch die Welten gemacht hat, 3 der der Glanz seiner Herrlichkeit und das Abbild seiner Person ist...".

Paulus stellt Jesus als das sichtbare Abbild Gottes vor. Er schreibt in

Kolosser 1:15 "Er ist das Ebenbild des unsichtbaren Gottes, der Erstgeborene aller Kreaturen..."

Wiederum schreibt Paulus *in 2. Korinther 4,4: "In welchem der Gott dieser Welt (Satan) den Verstand derer verblendet hat, die nicht glauben, damit ihnen das Licht des herrlichen Evangeliums von Christus, der das Bild Gottes ist, nicht leuchte".*

Kein Mensch aus Fleisch und Blut (natürlicher Mensch) kann wissen, wer Jesus ist, außer durch den Geist. Kein Mensch, kein Theologe, kein Meister der Tora ist nötig. Es ist Ihre Suche, Liebe und Offenbarung.

Deshalb befinden sich viele Konfessionen im Irrtum. Die meiste Zeit haben Theologen, Priester, Hohepriester und religiöse Führer keine Offenbarung von Jesus. Die Dämonen, Teufel und gefallenen Engel wussten, wer Jesus war, da sie Geistwesen waren. Geist kennt die geistige Welt. Satan (Luzifer) und alle gefallenen Engel, die vom Himmel herab kamen, kannten Jesus, da sie Geister waren und nicht aus Fleisch und Blut. Natürlich sind sie alle Antichristen, also werden sie euch nicht wissen lassen, wer Jesus ist.

Ich habe viele verwirrte Organisationen und Konfessionen gesehen, die an dieser antichristlichen Lehre festhalten, Jesus nicht als den Einen und einzigen wahren Gott anzunehmen, der im Fleisch offenbart wurde. Paulus, als er noch Saul war, war in dieser Kategorie, aber seine Liebe zu Gott fand die Barmherzigkeit von Jesus. Gott griff ein, denn Paulus liebte Gott und strebte nicht nach einer Machtposition. Er war nicht eifersüchtig, gierig, ein Lügner, geld- oder machthungrig wie die Hohepriester. Er wurde nicht als das "Geschlecht der Schlangen" eingestuft, sondern er liebte Gott.

Heute, wir haben viele Organisationen und Denominationen weil sie haben keine Offenbarung von wer Jesus ist.. Ist das nicht seltsam, wo Jesus doch gesagt hat, wenn ihr mir gehorcht, wenn ihr mich liebt und wenn ihr mein Gebot haltet, werde ich euch offenbaren, wer ich bin? Ich bete dafür, dass Sie den Jehova, Gott des Alten Testaments, als Jesus (im Fleisch) des Neuen Testaments kennen, durch Offenbarung von Gott!

LASST UNS BETEN

Herr, viele gehen verwirrt umher und wissen nicht, wer du bist. Herr, wir brauchen nicht nur eine Offenbarung von dir, sondern wir müssen dich als kommenden Gott erkennen, der erobert und regiert, als König des Königs und als Herr des Herrn. Die Welt wird dich zu jener Zeit erkennen, niederknien und bekennen, dass du Jehova Gott bist. Aber heute wollen wir, dass wir dich alle kennen und verehren. Viele behaupten, Jesus zu kennen, weil sie ein Gebäude namens Kirche besuchten und in eine religiöse Familie hineingeboren wurden. Herr, wir wollen dich in deiner Macht und Kraft kennenlernen, damit wir dir den Platz geben können, der dir zusteht. Wir haben Gott Jesus, den höchsten Namen, den Namen über alle Namen, den du in der Vergangenheit angenommen hast. Wir treiben Dämonen aus, heilen Kranke, beten und taufen in Jesu kostbarem Namen. Der Name Jesu ist der autorisierte Name über alle Namen, die du hattest. Es ist der Name, vor dem wir uns verneigen und bekennen, dass du allein würdig bist der Ehre, der Weisheit, der Erkenntnis, des Reichtums, der Herrlichkeit, der Macht und der Stärke in Jesu Namen. Amen! Gott segne Sie!

11. SEPTEMBER

GOTT MIT SEINEM ZUSTAND DIENEN UND STANDARD!

Warum haben wir so viele Religionen, Kirchen und Organisationen? Wir sind nicht besser als Kain, Eva, Adam und alle anderen, die ihr Schicksal beschlossen, obwohl sie wussten, dass es nicht funktionieren würde. Jesus hat alles getan, was nötig ist, um das Gesetz zu erfüllen. Lehren Sie genau so, wie Gott es im Wort Gottes anordnet, das die einzige höchste Autorität ist. Deshalb lehre ich, indem ich ihnen zwei oder mehr Bibelstellen zeige.

Matthäus 5:17 Denkt nicht, dass ich gekommen bin, um das Gesetz oder die Propheten aufzulösen: Ich bin nicht gekommen, um aufzulösen, sondern um zu erfüllen.

Zwei oder mehr Zeugen müssen jede Lehre, jeden Glauben oder jede Politik bestätigen. Der Herr hat uns angewiesen, zwei Zeugen, Beweise oder Belege zu finden, die in der Bibel enthalten sind. Gott hat immer zwei oder drei Beweise aufbewahrt, um seine Doktrin oder Lehre zu beweisen. Gott hat genaue Anweisungen für das Fasten gegeben. Man kann sie verwässern, indem man Schriftstellen hinzufügt oder weglässt. Wir sollten schnell nach zwei oder mehr Bibelstellen über das Fasten suchen und die Anweisungen genau so befolgen, wie sie gegeben wurden.

Erster Beweis.

Esther 4:16 Geh und versammle alle Juden, die in Susan sind, und fastet für mich und esst und trinkt drei Tage lang nicht, weder bei Tag noch bei Nacht: Auch ich und meine Mägde wollen fasten, und so will ich zum König hineingehen, was nicht nach dem Gesetz ist; und wenn ich umkomme, komme ich um.

Zweiter Beweis: *Exodus 34:28a Und er war dort bei dem Herrn vierzig Tage und vierzig Nächte und aß kein Brot und trank kein Wasser.*

Wir haben zwei Bibelstellen für das Fasten gesehen und wollen nun eine weitere Bibelstelle sehen, um die Lehre zu begründen. Lassen Sie nicht zu, dass Ihre Phantasie die Kraft des Fastens zunichtemacht.

Jona 3:5 Da glaubte das Volk von Ninive Gott und rief ein Fasten aus und legte Säcke an, vom Größten bis zum Kleinsten. 7 Und er ließ es durch den König und seine Fürsten in ganz Ninive ausrufen und verkünden und sagen: Weder Mensch noch Vieh, weder Herde noch Schaf sollen etwas kosten; sie sollen nicht fressen und kein Wasser trinken:

Sehen Sie, sogar die Götzendiener von Ninive wussten, wie man fastet, denn sie kannten das göttliche Fasten. Und es funktionierte, denn sie fasten nach den Anweisungen des Wortes. Was passiert, wenn wir die Anweisungen Gottes verwässern? Ganz einfach: Die Menschen sind rebellisch, halsstarrig und starrköpfig, die Hebräer und wir auch. Warum sehen wir nicht, dass Gott sich bewegt, und können den Dämon nicht austreiben? Glauben Sie mir, dämonische Hindernisse werden nicht beseitigt, wenn Sie dem Wort Gottes etwas hinzufügen oder wegnehmen.

Gott sagte, wir sollen ihn im Geist und in der Wahrheit anbeten. Der Herr Jesus sagte, dass man nicht predigen soll, ohne sein Wissen zu haben. Beginne sein Werk, indem du weißt, wer Jesus ist. Gott benutzte Petrus für die Juden und Paulus für die Heiden. Beide hatten eine Offenbarung von Jesus. Die erste Bedingung, Fleisch und Blut, kann die Identität von Jesus nicht offenbaren. Sie bestätigte, dass der Geist Petrus und Paulus offenbart wurde. Paulus' Wissen konnte nicht helfen. Gehen Sie nicht zu einer religiösen Organisation, um Jesus zu finden, gehen Sie zu Gott und seinem Wort. Dienen Sie Gott unter Ihren Bedingungen und nach Ihren Maßstäben. Maria und Josef stimmten zu, unter Ihrer Bedingung zu arbeiten. Die Menschen fasten und erfüllen ihre Bedingungen und sehen das Ergebnis. Das Wort ist die höchste Autorität, also schlagen Sie die Bibel auf und suchen Sie zwei oder drei Bibelstellen, um irgendwelche Lehren zu begründen. Gott offenbart demjenigen, der ihn sucht, die Wahrheit. Machen Sie sich also keine Sorgen, dass diejenigen, die Sie ablehnen, nicht die gleiche Offenbarung erhalten. Wenn Sie Gott lieben, dann wird Gott Sie lehren. Andere werden in der Finsternis umherirren und die Wahrheit nicht finden. Die religiösen Führer lehnten Jesus ab, weil die Religion auf der Ebene und unter den Bedingungen eines Menschen stattfindet, die Beziehung aber auf der Ebene und unter den Bedingungen Gottes. Es gibt Tausende von Religionen, in denen es sich um ein Männerprogramm handelt, das das Wort Gottes benutzt und für persönliche Inszenierungen der Bibel interpretiert. Schauen Sie sich ihre Kirchen an; nichts funktioniert, aber sie sind voll von Menschen, die genau wie sie sture und starke Wahnvorstellungen haben. Und warum? Ihr seid die Gemeinde und ihr seid nicht dazu berufen, auf einer Bank oder einem Stuhl zu sitzen, geht arbeiten und lernt das Wort. Kehren Sie frohgemut nach Hause zurück!

Schauen wir uns die Lehre von der Taufe an. Suchen Sie zwei oder drei Bibelstellen. Erstens,

Apostelgeschichte 2:38 Da sprach Petrus zu ihnen: Tut Buße und lasst euch alle taufen auf den Namen Jesu Christi zur Vergebung der Sünden, so werdet ihr die Gabe des Heiligen Geistes empfangen.

Sehen wir uns das zweite Zeugnis in der Bibel an

Apg 8:16 (Denn noch war er auf keinen von ihnen gefallen, sondern sie ließen sich auf den Namen des Herrn Jesus taufen).

Lassen Sie uns den dritten Zeugen der Familie Cornelius suchen.

Apg 10:48 Und er befahl ihnen, sich auf den Namen des Herrn taufen zu lassen.

Studieren Sie einfach die frühe Kirchengeschichte zur Wassertaufe. Nun ist die Bibel das Wort Gottes. Wir brauchen keine persönliche Auslegung, sondern nur das Zeugnis von zwei oder drei Schriftstellen, um die Lehre zu begründen. Gott empfing den Heiligen Geist durch den Beweis des Sprechens in der Zunge durch zwei oder mehr Bibelstellen. Sind Sie bereit, Gottes Bedingung zu gehorchen und dann falsche Lehrer, Propheten und Religionen abzulehnen? Ein Jünger, Paulus, und andere folgten Jesus, indem sie das Kreuz trugen. Mose tat genau das, was nötig war, um auch Gott Abrahams und Davids zu treffen. Gott warf König

Saul und andere Könige hinaus, die ihre zwei Sinne hinzufügen. Es ist seine Bedingung, auf die Erde zu kommen und den Himmel zu verlassen, um für uns arm zu werden.

In Jesu Zustand trieben alle Jünger Dämonen aus, heilten Kranke, öffneten die Augen der Lahmen und erweckten die Toten. Sie können es tun, wenn Sie in Seiner Lehre wandeln, die von zwei oder mehr Zeugen im Wort festgelegt wurde. Das Wort ist die höchste Autorität, nicht diese Kirche, Organisation oder der falsche Prophet und Lehrer, der von der Wahrheit abweicht, die durch eine einzige Schriftstelle festgelegt wurde. Blinde Führer können nur die Blinden führen. Es ist seine Bedingung, in die Welt zu gehen und die Wahrheit zu predigen. Sein Jünger wird in Zungen sprechen, wenn Sie das nicht tun, was bedeutet, dass Sie nicht im Heiligen Geist getauft sind. Die himmlische Sprache ist eine Gebetssprache. Wenn Sie nicht der Bedingung Jesu folgen, dann werden Sie kranke, unterdrückte und besessene Kirchen sehen, die die Menschen darauf vorbereiten, dass Satan sie übernimmt.

Der Herr sagte, er löste den Geist nicht aus. Buße zu tun und dann alle Sünden im Blut zu waschen, das unter dem Namen Jesu verborgen ist, wird Sie in Gottes Zustand bringen, um ihm auf seiner Ebene zu dienen. Die Worte der Umkehr kamen zuerst von Johannes dem Täufer, Jesus, den Jüngern und anderen. In der Vergangenheit wollte der Herr ein Königreich, das von ihm regiert wurde, aber sie baten den König. Es war sein Wunsch und seine Bedingung, wachsam zu bleiben, damit der Teufel die Wahrheit nicht stiehlt. Der Herr gab Gebote, Vorschriften, Gesetze und Satzungen, so dass wir uns an seine Bedingungen halten, um die Ebene zu erreichen, die er für sein Volk bevorzugt, um ihm zu dienen. Wie schön, dass wir schriftliche Aufzeichnungen haben, aber wenn diese schriftlichen Anweisungen der Bibel in die Hände von gierigen, lügnerischen, falschen Lehrern, Pastoren und Propheten gelangen, dann werden Sie auf ihrer Ebene und mit ihren Bedingungen für ihre Religion arbeiten. Satan hat die Bibel verändert, so dass Sie niemals Gottes Niveau erreichen. Es ist der Gott, dem Sie dienen, der den Standard festgelegt hat. Schlagen Sie also die Bibel auf und studieren Sie, fragen Sie, klopfen Sie an, suchen Sie und gehorchen Sie der Wahrheit. Jesus ist der Weg, die Wahrheit und das Leben, um ihn zu erreichen. Nur die Wahrheit zählt und nicht die Lehren der Religionen. Mein Herr, öffne deine Augen, um zu sehen, und deine Ohren, um zu hören. Es ist der Herr, der die ganze Arbeit tut, also werde demütig, lass dich unterweisen und folge dem Wort und der Lehre des Herrn.

LASST UNS BETEN

Herr, wir danken dir für die Lehre des Wortes und das Vorbild, dem wir folgen sollen. Es ist die Barmherzigkeit Gottes, der mit seinem Geist das Beispiel gegeben hat. Erstaunlicherweise haben wir Beweise für den Empfang des Heiligen Geistes, indem wir in Zungen sprechen. Wie schön ist es, die Wahrheit zu sagen? Die gehorsamen Säuglinge werdet ihr die Lehre lehren. Es ist der Gnade Gottes zu verdanken, dass wir Gott auf eurem Niveau anbeten und dienen können. Ihr seid heilig und werdet rechtschaffene und gehorsame Lehre lehren. Wir suchen, bis wir finden und machen keine Kompromisse in Jesu Namen! Amen! Gott segne Sie!

12. SEPTEMBER

MENSCHEN, DIE GENANNT WERDEN GOTT SEI DANK!

Die Bibel sagt niemand kommt zu mir ausser ich ziehe sie nahe zu ihm. Also kommen zu Gott ist persönlich und einzigartig für dich, geboren in einer Christlichen Familie. Ich höre großartige Zeugnisse von Neubekehrten, die in einer christlichen, hinduistischen oder muslimischen Familie geboren wurden, die unglaublich sind. Ich höre viele Zeugnisse, und es ist klar, wie Gott allein sie ziehen kann. Es ist der Herr, der uns ruft.

Johannes 6:44 Niemand kann zu mir kommen, es sei denn, dass der Vater, der mich gesandt hat, ihn ziehe; und ich werde ihn auferwecken am letzten Tag. 65 Und er sprach: Darum habe ich euch gesagt, daß niemand zu mir kommen kann, es sei denn, daß es ihm von meinem Vater gegeben werde.

Aus den oben genannten Bibelstellen wissen wir, dass nur Gott uns zu sich ziehen kann. Der Schöpfer hat ein Seil, um uns zu ziehen. Nur Gott ruft uns. Gott hat uns nicht zum Roboter gemacht, also antworten wir, wenn er ruft.

Matthäus 22:14 Denn viele sind berufen, aber wenige sind auserwählt.

Wir müssen uns beweisen und alle Prüfungen bestehen, um unsere Berufung zu erfüllen. In eine christliche Familie geboren zu sein, qualifiziert uns nicht für das Reich Gottes. Aber wie er sagte, kann man nicht in das Reich Gottes kommen, wenn man es nicht ist.

Johannes 3:5 Jesus antwortete: Wahrlich, wahrlich, ich sage dir: Wenn jemand nicht aus Wasser und Geist geboren wird, kann er nicht in das Reich Gottes kommen.

Der Herr Jesus, der fleischgewordene Gott, musste die Prüfung auf dem Berg durchlaufen. Er hat gebetet und gefastet. Der geistige Gott im Fleisch, der uns ein Beispiel gibt, tat alles, was nötig war, damit seine Schöpfung gerettet werden konnte. Gott kam im Fleisch, bekannt als Lamm, nur um das Blut zu vergießen. Das Blut zu vergießen war nicht der einzige Zweck. Sein anderer Zweck war, ein Beispiel für uns zu hinterlassen.

1 Petrus 2:21 Denn auch dazu seid ihr berufen; denn auch Christus hat für uns gelitten und uns ein Beispiel hinterlassen, damit ihr seinen Schritten folgt:

ELIZABETH DAS

Der Mensch aus Fleisch und Blut braucht eine Vorlage, der er folgen kann. Jesus, der Gott ist, hat alles getan, also was ist unser Problem? Warum streiten wir? Wir folgen falschen Lehren und suchen nicht nach dem Weg Jesu. Er ist die einzige Wahrheit des ewigen Lebens. Ich habe bei den Siebenten-Tags-Adventisten, den Mormonen und den Zeugen Jehovas gelernt und die Methodisten besucht. In den USA besuchte ich eine Pfingstgemeinde. Ich habe nicht aufgehört zu suchen. Gott hat mich gerufen, und ich weiß, dass die Barmherzigkeit und Gnade Gottes mich zur Wahrheit führt. Das geschah nicht auf natürliche Weise. Ich habe gebetet und gefastet, um die Wahrheit zu finden. Ich wollte keiner dieser religiösen Organisationen folgen. Später ging ich in viele Kirchen in Los Angeles, in West Covina. Jemand kam und erzählte mir die Wahrheit. Oh mein Gott, davon hatte ich noch nie gehört. Der Staat Gujarat, in dem ich lebte, wusste nicht, was ich gefunden hatte. Ich wusste nicht, dass die Wahrheit die Macht hat, einen alten Menschen zu begraben und ihn in der Neuheit aufzurichten. Dass ich berufen bin, bedeutet nicht, dass ich ein Ticket in den Himmel habe. Nein, es gibt Arbeit zu tun. Jesus ist das Beispiel, dem wir folgen müssen, um ein Leben umzukrempeln.

Matthäus 16:24 Da sprach Jesus zu seinen Jüngern: Wenn jemand mir nachfolgen will, so verleugne er sich selbst und nehme sein Kreuz auf sich und folge mir nach.

Wenn Sie berufen sind, Jesus nachzufolgen, sind Sie berufen, sich einer Armee anzuschließen. Ich treffe viele Menschen, die aus ihren religiösen Konfessionen, dem Islam und dem Hinduismus austreten, ohne zu wissen, dass sie sich in einem Kriegsgebiet mit Satan befinden. Machen Sie sich klar, dass es schwierig ist, aber Sie sind siegreich, weil Sie die Kraft des Heiligen Geistes haben. Wenn Sie eine religiöse Kirche besuchen, in der gelehrt wird: "Einmal gerettet, immer gerettet", ist das nicht ein Scherz? Gehen Sie hinein und nehmen Sie Asche, das ist eine weitere Lüge. Sie haben keinen Dämon. Auch das ist eine Lüge. Wenn du Jesus annimmst, empfängst du sofort den Heiligen Geist; das ist eine Lüge, keine Hoffnung für dich. Deshalb heißt es: Viele sind berufen, aber wenige sind ausgewählt. Während schmal begegnet Einschränkungen, Broadway bleibt uneingeschränkt und zieht viele an die suchen zu zerstören.

Die Meerenge ist das Tor, das heißt, die Pforte ist verschlossen. Wenn Menschen von Gott berufen und nach dem Bestehen ausgewählt werden, ist ihre Prüfung anders. Wenn ich lehre, zeige ich ihnen das geschriebene Wort; sie begreifen es und leben damit. Ich habe besonders mit einem Hindu zu tun. Heute sagte er, als ich die Bibel nicht kannte, wusste ich trotzdem, dass Jesus der einzige Gott ist. Er ist der einzige Gott. Nun, ich habe die falschen und verwirrenden Lehren der Bibel studiert; ich hatte viele falsche Lehren, die mich behinderten. Aber ich verließ mich auf Gott. Ich verließ mich auf das Wort Gottes und glaubte, dass es so geschehen würde, wie es da steht. Die letzte Offenbarung kam in einigen Versammlungen. Ich lerne von Menschen, die nicht so viel Verwirrung über falsche Propheten und Lehrer haben. Ich bin immer noch wie ein Baby und möchte immer mehr wissen.

Jesaja 28:9 Wem wird er Wissen beibringen, und wen wird er lehren, die von der Milch entwöhnt und von den Brüsten gezogen sind?

Sei wie ein Kind.

Matthäus 18:3 und sprach: Wahrlich, ich sage euch: Es sei denn, dass ihr euch bekehrt und werdet wie die Kinder, so werdet ihr nicht in das Himmelreich kommen.

Matthäus 19:14 Jesus aber sprach: Lasst die Kindlein zu mir kommen und wehret ihnen nicht; denn solcher ist das Himmelreich.

Markus 10:15 Wahrlich, ich sage euch: Wer das Reich Gottes nicht annimmt wie ein kleines Kind, der wird nicht hineinkommen.

Werden Sie kein Theologe, Baptist, JW, Methodist, Allianz, CNI, Pfingstler oder was auch immer. Akzeptieren Sie die Wahrheit wie ein Kind. Wenn Sie einem Kind einen Dollar geben, wird es ihn annehmen; das Kind wird auf und ab springen. Als ich einmal nach der Kirche zu meiner Nichte sagte: "Ich lade dich zum Mittagessen ein", sprang sie auf und ab. Sie hat es geglaubt. Denken Sie daran, dass wir das, was der Herr sagt, annehmen müssen. Mit Teenagern und konfessionell gebundenen Menschen ist es schwierig, miteinander zu reden. Als Engel Philippus bat, südlich von Jerusalem nach Gaza zu gehen, tat Philippus das. Er traf Eunice; der Geist forderte Philippus auf, auf sie zuzugehen, und er tat es und fragte sie: Verstehst du?

Er sagte nein. *Apg 8:35 Da tat Philippus seinen Mund auf und fing an mit derselben Schrift und predigte ihm Jesus. 36 Und als sie weitergingen, kamen sie an ein Wasser. Und der Kämmerer sprach: Siehe, hier ist Wasser; was hindert mich, getauft zu werden? 37 Philippus aber sprach: Wenn du von ganzem Herzen glaubst, so kannst du getauft werden. Er aber antwortete und sprach: Ich glaube, daß Jesus Christus Gottes Sohn ist. 38 Und er befahl dem Wagen, stillzustehen; und sie stiegen beide ins Wasser hinab, Philippus und der Kämmerer, und er taufte ihn.*

Solche Menschen sind berufen, und der Herr wird ihnen einen wahren Lehrer schicken. Manchmal treffe ich diese Art von Menschen. Sie sind eine Freude. Sie werden nie sagen: Oh, ich bin dies und das, sondern sie akzeptieren und wenden sich Gott zu. Das ist ein Unterschied.

Offenbarung 17:14 Diese werden mit dem Lamm Krieg führen, und das Lamm wird sie überwinden; denn es ist der Herr aller Herren und der König aller Könige, und die bei ihm sind, sind berufen und auserwählt und treu.

Gelobt sei Gott! Er wählt nach der Berufung aus. Nur die Gläubigen werden in den Himmel kommen. Amen!

LASST UNS BETEN

Herr, wir danken dir, dass du uns gerufen hast. Bereite uns in deinem Bootcamp auf den Kampf mit dem unsichtbaren Feind vor. Die Herrscher der Finsternis sind der Gegner; wir sehen ihn nicht, aber Gott, du hast uns gezeigt, wie wir kämpfen sollen. Wir lieben dich, Gott, dass wir durch viele Schwierigkeiten und Prüfungen gehen müssen, aber deine Verheißungen sind mit uns. Du wirst uns niemals verlassen oder aufgeben. Wir danken dir, Herr! Das ist es, was wir wollen und in unserem Herzen behalten, dass deine Verheißungen ja sind, aber wir müssen daran glauben und es einfordern. Die Ersten sind die Letzten und die Letzten werden die Ersten sein. Hilf uns, dieses Rennen in deinem Zustand zu laufen und nicht in unserem. Wir wollen demütig bleiben, nicht nur wir, sondern auch unser Land, das von Armut, Krankheiten und dämonischen Machenschaften geheilt ist, in Jesu Namen. Amen! Gott segne Sie!

13. SEPTEMBER
REDEN SIE VERNÜNFTIG!

Du musst reden mit Wissen über jemanden oder etwas. Ich finde Leute haben kein Wissen und reden als ob sie alles wissen. Ich habe in Kalifornien gelebt für 25 Jahre, was nicht bedeutet ich weiss alles über Kalifornien. Wir müssen die Themen kennen, bevor wir über sie debattieren oder diskutieren. Das gilt besonders für Gott! Wie kann ich über Gott reden, ohne den wahren Gott zu kennen oder zu erfahren? Man muss Gott fragen, suchen und nach ihm Ausschau halten. Halbwissen ist schlimmer als Unwissenheit.

Sprüche 1:5 Ein kluger Mann hört und lernt viel, und ein verständiger Mann findet kluge Ratschläge. 7 Die Furcht des Herrn ist der Anfang der Erkenntnis; aber die Toren verachten Weisheit und Unterweisung.

Über irgend ein Thema zu reden ohne zu wissen, aber du blickst oder überhörst jemand macht dich nicht ein Experte. Ezeigt, wie töricht du bist. Du entlarvt seine Narrheit. Möge der Herr dir Weisheit schenken. Heutzutage will jeder über Gott sprechen; ich meine den wahren Gott Jesus. Aber sie haben ihn nie gehört, gesucht, gelesen und studiert. In der Welt gibt es einen Aufruhr um den wahren Gott, und es klingt so töricht, ungelehrt und unwissend. Man weiß alles über Gott. Etwas, das von Hand gemacht wurde, kann nicht gehen, reden, sprechen oder denken und ist kein Gott. Man sollte nicht über den allmächtigen Gott sprechen, wenn man Handarbeiten anbietet. Wenn man den ewigen, allwissenden, allmächtigen, schöpferischen und wundertätigen Gott nicht kennt und nicht über ihn spricht, bringt das Ärger. Es ist unangebracht sogar den Namen Jesus zu nehmen vom unheiligen und ungerechten Mund.

Hebräer 10:31 Es ist eine schreckliche Sache, in die Hände des lebendigen Gottes zu fallen.

Stellen Sie sicher, dass Sie verstehen, dass Gott nicht die Wissenschaft, der Weltraum oder irgendein anderes Thema ist. Es ist der Schöpfer, der dich geschaffen hat. Seien Sie vorsichtig!

Psalm 90:11 Wer kennt die Macht deines Zorns? So wie deine Furcht, so ist auch dein Zorn.

Jedes Mal, wenn ich über Gott spreche, stelle ich sicher, dass Gott es offenbart oder dass ich weiß, wovon ich spreche. Andernfalls wird eine Stimme lauter sein als die andere und versuchen zu beweisen, dass ich Recht habe, ohne es zu wissen. Man kann sich irren, wenn man richtig denkt.

Sprüche 4:7 Weisheit ist die Hauptsache; darum erwirb Weisheit, und mit allem, was du erwirbst, erwirb Einsicht.

Alle Prophezeiungen die wahr werden zeigen dass die Zeit näher ist zur Wiederkunft von Jesus. Die Bibel sagt, um meines Namens willen, werden sie euch hassen. Es wird Hungersnot geben, Erdbeben, und keine

SEPTEMBER 13

Inseln mehr, und Berge. Mach dich bereit das Ergebnis der Prophezeiung zu sehen die vor uns ist. Lies Markus 13, Lukas 17:2037; 21:836; Matthäus 24. 2 Timotheus 3:15 Timotheus 4:17. Heutzutage beweisen die Kontrolle der Medien und der Regierung die Erfüllung der biblischen Prophezeiung. Sie sind auch ein Beweis für Unwissenheit. Einige böse Kräfte führen oder treiben Menschen dazu, die Kontrolle übernehmen zu wollen. Warum ist das so? Es zeigt, dass die Schöpfung die Dunkelheit mehr liebt als das Licht. Die Schöpfung liebt das Böse mehr als das Gute. Das Gute ist böse und das Böse ist gut. Möge der Herr uns zur Vernunft bringen. Wie kann man über Dinge sprechen, die man nicht kennt? Ist das Christentum eine Bekehrung oder eine Umkehrung eines irreführenden Weges? Menschen die in der Dunkelheit gehen, verloren nach den stummen und tauben von Menschen gemachten Götzen, haben jetzt den wahren Gott gefunden. Ein Götze kann jede Form oder jeden Namen haben, aber keiner von ihnen hat einen Verstand, ein Gehirn oder einen lebenden Organismus. Möge der Herr unsere geistlichen Augen öffnen, um ihn zu sehen und zu suchen. Wenn Sie Gott kennenlernen wollen, müssen Sie ihn fragen. Ich würde das tun, denn die Bibel ist das Wort Gottes.1 Korinther 8:5 Denn wenn es Götter gibt, die Götter genannt werden, sei es im Himmel oder auf Erden, (denn es gibt viele Götter und viele Herren), so ist es doch ganz normal, dass du und jemand anderes behauptet, du zu sein, dann muss er seine Identität beweisen.

Wir haben Personalausweise, Geburtsurkunden, Pässe und andere Identitätsnachweise, um zu beweisen, dass ich der echte oder ursprüngliche bin. Darf ich sagen, wenn wir auf unsere Identität achten, warum sind wir dann so verwirrt oder faul, diesen einen wahren Gott nicht zu finden? Wenn ihr das tut, dann ist das Ende des Kampfes Armut, Kummer, Zerstörung, Krankheit, Unterdrückung, Besessenheit und Dunkelheit. Möge der Herr Ihnen helfen, die Wahrheit der Bibel zu finden, die die Macht hat, Sie von den Unwissenden zu befreien. Vernünftiges Gerede ist durchsichtig. Es steckt ein Beweis dahinter. Es gibt eine Kraft dahinter, die das unterstützt, was sie behauptet. Wenn du nur redest oder argumentierst, bedeutet das, dass du Religion hast und keine Beziehungen. Sie gehören dann zu den religiösen Autoritäten, die versuchen, Sie zu fördern und unter Druck zu setzen, damit Sie ihren Glauben akzeptieren.

Gott hat in seinem Wort über die Endzeit geoffenbart,

2 Thessalonicher 2:3 Laßt euch von niemandem verführen; denn jener Tag wird nicht kommen, es sei denn, daß zuvor ein Abfall komme und der Mensch der Sünde geoffenbart werde, der Sohn des Verderbens, 4 der sich widersetzt und sich über alles erhebt, was Gott heißt oder angebetet wird, so daß er als Gott im Tempel Gottes sitzt und sich ausgibt, daß er Gott sei. 5 Erinnert ihr euch nicht, daß ich euch das gesagt habe, als ich noch bei euch war?

Nun sollten Unwissende, Ungelernte oder Unerfahrene nicht unbedacht über das Thema Gott sprechen. In der Vergangenheit war meine erste Erfahrung mit dem Christentum, als ich im Namen Jesu ins Wasser ging. Meine Absicht, unter Wasser zu gehen, war, die Vergebung meiner Sünden zu empfangen, wie es im Wort Gottes erklärt wird. Lassen Sie mich Ihnen sagen, wenn Sie das tun, dann werden alle Ihre Argumente aufgelöst werden. Sie werden Vergebung erfahren und dankbar sein. Sagen Sie mir, wer würde sich nicht freuen, wenn er etwas so Kostbares findet? Jesus sagte, dass ich zu meiner Schöpfung gekommen bin, um mich zu heilen, zu befreien und freizusetzen. Wenn wir Jesus nachfolgen, müssen wir dasselbe tun und nicht streiten. Der natürliche Mensch hat keine Ahnung von übernatürlichen Dingen. Was tun Sie, wenn ein Mensch verrückt ist, wenn ein Dämon von ihm Besitz ergreift? Sie brauchen die Macht und den Finger Gottes. Die Anweisung steht in der Bibel von dem wahren Gott. Wenn Sie und ich als Christ die Anweisungen der Bibel genau befolgen, dann wird es funktionieren, denn wer kann uns daran hindern, unserem Vater zu folgen, wenn wir ihn finden? Wer hat Ihnen das Recht gegeben, jemanden aufzuhalten, der die Wahrheit erfahren und dann geglaubt hat? Wenn Sie blind sind, bitten Sie um Hilfe, aber halten Sie den Fortschritt der anderen nicht auf. Es braucht keine Erlaubnis von irgendjemandem, es sei denn, Sie sind voreingenommen oder ein Christenhasser. Das Christentum ist keine Religion; es ist die mächtige Erfahrung der Befreiung von Dunkelheit, Armut, Krankheit und Dämonen. Ich rate Ihnen, die Bibel aufzuschlagen und ihr zu folgen. Wenn Sie etwas Falsches finden, dann sprechen Sie mit dem Schöpfer, denn es ist das Buch des Schöpfers. Es soll euch zu allen Segnungen, zur Wahrheit und zum Wohlstand führen. Sprich vernünftig, sonst bist du unklug und unwissend. Gott segne dich.

Sprüche 24:4 Und durch Wissen werden die Kammern gefüllt mit allen kostbaren und angenehmen Reichtümern. 5 Ein weiser Mann ist stark, und ein kluger Mann wird immer stärker. 6 Denn durch klugen Rat wirst du deinen Krieg führen; und in einer Menge von Ratgebern ist Sicherheit.

LASST UNS BETEN

Himmlischer Vater, wir danken dir für die Zeit, die vor uns liegt. Alle Prophezeiungen werden sich erfüllen, dann seht auf und erhebt eure Häupter, denn eure Erlösung naht heran. Überall sehen wir Unruhen, Morde und Zerstörung. Dies ist die Zeit der Finsternis. Möge der Herr uns helfen, viele zu erreichen und sie aus der feurig brennenden Hölle herauszuholen. Die Hölle war keine Eingangstür. Gib deinem Volk den Wunsch, denen, die unwissend sind, ein Zeugnis zu geben. Unser Gott ist barmherzig, er allein kann die gebrochenen Herzen heilen, versorgen, die Kranken heilen und befreien. Es ist unsere Aufgabe als Kinder des lebendigen Gottes, denen zu helfen, die ohne Hilfe sind und hilflos sind. Wir danken dir, denn die Kosten des Arztes sind extrem, aber unser Gott tut es umsonst. Hilf uns, Herr, in Jesu Namen. Amen! Gott segne Sie!

14. SEPTEMBER

HALTE DICH AN DER HAND GOTTES FEST!

Wir sehen Kinder, die die Hand ihrer Eltern halten. Sie werden nicht die Hand eines Fremden halten. Mann und Frau halten sich an der Hand des anderen. Sie halten die Hand, bis sie verheiratet sind; sobald sie geschieden sind, ändert sich die Hand. Kinder werden erwachsen, und sie brauchen ihre Hände nicht mehr. Wenn die Menschen älter werden, brauchen sie wieder eine Hand. Ich war in Indien und habe gesehen, dass die älteren Menschen immer die Hand der anderen halten. Wir müssen die Hände halten, aber wir können auch die Hände wechseln. Aber die Hand Gottes wird sich nie ändern. Das ist die Hand, die Sie festhalten müssen. Es ist eine unveränderliche Hand.

Möge der Herr uns immer helfen, uns daran zu erinnern, dass die Hand des Herrn dich erreichen wird, um dich aus dem schlammigen Lehm und der tiefen Not zu retten, und dich beschützen wird. Vor Jahren hörte ich die Geschichte dieses So. indischen Propheten. Nach seiner Bekehrung kam er in den Nordwesten. Unsere Eltern hießen immer Menschen willkommen, die im Namen Jesu kamen. Das brachte viel Segen in unser Haus. Der Name dieses Mannes war Mr. Pardeshi. Er hatte einen weltlichen Job in Südindien. Der Engel kam in sein Büro und bat ihn, ihm zu folgen. Er sagte: "Nein, ich habe eine Arbeit, für die ich Frau und Kind versorgen muss." Der Engel kam am nächsten Tag und bat ihn, dasselbe zu tun; er antwortete dasselbe. Am dritten Tag, als der Engel ihn bat, ihm zu folgen, ließ Herr Pardashi sich fallen und folgte ihm. Südindien hat viele Berge und Täler. Also nahm Angel ihn mit auf die Spitze des Berges, ließ ihn fallen und verschwand. Tage- und wochenlang wartete er auf den Engel, der ihn begleitete. Da er schwach war, dachte er: "Ich kann nicht hinuntergehen." Sein Bart wurde lang, er wurde durstig und hungrig. Er betete: Herr, bitte töte mich hier. Ich bin nicht fähig, hinabzusteigen. Da sah er, wie eine Hand vom Himmel kam und seine Zunge berührte, und er wurde wieder ganz stark. Das Licht kam in seine Augen, und sein Körper erhielt die Kraft, und er begann hinunterzuklettern. Der Mann suchte Gott in seiner Verzweiflung, als er auf dem Berg war. Gott salbte den Mann mit einer großen Salbung. Wenn er auf der Straße ging, fielen besessene Menschen rückwärts. Der Dämon kam aus den Menschen in seiner Gegenwart heraus. Dieser Mann kam in den Bundesstaat Gujarat und taufte meine Mutter im Namen Jesu. Meine Mutter sagte, ich sei krank und wurde geheilt.

Die Hand Gottes hat Br. Pardeshi berührt und ihn wiederbelebt. Du brauchst die Hand Gottes, um dich zu berühren. Die Dinge geschehen mit der rechten Hand des Herrn. Sie ist die Hand der Macht. Gott ist ein Geist, also ist die rechte Hand eine Allegorie.

1 Petrus 5:6 So demütigt euch nun unter die mächtige Hand Gottes, damit er euch zur rechten Zeit erhöhe:

Jesaja 48:13 Meine Hand hat die Erde gegründet, und meine Rechte hat den Himmel aufgespannt; wenn ich sie rufe, stehen sie auf.

ELIZABETH DAS

Unser Gott verwendet die Hand als Allegorie, d. h. als Metapher oder Analogie.

Die Bibel sagt, dass Gott Geist ist. Johannes 4:24 Gott ist ein Geist:

Wir benutzen unsere Hände, um Menschen zu berühren, mit ihnen zu arbeiten oder für sie zu beten.

Ich benutze meine Hand, um über Menschen zu beten. Die Leute erzählen mir, dass sie sich heiß fühlen, wenn ich ihnen die Hände auflege. Sie bestätigen auch, dass sie das Gefühl haben, dass etwas aus ihrer Hand kommt und sie sich frei und leicht oder müde fühlen. Unsere Hand ist das, wovon Gott spricht. Himmlische Dinge können nur verstanden werden, wenn sie auf irdische Weise erklärt werden. Gott benutzt das Gleichnis, damit du und ich es verstehen können. Ich kann nicht mit Menschen über die USA sprechen, die die USA noch nie besucht haben.

Jesaja 41:9 Dich habe ich von den Enden der Erde genommen und dich von den Obersten der Erde gerufen und zu dir gesagt: Du bist mein Knecht; ich habe dich erwählt und nicht verstoßen. 10 Fürchte dich nicht, denn ich bin mit dir; erschrecke nicht, denn ich bin dein Gott: Ich stärke dich und helfe dir; ich stütze dich mit der rechten Hand meiner Gerechtigkeit.

Der Herr erklärt die Dinge und bringt uns auf unsere Ebene, damit wir sie verstehen können. Gott ist Geist und erfüllt Himmel und Erde. Wir verstehen mit unserem irdischen Verstand, dass seine Hände mächtig sind, uns zu retten. Gott benutzt das Gleichnis, um die himmlische Materie mit irdischen Elementen zu erklären. Gott hat unsere Hände zu Helfern gemacht. Wir benutzen unsere Hände, um zu kochen, zu putzen, zu füttern, zu kämmen, zu arbeiten, zu schreiben und die Arbeit zu erledigen. Wir benutzen keine Beine als Hand. So wird unsere Hand in der Hand Gottes zu einer mächtigen Hand. Unsere Hände können Tote auferwecken, Kranke heilen und Dämonen austreiben. Das kann nur geschehen, wenn wir unserer Hand erlauben, in der Hand Gottes zu sein. Unsere Hände trainieren nur, um zu arbeiten, aber nie für Gottes Werk, auch wenn sie von Gott gegeben sind.

Gott sagte im Wort Gottes. *Markus 16:18 Sie werden Schlangen aufheben; und wenn sie etwas Tödliches trinken, wird es ihnen nicht schaden; sie werden den Kranken die Hände auflegen, und sie werden gesund werden.*

Wie könnt ihr all diese Arbeit tun und die Schlange aufheben? Wir arbeiten mit unseren Händen und legen auch den Kranken die Hände auf. Möge der Herr uns helfen zu verstehen, dass Gott unsere Hände benutzt, um sein Werk zu tun. Wir legen unsere Hand in den Willen Gottes. Der Wille Gottes braucht deine Hand. Wenn Gott seine Hand nicht benutzt, wirst du gezeichnet werden. Du würdest nicht gerettet werden. Denken Sie also daran, dass wir seine unveränderliche Hand sein müssen. Es ist der Herr, der sagt, dass du deine Hand benutzen sollst. Wenn Gott unsere Hand salbt, um über andere zu beten, wird sie zur Hand Jesu.

Markus 8:25 Dann legte er ihm wieder die Hände auf die Augen und ließ ihn aufblicken; und er wurde wieder gesund und sah alles klar.

Lukas 13:13 Und er legte ihr die Hände auf, und alsbald wurde sie aufgerichtet und pries Gott.

Lukas 4:40 Als aber die Sonne untergegangen war, brachten alle, die an verschiedenen Krankheiten litten, sie zu ihm; und er legte ihnen allen die Hände auf und heilte sie.

Apg 9:17 Und Ananias ging seines Weges, trat in das Haus und legte ihm die Hände auf und sprach: Bruder Saulus, der Herr, Jesus, der dir erschienen ist auf dem Weg, den du gekommen bist, hat mich gesandt, damit du sehend und mit dem Heiligen Geist erfüllt wirst.

Die Macht der Hand zu sehen, wie sie zur Hand des Herrn wird. Es ist die unveränderliche Hand Gottes, die große Werke vollbringt. Benutze deine Hand und denke, sie wird Großes tun, wenn sie für den Herrn arbeitet. Er hat uns ein Beispiel gegeben. Wie du deine Hände auf kranke Menschen legst. Legen Sie Ihre Hand auf die unterdrückten, besessenen Menschen, um das Werk Gottes zu sehen. Das übernatürliche Werk wird sich nur dann manifestieren, wenn Ihre Hand sich bewegt, arbeitet und für das Werk Jesu tätig ist. Amen!

LASST UNS BETEN

Himmlischer Vater, wir kommen vor deinen Altar. Wir wissen, wie wichtig unsere Hände sind, wenn wir sie für dich einsetzen. Es ist die unveränderliche Hand Gottes, die rettet, heilt, befreit und die Gefangenen freisetzt, wenn wir es auf deine Weise tun. Herr, du bist Geist, aber du benutzt unsere Hand. Unsere Hand Metapher ist verständlich, denn wir benutzen die Hand zum Arbeiten. Möge der Herr uns helfen, unsere Hände zu benutzen, um das mächtige Werk des Reiches Gottes zu tun. Wir überlassen es den Ärzten, Krankenschwestern oder anderen, ihre Hände zu benutzen, aber einer, der sie benutzen muss, sind wir. Wir sind vom Heiligen Geist erfüllte Menschen, die unsere Hände für unsere Schöpfung einsetzen müssen. Die Förderung Ihres Reiches hängt von der unveränderlichen Hand Gottes ab, die die meine ist. Es kann nicht anders sein. Danke, dass du uns zwei Hände gegeben hast, nicht nur eine. Möge der Herr uns heute für die vielen Aufgaben Gottes salben. Wir weihen unsere Hand, um eine unveränderliche Hand für das Werk des Reiches Gottes zu sein, in Jesu Namen. Amen. Gott segne Sie.

15. SEPTEMBER

DIE ZIELSCHEIBE IST AUF DEINEN GLAUBEN GERICHTET!

Der Glaube versetzt den Berg. Berg der Schulden, Sorgen, Schwierigkeiten, Krankheiten, Krankheiten, und nenne es. Wenn du Glauben hast, kannst du tun, was du sein möchtest. Nichts ist stärker als dein Glaube. Aber das weiß auch der Teufel, und so versucht er sein Bestes, um eine Situation zu schaffen, die größer, unmöglich und ungewöhnlich erscheint, nur um Ihren Glauben zu erschüttern. Der Glaube ist eine mächtige positive Waffe, und der Teufel weiß, dass er den feurigen Pfeil Satans auslöschen kann.

Epheser 6:16 Vor allem aber nehmt den Schild des Glaubens, mit dem ihr alle feurigen Pfeile des Bösen auslöschen könnt.

1 Thessalonicher 5:8 Wir aber, die wir des Tages teilhaftig sind, sollen nüchtern sein und den Panzer des Glaubens und der Liebe anziehen, und als Helm die Hoffnung auf Rettung.

Der Glaube ist der Schild deiner Hoffnung. Durch den Glauben werden Sie überwinden. Er wird Ihre Kinder retten, und er wird Ihre Ehe wiederherstellen. Der Glaube kann Menschen erlösen und sie frei machen.

Ihr Glaube an den Herrn kann die Hoffnung schützen. Wenn Sie glauben und für jede Situation beten, dann wird der Glaube das erwartete Ergebnis bringen. Das Ergebnis des Gebets ist nicht das, wofür Sie gebetet haben, sondern der Glaube. Glauben Sie an Gott, glauben Sie, und er wird es tun. Schütze deinen Glauben immer mit dem Blut Jesu und dem Heiligen Geist. Gott salbte König David, als er noch ein Kind war. Satan überwachte ihn, um den Plan Gottes zu zerstören. Hast du viele Versprechungen von Gott erhalten? Wartest du darauf? Beten Sie darum, dass verschiedene Dinge in Ihrem Leben geschehen? Der Teufel hat es auf Ihren Glauben abgesehen. Schütze deinen Glauben. Lesen Sie die Bibelstelle des Zeugnisses. Wenn mein Glaube ins Visier genommen wird, wenn sich Sorgen, Angst und Zweifel gegen mich auftürmen, dann lese ich Hebräer 11, um den feurigen Pfeil des Feindes zu zerstören. Dein Glaube variiert von Tag zu Tag und von Situation zu Situation. Der Sohn des Lehrers litt unter einem ernsten Zustand. Ich sagte, Jesus kann die Niere heilen. Ich dachte, der Mann glaubt an Heilung, da er Lehrer in der religiösen Kirche war. Stattdessen antwortete er: "Oh, es ist die Niere, also brauchen wir den Arzt." Ich konnte den Unglauben der Sonntagsschullehrer nicht fassen. Ich dachte, alle Dinge sind möglich, für Gott ist nichts unmöglich. Ich weiß, dass der Herr unseren Körper geschaffen hat, wer kann also besser Bescheid wissen als Gott? Er allein kann die beste Arbeit leisten. Ich habe verstanden, dass es nicht auf die Position ankommt, die man innehat, sondern auf die Beziehung zum Herrn. Mehr als alles andere brauchen Sie eine Beziehung. Dein Wissen über ihn ist am wichtigsten. Ich verbringe mehr Zeit damit, die Bibel zu lesen. Ich höre nicht viele Botschaften, sondern das Wort, das Gott ist. Als das Wort = Gott in Fleisch und Blut überging, war das eine andere

SEPTEMBER 15

Geschichte. Der Schöpfer ist das Wort. Gott schuf Himmel und Erde, indem er das Wort sprach. Das Wort, das du sprichst, zeigt, wo du mit Gott stehst. Wenn du das Wort mit Glauben sprichst, dann erschaffst du das, was du gesagt hast.

Genesis 1:1 Im Anfang schuf Gott den Himmel und die Erde.3 Und Gott sprach: Es werde Licht! und es ward Licht.

Hebräer 11:3 Durch den Glauben verstehen wir, dass die Welten durch das Wort Gottes geschaffen wurden, so dass die Dinge, die man sieht, nicht aus den Dingen gemacht wurden, die erscheinen. Lassen Sie Ihrer Fantasie freien Lauf und erwarten Sie ein unglaubliches Ergebnis. Sprechen Sie Ihre Phantasie, sie wird das Übernatürliche schaffen. Die Worte sind der wichtigste Faktor, denn Leben und Tod liegen auf deiner Zunge.

Sprichwort 18:21 Tod und Leben stehen in der Macht der Zunge, und wer sie liebt, wird von ihrer Frucht essen.

Die Menschen wissen nicht, dass die unsichtbare Hoffnung körperlich wird, wenn man sie mit der Zunge ausspricht. Die Frau rief mich an und sagte, sie habe einen Knoten gefunden, und es sei Brustkrebs. Ich sagte: Nein, das ist es nicht. Sie ging zum Arzt und fand heraus, dass es kein Krebs war, und war begeistert. Sie sagte: "Ich erinnere mich, dass du mir gesagt hast, es sei kein Krebs." Sehen Sie, sagte ich und glaubte. Ich glaube es, weil ich die Bibel lese und mein Glaube auf das Wort Gottes beruht. Bringen Sie Ihren Kindern bei, die Wahrheit zu sagen und positiv zu sein. Das Wort bringt Leben oder Tod hervor. Viele Kinder sterben, weil ihre Eltern ihnen Böses ins Ohr flüstern. Sie verbreiten Gift durch ihren Mund; es ist kein Wunder, dass ihre Kinder böse sind. Wer ist der böse Trainer? Die Eltern, nicht die Nachbarn. Wir sprechen immer den Segen über unseren Feind, denn er hat die Macht, ihn zu verändern.

Jesus sagte.

Markus 5:34 Und er sprach zu ihr: Tochter, dein Glaube hat dich gesund gemacht; gehe hin in Frieden und sei gesund von deiner Plage. Der Mann bat Jesus, die Botschaft zu senden.

Lukas 7:9 Als Jesus das hörte, verwunderte er sich über ihn, drehte ihn um und sagte zu dem Volk, das ihm folgte: Ich sage euch: Einen so großen Glauben habe ich nicht gefunden, auch nicht in Israel.

Es ist die Kraft Gottes, die den Glauben durchdringt, indem sie ihn verkündet. Der Herr ist gut! Er ist glücklich, wenn jemand ihm vertraut! Wenn ich irgendwohin gehe, gehe ich im Glauben. Mein Glaube an Gott ist groß. Ich habe keinen Glauben an irgendjemanden oder irgendetwas. Ich glaube an Gott für alles. Der Herr kann und wird es tun, wenn Sie glauben und es verkünden. Gott hat über fünftausend Verheißungen gegeben. Denken Sie daran, was geschehen kann, wenn Sie glauben. Zweifellos müssen wir alle handeln und glauben. Ohne Handeln geht nichts.

Die Aktion ist der Anstoß für Ihren Glauben.

Jakobus 2:17 So ist auch der Glaube, wenn er nicht Werke hat, tot und bleibt allein. 20 Willst du aber wissen, du eitler Mensch, daß der Glaube ohne Werke tot ist?

Die Hindernisse wie Berge, Meere, Täler und Hindernisse können verschwinden, wenn Sie Gott vertrauen. Du sprichst, und er wird es geschehen lassen. Es ist ein Spiel mit dem Wort. Ich muss das Spiel des Wortes mit dem Wort Gottes ausgleichen. Unser Gott hat erstaunliche Dinge getan. Die Wüste ist durch den Glauben an ihn zu einem Teich mit Wasser geworden. Er hat die Städte mit Schwefel und Feuer verbrannt. Er hat es gesagt und verkündet. Lasst euer Handeln dem Herrn wohlgefällig sein. Jede eurer Handlungen, die mit dem Glauben verbunden sind, bringt großen Segen. Möge der Herr uns mit seinem Geist lehren, denn der Heilige Geist lehrt uns. Der Teufel hat viele Pfeile, aber wenn du mit Entschlossenheit, Unerschütterlichkeit und Standhaftigkeit stehst, kann dich kein Teufel in der Hölle bewegen. Keiner kann dir deine Verheißungen rauben oder dich zerstören, in Jesu Namen. Amen!

LASST UNS BETEN

Der himmlische Vater, der Glaube, der wie ein Senfkorn ist, hat die Kraft, einen Berg zu versetzen. Wir alle haben bis zu einem gewissen Grad Glauben, also hilf uns, Herr. Wir wissen, dass die Kraft in der Zunge liegt, also hilft uns, ein positives Wort für die Bitten zu sprechen. Herr, wir brauchen positiven Glauben, denn uns fehlt der Glaube. Wir glauben an viele Dinge, aber im Hinblick auf den Herrn versagen wir. Durch dein Zeichen sind wir geheilt. Trotzdem gehen wir zum Arzt. Herr, hilf uns, uns keine Sorgen zu machen über all die Situationen, die uns begegnen. Das Wort und das Gebet sind für uns unwichtig. So hilf uns, Herr, wir müssen die Reichsten im Glauben sein. Wir streben nach den Dingen, die keinen ewigen Wert haben. Hilf uns, den Glauben in die Arbeit zu stecken. Der Glaube und die Arbeitskraft haben Kraft. Herr, Daniel, Joseph, Esther und viele andere sahen, dass die Situation jenseits von Gut und Böse war, aber ihr Glaube begleitete ihre Arbeit und zog die Aufmerksamkeit der Welt auf sich. Wir wollen, dass die Welt auf uns aufmerksam wird, wenn wir sprechen. Der Teufel weicht zurück, wenn er unseren Glauben sieht. Keiner seiner Pfeile kann wirken. Segne uns mit Glauben, indem du uns mit deinem Blut in Jesu Namen bedeckst. Amen! Gott segne Sie!

16. SEPTEMBER
ERHALTE FREIHEIT DURCH VERGEBUNG!

Viele Menschen sind krank, und der Grund dafür ist, dass es in ihrem System keine Vergebung gibt. Ich bin einigen Menschen begegnet, die ich sehr gut kenne und die eine sehr vergebende Natur haben. Wenn ihnen jemand Unrecht tut, geben sie es sofort an Gott weiter. Ich bin so froh über ihr großes Beispiel. Da sie für Gott leben und keinen Müll mit sich herumtragen, gehen sie sauber. Manche Menschen tragen das gerne mit sich herum, was ihnen vor Jahren widerfahren ist. Sie tragen Müll in ihrem Herzen. Es ist eine zerstörerische Erinnerung, wann immer sie daran denken. Wenn ihr frei sein wollt, dann vergebt. Wenn Sie zum Altar gehen, lassen Sie es einfach dort liegen und heben Sie es nicht auf. Viele weinen vor dem Altar und lassen ihre Last dort liegen. Bitten Sie Gott, sich zu rächen und zu sagen: Es gehört dir, ich gebe es dir. Manche Menschen stehen vom Altar auf und heben die Last auf, anstatt einfach zu gehen. Sie kehren mit denselben Gedanken nach Hause zurück. Sie bleiben krank, erbrechen sich und werden noch kränker. Versuchen Sie nicht, andere anzustecken, indem Sie über Ihre Situation sprechen, sondern auch sich selbst. Überlassen Sie es Gott. Rache zu nehmen ist Gottes Aufgabe, also ist es Gottes Aufgabe und nicht Ihre. Wenn du es Gott überlässt, wirst du seinen Frieden und Segen erfahren. Gehorchet den Geboten Gottes. Ich erinnere mich an eine schwierige Zeit auf der Arbeit. Es gab eine Vorgesetzte, die mich schikaniert hat. Sie nutzte ihre Macht aus, um mich zu verletzen. Ich war aufgebracht und konnte nicht mehr schlafen. Ich dachte darüber nach, wie ich mich rächen könnte. Danke Gott, eines Tages hörte ich in der Bibelstunde diese Schriftstelle.

Markus 11:25 Und wenn ihr steht und betet, so vergebt, wenn ihr etwas gegen jemanden habt, damit auch euer Vater im Himmel euch eure Schuld vergebe.

Es fiel mir schwer, zu vergeben, aber da ich es mir nicht leisten konnte, wegen dieser Frau den Schlaf zu verlieren, ging ich in mein Zimmer und vergab ihr. Ich war frei von Schmerz, Verletzung und Wut. Von diesem Tag an konnte ich wieder schlafen. Glauben Sie mir, Sie werden von all dem Schmerz, der Wut und dem Leid befreit sein, wenn Sie vergeben. Möge der Herr Ihnen die Kraft geben, denen zu vergeben, die Ihnen Unrecht getan haben. Eine Person versteht vielleicht nicht, was sie falsch gemacht hat. Aber du erinnerst dich daran, was vor vielen Jahren passiert ist, als du Unversöhnlichkeit gehegt hast. Ihr Körper ist jetzt voller Krankheiten und Gebrechen. Du vergiftest deine Kinder und deren Kinder wegen dummer Dinge. Möge der Herr uns zu verstehen geben, dass wir alle viel Unrecht tun. Dennoch vergeben die Menschen und machen weiter. Niemand ist perfekt, und wenn du willst, dass dir jemand vergibt, dann musst du auch anderen verzeihen. Deine Freiheit liegt in einem einzigen Wort: Herr, ich vergebe demjenigen, der mir Unrecht getan hat. Fürchte Gott, Unversöhnlichkeit ist ein gefährlicher Weg. Oft fragst du dich, warum ich so krank bin, unglücklich bin, schlecht handle und reagiere. Das liegt an dem Bösen in deinem Herzen und an der Vergebung in deinem Herzen. Ein Herz ist böse und trügerisch, aus ihm kommen unser Leben, unser Handeln und unsere Reaktionen. Du reagierst auf das, was du in deinem Herzen trägst. An einem bestimmten Arbeitsplatz tat mein Kollege mir etwas Unrechtes an. Eines Morgens kam er zu mir, faltete seine Hände zusammen und sagte: "Bitte, Schwester, verzeih mir." Das hat mich schockiert. Er war nicht einmal ein

ELIZABETH DAS

Christ. Die Person erkennt, erkennt und hat ein reines Gewissen. Wie wunderbar, das Wort zu hören: "Verzeih mir, ich habe mich geirrt." Gott vergibt auch ihnen. Große Menschen können verzeihen. An der gleichen Stelle war ein anderer Mann böse und gemein. Er hat mir ständig Unrecht getan. Er hat mich auch angelogen. Später hörte ich, dass er jung gestorben ist. Er gestand einem Kollegen, dass das, was er mir angetan hatte, falsch war. Ich war zu diesem Zeitpunkt bereits in die USA gezogen, aber Freunde teilten mir unter der Nachricht von seinem Ableben mit. Es tat mir leid, das zu hören, aber er hat die Belohnung erhalten. Ich diene dem mächtigen Gott, und es ist das Beste für mich, die Sache vor Gottes Gericht auszutragen. Freunde, geht nicht mit geschlossenen Augen. Ihr werdet keinen Frieden haben. Seid demütig und sagt: Herr, vergib mir. Der Herr vergab allen, die ihm Unrecht taten. Er gab ihnen die Möglichkeit, Buße zu tun und Erlösung zu empfangen.

Lukas 6:27 Ich aber sage euch, die ihr hört: Liebt eure Feinde und tut wohl denen, die euch hassen. Wenn ihr ihnen vergebt, werdet ihr den Plan Gottes erfüllen. Gott weiß, wie er dich vor deinen Feinden retten kann. Eure Feinde können euch in die Hände fallen, aber nehmt keine Rache.

1 Samuel 24:4 Da sprachen die Männer Davids zu ihm: Siehe, das ist der Tag, von dem der Herr dir gesagt hat: Siehe, ich gebe deinen Feind in deine Hand, damit du mit ihm tust, was dir gefällt. Da stand David auf und schnitt heimlich den Rock von Sauls Gewand ab. 6 Und er sprach zu seinen Männern: Der HERR hat mir verboten, daß ich meinem Herrn, dem Gesalbten des HERRN, solches tue, daß ich meine Hand wider ihn ausstrecke, denn er ist der Gesalbte des HERRN.

Lebe innerhalb deiner Grenzen. Eines Tages löschte der Herr Saul und seine Kinder aus. David behielt seine Hand sauber. Der mächtige Mann des Krieges tötete den Bären und die Löwen. Dieser König Saul war ein Kinderspiel für ihn, aber er tat nie etwas Falsches.

1st Samuel 31:3 Und der Kampf ging hart gegen Saul, und die Bogenschützen trafen ihn, und er wurde von den Bogenschützen schwer verwundet. 6 So starb Saul und seine drei Söhne und sein Waffenträger und alle seine Männer noch am selben Tag, und David wurde König.

2nd Samuel 2:4 Und die Männer von Juda kamen und salbten David zum König über das Haus Juda. Siehst du, räche dich nie;

Gott hat einen Pfeil, um Ihren Feind auszulöschen. Umgekehrt kann er dich vor den Pfeilen schützen, wenn du die Dinge in Gottes Hand lässt. Wenn Sie aber nicht vergeben und Gott nicht Gott sein lassen, dann wird er den Feind auf Sie schießen lassen, um seinen Plan zu vereiteln. Gott gibt uns viele Chancen, uns zu ändern. Sagen Sie nicht: "Ich bin so, wie ich bin, weil mir jemand etwas angetan hat." Sie haben die Wahl, in der Vergangenheit zu verharren oder zu übergeben und frei zu gehen. Nicht zu vergeben ist wie Gift zu trinken und sich den Tod des Feindes zu wünschen. Vergeben Sie, werden Sie gesund, werden Sie frei, erhalten Sie Vergebung für Ihre Sünden. Ich sah, wie Gott Rache nahm, als ich die Sache in seine Hände legte. Ich wünschte mir nichts Böses, denn ich wusste, dass es Gottes Aufgabe war. Haben Sie schon einmal jemanden gesehen, der ständig krank ist? Sprechen Sie ein paar Minuten mit ihnen und finden Sie heraus, wie verbittert sie sind. Eine Frau arbeitete mit mir zusammen; ich bemerkte, dass sie immer einen Nervenzusammenbruch hatte. Nachdem ich in den Ruhestand gegangen war, kam sie zu mir. Sie begann von ihrer Kindheit zu erzählen. Ihre Stiefmutter und ihr Vater hatten sie gezwungen, alle ihre Teller aufzuessen, und sie war immer noch wütend darüber. Sie war schon über 50. Dann sagte sie, meine Schwester habe dies und mein Bruder das getan. Der ganze Müll hat sie krank gemacht. Manchmal muss sie wegen früherer Vorfälle in der Psychiatrie bleiben. Sie rief mich immer an, um zu beten. Einmal rief sie mich am Sonntag an, weil sie wusste, dass ich am Sonntag in die Kirche gehen würde. Weil sie nicht ans Telefon ging, hinterließ sie die

SEPTEMBER 16

Nachricht: "Versuche nie, mich anzurufen, da du nicht an mein Telefon gegangen bist." Ich versuchte, sie anzurufen, aber sie nahm nie ab, und später änderte sie ihre Telefonnummer. Sehen Sie, wie unversöhnlich sie ist? Damit will ich nicht sagen, dass man böse Menschen, die einem Unrecht tun, näher an sich heranlassen soll. Lieben Sie sie auf Distanz, aber hegen Sie keine Unversöhnlichkeit, Amen! Gott segne Sie!

LASST UNS BETEN

Herr, wir danken dir, dass du uns das Vorrecht gibst, denjenigen zu vergeben, die sich an uns vergangen haben. Es ist großartig, die Vergebung für unsere Sünden mit großer Gesundheit und Heilung zu empfangen. Unser Herr hat uns ein Beispiel gegeben, indem er uns unsere Sünden vergab. Es ist Freiheit für unsere Seelen. Vergebung macht uns frei von der Macht, die jemand über uns hat. Herr, lass uns verstehen, dass auch wir Vergeben von jemandem brauchen werden. Sie ist ein Gewinn für Christen. Vergebung hat einen positiven Einfluss auf uns. Unser Fortschritt hängt von unserer Vergebung ab. Wir sehen den Herrn nur dann gegen unseren Feind wirken, wenn wir vergeben. Der Herr ist der gerechte Richter und weiß, wie er mit unserem Feind umzugehen hat. Viele sind tot, sterbend, krank oder im Gefängnis, weil sie nicht Gottes Weg gehen. Bitte lernen Sie zu vergeben, um geheilt zu werden, und auch Sie werden Vergebung in Jesu Namen empfangen. Amen! Gott segne Sie!

17. SEPTEMBER

WAS IST RELIGION?

Dies ist, was Gott mir über religiöse Menschen gezeigt hat. Religion ist wie ein kopfloser, beinloser Körper. Religiöse Gemeinschaften haben keine Wahl, zu entscheiden. Sie folgen dem Herrscher ihrer Religion. Religion macht Menschen kopflos und beinlos. Bitte entscheiden Sie sich, Gott zu finden. Lassen Sie sich vom Heiligen Geist führen, leiten und lehren. Wenn der Heilige Geist Sie führt, dann haben Sie Ihren Kopf und Ihr Bein und können weitergehen. Sie können hingehen, wo immer Sie hinwollen. Nicht nur das, auch dein Verstand wird funktionieren. Außerdem würden Augen und Ohren nicht stillstehen. Niemand wird Ihnen sagen, was und wie Sie sehen, hören und denken sollen. Erlauben Sie bitte dem Heiligen Geist, diese Aufgabe zu übernehmen. Erlauben Sie dem Heiligen Geist, Sie zu entwickeln, zu fördern und zu befähigen. Denken Sie daran, dass Sie religiösen Führern erlauben, Ihnen Kopf und Bein abzuschneiden. Das Gleiche geschah, als die Israeliten nach dem König fragten. Sie wollten Jehova Gott nicht als ihren Hauptmann haben. Wer sich an Gottes Wege hält, hat den Kopf, also wählt nicht etwas anderes als den Heiligen Geist. Eure Wege sind niedriger als Gottes Wege. Moses begann das Werk, eine Beziehung zum Herrn zu haben. Aber der Priester und der hohe Priester zur Zeit, als der Herr Jesus auf Erden wandelte, kannten Gott nicht. Das Kopfwissen der Tora hatten sie, aber keine Beziehung. Sie hatten nur Gesetze, Gebote und Vorschriften, wussten aber nicht, wie man ein heiliges Leben lebt

Wenn du dich einer Konfession oder Religion anschließt, werden sie dir Kopf und Beine abschlagen. Denn sie wollen über dich herrschen. Sie ziehen und wählen Bibelstellen aus, um dich von Gott fernzuhalten und dich unter ihnen zu halten. Warum wählst du diese konfessionellen und religiösen Führer über dich, wenn Gott dir den Heiligen Geist gegeben hat? Falsche Lehrer, Propheten und Pastoren entfernen die Wahrheit, indem sie die Heilige Schrift verdrehen. Gehen Sie ein wenig auf Nummer sicher und geben Sie Gott eine Chance. Lassen Sie Gott sich um seine Angelegenheiten kümmern. Lassen Sie den Autor der Bibel der Lehrer sein. Opfern Sie nicht Ihren Kopf und Ihr Bein und geben Sie sich nicht in die Knechtschaft. Möge der Herr dir Liebe zu dir selbst und zu Gott schenken. Sie brauchen keine zusätzliche Hilfe, die Sie in die Irre führt oder in die Irre leitet. Wir haben viele Liebhaber von Machtpositionen und Gier, die dich manipulieren können, wenn du es ihnen erlaubst. Der Priester und der Hohepriester taten am Ende dasselbe. Die Menschen müssen den Befehlen der Priester gehorchen und ihnen dienen. Sie übernahmen die Kontrolle über ihr Leben. Sie brachten Bräuche und machten das Wort Gottes unwirksam.

Markus 7:6 Er antwortete und sprach zu ihnen: Wohl hat Jesaja von euch Heuchlern geweissagt, wie geschrieben steht: "Dieses Volk ehrt mich mit den Lippen, aber ihr Herz ist fern von mir. 7 Vergeblich aber beten sie mich an und lehren Menschengebote als Lehren. 8 Denn ihr legt das Gebot Gottes beiseite und haltet an den Überlieferungen der Menschen, wie das Waschen der Gefäße und Becher, und vieles andere, was ihr tut. 9 Und er sprach zu ihnen: Wohlan, ihr verwerft das Gebot Gottes, damit ihr eure eigene

Überlieferung behaltet.13 Ihr macht das Wort Gottes unwirksam durch eure Überlieferung, die ihr überliefert habt; und vieles dergleichen tut ihr.

Der religiöse Führer schneidet Ihre Beziehung zum Schöpfer ab. Religiöse Menschen erlauben den Führern, ihnen Kopf und Beine abzuschneiden. So können sie nur noch rückwärts gehen. Die religiösen Führer kennen Gott nicht und wissen nicht, was Gott beabsichtigt oder plant. Gottes Plan wurde ausgelöscht, und sie setzen ihren Plan und ihre Bräuche durch. Egal, was die Bibel sagt, es wird nicht zu ihnen durchdringen. Das Wort Gottes ist nichtig. Die Wahrheit ist nicht mehr da, und ohne Wahrheit wird niemand frei. Nur die Wahrheit hat Macht und nicht Religion, Gewohnheit oder falsche Lehre. Falsche Lehren halten dich gefesselt und du hörst nur auf den Priester und die religiöse Autorität, jetzt bist du kopflos und beinlos. Ihr könnt nicht denken, weil ihr keinen Kopf zum Denken habt, ihr könnt nicht sehen, weil ihr keine Augen und Ohren habt. Als der Herr Jesus kam, wussten sie also nur, was ihre Religion gesagt und gelehrt hatte. Religiöse Führer wollen nur, dass du das siehst und hörst, was sie wollen, dass du es siehst. Blinde, Taube und Hirnlose können nicht sehen, hören oder denken... Einmal gab ich einer Frau mein Bibelstudium. Sie sagte, dass mir dieses Bibelstudium gefällt, aber ich werde die Schriftstelle über den einen Gott abreißen. Können Sie das glauben? Ich sagte: "Aber Gott hat im allerersten Gebot gesagt: Ich bin eins. Jesaja sagte, es gibt keinen neben mir und keinem nach mir. Du brauchst also einfach Gottes Hilfe, um ihn zu erkennen, und er wird es tun, wenn du ihn liebst. Die Bibel sagt, dass der Herr uns Autorität gegeben hat, aber erkennt den Herrn an, da er alles tut. König Saul bekam ein Amt von Gott, Judas bekam das Amt von Gott. Hängen Sie Gott nicht auf, verraten Sie Gott nicht, verkaufen Sie Gott nicht. Gott wird dich rausschmeißen, wenn du das tust.

Das Wort Gottes ist erhaben und unveränderlich; es gilt für immer. Diese Frau sagte: "Nein, das werde ich nicht." Denke daran, Gott hat viele gerufen und einige von ihnen versuchten, die Oberhand zu gewinnen. Du bist nicht klüger als Gott. Wenn Gott zu Ihnen spricht, dann lernen Sie, Ihre Beziehung reibungslos zu gestalten, indem Sie sich an seine Gebote halten und nicht zu hochmütig sind. Wenn du dich über Gott hinwegsetzt, wird er dich wegen deiner Arroganz hinauswerfen. Wir haben alle Arten von Religionen. Ihre Wurzeln sind tief, und sie werden von falschen Lehrern und Propheten in die Irre geführt. Gott hat dich berufen, aber wenn du dich einer Religion anschließt und ein Amt übernimmst, wirst du eingebildet. Manche machen sich einen großen Kopf, ohne zu wissen, dass die religiöse Autorität ihnen den Kopf abgeschlagen hat. Die Menschen werden kurzsichtig und vergessen, dass Gott uns ein Land jenseits des Flusses versprochen hat. Es ist der Weg und die Reise durch die Berge, das Meer, den Fluss und die Wüste. Möge der Herr Sie von dem religiösen Dämon oder der religiösen Droge befreien. Sie ist Unterdrückung und Besessenheit. 4.200 Religionen gibt es auf der Welt. Diese Menschen gehen verwirrt und verloren, ohne Kopf und Beine. Sie können nirgendwohin gehen oder wollen die Wahrheit nicht akzeptieren, da sie alle keinen Kopf und keine Beine haben. Möge der Herr dir deinen Körper zurückgeben. Wie kannst du sehen ohne ihn? Wie kannst du zum echten Gott gehen?

Jesaja 42:16 Und ich will die Blinden auf einem Weg führen, den sie nicht kannten; ich will sie auf Pfaden leiten, die sie nicht kannten; ich will die Finsternis vor ihnen hell machen und das Krumme gerade. Solches will ich an ihnen tun und sie nicht verlassen. 17 Sie sollen umkehren und sich sehr schämen, die sich auf Götzenbilder verlassen und zu den gegossenen Bildern sagen: "Ihr seid unsere Götter". 18 Hört, ihr Tauben, und seht, ihr Blinden, daß ihr seht! 19 Wer ist blind, wenn nicht mein Knecht, oder taub, wenn nicht mein Bote, den ich gesandt habe? Wer ist blind wie der, der vollkommen ist, und blind wie der Knecht des HERRN?

Möge der Herr Ihnen helfen, bevor es zu spät ist. Wir treten jetzt in die irreführende Ära der Verwirrung ein. Die Wahrheit ist für den Babe, den Demütigen und Gerechten. Herr, gib uns die Liebe zur Wahrheit mehr als ihre Religionen. Gott öffnet ihnen die Tür und befördert sie neben die Könige und macht sie zu einer

Königin. Gott gibt ihnen Weisheit, und es gibt immer ein Licht, das für sie leuchtet. Der Herr segne Sie in Jesu Namen. Amen!

LASST UNS BETEN

Es ist Gottes Wille und Wunsch, dass wir eine Beziehung zu ihm haben. Der Schöpfer hat einen wunderbaren Plan für uns, aber der Teufel hat einen Plan zum Stehlen, Töten und Zerstören. Unser Gott ist bereit zu antworten, wenn du ihn bittest. Der Herr wünscht sich, dass seine Schöpfung zu ihm kommt und nicht durch fehlgeleitete und irreführende religiöse Autoritäten. Es gibt viele falsche Geister da draußen. Herr, hilf uns, sie zu erkennen. Hilf uns, nicht allen Geistern zu glauben. Einige wollen uns daran hindern, im Namen Jesu Christi zu taufen und werden der Antichrist genannt. Sie werden nicht zulassen, dass man den Geist Gottes empfängt, weil sie Antichrist sind. Aber es ist ein offener Kanal mit Gott, eine offene Einladung, wenn wir den Stopper, den Blocker und den verhinderten Schaden entfernen. Möge der Herr Jesus uns im Namen Jesu helfen. Amen! Gott segne Sie!

18. SEPTEMBER

WO FINDET DIE SCHLACHT STATT?

Alle Kämpfe beginnen in der geistigen Welt und können nur in der geistigen Welt gewonnen werden. Jeder Kampf oder jedes Problem kann gelöst werden, wenn man weiß, wie man gegen die geistige Dunkelheit vorgehen kann. Der Ursprung der Kämpfe liegt in der Geistigen Welt. Die Ursache der Kämpfe ist Satan und nicht die Menschen. Alle Kriege werden in der geistigen Welt gepflanzt, gezeichnet und geplant. Später manifestieren sie sich in der physischen Welt. Wenn Sie die Bewegung in der physischen Welt sehen, seien Sie nicht überrascht. Schauen Sie sich nicht um. Sie haben es in der geistigen Welt geplant, bevor es die physische Form annimmt. Heute werden wir Schritt für Schritt lernen, wie man sich einer Schlacht stellt und gewinnt.

Machen wir uns bereit. Der Teufel ist ein Experte darin, Gottes Schöpfung zu zerstören. Er hat die Zerstörung durch die Flut inszeniert. Jede Dispensation hat einen Bestrahlungsplan für diejenigen, die Gott ungehorsam waren. Lassen Sie sich nicht von religiösen Autoritäten täuschen, denen Sie als gottgegebene Autorität glauben und vertrauen. Ich möchte Ihnen sagen: Haben Sie eine Beziehung zu Gott! Folgen Sie Jesus, um Ihre Kämpfe zu gewinnen. Wenn Menschen als Sklaven oder für den Job in ein anderes Land gehen und das Wort Gottes nicht in ihnen ist, dann sind sie erledigt. Was Sie brauchen, ist die Wahrheit, die das Wort Gottes ist, und Sie können Ihre Freiheit genießen.

Matthäus 9:14 Da traten die Jünger des Johannes zu ihm und sprachen: Warum fasten wir und die Pharisäer oft, deine Jünger aber fasten nicht? 15 Jesus aber sprach zu ihnen: Können die Kinder des Brautgemachs trauern, solange der Bräutigam bei ihnen ist? Es werden aber Tage kommen, da der Bräutigam von ihnen genommen wird; dann werden sie fasten.

Was kann passieren, wenn man nicht fastet? Es gab einen Fall, in dem sie den Dämon nicht austreiben konnten, und der Herr zeigte den Grund dafür.

Matthäus 17:19 Da traten die Jünger abseits zu Jesus und sprachen: Warum konnten wir ihn nicht austreiben? 20 Jesus aber sprach zu ihnen: Wegen eures Unglaubens. Denn wahrlich, ich sage euch: Wenn ihr Glauben habt wie ein Senfkorn, so werdet ihr zu diesem Berge sagen: Hebe dich von hinnen, so wird er sich heben, und nichts wird euch unmöglich sein. 21 Diese Art aber geht nicht aus außer durch Gebet und Fasten.

Der Herr hatte ihnen Autorität über Dämonen gegeben. Denken Sie daran, dass es nur funktioniert, wenn wir uns am Wort Gottes orientieren. Fasten mit Gebet hilft.

Lukas 10:17 Und die Siebzig kehrten mit Freude zurück und sagten: Herr, durch deinen Namen sind uns sogar die Teufel untertan.

Während sie mit Vollmacht Dämonen austrieben, lehrte Gott die Lektion, wie wichtig Fasten und Gebet sind, um Dämonen auszutreiben. Der Herr sagte viele Dinge durch ein Ereignis. Erstens: Du brauchst Glauben und zweitens: Du musst fasten. Mach nicht die Diät von Daniel. Denken Sie daran, dass Sie nicht mit einem gewöhnlichen Menschen spielen, sondern mit einem Superhirn, Satan. Der Teufel ist sehr stark. Deshalb sagen wir auch Festung. Legionen hatten die Macht, Menschen zu vernichten. Satan kommt, um zu stehlen, zu töten und zu zerstören. Wir haben es also nicht mit Ameisen oder Moskitos zu tun. Der Herr erklärt das ausdrücklich.

Markus 3:27 Niemand kann in das Haus eines eindringen und seine Güter rauben, es sei denn, er bindet zuerst den Starken; dann wird er sein Haus rauben.

Autorität, die uns mit Bedingungen gegeben wird, bereitet sich entsprechend vor. Gott hat immer gesagt, dass man B erhalten muss, um A zu erfüllen. Wissen ist ein Muss, sonst wird der Teufel dich täuschen. Nachdem du den Tiger, die Löwen und die Bären gebunden hast, kannst du frei bewegen. Wenn du die territorialen Dämonen, Wächter, Torwächter der Orte oder des Körpers bindest, dann kannst du es gut machen. Der Teufel sagte: "Quäl mich nicht." Und warum? Jesus weiß, wie er den Teufel quälen kann.

Legions Dämon sagte: Markus 5:7 und schrie mit lauter Stimme und sprach: Was habe ich mit dir zu schaffen, Jesus, du Sohn des allerhöchsten Gottes? Ich beschwöre dich bei Gott, daß du mich nicht quälst.

Im Namen Jesu können Sie den Teufel und die bösen Geister binden, ihre Macht brechen, sie blenden und dann austreiben. Bedingung ist, dass Sie fasten und beten müssen. Fasten macht dich körperlich schwach, aber geistig stark. Ich stelle mich nach Osten, Westen, Norden und Süden und binde alle Dämonen und sage ihnen, dass sie verschwinden sollen. Wir sehen nicht, aber wir glauben, weil der Teufel und seine Armee in der Luft herrschen.

Epheser 2:2 In der Vergangenheit habt ihr nach dem Lauf dieser Welt gelebt, nach dem Fürsten der Macht der Luft, dem Geist, der jetzt in den Kindern des Ungehorsams wirkt:

Menschen haben Grenzen, wenn es um das Hören und Sehen im geistigen Bereich geht. Wenn Sie die geistige Welt sehen müssen, bitten Sie um geistiges Augenlicht.

2 Könige 6:16 Er antwortete: Fürchte dich nicht; denn die, die mit uns sind, sind mehr als die, die mit sind. 17 Und Elisa betete und sprach: Herr, öffne seine Augen, dass er sehe! Und der Herr öffnete dem jungen Mann die Augen, und er sah. Und siehe, der Berg war voll von feurigen Pferden und Wagen um Elisa her.

Du solltest Gott bitten, dass er dir erlaubt, die geistige Welt zu sehen. Die Geistige Welt entscheidet und wirkt durch Menschen. Der Heilige Geist lehrt die Wahrheit, aber der böse Geist führt in die Irre und verdreht die Wahrheiten. Was ist die Wahrheit? Gottes Wort ist die Wahrheit. Falsche Lehrer und Propheten werden sagen, man müsse nur einen einfachen Glauben haben. Wird das funktionieren, wenn es zu einem Kampf gegen Satan und seine Armee kommt? Würden Sie denjenigen glauben, der für Satan arbeitet? Sie brauchen die ganze Wahrheit, den ganzen Weg. Der Plan oder die Falle Satans sieht am Anfang erstaunlich aus, aber am Ende werden Sie die Zerstörung sehen. Ich habe mit der dämonischen Welt zu tun und es scheint, dass es nie so schwierig ist wie jetzt. Man zeigt den Menschen die Wahrheit, aber die falsche Lehre der konfessionellen Kirchen wird sie einer Gehirnwäsche unterziehen. Die Irrlehre sitzt so tief, dass es für sie schwierig ist, die Wahrheit zu erkennen. Was ist geschehen? Organisationen, Konfessionen und Nicht-Konfessionen haben nicht die ganze Wahrheit. Diebe haben das Gebet umgestürzt und es für ihre Zwecke umfunktioniert. So wie die früheren Priester und Hohepriester den Herrn gekreuzigt haben.

Johannes 14:30 Von nun an werde ich nicht mehr viel mit reden; denn der Fürst dieser Welt kommt und hat nichts in mir.

Sehen Sie, Gott hat der Macht der Finsternis, also Satan, die Macht gegeben.
Lukas 22:53 Als ich täglich bei euch im war, habt ihr nicht die Hand gegen mich ausgestreckt; jetzt aber ist eure Stunde gekommen und die Macht der Finsternis.

Freunde, Jesus war nicht schwach, aber um den Plan und die Absicht zu erfüllen, ließ er zu, dass der Teufel die Macht übernahm. Viele sagten, ich wolle nicht über den Teufel, die Dämonen und die gefallenen Engel sprechen. Warum eigentlich? Ich spreche immer über das Wirken der geistlichen Finsternis in der Welt. Ich möchte lernen, wie man den Teufel und seine Armee zu Fall bringt. Die Erkenntnis der Wahrheit gibt uns Freiheit. Lernen Sie den richtigen Weg bis zum Ende und nicht auf halbem Weg. Sie werden alle Schlachten gewinnen. Wir kämpfen im Sieg. Wir haben die Schlacht gewonnen, denn Jesus hat sie vor 2000 Jahren gewonnen. Beanspruchen Sie sie für sich und laufen Sie mit ihr.

LASST UNS BETEN

Himmlischer Vater, wir danken dir, dass du den Kampf für uns gewonnen hast. Danke, dass du mich durch dein Beispiel gelehrt hast, wie ich den Kampf gewinnen kann. Wir wissen, dass niemand über dem Kampf steht. Viele geben auf oder geben auf, wenn sie im Kampf sind, weil sie nicht wissen, wie sie kämpfen sollen. Gott hat in seiner Lehre laut und deutlich gesagt, was zu tun ist. Der Fürst von Persien, der Fürst von Ephesus, der Fürst von Indien oder die USA haben viele trügerische Pläne, um uns in die Falle zu locken. Der Teufel will uns zu Fall bringen und uns besiegen. Es ist dieselbe Taktik, die der Teufel im Garten Eden anwandte. Es ist der kleine Sauerteig, aber er durchsäuert den ganzen Klumpen. Das Ergebnis ist dasselbe: Wir sterben an dem Tag, an dem wir das Gebot brechen, nicht physisch, sondern auf ewig. Herr, wir haben keine Entschuldigung, denn du hast im Wort Gottes geschrieben. Die Sünde ist der Sauerteig, und sie ist die Nahrung des Satans. Herr, hilf uns, aufmerksam zu sein. Sei aufrichtig und tue das Richtige in Jesu Namen. Amen! Gott segne Sie!

19. SEPTEMBER

EIN ANDERES MASS AN GLAUBEN!

Unser Gott freut sich über Ihren Glauben. Das heißt, wenn Sie glauben, dass Gott es tun kann, macht es ihn glücklich. Wir wollen sehen, wie weit der Glaube in der Sprache und nach den Maßstäben Gottes geht.

Großer Glaube, *Lukas 7:9 Als Jesus das hörte, verwunderte er sich über ihn und wandte sich um und sprach zu dem Volk, das ihm folgte: Ich sage euch: Einen so großen Glauben habe ich nicht gefunden, auch nicht in Israel.*

Das zeigt, dass die Welt Ihren Glauben sehen kann. Gott hat sogar gesagt, dass er brillant und überraschend ist.

Kleinglaube; *Matthäus 8:26 Und er sprach zu ihnen: Warum seid ihr so furchtsam, ihr Kleingläubigen? Da stand er auf und bedrohte die Winde und das Meer, und es trat eine große Stille ein.*

Gott gibt Ihrem Glauben den Titel. Der Glaube ist die Substanz der Dinge, auf die du hoffst. Wenn du also auf etwas hoffst, dann sorge dafür, dass du genug Glauben aufbringst, um es zu erhalten.

Matthäus 16:8 Als Jesus das merkte, sagte er zu ihnen: "Ihr Kleingläubigen!

Lukas 8:25a Und er sprach zu ihnen: Wo ist euer Glaube?

Genug Glaube, um mehr zu erhalten, als Sie wünschen.

Lukas 8:48 Und er sprach zu ihr: Tochter, sei getrost, dein Glaube hat dich gesund gemacht; geh hin in Frieden!

Die Frau war krank und hatte ihr ganzes Geld ausgegeben. Letztendlich machte der Glaube ihren ganzen Sinn vollkommen. Sie sprach das Wort im Glauben. Wenn Sie keinen Glauben haben, wird es nicht funktionieren, wenn der Herr neben Ihnen geht. Eine Beziehung kann durch Ihren Glauben an Gott hergestellt werden.

Markus 4:40 Und er sagte zu ihnen: Warum seid ihr so furchtsam? Wie kommt es, dass ihr keinen Glauben habt?

Empfangt nach eurem Glauben! Der Herr lehrt uns, dass dein Wunder, deine Heilung und deine Versorgung von dem Maß deines Glaubens abhängen werden.

SEPTEMBER 19

Matthäus 9:29 Dann rührte er ihre Augen an und sagte: "Wie ihr glaubt, so soll es euch ergehen.

Rettender Glaube Lukas 7:50 Und er sprach zu der Frau: Dein Glaube hat dich gerettet; gehe hin in Frieden.

Voller Glaube! Vor dem Passieren muss man Glauben haben!

Apg 6:8 Stephanus aber, voll Glauben und Kraft, tat große Wunder und Zeichen unter dem Volk.

Der Glaube ist die wichtigste Voraussetzung dafür, dass Gott sich einer Situation annimmt. Gott antwortet nicht auf dein Gebet, sondern auf deinen Glauben. Behalten Sie also den Glauben. Wie kann man den Glauben bewahren, wenn man die Person nicht kennt? Ich glaube an niemanden außer an Gott. Wie Sie wissen, hat der Herr mir vor über zwanzig Jahren meine Arbeit weggenommen. Gott hat mir versprochen, dass ich mich um euch kümmern werde, ihr müsst nur für mich arbeiten. Seitdem gehe ich arbeiten und mache mir keine Sorgen mehr um Geld oder Rechnungen. Alles läuft glatt durch Glauben. Ich glaube, alles funktioniert gut, da Dollars mein Leben nicht designen, sondern durch Glauben an den Herrn. Ich habe nicht die Kirche (welches ist Gebäude) zu pastoren, um eine Geldfluss-Quelle zu haben. Und ich habe niemanden, der mir mit dem Geld den Rücken stärkt. Nicht nur das, ich unterstütze viele Arbeiter, die auf dem Feld arbeiten. Ich gehe an Orte, um zu beten. Ich habe eine Menge Übersetzungsarbeit geleistet, indem ich Übersetzer angestellt und Material gedruckt habe. Außerdem war das gesamte Material, das ich geschenkt habe, kostenlos. Ich habe eine wunderbare Investition in das Reich Gottes getätigt. Der von Gott gesegnete Boden ist reichhaltig und bringt dreißig-, sechzig- und hundertfachen Ertrag.

Beten Sie für das Land Indien. Als ich versuchte, Geld zu investieren, indem ich Bücher herausgab, sie druckte und kostenlos verteilte, fand ich heraus, dass die Druckerei mein Geld gestohlen hatte. Das Land ist voller Gestrüpp. Nichts wächst außer Ruinen. Der Dieb, der mein Geld gestohlen hat, sagte: "Sie, das bedeutet, dass ich falsch liege. Kannst du das glauben? Diese Religionen würden das Werk des mächtigen Gottes nicht aufhalten. Ich beschwere mich beim Vater des Druckers, und er war noch schlimmer. Wie der Vater, so der Sohn. Später zeigte mir der Herr, dass ich mit dem Geist von Hunden und Tigern kämpfte. Beide haben die Eigenschaft, dich niederzureißen. Das Werk Gottes ist und wird von den religiösen Autoritäten niedergerissen, so wie es geschah, als Jesus auf der Erde wandelte.

Habt Vertrauen in Gott. Manche Länder bringen Judas, Unkraut, Dornen und Heuchler hervor. Die meisten, die ich dort traf, hatten zerstörerische Dämonen. Sie werden hinter deinem Rücken arbeiten, um dir zu schaden. Der Herr sei ihrer Seele gnädig. Der Glaube ist eine so wunderbare Tugend. Er hat mir geholfen, meine Arbeit fortzusetzen. Gott kann uns beschützen. Denken Sie daran, dass der böse Geist diese Menschen benutzt. Gott hat auch Vertrauen in uns, um uns auszusenden. Gott ist voller Glauben, aber er handelt nach unserem Glauben. Er sagte, ich würde euch nicht mehr geben, als ihr nehmt. Das zeigt das Maß des Glaubens, das genau für das Maß einer Prüfung erforderlich ist. Wenn Gott mehr Prüfungen gibt als unser Glaube, wird uns das schaden. Gott kannte Hiobs Glauben, also prüfte er ihn entsprechend.

Wenn Sie beten, beten Sie bitte mit großem Glauben, denn je nach Ihrem Glauben werden Sie die Antwort erhalten. Ich erhalte viele Anrufe, und ich muss für sie beten. Oft sehe ich ein riesiges Problem, und sie sind völlig auf meine Fürsprache angewiesen. Ich bin froh, dass ich ein großes Vertrauen in Gott habe, wenn ich bete. An einem anderen Tag rief mich frühmorgens jemand an, um zu beten. Sie rief mich an und sagte: "Als du in der Vergangenheit gebetet hast, habe ich das bemerkenswerte Ergebnis gesehen." Beide Male, als ich betete, sah ich, dass der Herr mächtige Dinge tat. Mein Gebet des Glaubens hat ihr also geholfen, aus der Not herauszukommen. Das zeigt, dass es hilft, wenn man für jemanden im Glauben betet. Jesus hat die ganze

ELIZABETH DAS

Zeit gebetet. Viele Eltern haben für ihre Kinder gebetet. Das zeigt, dass jeder eine Fürsprache einlegen kann, wenn man es ihm erlaubt.

Jakobus 5:14 Ist jemand unter euch krank, so rufe er die Ältesten der Gemeinde, und sie sollen über ihm beten und ihn im Namen des Herrn mit Öl salben:15 Und das Gebet des Glaubens wird den Kranken retten, und der Herr wird ihn aufrichten; und wenn er Sünden begangen hat, so werden sie ihm vergeben werden.

Wenn jemand kein Geld hat, dann leiht er sich Geld von denen, die Geld haben. Der Glaube ist so, als ob ich mir meinen Glauben für ihr Problem ausleihe. Meine Mutter war eine Frau des Glaubens. Ihr Leben zeugte von großem Glauben und sie war nicht reich, aber sehr reich im Glauben. Sie hat um alles gebetet und alles erhalten, was sie sich gewünscht hat. Sie kann die Uhr anhalten oder starten, indem sie ihren Glauben. Alles ist gut, wenn man Glauben hat. Gottes Werk erfordert Glauben und nicht Geld. Wenn das so ist, dann werden alle reichen Menschen glücklich sein. Reiche Menschen ziehen gierige Menschen an. Der Glaube der Armen zieht Gott an. Sie haben kein Geld, um zum Arzt zu gehen oder ihre Bedürfnisse zu befriedigen. Sie gehen im Glauben zu Gott und erhalten, was sie sich wünschen.

Denn die Bibel sagt: *Jakobus 2:5a Hört zu, meine lieben Brüder: Hat Gott nicht die Armen dieser Welt reich im Glauben erwählt?*

Kann unser Glaube zunehmen? Ja,

Römer 10:17 So kommt also der Glaube durch das Hören und das Hören durch das Wort Gottes.

Ich höre den ganzen Tag lang die Bibel und mein Glaube ist himmelhoch. Es war der Herr, der in meiner feurigen Prüfung im Jahr 2000 zu mir sprach, dass du als Gold herauskommen wirst. Der allwissende Gott kennt den Grad des Glaubens, den wir haben. Der Glaube kann geprüft werden. Wir müssen die Bibel für unser Handeln, Tun und Verhalten lernen. reich auf Erden leben, indem wir einen Glauben haben, der über alles hinausgeht. Amen! Gott segne Sie,

LASST UNS BETEN

Nur Jesus, wie dein Wort sagt, soll es nach deinem Glauben gehen, also hilf uns, unseren Glauben vorzubereiten, bevor wir zum Altar kommen. Unsere Sache kann durch unseren Glauben bestimmt werden. Danke, dass du uns ein Maß an Glauben gibst. Unser Herr ist großartig. Er hat viele wunderbare Dinge getan, wenn wir uns im Glauben dem Thronsaal nähern. Der Glaube ist alles, was erforderlich ist, und er muss sich auf das Wort Gottes stützen. Jesus manifestiert das geschriebene Wort Gottes. Wir bitten um Glauben in jeder Situation. Möge der Herr heute unseren Glauben mit seinem Blut beschützen. Unser Glaube kann die Berge der Sorgen, der Angst, der Krankheit und der Schwierigkeiten versetzen. Der Herr hat gesagt, dass ich nicht auf Menschen Rücksicht nehme, aber auf jeden Fall auf den Glauben. Kleiner Glaube wird wenig bewirken, negativer Glaube wird nichts bewirken, aber großer Glaube wird die Gefängnistür öffnen, die Autobahn im Ozean, Feuer und Löwen werden keine Macht über uns haben. So danken wir dir für das Wort, das uns hilft, an dich zu glauben, in Jesu Namen. Amen, Gott segne Sie.

20. SEPTEMBER

LASST DEN HERRN NICHT VON EUCH WEICHEN!

Es ist gefährlich, ohne Gott zu sein. Du wirst in Dunkelheit ohne Licht sein, da der Herr das Licht ist. Der Herr ist dein Schöpfer und Vater; ohne ihn wirst du ein Waisenkind sein. Du wirst ohne Orientierung sein, wenn der Herr von dir weicht. Der Herr ist Liebe, und der Teufel ist Hass. Du wirst die Früchte hervorbringen, denen du folgst. Du würdest niemanden mögen, wenn du keine Liebe hättest. Wenn du den Heiligen Geist empfängst, wirst du einen Charakter deines eigenen Vaters haben.

Johannes 14:18 Ich werde euch nicht im Stich lassen: Ich werde zu euch kommen. 23 Jesus antwortete und sprach zu ihm: Wenn jemand mich liebt, so wird er meine Worte halten; und mein Vater wird ihn lieben, und wir werden zu ihm kommen und Wohnung bei ihm machen.

Im Neuen Testament ist Jesus der Jehova im Fleisch. Und der Heilige Geist kommt zu uns. Wir leben in einer Zeit, in der der Heilige Geist in uns kommt und uns Kraft gibt. Wie schön! Der Herr kommt, um in dir zu leben, wenn du ihm gehorchst. Wenn du Buße tust und dich auf den Namen, der über allen Namen steht, nämlich Jesus, taufen lässt, dann sind dir deine Sünden vergeben, und du bist jetzt rein. Die Sünden sind weg, dann erfüllt uns der Herr mit seinem Geist. Unser Gott ist gut, Er würde uns nicht trostlos lassen.

Johannes 14:16 Und ich werde den Vater bitten, und er wird euch einen anderen Tröster geben, dass er für immer bei euch bleibe. 26 Der Tröster aber, welcher der Heilige Geist ist, den der Vater senden wird in meinem Namen, der wird euch alles lehren und euch alles ins Gedächtnis rufen, was ich euch gesagt habe.

Jetzt gibt der Herr seinen Geist, wenn ihr dem Herrn gehorcht!

Apg 5:32 Und wir sind seine Zeugen für diese Dinge, wie auch der Heilige Geist, den Gott denen gegeben hat, die ihm gehorchen.

Wenn du dem Herrn nicht gehorchst, wie das Wort Gottes sagt, wird der Herr dir Seinen Geist nicht geben. Sage nicht, du hast den Heiligen Geist, da du ihn nicht hast. Die Jünger gehorchten Jesus bis zum Ende und empfingen den Heiligen Geist am Pfingsttag. Gott gab Ihnen den Heiligen Geist, damit Sie für den Herrn arbeiten und nicht gegen ihn. Hören Sie auf, gegen den Herrn zu arbeiten. Bitten Sie um den Heiligen Geist. Als der Herr König Saul durch den Propheten salbte, war der Geist auf ihm, aber nicht in ihm. Im Alten Testament gab Gott den Geist, um übernatürliche Arbeit zu tun. In der Zeit des Neuen Testaments ist Ihr Körper eine Kirche und kein Gebäude. Im Zeitalter der Gnade kam der Heilige Geist am Tag von Pfingsten. Er brachte die Kirche oder die Braut Jesu zur Welt. Sie empfingen den Heiligen Geist, indem sie in Zungen sprachen, und das tun wir auch heute. Ich habe in Zungen gesprochen, als ich den Heiligen Geist empfing. Glauben Sie nichts anderes. Ich habe noch nie etwas gesehen, und die Bibel stimmt nicht mit dieser falschen Lehre überein, dass man den Geist hat, wenn man Jesus annimmt. König Saul hatte den Geist, aber später wich er.

1 Samuel 10:1 Da nahm Samuel ein Ölfläschchen, goss es auf sein Haupt, küsste ihn und sagte: Hat dich der Herr nicht zum Hauptmann über sein Erbe gesalbt?

Als der Prophet Samuel den König Soul salbte, kam der Geist nicht auf ihn, sondern Samuel sagte,

1 Samuel 10:6 Und der Geist des Herrn wird über dich kommen, und du wirst mit ihnen weissagen und in einen anderen Menschen verwandelt werden.10 Und als sie dort auf den Hügel kamen, siehe, da kam ihm eine Schar von Propheten entgegen; und der Geist Gottes kam auf ihn, und er weissagte unter ihnen.

Das Herz von König Saul war voller Zufriedenheit und Frieden, solange er Gottes Gebote befolgte. Aber sobald er aufhörte, auf Gott zu hören, verließ der Geist Gottes den König Saul. Das können Sie sich nicht leisten.

1 Samuel 16:14 Aber der Geist des Herrn wich von Saul, und ein böser Geist des Herrn bedrängte ihn.

König Saul wurde verrückt. Er tötete den Priester Gottes. Er hat viel unschuldiges Blut in Israel vergossen. Sehen Sie, das Werk des Geistes ist so unterschiedlich. Wenn der Geist des Herrn kommt, dann kann man Großes und Mächtiges tun. Aber wenn der böse Geist kommt, dann wirst du zerstörerisch. Der Heilige Geist hat Himmel und Erde geschaffen, denn Gott ist Geist. Er gibt dir Kraft. Nicht durch Macht noch durch Kraft, sondern durch deinen Geist. Das Wirken des Geistes ist übernatürlich. Der böse Geist, der Legionen im Körper des Menschen ist, kann nicht durch eine Kette gebunden werden. Der Geist besitzt eine immense Kraft. Das Fleisch wird machtlos im Kampf gegen die Geister. Ein Mensch ohne den Heiligen Geist wird ängstlich.

Johannes 20:19a Am Abend desselben Tages, es war der erste Tag der Woche, wurden die Türen verschlossen, wo die Jünger aus Furcht vor den Juden versammelt waren,

Niemand kann ein mächtiges Werk tun außer dem mächtigen Gott. Und wenn er zu dir kommt, dann kannst du es durch ihn tun. Petrus' Kühnheit strahlte aus, als er den Heiligen Geist in sein Leben aufnahm.

Apg 4:13 Als sie aber die Kühnheit des Petrus und des Johannes sahen und merkten, dass sie ungelehrte und unwissende Männer waren, wunderten sie sich und erkannten, dass sie mit Jesus zusammen gewesen waren.

Apg 4:31 Und als sie gebetet hatten, wurde die Stätte erschüttert, wo sie versammelt waren; und sie wurden alle mit dem Heiligen Geist erfüllt und redeten das Wort Gottes mit Freimut.

Der Heilige Geist gab ängstlichen Menschen Kraft. Ihr Herz zitterte vor Angst bei dem Gedanken an den Juden, der den Herrn Jesus gekreuzigt hatte. Samuel salbte David; der Geist Gottes war auf ihm. David kämpfte mit dem Löwen und dem Bären. Ihr habt keine Macht, wenn nicht der Geist Gottes auf euch kommt. Und wenn der Geist nicht mehr da ist, bist du hilflos und furchtsam. Viele sprechen nicht in der Zunge als Beweis für den Empfang des Heiligen Geistes. Sie sind verwirrt und wissen nicht, wie sie Neuenkehrten helfen können. Sie sind nicht mutig, weil sie sich geweigert haben, den Heiligen Geist zu empfangen, wie der Herr gesprochen hat. Viele wandern hierhin und dorthin, um die Wahrheit zu suchen. Beten Sie, dass der

Herr nicht zulässt, dass jemand zu falschen Propheten und Lehrern geht. Bitten Sie um Unterscheidungsvermögen und Einsicht.

Epheser 4:30 Und betrübt nicht den heiligen Geist Gottes, durch den ihr versiegelt seid auf den Tag der Erlösung

1 Thessalonicher 5:19 Dämpft den Geist nicht.

Ihr, die ihr gegen den Geist Gottes redet und lehrt, weil ihr ihn nicht habt, seid auf der Hut vor Gott! Es wird ein Tag kommen, an dem ihr schreien werdet. Der lebendige Herr soll euch helfen,

Matthäus 12:31: Darum sage ich euch: Alle Sünden und Lästerungen werden den Menschen vergeben; aber die Lästerung des Heiligen Geistes wird den Menschen nicht vergeben. 32 Und wer ein Wort redet wider den Menschensohn, dem wird vergeben; wer aber wider den Heiligen Geist redet, dem wird nicht vergeben, weder in dieser noch in der zukünftigen Welt.

Es gibt einen Ort, an den man niemals gehen möchte, er heißt Feuersee.

Markus 9:44 wo der Wurm nicht stirbt und das Feuer nicht verlöscht.

Spielt nicht mit dem Feuer, es sei denn, ihr habt einen verwerflichen Geist wie König Saul.

2 Thessalonicher 2:11 Und darum wird Gott ihnen eine starke Verführung senden, dass sie der Lüge glauben:

Täuschung bedeutet falsche Darstellung; Illusion; Irrtum oder Fehler, der von falschen Ansichten ausgeht. Aus dem KJV-Wörterbuch. In dieser Endzeit habe ich viele gesehen, die in Sünden umherwandern. Sie erkennen es nicht, denn Gott gibt den lügnerischen Geist und sie glauben, genau wie der König Saulus. Lasst nicht zu, dass der Herr von euch weicht, in Jesu Namen. Amen!

LASST UNS BETEN

Himmlischer Vater, wir bitten dich, gib uns deinen Geist, damit er für immer in uns lebt. Wir brauchen deinen Geist. Wenn nicht, dann sind wir nicht dein. Du hast deinen Geist gegeben, um uns zu lehren, zu führen und zu leiten. Wir wollen wahre Propheten und Lehrer. Die Bibel sagt, dass viele falsche Lehrer und Propheten behaupten, man habe den Heiligen Geist, ohne ihn durch das Sprechen in Zungen zu empfangen. Das sind die bösen Geister, die als Unkraut auf dem Feld Gottes arbeiten. Herr, wir danken dir für deinen Geist. Wir wünschen ihn uns, denn er gibt uns die Kraft, mit Zeichen und Wunder Zeugnis zu geben. Wir können größere Werke tun, wenn wir deinen Geist haben. Gib uns deinen Geist in Jesu Namen. Amen! Gott segne Sie!

21. SEPTEMBER
BEFÖRDERUNG UND DEGRADIERUNG!

Alle Einstellungen, Entlassungen, Postenvergaben und Entlassungen finden im Himmel statt. Gott hat Sie im Reich Gottes oder in der säkularen Welt befördert. Sag niemals, es ist wegen mir. Sag nicht oder denk nicht, ich qualifiziere für das. Nimm den Ruhm nicht an. Haltet euren Eigendünkel heraus. Es ist alles wegen des Herrn! Die Bösen bekommen die Beförderung nur für einen Moment. Sie werden hoch hinaus wollen, nur um herauszustechen. Wer versucht, den Ruhm zu erlangen? Derjenige, der den Herrn nicht kennt. Sie erheben sich selbst und haben eine stolze Natur, wie Satan. In Gott werden wir immer eine Beförderung haben. Paulus war immer im Gefängnis. Gott hat ihn zum Herrn befördert.

2 Korinther 12:7 Und damit ich mich nicht durch die Fülle der Offenbarungen überhebe, wurde mir ein Dorn ins Fleisch gegeben, ein Bote des Satans, um mich zu schlagen, damit ich mich nicht überhebe.

Sehen Sie, wie Gott Paulus vor allen anderen Aposteln befördert hat, obwohl er viele Christen getötet hat? Ich habe alle Prüfungen für den Bundesjob bestanden. Sogar bei den Abschlussprüfungen hat mich eine Dame daran gehindert, zu bestehen. Um sich für die Stelle zu qualifizieren, musste ich einen schriftlichen Test und 8 Maschinen Tests absolvieren. Der letzte Test wurde immer schwieriger, da die Dame hinter mir zusätzliche Geräusche machte, um mich vom Bestehen abzuhalten. Mein Prüfer sah das und sagte mir, warum Sie sich nicht beschwert haben. Ich verstand nicht, warum Sie länger brauchten, da Sie 7 bestanden hatten. Der Prüfer trennte mich von der anderen Dame, und ich bestand. Mit der gleichen Begründung haben sie zwei andere entlassen. Sie wollte mich daran hindern, eine gut bezahlte Stelle beim Bund zu bekommen. Gott hat mich durch meinen guten Prüfer vor einer bösen Dame geschützt. Die Segnungen Gottes machen dich reich. Unser Gott ist erstaunlich. Ganz gleich, wer versucht, unseren Segen zu stehlen, er wird unseren Feind beseitigen.

Denken Sie daran, dass dies für weltliche, religiöse oder geistliche Autoritäten gilt. Religiöse Führer haben keine Autorität, das Leben anderer zu kontrollieren. Eines Tages wird Gott sie aus ihrer Position entfernen. Am Tag des Jüngsten Gerichts sicherlich, aber auch auf der Erde gibt es einen Tag der Beförderung und Degradierung. Unser Gott hat keinen Respekt vor den Menschen. Ich habe schon als Teenager angefangen, die Bibel zu lesen. Ich habe die Bibel viele Male zu Ende gelesen. Meine Beziehung zum Herrn ist nicht durch irgendwelche Kirchen, Organisationen oder Religionen entstanden, sondern durch das Wort Gottes und den Geist Gottes. Ich bin in verschiedene Kirchen gegangen, weil mein Hunger groß war. Ich lernte und empfing immer viele Gaben des Geistes und wurde vom allmächtigen Gott gebraucht. Unser Gott gebraucht uns, wenn wir danach suchen und tun, was er von uns verlangt.

Beförderung und Degradierung kommen vom Herrn!

21. SEPTEMBER

Joel 2:27 Und ihr sollt wissen, daß ich in der Mitte Israels bin und daß ich der Herr, euer Gott, bin und kein anderer; und mein Volk soll sich nicht schämen.

Im Vertrauen auf den Herrn erhielt Abraham den Titel des Vaters des Glaubens. Er hat sich nicht selbst einen Titel gegeben, sondern dem Herrn. Wir sollten uns nie einen Titel geben, sondern dem Herrn. Ein Mann wurde aus seinem Volk und seinen Nationen herausgerufen.

Mose 24:35 Und der Herr hat meinen Herrn sehr gesegnet, und er ist groß geworden; und er hat ihm Schafe und Rinder, Silber und Gold, Knechte und Mägde, Kamele und Esel gegeben.

Der Herr befördert, aber er degradiert auch. Wie tut und befiehlt Gott? Ihre Einstellung, Ihr Handeln, Ihre Reaktion und Ihre Beziehung zum Herrn führen zu Beförderung oder Degradierung. Denken Sie nicht, dass Sie Gottes Volk schaden können.

Samuel sagte zu König Saul: *1. Samuel 13:14 Aber dein Königreich soll nicht bestehen bleiben. Der Herr hat sich einen Mann nach seinem Herzen gesucht, und der Herr hat ihm befohlen, Hauptmann über sein Volk zu sein, weil du nicht gehalten hast, was der Herr dir geboten hat.*

Jetzt wissen Sie, dass Gott Sie je nach Ihrer Leistung befördert oder degradiert. Halte die Gebote Gottes.

Apostelgeschichte 10:4a Und er befahl ihnen, sich auf den Namen des Herrn taufen zu lassen.

Wagt ihr es, anders zu lernen? Sei vorsichtig, oder Gott wird dich bald degradieren. Fürchte Gott. Die Philister beneideten Isaak, weil sie eine Beförderung von Gott sahen.

Mose 26:12 Da säte Isaak in jenem Land und erhielt in demselben Jahr hundertfachen Ertrag; und der HERR segnete ihn. 13 Und der Mann wurde groß und ging vorwärts und wuchs, bis er sehr groß wurde; 14 denn er besaß Schafe und Rinder und viele Knechte; und die Philister beneideten ihn.

Ich habe mir immer gewünscht, mit seinem Geist reich zu werden. Mein Ziel ist es, wie Jesus zu sein und mehr zu tun, als er getan hat. Ich strebe nach himmlischen Dingen. Der Dienst und der Willen des Herrn sind für mich wichtig. Niemand kann mich verletzen, wenn der Herr mit mir ist. Gott besitzt alles, also kann er alles geben.

Johannes 14:12 Wahrlich, wahrlich, ich sage euch: Wer an mich glaubt, der wird die Werke, die ich tue, auch tun; und noch größere als diese wird er tun;

Ich habe einige der besten und gesalbten Pastoren gekannt. Mir ist aufgefallen, dass diejenigen, die über immense Gaben verfügen, echte Demut an den Tag legen. Wenn ich sehe, wie sie den Menschen dienen und mit den neun Gaben des Geistes arbeiten, ist das verblüffend. Ich sehe, dass die Gaben sie nicht hoch und mächtig gemacht haben. Gott hat nichts dagegen, ihnen alles zu geben, was sie brauchen, um seinen Namen zu erheben. Es ist der Name Jesu, den wir höher machen müssen. Wenn man die Konfession, die Organisation oder die Kirche hochhebt, wird man niemals das Wirken Jesu sehen.

Psalm 75:6 Denn die Förderung kommt weder vom Osten noch vom Westen noch vom Süden. 7 Gott aber ist der Richter; er stößt einen ab und stellt einen anderen auf.

1 Petrus 5:6 So demütigt euch nun unter die mächtige Hand Gottes, damit er euch zur rechten Zeit erhöhe:

Gott macht alles, Beförderung und Degradierung.

Psalm 78:70 Er erwählte auch David, seinen Knecht, und nahm ihn aus den Schafställen:

Glaube nicht, dass dein Abschluss, dein Reichtum, dein Wissen oder dein Talent dir eine Beförderung einbringt. Sondern der Demütige, der bereit ist, den Befehl des Herrn als höchste Autorität anzunehmen und keine andere. Du lebst in der reichsten Nation, aber Gott ist nicht mit dir. Dann wird dein Leben keinen Fortschritt machen. Alles, was wir sind, ist wandelnder Schlamm. Denke nicht groß von dir, denn Gott sieht dein Herz. Daniel wurde befördert, aber Gott degradierte die falschen Ankläger.

Daniel 6:24 Der König befahl, die Männer, die Daniel angeklagt hatten, herbeizubringen und sie mit ihren Kindern und Frauen in die Löwengrube zu werfen. Die Löwen hatten die Oberhand über sie und zerbrachen alle ihre Knochen, sobald sie auf den Grund der Grube kamen.

Der Herr, der Allmächtige, bereitet die Beförderung und Degradierung im Himmel vor.

Micha 6:8 Er hat dir, o Mensch, gezeigt, was gut ist; und was verlangt der Herr von dir anderes, als gerecht zu handeln, Barmherzigkeit zu üben und demütig zu sein vor deinem Gott?

LASST UNS BETEN

Himmlischer Vater, wir danken dir, dass du uns gezeigt hast, wie wir demütig wandeln und Gerechtigkeit üben sollen. Unser Handeln zeigt unsere Reaktion auf dein Gebot. Wir sind für unsere Beförderung und Degradierung verantwortlich. Hilf uns, nicht wie der unvorsichtige Esau oder König Salomo zu sein. Wir empfangen Segnungen und helfen uns, darauf zu achten, sie festzuhalten. Wir setzen unsere ganze Kraft zielgerichtet ein, damit wir weiterhin gesegnet werden können. Herr, gib uns die Weisheit, durch die Herausforderungen des Lebens zu navigieren. Gott, es gefällt uns, dass du dich nicht änderst. Unser Gott, der im Himmel ist, beobachtet unsere Aktionen und Reaktionen. Er beobachtet uns, wie wir das Richtige tun, um ihm die Ehre zu geben. Unser Gott kann sie geben und wegnehmen. Deshalb, Herr, bitten wir um ein aufrichtiges, reines Herz, um das zu tun, was du von uns verlangst, in Jesu Namen. Amen! Gott segne Sie!

22. SEPTEMBER

DER HÖCHSTE NAME VON JEHOVAH IST JESUS!

Viele Namen für ein und denselben Gott von Anfang an. Jehova Gott hat viele Namen, weil er verschiedene Rollen gespielt hat. Der eine Gott hat nur einen Namen, nämlich YHVH, auf Englisch: Jehovah. Im Folgenden finden Sie die Beschreibungen und Titel für den einen wahren Gott. Denken Sie immer daran, dass es nur einen Gott gibt. Gott offenbart sein Wesen, indem er in verschiedenen Gestalten handelt. El Shaddai (Allmächtiger Herrgott). El Elyon (Der Allerhöchste Gott). Adonai (Herr, Meister). Jahwe (Herr, Jehova). El Bethel: Der Gott des Hauses Gottes. Jehovah Nissi (Der Herr, mein Banner). Jehovah-Raah (Der Herr, mein Hirte). Jehovah Rapha (Der Herr, der heilt). Jehovah Shammah (Der Herr ist da) Jehovah Tsidkenu (Der Herr ist unsere Rechtschaffenheit). Jehovah Mekoddishkem (Der Herr, der dich heiligt). El Olam (Der ewige Gott). Elohim (Gott). Qanna (Eifersüchtig). El Hakabodh: Der Gott der Herrlichkeit. Jehovah Jireh (Der Herr wird für uns sorgen). El Rai (Gott): Gott, der mich sieht. Jehovah Shalom (Der Herr ist Frieden). Jehovah Sabaoth (der Herr der Heerscharen). Wir verstehen Gott durch seine Taten und bezeichnen seinen Namen für verschiedene Bedürfnisse. Viele wissen nicht, wie und was Gott tun kann. Gott handelt in der Situation, auf die Sie vertrauen und die Sie überwältigt.

Auf der Erde haben wir unseren Namen. Aber wenn wir Babys sind, nennt man uns ein Baby. Wenn wir erwachsen werden, werden wir Väter, Mütter, Lehrer, Ärzte, Manager und Präsidenten, wenn wir verschiedene Ämter übernehmen. Unsere Ämter stehen für unsere Berufe, aber das ist nicht unser Name. Genauso ist auch der Herr einer. Sein Name ist Jehova, aber da er in verschiedenen Rollen für seine Schöpfung handelte, nahm er den entsprechenden Titel mit Recht an. Das Adjektiv, das seinem Namen beigefügt ist, kann einen der vielen Charaktere und das Wesen eines Gottes verstehen. Vater ist nicht der Name des Mannes, aber wir können die Beziehung sehen, die er mit dem Kind hat. Gott tut dasselbe, denn wir sind seine Kinder. Er hat in der jeweiligen Situation gehandelt, um uns zu versorgen, zu befreien oder zu retten. Also wählte Gott den Namen, der zu dieser Handlung passt. Letztendlich nahm Gott den Namen 'Jesus' an. Jehova kam als Jesus in das Neue Testament. Dieser Name steht über allen früheren Namen, unter denen er bekannt war. Warum ist er höher als alle anderen Namen? Alle alttestamentlichen Namen Jehovas wurden mit dem Namen Jesus verschlungen. Es ist ein Name, der über allen Namen steht.

Die Engel sagten. *Lukas 2:21 Und als acht Tage um waren bis zur Beschneidung des Kindes, da wurde sein Name Jesus genannt, der so genannt war von dem Engel, ehe er im Mutterleib empfangen wurde.*

Alle oben genannten Namen lösen sich in einem Namen auf, Jesus. Der Name Jesus ersetzt all die oben genannten Namen. Man braucht keinen besonderen Namen, wenn man über seine verschiedenen Ämter spricht. Jesus ist nicht nur ein magischer Name; alle Autorität liegt in diesem Namen. Dieser höchste Name wird über alle Namen des Alten Testaments genannt. Denn der Name Jesus kann alles und jedes tun. Jesus heißt auf Hebräisch Yeshua oder Yehoshua, was bedeutet, dass er retten wird. Jeschua bedeutet Rettung auf Hebräisch. Das heißt, Gott Jehova rettet, heilt, befreit, usw. Warum also, Herr, legst du diesen Namen an? Weil dieser Name der rettende Name ist. Rettet wovor? Vor dem, was du brauchst, um gerettet zu werden. Er befreit von allem, wovon Sie befreit werden müssen. In Jesu Namen siehst du das Wunder, die Heilung, die Freiheit und die Vergebung der Sünden.

Apg 10:43 Von ihm geben alle Propheten Zeugnis, dass jeder, der an ihn glaubt, durch seinen Namen Vergebung der Sünden empfangen wird Wie empfangen Sie die Vergebung oder den Erlass Ihrer Sünden?

Die Bibel sagt, dass Sie Blut zur Vergebung Ihrer Sünden brauchen.

Hebräer 9:22 und ohne Blutvergießen gibt es keine Vergebung.

Wer hat also das Blut vergossen? Jesus war es. Blut hat Leben, und wenn es einen Namen gibt, der über allen Namen steht, einen rettenden Namen, einen erlösenden Namen, wo ist dann das Blut?

1 Johannes 5:6a Dieser ist es, der durch Wasser und Blut gekommen ist, nämlich Jesus Christus, nicht durch Wasser allein, sondern durch Wasser und Blut.

Die Lösung für die Sünde ist Blut! Wenn Sie den Namen Jesus Christus in der Taufe verwenden, wird das Blut erzeugt. Gehen Sie also nicht mit irgendeinem anderen Namen oder Titel Vater, Sohn und Heiliger Geist ins Wasser, sondern benutzen Sie den Namen Jesus Christus. Gott hat Blut unter dem Namen Jesus versteckt.

1 Johannes 5:8 Und es sind drei, die auf der Erde Zeugnis ablegen: der Geist und das Wasser und das Blut; und diese drei sind eins.

Dieser Name Jesus nimmt alle Sünden und Krankheiten weg, die mit unseren Sünden verbunden sind. Probieren Sie diesen Namen aus. Es ist eine wunderbare Erfahrung im Wasser.

Kolosser 3:17a Und alles, was ihr tut in Wort und Tat, das tut alles im Namen des Herrn Jesus

Philipper 2:8 Und da er wie ein Mensch aussah, erniedrigte er sich selbst und wurde gehorsam bis zum Tod, ja bis zum Tod am Kreuz. 9 Darum hat ihn auch Gott hoch erhöht und ihm einen Namen gegeben, der über alle Namen ist, 10 damit sich vor dem Namen Jesu alle Knie beugen, die im Himmel und auf Erden und unter der Erde sind, 11 und alle Zungen bekennen, dass Jesus Christus der Herr ist, zur Ehre Gottes, des Vaters.

Alle Krankheiten, Bedruckungen, Dämonen und Sünden müssen sich vor dem Namen Jesus beugen.

Apg 4:12 Es ist auch in keinem anderen das Heil; denn es ist kein anderer Name unter dem Himmel den Menschen gegeben, durch den wir gerettet werden müssen.

Markus 16:17a Und diese Zeichen werden denen folgen, die glauben: IN MEINEM NAMEN werden sie die Teufel austreiben;

Apg 19:5 Als sie das hörten, ließen sie sich auf den Namen des Herrn Jesus Christus taufen. Apg 10:48a Und er befahl ihnen, sich auf den Namen des Herrn taufen zu lassen. Dieser Jesus kommt als König der Könige und Herr der Herren. Als seine Braut müssen Sie seinen Namen in der Taufe annehmen.

22. SEPTEMBER

Galater 3:27 Denn so viele von euch auf Christus getauft worden sind, haben Christus angezogen.

Wenn du unter Wasser gehst und auf den Namen Jesus taufst, ziehst du Christus an. Wie wunderbar ist der Name Jesus? Satan kennt die Bedeutung des Namens Jesus. Gott offenbarte den Namen Jesus als Jehova Gott in Fleisch und Blut, um seine Schöpfung zu retten. Ich liebe den Namen Jesus, und ich weiß, dass er über allen anderen Namen steht.

LASST UNS BETEN:

Unser himmlischer Vater; wir sind dankbar, dass er uns den Namen Jesus gegeben hat. Jesus ist der rettende Name Jehovas im Neuen Testament. Wir danken dir für das Blut, das du für unsere Sünden vergossen hast. Es ist das Blut Jehovas Gottes, wie es in der Apostelgeschichte 20:28 heißt. Wir danken dir, Herr, dass du gekommen bist, um Rache am Feind zu nehmen. Du stellst eine Beziehung wieder her, indem du das Blut gibst, das Leben hat. Unser Blut ist sündig, weil die Sünde damit verbunden ist. Dein Blut ist die einzige Lösung, die wir hatten, und du hast es getan. Danken Sie dem Herrn für den höchsten Namen und den Namen, der über allen Namen steht. Der Name Jesus gibt uns Autorität. Wir lieben diesen Namen, denn wir haben deinen Namen angezogen, indem wir in Jesu Namen getauft haben. Gott, wir bekennen den Namen Jesu; wir verneigen uns vor deinem Namen. Wir danken dir für den hervorragenden Namen Jesus. Amen! Gott segne Sie!

23. SEPTEMBER

HERR, ÖFFNE DIE GEISTIGEN AUGEN!

Warum sieht man den Herrn nicht? Du siehst den Herrn nicht, es sei denn der Herr öffnet deine Augen. Ich behalte die Propheten in meinem Leben, da ihre Augen offen sind für die Dinge Gottes. In den alten Zeiten wurden Propheten Seher genannt. Der Prophet sieht für mich; ich sehe die geistige Welt mit dem Fernrohr oder aus der Vogelperspektive eines Propheten. Vor einigen Jahren rief mich der Pastor zu mir. Er sagte: "Ich sehe, wie der Engel die große Tür öffnet, und niemand kann sie schließen." Ich muss sehen, was der Herr für mich aufbewahrt hat. Unsere Augen haben nur eine begrenzte Kraft zu sehen. Es gibt eine geistige Aktivität, die um uns herum in der geistigen Welt stattfindet. Der Pastor rief mich an und sagte, ich habe viele Menschen hinter der Tür gesehen; sie waren weder schwarz noch weiß. Er fragte mich: "Gehst du auf die Philippinen?" Ich habe diese Vision nicht gesehen, aber er hat sie gesehen, weil er ein Prophet Gottes ist. Nun, dann erhielt er das Verständnis und sagte sofort, dass du nach Indien gehen wirst. Was ich tat!

Gestern rief mich jemand an, während wir bei mir zu Hause beteten. Der Teufel griff die Person fünfmal an. Wie Sie wissen, ist der Pfeil des Teufels, zu töten, zu stehlen und zu zerstören. Er sagte, Gott habe mich jedes Mal beschützt. Wir haben alle für ihn gebetet, und eine Person sagte: Ich habe einen großen Engel um ihn herum gesehen. Die Person rief aus Indien an, und als wir ihr erzählten, was einer der Gotteskrieger gesehen hatte, begann er zu springen und zu tanzen. Da er ein Mann Gottes ist, versucht der Teufel, ihn aus dem Land der Lebenden zu entfernen. Diese geistliche Welt braucht geistliche Augen. Fasten tötet die Hindernisse des Fleisches und öffnet die geistlichen Augen. Niemand sieht die heiligen Engel, Jesus, die gefallenen Engel, die Dämonen oder den Satan um sich herum mit natürlichen Augen. Deshalb hat Gott uns den Propheten gegeben, der geistliche Augen hat, um zu sehen. Der Herr kümmert sich durch ihre Augen um uns.

Jesaja 6:5 Da sprach ich: Weh mir, denn ich bin verloren; denn ich bin ein Mann mit unreinen Lippen und wohne inmitten eines Volkes mit unreinen Lippen; denn meine Augen haben den König, den Herrn der Heerscharen, gesehen.

So sah Jesaja die Seraphim im Himmel. Die Jünger zitterten vor Angst bei dem Gedanken, den Ältesten und Priestern gegenüberzutreten. Zwei Jünger gingen spazieren und trafen auf dem Weg einen Fremden. Mit diesem Fremden sprachen sie über die Kreuzigung Jesu. Doch als der Herr ihnen die Augen öffnete, sahen sie, dass es der auferstandene Herr war.

Lukas 24:31 Und ihre Augen wurden geöffnet, und sie erkannten ihn, und er verschwand aus ihrem Blickfeld.

Viele haben sich mit den Engeln unterhalten, denn Engel sehen aus wie wir.

SEPTEMBER 23

Hebräer 13:2 Seid nicht vergesslich, Fremde zu bewirten; denn dadurch haben einige unversehens Engel beherbergt.

Gott sagt in Epheser 4:27, dass ihr dem Teufel nicht nachgebt.

Die geistige Welt wird in Ihr Leben, Ihr Haus oder Ihr Land eindringen, wenn Sie Dinge mitbringen, die von Gott nicht gebilligt werden. Wie können Ihre Augen geöffnet werden? Befolgen Sie einfach das Gebot Gottes, auch wenn Sie es nicht verstehen. Das Wort Gottes ist Geist; wenn du genau das tust, was es sagt, wird dir das helfen, in die geistige Welt einzutreten. Ist es nicht wunderbar, dass, wenn diese Welt dem geschriebenen Wort gehorchen würde, wie es ist, wir dann nicht viele Religionen hätten? Diese Religionen, Konfessionen, Kirchen und blinden Führer bringen uns zum Straucheln. Folgen Sie nicht diesen blinden Führern, folgen Sie Jesus, indem Sie Ihrem Wort gehorchen.

Lukas 9:23 Und er sprach zu ihnen allen: Wer mir nachfolgen will, der verleugne sich selbst und nehme täglich sein Kreuz auf sich und folge mir nach.

Wenn du das tust, dann wird der Herr den Rest erledigen, wie er es bei Paulus getan hat.

Apostelgeschichte 26:18 um ihre Augen aufzutun und sie von der Finsternis zum Licht zu wenden und von der Macht des Satans zu Gott, damit sie Vergebung der Sünden empfangen und ein Erbe unter denen, die geheiligt sind durch den Glauben, der in mir ist.

Wir wissen, dass die Welt hinter allem her sein wird, bis sie die Wahrheit findet. Viele wenden sich dem lebendigen Gott zu, weil ihre geistigen Augen vom wahren Herrn geöffnet werden. Wir haben fünf körperliche und fünf geistige Sinne, um die geistige Welt zu sehen, zu hören, zu riechen, zu schmecken und zu berühren. Die Menschen gehen in Trance, das ist ein halb bewusster Zustand. Sie sehen die geistige Welt. Dieser Geisteszustand kommt allein vom Herrn.

So erging es Petrus, als er in der Stadt Joppe fastete

Apg 11:5 Ich war in der Stadt Joppe und betete. Da sah ich in einer Vision ein Schiff herabsteigen, wie ein großes Tuch, das an vier Ecken vom Himmel herabgelassen war, und es kam bis zu mir:

Dieser Geisteszustand hilft uns, geistige Dinge zu sehen. Während ich bete, sehe ich oft die geistige Welt. Das ist wichtig, denn ich bete am Telefon für Menschen, die weit weg sind. Geistige Augen haben keine Einschränkungen und brauchen keinen Pass oder Visum. Der Herr hilft uns, die Dinge mit seinen Augen zu sehen. Wünscht euch geistliche Sinne, damit ihr anderen mit vollkommenem Wissen dienen könnt.

Die Bibel sagt: *2. Chronik 20:20b Glaubt an den Herrn, euren Gott, so werdet ihr feststehen; glaubt seinen Propheten, so werdet ihr Erfolg haben.*

Bewahre die Propheten; er wird sehen und dir sagen, was dich beschäftigt. Möge der Herr uns wahre Propheten geben, um die Probleme zu lösen. Viele sind zu klug, um den Propheten nicht zu glauben. Gehen Sie nicht zu den falschen. Eines Abends kam ich aus der Kirche und es war sehr dunkel. Der Herr sagte mir, ich solle warten. Ich hielt das Auto auf dem Parkplatz an und schaute mich um; ich sah Menschen vor mir in der Dunkelheit vorbeigehen. Sehen Sie, Gott sah es und hielt mich davon ab, weiterzufahren. Ich habe seiner Stimme gehorcht und einen Unfall vermieden. Unser Problem ist, dass wir uns zu reif und erwachsen verhalten. Ich sehe viele Dinge in der geistigen Welt, seit ich regelmäßig faste und bete. Ich sehe von Zeit zu

Zeit Eidechsen, Spinnen, Skelette, Geisternetze, Hunde, Tiger, Löwen und viele Formen von bösen Gestalten. Da ich an die geistige Welt glaube, habe ich keine Probleme, zu glauben und zu verstehen. Ich sehe echte Menschen bei verschiedenen Aktivitäten, während ich bete. Ich weiß, dass Gott mir das zeigt, also bete ich für ihre Bedürfnisse. Wenn man erst einmal den einen wahren Gott gefunden hat, ist es vorbei mit der Täuschung durch falsche Götter und Göttinnen. Es scheint der Geist Satans zu sein, der Gottes Schöpfung gerne in die Hölle bringt. Die Hölle ist real. Viele haben sie gesehen; auch ich habe sie gesehen und gehört. Möge der Herr uns zu Gläubigen des wahren Gottes machen. Sein Name im Neuen Testament ist Jesus. Es ist der rettende Name Jehovas Gottes. Er ist Retter geworden. Johannes der Täufer, der Vorläufer Gottes Jehovas, sagte: "Ich sah den Himmel offen und der Heilige Geist kam wie eine Taube." Die Taube war das Zeichen des Geistes Gottes, um den Sohn Gottes zu erkennen. Der Sohn Gottes repräsentiert einen wahren Gott im Fleisch. Amen! Möge der Herr Ihre geistlichen Augen öffnen, damit Sie gegen den Feind kämpfen können, der Ihnen alles entreißt. Kämpfen Sie diesen Kampf mit geistlichen Augen und nehmen Sie ihn mit Gewalt. Du hast die Vollmacht, Satans Reich zu zerstören, in Jesu Namen. Amen!

LASST UNS BETEN

Herr, dich zu kennen und dir zu dienen ist ein Privileg. Öffne unsere geistlichen Augen, um die Dinge zu sehen, die dich betreffen. Unser Gott tut mächtige Werke für diejenigen, die in seine Fußstapfen treten und ihm gehorchen. Wir wissen, dass der Fürst, die Fürstentümer und die Mächte der Finsternis in dieser Endzeit durch die Regierung herrschen, also ist es unsere Aufgabe, eine Rüstung anzulegen und dagegen anzugehen. Unsere Augen werden das Werk Gottes sehen, wenn wir ihm folgen, wie es in der Bibel steht. Möge der Herr den Blinden die Augen öffnen, damit sie erkennen, dass es einen falschen Gott, Göttinnen, die Hölle und die Finsternis gibt, damit sie sich dem einen wahren, lebendigen Gott zuwenden! Wir beten, dass Gott unsere Augen sein möge, um uns in dieser stockfinsteren Welt zum Sehen zu führen. Herr, Dein Wort ist Licht und Leuchte auf unseren Wegen. Es ist nicht zum Streiten da, sondern zum Befolgen, so hilf uns, Herr, in Jesu Namen. Amen! Gott segne Sie!

24. SEPTEMBER

BRINGT DEN TEUFEL IN DIE GEFANGENSCHAFT!

Wenn Sie die Wahrheit über die Ihnen gegebene Macht und Autorität erkannt haben, können Sie das, was Ihnen gehört, rechtmäßig in Besitz nehmen. Es waren einmal ein Mann und eine Frau, die im Garten Eden lebten. Ich kannte ihren Standort und ihr Eigentum. Nur ein einziger Gauner, der Teufel, spielte den Trick und nahm ihnen alle Rechte weg. Die Rechte wurden ihnen genommen, indem sie einen Vertrag mit dem Schöpfer brauchen, der ihnen diesen Ort gegeben hat. Der Ungehorsam gegenüber der Bedingung Gottes verursachte die Evakuierung. Nun ist derjenige, der alle Rechte gegeben hat, leibhaftig auf die Erde gekommen und hat den Preis bezahlt, um sie zurückzukaufen. Sein Name ist Jesus. Gott stellte wieder her, was Satan uns gestohlen hatte. Früher war es der Geist Gottes, der alles schuf und auch diesen ersten Mann und diese erste Frau, Adam und Eva genannt. Möge der Herr Sie auf die Rechte, die Autorität und die Macht aufmerksam machen, die uns gegeben sind. Die Beziehung zum Schöpfer wurde mit seiner Schöpfung wiederhergestellt, indem das Blut des Schöpfers vergossen wurde. Der Schöpfer zog das Fleisch mit dem rettenden Namen Jesus an.

Satan setzt seinen bösen Plan fort, indem er die Schrift verändert, verdreht, hinzufügt und weglässt. In seinem Eifer hat der Teufel viele falsche Lehrer und Propheten hervorgebracht. Der Teufel braucht keinen Schlangenkörper, denn er hat gierige, eifersüchtige, neidische, machtgierige und willige Menschen gefunden. Ehrgeizige Charaktere finden eine Position in der religiösen Welt. Wir haben viele wahre Arbeiter auf dem Feld, die ihre Rechte mit der gegebenen Macht kennen. Aber einige arbeiten als Gegner, die Schlange genannt werden. Die Schlangengeneration will nicht zulassen, dass Menschen Buße tun und im Namen Jesu zur Vergebung der Sünden ins Wasser gehen. Die Taufe im Namen Jesu ist eine mächtige Erfahrung der Sündenvergebung. Sie holt zurück, was sie im Garten Eden verloren haben. Der Herr sagte, dass Sie sterben würden, was den ewigen Tod der Seele bedeutet, wenn Sie sündigen. Das Blut des Erlösers Jesus, das ist der höchste Name Jehovas, spricht: Ich habe mein Leben dafür gegeben. Das Blut des Erlösers spricht für diejenigen, die den Christus anziehen, indem sie auf den Namen Jesu getauft werden. Außerdem gibt uns der Herr den Heiligen Geist, wenn wir in Zungen sprechen. Der Geist des großen Gottes kommt in uns, um uns zu befähigen. Er hat uns seinen Namen, seine Autorität und seine Kraft gegeben, um aufrecht und triumphierend zu leben. Wenn dies der Fall ist, dann muss Sie jemand in der Armee mit der Kenntnis der Wahrheit ausbilden, denn die Wahrheit hat die Macht, den Gefangenen zu befreien.

Johannes 8:31 Da sprach Jesus zu den Juden, die an ihn glaubten: Wenn ihr in meinem Wort bleibt, so seid ihr wirklich meine Jünger; 32 und ihr werdet die Wahrheit erkennen, und die Wahrheit wird euch frei machen.

Sind Sie frei oder ein Sklave? Stehen Sie unter der Macht von Knechtschaft, Krankheiten oder dem dämonischen Wirken? Lassen Sie mich Ihnen sagen: Vergessen Sie alle falschen Lehren, Predigten, Konfessionen, Nicht-Konfessionen und Organisationen. Treten Sie heute in die Kirche ein, die auf Fels gebaut ist. Der Fels ist die Offenbarung der Identität von Jesus. Wer hat den Schlüssel dazu?

Petrus hat den Schlüssel, den er in Apostelgeschichte 2,38 offenbart. Die Apostelgeschichte hat die Kirche gegründet. Nicht das Gebäude, sondern derjenige, der aus Wasser und Geist geboren ist, ist es... Eine Räuberhöhle wird das Gebäude genannt. In der Apostelgeschichte finden Sie den Schlüssel, der den Himmel öffnet. Wir haben die Macht, die Autorität, und die Rechte des Herrn Jesus zurückbekommen. Keine Waffe kann Erfolg haben gegen Menschen, die den Namen Jesus entdeckt haben, wie Petrus, Paulus und viele andere. Möge der Herr Ihnen den Schlüssel geben, indem er Ihnen die Offenbarung dessen gibt, der gekommen ist, um meine und Ihre Rechte zurückzukaufen, indem er sein Blut vergossen hat.

1 Johannes 3:1 Siehe, welch eine Liebe hat uns der Vater erwiesen, dass wir Gottes Kinder heißen sollen; darum kennt uns die Welt nicht, weil sie ihn nicht kennt.5 Und ihr wisst, dass er offenbart worden ist, um unsere Sünden wegzunehmen; und in ihm ist keine Sünde.

Wiedergeborene kennen Jesus, weil sie sein Gebot lieben und befolgen, aber nicht die Welt. Sie erhalten eine Offenbarung von Jesus als Gott, der des Fleisches beraubt wurde. Die meisten falschen Versionen der Bibel haben Gott entfernt und ihn eingefügt. Lasst uns sehen, wer er ist. Und warum?

1 Timotheus 3:16a Und unstreitig ist das Geheimnis der Gottseligkeit groß: Gott (nicht er) ist im Fleisch erschienen,

Apg 20:28b um die Gemeinde Gottes zu weiden, die er mit seinem eigenen Blut erkauft hat.

Der eine Gott Jehova wurde der Retter für seine Schöpfung, um sie zu retten. Er hat uns mit seinem Blut zurückgebracht. Petrus hat das erkannt und deshalb blutgekaufte Kirchen gegründet. Petrus wusste, dass Jesus der gegebene Sohn und mächtige Gott war, der Rache nehmen wollte. Der Teufel hat Gottes Schöpfung vermasselt, aber der Herr weiß, wie er sie wiederherstellen kann. Vor 2000 Jahren gründete der Herr seine blutgekaufte Kirche durch seine Jünger. Der Herr Jesus sagte: "Glaubt der Lehre der Propheten und Apostel, ich bin hier, um Blut zu vergießen. Ich gab den Schlüssel dem Apostel und Propheten Petrus, der mich kannte.

Epheserbrief. 2:20 und sind auf das Fundament der Apostel und Propheten gebaut, wobei Jesus Christus selbst der wichtigste Eckstein ist.

Petrus sagte *Apostelgeschichte 2:38 Da sprach Petrus zu ihnen: Tut Buße und lasst euch alle taufen auf den Namen Jesu Christi zur Vergebung der Sünden, so werdet ihr die Gabe des Heiligen Geistes empfangen.39 Denn die Verheißung gilt euch und euren Kindern und allen, die in der Ferne sind, so viele der Herr, unser Gott, rufen wird.*

42 Verse aber sagen, dass sie alle in der Lehre der Apostel bleiben, und 41 fügten dreitausend hinzu 47b: Und der Herr fügte der Gemeinde täglich solche hinzu, die gerettet werden sollten.

Sie tauften diese Neubekehrten auf den Namen Jesus. Das Blut des Lammes bot Erlösung für ihre Seelen und spendete Schatten. Die Pforten der Hölle haben keine Macht über diese Kirche.

Matthäus 16:18 Und ich sage dir auch: Du bist Petrus, und auf diesen Felsen will ich meine Gemeinde bauen, und die Pforten der Hölle sollen sie nicht überwältigen. 19 Und ich will dir die Schlüssel des Himmelreichs geben; und was du auf Erden binden wirst, soll auch im Himmel gebunden sein, und was du auf Erden lösen wirst, soll auch im Himmel gelöst sein.

Wenn Sie die Manifestation Jehovas in menschlicher Gestalt verstehen, die den höchsten und überlegenen Namen trägt, ist der Teufel gezwungen, sich zurückzuziehen. Der Schlüssel zum Sieg über den Teufel liegt in der Offenbarung des Namens Jesus.

20 Da gebot er seinen Jüngern, daß sie niemandem sagen sollten, daß er Jesus der Christus sei.

Jesus ist nicht Jesus Joseph, sondern Christus der Messias ist der Retter der Welt.
Jehova sagte: "Ich bin eins.

Jesaja 43:11 Ich, ich bin der Herr, und außer mir ist kein Retter. 12 Ich habe es verkündigt und gerettet und gezeigt, als noch kein fremder Gott unter euch war; darum seid ihr meine Zeugen, spricht der Herr, daß ich Gott bin.

Lernen Sie die Wahrheit über die Offenbarung Jesu. Lassen Sie sich vom Teufel nicht täuschen. Binden und brechen Sie die Macht des Teufels durch Fasten und Beten. Verlieren Sie alle Engel, den Heiligen Geist, und verlieren Sie die Gefangenschaft Satans durch Unwissenheit und Lüge. Es ist die wunderbarste Zeit, zu wissen, dass du alles mit Gewalt vom Teufel zurücknehmen kannst. Werde gewalttätig gegen den Teufel und seine Armee, blende sie und vertreibe sie aus dem Land. Zerstöre falsche Götter und Göttinnen mit ihren Lügen. Heile die Kranken, entferne die falschen Lehrer und Propheten. Sage dem Teufel, ich binde alle deine Pläne, Tricks, Vorrichtungen und Lügen und schicke dich zurück in die Hölle. Mir gehört die Erde, bedecke die Erde, die Sünde, die Seele, den Körper und den Geist mit dem Blut Jesu. Habt das Wissen, dass ihr alles tun könnt, nicht nur ein paar oder ein paar. Ihr müsst die Macht kennen; die Autorität ist unser in dem mächtigen Namen Jesu. Amen!

LASST UNS BETEN

Im Namen Jesu haben wir Macht, Autorität und Sieg. Die Wahrheit macht uns frei. Herr, hilf uns, die Wahrheit zu lieben und ihr zu gehorchen. Erlöse uns von der falschen Lüge des Satans. Wir nehmen die Lüge des Teufels nicht an, der uns weiterhin mit seinen Tricks festhalten will. Herr, danke, dass du den Wiedergeborenen die Autorität gibst, das zurückzufordern, was wir verloren haben. Wir weigern uns, uns zu unterwerfen. Hilf uns, in die Welt zu gehen und das Evangelium zu predigen, indem wir die Dämonen austreiben und die Kranken heilen. Wir beten in einer anderen Sprache, damit die Menschen wissen, dass wir den Geist Gottes in uns haben. Es ist eine privilegierte Zeit, in der wir durch den Geist Gottes Kraft haben. Wir bringen den Teufel in die Gefangenschaft durch die Vollmacht, die uns in dem stärkeren Namen Jehovas Gottes, nämlich Jesus, gegeben wurde. Danke für das, was du für uns getan hast, in Jesu Namen. Amen! Gott segne Sie!

25. SEPTEMBER

IHRE ENTSCHEIDUNGEN BESTIMMEN IHREN TITEL!

Es ist nicht Ihr Beruf, Ihre Religion oder Ihr geistlicher Titel, sondern Ihre Entscheidungen, die Sie im Reich Gottes definieren. Der Herr nannte einen Mann einen Verräter oder Verräter. Und warum?

Lukas 22:48 Jesus aber sprach zu ihm: Judas, verrätst du den Sohn des Menschen mit einem Kuss?

Judas verriet Gott, deshalb wurde er Verräter des Herrn Jesus Christus genannt. Er wurde auch ein Dieb genannt. Weil er das Geld aus dem Beutel gestohlen hat.

Johannes 12:6 Das sagte er nicht, weil er sich um die Armen kümmerte, sondern weil er ein Dieb war und den Beutel hatte und nahm, was darin war.

Wenn Sie mittellos sind, wird Gott Sie als arm bezeichnen. Dein Titel wird andere wissen lassen, was du bist. Priester und Hohepriester, wie wir sie heute nennen, Bischöfe und Pastoren waren neidisch auf Jesus Christus.

Markus 15:10 Denn er wusste, dass die Hohenpriester ihn aus Neid überliefert hatten.

Matthäus 12:34 Ihr Otterngezücht, wie könnt ihr, die ihr böse seid, Gutes reden? Denn aus der Fülle des Herzens redet der Mund.

Die Entscheidungen der Generation haben sie als eine Schlange Generation bekannt gemacht. Täuscher, Lügner, Hinterhältige können dich beißen. Sie leben leise unter euch, aber nur die Zeit wird beweisen, was sie sind. Die Natur der Person gibt ihnen den richtigen Titel! Die Bibel sagt, dass dein Titel, dein Amt und deine Berufungen nicht zählen, sondern deine Arbeit. Gott kümmerte sich nicht um die Titel Priester, Hohepriester, Schriftgelehrte und Pharisäer. Ihre Entscheidungen und ihre Arbeit gaben ihnen einen Titel in der Bibel.

Daniel wurde ein großer Geliebter genannt. Der Grund: Er betete gern und arbeitete mit ganzem Herzen für das Reich Gottes. Er wich nicht vor dem Todesurteil zurück, das der König aussprach. Was Gott glücklich macht, ist, wenn man Gott bedingungslos liebt. Das ist es, was er sich von seiner Schöpfung wünscht. Kannst du in die Höhle der Löwen gehen, wenn du weißt, dass der Tod naht? Daniels Entscheidungen bedeuten für ihn, dass er den Titel von Gott erhielt.

SEPTEMBER 25

Daniel 9:23 Am Anfang deines Flehens kam der Befehl, und ich bin gekommen, um es dir zu zeigen; denn du bist sehr geliebt; darum verstehe die Sache und betrachte das Gesicht.

Daniel 10:11 Und er sagte zu mir: Daniel, du bist ein sehr beliebter Mann

Wir bezeichnen eine Person als unfruchtbar, wenn sie keine Kinder hat. Warum ist Jesus Christus der höchste Titel im Himmel, auf der Erde und unter der Erde, da er das Blut gab, das Leben hat? Jehova Gott nahm Fleisch an, da die Menschheit Sünde in ihrem Blut hatte. Das Tragen von Striemen, das Tragen von Dornenkronen und das Erleiden von Spott gaben ihm den höchsten Namen. Was ist nun Ihr Problem, da Gott gesagt hat, dass dies der einzige Name ist, der über allen Namen steht? In Jesu Namen beugen sich alle, nicht nur einige? Es ist der Name Gottes; er hat diesen Titel erhalten, weil er sich selbst entäußert hat.

Abraham war der Vater des Glaubens. Seine Wahl gab ihm den Titel.

Jakobus 2:22 Hast du gesehen, wie der Glaube mit seinen Werken gewirkt hat und durch die Werke der Glaube vollendet wurde? 23 Und es wurde die Schrift erfüllt, die da sagt: "Abraham hat Gott geglaubt, und das ist ihm zur Gerechtigkeit gerechnet worden; und er ist ein Freund Gottes genannt worden.

Wie wirst du also genannt, Schwätzer oder Friedensstifter, Lügner oder ein Mann der Rechtschaffenheit und Wahrheit? Heilige und Gerechte oder Unheilige und Ungerechte! Deine Arbeit ist wichtig in den Augen Gottes. Meine Arbeit ist wichtiger als jeder Titel, den die weltliche oder religiöse Welt mir gibt. Mein Name ist so wichtig wie der Name von vielen, die vom Herrn betitelt wurden. Vergewissern Sie sich, dass Sie wissen, dass es einen Gott im Himmel gibt, der Sie beobachtet. Was Sie in der Welt für ihn tun, ist wichtiger als das, was Sie für die Kirche tun. Kein Wunder, dass die Bibel sagt, dass viele den Broadway wählen werden. Viele werden Antichristen genannt, und viele werden Sünder genannt.

Gott hat David ausgewählt, weil er sein Herz gesehen hat. Werden Sie jetzt nicht eifersüchtig wie König Saul und versuchen Sie, diejenigen zu töten, von denen Sie befürchten, dass sie Sie ersetzen könnten. Du kannst nur ersetzt werden, wenn du dem Herrn ungehorsam bist. Fürchte Gott und nicht die Menschen. Bitte Gott, nicht Menschen, Pastoren, Kirchen, Familie oder irgendjemanden.

1 Samuel 13:14 Aber dein Königreich wird nicht bestehen bleiben. Der Herr hat sich einen Mann nach seinem Herzen gesucht und ihm befohlen, Oberhaupt über sein Volk zu werden, weil du nicht gehalten hast, was der Herr dir geboten hat.

Mose wurde ein demütiger Mann genannt. Und warum? Was ist das Gegenteil von bescheiden? Hochmütig, richtig? Der Hochmütige weiß alles und kann Gott nicht gehorchen. Gott oder andere werden keine hochmütige Person wählen, um für sie auf der Erde zu arbeiten. Hochmütige können keine Ämter behalten; sie werden entfernt . Sie wissen nicht, dass sie hochmütig sind. Sanftmütig zu sein bedeutet, demütig zu sein.

Nummer 12:3 (Mose aber war sehr sanftmütig, mehr als alle anderen Menschen auf der Erde.)

Gott braucht unterwürfige Menschen, die seinen Anweisungen nichts hinzufügen oder wegnehmen. Ich erinnere mich, dass ich vor vielen Jahren gerade angefangen hatte, die Kirche zu besuchen und zu lernen, was die Bibel sagt. Ich liebte den Herrn, aber ich hatte nie viel von dem Glauben gehört, den die Leute lehrten. Sie lehrten, dass Frauen keine Hosen tragen sollten, und zeigten, dass dies biblisch war. Oh mein Gott, sagte ich. Ich arbeitete bei der Post und dachte, dass ich nur bei der Arbeit Hosen tragen würde, da die Arbeit mit viel Bewegung verbunden war.

Ich fand schöne Hosen, aber mein Bewusstsein war so rein, seit sie mich in Jesu Namen getauft hatten. Diejenigen, die den Namen Jesus bei der Taufe nicht benutzt haben, werden das nicht verstehen. Wenn Sie in Jesu Namen getauft werden, gibt Gott Ihnen ein reines Gewissen. Das müssen Sie erleben. Ich arbeitete in einem Postamt. Ich hörte viele Kommentare, die meine neue Hose bewunderten. Ich schaute auch in den Spiegel und sagte: "Ich liebe es, wie diese Hose sitzt." Sie war perfekt für meine Figur. Während ich arbeitete, kam mir ein Gedanke: Wie sehe ich in den Augen Gottes aus? Und plötzlich kam die Scham über mich. Ich fühlte mich, als stünde ich vor Gott und schämte mich für das Gewand des Menschen. Oh Herr, plötzlich ergriff der Geist Gottes die Macht und bedeckte meinen ganzen Körper. Ich hörte aus jeder Zelle meines Körpers: Ich liebe dich aufrichtig. Tagelang hörte ich diese Stimme. In diesem Moment beschloss ich, nach Hause zu gehen und mich all meiner Hosen zu entledigen. Und ich zog alle unheiligen Kleider vor Gott aus. Es ist der Herr, der uns einkleidet. Ich lebe in Amerika; dort gibt es alle Arten von Kleidern, aber der Herr hilft mir, Kleider auszuwählen, die ihm gefallen. Denken Sie daran, dass die erste Lektion für Adam und Eva darin bestand, sie zu lehren, den nackten Körper zu bedecken. Die Schürze bedeckt ihre Haut nicht. Hätten wir uns bei der Wahl unserer Kleidung an den Designer Gott gehalten, dann gäbe es keine Vergewaltigungen, Belästigungen, Unzucht, Ehebruch und den Handel mit Körpern zur Prostitution.

Welchen Eindruck oder Titel hatte Jeremia im Himmel?

Jeremia 9:1 Ach, wenn mein Haupt zu Wasser würde und meine Augen zu einer Quelle von Tränen, damit ich Tag und Nacht weinen könnte über die Erschlagenen der Tochter meines Volkes!

Der Prophet hatte eine Last und war als weinender Prophet bekannt.

Es sind Ihre Wahl, Ihre Einstellung und Ihr Verhalten, die Sie im Himmel bekannt machen werden. Entscheiden Sie sich für den richtigen Lebensstil und die richtige Arbeit, und holen Sie sich den besten Titel aller Zeiten in Jesu Namen. Amen!

LASST UNS BETEN

Himmlischer Vater, wir danken dir. Du willst, dass wir vor Gott richtig leben. Unser Gott wird genau wissen, was wir tun und denken. Es ist der Segen Gottes und nicht der Titel oder die Position, die wir innehaben. Wir wollen das sein, wozu du uns berufen hast, und wir wollen die Besten sein, indem wir uns perfekt entscheiden. Möge der Herr uns fleißig und aufrichtig in seinen Augen finden. Wir versuchen unser Bestes, um gut auszusehen oder unser Bestes zu tun, um den Titel auf Erden zu erlangen. Wir gefallen oder versuchen anderen zu gefallen und ignorieren den, dem wir gefallen müssen, nämlich unseren Herrn Jesus. Viele haben den Weg und das Wort Gottes verändert, indem sie sich entschieden haben, dem Fleisch oder den Menschen zu gefallen, aber dem Herrn. Heute entscheiden wir uns für dich und dich allein. Wir wollen jeden beeindruckenden Titel von dir hören, und auch am Ende hören, gut gemacht, mein guter und treuer Diener. Lass uns für den Herrn sorgen, nicht für religiöse Gruppen. Wir danken dir, dass du uns berufen hast. Wir segnen deinen heiligen Namen in Jesu Namen. Amen! Gott segne Sie!

26. SEPTEMBER

WIE MAN IN DER KATASTROPHE ÜBERLEBEN KANN!

In Zeiten von Hunger, Knappheit, Erdbeben, Überschwemmungen und anderen Katastrophen müssen wir lernen, wie wir uns selbst erhalten können. Oft kommt es zu Finanzkrisen, und wir müssen wissen, wie wir sie in dieser Zeit überstehen können. Möge der Herr uns durch die Zeit der Knappheit führen. Wir hören, dass die Zeit der Prüfung gekommen ist. Wir sehen sie überall auf der Welt und viele Naturkatastrophen. Aber ich weiß, dass auch wir nicht in Schande geraten werden.

Jesaja 54:4 Fürchte dich nicht, denn du sollst dich nicht schämen; du sollst dich nicht schämen, denn du sollst nicht zuschanden werden:

Gott wird Sie in jeder natürlichen oder übernatürlichen Katastrophe unterstützen. Denn unser Gott wird der Retter genannt. Er rettet, heilt und befreit aus allen Schwierigkeiten und Prüfungen. Der Herr kann tun, worum du bittest.

Jesaja 51:7 Hört auf mich, ihr, die ihr die Gerechtigkeit kennt, ihr, die ihr mein Gesetz im Herzen tragt; fürchtet euch nicht vor der Schmach der Menschen und habt keine Angst vor ihren Lästereien.

Gott versorgte den Wüstenort mit zwei Fischen und ein paar Stücken Brot.

Matthäus 14:15 Als es aber Abend geworden war, traten seine Jünger zu ihm und sprachen: Dies ist eine wüste Stätte, und die Zeit ist vorüber; sende das Volk weg, daß es in die Dörfer gehe und sich Speise kaufe. 16 Jesus aber sprach zu ihnen: Sie brauchen nicht wegzugehen; gebt ihr ihnen zu essen. 17 Sie aber sprachen zu ihm: Wir haben hier nur fünf Brote und zwei Fische. 18 Er sprach: Bringt sie her zu mir! 19 Und er befahl dem Volk, sich auf das Gras zu setzen, und nahm die fünf Brote und die zwei Fische, sah auf zum Himmel, dankte und brach und gab die Brote seinen Jüngern und die Jünger dem Volk. 20 Und sie aßen alle und wurden satt; und sie hoben auf von den Brocken, die übrigblieben, zwölf Körbe voll. 21 Und die da gegessen hatten, waren bei fünftausend Mann, ausgenommen Weiber und Kinder.

Der Herr kennt deine Bedürfnisse. Der Herr weiß auch, wie er dich bewahren und versorgen kann. Du wirst unterstützt und versorgt werden, egal wo du bist.

Gott sandte den Mann zu der Witwe, wie die Witwe sich ernährte. Ich denke nicht an Elia, denn der Herr versorgte ihn am Bach, Cherith, bei den Einnahmen.

ELIZABETH DAS

1 Kön 17:6 Die Raben brachten ihm am Morgen Brot und Fleisch und am Abend Brot und Fleisch, und er trank aus dem Bach.

In Zarephath hatte Gott eine Witwe und ihren Sohn. Gott versorgte sie, denn der Herr hatte Elia an ihrer Stelle eingesetzt. Sie hatte nur eine Handvoll Essen und ein wenig Öl. In dieser Zeit war sie bereit, zu verhungern. Möge der Herr uns helfen zu verstehen, wie wir das Volk Gottes unterstützen können. Es ist ein Segen, den Propheten und den Arbeitern Gottes zu geben. Wie Sie wissen, sind sie die wichtigsten im Land. Ich glaube nicht an die Medizin, aber ich verlasse mich auf Heilung, Wunder und Prophetie, die vom Herrn kommen. Das ist der einzige Weg, an den ich glaube. Deshalb finde ich in meinem Leben immer wahre Propheten und Lehrer. Sie werden mich nie in religiösen Kirchen finden. Gott ist dort nicht zu finden. Von meinen Eltern und meinem Bruder habe ich gelernt, dass man wahre Arbeiter Gottes unterstützen muss, wenn sie für uns beten. Wenn ich ihnen etwas gebe, werde ich unterstützt. Ich lasse die wahren Propheten und Lehrer niemals mit leeren Händen gehen. Es ist nicht unser Bankguthaben, das Essen in der Scheune oder alles, woran wir denken, sondern es ist Gott, der weiß, wie er uns erhalten kann. Ich habe festgestellt, dass, wenn man echten Menschen Gottes gibt, ein Wunder geschieht. Es gibt dreißigfachen, sechzigfachen und hundertfachen Segen. Wir wissen nicht, welches der beste Boden ist.

Diese Witwe kochte und diente Elia zuerst und wurde von Gott unterstützt.

1 Kön 17:14 Denn so spricht der HERR, der Gott Israels: Das Mehlfass wird nicht verschmachten und der Ölkrug nicht versiegen bis zu dem Tag, an dem der HERR Regen auf die Erde sendet. 15 Und sie ging hin und tat, wie Elia gesagt hatte, und sie und er und ihr Haus aßen viele Tage.

Verstehen Sie nun, wie die Witwe und ihr Sohn überleben? Sie kümmerten sich um den Mann Gottes. Es ist ein Muss, dass dein Segen verborgen ist, indem du dem Mann Gottes gibst. Ich weiß, dass der Mann Gottes von den Raben gestützt wurde, aber die Frau brauchte einen Segen, um sich in der Zeit der Hungersnot zu ernähren. Unser Leben hat viele Lektionen zu lernen.

Es ist eine Zeit, in der man sich nicht um die Arbeiter kümmert. Viele denken, wir geben den Zehnten, Opfergaben und Missionseinsätze und das war's. Aber was ist mit den Menschen, die Sie für Ihre geistlichen Bedürfnisse anrufen? Sie sind immer für Sie da, beten für Sie und arbeiten Tag und Nacht. Sie arbeiten als wahre Arbeiter. Viele Nägel, Haare, Spas und wunderbare Dinge für eine Frau zu verwöhnen. Ich sehe, dass Drogendealer, Verkäufer, Spirituosenhändler, Barkeeper und viele andere ein gutes Trinkgeld bekommen, aber die Menschen behandeln die Arbeiter, die für Gott arbeiten, schlechter. Sie verlieren ihren Segen. Heutzutage haben die Menschen viele Kirchen, Organisationen, Konfessionen und Projekte gegründet. Jedes Mal erhalten sie gute Spenden, um ihr Leben zu genießen. Viele spenden die Quittung.

Matthäus 6:3 Wenn du aber Almosen gibst, soll deine linke Hand nicht wissen, was deine rechte tut,

Machen Sie sich also keine Sorgen darüber, wie viel Sie geben und wo Sie geben, das ist eine Sache zwischen Ihnen und Gott. Jeder, der sich auf die Hilfe der Arbeiter des Herrn verlassen hat, ohne den Segen auszuweiten, hat diesen Segen verloren.

Matthäus 10:41 Wer einen Propheten aufnimmt im Namen eines Propheten, der wird den Lohn eines Propheten empfangen; und wer einen Gerechten aufnimmt im Namen eines Gerechten, der wird den Lohn eines Gerechten empfangen. 42 Und wer einem von diesen Kleinen einen Becher mit kaltem Wasser zu trinken gibt, nur im Namen eines Jüngers, wahrlich, ich sage euch: Er wird seinen Lohn nicht verlieren.

Ich sehe, dass immer mehr Menschen darauf angewiesen sind, dass ich sie kaufe oder ihnen etwas gebe. Es ist die Zeit, in der sie gelernt haben, den Kirchen zu geben, wenn sie kein Wunder, keine Heilung, keine Befreiung oder irgendein Zeichen und Wunder sehen. Sie leben mit dem Eindruck, dass wir sie für unsere Zeremonien brauchen. Wenn nicht, dann werden sie sich gegen uns verbünden. Wir leben in einer Gesellschaft. Ich lebe mit dieser Wahrheit und habe keine Angst vor Drohungen, Lügen und Verleumdungen. Ich weiß, dass der Herr mich in den letzten 20 Jahren unterstützt und gegen den Geist von Hunden, Tigern, Lügnern, Dieben und der religiösen Macht der Finsternis verteidigt hat. Er wird mich bewahren und mir beistehen, wenn ich für die Wahrheit eintrete. Machen Sie sich keine Sorgen, wenn Sie für die Wahrheit Gottes leben und stehen. Ich meine, der Herr weiß, wie er Sie erhalten und segnen kann. Gott zerstörte die Welt zur Zeit Noahs, Lots und zur Zeit der Hungersnot, in der Isaak eine hundertfache Ernte erhielt. Es ist die Hand des allmächtigen Gottes, die aufrechterhält. Machen Sie es wie Gott und sehen Sie, was mit Ihren Finanzen, Ihren Farmen, Ihren Scheunen, Ihrer Gesundheit, Ihrer Familie und Ihrem Land geschieht. Lernen Sie, wie und wo Sie Ihr Geld investieren. Es ist immer am besten, in die Bank Jesu zu investieren, wo Sie Unheil erleiden werden. In Jesu Namen, Amen.

LASST UNS BETEN

Herr, wir danken dir, dass Menschen, die auf die Wege und die Stimme Gottes vertrauen, Kraft erhalten wie ein Adler. Sie werden nicht ohnmächtig oder müde, sondern erhalten die Kraft, über ihr Problem hinauszuwachsen. Der Herr wird ihnen die Flügel eines Adlers geben, damit sie in die Höhe gehen können, wo sie das Problem mit den Augen der Versorger und Unterstützer sehen.

Unsere Hilfe kommt von nirgendwo anders als vom Herrn, wenn wir wissen, wie die Witwe von Zarephath auf seinen Befehl hin im Glauben zu handeln. Die Zeiten sind schlecht, wenn wir immer mehr Katastrophen sehen, bei denen es keinen Ort gibt, an dem wir unsere Nahrung verstecken können. Wir sehen, wie die Lava die Heimatstadt verbrennt; die Flut vernichtet das Land, und das Erdbeben zerstört es. Aber unserem Herrn gehen die Vorräte nie aus. Er hat mehrere übernatürliche und erstaunliche Vorräte. Möge der Herr uns lehren, an den richtigen Stellen zu geben und zu investieren, wo wir Segen empfangen können. Zeige uns den fruchtbaren Boden Gottes, wo wir unser Geld einpflanzen können, um uns in der Zeit der Not zu versorgen, in Jesu Namen! Amen! Gott segne Sie!

27. SEPTEMBER

SIND SIE UNTERDRÜCKT IN IHREM LAND?

Viele sind bedrückt, deprimiert und in Qualen, weil sie die Wege und Gesetze des Herrn vergessen haben.

Psalm 127:1 Wenn nicht der Herr das Haus baut, so arbeiten die, die daran bauen, vergeblich; wenn nicht der Herr die Stadt hütet, so wacht der Wächter vergeblich.

Es gibt also ein Gesetz, Gebote und Vorschriften Gottes, damit du Hilfe vom Herrn empfangen kannst. Viele denken, dass wir an Gott glauben, aber wie der Teufel leben und wie ein Teufel handeln, dann laden sie das Gericht Gottes ein. Ihr Schutz besteht darin, die Gesetze zu befolgen und nicht den besten Job zu finden oder viel Bildung zu haben. Egal, wo du hingehst, schreibe die Gesetze und Gebote Gottes in dein Herz und befolge sie. Wenn du das tust, dann kann dich niemand versetzen oder ersetzen. Denk an König Saul, Priester Eli und andere, die immer wieder die gleichen Fehler gemacht haben.

Sprüche 12:3 Ein Mensch wird nicht durch Schlechtigkeit gefestigt, / aber die Wurzel des Gerechten wird nicht bewegt.

Sprichwort 10:30 Der Gerechte wird nie verschwinden, aber der Gottlose wird die Erde nicht bewohnen.

Der Herr richtet dich auf, wenn du auf ihn hörst, oder er entfernt dich, wenn du die Gesetze des Herrn vergisst. Denke nie, dass es jemand ist, der dir Schwierigkeiten bereitet. Finde Beispiele im Alten Testament, um die Fehler zu verstehen oder um einem guten Beispiel einer erfolgreichen Person zu folgen. Das Alte Testament sollte eine vergessene Geschichte sein, denn es dient uns als Beispiel und Ermahnung. Ignorieren Sie also nicht das Alte Testament. In der Tat ist das Alte Testament mein Lieblingsteil der Bibel.

Richter 3:7 Die Israeliten aber taten dem Herrn unrecht, vergaßen den Herrn, ihren Gott, und dienten den Baalim und den Ascherabildern.

Gott sandte den König von Mesopotamien, um die Israeliten zu unterdrücken, und sie dienten dem Feind acht Jahre lang. Die Israeliten wandten sich Gott zu, und Gott erlöste sie durch die Hand Othniels, und es herrschte 40 Jahre lang Ruhe. Nach vierzig Jahren vergaßen sie wieder Gott und taten Böses, und der Herr sandte den König von Moab, dem die Israeliten achtzehn Jahre lang dienten. Wieder gerieten die Israeliten in Bedrängnis, und sie taten Buße, und der Herr erlöste sie in seiner Barmherzigkeit durch die Hand Ehuds, und das Land ruhte 80 Jahre lang. Ehud starb, und sie gingen in die Irre und taten Böses. König Jabin von Kanaan unterdrückte die Israeliten. Als sie bereuten und sich Gott zuwandten, benutzte Gott die Prophetin Deborah und Barak, um sie zu befreien. Gott benutzte von Ehud bis Samson, 13 Richter, um die Israeliten zu retten, als sie riefen und bereuten.

27. SEPTEMBER

Apg 13:20 Und danach gab er ihnen Richter, etwa vierhundertfünfzig Jahre lang, bis zum Propheten Samuel. 21 Danach wollten sie einen König haben, und Gott gab ihnen Saul, den Sohn des Cis, einen Mann aus dem Stamm Benjamin, vierzig Jahre lang.

Mit den letzten beiden Richtern oder Propheten, Eli und Samuel, sollten 15 Richter zusammenkommen, durch die der Herr redete, regierte, half und die Israeliten rettete, wenn sie Buße taten. Die einzige Gemeinsamkeit war, dass sie die gleichen Fehler wiederholten, sobald ihr Hauptmann oder ihr von Gott gesandter Richter starb. Sehen Sie, wie wichtig Ihre Führer sind. Wählt den richtigen aus. Nicht den, der gut erscheint, sondern den, der gut ist. Es gab einen Unterschied zwischen Eli und Samuel. Gott stieß Eli hinaus und der Herr ersetzte ihn durch Samuel. Manche spielen, spielen und leben und bekommen die Konsequenzen zu spüren.

Wach auf. Du wirst weg sein, ersetzt und unterdrückt in deinem Land. Ich beobachte das Chaos in jedem Land. Menschen werden vergewaltigt, getötet und beraubt von Menschen, die aus anderen Nationen gekommen sind. Was denkst du, verursacht ihre Unterdrückung? Bete, dass der Herr die wahren Lehrer schickt, um uns das Orakel, die Gesetze und Gebote Gottes zu lehren. Ich höre ein junges Mädchen sagen: Das ist mein Land, und niemand kann mir etwas vorschreiben. Aber ich kann gehen, mich kleiden und leben. Ich erinnere daran, dass es Gottes Erde ist und dass es so sein soll, sagt der Herr. Möge der Herr uns den richtigen Befehlshaber geben, um die Wege, Gesetze und Satzungen des mächtigen Gottes durchzusetzen.

Diese Erde gehört niemandem außer dem Schöpfergott.

Die Ungerechtigkeit wird beseitigt werden. Unsere jungen Kinder, Teenager und Erwachsenen brauchen Richtlinien zum Leben, sonst wird Gott die Unterdrücker schicken. Wir werden in jedem Zeitalter oder jeder Epoche einen Überrest finden, der Gott fürchtet. Möge der Herr uns mit jemandem segnen, der richtig lebt. Möge der Herr für eine rechtschaffene und wahre geistliche Führung sorgen. Unsere Nation braucht Ermahnungen und Lehren aus dem Wort Gottes. Die Leitlinie kommt vom Herrn.

Viele geistliche Führer sind in einen geistlichen Schlaf gefallen. Deshalb sehen wir die Menschen unterdrückt, besessen, deprimiert, krank, lebendig und tun, was sie nicht tun sollen. Möge der Herr uns einen Hirten geben, dessen Interesse es ist, uns an stilles Wasser zu führen und uns auf grüne Weiden zu führen, die das Wort Gottes sind. Herr, versichere uns unseres unerschütterlichen Schutzes und unserer Stabilität, indem du dich treu an dein Gebot hältst. Wir leben in einer Zeit, in der wir uns fragen: Ist der Mann Gottes vom Herrn oder ein Mietling? Ein Wolf im Schafspelz. Ich würde es nicht einmal wagen, einige Gebäude, die sich Kirchen nennen, zu besuchen, da ich weiß, dass sie ihre Absicht haben, das Reich des Herrn zu zerstören. Wozu ist der Herr gekommen? Um seine Schöpfung wiederherzustellen und den Preis der Sünden mit seinem Blut zu bezahlen. Der eine Geist Gottes nahm Fleisch an und vergoss sein Blut für mich.

Wenn du nun irgendeine Religion findest, die die Bibel benutzt, um dich in die Irre zu führen, dann wirst du auch besiegt werden. Die Gerechtigkeit Gottes unterscheidet sich von der Selbstgerechtigkeit. Ich sehe, dass Europa, England und viele andere Nationen leiden, weil Menschen aus der ganzen Welt kommen, um zu rauben. Herr, hilf uns zu verstehen, dass die Einheimischen durch das Verlangen nach den verbotenen Früchten und dem Broadway ersetzt werden, um ihr Fleisch, die Begierde der Augen und den Stolz zu genießen. Unsere Aufgabe ist es, die Gebote Gottes zu halten und nicht die fehlgeleiteten Gesetze des Landes zu unterstützen. Viele denken, dass das Land Freiheit erlaubt, also sollten wir sie genießen. Aber diese Freiheit ist eine Falle des Satans, also haltet euch fern. Freiheit gibt es nur, wenn man sich an die Gesetze Gottes hält. Alle anderen sind derselbe Teufel, der zu allen Eves und Adams kommt, die sich wundern. Die Menschen in ihren Staaten, die früher mitten in der Nacht einkaufen gingen, werden jetzt ausgeraubt, vergewaltigt und haben große Schmerzen. Und warum? Wir wiederholen dieselben Fehler. Nimm keine Freiheit von Satan an, denn er ist nicht frei.

Judas 1:6 Und die Engel, die ihren ersten Stand nicht bewahrt, sondern ihre Wohnung verlassen haben, hat er in ewigen Ketten unter der Finsternis aufbewahrt bis zum Gericht des großen Tages.

2 Petrus 2:4 Denn wenn Gott die Engel, die gesündigt haben, nicht verschont hat, sondern sie in die Hölle hinabgeworfen und in Ketten der Finsternis gelegt hat, damit sie dem Gericht vorbehalten bleiben;

Was denken Sie also? Gott wird Sie entkommen lassen, wenn Sie falsch handeln. Ändere deine Wege, Motive und deinen Lebensstil und wandle im Licht Gottes. Suchen Sie nicht nach Organisationen oder Religionen, in die Ihr Lebensstil passt, sondern suchen Sie die Führer, die Sie auf den richtigen Weg führen. Du wirst beschützt werden. Herr, segne dich und dein Land mit guten geistlichen, rechtschaffenen und heiligen Führern in Jesu Namen! Amen!

LASST UNS BETEN

Wir beugen uns wieder dir, Herr, dem Willen und den Wegen Gottes. Wir demütigen uns und wenden uns von unseren bösen Wegen ab, damit du unser Land heilen kannst. Es ist meine Pflicht und Berufung, mein Land zu schützen, indem ich ein heiliges und rechtschaffenes Leben nach dem Wort Gottes führe. Wir danken dir. Herr, schenke uns gerechte Apostel, Pastoren, Prediger, Propheten und Lehrer, die von dir berufen sind. Wir brauchen gerechte Führer, um im Land zu regieren. Bitte gib uns wahre und rechtschaffene Führer. Bitte stelle das Land wieder her und heile es. Was immer der Teufel gestohlen, getötet und zerstört hat, bringe es zurück, wenn wir uns dir zuwenden. Gib uns ein gehorsames Herz, um der Stimme Gottes zu gehorchen. Bitte gib uns zurück, was wir verloren und gestohlen haben, in Jesu Namen! Amen! Gott segne Sie!

28. SEPTEMBER

HEXE, ZAUBERER, VERZAUBERER, MAGIER!

Niemand will über dieses Thema sprechen. Aber was sagt die Bibel über die bösen Arbeiter des Teufels? Der Teufel hat eine Armee, um gegen den König der Könige, Jesus, zu kämpfen. Satan tut alle Werke gegen die Förderung des Königreiches Gottes. Satan und seine Anhänger werden Lügner genannt. Die Herrschaft in der Höhe besteht darin, das Volk Gottes zu Fall zu bringen. Seine Agenda ist es, die rechtschaffenen und heiligen Menschen anzuklagen. Der Herr sagte zu Adam: "An dem Tag, an dem du von der Frucht isst, wirst du sterben, das ist der ewige Tod, nicht der physische Tod. Der Teufel kam als Schlange und sagte,

Mose 3:4 Und die Schlange sprach zu der Frau: Ihr werdet nicht sterben: Der Teufel sagt genau das Gegenteil von dem, was Gott sagt. Möge der Herr uns helfen, der Wahrheit zu folgen. Der Herr befahl, die Hexen zu beseitigen. Haben Sie eine in Ihrer Umgebung?

Exodus 22:18 Du sollst nicht zulassen, dass eine Hexe lebt. Wenn ihr diese Hexen benutzt, werdet ihr auch aus dem Land vertrieben.

1 Chronik 10:13 So starb Saul für seine Übertretung, die er gegen den Herrn begangen hatte, gegen das Wort des Herrn, das er nicht gehalten hatte, und auch dafür, daß er sich von einem vertrauten Geist beraten ließ, um ihn zu befragen;

Machen Sie den Herrn zu Ihrer einzigen Quelle, um die Wahrheit aufzudecken. Der Herr wird andere Quellen bestrafen. Wir sind auf den physischen Bereich beschränkt, aber die Geister sind nicht auf die physische und geistige Welt beschränkt. Einmal kam dieser Bruder, der für Jesus arbeitete, zu spät nach Hause. Viele Menschen kamen an seinen Arbeitsplatz, um sich von Dämonen befreien zu lassen. Als er den Dämon austrieb, sagte der Dämon: "Deine Frau kommt gleich. Seine Frau parkte weit weg, um nach ihrem Mann zu sehen. Der Bruder sah sich um und sagte: "Nein, sie ist nicht da. Aber als sie hereinkam, sah er sie. Sehen Sie, der Teufel sieht die Menschen in der Umgebung genauso, wie wir sie mit dem physischen Auge sehen können.

Leviticus 19:31 Achtet nicht auf die, die Wahrsager haben, und sucht nicht nach Zauberern, um euch durch sie zu verunreinigen: Ich bin der Herr, euer Gott.

Nun ist Zauberei die schwarze Magie, die Verzauberung. Gott verbietet in der Bibel Wahrsager, Verzauberer und Magier. Sie benutzten satanische Macht in Satans Kirche, die die Macht der Finsternis ist.

Apg 8:9 Es gab aber einen Mann namens Simon, der früher in derselben Stadt Zauberei betrieb und die Leute in Samaria verhexte, indem er sich für eine große Persönlichkeit ausgab:

ELIZABETH DAS

Diese Praktiken sind überall. Heute, während der morgendlichen Gebetsstunden, sah ich eine Hexe. Ich habe viel für die USA gebetet. All diese bösen Anschuldigungen, die Beschuldigungen sind ein solches Drama. Es ist verletzend, denn es gibt eine satanische, schamlose Welt, die Zeugen benutzt, um die guten Menschen zu zerstören. Als ich diese Hexe mit offenen Augen gesehen habe, habe ich angefangen, sie zu binden und ihre Agenda zu zerstören. Ich hasse Nachrichten, aber manchmal muss ich sie sehen, weil der Herr möchte, dass ich für einige Menschen Fürsprache leiste. Als ich einen YouTube-Nachrichtenkanal einschaltete, sagte die Dame, dass die Anschuldigungen gegen einen guten Mann wie eine Hexenjagd seien. Ich sagte, ich habe diese Hexe gerade gesehen. Möge der Herr uns helfen zu verstehen, dass die Geisterwelt real ist. Es geht nicht nur darum, in die Kirche zu gehen und nach Hause zu kommen, um sich zu entspannen. Ihr, die ihr die Gemeinde Gottes seid, bereitet euch darauf vor, eurem Feind gegenüberzutreten. Macht euch bereit, indem ihr fastet und betet, um die Pläne des Teufels zu zerstören. Sie haben die Kraft des Heiligen Geistes, Wahrheit und Autorität. Wenn Sie den Heiligen Geist nicht haben, dann gehen Sie zu einer Person, die Ihnen die Hand auflegen kann, um ihn durch das Sprechen in Zungen zu empfangen. Menschen Gottes, die beten und fasten, sind die einzige Hoffnung für die Nationen gegen die Pläne Satans. Satan kann Sie zerstören, wie er es zur Zeit Esthers getan hätte, aber sie wusste, was zu tun war. Lasst uns also dasselbe tun, indem wir fasten und beten.

1 Petrus 5:8 Seid nüchtern, seid wachsam; denn der Teufel, euer Widersacher, geht umher wie ein brüllender Löwe und sucht, wen er verschlingen kann:

Der Teufel hat nur ein Ziel: das Volk Gottes anzuklagen. Sie sehen das in Ihrem Haus und überall. Die böse Hexe oder der böse Mensch wird die Familie ständig beschuldigen, sie zu zerstören. Aber machen Sie sich keine Sorgen um den Ankläger, Lügner und Bösewicht. Sie sind lebende Tote. Es gibt keine Hoffnung für diese bösen Hexen oder Männer in Ihrem Haus oder Land oder an Ihrem Arbeitsplatz. Es gibt Anweisungen in der Bibel. Sprechen Sie immer ein siegreiches Zeugnis und sagen Sie dem Teufel, dass der Herr dies und jenes getan hat, erinnern Sie den Teufel daran, dass das Blut Jesu gegen Sie verwendet wird. Das bedeutet, egal welche Anschuldigung oder Beschuldigung Sie vorbringen, ich habe das gerechte Blut Jesu, das mich schützt. Das Blut des Erlösers wurde für mich vergossen, um alle meine Sünden wegzunehmen, also hahaha. Habt keine Angst vor demjenigen, der Anschuldigungen erhebt, sondern steht zu eurem Wort. Ihr Ende ist nahe.

Offenbarung 12:10 Und ich hörte eine laute Stimme im Himmel sagen: Nun ist das Heil und die Kraft und das Reich unseres Gottes und die Macht seines Christus gekommen; denn der Verkläger unserer Brüder ist niedergeworfen, der sie Tag und Nacht vor unserem Gott verklagte. 11 Und sie haben ihn überwunden durch das Blut des Lammes und durch das Wort ihres Zeugnisses und haben ihr Leben nicht geliebt bis an den Tod.

Dieser Teufel kommt durch deine Verwandten, deine Landsleute oder deine Frauen. Lachte ihn aus. Erlauben Sie ihnen nicht, in Ihr Haus zu kommen, denn ihre Motive sind falsch und werden Dämonen in Ihr Haus bringen. Lesen Sie die Bibel, befolgen Sie die Anweisungen und lernen Sie, wie Sie das Böse von der Tür fernhalten können. Ich sage euch, der Ankläger wird wütend werden, auch wenn er seine bösen Zeugen hat, wie seine böse Tochter. Erwarte nichts Gutes von diesem Bösewicht. Halte dich fern. Wenn du um sie herumgehen musst, binde Dämonen von ihnen und breche ihre Macht. Schicke Engel, bevor du ihnen begegnest. Glaubt mir, ihr Ende ist schlimm. Vertraue auf Gott. Heutzutage haben wir viele böse Männer und Frauen. Und warum? Wir haben vergessen zu beten und zu fasten. Mehr Spaß, Teeparty, Essen, Jagen, Feiern nach Feiern, Golfen, was auch immer. Die meisten bezeichneten Pastoren wissen nicht, wie man Dämonen austreibt. Einige Kirchen würden mich nicht lassen; sie würden mich überwachen, wenn ich es täte. Es ist ihr Monopol und ihre Agenda, nicht der Herr, in ihrer Höhle zu arbeiten. Jesus hat es getan. Warum ist es in Amerika so fremd, Dämonen und ihre Arbeit anzuerkennen? Was passiert, wenn das Land religiös

28. SEPTEMBER

wird und Jesus abschafft? Wenn wir nicht zulassen, dass der Heilige Geist uns führt, leitet und die Arbeit tut, dann sehen wir, wie die Macht Gottes schwindet und Gesetzlosigkeit entsteht. Es ist Zeit, aufzuwachen. Wir sehen die vielen Hexen, Hexenmeister, Wahrsager, Zauberer und Magier, die in schönen Kleidern und mit schönen Autos um uns herumlaufen. Manche stehen auf der Kanzel und haben prächtige Kirchen. Aber gibt es irgendjemanden, der die Kräfte erkennt, die hinter der Entführung, der Vergewaltigung, der Anschuldigung eines Unschuldigen, der Tötung und der Zerstörung der guten Menschen stehen? Alle Aktivitäten finden in verschiedenen Organisationen und Gebäuden statt, um euch zu betören. Ich hatte einen Traum über Indien, wo die religiösen Gruppen reich sind. Niemand treibt Dämonen aus, niemand öffnet blinde Augen, Lahme können nicht gehen, aber sie haben große Versammlungen, um sie zu täuschen. Die Menschen lieben es, getäuscht zu werden, denn jemand hat ihnen eine Gehirnwäsche mit falschen Lehren verpasst. Ich träumte von dem Geist von Hunden und Tigern, die mit sogenannten religiösen Christen im Staat Gujarat zusammenarbeiten. Seien Sie vorsichtig. Fangen Sie an, zu Hause zu beten, anstatt Geld zu spenden, um falsche Organisationen zu unterstützen. Das ist eine weitere Form des Satans, das Reich Jesu Christi zu zerstören. Die Bibel sagt, dass man den Herrn suchen soll, nicht auf der Kirchenbank zu sitzen. Ich habe ihn gesucht und gefunden. Sie sind stark antichristlich. Alle ihre Konfessionen und die falschen Propheten und Lehrer arbeiten gegen die Bibel. Möge der Herr die mächtigen wahren Lehrer und Pastoren in Ihr Haus, Ihre Stadt und Ihr Land schicken, und Sie werden Ihnen in Jesu Namen glauben! Amen!

LASST UNS BETEN

Oh, Herr, wir brauchen dich und deine Kraft des Heiligen Geistes, um gegen die dämonische Macht anzukommen. Herr, segne uns mit der Wahrheit, denn der religiöse Dämon hat dein Volk im Stich gelassen. Herr, gib uns wahre Lehrer und Propheten, die gegen all das Chaos in dieser Welt vorgehen. Du hast uns die Autorität, die Macht und deinen Namen Jesus gegeben; wir danken dir, Herr. Unser Gott ist wahr, aber es ist unsere Entscheidung, dir und deiner Wahrheit zu gehorchen. Herr, hilf uns, die Wahrheit, das Gebet, das Fasten und dein Wort mehr als je zuvor zu lieben. Unser Herr ist es, der weiß, wie er uns retten, bewahren und von Satan befreien kann. Möge der Herr eine unzerstörbare Hecke aus Schutz, mächtigen Engeln, Blut und Heiligem Geist um uns, unsere Kinder und unser Zuhause legen, in Jesu Namen! Amen! Gott segne Sie!

29. SEPTEMBER

ZERSTÖRE NICHT DEN TEMPEL GOTTES!

Sie werden jetzt vielleicht denken, was rede ich da? Ich spreche von Ihrem physischen Körper. Einmal fragte der Prophet einen Raucher: "Würden Sie in der Kirche rauchen?" Er sagte: Natürlich nicht, das ist respektlos. Da sagte der Prophet: "Lass mich dich heute lehren, worüber der Herr spricht. Dein Körper ist ein Tempel oder eine Kirche, das Gebäude ist keine Kirche. Er brachte ihn dorthin.

1 Korinther 3:16 Wisst ihr nicht, dass ihr der Tempel Gottes seid und dass der Geist Gottes in euch wohnt? 17 Wenn jemand den Tempel Gottes verunreinigt, den wird Gott verderben; denn der Tempel Gottes ist heilig, und dieser Tempel seid ihr.

An diesem Tag verstand dieser Raucher zum ersten Mal, dass es falsch war zu rauchen. Viele benutzen den Körper als Droge. Gott hat unseren Körper geschaffen, damit er als Heiliger Geist in uns wohnen kann. Der Heilige Geist ist der Geist des einen Gottes. Wenn Sie nun rauchen, trinken, Ehebruch begehen, Unzucht treiben oder Drogen nehmen, dann verunreinigen Sie den Tempel Gottes. Viele wissen, dass auf Zigarettenpackungen eine Warnung steht, dass sie Krebs verursachen. Die Lungen versagen und der gesamte Körper wird geschädigt. Es ist eine Tatsache, dass viele, die Zigaretten konsumieren, mit vielen Problemen sterben. Über 4.80.000 Todesfälle gibt es jährlich allein in den USA! Hören Sie auf den Herrn. Wie viele sterben nun an der Droge? Allein im letzten Jahr waren es 72.000. Wissen wir, dass es falsch ist, aber trotzdem unvorsichtig? Glaube an den Schöpfer deines Körpers. Benutzen Sie das Handbuch des Lebens, die Bibel. Wir müssen der Bibel mehr glauben als dem Arzt. Wir wissen, dass die Bibel die einzig richtige Information ist. Immer wieder müssen wir die Bibel heranziehen, um die Auswirkungen, Nebenwirkungen und Folgen des Ungehorsams gegenüber dem Wort Gottes zu beweisen und aufzuzeigen. Leid und Schmerz sind furchtbar, aber auch die Familie leidet. Eine Zigarette verursacht Krebs; 41.000 Menschen sterben jedes Jahr an Krebs. Willst du Gott immer noch nicht gehorchen? Gott sagt: Werdet das schlechte Zeug los, oder ich werde den Tempel zerstören, den ihr verunreinigt habt. Was sind HIV und AIDS? AIDS ist das fortgeschrittene Stadium von HIV. Allein in den USA starben im letzten Jahr 1 Million Menschen. Weltweit starben 1,8 Millionen. Das sind 3 Todesfälle pro Minute. Lieben Sie sich selbst. Wenden Sie sich an Gott. Das Leben kann erfreulicher sein als der Tod. Das Leben ist ein Geschenk Gottes. Die Menschen bringen viele Sünden nicht mit Krankheit in Verbindung, aber Sünde verursacht Krankheit. Diese Informationen habe ich bei einer Google-Suche gefunden. Aber ich stehe nur auf dem Wort Gottes. Werden Sie klug. Sexuelle Sünden sind gegen den Tempel Gottes.

1 Korinther 6:18 Hütet euch vor der Unzucht. Jede Sünde, die ein Mensch tut, ist außerhalb des Leibes; wer aber Unzucht treibt, der sündigt gegen seinen eigenen Leib. 19 Wisst ihr nicht, dass euer Leib ein Tempel des Heiligen Geistes ist, der in euch ist, den ihr von Gott habt, und dass ihr nicht euer eigen seid?

29. SEPTEMBER

Paulus spricht hier ein sehr ernstes Problem an. Er warnt den Hurer, dass sein Körper, der der Tempel Gottes ist, zerstört werden wird.

1 Korinther 5:1 Es wird allgemein berichtet, dass es unter euch Unzucht gibt, und zwar eine Unzucht, wie sie unter den Heiden nicht einmal genannt wird, nämlich dass einer die Frau seines Vaters hat.2 Und ihr seid aufgeblasen und habt nicht vielmehr getrauert, dass der, der diese Tat getan hat, aus eurer Mitte weggenommen wird.

Wenn du den Tempel, also deinen Körper, verunreinigst, dann wird der Herr weggehen, aber Satan wird die Macht übernehmen. Die Aufgabe des Satans ist es, zu stehlen, zu töten und zu zerstören.

1 Korinther 5:5 einen solchen dem Satan zu überliefern, um das Fleisch zu verderben, damit der Geist am Tag des Herrn Jesus gerettet werde.

Wenn ein Bruder oder eine Schwester im Herrn Unrecht tut, dann sollst du nicht mit ihnen verkehren.

1 Korinther 5:9 Ich habe euch in einem Brief geschrieben, dass ihr euch nicht mit Huren einlassen sollt:10 aber nicht mit den Huren dieser Welt, auch nicht mit den Geizigen, Wucherern oder Götzendienern; denn dann müsst ihr aus der Welt hinausgehen.11 Nun aber habe ich euch geschrieben, daß ihr nicht Umgang haben sollt, wenn jemand, der ein Bruder genannt wird, ein Hurer oder ein Habsüchtiger oder ein Götzendiener oder ein Räuber oder ein Trunkenbold oder ein Wucherer ist; mit einem solchen sollt ihr nicht essen.

Heutzutage wird dieses Thema kaum noch gepredigt, und wir sehen die schlimmsten Folgen des Todes. Ein Gläubiger sollte niemals einen Kompromiss mit diesen Sünden eingehen. Unsere Aufgabe ist es, zu lehren, ob sie gehorchen oder nicht, ist ihre Entscheidung. Denken Sie also daran, dass wir das Wort Gottes überbringen und nicht die Weltlichkeit. Die Liebe, derjenige, der die Wahrheit sagt, nimmt die Wahrheit an. Egal was passiert, wir können uns all das Leid und am Ende die Hölle nicht leisten. Stattdessen richten wir uns auf und führen ein rechtschaffenes Leben. Gott rettet uns nicht vor der Sünde. Gott erlöst uns von der Sünde. Die Sünde trennten Adam und Eva. Johannes der Täufer spendete die Taufe der Buße, um die zerbrochene Beziehung zwischen Gott und seiner Schöpfung wiederherzustellen. Erinnern Sie sich daran, dass das Blut im Leben Sie gekauft hat. Jesus bezahlte den Preis, indem er sein Blut gab. Er hat einen Striemen genommen, damit das Blut, das aus diesem Striemen kam, Sie heilen konnte. Er hat 39 Striemen genommen, um Sie zu heilen, und wenn Sie gesündigt haben, wird Ihnen vergeben. Wie einfach ist das?

Jakobus 5:15: Und das Gebet des Glaubens wird den Kranken retten, und der Herr wird ihn aufrichten; und wenn er Sünden begangen hat, werden sie ihm vergeben werden.

Es scheint ein einfaches Geschäft zu sein. Warum nicht die Sünden bereuen? Das Vergnügen der Sünde ist nur von kurzer Dauer, danach folgt ewiges Leid. Buße ist der Weg, der die Abkehr von den Sünden heißt. Wenn Sie im Namen Jesu in das Wasser eintauchen, befindet sich das Blut des Lammes unter diesem Namen. Das Blut des Erlösers wird alle Sünden abwaschen. Es ist kostenlos. Möge der Herr uns Weisheit schenken.

1 Korinther 6:9 Wisst ihr nicht, dass die Ungerechten das Reich Gottes nicht erben werden? Laßt euch nicht täuschen: Weder Hurer noch Götzendiener noch Ehebrecher noch Verweichlichte noch Menschen, die sich an Menschen vergreifen

Holen Sie sich die Kraft des Heiligen Geistes, der Ihnen die Stärke und die Macht gibt, gegen alle Versuchungen der Finsternis zu kämpfen. Möge der Herr uns helfen, Gott nicht wieder zu enttäuschen. Sein Blut kann alle tiefen Sünden reinigen und uns weißer als Schnee machen. Auch deine Seele wird den ewigen Ort erben. Möge der Herr Ihnen Weisheit und Verständnis geben, damit Sie sich ihm zuwenden.

Hebräer 3:6 Christus aber als ein Sohn über sein Haus; dessen Haus sind wir, wenn wir die Zuversicht und den Jubel der Hoffnung festhalten bis ans Ende. 7 Darum, wenn ihr heute auf seine Stimme hört, wie der Heilige Geist sagt, 8 so verhärtet euer Herz nicht wie in der Versuchung in der Wüste:

Vernachlässigen Sie Gott nicht; er hat alles getan, um zu segnen, zu befreien und zu verteidigen, indem er sein kostbares Leben gab. Gott manifestiert sich im Fleisch, um das Blut zu vergießen. Lehne den Namen nicht ab, in dem das Blut verborgen ist. Wenn du unter das Wasser gehst, benutze seinen kostbaren Namen, um deine Sünden im Blut abzuwaschen. Du wirst den Heiligen Geist empfangen; du wirst in einer anderen Sprache sprechen, um die Kraft zu erhalten, Satan zu bekämpfen. Amen. Möge der Herr dich segnen und dir ein Leben in Fülle schenken. Amen.

LASST UNS BETEN

Herr, wir kommen vor deinen Altar. Wir wissen, dass wir gesündigt haben und dass der Lohn der Sünde der Tod ist. Dort haben wir Blut, um alle Sünden wegzuwischen. Danke, dass du uns mit dem Heiligen Geist erfüllt hast, um den Teufel und die Versuchungen zu bekämpfen. Unser Herr, du bist ein guter Gott und hast in dieser Endzeit bedingungslose Liebe gezeigt, indem du in Menschengestalt gekommen bist, um das Blut zu vergießen. Die Wahrheit besitzt eine überwältigende Kraft, die uns befreien kann. Gib uns die Wahrheit und hilf uns, der Religion abzuschwören. Herr, sende wahre Propheten und Lehrer zu den Verlorenen, um sie zu leiten. Nimm die Verwirrung von uns. Setze die Liebe zur Wahrheit ein. Dir gebührt alle Herrlichkeit, Ehre, Reichtum, Wissen, Weisheit, Verständnis und Lob, in Jesu Namen. Amen! Gott segne Sie.

30. SEPTEMBER

ICH KOMME, UM DEN HERRN ZU SEHEN!

Ich kümmere mich nicht um das Gebäude, Menschen, Kleidung, Frisur, Musik, Vortrag sondern um den Herrn. Den Herrn suchen in Betrieb durch Heilung der Kranken, Befreiung der Menschen und Auferweckung der Toten. Ich gehe nicht zu Gebietsversammlungen, nur weil es eine religiöse Routine ist. Ich lasse mich nicht auf die falschen, gefälschten Wege, Bräuche und Routinen des Satans ein. Der Herr hat alle Arten von Routinen zerstört, sogar den Sabbat. Jetzt können Sie sich ausruhen, weil der Herr Menschen befreit und heilt, wenn Sie ihn lassen. Folgen Sie den Wegen des Herrn und nicht irgendwelchen rituellen Routinen des Satans im Namen von religiösen Kirchen, Konfessionen und Organisationen. Möge der Herr Sie nicht nur befreien, sondern auch frei halten. Er kann es, wenn Sie es ihm erlauben. Lernen Sie zu suchen, und warten Sie dann, bis er den Weg zeigt. Ich weiß, dass er es kann, wenn wir ihm erlauben, Großes zu tun. Werden Sie Ihre Agenda los; sie wird nicht funktionieren, sondern das Werk Gottes zerstören.

Möge der Herr Ihnen helfen, sich auf ihn zu verlassen.

Wenn du in die Kirche gehst, denke darüber nach, was dein Motiv ist. Viele Male habe ich wunderbare Botschaften weitergeleitet. Ich habe ihre irrelevanten Meinungen gelesen; sie fanden Fehler und kritisierten mich. Der Kritiker geht also in die Kirche, um zu kritisieren. Sie haken denjenigen ein, der einen mächtigen Dämon der Religion kritisiert. Der Teufel bleibt gleichgültig gegenüber ihrem gewählten Treffpunkt, da der Dämon in ihnen Befriedigung und Trost findet und in ihren körperlichen Gefäßen verborgen bleibt. Niemand wird ihn aus dem Körper vertreiben, da derjenige, der predigt, nicht weiß, wie er den geistlichen Kampf führen soll. Nette Botschaft, um sie zu manipulieren und für ihr Reich zu gewinnen. Der Teufel lacht und sagt: "Willkommen in meiner Welt, ich werde dich vor dem Wort Gottes retten. Religiöse Organisationen widersetzen sich der Wahrheit und haben Millionen gewonnen, nicht zu glauben, was so spricht der Herr.

Nun, als ich verschiedene Konfessionen oder Nicht-Konfessionen besuchte, suchte ich nach Gott. Ich hörte, wie ein Mann Gottes gut, gesalbte Botschaften predigte und sang und wahre oder teilweise wahre Lehren gab. Ich sagte, ich wünschte, diese Leute in Indien zu haben. Heutzutage haben viele den Heiligen Geist, und sie tun Wunder. Einige von ihnen vollbringen Wunder. Gott hat viele gerettet, die nach der Wahrheit leben und dem Buch gehorchen. Ich versuche nicht, irgendeine Religion zu gründen, sondern die, die bereits von den Propheten und den Aposteln gegründet wurde, wie das Wort Gottes sagt. Ich lege Ziegelsteine auf ihr Fundament. Die Apostel und Propheten bauten die Kirche in der Apostelgeschichte als Fundament. Jetzt kann man im Galaterbrief, im Epheserbrief, im Korintherbrief, in Asien, in Europa, in Australien und in der ganzen Welt auf allen Kontinenten bauen. Möge der Herr uns helfen, keine weitere Organisation, Konfession oder Nicht-Konfession zu gründen. Wir gehen nicht in die Kirche, um zu kritisieren, sondern um den Herrn zu sehen. Er hat gesagt, dass die Pforten der Hölle nicht überwunden werden können.

ELIZABETH DAS

Ich erwarte, dass die Heiligen sich in Jesu Namen versammeln, wo die Dämonen herauskommen und Feuer herunterkommen, um den Teufel und sein Werk zu verbrennen. Die Demonstration nach dem Wort Gottes ist das größere Werk.

Johannes 14:12 Wahrlich, wahrlich, ich sage euch: Wer an mich glaubt, der wird die Werke, die ich tue, auch tun; und er wird noch größere tun als diese; denn ich gehe zu meinem Vater.

Dies ist meine erste und wichtigste Suche nach einem höheren Gut. Vereinigen Sie sich nicht mit der religiösen Gruppe, die denken, sie sind die besten. Einen anderen Namen für ihre Organisation zu wählen, könnte falsch sein, aber der Herr. Ich bin auf der Suche nach einem größeren Werk. Menschen, die dem Herrn erlauben, durch den Geist zu wirken. Ich mag das Wirken des Geistes, wenn der Geist Gottes zu euch kommt.

Johannes 14:14 Wenn ihr irgendetwas in meinem Namen erbittet, werde ich es tun.

Ja, ich gehe in eine Gemeinschaft, um zu sehen, wie Gott handelt, sich bewegt und heilt, wie Blinde sehen, Lahme gehen und Krebspatienten keine Chemotherapie brauchen. Man muss sich nicht mit Ärzten und dem immensen Bau von Krankenhäusern herumschlagen. Der Geist Gottes findet das Problem, so dass keine MRT-, Röntgen- oder Ultraschalluntersuchungen oder die teuersten Diagnoseverfahren erforderlich sind. Eine Operation ist nicht nötig, denn die Hand Gottes bewegt sich durch die Hand von Jüngern Gottes, die ihre Kirchen auf einen Felsen gebaut haben. Fels ist die Offenbarung dessen, wer Jesus ist. Fels ist die Offenbarung von Jesus als Jehovas Retter.

Wir sehen, wie sich seine Hand durch die Gläubigen bewegt, um die Gefangenen zu befreien. Ich habe die AMI-Gottesdienste in Johannesburg, Südafrika, live verfolgt. Die Menschen fliegen aus der ganzen Welt dorthin, um zu sehen, wie sich die Hand Gottes durch den Mann Gottes bewegt, um ein größeres Werk als dieses zu tun. Niemand sieht den Herrn, aber die Zeichen und Wunder bestätigen seine Gegenwart.

Markus 16:20 Und sie zogen aus und predigten überall, und der Herr wirkte mit ihnen und bestätigte das Wort durch nachfolgende Zeichen. Amen.

Ich gehe in die Kirche, in der der Herr durch einen Jünger wirkt, der von Gott berufen ist, nicht von Organisationen.

Markus 16:15 Und er sprach zu ihnen: Gehet hin in alle Welt und predigt das Evangelium aller Kreatur. 16 Wer da glaubt und getauft wird, der wird selig werden; wer aber nicht glaubt, der wird verdammt werden. 17 Und diese Zeichen werden denen folgen, die glauben: In meinem Namen werden sie Teufel austreiben; sie werden mit neuen Zungen reden; 18 sie werden Schlangen aufheben; und wenn sie etwas Tödliches trinken, wird es ihnen nicht schaden; sie werden den Kranken die Hände auflegen, und sie werden gesund werden.

Als ich mit einem Bruder Min arbeitete, sah ich ihn mit den Dämonen in Menschen sprechen und dann befahl er dem Dämon, hinauszugehen. Es war die erstaunlichste Zeit meines Lebens. Aber ich hörte dort noch nicht auf, sondern suchte nach etwas Größerem als dies. Nach einer Weile in Dallas wurde ich gelangweilt und sagte: Herr. Ich brauche mehr. Die Box der religiösen Organisation, in der ich anfing, nach mehr zu suchen. Ich sagte: Herr, du führst mich, und so brachte er mich an einen anderen Ort, wo der Pastor zu dir kommt und betet, Dämonen austreibt, Kranke heilt, prophezeit, informiert, die Zerbrochenen tröstet und ihre Wunden heilt, indem er ihnen das Wort der Erkenntnis und der Prophetie gibt, und so weiter.

30. SEPTEMBER

sagte ich, aber ich will noch mehr. Mal sehen, wo er mich als Nächstes hinführen wird. Ich suche, bitte und klopfe an. Nicht aufhören, schließen und bleiben! Weitergehen und weitergehen. Möge der Herr uns helfen, Gott zu glauben. Er hat gesagt, was er gemeint hat.

Eines späten Nachts rief mich ein junges College-Mädchen an. Sie sagte, der Dämon verlasse ihr Zimmer nicht. Sie öffnet dem Dämon die Tür, damit er sich die falsche Seite im Internet ansehen kann. Seien Sie vorsichtig. Wenn du diese Szene öffnest, wird er kommen und dich zerstören. Das kann passieren, wenn du nicht nach dem Herrn suchst. Suchen Sie den Herrn, ziehen Sie sich aus der Komfortzone eines Gebäudes namens Kirche, Kirchenbank und Konfession heraus. Gott ist nicht dort. Gott ist dort, wo Sie es sich nicht vorstellen können. Ich bin Gott in Bereichen begegnet, die die Menschen oft kritisiert haben. Lassen Sie sich und mich nicht von Konfessionen, Nicht-Konfessionen oder Organisationen betören. Gott sei Dank, er hat mir Gnade erwiesen, denn ich habe ihn gesucht. Ist das nicht wunderbar? Unser Gott ist überaus erstaunlich, tut Wunder, heilt, befreit und wirkt Wunder. Suche diesen Jesus, der sich nicht verändert hat und es nicht tun wird. Möge der Herr dir einen Blick auf eine größere Vision geben, um das wunderbare Werk Gottes zu begehren und zu sehen. Suche danach und du wirst es finden. Amen! Gesegnete glückliche Reise.

LASST UNS BETEN

Herr, es ist unsere Aufgabe, zu suchen, zu sehen, was du für uns aufbewahrt hast. Gib uns den Hunger, den Mut und die Kühnheit, uns vom Geist leiten zu lassen, um den Ort zu finden, an dem du am Werk bist.

Der Herr wirkt durch denjenigen, der ihn lässt. Viele sind weit gereist, um das Werk Gottes zu sehen. Ich bin so froh, dass einige auf der Erde das mächtige Werk Gottes tun. Wir glauben dir, bitte sende uns die wahren Lehrer. Wo du bist, gibt es Freiheit und Wunder. Du wirkst durch uns nur unter deinen Bedingungen und nicht unter unseren. Viele haben Gemeinden unter Bedingungen gegründet, in denen du nicht da bist. Ich danke dir, Herr. Hilf uns, uns wieder auf den Knien zu verbinden, damit wir uns wieder verbinden können. Egal, was wir sagen, es ist sehr einfach zu sehen, wie du dich unter uns bewegst, wenn wir uns hingeben. Lass uns deine Kinder sein, weil wir wissen, dass du durch uns Größeres tun wirst. Unser Herr ist treu, in Jesu Namen! Amen! Gott segne Sie!

OKTOBER

1. OKTOBER

GOTT VERSCHÖNERT DIE SANFTMÜTIGEN MIT DER RETTUNG!

Jeder mag es, schön auszusehen! Menschen bekommen ein schönes Aussehen, wenn sie gerettet werden. Ich bin ein Zeuge aus erster Hand. Seit Jahren beobachte ich, dass Menschen, die ihre Sünden abgewaschen haben und den Heiligen Geist empfangen, ein Strahlen im Gesicht haben. Ich meine damit, dass eine Person, die all ihre Sünden bereut, deren Sünden durch die Taufe auf den Namen Jesu abgewaschen wurden und die den Heiligen Geist empfangen hat, anmutig aussieht. Diese Person muss nicht die Schönheitsprodukte ändern, die sie benutzt, sondern sie wird durch die Berührung des Herrn verschönert. Gott kommt in ihren Körper, den Gott für seinen Aufenthalt geschaffen hat. Dieser Körper ist der heilige Tempel Gottes. Wenn eine Person fleischliche Sünde begeht, wird dieser Tempel entweiht.

Was sind fleischliche Sünden? Schauen wir uns an, was das Wort Gottes sagt,

Galater 5:19b Unzucht, Unreinheit, Lüsternheit, 20 Götzendienst, Hexerei, Hass, Zwietracht, Eifer, Zorn, Streit, Aufruhr, Irrlehren, 21 Neid, Mord, Trunkenheit, Schwelgerei,

1 Samuel 16:7 Aber der Herr sagte zu Samuel: Sieh nicht auf sein Aussehen oder auf seine Größe, denn ich habe ihn abgelehnt; denn der Herr sieht nicht, wie die Menschen sehen; denn die Menschen sehen auf das Äußere, der Herr aber sieht auf das Herz.

Fleischliche Sünden spiegeln sich im Gesicht eines Menschen wider. Menschen haben keine Freude, wenn sie nicht glücklich sind. Die besitzergreifenden und neidischen Menschen werden eine Knochenkrankheit bekommen. Sie sterben und werden immer hässlicher und magerer. Ihre Hautfarbe wird dunkel oder blass. Ich habe diese Menschen gesehen, deren Schönheit verschwindet. Depressionen, Sorgen und Hass zeigen sich in ihren Gesichtern. Make-up und Gesichtsoperationen helfen nicht.

Wenn ein Mensch sich von seinen bösen Wegen abwendet, indem er Buße tut, seine Sünden in Jesu Namen im Wasser wäscht und den Heiligen Geist empfängt, wird sich sein Inneres verändern. Ich erinnere mich an einen Propheten; sein früheres Leben war schrecklich. Er saß in der Gosse, ging im Gefängnis ein und aus. Er sah hässlich aus, weil er gesündigt hatte. Als er sich dem Herrn zuwandte, kam Jesus in sein Leben, und er sah strahlend aus. Wenn der Herr kommt, dann renoviert er seine Wohnung. Unser Körper ist sein Tempel. Seine Hand hat ihn geformt. Das Gesicht leuchtet und die Gesichtszüge verändern sich. Frauen, die mit dem Herrn gehen, haben einen schönen Glanz im Gesicht. Ich besuche das Genesungsheim und treffe dort viele Damen. Die Damen, die Christen sind, haben schöne, strahlende Gesichter.

Einmal in Indien erzählte mir eine Hindu-Klassenkameradin, dass sie in einer riesigen Menschenmenge erkennen könne, wer Christ ist. Ich fragte sie: "Woran?" Sie antwortete: "Es ist ein Licht in ihrem Gesicht." Die Menschen achten so sehr auf ihr äußeres Erscheinungsbild. Ich bin in Indien aufgewachsen. Ich kannte dieses ganze Make-up nicht. Wir haben nur unseren Körper gesäubert und unser Haar gekämmt, und das war alles, was wir taten. Einige Frauen, die zum Christentum konvertiert sind, sagten, dass ihre Mitarbeiter nach ihrer Taufe bemerkten, dass sie wunderschön aussahen. Eine dieser Frauen namens Gigi sagte: "Jeder hat mir gesagt, dass ich nach der Taufe wunderschön aussehe." Sehen Sie, Gott hat alle Dinge schön geschaffen.

Prediger 3:11 Er hat alles schön gemacht zu seiner Zeit:

Schönheit kommt vom Himmel. Alle Töchter Hiobs waren schön.

Hiob 42:15a Und im ganzen Land fand man keine so schönen Frauen wie die Töchter Hiobs:

Gott macht nicht hässlich, sondern macht hässlich schön. Ich habe gelernt, dass eine Frau, die Wut, Eifersucht oder Stolz hat, den härtesten Blick hat. Es ist die Einsicht einer Person, die das äußere Aussehen bringt. Innere Hässlichkeit schaut durch das Gesicht. Wenn Leute die Wahrheit wissen, dann werden sie nicht von Satan getäuscht. Eine Google-Suche zeigt, dass der geschätzte Wert der weltweiten Schönheitsindustrie im Jahr 2003 laut Analysten von Goldman Sachs 24 Milliarden Dollar betrug, einschließlich Hautpflegeprodukte, Make-up 18 Milliarden Dollar und Haarpflege 38 Milliarden Dollar.

Es wächst mit einer Rate von bis zu 7 % pro Jahr. Es ist mehr als doppelt so hoch wie die Rate des BIP der entwickelten Welt. Plastische Chirurgie, Kosmetik und Dermatologen verdienen Milliarden Dollar im Jahr. Ein verlorener Mensch weiß nicht, dass der Teufel mit seinem Verstand spielt und das Produkt verkauft, indem er überzeugt, dass sie schön aussehen werden. Der Teufel lässt die Leute auch hässlich und wertlos fühlen. Meine Freunde, glaubt nicht an Satan; Ihr braucht einen Dermatologen namens Jesus.

Wer hat deinen Körper gemacht? Jesus, nicht Satan, der mit deinem Körper spielt. Wie lange wirst du auf dieser Erde leben? All diese Schönheitsoperationen und Schönheitsprodukte werden dir schaden. Wer kümmert sich um dich? Nur der Herr! Satan wird auf deine Augen, deine Nasenfalten und kleine Details hinweisen, die niemandem wichtig sind oder die niemandem auffallen. Aber Sie müssen Ihr Denken ändern. Kommen Sie in Gottes Gegenwart, beten Sie den Herrn an, lesen Sie sein Wort und befolgen Sie es, beten Sie und fasten Sie. Glauben Sie mir, Sie werden schön aussehen. Innere Schönheit wird durch Ihr Gesicht strahlen. Sprich zu dir selbst, ich bin schön!

Psalm 140:4 Denn der Herr hat Wohlgefallen an seinem Volk; er macht die Sanftmütigen selig.

Du bist die Braut von Jesus, und Er will, dass du schön aussiehst, nicht nach den Maßstäben der Welt. Denk daran, Gott hat deinen Körper und jedes Detail im Körper gemacht. Satan ist die hässlichste Kreatur. Er lässt dich fühlen, was er ist. Alle unheiligen gefallenen Engel führen Satans Plan aus, dich hässlich fühlen zu lassen. Nein, du bist schön!

Sprichwort 16:31 Das graue Haupt ist eine Krone der Herrlichkeit, wenn es auf dem Weg der Gerechtigkeit gefunden wird...

Wenn der Herr in dich eindringt und dich von Drogen, Alkohol, Eifersucht, Neid, Stolz, Zorn, Lügen und Betrug befreit, wirst du schön aussehen. Das ist die Aufgabe des Herrn und nicht die von irgendjemandem. Wie lange wird Ihre Schönheit anhalten, nachdem Sie tausende Dollar für plastische und kosmetische

1. OKTOBER

Chirurgie ausgegeben haben? Manche sind mit ihrer Augenfarbe, ihrem Hautton oder was auch immer nicht zufrieden. Sie müssen zu dem großen Kosmetiker, dem Herrn Jesus, kommen. Kommen Sie in seine Gegenwart, wie Mose es tat.

Mose 34:30 Und als Aaron und alle Israeliten Mose sahen, siehe, da leuchtete die Haut seines Angesichts, und sie fürchteten sich, ihm nahe zu kommen. 35 Und die Israeliten sahen das Angesicht des Mose, daß die Haut seines Angesichtes glänzte; und Mose legte den Schleier wieder über sein Angesicht, bis er hineinging, um mit ihm zu reden.

Der Teufel betrügt Sie, indem er all diese Augen-, Gesichts- und Produkte einführt. Wir haben das alles noch nie benutzt. Warum dann jetzt? Wenn wir uns von der Gegenwart Gottes entfernen und der betrügerischen Einführung des Satans glauben, betrügen wir uns selbst. Die Betrüger des Teufels wollen Sie und Ihr Geld vom Herrn stehlen. Gott wird Ihren Glauben auf Erden prüfen. Du stehst im Glauben und tust, was der Herr sagt. Seien Sie versichert, dass Ihr Licht so blendend sein wird, dass sogar der Teufel vor Angst zittert und sich eilig vor der Leuchtkraft zurückzieht, die von Ihnen ausgeht. Denken Sie daran, dass der Teufel das schönste Geschöpf Gottes war. Als er sündigte, wurde er zum hässlichsten Geschöpf. Schauen Sie sich seine Bilder von Skeletten an, hässlich, furchterregend, nicht wahr? Ja, und rate mal? Er will, dass du wie eines aussiehst. Gott hat dich nach seinem Bild gemacht. Du brauchst keine Hilfe von Satan. Sag einfach, ich sehe aus wie mein Vater Jesus; ich bin schön. Ich wurde in seinem Bild gemacht. Jesus hat mich schön gemacht. Und ich bin von innen nach außen schön.

2 Korinther 4:16 Darum werden wir nicht müde; sondern wenn auch unser äußerer Mensch vergeht, so wird doch der innere Mensch von Tag zu Tag erneuert.

Gottesfürchtige alte Menschen sehen auch im hohen Alter noch schön aus.

Psalm 92:14 Sie werden noch im Alter Frucht bringen, sie werden fett und blühend sein;

LASST UNS BETEN

Möge der Herr des Himmels uns eine himmlische Note geben, um uns zu verschönern. Wir sind das Ebenbild Gottes, und der Herr weiß, wie er uns schön machen kann. Wir sind seine zukünftige Braut. Herr, hilf uns, uns selbst makellos, ohne Falten und Makel für ihn zu erhalten. Niemand außer dem Herrn weiß, wie man sich um sein Haus und seinen Tempel kümmert, der unser Körper ist. Herr, wir bringen uns selbst als ein lebendiges Opfer auf deinen Altar. Wir vertrauen dir. Gott hat uns nach seinem wunderbaren Bild geschaffen. Wir lieben dich und beten für dich! In Jesu Namen. Amen! Gott segne dich.

2. OKTOBER
GUT BEENDET!

Wir alle fangen an, aber wie wir enden, ist am wichtigsten. Jeder Hochzeitstag ist so freudig, aber beenden sie es? Und wenn sie es tun, dann wie? Es ist mehr als etwas, das man am Anfang sieht. Es ist eine wichtige Rolle, die du spielen musst, wenn du in das Rennen deines Lebens gehst. Denke über dein Leben wie ein Rennen nach. Wie hast du jede Prüfung genommen, wie hast du reagiert, und was war das Ergebnis jeder Prüfung? Als Jesus sagte, es ist vollbracht.

Johannes 19:30 Da nun Jesus den Essig empfing, sprach er: Es ist vollbracht! Und er neigte sein Haupt und gab den Geist auf.

Er begann sein Leben in Bescheidenheit: Er wurde in einer einfachen Krippe geboren und von der Familie Carpenter aufgezogen. Seinem Leben kommt keine Bedeutung zu. Aber der Sinn des Lebens und das Beste daraus zu machen, das ist der Gewinn des Lebens und der Gewinn der Krone. Jesus starb als Gotteslästerer, wie die Priester und Hohepriester sagten, die den leibhaftigen Gott nicht kannten. Möge der Herr uns helfen, die richtige Rolle einzunehmen und nicht die Rolle des Mörders der Wahrheit und Gottes. Wie traurig für diejenigen, die Positionen und Macht aus Eigennutz erhalten haben. Unser Gott nahm die Rolle des Dieners an und lebte und wandelte als Diener.

Philipper 2:6 der, da er in Gestalt Gottes war, es nicht für ein Raub hielt, Gott gleich zu sein, 7 sondern sich selbst entäußerte und Knechtsgestalt annahm und den Menschen gleichgestaltet wurde; 8 und da er in Menschengestalt gefunden wurde, erniedrigte er sich selbst und wurde gehorsam bis zum Tod, ja zum Tod am Kreuz. 9 Darum hat ihn auch Gott hoch erhöht und ihm einen Namen gegeben, der über alle Namen ist, 10 auf daß sich beuge vor dem Namen Jesu alle Knie, die im Himmel und auf Erden und unter der Erde sind, 11 und alle Zungen bekennen, daß Jesus Christus der Herr ist, zur Ehre Gottes, des Vaters.

Wir alle haben eine Berufung für unser Leben. Wir müssen darauf achten, dass wir, wenn wir auf den kostbaren und mächtigen Namen Jesu Christi getauft sind, in der Armee Gottes sind. Egal, wie es aussieht, wir haben den Sieg. Wir kämpfen im Sieg. Wir müssen wissen, dass der Teufel des Widersachers kommt, um das Volk Gottes zu verschlingen. In der Tat will der Teufel die Schöpfung Gottes zerstören. Die Prüfung des Lebens bringt eine sehr entscheidende Zeit. Wir werden keinen anderen Ausweg sehen, als auf den Herrn zu warten. Der Herr, der den Israeliten den Weg geebnet hat, wird auch mit uns sein und dasselbe tun.

Ich war ein paar Jahre im Rollstuhl, und wegen des Schmerzes habe ich mein Gedächtnis verloren. Worte können die Qual nicht ausdrücken, in der ich war. Ich habe all die Jahre nie Medizin genommen. Während dieser Zeit wusste ich nicht, dass der Heiler Br. Min in dieser Welt existiert. Aber ich hatte nur ein Versprechen von Gott, dass Er mich aus dieser langen feurigen Prüfung herausholen wird. Dem Wort Gottes und der Stimme Gottes habe ich vertraut.

2. OKTOBER

Sprüche 4:12 Wenn du gehst, werden deine Schritte nicht behindert, und wenn du läufst, wirst du nicht stolpern.

Ich war nie neugierig oder stellte Gott in Frage, sondern hielt mich an den Verheißungen fest. Ich vertraue Gott von ganzem Herzen. Gott, der Schöpfer von Himmel und Erde, hat mir ein Versprechen gegeben. Es hat Jahre gedauert und ist immer noch nicht ganz aus der Welt, aber ich weiß ganz sicher, dass Gott seine Verheißungen erfüllen wird. Ich mache meine Missionsarbeit im Glauben an den Herrn. Ich vertraue Gott hundertprozentig für meine Gesundheit, meine Finanzen und meinen Dienst. Es ist kein einfacher, rosiger Weg, aber er ist siegreich. Ich will nicht erst glauben, nachdem ich geklagt, getrauert und gestöhnt habe, sondern bevor ich die Verheißungen erhalte. Der Herr hat es gesagt und wird es auch tun.

Hebräer 10:37 Noch eine kleine Weile, und der, der kommen soll, wird kommen und nicht mehr warten. 38 Die Gerechten aber werden aus Glauben leben; wer aber zurückweicht, an dem hat meine Seele kein Gefallen. 39 Wir aber sind nicht von denen, die zurückweichen in die Verdammnis, sondern von denen, die glauben zur Rettung der Seele.

Nichts ist unmöglich mit unserem Gott. Es ist kein bloßes leeres Versprechen, wenn du deinen Glauben bewahrst. Halte an seinem Wort fest, während du den Bergen gegenüberstehst; die Flut, kein Essen im Haus, den Job verlieren, Kinder, die böse sind, Ehepartner, die gehen, und viele Kriege um deine Versprechen. Die Szene, die du ändern kannst, indem du deinen Glauben daran ausprichst. Werde reich im Glauben. Lernen Sie Ihren Gott kennen, indem Sie sein mächtiges Werk in der Bibel sehen. Der Teufel ist ein Lügner. Satan hat den Himmel gesehen; er weiß, wie schön es dort oben ist. Aber er entwirft die schlimmsten Bilder. Er ist ein Fürst der Lüfte und beherrscht die Welt mit seinem bösen Plan. Aber lacht über den Teufel, erinnert an das Kreuz, zeigt die Schrift und sagt: Es ist vorbei. Ich habe mein Leben zurückbekommen.

Was im Garten Eden geschah, ist mit dem Herrn Jesus beseitigt. Wir haben damals verloren, aber jetzt spricht das Blut besser als das Blut der Tiere. Nehmen Sie wahr, dass Sie mehr Macht haben als der Teufel. Übernimm das Kommando und befiehl ihm, zu verschwinden. Binden Sie ihn und weisen Sie ihn zurecht. Befiehl ihm, dein Leben, deine Finanzen, deine Familie und dein Land zu verlieren. Brechen Sie die Macht des Teufels, der Dämonen und der gefallenen Engel im Namen Jesu. An dem Tag, als ich ins Wasser ging, bedeckte es mich mit seinem Blut. Das Leben ist im Blut von Jesus. Er hat den Lohn der Sünde vollständig bezahlt. Wie schön ist es, die Wahrheit zu kennen und zu sehen, wie der Teufel den Schwanz einzieht und davonläuft. Ich bin dem Teufel viele Male begegnet und habe gesehen, wie er besiegt wurde. Nicht nur für mich, sondern für alle, denen ich auf der ganzen Welt diene. Gott überschüttet uns mit Segnungen und Gnade. Der Teufel bekommt immer noch die in den Griff, die eine Form der Frömmigkeit haben und die Wahrheit leugnen. Aber am Tag des Gerichts werden sie keinen Ausweg finden. Dauerhafte Trennung zur Dunkelheit.

2 Petrus 2:20 Denn wenn sie, nachdem sie den Verunreinigungen der Welt durch die Erkenntnis des Herrn und Heilandes Jesus Christus entronnen sind, wieder darin verstrickt und überwunden werden, so ist das letzte Ende bei ihnen schlimmer als der Anfang. 21 Denn es wäre ihnen besser, daß sie den Weg der Gerechtigkeit nicht erkannt hätten, als daß sie, nachdem sie ihn erkannt haben, sich von dem heiligen Gebot, das ihnen gegeben ist, abwenden. 22 Aber es ist ihnen geschehen nach dem wahren Sprichwort: "Der Hund wird wieder zu seinem eigenen Erbrochenen, und die gewaschene Sau wälzt sich im Schlamm.

Meine lieben Brüder und Schwestern, denkt nicht, dass ihr klüger seid als Gott und habt eure Mission begonnen und das Blut Gottes wirkungslos gemacht, indem ihr den Namen von Jesus in der Taufe entfernt habt. Seid vorsichtig. Es gibt eine Hölle, wo es kein Licht gibt, alles ist Qual. Unser Gott hat alles getan, und das ist die letzte und beste Versorgung für dein und mein Leben. Du magst fühlen, es ist zu viel, mein Problem ist schwer zu ertragen, kann nicht mehr nehmen. Warte auf den Herrn, Er wird kommen und dich stärken, rufe zu Ihm. Er wird dir nicht mehr geben, als du ertragen kannst. Fühlst du dich allein? Eine Erinnerung, Er wird dich niemals verlassen oder aufgeben. Er wird dich durchtragen; es ist nicht mein Versprechen, sondern das des Herrn. Beende gut, es gibt eine Krone, die auf dich wartet. Es gibt eine goldene Straße, und dein Herr hat eine Villa nur für dich geschaffen. Beende gut, ja, du kannst. Segen.

LASST UNS BETEN

Herr, wir danken dir für das Wort des Glaubens. Der Glaube wird keine Schande bringen. Der Glaube an Gott versetzt Berge, so schütze unser Glaube. Hilf uns, Herr, auf über fünftausend Verheißungen zu stehen. Der Herr ist es, der mehr tun kann, als wir uns vorstellen können. Unser Gott ist verlässlich und wunderbar. Egal, wie es aussieht, er wird uns Frieden, Sieg, eine Lösung und Rettung geben. Möge der Herr unsere rechte Hand halten, wenn wir durch schlammiges Lehm gehen. Er wird unsere Füße nicht gleiten lassen. Gott schläft und schlummert nicht. Habt Vertrauen in den Herrn. Beende unser Rennen wie ein mutiger, kühner Mann. Gott geht vor uns her und bewahrt uns in Jesu Namen! Amen! Gott segne Sie!

3. OKTOBER

TESTIMONY!

Was ist das Zeugnis? Warum ist es notwendig? Was hat es mit dem Teufel zu tun? Was hat es mit der Schöpfung Gottes zu tun? Zeugnisse sind Beweise oder Nachweise. Eine schriftliche, gesprochene Erklärung, dass etwas wahr ist. Die Bibel bezeugt den einen wahren Gott. Das Wort Gottes ist die einzige genaue Aufzeichnung über Gott. Sie können sein Wort ausprobieren, ohne es zu verändern, und es wird halten, was es verspricht. Verdünnen Sie es nur nicht, fügen Sie nichts hinzu und nehmen Sie nichts weg. In den 1980er Jahren besuchte ich die Pfingstgemeinde. Ich hörte, wie sie über die Güte Gottes Zeugnis ablegten. Später verschwand die Zeit des Zeugnisses mit der Ausrede, dass es zu viel Zeit in Anspruch nimmt. Während des Zeugnisses sprangen die Leute von ihren Sitzen auf, um Zeugnis zu geben. Sie offenbaren die Legitimität der Wahrheit des Wortes. Die Menschen sprangen von ihren Sitzen auf und tanzten, weinten und vertrauten auf seinen kostbaren Namen und sein kostbares Wort. Verstehen Sie, das Zeugnis sollte nicht nur an den Wänden der Gebäude hängen, sondern überall sein. Ich habe bei meiner Arbeit Zeugnis abgelegt. Meine Mitarbeiter waren gespannt auf die Details meines Lebens während dieser außergewöhnlichen Situation. Überall, wo ich hinkam, war ich ein lebendiges Zeugnis. Mein Interesse war es, den Namen Jesus zu verkünden. Und die Menschen wissen zu lassen, dass Gott real ist. Sein Name im Neuen Testament ist Jesus. Jehova wird im Neuen Testament Jeschua genannt, was Jehovas Retter ist. Er hat alle Eigenschaften des Alten Testaments und wurde durch das Geben seines Blutes ein Heiler, Befreier und Retter. Der Herr stellte den Verlust aus dem Garten Eden wieder her. Du wirst es verstehen, wenn du die Bedeutung des Namens Jesus kennst. Er ist der Sohn, von dem Jesaja sagt, der mächtige Gott, der ewige Vater. Der lang ersehnte Jesus.

Johannes 1:45 Philippus findet Nathanael und sagt zu ihm: Wir haben den gefunden, von dem Mose im Gesetz und die Propheten geschrieben haben: Jesus von Nazareth, den Sohn Josephs.

Jesus war das Wort, das im Fleisch offenbart wurde. Jehovas Geist zog Fleisch an zu unserer Erlösung. Um dem Teufel wissen zu lassen, ich bin hier, um zurückzuholen, was du im Garten Eden gestohlen hast. Es ist eine neue Geschichte, nur wenn du das Blut erkennst, das hinter dem Namen Jesus und deinem Zeugnis verborgen ist. Du erhältst ein Zeugnis, indem du dem Herrn erlaubst, die Herrschaft über dein Leben zu übernehmen. Es geht nicht um Daniel, Mose und David, sondern um eine größere Geschichte als die, die wir im Alten Testament lessen. Wie schön ist es, dass wir jetzt einen liebenden Gott haben, der in uns lebt, den Heiligen Geist. Unsere Geschichte sollte jeden Tag neu sein. Erinnern Sie sich daran, dass Jesus sagte, ich mache alles neu, und ich ziehe das Neue vor. Wir sollten jeden Tag neue Siege, Heilung, Versorgung und insgesamt erstaunliche Erfahrungen machen. Er ist Liebe; Er vergibt. Lass dein Zeugnis weltweit sein, geschrieben auf jedem Plakat, jeder Geschichte, jedem Zuhause, im Fernsehen und in den Medien. Die Medien sollten dein Zeugnis der Welt mitteilen. Gott reist, lebt in unserem Schatten, unserer Kleidung, in unseren gesprochenen Worten.

Lukas 7:16 Und es kam eine Furcht über alle, und sie priesen Gott und sagten: Ein großer Prophet ist unter uns aufgestanden, und Gott hat sein Volk heimgesucht.

Lukas 5:26 Und sie entsetzten sich alle und priesen Gott und wurden von Furcht erfüllt und sprachen: Wir haben heute seltsame Dinge gesehen.

Matthäus 9:8 Als aber das Volk das sah, verwunderte es sich und pries Gott, der den Menschen solche Macht gegeben hatte.

Die Menschen sollen unsere Geschichte predigen und verkünden.

Das Zeugnis ist der Bericht oder die genaue Aussage, die andere über Gott machen. Das unverfälschte Wort Gottes praktizieren. Dem Wort Gottes gehorchen, wie es ist. Niemand anderes als Ihr Lebenszeugnis sollte das eigentliche Bild von Gottes Macht sein. Sie sind der lebendige Beweis für Gottes Größe. Egal, in welchem Land oder an welchem Ort Sie leben oder reisen, Sie werden die Geschichte erschaffen, indem Sie sich Situationen, Krankheiten, Dämonen, Autorität und Dunkelheit stellen, indem Sie auf Gott vertrauen. Das ist der Bericht, den Sie erzählen werden, und es ist die Geschichte, die andere bezeugen werden. Der Gott Abrahams, Isaaks und Israels bewegt sich und lebt in uns. Sie nahmen dem Gebäude, das sich Kirche nennt, das Zeugnis weg, weil es das Reich der Finsternis zerstörte. Satan entledigt sich dessen, was sein Reich zerstört. Ich werde falsche Lehrer und Propheten zu dem Preis kaufen, den sie verlangen. Der Teufel bot Millionen von Bargeld, nehmen Sie es, aber kein Zeugnis. Und warum?

Offenbarung 12:11 Und sie haben ihn überwunden durch das Blut des Lammes und durch das Wort ihres Zeugnisses und haben ihr Leben nicht geliebt bis in den Tod.

Adam und Eva verloren ihren Segen, als sie die verbotene Speise aßen. Verkaufe nicht deinen vom Herrn gegebenen Segen. Sei vorsichtig, wenn du gegen den Gesalbten Gottes sprichst.

Psalm 105:15 und sprach: Rührt meinen Gesalbten nicht an, und tut meinen Propheten kein Leid!

Wenn Sie das tun, wird es eine Demonstration geben. Gott wird sich zeigen und für den Gesalbten die Sache in die Hand nehmen.

Esther 5:14 Da sprachen Seresch, seine Frau, und alle seine Freunde zu ihm: Laß einen fünfzig Ellen hohen Galgen anfertigen, und morgen sprich zum König, daß Mardochai daran gehängt werde; dann geh fröhlich mit dem König zum Festmahl hinein. Und das gefiel Haman, und er ließ den Galgen machen.

Gottes Volk wird den Feind überholen. Eine Geschichte wird zu deinen Gunsten sein. Dein Zeugnis wird die Kraft der Rettung und des Überwindens haben. Die Geschichte des Feindes wird deine Geschichte sein. Der Feind wird gegen dich planen und wird zum Opfer. Es wird sich gegen sie wenden. Lerne den Weg Gottes für das großartige Ergebnis. Angst, Sorge und Unruhe müssen von dir weichen, und lass Gott erscheinen, um Seinen herrlichen Namen zu verherrlichen. Deine Geschichte steht kurz davor, sich zu ändern; dein Sieg kommt, und der Plan des Feindes steht kurz davor, zerstört zu werden. Du gehst höher, du wirst der Kopf sein, oben, hoch begünstigt und der Erste. Empfange das Zeugnis, lies es, und mache es zu deinem.

Esther 6:13 Da erzählte Haman seiner Frau Seresch und allen seinen Freunden alles, was ihm widerfahren war. Da sprachen seine Weisen und seine Frau Seresch zu ihm: Wenn Mardochai aus dem Geschlecht der

3. OKTOBER

Juden ist, vor dem du zu fallen begonnen hast, so wirst du ihn nicht besiegen können, sondern vor ihm fallen müssen

Der Herr des Himmels sagte: "Ich mache alles neu, ich gebe euch neuen Sieg, Heilung, neue Versorgung und Befreiung." Dein Leben wird von gewöhnlich zu außergewöhnlich. Du wirst bezeugen: Ich war arm, und jetzt bin ich reich; ich war ein Dieb, und jetzt gebe ich. Ich war ein Sklave, aber jetzt bin ich frei. Einst war ich krank und bin jetzt geheilt, lahm und kann gehen, taub und kann jetzt hören, blind und kann jetzt sehen. Mein Zeugnis in dem Buch "I did it His way" zeigt, wie wunderbar unser Gott ist. Die Aufzeichnung deines Zeugnisses bleibt für immer auf der Erde. Heute habe ich ein großartiges Zeugnis. Amen!

LASST UNS BETEN

Himmlischer Vater, unser Leben ändert sich an dem Tag, an dem wir unserem Schöpfer begegnen. Unser Leben nimmt eine ungewöhnliche Form an. Unser Leben wurde zu dem, was er geplant hatte, bevor ich geboren wurde. Herr, du wirst unser Weg durch die Wahrheit und das Leben. Herr, wir überlassen es dir, unser Herr zu sein. Wenn wir Löwen Bären, Stürme, Überschwemmungen und Feuer sehen, sprechen wir den Namen Jesus an, um das überwältigende Zeugnis zu sehen. Wenn wir den Feind auf jeder Seite sehen, sprechen wir den Namen Jesu und werden sehen, wie der Feind auf sieben Wegen davonläuft, ins Wasser gezogen und vernichtet wird. Herr, unser Zeugnis kann entstehen, indem wir dein Wort als Schild, Licht und Schwert halten, um den Feind zu vernichten. Das Zeugnis ist das Blut gegen Satan. Hilf uns, Herr, das zu tun, was nötig ist, um unsere Geschichte so zu gestalten, wie wir sie noch nie gehört haben, größer als je zuvor, in Jesu Namen. Amen. Gott segne Sie!

4. OKTOBER

UNBEKANNTER WEG, SIEHE SEINE HAND!

Viele Male wissen wir nicht, was passiert. Wohin gehen wir? Was sagen sie? Aber der Herr ist der Anführer, und Er ist unser Führer. Der Herr spricht, wenn wir hören. Er hilft uns, wenn wir es erlauben. Hilf uns, richtig zu handeln und zu reagieren in unserem Blick, wenn wir uns verloren fühlen. Denn viele Male haben wir einen unbekannten Weg, und wir wissen nicht die Richtung. Wir wissen nicht, welche Entscheidungen wir treffen sollen. Aber lass deinen Geist uns führen und leiten, Jesus. Hilf uns, Herr! Der Weg unseres Lebens ist uns unbekannt. Das Leben öffnet sich jeden Tag, jeden Morgen, wenn wir unsere Augen öffnen. Es offenbart sich Stück für Stück. Lass deinen Geist unser Leben zu einer schönen Blume werden. Schöne Rosen! Wenn du die Sonne in unser Leben scheinen lässt, dann lass sie eine schöne Brise und einen schönen Duft für viele sein, die denken, das Leben sei nicht lebenswert. Hilf uns, unsere Ohren zu neigen, um zu wissen, wo wir anhalten, gehen, umkehren und laufen sollen. Die Wege des Herrn können höher, tiefer oder weiter sein. Hilf uns, denn das Leben ist uns unbekannt. Mache es uns durch deinen Geist bekannt. So sehen wir die Blüte in unserem Leben. Wenn du das Leben als ein Buch ansiehst, und jemand schreibt deine Geschichte, dann wirst du vorsichtig sein. Aber es bist du, mit der Hilfe Gottes oder du im Fleisch mit der Hand Satans, die zwei verschiedene Enden bringen werden. Möge der Herr dir helfen zu verstehen, dass das Leben dir und mir unbekannt ist. Das Leben hat viele Etappen, das Leben hat unbekannte Eltern und unbekannte Orte vom Tag unserer Geburt bis zum Tag unseres Todes. Die Geschichte wird jemanden glücklich oder traurig machen. Sie wird erinnert oder wird in der Hölle verbrannt. Sie kann einen Unterschied machen im Himmel und auf Erden. Möge der Allmächtige, der dich auf die Erde gesandt hat, deinen unbekannten Weg führen. Es ist kein Zufall, dass du hier bist. Gott, der Allmächtige, plant deinen Erfolg. Wenn du Ihn durch deinen Weg führen lässt, dann lege deine Hand in Seine Hand. Er kennt den Weg und den ganzen Weg, wenn du Ihn lässt.

Jeremia 10:23 Herr, ich weiß, dass der Weg des Menschen nicht in ihm selbst liegt; es liegt nicht am Menschen, der geht, seine Schritte zu lenken.

Jemand weiß, dass heute sein letzter Tag auf Erden ist, dann wird er etwas Bestes sagen, etwas Großes tun und den Lauf des Lebens verändern. Aber das ist ihnen unbekannt. Es ist der Plan und die Spanne des Lebens, die Ihnen unbekannt sind. Schlagen Sie Ihre Bibel auf. Sie ist eine unglaubliche und erleuchtende Quelle des Wissens für Ihren ungewohnten Lebensweg. Wenn Sie jedes Detail finden wollen, suchen Sie sich einen Altar und sagen Sie: Herr, ich gebe dir mein Leben, nimm es ganz. Tu, was du willst. Die Menschen werden Pilger auf der Erde genannt. Wir alle sind Pilger auf der Erde. Einige treffen die weise Entscheidung, sich vom Herrn führen zu lassen, der sie jeden Tag auf ihrer Reise begleitet. Unser Herr ist nie falsch abgebogen, hat sich nie verirrt und ist nie verwirrt worden. Möge der Herr der einzige sein, der für Ihr Leben verantwortlich ist. Nicht einmal Ihre Frau oder Ihr Mann. Waren Sie schon einmal zu Besuch bei anderen Nationen? Sie wissen, wie sich das anfühlt, also denken Sie richtig und gehen Sie jeden Morgen zu ihm und geben Sie Ihr Leben in seine Hand. Die Güte des Herrn umhüllt Sie und versetzt Sie in ein Reich der

4. OKTOBER

veränderten Realität. Du magst sagen: Ja, ich habe alles geschrieben, was ich zu tun habe. Sag lieber: Lass mich alles tun, was der Herr nach seinem Plan geschrieben hat. Möge unser Leben auf einem unbekannten Weg bekannt werden und sich offenbaren, wie die Blumen oder Raupen dem Schmetterling begegnen. Im Leben gibt es jeden Tag und in jeder Phase viele Überraschungen. Vom Baby über die Kindheit, den Teenager, den Jugendlichen, den Erwachsenen bis hin zum Ableben ist alles ein neuer, unbekannter Lebensweg. Es wird Sie schockieren und überraschen. Unser Leben hat keine festen Wege, aber der Herr ist beständig, sicher und allwissend. Er wird es tun, wenn Sie Ihre Hand in seine Hand legen. Es ist der unberechenbarste Weg, aber der schönste Weg. Er wird Sie weit bringen. Legen Sie einfach den Sicherheitsgurt an. Du fliegst über den Berg deines Lebens, oder du fährst ihn rauf und runter. Mit dem Herrn als Ihren Anker können Sie sicher sein, dass Sicherheit und Geborgenheit an Ihrer Seite sein werden. Es ist großartig, wenn sie den unbekannten Weg offenbaren, indem sie darüber hinaus hören und sehen. Ich benutze das Wort Gottes, um mir den Weg und den Plan Gottes zu offenbaren. Es ist die Gebets Verbindung zum Herrn, die mir hilft, den unbekannten Weg zu finden.

Jeder Morgen bringt neue Gnade und Barmherzigkeit, die der Anker ist. Reise Stück für Stück das Leben, das wir leben, keine Eile, um zu entscheiden. Es wird sich öffnen auf jeder Stufe, die du gehst, und jeden Tag, während du fortschreitest. Möge der Herr dich stärken durch deinen unbekannten Weg. Josef war im Gefängnis.

Mose 39:20 Und Josephs Herr nahm ihn und legte ihn in das Gefängnis, wo die Gefangenen des Königs gebunden waren; und er war dort im Gefängnis. 21 Aber der Herr war mit Joseph und erbarmte sich seiner und gab ihm Gnade vor dem Gefängniswärter. 22 Und der Wächter des Gefängnisses übergab alle Gefangenen, die im Gefängnis waren, in Josephs Hand; und sie taten daselbst, und er war der Täter.

Josef erlaubte Gott, ihn auf einen neuen Weg zu führen. Sie verkauften ihn als Knecht in ein fremdes Land mit einer unbekannten Sprache.

Als Gott mich von Kalifornien nach Texas schickte, kam ich zuerst und war allein, aber da Gott bei mir war, fand ich Gunst und seine Gnade. Wie Sie wissen, hat der Feind eine sehr entmutigende Art. Aber wenn Sie einfach dem Herrn vertrauen, weiß er, wie und wann er den Feind besiegen kann. Überlassen Sie es einfach Gott. Denken Sie nicht an morgen, sondern warten Sie auf das Ende der Straße, auf das Ende Ihrer Reise. Als Josef beim Pharao war, hat er diesen Weg im Gefängnis nie gesehen. Während alle seine Brüder ihn verkauften, sah Josef sich als hilflosen Sklaven. Unbekannte Straße, er behielt Gott als seinen Führer und Anker

Jesaja 26:3 Du bewahrst den in vollkommenem Frieden, der an dich denkt; denn er vertraut auf dich.

Sprüche 23:18 Denn es gibt ein Ende, und deine Erwartung wird nicht vergehen.

Die Wahrheit meines Herrn ist dein Schild und dein Schild, während du durch diese unbekannte Reise des Lebens gehst. Lass den Herrn deinen Führer durch den Sturm, die Dunkelheit und die Ungewissheit sein, und du wirst Trost finden. Jedes Mal, wenn du denkst, dass du schlauer bist als Gott, oder wenn du auf etwas anderes vertraust als auf Gott und sein Wort, nimmst du es in deinem Herzen auf und du wirst auf dem Weg verlieren.

ELIZABETH DAS

LASST UNS BETEN

Himmlischer Vater, wir kommen vor deinen Altar, weil wir wissen, dass das Leben viele Schwierigkeiten hat, aber dass es auch einen sicheren Weg bringen kann, wenn wir ihn dir überlassen. Jesus ist der einzige Regisseur unseres Lebens. Wir wissen es nicht, aber Er weiß alles. Möge dein Glaube auf seinen Wegen und Pfaden liegen. Er kennt den Weg zu grünen Weiden. Er kennt den stillen Weg am Ufer des Flusses. Nicht du bist es, sondern der Herr allein kann dich führen. Nur eine andere Seite des Berges. Dort gibt es eine schöne Stadt, in der du dich ausruhen kannst. Es ist der Weg, auf dem die Sicherheit der Engel gegeben ist. Möge unser Herr uns durch die schöne, unbekannte Lebensreise helfen, bis wir sie beenden. Möge unser Gott der Führer sein bis zu dem Tag, an dem wir zu dem himmlischen Ort aufbrechen, an dem wir noch nie waren und nicht wissen, wie wir dorthin gelangen. Unser Gott ist der Einzige, der weiß, wie er dich dorthin bringen kann. Legen Sie Ihre Hand wie ein kleines Kind in seine Hand, halten Sie sich fest und er wird Sie dorthin bringen in Jesu Namen, Amen Gott segne Sie!

5. OKTOBER

GOTT STEHT UNTER HAUSARREST!

Der Herr kann nicht in sein Haus einziehen. Ihr seid Sein Haus. Es ist ein organisierter Kidnapper, der Gott in sein Haus entführt und verhaftet hat. Wie ist es passiert? Der Dieb, gierig, eifersüchtig, neidisch und stolz, übernahm und stimmte gegen den Herrn und verhaftete Seinen Geist. Ich habe gehört, dass einige Organisationen, Konfessionen und Nicht-Konfessionen dich nichts oder niemanden außer ihnen hören lassen würden. Lies und studiere nur, was sie veröffentlichen, um zu gehirnwaschen, aber nicht andere gute Literatur. Sie würden dich nicht einmal hören lassen, was Gott sagt. Sie sagen nur, was ihrem Standard entspricht. Möge der Herr uns helfen. Religiöse Führer haben die Wahrheit ermordet. Es ist die gleiche alte Schlange unter einer anderen Maske, die Gottes Schöpfung täuscht. Mit der Zeit entfernen wir die Wahrheit und machen Kompromisse Stück für Stück. Später schleicht sich Satan ein, entfernt den Herrn und errichtet seinen Thron.

Eine Kirche lud mich ein, als ich in Indien zu Besuch war. Der Hauptpastor saß mit gekreuzten Beinen auf der Kanzel und gab dem Prediger von hinten Anweisungen, was er tun sollte. Ein studentischer Redner begann zu beten. Der Pastor sagte, nein. Der studentische Pastor hörte auf und begann, wie vom Hauptpastor verlangt, die Bibel zu lesen. Wo ist Gott? Wo ist der Heilige Geist? Nirgendwo in der Nähe dieser Leute. Es ist alles von Menschen gemacht, eine von Satan geführte Zusammenarbeit. Es ist eine Schande. Niemand kann ein Wort sagen, sonst wird man hinausgeworfen. Niemanden interessiert, was Gott für Seine Schöpfung tun oder sagen will. Wir sehen ein Kirchengebäude und ein Kreuz und gehen dorthin. Es ist schmerzhaft, wenn wir sehen, dass dies mit Gott geschieht. Gott weint und leidet um seine Schöpfung, aber er steht unter Hausarrest und ist hilflos. Was der Herr sagt, hat keine Bedeutung, aber ein religiöser Führer. Führer in einem langen Gewand mit einem Kreuz an einem Band um den Hals haben Macht über alles.

Religiöse Führer übernahmen die Ämter Gottes, und Sie konnten nichts dagegen tun oder sagen. Du kommst krank, dann gehst du irgendwo ins Krankenhaus. Wir erlauben Jesus nicht, hier zu wirken, um zu heilen, zu befreien und verletzte Menschen zu befreien. Religiöse Führer werden Gemeinschaften wie Hunde und Tiger abrichten, die dich beißen, wenn du etwas gegen die Organisation oder die Führer sagst. Kein Jünger kann einen Dämon austreiben, Kranke heilen und in Jesu Namen taufen, um Sünden abzuwaschen. Wir haben alles, was Sie brauchen: falsche Propheten eines falschen Lehrers, die die Menschen in die Irre führen. Jesus ist zu Hause verhaftet und wir sind für sein Amt zuständig. Eine Dame betete in der Pfingstkirche in ihrer Sprache und ein Kirchenmitglied brachte sie zur Toilette und bat sie, still zu sein. Die unglaubliche Situation spielt sich in den Kirchen ab, denn Sie sind eine Kirche und kein Gebäude. Die Leute, die das Amt innehaben, haben ihre Regeln und Vorschriften, befolgen Sie sie, oder gehen Sie zur Tür hinaus. Alles, was sie haben, sind Lügen und Religion. Der Herr steht unter Hausarrest.

Sie beten den Herrn nicht an, damit er sich zeigt und die Menschen befreit. Sie können sich nicht befreien, da kein Gebet. Keine Gaben des Geistes sind im Einsatz, um sich um das Problem zu kümmern. Um den Arzt um Hilfe zu bitten. Viele Organisationen wissen nicht, was es mit Jesus auf sich hat. Sie haben den Herrn schon vor langer Zeit rausgeschmissen. Sie wollen nichts mit seinem Werk zu tun haben, sondern mit ihrem eigenen.

Ein Mann wollte sich taufen lassen, und der Pfarrer sagte: "Wir taufen hier nicht, weil die Regierung das nicht will." Arbeiten Sie für die Regierung oder für Jesus? Ich antwortete, sie taufen nicht im Namen Jesu Christi, denn sie sind Antichrist. Möge der Herr diesen Dieb von überall entfernen. Öffnet eure Augen und unterstützt sie nicht und hört nicht auf sie. Schlagen Sie Ihre Bibel auf und lernen Sie, sich um die Angelegenheiten Gottes zu kümmern. Wisst ihr nicht, wer Gott verkauft und das Haus verhaftet hat? Nicht der Römer, sondern der Hohepriester und der Priester. Viele Frauen und Männer arbeiten für Satan, ohne dass sie geistlich wachsen. Es ist der härteste Ort, wo Dämonen in jedem Haus sind. Die neue Religion und neue, von Menschen gemachte, verdorbene Gesetze haben die Wahrheit der Bibel ersetzt. Kein Wunder, dass sich die Welt nicht für Jesus begeistern kann. Niemand glaubt, dass Jesus befreien kann, weil er Alkoholiker ist, an eine Zigarette oder eine Droge gebunden ist, von Dämonen besessen ist und Autorität hat. Vor 2000 Jahren war der Herr frei, aber die Römer verhafteten ihn unter dem Einfluss von giftigen religiösen Führern. Dieselbe Giftigkeit gibt es auch heute. Jetzt ist die Situation dasselbe. Wo ist die Macht? Es gibt den Einfluss der Position und der Macht von Frauen und Männern, aber nicht den des Heiligen Geistes. Die Macht der religiösen Organisationen hat Gott verhaftet.

Vor Jahren, in den 90er Jahren, reiste ich nach Indien und wollte einen Ort finden, an dem ich beten konnte. Ich ging zu dem nahegelegenen Kirchengebäude und bat den Wachmann, mich dort beten zu lassen. Ich betete, bis ich fühlte, dass ich voller Geist war und alle Angriffe aufgehoben waren. Das nächste Mal bat ich sie, mich beten zu lassen, da sagten sie, der Pastor wolle nicht, dass jemand in diesem Gebäude in der Stadt Ahmedabad in Indien bete. Kein Wunder, warum ihre Häuser Dämonen, Filme, Ehebruch, Alkohol, Scheidungen, Krankheiten und Probleme haben. Gebet ist nicht erlaubt, nur am Sonntag, und an einem Mittag öffnen sie das Geschäft für das Geschäft.

Matthäus 21:12 Und Jesus ging in den Tempel Gottes und trieb alle aus, die im Tempel verkauften und kauften, und stieß die Tische der Geldwechsler und die Stühle der Taubenverkäufer um 13 und sprach zu ihnen: Es steht geschrieben: Mein Haus soll ein Bethaus heißen; ihr aber habt es zu einer Räuberhöhle gemacht.

Nachdem Jesus gestorben war, war er nicht in dem Gebäude, sondern in Ihnen. Wenn du wieder aufbaust, was Er umgestürzt hat, dann wird es das Haus des Diebes genannt! Satan ist ein Nachahmer! Er ersetzt die Wahrheit, um sein Werk zu beginnen. Möge der Herr Ihnen die Augen öffnen.

Jesaja 66:4 Ich will auch ihre Täuschungen erwählen und ihre Ängste über sie bringen; denn als ich rief, antwortete niemand, und als ich redete, hörten sie nicht; sondern sie taten Böses vor meinen Augen und wählten das, woran ich keine Freude hatte.

Das Wort wird Fleisch und wohnt bei uns. Dieses Wort wird dich richten. Wenn ich es bin, werde ich besonders vorsichtig sein, wem ich folge. Das Beste ist, den Herrn in und durch mich wirken zu lassen. Ich möchte, dass Gott frei ist, mich zu bewegen und zu leiten, damit ich ihn verherrlichen kann. Ich wünsche mir, Herr, frei zu sein, der die Welt frei macht.

5. OKTOBER

Johannes 12:48 Wer mich verwirft und meine Worte nicht annimmt, der hat einen, der ihn richtet; das Wort, das ich geredet habe, das wird ihn richten am letzten Tag.

Der Priester und der Hohepriester verhafteten unseren Herrn, den er angeklagt hatte. Später verpassten sie ihm die Todesstrafe, indem sie ihn kreuzigten. Wir wiederum kreuzigten ihn durch denjenigen, der die Bibel nur zur persönlichen Bereicherung um Geld und Macht benutzt. Das ist eine klare Sache! Bringen Sie die Gemeinde gegen diejenigen auf, die Dämonen austreiben und die Wahrheit predigen. Wie wird der Herr zu ihrem Sklaven und zum Herrn? Ganz einfach, wenn die religiösen Führer alles außer Gott kennen. Diese Führer haben Lust am Fleisch, Lust an den Augen und Stolz im Leben. Der Herr hat keine Chance, in ihrer Stadt, ihrem Land, ihren Konfessionen, ihren Organisationen und in ihrer Nähe Arbeit und Platz zu finden. Ist das nicht eine Schande? Sehen wir an jeder Ecke der Kirchen, aber nirgends Jesus? Er kann nicht arbeiten, da er von seinem Volk unter Hausarrest gestellt wurde. Mein Herr, öffne deine Augen, um vor falschen Lehrern und Propheten zu fliehen. Finde Gott auf deinem Knie, indem du betest und fastest. Du kannst Jesus aus dem Gefängnis der falschen Religion, der falschen Konferenzen, Lehrer und Propheten befreien. Du predigst Jesus, indem du blinde Augen öffnest, ein taubes Ohr, Lahme gehen und Dämonen in seinem Namen ausfahren lässt. Lassen Sie Ihn einfach frei sein. Amen, Gott segne Sie.

LASST UNS BETEN

Himmlischer Vater, wir treten vor dich, weil wir wissen, dass du in dem Gebäude, das sie Kirchen nennen, nicht frei bist. Die Ehre gebührt den religiösen Gesellschaften und Konfessionen, die dich verhaftet haben. Öffne alle Augen, damit sie sehen, wie du von Stadt zu Stadt gehst, von Ort zu Ort, um Dämonen auszutreiben und Kranke zu heilen. Unsere Religion hat im Namen des Christentums viele Flüche gebracht. Wir wissen, dass die Wahrheit uns befreien wird, aber wir haben deinen Geist wieder verhaftet, um deinen Plan zu stoppen. Wir haben dich zurückgewiesen, indem wir den Geist Gottes zurückgewiesen haben. Lass Gott die Armee aufstellen, die kämpfen kann, damit du frei bist, zu heilen, zu befreien, zu versorgen und vieles mehr. Der Herr hat alles getan, um uns zu befreien. Wir wollen frei sein und frei bleiben. Die religiöse Konfession und die blinden Führer haben alle deine Ziele zerstört. Gib uns wahre Lehrer und Propheten, damit wir Freiheit erfahren, in Jesu Namen! Amen! Gott segne Sie!

6. OKTOBER

DURCH ERFÜLLUNG DER BEDINGUNGEN EINLÖSEN!

Die Bibel ist voller wunderbarer Verheißungen. Viele taten, wozu der Herr sie berufen hatte, und sahen die Erfüllung der Verheißungen. Nun bedeutet es nicht, dass alle gegebenen Verheißungen dich automatisch dazu berechtigen. Selbst wenn alle Dinge im Laden verfügbar sind, heißt das nicht, dass du sie kaufen kannst. Du brauchst Geld, um es zu kaufen. Um zu kaufen, brauchst du auch die richtige Währung. Ich will das, heißt nicht, dass du es haben kannst. Viele Menschen sind hungrig und verhungern. Warum? Sie haben kein Geld, um Nahrung zu kaufen. Genauso hat Gott Verheißungen gegeben, aber du musst folgen, wie es geschrieben steht. Bitte den Heiligen Geist um Hilfe, um verborgene Verheißungen zu offenbaren und zu lehren, wie man sie empfängt.

Nehmen Sie auch wahr, warum Sie in die Kirche gehen und trotzdem herrscht überall Chaos. Was fehlt? Ein christliches Haus, eine Stadt oder ein Land leidet unter einem satanischen Angriff. Und warum? Finden Sie heraus, was wir tun müssen, um wieder gesund zu werden. Gestern habe ich für eine Frau in meinem Haus gebetet. Viele Dämonen kamen aus ihrem Körper. Ich sah die umgebende Dunkelheit. Ich bin froh, dass die Frau demütig genug war, mich beten zu lassen, als ich ihr das angeboten habe. Die Frau sagte, ich hätte eine seltsam aussehende rote Gestalt mit einem Horn auf der Stirn gesehen. Als sie das zweite Mal betete, sah sie einen anderen grünen, hässlichen Dämon herauskommen. Natürlich sah sie mit geistigen Augen. Du kannst sehen, wenn deine geistigen Augen offen sind. Von Dämonen Besessene können die Geisterwelt sehen, da Dämonen der Geist sind. Die Frau fing an zu weinen, weil sie sich viel besser fühlte. Wie ist das passiert? Es geschah, weil ich nach dem Wort Gottes bete und faste. Ihr seid Mitglieder der Kirche, und die Verwässerung des Wortes wird nicht funktionieren. Das heißt aber nicht, dass die Bibel falsch ist. Die Bibel ist das genaue Wort Gottes. Ihr müsst dem Wort folgen, wie es ist. Der demütige Jünger stellte dem Herrn eine kluge Frage, warum sie den Dämon nicht austreiben konnten. Außerdem können Sie hinterfragen, ob die gegebene biblische Verheißung nicht wirkt. Gehen Sie nun nicht zu den verlorenen Kirchenbehörden. Der Titel bedeutet nichts. Viele sind verloren.

Matthäus 17:19 Da traten die Jünger abseits zu Jesus und sprachen: Warum konnten wir ihn nicht austreiben? 20 Jesus aber sprach zu ihnen: Wegen eures Unglaubens. Denn wahrlich, ich sage euch: Wenn ihr Glauben habt wie ein Senfkorn, so werdet ihr zu diesem Berge sagen: Hebe dich von hinnen, so wird er sich heben, und nichts wird euch unmöglich sein. 21 Diese Art aber geht nicht aus außer durch Gebet und Fasten.

Der Fall kommt durch Stolz oder Arroganz.

Sprichwort 16:18 Hochmut kommt vor dem Fall, und ein hochmütiger Geist kommt vor dem Fall.

6. OKTOBER

Sprüche 8:13 Die Furcht des Herrn ist es, das Böse zu hassen. Ich hasse Hochmut und Arroganz, böses Verhalten und einen abfälligen Mund.

Sprüche 29:23 Der Hochmut eines Menschen wird ihn zu Fall bringen; aber die Ehre wird den Demütigen im Geiste aufrichten.

Das Gegenteil von Stolz ist Demut. Wenn Sie das Opfer von Stolz sind, werden Sie nicht mit Beförderung, Ehre und Aufstieg fertig. Sie werden absteigen, während Sie aufsteigen. Stellt sicher, dass ihr mit aller Sorgfalt eure Seele erforscht, um Stolz, Arroganz und Böses so bald wie möglich loszuwerden. Lasst eure Führer das Fasten verkünden, ganz wie die Nationen. Nicht wie religiöse Führer das Fasten verwässern, indem sie Daniels Diät als einführen. Bitte halten Sie sich an das Fasten, das in der Bibel beschrieben ist. Gehen Sie gut mit Ihrer Beförderung um.

2 Chronik 7:14 Wenn mein Volk, das nach meinem Namen gerufen ist, sich demütigt und betet und mein Angesicht sucht und sich von seinen bösen Wegen abwendet, dann will ich vom Himmel her hören und ihre Sünde vergeben und ihr Land heilen.

Verstehen Sie, warum wir viele Probleme auf dem Land haben? Wir müssen unseren Teil dazu beitragen, dass Gott die Heilige Schrift erfüllt. Viele Male habe ich gebetet, und die Menschen wurden geheilt und waren begeistert. Ein paar Tage später, wenn der Teufel zurückkommt, wissen sie nicht, was sie tun sollen. Sie brauchen den Glauben an Gott und nicht an den Schmerz. Schmerzen in Jesu Namen zu lassen, bewirkt genau das, was ich getan habe: Es funktioniert. Ich gebe Öl, lege meine Hand auf und befehle dem Schmerz zu gehen. Er geht zur Tür hinaus. Tun Sie das auch? Wenn nicht, dann erwarten Sie nicht, dass Sie geheilt werden. Sie können auch Älteste zum Gebet heranziehen, wenn sie Jesus nachfolgen.

Jakobus 5:14 Ist jemand unter euch krank? Dann soll er die Ältesten der Gemeinde rufen, und sie sollen über ihm beten und ihn im Namen des Herrn mit Öl salben:

Wen rufst du an? Geistliche Älteste oder Ärzte? Bitte rufe niemanden an, der nicht weiß, was zu tun ist. Wir sind so genau in der säkularen Welt, um unsere Karriere aufzubauen, um Beförderung zu erreichen. Wir haben Gott ersetzt für die wenigen Jahre des Aufbaus auf der Erde. Am Anfang gab der Herr uns genaue mündliche Anweisungen, dann gab Er uns die Tora, um dem heiligen Gott zu dienen. Alle Dinge sind möglich, wenn du glaubst. Glaube an genaue Information und nicht an einen Bruchteil. Wenn du das Ergebnis deiner Handlung erkennst, dann wirst du es am besten und richtig machen. Aber da du das Ergebnis nicht kennst, spielst du und gehst Kompromisse ein.

Bei der Arbeit wurde ich auf meine Frisur, meinen Schmuck und meine Kleidung angesprochen, woraufhin ich erklärte, dass ich biblischen Anweisungen folge. Ich kleide mich wie eine Dame. Ich benutze das Tuch, um meinen Körper zu bedecken. Der Herr hat es Adam und Eva gezeigt. Mein Haar ist so, wie das Haar einer Dame sein sollte, und Schmuck brauche ich nicht. Der von Gott akzeptierte Lebensstil ist nicht das, was die Welt akzeptiert. Es ist schwer für jemanden zu glauben, dass es eine Sünde ist, sich so zu kleiden wie die Welt. Eine Mitarbeiterin sagte, dass Gott die Liebe ist und dass er mir vergeben wird, wenn ich Gottes Anweisungen nicht befolge. Satan kennt das Wort Gottes besser als du und ich. Er nimmt die Anweisungen Gottes nach und nach ins Visier. Die Welt definiert oder gestaltet mein Leben nicht. Mein Leben wird belohnt werden, wenn ich das tue, was in den Augen Gottes richtig ist. Gott hat ein Buch des Lebens; Gott hat die Namen derer aufgeschrieben, die seine Anweisungen befolgen wollen. Der Herr wird Menschen in die Hölle schicken, wenn ihre Namen nicht im Buch des Lebens stehen. Wenn Sie also glauben, dass dies wahr ist, werden Sie es nicht tun? Der König von Babylon wurde verurteilt und hinausgeworfen, als er Gefäße des heiligen Tempels Gottes benutzte. Was lässt Sie glauben, dass Sie etwas Besonderes sind?

Daniel 5:25 Und dies ist die Schrift, die geschrieben wurde: Mene, Mene, Tekel, Upharsin. 26 Das ist die Deutung: Mene: Gott hat dein Reich gezählt und es vollendet. 27 Tekel: Du bist gewogen in der Waage und bist mangelhaft befunden. 28 Peres: Dein Reich ist geteilt und den Medern und Persern gegeben. 30 In derselben Nacht wurde Belsazar, der König der Chaldäer, erschlagen.

Warum ist es so schwer zu gehorchen, wenn man Gottes Fürsorge sieht? Warum können wir die Wahrheit und die Kraft der Wahrheit nicht erkennen? Ich habe bemerkt, dass viele religiöse Autoritäten für Satan arbeiten. Viele Frauen gehen herum und helfen Satan, das Königreich zu errichten. Sie denken, sie haben recht. Ich sehe ihr Leben als ein Durcheinander; das Leben hat keinen Fortschritt, aber im Moment haben sie eine kleine Position, ein wenig Macht und ein wenig Anerkennung von der religiösen Autorität. Sie kümmern sich nicht darum, was der Herr sagt. Sorge dich nicht um morgen. Möge der Herr uns vor diesem betrügerischen Mann schützen, einer Frau in Macht und Position. Öffne deine Augen und Ohren, und öffne deine Bibel mit dem richtigen Wort. Lerne den Charakter von Jesus, der unser Vorbild ist, und handle so wie Er. Lass den Heiligen Geist der Lehrer sein, der Führer, um dich für dieses vorübergehende, lebensähnliche Schattenbild zu stärken. Möge der Herr euch allen Weisheit und Erkenntnis geben in Jesu Namen. Amen!

LASST UNS BETEN

Himmlischer Vater, wir treten vor dich, weil wir wissen, dass alles, was du gesagt hast, zu unserem großen Nutzen ist, mit großem Interesse an unserem Leben. Unser himmlischer Vater öffnet unsere Augen und Ohren, um die Wahrheit des Wortes zu erkennen. Dein Wort ist vor allem dein Name, Satan und seine Anhänger, genannt religiöse Gruppen, haben es darauf abgesehen. Wir wollen dir folgen und uns nicht von den Anhängern religiöser Gruppen täuschen lassen. Wir wissen, dass keine Waffe, die gegen uns gerichtet ist, Erfolg haben kann. Keine Macht der Finsternis hat Macht über uns. Wir vertrauen auf Gottes Güte und die großartigen Taten, die er für seine Geschöpfe vollbracht hat. Ihren Worten folgend, hat er den Willen erwähnt und uns zum erwarteten Ergebnis gebracht. Wir wollen die verborgenen Segnungen des Wortes erfahren, indem wir ihm folgen. Wir wissen, dass der Herr einen schmalen Weg hat, deshalb entschieden wir uns dafür, dir zu begegnen, Herr, in Jesu Namen. Amen! Gott segne Sie.

7. OKTOBER

DER SCHATZ IST IN DER BIBEL VERSTECKT!

Die Bibel ist ein erstaunliches Buch. Der Schreiber des Buches ist der Schöpfer von Himmel und Erde. Er braucht jemanden, der genau lehrt. Ohne persönliche Auslegungen! Gott-Sucher finden den Schatz. Der Schatz ist nicht für alle, die berufen sind, sondern für die, die alle Prüfungen bestehen. Prüfung und Test beweisen deine Fähigkeit und dein Potenzial, Verantwortung zu übernehmen. Gott bevorzugt jemanden, der Ihn kennt, damit er Ihn genau vertreten kann. Der Herr will Sein Königreich aufrichten, um Satan zu besiegen – den Lügner, Betrüger, Dieb, Mörder und Zerstörer. Halte die Gebote und Anweisungen Gottes und bewahre Seine Wege. So kannst du jedem Sturm, jedem Problem, jeder Prüfung und jedem Widerstand begegnen. Gott wird dich Seinen Schatz finden lassen. Möge der Herr dir Verständnis darüber geben, wer Er ist. Gott wird dich seinen Schatz finden lassen. Möge der Herr dir ein Verständnis dafür geben, wer er ist.

Gott ist der Eigentümer.

Deuteronomium 10:14 Siehe, der Himmel und der Himmel der Himmel ist des Herrn, deines Gottes, auch die Erde mit allem, was darauf ist.

Konzentrieren Sie sich nicht auf das Wenige, sondern auf das, was Sie sich wünschen. Wir leben in einer so gesegneten Zeit. Oftmals sehen wir Orte und denken: Wow! Ich wünschte, ich könnte in diesen Ländern leben. Warum will niemand in ein Land der Dritten Welt ziehen? Niemand will arm sein oder Mangel leiden. Das ist nichts anderes als Knappheit und Mangel. Selbst Reiche können nicht alles bekommen, weil es nicht verfügbar ist.

Mose 1:28 Und Gott segnete sie und sprach zu ihnen: Seid fruchtbar und mehret euch und füllet die Erde und machet sie euch untertan und herrschet über die Fische im Meer und über die Vögel unter dem Himmel und über alles Getier, das auf Erden kriecht.

Gott ist der Besitzer von allem und kann alles geben, wenn du in Seinen Bedingungen wandelst. Finde die Schriften, wie du reich werden kannst, Überfluss haben kannst und keinen Mangel hast. Es ist möglich. Denke über die Länder nach, die früher gewöhnlich waren und wie sie große Nationen wurden. Sie fanden den reichen Gott, der gibt. Viele sogenannte Götter machen Nationen arm, machen wertlose Bräuche, die nie aus den Schulden herauskommen. Viele Kulturen haben den Brauch, einem Mädchen eine Mitgift zu geben. Die Geburt des Mädchens ist ein Albtraum. In vielen Ländern behandeln sie das Mädchenkind schlecht. Die Menschen arbeiten Tag und Nacht, anstatt im Wort Gottes nach ihren Bedürfnissen zu graben. Ich habe Menschen gesehen, die viele Jobs haben und trotzdem verschuldet sind. Haben keine Zeit für die Kinder und finden sie später als Opfer schlechter Dinge, später im Gefängnis, und am Ende getötet. Grabe in das Wort Gottes und finde den Weg, reich zu sein. Reich im Geist, finanziell reich und all das, was Reichtum in dein Zuhause bringen kann.

Sprüche 24:4 Und durch Wissen werden die Kammern gefüllt mit allen kostbaren und angenehmen Reichtümern.

König Salomo war weise und voller Wissen. König Salomo bat um Wissen. Wissen vermehrt den Reichtum.

1 Kön 10:23 So übertraf König Salomo alle Könige der Erde an Reichtum und Weisheit.

Deuteronomium 8:18a Du aber sollst des Herrn, deines Gottes, gedenken; denn er ist es, der dir die Kraft gibt, reich zu werden,

Viele arme Menschen, Familien und Nationen finden bei Jesus Vorräte, Reichtum, Wissen und Weisheit.

Offenbarung 5:12 und sprachen mit lauter Stimme: Würdig ist das Lamm, das geschlachtet ist, zu empfangen Kraft und Reichtum und Weisheit und Stärke und Ehre und Herrlichkeit und Segen.

Wie groß ist unser Gott? Unser Gott will nichts von dir, aber er wird dir deine Bedürfnisse geben und noch viel mehr, denn er hat sie.

Epheser 3:20 Dem aber, der alles, was wir bitten oder denken, über alle Maßen zu tun vermag, nach der Kraft, die in uns wirkt,

Gott hat all das oben Genannte. Wenn ihr es wollt, dann folgt einfach dem Weg Gottes. Euer Land wird gesegnet sein und wird niemals betteln.

Deuteronomium 28:12 Der Herr wird dir seinen guten Schatz auftun, den Himmel, daß er deinem Lande den Regen gebe zu seiner Zeit und segne alles Werk deiner Hände; und du sollst vielen Völkern leihen und nicht borgen. 13 Und der Herr wird dich zum Haupt machen und nicht zum Schwanz, und du wirst nur oben sein und nicht unten, wenn du auf die Gebote des Herrn, deines Gottes, hörst, die ich dir heute gebiete, daß du sie hältst und tust:

Des Herrn Wissen ist über uns. Wenn wir Ihm von ganzem Herzen folgen, dann wird Er uns geben. Möge der Herr uns in jeder Hinsicht reich machen. An Gesundheit, Reichtum, Macht, Position, Wissen und Weisheit und so weiter. Menschen, die denken, sie seien sehr klug, intelligent und wüssten alles, werden niemals lernen. Sie werden arm werden und können nichts sein. Also wenn du zu Gott kommst, komm als ein Schüler.

Micha 6:8 Er hat dir gezeigt, was gut ist, und was verlangt der Herr von dir, außer gerecht zu handeln, Barmherzigkeit zu üben und demütig zu sein vor deinem Gott?

Gehe sanft und sei nicht hochmütig. Ich kam vor fast über 40 Jahren in die USA. Ich habe viele Freunde, die sich an das alte Amerika erinnern. Selbst Leute in ihren 60ern sagten, als wir jünger waren, war die USA nicht so reich. Ein 90-jähriger guter Freund sagte mir, wir hatten nicht all das, was wir heute sehen. Amerika suchte Gott; sie sandten einen Missionar, um den Armen zu helfen. Sie segneten Israel. Wenn du das Volk Gottes segnest, wirst du gesegnet sein. Wir müssen immer Propheten und Arbeiter Gottes segnen.

Numeri 24:9b Gesegnet ist, wer dich segnet, und verflucht ist, wer dich verflucht.

Philipper 4:19 Mein Gott aber wird euch mit allem versorgen, was ihr braucht, nach seinem Reichtum in Herrlichkeit durch Christus Jesus.

Der Schlüssel zum Reichtum liegt im Wort Gottes. Das Volk Gottes wird immer wohlhabend sein. Ein Volk, das dem Herrn dient, wird wohlhabend sein. Viele verkaufen Drogen, Perlen, Diamanten und Gold, aber sie werden nicht wohlhabend. Wenn du den Weg zum Reichtum durch das Wort Gottes lernst, dann wirst du reich sein. Der Reichtum wird sich vermehren. Der Teufel, der stiehlt, tötet und zerstört, wird aus Ihrem Gebiet vertrieben werden, denn Gott wird eine Schutzhecke um Sie legen.

Hiob 1:10 Hast du nicht eine Hecke um ihn, um sein Haus und um alles, was er besitzt, gezogen? Du hast das Werk seiner Hände gesegnet, und das hat sein Vermögen im Land vermehrt.

Warum hatte Hiob das alles? Der Mensch, der gerecht ist wie Hiob, wird gesegnet und wohlhabend sein. Eine Nation, deren Gesetze gerecht sind, wird auch wohlhabend sein. Möge der Herr Ihnen den Schlüssel zu Wohlstand, Wissen, Weisheit und Reichtum geben, in Jesu Namen. Amen.

LASST UNS BETEN

Gott, der himmlische Vater, ist nicht nur im Himmelreich, sondern er hat auch die Erde sehr reich gemacht für die Gott Suchenden und gottesfürchtigen Menschen. Fürchtet Gott und wandelt auf seinem Weg, um allen Reichtum und Segen zu erhalten. Der Segen Gottes wird den Reichtum des Herrn bewahren. Himmlischer Vater, wir wissen, dass es nichts Unmögliches gibt, wenn wir demütig zu dir kommen und vor dir recht wandeln. Möge der Herr uns die wahren Lehrer und Propheten geben, die wissen, wie sie uns in das gelobte Land bringen können. Herr, wir können nicht dorthin kommen. Wir brauchen deine Hilfe. Herr, lehre uns deinen Weg und den Wunsch, auf ihm zu bleiben. Unser Gott wollte nie, dass wir arm sind, sondern reich. Wir wissen, dass wir den Schlüssel haben, also gib uns die Weisheit, den verborgenen Schatz zu öffnen. Herr, gib uns ein großzügiges Herz, damit wir ihn in Hülle und Fülle empfangen können. Wir brauchen den Schlüssel, um alle verborgenen Schätze um uns herum zu öffnen, in Jesu Namen. Amen. Gott segne Sie.

8. OKTOBER

DIE SCHLACHT GEHÖRT DEM HERRN!

Der Kampf über unsere Seelen, Leben, Kinder und das, was uns gehört. Aber wenn wir den Herrn haben, dann wird Er unseren Kampf führen. Es ist Seine Verantwortung, für uns zu kämpfen, wenn wir uns Ihm hingeben. Der Herr hat viele Engel, die verantwortlich sein werden, gegen den Plan und die Strategie Satans zu kommen. Satan zielt ab und erklärt den Kindern Gottes und Gottes Schöpfung den Krieg. Möge der Herr uns helfen zu verstehen, dass ein unsichtbarer Feind einen Plan hat, zu stehlen, zu töten und zu zerstören, was uns gehört. Dieser Krieg hat einen Feind, der mit bloßem Auge nicht zu sehen ist. Es ist ein geistliches Wesen, das gegen uns kommt, um zu blockieren, aufzuhalten und zu hindern. Nur Jesus kann uns beschützen, wenn wir Ihm gehorchen, folgen und an Ihn glauben.

Einmal war ich im Postamt und eine Kollegin, die nicht einmal Christin war, schaute in die Luft und sagte, dass da etwas in diesem Ort sei. Sie sagte, ich komme hierher und fühle mich unterdrückt. Es ist der Ort, an dem ich fast 20 Jahre gearbeitet habe. Es ist der Ort, an dem ich einen großen Kampf hatte, einen großen Sieg, Träume und Visionen. Ich lernte über mächtige dämonische Aktivitäten und wie man kämpft. Der Herr bat mich, diesen Job nicht anzunehmen. Aber ich dachte, Gott wollte, dass ich diesen Job habe, da ich 100 % in schriftlichen und maschinellen Tests hatte. Ich hatte gerade angefangen, die biblische Wahrheit zu lernen und verstand die geistliche Welt nicht.

Die meisten Organisationen, Konfessionen und Nicht-Konfessionen kennen den geistlichen Kampf nicht. Sie kämpfen mit dem Fleisch. Die Menschen werden dich in der Gruppe angreifen, indem sie ihre Macht der Position nutzen. Sie benutzen böse Worte und hegen Groll. Ihre Mentalität ist, dass ich das Schlimmste tun werde, wenn sie mir Unrecht antun. Das nennt man Vergeltung. Die Bösen kämpfen mit der Waffe, dem Messer, der Hand oder durch indirekte Verfolgung. Aber unser Kampf ist nicht der Kampf mit Fleisch und Blut, sondern gegen den Fürsten, Satan. Die gefallenen Engel werden Fürstentümer genannt und die Dämonen sind tote, verlorene Geister. Sie fügen der Menschheit geistige, körperliche und emotionale Schmerzen zu. Alle haben eine bestimmte Rolle in Gottes Schöpfung zu spielen. Sie werden als territoriale Dämonen bezeichnet. Ein vertrauter Geist sind die Dämonen Ihrer verstorbenen Familie. Die wandernden Dämonen wollen kämpfen. Es war die Zeit, in der ich viele Kämpfe durchmachte, seit ich die Wahrheit gelernt habe. Wie Sie wissen, hasse ich Religion. Religionen, Konfessionen und Organisationen sind die Blockierer, Verhindern und Verhinderer der Wahrheit Gottes.

Unser Gott möchte Ihr Leben in die Hand nehmen, wenn Sie ihn lassen.

Exodus 14:14 Der Herr wird für euch kämpfen, und ihr werdet euren Frieden halten.

1 Samuel 17:47 Und die ganze Versammlung soll erfahren, dass der Herr nicht mit Schwert und Spieß rettet; denn der Kampf gehört dem Herrn, und er wird euch in unsere Hände geben.

8. OKTOBER

Unsichtbare Feinde sind überall um Sie herum, und Sie müssen Gott um Hilfe bitten. Oft hegt der Feind einen Groll gegen die Generationen, da sie nicht wissen, dass sie vergiftet wurden. Das Wort Gottes ist wahr. Es kann uns aus der Lüge des Feindes herausführen. Seine Wahrheit ist unser Schild und Schutzschild. Die Wahrheit kann uns von der Macht des Gegners, seinen Plänen, seinen Fesseln und allem anderen befreien. Möge der Herr uns lehren, wie wir im Gebet auf unseren Knien kämpfen können. Unsere Knie haben vergessen, wie man kämpft. In dieser Welt haben wir die Armee, die Navy, die Marine und das Militär so ausgebildet, dass wir uns keine Sorgen machen müssen. Wir haben die besten Maschinen, so dass wir vergessen haben, zu Gott zu beten, der uns den Sieg bringt. Ich weiß nur sehr wenig über die Schlacht, da ich keinen Fernseher habe. Einmal hat sich jemand darüber geärgert, dass ich nicht an der Völkerschlacht teilgenommen habe. Als der Herr auf mich zukam, betete ich, und sie gewannen die Schlacht. Ich sah die gelbe Schleife an jedem Baum. Aber der Mann war fleischlich und verstand nicht, dass ich mich durch den Geist und nicht durch seine Gefühle bewege. Er wollte, dass ich mitmache, weil sein Blut vor Emotionen kochte. Er stellte die Fahne auf und brachte sie in die Kirche. Ich wünschte, er hätte die Menschen zum Fasten und Beten aufgefordert. Jede Schlacht braucht den Herrn. Jede Schlacht beginnt mit dem Teufel.

Der Krieg richtet sich gegen unsere Jugend, unsere Kinder, Ehen, Reichtum, Gesundheit, Wohlstand, alles Mögliche. Die Person, die tief mit der geistlichen Welt verbunden ist, versteht die Bedeutung von Gebet und Fasten und ist zutiefst im Einklang mit den feinen Bewegungen des Geistes, wird diejenige sein, die im Kampf siegreich hervorgeht. Möge der Herr dich zu einem Krieger auf den Knien machen, um gegen alle dämonischen Operationen über dem Land, Staat, Bezirk, der Stadt und dem Zuhause zu kommen. Darf ich dir vorschlagen, bitte bete, bete wie du noch nie gebetet hast? Blase das Schofar, lasse das Wort Gottes in die Luft hinaus und mache dem Feind klar, dass unser Kampf nicht fleischlich ist, sondern mächtig durch Gott.

2 Korinther 10:4 (Denn die Waffen unseres Kampfes sind nicht fleischlich, sondern mächtig durch Gott, zu zerreißen, was fest ist).

Erhebe deinen Blick in die Luft, strecke deine Hand aus und binde Satan. Zerstöre die Macht und Autorität des Satans, der gefallenen Engel und der Dämonen im Namen Jesu. Eine bestimmte Frau hat all dies getan. Die Drogendämonen in ihrer Familie waren zur Tür hinaus. Die Familie ist jetzt frei. Eine Frau in Asien bezeugte, dass es in dieser Stadt keine Krankenwagen, keine Hexendoktoren und keine Kämpfe mehr gibt, seit sie früh am Morgen salbt und betet. Stellt euch in alle Richtungen, bindet zuerst und befehlt dann den Dämonen, wegzugehen, brecht die Macht der Dämonen. Möge der Herr vor dir hergehen, um dir zu beweisen, wie mächtig er ist. Es ist ein geistlicher Kampf. Benutze das Wort, das Geist ist, wenn du mit Autorität sprichst. Das Wort ist Gott. Gott ist Geist. Wenn du also das Wort sprichst, werden diese Worte das bewirken, was sie bewirken sollen. Keine Waffe, die gegen mich gerichtet ist, kann Erfolg haben. Sie wird dasselbe tun. Alle Waffen des Feindes werden zusammenbrechen. Alle Macht der Finsternis wird zerstört werden. Seht, die Macht ist im Wort Gottes; das Wort steht über allen seinen Namen, denn das Wort ist Gott.

Johannes 1:1 Im Anfang war das Wort, und das Wort war bei Gott, und das Wort war Gott.

Der Herr kämpft unseren Kampf und nicht wir mit unseren Fäusten oder unserem fleischlichen Fleisch. Das Werk Satans kann nur dann auf Ihn zurückgeführt werden, wenn man weiß, wie man es tut.

Epheser 6:10 Schließlich, meine Brüder, seid stark in dem Herrn und in der Kraft seiner Stärke.
Deuteronomium: 32:30 Wie sollte einer tausend jagen und zwei zehntausend in die Flucht schlagen, wenn nicht ihr Fels sie verkauft und der Herr sie verschlossen hätte?

Der Herr muss vor dir hergehen und dich lehren, was zu tun ist, um den Kampf zu gewinnen. Möge der Herr verkünden, wann zu kämpfen ist. Alles soll unter Seiner Führung geschehen, und Er wird die Macht und Kraft des Feindes zerstören. Lass mich dir raten, bring deinen Kampf zu Seinem Altar und bete. Verwende gesalbtes Öl über dem Bereich, wo dein Kampf ist. Wenn es ein Büro, eine Stadt oder ein Zuhause ist, verwende gesalbtes Öl und zerstöre es. Ich blase das Schofar, um die Macht der Dämonen zu zerstören. Sende das richtige Wort Gottes und lasse es gegen den Feind schwingen, um zu zerstören. Möge der Herr dir heute helfen, dich auf deinen Knien mit Ihm zu verbinden und dir vollkommenen Frieden und Sieg geben.

Ich verkünde den Sieg über alle Schlachten. In dem siegreichen, mächtigen Namen Jesu. Amen! Gott segne Sie!

LASST UNS BETEN

Himmlischer Vater, wir kommen zu dir und bringen alle unsere Kämpfe auf den Altar Gottes. Zeige unseren Fingern, wie man kämpft. Gib uns das richtige Wort Gottes, um den Feind zu vernichten. Blende den Teufel und verzehre ihn mit deinem Geist. Es ist der Kampf gegen den Feind, alle seine Strategien zu zerstören. Wir haben die Macht, aber viele wissen nicht, wie man sie einsetzt. Uns fehlt das Wissen und so gehen wir zugrunde. Aber Herr, wir wollen dir Ruhm, Ehre und Lob geben, indem wir jede Schlacht gegen Krankheit und Unterdrückung gewinnen. Hilf uns gegen die mächtigen Mächte, die die Nationen in dieser Endzeit überfluten. Wirke in unseren Herzen und lehre uns die Wahrheit durch das Wort, denn wir sind auf dich angewiesen. Du gehst vor uns, wir folgen dir. Du verbirgst uns vor dem Feind. Lass deinen Namen der starke Turm sein. Wir haben den Namen Jesus über alle Namen. Danke, Herr, Gott segne dich, Amen!

9. OKTOBER

FEIERT JESUS!

Als Christen sollten wir jeden Tag den Sieg feiern. Wir sehen, wie die Welt besondere Errungenschaften feiert. Sie erreichen ihre Leistung, und sie feiern. Wir Christen sollten auf diesem Niveau sein, um Jesus zu feiern. Als Esther Königin wurde, nutzte sie ihre Macht und Gunst, um ihrem Volk zu helfen. Als Sklavin verkauft zu werden, war in Ordnung, aber zum Schlachten verkauft zu werden, war nicht in Ordnung. Sie sagte, ich werde mein Leben für mein Volk geben. Sie wusste, dass viele Dinge wahrscheinlich ihr Leben gefährden würden. Eines davon war das Fasten. Babylon wusste nicht, dass sie eine jüdische Sklavin war. Als Königin musste sie auch die Regeln des Königs befolgen. Sie konnte nicht einfach hinein- und hinausgehen, um den König zu treffen. Viele Dinge waren nicht zu ihren Gunsten, aber sie ging das Risiko ein, ihr Volk zu retten. Wegen ihrer weisen Tat, ihr Volk zu retten, feiert die Welt den Sieg von Purim.

Esther 9:17 Am dreizehnten Tag des Monats Adar und am vierzehnten Tag desselben Monats ruhten sie und machten ihn zu einem Tag des Festes und der Freude. 18 Die Juden aber, die zu Susan waren, versammelten sich am dreizehnten und vierzehnten Tag desselben Monats, und am fünfzehnten Tag desselben Monats ruhten sie und machten ihn zu einem Tag des Festes und der Freude. 19 Darum machten die Juden in den Dörfern, die in den ungemauerten Städten wohnten, den vierzehnten Tag des Monats Adar zu einem Tag der Freude und des Festes und zu einem guten Tag, an dem sie einander etwas zuschickten.

Dies ist die Zeit, in der viele Länder Halloween feiern, und Menschen in einigen anderen Ländern vor Götzen tanzen. In dieser Saison gibt es viel Götzendienst und Ehebruch. Wir sehen, dass die Welt heute leidet. Überall schlachten sie Christen. Wir müssen aufstehen und Fasten und Gebet für leidende Christen ausrufen. Heute hat mir jemand eine Nachricht geschickt. Bitte bete für meine Schwester. Ihr Mann hat sie geschlagen, weil sie an Jesus glaubt. Letztes Jahr hat eine antichristliche Gruppe einen Pastor geschlagen, weil er das Evangelium verkündete. Er hat einige Erinnerungen verloren. Er hat die, die ihn verletzt haben, zu Christus geführt und ihnen vergeben. Gott wirkt in ihrem Herzen, wenn wir vergeben und für sie beten.

Deshalb bat er mich, für diese Menschen zu beten. Wir Christen müssen viele, viele Siege über Satan feiern. Wir müssen uns wie die heutigen Mordechai und Esther erheben, um gegen die Verfolgung vorzugehen, die an verschiedenen Orten der Welt stattfindet. Würden Sie sich erheben, um zu beten und zu fasten, wenn Sie sehen, dass unsere christlichen Brüder und Schwestern getötet und verfolgt werden?

Esther 4:1 "Als Mardochai sah, was alles geschehen war, zerriß er seine Kleider und legte einen Sack mit Asche an und ging hinaus in die Stadt und schrie laut und bitterlich."

Das ist es, was wir tun müssen, bevor wir den Sieg erringen. Wir müssen eine heutige Esther werden, die aufsteht und das Fasten verkündet.

Esther 4:15 Da befahl Esther ihnen, Mardochai zu antworten: 16 Geht hin und versammelt alle Juden, die in Susan sind, und fastet für mich und esst und trinkt drei Tage lang nicht, weder Tag noch Nacht: Auch ich und meine Mägde wollen fasten, und so will ich zum König hineingehen, was nicht nach dem Gesetz ist; und wenn ich umkomme, so komme ich um.

Denken Sie daran, dass Sie einen Grund zum Feiern brauchen. Feiern Sie Ihr Leben, Ihre Leistung und den Sieg über den Kampf. Christen sollten den Sieg über den Teufel immer wieder feiern. Ist das nicht offensichtlich? Wir werden sehen, wie der Teufel die schlimmste Niederlage erleidet. Es ist Zeit, sich zu freuen und zu tanzen, wenn wir sehen, dass Sklaven frei werden. Auf dieselbe Weise feiern die Völker den Tag der Freiheit. Die Hebräer waren 430 Jahre lang Sklaven unter dem Pharao in Ägypten. Als der Herr sie aus der Sklaverei befreite, feierten sie. Später versuchte Ägypten, sie zurückzubekommen, aber der Herr war auf ihrer Seite.

Mose 14:7 Und er nahm sechshundert auserwählte Wagen und alle Wagen Ägyptens und die Obersten über jeden einzelnen von ihnen. 8 Und der Herr verstockte das Herz des Pharao, des Königs von Ägypten, und er jagte den Israeliten nach.

Der Herr, der als Wegmacher bezeichnet wird, hat den Weg im Ozean geschaffen.

Mose 14:27 Und Mose streckte seine Hand über das Meer aus, und das Meer wurde wieder stark, als der Morgen anbrach; und die Ägypter flohen vor ihm, und der HERR (Jahwe) stürzte die Ägypter mitten im Meer. 28 Und das Wasser kehrte zurück und bedeckte die Wagen und die Reiter und das ganze Heer des Pharao, das hinter ihnen her ins Meer gekommen war; und es blieb nicht einer von ihnen übrig.

Unser Herr kann uns viele Festtage wie diesen schenken, wenn wir zu ihm gehen und ihn anrufen. Begraben Sie nicht Ihre Privilegien, Befreiungen, Heilungen, Beförderungen und Siege über den Feind. Kapitel 15 des Buches Exodus feiert den Sieg über den Feind.

Mose 15:1 Da sangen Mose und die Israeliten dem Herrn dieses Lied und sprachen: Ich will dem Herrn singen, denn er hat einen herrlichen Sieg errungen; das Pferd und seinen Reiter hat er ins Meer geworfen.

Unser Herr ist unglaublich! Er will uns nichts anderes als Sieg und Niederlage für den Feind geben. Sieg für diejenigen, die Gott erlauben, den Kampf zu führen. Es ist Zeit für uns, aufzuwachen. Wir brauchen eine weltweite Erweckung. Wir brauchen eine weltweite Befreiung wie Mose, Josua, Esther und Mordechai. Möge der Herr uns aufwecken und tun, was nötig ist. Rufen Sie zu Fasten und Gebet auf, schreien Sie nach dem Land, verlieren Sie den Kampf. Möge der Herr Sie als Fernkämpfer benutzen, um die mächtigen Gebetskarten zu senden. Zielt auf den Feind. Nehmt die Hexen, Hexenmeister, den Teufel, die gefallenen Engel und die Herrscher der Nationen ins Visier und lasst sie wissen, dass ich im Namen meines Gottes komme. Er ist unsere Fahne. Er wird siegen. Seht auf, euer Erlöser naht. Die Herzen der Israeliten wurden von Angst ergriffen, als sie Goliath gegenüberstanden. Aber das Blut des Hirtenjungen David kochte hoch, als er hörte, dass jemand gegen ihren Gott sprach. David sagte: "Wer sind diese unreinen Lippen, die gegen meinen Gott reden?"

1 Samuel 17:45 Da sprach David zu dem Philister: Du kommst zu mir mit Schwert, Spieß und Schild; ich aber komme zu dir im Namen des Herrn der Heerscharen, des Gottes der Heere Israels, dem du getrotzt hast. 47 Und diese ganze Versammlung soll erfahren, daß der Herr nicht mit Schwert und Spieß rettet; denn der Kampf ist des Herrn, und er wird euch in unsere Hände geben.

9. OKTOBER

An diesem Tag tötete David Goliath, und sie retteten die Israeliten vor den Philistern.

1 Samuel 17:52 Da machten sich die Männer Israels und Judas auf und schrien und verfolgten die Philister, bis du in das Tal und bis zu den Toren von Ekron kamst. Und die Verwundeten der Philister fielen auf dem Weg nach Schaaraim, bis nach Gat und bis nach Ekron.

Wir können auch feiern, wenn wir wissen, wie es geht. Möge der Herr Ihnen im kommenden Jahr viele Feste schenken, in Jesu Namen. Amen.

LASST UNS BETEN

Unser himmlischer Vater, wir feiern jeden Atemzug, den wir tun. Einen weiteren Tag zu erleben, bedeutet einen weiteren Sieg. Hilf uns, Jesus zu feiern, nicht nur im Guten, sondern auch im Schlechten, denn wir wissen, dass alle Dinge für die geschehen, die für dich berufen sind. Wir bitten dich, segne uns jeden Tag und gib uns die Kraft, unser Leben als siegreiche Kinder Gottes weiterzuführen, in Jesu Namen. Amen! Gott segne Sie.

10. OKTOBER
GRUND, RELIGIONEN ZU WÄHLEN!

Warum entscheiden sich Menschen für Religionen, Kirchen, Konfessionen und Organisationen statt für Jesus? Warum haben Eva und Adam die Frucht dem Gebot des Herrn vorgezogen? Um die Begierde der Augen, des Fleisches und den Stolz des Lebens zu befriedigen. Warum ziehen die Menschen den König dem Herrn Jehova Gott vor?

1 Samuel 8:4 Da versammelten sich alle Ältesten Israels und kamen zu Samuel nach Rama 5 und sprachen zu ihm: Siehe, du bist alt, und deine Söhne wandeln nicht in deinen Wegen; so mache uns nun einen König, der uns richte wie alle Völker. 6 Aber es gefiel Samuel nicht, daß sie sagten: Gib uns einen König, der uns richte. Und Samuel betete zum HERRN. 7 Und der HERR sprach zu Samuel: Höre auf die Stimme des Volkes in allem, was sie zu dir sagen; denn sie haben dich nicht, sondern mich verworfen, daß ich nicht über sie herrsche.

Der Herr warnt vor der Grausamkeit und Härte des Königs ihnen gegenüber. Hören Sie sich ihre Antworten an.

1 Samuel 8:19 Aber das Volk weigerte sich, der Stimme Samuels zu gehorchen, und sagte: Nein, wir wollen einen König über uns haben, 20 damit auch wir wie alle anderen Völker sind und unser König uns richtet und vor uns herzieht und unsere Schlachten schlägt.

Ýer Herr tat alles für uns als unser Vater. Am Ende kam Er, um uns aus der Hölle zu erlösen, indem Er den Preis der Sünde bezahlte. Er zahlte vollständig für unsere Sünden, indem Er Sein Blut vergoss. Das Leben ist im Blut, also gab Er Sein Blut, um uns von der Hölle zu erlösen. Jetzt ist es dasselbe, wir lehnen Sein Blut ab. Bist du neugierig, wie wir Sein Blut ablehnen? Lass mich dir zeigen, wie. Wir leugnen Jesus als den einzigen Gott Jehova, der im Fleisch offenbart wurde. Satan hat gute Arbeit geleistet, indem er Gott entfernte, indem er "Er" einfügte.

1 Timotheus 3:16 Gott hat sich im Fleisch offenbart (stattdessen heißt es, er wurde im Fleisch offenbart).

Gut gemacht, Teufel. Viele, wie Adam, Eva und die Israeliten, die Gott ablehnten, indem sie einen König verlangten, sind heute hier. Dieser Geist lebt weiterhin auf der Erde und lehnt den Plan Gottes in jedem Zeitalter ab. Es ist das Fleisch, das den Herrn ablehnt. Das menschliche Fleisch und der Geist arbeiten gegensätzlich zueinander. Möge der Herr uns eine himmlische Sicht mit Sehnsucht und Visionen schenken. Liebt eure Seele mehr als das Fleisch. Das Fleisch lebt nur für 70 Jahre oder aus eigener Kraft in den 80er Jahren. Dann wird es wieder zu Staub werden. Egal, was Gott für uns getan hat, wir wählen die Religion über Gott. Gott hat der Menschheit die Macht gegeben, zwischen Leben und Tod, Segen und Fluch zu wählen. Und wir entscheiden uns immer wieder für das Falsche. Egal was passiert, wir lehnen denjenigen ab, der das

10. OKTOBER

beste Interesse an unserem Dasein hat. Gott möchte uns segnen, indem er uns Überfluss schenkt. Unser Gott ist wohlwollend, und er bringt nur positive Ergebnisse hervor. Möge der Herr die Liebe zu sich selbst in unsere Herzen legen. Wir müssen uns selbst lieben, denn es gibt ein Leben nach diesem irdischen, begrenzten Leben. Wenn Sie es nicht wissen, dann fragen Sie bitte Gott, was Sie wählen sollen.

In die Vereinigten Staaten kam ich, um Gott zu suchen. Ich suchte Gott mit meinem ganzen Herzen, meinem Geist, meiner Seele und meiner Kraft. Ich fand die Wahrheit; sie war verborgen. Gott bat mich, mich taufen zu lassen. Als ich aus dem Wasser stieg, wurde mir die Sünde erlassen, indem ich den Namen Jesus benutzte. Unter dem Namen Jesus ist kostbares, reinigendes Blut verborgen. Der Name Jesus ist höher als alle Namen. Ich rang mit meiner Ungewissheit, ob ich mit der Taufe im Namen Jesu fortfahren sollte, da ich mit der entsprechenden Schrift nicht vertraut war. Die Irrlehrer haben mich verzaubert. Ich brauche Befreiung von der falschen Lehre der Taufe. Ich ehre und verherrliche den Namen Jesu und erkenne seinen Wert an.

Ich nahm die Herausforderung an, bewies unerschütterlichen Mut und hatte keine Angst davor, verlassen zu werden. Ich hatte nie Angst vor Ablehnung. Niemand kann mich erpressen, denn ich habe mich mit meinem Ruf an Gott verkauft, wie Maria. Hey, Gott ist real, und er kämpft unseren Kampf. Ich bin nie allein. Er ist mit mir. Er ist größer als jeder andere. Als sie mich in Jesu Namen tauchten, wurde ich von der Macht, dem Griff und der Schwere der Sünden befreit. Egal was passiert, ich war bereit, den Preis zu zahlen.

Es ist leicht, wenn wir uns religiösen Gruppen anschließen. Du wirst nicht gekreuzigt werden, aber ich hatte keine Angst vor der Kreuzigung meiner selbst. Die Seele braucht Schutz gegen den Teufel, falsche Lehrer, falsche Propheten und unser Fleisch. Ich trat für die Wahrheit ein und begann, gegen den Feind zu predigen. Viele Generationen wurden in die Irre geführt, indem man sie mit dem Titel Vater, Sohn und Heiliger Geist taufte. Sie argumentieren, dass Jesus Vater, Sohn und Heiliger Geist gesagt hat. Wer hat die Bibel geschrieben? Der einzige Gott, Jesus, niemand außer ihm. Der Feind verbreitet eine weitere Lüge. Unser Herr besitzt ein außergewöhnliches Talent, die Wahrheit vor denen zu schützen, die in die Irre gehen. Finde in der Apostelgeschichte und in der Geschichte der früheren Kirche heraus, wie sie den Namen der Taufe praktiziert haben. Das ist der einzige Bericht, dem Sie glauben.

Die Pforten der Hölle können nicht überwunden werden. Der lügende Teufel sagte, es sei in Ordnung, glaubt Jesus und benutzt den Titel. Ich mag das Blut nicht, das auf dich kommt, wenn du in der Taufe in Jesu Namen begraben wirst. Ich mag es nicht, wenn du Jesus anziehst. Das Blut lässt mich härter arbeiten. So, jetzt haben die von Menschen geschaffenen Organisationen, Konfessionen und Nicht-Konfessionen vollständige Macht über uns. Sie erlauben Ihrem Fleisch, so zu leben, wie es Ihnen gefällt und nicht Gott. Achten Sie darauf, dass Sie der Seele gegenüber fair sind. Der Körper wird Staub sein, der Geist wird zu Gott zurückkehren, aber was ist mit Ihrer Seele? Sie wird für immer leiden. Ich erinnere mich an die religiösen Führer, wie sie Blumengirlanden verteilten und die Menschen, die aus dem Ausland kamen, willkommen hießen. Und warum? Sie lieben dein Geld und nicht deine Seele. Verdeckter Feind der Seele.

2 Korinther 11:13 Denn solche sind falsche Apostel, betrügerische Arbeiter, die sich als Apostel Christi ausgeben. 14 Und das ist kein Wunder; denn der Satan selbst wird in einen Engel des Lichts verwandelt. 15 Darum ist es kein großes Ding, wenn auch seine Diener verwandelt werden als Diener der Gerechtigkeit; deren Ende wird sein nach ihren Werken.

Wir wissen, dass der Herr gut ist und uns einige

Epheser 4:11 Und er hat einige zu Aposteln gemacht und einige zu Propheten und einige zu Evangelisten und einige zu Hirten und Lehrern;12 zur Vervollkommnung der Heiligen, zum Werk des Dienstes, zur Erbauung des Leibes des Christus:

Denken Sie daran, dass Gott uns vor falschen Lehrern und Propheten gewarnt hat. Also liebe dich selbst. Verbannen Sie die Angst vor Ablehnung und die Furcht vor dem Alleinsein aus Ihrem Kopf. Ich bin immer allein, aber nie allein. Ich habe Gott die ganze Zeit über. Unser Gott ist wunderbar. Er hat Engel für unsere Dienste geschaffen. Zuletzt schickte mich Gott zu einer Kirche in Dallas, , die weit von meiner Stadt entfernt war. Ich habe zugesehen und zugehört, was mir beigebracht wurde. Nun sagen Sie, wie können wir verzaubert oder vergiftet werden? Von denen, die nicht nach Gott und seinem Willen suchen. Fasten und Gebet verbinden uns mit Gott. Viele sind so verloren, dass man lieber nicht hingeht. Sie werden religiöse Krankheiten bekommen. Glauben Sie mir, Jesus war das Heilmittel gegen den Dämon der eifersüchtigen, neidischen, machthungrigen und gierigen Obrigkeit. Aber anstatt das Heilmittel anzunehmen, gaben sie ihm 39 Striemen und kreuzigten ihn.

Du könntest sagen, wie traurig, das würde ich nicht tun. Du würdest nicht wissen, dass du einer von ihnen bist, wenn du unter falschen Lehrern und Propheten sitzt. Also geh zurück zur Bibel und empfange den Heiligen Geist, den ich an einem Pfingsttag ausgegossen habe. Du wirst vom Heiligen Geist geführt, ermächtigt, geleitet und unterrichtet, nur wenn du Ihm Freiheit gibst. Entferne Religionen und beginne eine Beziehung mit deinem Schöpfer, indem du Buße tust und dich im Namen Jesu taufen lässt, um deine Sünden abzuwaschen. Empfange den Heiligen Geist, indem du in Zungen sprichst. Amen.

LASST UNS BETEN

Wir danken dir, Herr, dass du uns nicht aufgibst. Unser Gott ist hervorragend und verdient überschwängliches Lob. Unser Gott hat uns das Blut für unsere Sünden gegeben. Hilf uns, es nicht zurückzuweisen, indem wir den Namen Jesus in der Taufe ablehnen. Herr, hilf uns, die Wahrheit zu lieben, um befreit zu werden. Nur so können wir unsere Beziehung wieder zu dem machen, was wir im Garten Eden verloren haben. Stelle die Liebe zu dir über die Religion. Wir wissen, dass die Religion eine Beziehung zu einem lebendigen Gott ersetzt. Wir wissen, dass sie die Form der Frömmigkeit ohne die Kraft des Heiligen Geistes ist. Die Wahrheit besitzt eine unvergleichliche Kraft, uns zu erlösen, zu heilen und zu befreien. Bitte lege die Liebe zu dir in unsere Herzen. Wenn wir dich lieben, dann wirst du dich offenbaren und zeigen, wie du es bei Paulus, Petrus und vielen anderen getan hast. Wir wünschen uns einen neuen Anfang in Jesu Namen! Amen! Gott segne Sie!

11. OKTOBER

DIE VON GOTT GEGEBENE ERHÖHEN KINDER FÜR GOTT!

Viele egoistische Eltern nutzen ihre Kinder zu ihrem eigenen Vorteil. Wenn sie Probleme mit anderen haben, dann setzen sie die Münder ihrer Kinder gegen sie ein. Ist das nicht traurig? Warum sind Kinder böse? Höre auf ihre privaten Gespräche mit den Ohren der Kinder. Du wirst überrascht sein. Gott hat dich mit Kindern gesegnet. Aber bitte, ruinier ihr Leben nicht. Gott hat dir die Verantwortung gegeben, Kinder in Gerechtigkeit zu erziehen. Rüste sie mit den heiligen Lehren aus, damit sie in jedem Ort auf der Welt gedeihen und prosperieren können. Viele Eltern benutzen sie für ihre niederträchtigen Wege und bösen Zwecke. Einige Mütter erziehen ihre Kinder gegen ihre Väter und Schwiegereltern. Wird das funktionieren? Eine böse Mutter, die ihre Töchter auf niederträchtige Weise für ihren eigenen Vorteil erzieht, aber nicht für ihre zukünftige Ehe und Kinder. Diese böse Tochter wird ihrem Mann oder ihren Schwiegereltern nicht angemessen sein. Sie wird der Dorn im Auge der Familie sein. Es wird einen Krieg in der Familie geben. Ein Fluch wird sich in der Familie ausbreiten. Mein Herr, gib uns den Durchblick, bevor wir uns eine Frau aussuchen. Beten und fasten Sie und lassen Sie Gott den Rest machen. Gott hat die Familie geschaffen, um sich zu vermehren. Sie dient Seinem Dienst und nicht Ihren persönlichen Gefühlen und bösen Plänen, denn Ihre Gedanken sind für Sie und Ihre Kinder sehr gefährlich. Lassen Sie uns einfach dem Plan Gottes folgen.

Psalm 127:3 Siehe, Kinder sind ein Erbe des Herrn, und die Frucht des Leibes ist sein Lohn Der Herr gebe dir seine Weisheit, die Kinder zu erziehen.

Viele böse Menschen erziehen ihre Kinder genau wie sie.

Psalm 58:3 Die Gottlosen sind vom Mutterleib an entfremdet; sie gehen in die Irre, sobald sie geboren sind, und reden Lügen. Wir haben das sündige Blut Adams. Wir kennen Gut und Böse und sind nicht mehr unschuldig. Wenn wir nicht die Wahrheit lehren, werden die Kinder die Sünde offenbaren, wenn sie älter werden. Gott hat Ihnen die Verantwortung für Ihre Kinder übertragen. Erziehen Sie sie richtig und korrigieren Sie sie, wenn sie eine Korrektur brauchen. Sie können Segen empfangen, sind aber auf die Erziehung durch ihre Eltern angewiesen.

Sprüche 23:13 Züchtige den Knaben nicht; denn wenn du ihn mit der Rute schlägst, wird er nicht sterben.

Lehre ihnen das Wort Gottes, das Gebot Gottes, übe es mit ihnen, und gib ihnen die Wahrheit. Letztendlich müssen diese Kinder in der Welt bestehen. Wenn du ihnen das Richtige tust, dann werden sie nicht im Gefängnis, im Drogenmilieu, Alkohol, als Gangster, Vergewaltiger und vieles mehr enden. Was du in ihr Ohr legst, wird sprießen. Du vergiftest sie mit deiner Bosheit, oder du pflanzt das lebengebende Wort Gottes in ihr Ohr, und es wird Frucht bringen. Eltern erziehen Kinder. Wenn sie schlecht sind, schau in den Spiegel und gib dir selbst die Schuld – nicht deinem Nachbarn.

Deuteronomium 6:7 Du sollst sie deine Kinder fleißig lehren und von ihnen reden, wenn du in deinem Haus sitzt, wenn du auf dem Weg gehst, wenn du dich niederlegst und wenn du aufstehst.

Viele Eltern übernehmen die Verantwortung für ihre Erziehung, aber nicht für das Wort Gottes. Die Sonntagsschule ist nicht genug. Gott ist ein Versorger und wird für uns sorgen, wenn wir gottesfürchtige Kinder erziehen. Bringen Sie den Kindern bei, wie sie das Wort Gottes anwenden können.

Josua 8:35 Es gab kein Wort von allem, was Mose befohlen hatte, das Josua nicht vor der ganzen Gemeinde Israels, den Frauen, den Kleinen und den Fremden, die sich unter ihnen aufhielten, vorlas.

Josua 1:8 Dieses Buch des Gesetzes soll nicht von deinem Munde weichen, sondern du sollst Tag und Nacht darüber nachdenken, damit du darauf achtest, alles zu tun, was darin geschrieben steht; denn dann wird dein Weg erfolgreich sein, und du wirst großen Erfolg haben.

Ihr Erfolg ist durch die engagierte Praxis des Wortes gesichert. Sie werden das Haupt sein, niemals das Schlusslicht. Sie werden oben sein und niemals unten, und die Ersten und niemals die Letzten. Erfolg ist ein natürliches Ergebnis für Kinder, die eine gute Erziehung erhalten. Joseph wusste, was richtig und was falsch ist, und sagte der Frau, dass ich mich nicht gegen Gott versündigen kann. Sünde ist gegen Gott. Die Gesetze Gottes zu brechen ist eine Sünde. Der Lohn der Sünde ist der Tod, das ist die Strafe in der Hölle.

Mose 39:9 Es gibt keinen Größeren in diesem Haus als mich, und er hat mir nichts vorenthalten außer dir, weil du seine Frau bist. Wie kann ich dann so etwas Böses tun und mich gegen Gott versündigen?

Da er Gott ehrte, indem er sein Gebot hielt, beförderte Gott Joseph neben dem Pharao. Es ist der Herr, der die Beförderung gibt. Eltern vergiften ihre Kinder nicht mit dem Bösen. Bringen Sie ihnen nicht bei, Hasser, Lügner, Ehebrecher und Hurer zu sein. Wer lehrte Joseph die Gesetze Gottes? Seine Eltern. Mose, der mächtige Mann in Ägypten, lehnte den Thron ab. Warum? Er wusste, dass er einen wahren Gott hatte. Er verehrte Gott, indem er ihn fürchtete. Gott benutzte Mose, um die Hebräer von den Ägyptern zu befreien. Möge der Herr Ihnen Weisheit geben, wie Sie Ihre Kinder erziehen können. Es ist eine harte Welt, aber Ihre Aufgabe ist es, das Wort Gottes zu lehren. Viele große Menschen wie Paulus, Matthäus, Andreas, Simon Petrus und Menschen, die Jesus zu seinen Jüngern machte. Sie wurden von ihrer Mutter dazu erzogen, Gott zu dienen und nicht der Organisation, der Konfession, der Konfessionslosigkeit oder der Synagoge. Erziehe sie nicht für deinen Bauch, böse, alkoholkrank und einen, der für dich arbeiten kann. Die meisten selbstsüchtigen, unwissenden Eltern tun das ihren Kindern an. Sie sind verantwortlich für ihre Seele, wenn sie in der Hölle brennt. Möge der Herr Ihnen Liebe für Ihre Kinder geben, damit Sie sie richtig erziehen.

Gott verspricht, dass er Sie segnen, versorgen und bewahren wird, wenn Sie seine Gebote, Satzungen, Gesetze und Vorschriften einhalten. Sie gehören dem Herrn, also kümmern Sie sich um sie. Viele haben wunderbare Erziehungsarbeit geleistet, und ich bewundere sie, wie z. B. die Moabiterin Ruth. Gott musste die Urgroßmutter aus Moab bringen, die Gott schätzte. Rut, die Moabiterin, liebte die Wege Gottes. Sie war nicht darin geboren und aufgewachsen, aber sie beschloss, dem lebendigen Gott zu dienen, indem sie von ihrer Schwiegermutter lernte. Ihre Schwiegermutter Naomi war ihre Lehrerin; sie lehrte die Gesetze Jehovas, und sie befolgte sie und verhandelte nie.Ich hatte die wunderbarsten Eltern, die uns selbstbewusst, mutig und treu zum Herrn erzogen. Ich liebte ihren Lebensstil. Wir haben alles mit Mama geteilt, und sie hat uns immer beraten. Sie war nicht nur eine gewöhnliche Pastorentochter, sondern eine mächtige, rechtschaffene Frau, die

11. OKTOBER

das Richtige tat und uns das Richtige lehrte. Möge der Herr uns Mütter schenken, deren Interesse dem Seelenheil der Kinder gilt. Möge der Herr uns Mütter wie Jochebed, Maria, Ruth, Naomi und viele andere schenken. Diese Mütter lehren ihre Kinder genau das Wort Gottes und nicht die Wege der Welt. Gott segne rechtschaffene Eltern.

LASST UNS BETEN

Unser himmlischer Vater, wir danken dir für die Kinder, die du uns geschenkt hast. Es ist unsere Aufgabe, sie zu erziehen und sie das Orakel Gottes zu lehren. Unsere Verantwortung ist es, ihnen den Weg Gottes zu zeigen. Gott gibt uns ein Gefühl der Verantwortung mit Weisheit, so dass wir unser Bestes tun. Unsere Kinder sind das Haupt und nicht im Gefängnis, alkoholkranke Bösewichte. Lass uns Tag und Nacht beten, Mutter, um sie auf dem richtigen Weg zu halten. Die Mutter, die auf den Knien bleibt, bewahrt ihre Kinder vor der Hand Satans und seine Taktiken. Wir wollen furchtlose Kinder, die Löwen, Feuer, Prüfungen und Schwierigkeiten trotzen, aber tapfer und mutig sind und vom Herrn gesegnet werden. In Jesu Namen! Amen! Gott segne Sie!

12. OKTOBER
WIEDERHOLUNG MACHT UNS PERFEKT!

Wiederholungen von Handlungen haben das Ziel, sich zu verbessern. Wenn du dich verbessern willst, musst du üben. Nicht nur ein paar Mal, sondern jeden Tag weitermachen. Wenn ich jeden Tag die Bibel lese, gibt sie mir jedes Mal ein einzigartiges Verständnis. Meine Mutter sagte, wenn ich die Bibel noch einmal ganz lese, finde ich etwas, das ich beim letzten Mal nicht verstanden habe. Es stimmt, das Wort zu lesen und es zu praktizieren gibt uns ein größeres Verständnis. Unser Gott hat uns das lebensverändernde, lebensspendende Wort gegeben. Unser Gott will nicht, dass wir stagnieren oder gelähmt sind. Wenn wir unsere Hand oder irgendeinen Teil des Körpers in einer Position halten, dann wird es schwierig, sich zu bewegen. Aber in Bewegung zu bleiben ist der Schlüssel. Genauso wird es leicht, wenn wir das Wort Gottes praktizieren.

1 Timotheus 4:8 Denn die leibliche Übung nützt wenig; die Frömmigkeit aber ist zu allem nütze und verheißt das jetzige und das künftige Leben. 9 Das ist ein treuer Spruch und wert, dass man ihn annimmt.

Das Volk Gottes muss weiterhin das Wort Gottes lesen, meditieren und praktizieren. Wenn du das Wort kennst, dann wirst du wissen, wie du es anwenden kannst, wenn es nötig ist.

Psalm 19:7 Das Gesetz des Herrn ist vollkommen, es bekehrt die Seele; das Zeugnis des Herrn ist sicher, es macht die Einfältigen weise. 8 Die Satzungen des Herrn sind recht, sie erfreuen das Herz; das Gebot des Herrn ist rein, es erleuchtet die Augen.

Klingt das nicht gut? Wer möchte nicht vollkommen, weise, gerecht, mit Freude im Herzen und rein sein? All das kann man empfangen, wenn man die Gesetze, Satzungen, Gebote und das Zeugnis Gottes kennt. Es ist die Versorgung des Herrn, dass wir auf Erden nicht das Gesetz der Nation, sondern das Gesetz des Herrn praktizieren. Paulus war ein Experte in der Tora und brauchte dennoch eine Korrektur seines Verständnisses. Ich habe viele Muslime gesehen, die fünfmal am Tag beten. Christen praktizieren, wenn sie möchten. Die Bibel sagt.

1 Thessalonicher 5:17 Betet ohne Unterlass. 1 Timotheus 2:1 Ich ermahne nun, dass vor allem Bitten, Gebete, Fürbitten und Danksagungen für alle Menschen gemacht werden;

Psalm 63:1a Gott, du bist mein Gott; früh will ich dich suchen:

Das bedeutet, früh am Morgen aufzustehen und IHN zu suchen. Die Bibel sagt: Ich werde morgens, mittags und abends beten. Also gehst du in jeden Teil des Tages mit Gebet hinein. Praktizierst du das? Dreimal war es im Alten Testament, aber jetzt beten wir ohne Unterlass.

Psalm 55:17 Abends, morgens und mittags will ich beten und laut schreien; und er wird meine Stimme hören.

12. OKTOBER

Daniel 6:10 Als Daniel erfuhr, dass die Schrift unterzeichnet war, ging er in sein Haus. Die Fenster seiner Kammer standen gegen Jerusalem hin offen, und er kniete dreimal am Tag nieder, betete und dankte vor seinem Gott, wie er es früher getan hatte.

Beharrliches Gebet machte es für Daniel einfach, in die Löwengrube zu gehen. Daniel übte und hatte einen geistlichen Muskel. Übung gibt uns geistliche Muskeln. Der Herr hat uns das Wort Gottes gegeben, und wir müssen es im Alltag praktizieren. Wenn Menschen üben, nicht zu lügen, fällt es ihnen leicht, es nicht zu tun. Sobald du die Wahrheit kennst, handelst du danach. Wenn du das tust, wird dir die Prüfung oder das Problem nichts anhaben, denn du praktizierst das, was gemäß der Wahrheit richtig ist. David praktizierte weiterhin die Wahrheit.

1 Samuel 24:4 Da sprachen die Männer Davids zu ihm: Siehe, das ist der Tag, an dem der Herr zu dir gesagt hat: Ich will deinen Feind in deine Hand geben, damit du mit ihm tust, was dir gut dünkt. Da stand David auf und schnitt heimlich den Rock von Sauls Gewand ab. 5 Und es begab sich darnach, daß Davids Herz ihn schlug, daß er Saul den Rock abgeschnitten hatte.

Sie stuften David als zehntausend ein, aber König Saul war eintausend. Der Mann, der zehntausend töten kann, war für ihn, König Saul, ein Kinderspiel. Aber er sagte

6 Und er sprach zu seinen Leuten: Der Herr verhüte, daß ich meinem Herrn, dem Gesalbten des Herrn, solches tue, daß ich meine Hand gegen ihn ausstrecke, denn er ist der Gesalbte des Herrn.

Ein Mann, der das Wort Gottes praktiziert, ist perfekt in seinem Lebensstil. Du kannst die beste Medaille und die besten Preise erringen, der Erste sein, oben und an der Spitze. Praxis, die Sie perfekt macht.

Richter 20:16 Unter diesem ganzen Volk gab es siebenhundert auserwählte Männer, die linkshändig waren; jeder von ihnen konnte Steine um eine Haaresbreite schleudern und verfehlte sie nicht.

1 Chronik 12:2 Sie waren mit Bögen bewaffnet und konnten mit der rechten und der linken Hand Steine schleudern und Pfeile mit dem Bogen schießen, auch Sauls Brüder aus Benjamin.

Wie waren sie so genau? Sie haben geübt und wurden haargenau. Wer bekommt alle Trophäen? Der, der übt. Wenn du nach dem Wort Gottes lebst und es praktizierst, dann wirst du der beste Christ sein. Christsein ist tägliche Übung für das beste Ergebnis. Wenn du es verpasst, verlierst du das Lebensspiel. Wenn es einmal verloren ist, bekommst du eine neue Chance, wenn du Buße tust. Tue Buße und lasse dich im Namen Jesu taufen und versuche es erneut. Übe den Kampf auf deinen Knien mit Fasten. Wir müssen die Gerechtigkeit Gottes praktizieren, um gegen Satan anzukommen. Lerne, welches Schwert du gegen den Feind schwingen musst, und dann wirst du Satan abschneiden. Alles geschieht im Glauben. Es wird dir einen herrlichen Sieg bringen. Biblisches Fasten und Gebet zu befolgen, wird dich zum Erfolg führen.

Der Gewinner muss nicht lernen zu schleudern, sondern zu beten, wie Jesus es tat. So steht es im Wort Gottes. Einmal bat mich eine Frau bei der Arbeit, für ihre Freundin zu beten, die ebenfalls bei der Post arbeitete. Sie wusste, dass ich das Christentum praktiziere. Ich lege den Menschen immer die Hände auf, wenn sie zum Gebet kommen. Sie hat schon viele Male um Gebete gebeten und Heilung erfahren. Aber dieses Mal sagte sie, ich solle nur für meinen Freund beten. Er konnte monatelang nicht schlafen. Er nimmt jetzt die höchste Dosis an Medikamenten. Also sagte ich Okay. Als ich zu beten begann, hörte ich jemanden in mein Ohr klatschen oder schreien. Ich fühlte mich seltsam. Ich betete weiter und verstand nicht, warum ich eine geistige Unruhe erlebte. Einmal kam ich von der Kirche nach Hause und ruhte mich im Bett aus. Mit geschlossenen

Augen sah ich, wie der Dämon mit dem Kopf zur Seite aus der Wand trat. Sofort band ich den Dämon und brach seine Macht, und ich merkte, dass er gebrochen war. In diesem Moment konnte ich es nicht verstehen. Also fragte ich den Herrn im Gebet, was passiert war. Der Herr sagte, es war der Kampf, den du für den Mann geführt hast, für den du gebetet hast. Als ich die Frau das nächste Mal traf, bat ich sie, nach ihrem Freund zu sehen. Sie sagte, er schlafe nachts ohne Medikamente gut. Eine Woche später kam er in meine Abteilung, um sich bei mir zu bedanken. Später schenkte ich ihm die chinesisch/englische Parallelbibel. Sehen Sie, wir müssen unseren Auftrag erfüllen. Wenn wir das tun, wird dieses Krankenhaus geschlossen, und die Menschen werden wissen, dass das Christentum echt ist. Ich lerne aus diesem Kampf, indem ich für ihn bete. Lasst uns üben; Wiederholung macht uns vollkommen. Amen!

LASST UNS BETEN

Herr, hilf uns, nicht zu vergessen, Dämonen auszutreiben, Kranke zu heilen, Tote aufzuerwecken, Aussätzige zu reinigen und dann Jesus zu predigen. Wir haben vergessen, dieses Evangelium mit Zeichen und Wundern fortzusetzen. Wir haben vergessen, das, was du uns aufgetragen hast, überall zu tun, wo wir hingehen. Hilf uns, mit dem Auftrag, den du uns gegeben hast, vertraut zu sein. Unsere Arbeit braucht Übung, um perfekt zu sein. Wenn wir das nicht tun, werden wir Religionen haben. Wir müssen dir folgen, weil wir wissen, dass Jesus gestern, heute und in Ewigkeit derselbe ist. Möge der Herr uns die wunderbare Kraft geben, jeden Tag das zu tun, was es braucht, um ein vollkommener Christ zu sein. Unser Leben ist ein Licht, eine Lampe, ein Beispiel für viele Verlorene in dieser Welt. Du hast es angeordnet, und wir leben nicht danach. Vergib uns, Herr, wir wollen umkehren und das Richtige tun in Jesu Namen! Amen! Gott segne Sie!

13. OKTOBER

HABEN SIE SICH VORBEREITET?

Es geht in beide Richtungen: Derjenige, der die Botschaft überbringt, und derjenige, der kommt, um zu empfangen, was Gott überbringt, müssen sich vorbereiten. Gott braucht das Gefäß, das er benutzt.

2 Timotheus 2:20 Aber in einem großen Haus gibt es nicht nur goldene und silberne Gefäße, sondern auch hölzerne und irdische, einige zur Ehre, andere zur Unehre.

Wenn Gott dich gebraucht, gibt Er dir auch Gunst. Ich sehe viele, die vom Herrn gebraucht und auch von den Menschen geehrt werden. Besonders in der afrikanischen Nation! Sie ehren Pastoren, Prediger, Evangelisten usw. Es gibt in ihnen einen solchen Hunger und Durst. Natürlich kritisieren auch einige Heuchler. Sie sind wie Priester und Hohepriester, eifersüchtig, gierig, arrogant und stolz. Heuchler waren verärgert über alles, was Jesus tat. Also haben wir heute dieselbe Situation durch denselben Geist. Viele können nicht erkennen, dass Gott durch diesen mächtigen Propheten und das Volk Gottes wirkt. Sie behindern das Werk Gottes. Es wird ihnen niemals zum Segen, da sie Gott in ihnen nicht erkennen können.

Gott benutzt nur das Gefäß, das für ihn und nur für ihn vorbereitet wurde. Petrus, Paulus, Johannes und viele andere bereiteten sich auf den Herrn vor. Und ihren Schatten, ihre Kleidung und ihre Berührung benutzte Gott, um Menschen zu heilen. Und warum? Weil sie nahe bei Gott sind, beten und fasten, damit der Geist Gottes in ihnen ist. Der Geist wohnt im Tuch, im Schatten und in allem, was sie berühren. Ist das nicht großartig? Gott benutzt uns, wenn wir uns vorbereiten. Ich ehre immer den echten Mann Gottes. Wahre Propheten und Lehrer haben die Autorität, Segen zu bringen.

Matthäus 10:41 Wer einen Propheten aufnimmt im Namen eines Propheten, wird den Lohn eines Propheten erhalten; und wer einen Gerechten aufnimmt im Namen eines Gerechten, wird den Lohn eines Gerechten erhalten.

Nun, derjenige, der niemals eine Seele gewinnt, hat viele Probleme. Sie können niemanden ehren, aber derjenige, der an den Mann Gottes glaubt, nimmt an und empfängt Heilung. Aber ein Kritiker wird den Segen verlieren. Bereite dich vor, um den Segen zu empfangen. Gottes Volk ist tapfer. Komm nicht, um den Mann zu sehen, sondern den Mann Gottes. Ich bin verrückt nach dem gesalbten Mann Gottes. Sie haben Kraft und Autorität. Viele haben nie Heilung oder Befreiung empfangen, weil sie die gesalbten Leute Gottes nicht ehren. Es gibt einen Unterschied zwischen Menschen und gesalbten Menschen Gottes. Gott gebraucht sie, und wenn du sie nicht annehmen kannst, bedeutet das, dass du den Segen nicht annimmst. Jesus hat vor 2000 Jahren Striemen erlitten, aber du kannst keine Heilung empfangen, weil du keinen Respekt vor den Leuten Gottes hast, die Er heute gebraucht. Du respektierst Gott nicht, wenn du wahre Propheten und Lehrer nicht respektierst. Möge der Herr deinen Sinn verändern. Werde deine kritische Natur los.

ELIZABETH DAS

Römer 13:1 Alle Menschen sollen sich den höheren Mächten unterordnen. Denn es gibt keine Macht außer der Gottes; die Mächte, die da sind, sind von Gott eingesetzt. 2 Wer sich nun der Macht widersetzt, der widersetzt sich der Ordnung Gottes; und wer sich widersetzt, der wird die Verdammnis empfangen. 3 Denn die Mächtigen schrecken nicht vor den guten Werken, sondern vor den bösen. Willst du dich denn nicht vor der Macht fürchten? Tue das Gute, so wirst du das Lob desselben haben; 4 denn er ist Gottes Diener an dir zum Guten. Tust du aber das Böse, so fürchte dich; denn er trägt das Schwert nicht umsonst; denn er ist ein Diener Gottes, ein Rächer, der den Zorn über den richtet, der das Böse tut. 5 Darum müßt ihr untertan sein, nicht allein um des Zorns, sondern auch um des Gewissens willen. 6 Darum sollt ihr auch den Tribut zahlen; denn sie sind Gottes Diener, die ständig darauf achten. 7 So gebt nun allen ihren Tribut, wem Tribut gebührt; Sitte, wem Sitte gebührt; Furcht, wem Furcht gebührt; Ehre, wem Ehre gebührt.

Ich suche nach der gesalbten Person, die von Gott berufen wurde. Wenn nicht, dann gehe ich und setze sie sofort ab. Menschen Gottes bereiten sich darauf vor, Gott zu begegnen und dann seiner Schöpfung. Der Herr war der leibhaftige Gott und bereitete sich vor, bevor er seiner Schöpfung begegnete. Wenn du dich erst einmal von falschen Propheten und Lehrern kontrollieren lässt, werden sie dich darauf trainieren, gegen den wahren Gott zu sprechen. Die Leute sagten, Jesus habe alles Gute getan. Aber die Pharisäer und Priester sagten,

Matthäus 12:24 Als aber die Pharisäer das hörten, sagten sie: Dieser treibt die Teufel nicht aus, sondern durch Beelzebub, den Fürsten der Teufel.

Braucht Gott die Zustimmung dieser kritischen, gierigen religiösen Autorität? Sie haben Gott nie gekannt. Sie haben das Haus Gottes zu einer Räuberhöhle gemacht. Wie traurig! Wenn ich ins Ausland oder hier in den USA gehe, gebraucht Gott mich mächtig, und es geschieht viel Heilung und Befreiung, aber wer Gott nicht kennt, wird eifersüchtig. Ich verstehe nicht, warum die Menschen so von falschen Lehrern verhext werden. Sie haben die Gemeinden mit ihren falschen Lehren verhext. Ich habe nichts mit ihnen zu tun. Ich will nicht an der falschen Lehre teilhaben. Gott hat uns in seiner Barmherzigkeit das Wort Gottes gegeben und jede Einzelheit angegeben. Aber denken Sie daran, dass jedes Wort Gottes der Offenbarung bedarf. Ich arbeite in der ganzen Welt; es ist leicht für einen Neuen Kehrten, an Jesus zu glauben. Für einen verhexten religiösen Christen ist es schwer, die Wahrheit zu glauben. Ich warne sie, sich von den falschen Lehrern und Propheten fernzuhalten. Hütet euch! Sie werden die Bibel benutzen und das Wort verdrehen, indem sie es so darstellen, dass es zu ihrer falschen Lehre passt. Doktrin bedeutet lehren, belehren oder erklären. Es ist leicht für die Neuen Kehrten, wenn sie aus anderen Religionen kommen, da sie nicht fehlgeleitet sind. Wir können sie auf die Verkündigung des Reiches Gottes vorbereiten. Denn sie haben Ohren, um zu hören, und Augen, um klar zu sehen. Sie werden auch mit vielen großartigen Begegnungen mit Gott gesegnet. Für sie ist jeder Tag ein neuer Tag, ein neuer Weg, eine neue Offenbarung. Der Herr zeigt sich in ihrem Leben, wenn sie seinen Namen anrufen. Möge der Herr uns wahre Persönlichkeiten senden, wie Mose, Josua, Paulus, Johannes und viele andere, während wir beten. Die Menschen sind es leid, in die Kirche zu gehen. Viele verlieren ihre Kirchengemeinden. Die Menschen verlieren das Interesse und das Vertrauen in den Herrn. Möge der Herr die Liebe zu Jesus, die Wahrnehmung und die Unterscheidungskraft des Geistes schenken. Denken Sie daran, dass wir berufen sind, hinauszugehen und zu predigen, nicht auf den Bänken zu sitzen. Der Herr hat den Tisch umgestoßen und ist aus dem Tempel herausgekommen. Ihr seid seine Kirche. Deshalb hat er euch geschaffen.

1 Johannes 4:1 Ihr Lieben, glaubt nicht jedem Geist, sondern prüft die Geister, ob sie von Gott sind; denn es sind viele falsche Propheten in die Welt hinausgegangen.

13. OKTOBER

Die aufrichtigen Menschen haben die gesalbten Leute Gottes willkommen geheißen. Keine Notwendigkeit, Zeit mit einem Ungläubigen oder Skeptiker zu verschwenden. Um für Gott zu arbeiten, musst du von Gott hören. Ich arbeite für Gott. Menschen kommen zur Beratung, also muss ich eine Antwort von Gott bekommen. Ich kann nicht antworten, was ich fühle. Das ist nicht mein Geschäft; ich bin nicht religiös. Wenn ich prophezeie oder über körperliche Probleme oder dämonische Befreiung spreche, muss ich mich zuerst vorbereiten. Ich kann Menschen nicht begegnen, ohne vorher mit Gott Kontakt aufzunehmen. Mein Gebetsleben beginnt vor 4 Uhr morgens. Ich treffe den Herrn. Ich faste, also habe ich mein Fleisch völlig abgetötet. Der Herr spricht mit mir so klar, wie ich jetzt mit dir spreche. Also denke daran, dass das Volk Gottes sich für den Dienst an Gottes Schöpfung vorbereitet hat. Es ist das disziplinierte Leben, der engere Wandel mit Ihm. Der Kommunikationskanal muss offen sein und man muss Gottes Stimme gehorchen. Amen!

LASST UNS BETEN

Himmlischer Vater, wir beten für die treuen Menschen Gottes, die in deine Gegenwart kommen, um deinem Reich zu dienen. Dies ist der Dienst des Reiches und nicht der Selbstdienst. Wenn sie dich haben und wenn du mit ihnen zusammenarbeitest, dann wissen sie, wie sie helfen können. Es ist Gott, der die Schöpfung durch das erwählte heilige Gefäß Gottes erreicht. Wenn wir uns alle darauf vorbereiten, haben wir eine perfekte Welt. Aber wir wissen, dass sie das nicht ist. Herr, wir sind hier, um dir zu dienen. Wir müssen uns darauf vorbereiten, das zu tun, was du uns aufgetragen hast. Du hast alles mit ganzem Herzen getan, und wir bezeugen das Ergebnis. Wenn wir so handeln, wie du es willst, werden wir auch das Größere sehen, wie du gesagt hast. Herr, das Problem ist, dass wir beschäftigt und in der Welt verloren sind. Viele sind fünf Narren, die sich nicht vorbereiten. Herr, hilf uns also, fünf weise zu sein, bereit und vorbereitet, dir zu begegnen, in Jesu Namen. Amen! Gott segne Sie!

14. OKTOBER

HABT IHR ERHALTEN DEN HEILIGEN GEIST?

Das Blut Jesu hat die neutestamentliche Kirche erkauft. Ist mächtig, denn es hat die Kraft des Geistes Gottes. Der Heilige Geist ist der Gott in uns.

Apg 19:2 Er sprach zu ihnen: Habt ihr den Heiligen Geist empfangen, seit ihr glaubt? Sie antworteten ihm: Wir haben noch nicht einmal gehört, ob es einen Heiligen Geist gibt.

Die Menschen haben nicht gehört und einige haben die Gabe des Heiligen Geistes nicht empfangen. Es ist die von Gott gegebene Gabe seines Geistes.

Die Bibel sagt in. Johannes 7:39 (Das sagte er aber von dem Geist, den die empfangen sollten, die an ihn glaubten; denn der Heilige Geist war noch nicht gegeben, weil Jesus noch nicht verherrlicht war).

Diese Heilige Geist's Kraft kommt auf uns zu ermöglichen uns zu Zeuge unsere Stadt und das Ende der Welt. Wir können nicht Zeuge Zeichen und Wunder ohne es. Viele sagen, dass man an dem Tag, an dem man glaubt, seinen Geist empfangen hat. Die Bibel stimmt mit dieser Lehre von einem Dämon nicht überein. Jesus hat seinen Jünger und auch den zukünftigen Jünger, wie viele andere und mich, unterwiesen. Nur der Auserwählte wird den Anweisungen Jesu folgen. Er sagte, man solle den Lehren der Apostel und Propheten folgen. Sie legten das Fundament.

Apostelgeschichte 2:42a Sie blieben aber in der Lehre der Apostel standhaft.

Wir müssen die Apostelgeschichte aufschlagen, wo Sie die Lehre der Apostel finden. Folgen Sie ihrer Lehre, d.h. der Lehre, die in der Apostelgeschichte steht. Die neutestamentliche Kirche wurde mit Gottes Blut erkauft. Der Herr hat den Preis mit seinem Blut bezahlt. Taufen Sie jetzt einfach in Jesu Namen, um die Sünden abzuwaschen. Jesus verbirgt sein Blut unter dem Namen Jesus.

Apg 20:28b um die Gemeinde Gottes zu weiden, die er mit seinem eigenen Blut erkauft hat.

Gott hat sein Volk mit dem Blut Jesu erkauft. Jesus ist der Gott des Alten Testaments im Fleisch. Diese Kirche ist mächtig genug, um den Teufel zu besiegen, da sie die Kraft Gottes hat, die der Heilige Geist ist. Jesus sagte zu seinen Jüngern, dass sie nicht von Jerusalem fortgehen sollen, bis sie den Heiligen Geist empfangen haben. Arbeite nicht ohne den Heiligen Geist. Du wirst machtlos sein, liefere nicht das machtlose Evangelium. Jesus gab ihnen diese Anweisungen nach der Auferstehung.

Lukas 24:49 Und siehe, ich sende die Verheißung meines Vaters auf euch; ihr aber bleibt in der Stadt Jerusalem, bis ihr mit Kraft aus der Höhe ausgestattet werdet.

14. OKTOBER

Nach der Auferstehung erinnerte der Herr sie erneut daran, nicht zu fischen, sondern zu warten, ich sende euch den Heiligen Geist. Wieder gab er ihnen die Adresse, wo sie warten sollten.

Apg 1:4 Und als er mit ihnen versammelt war, gebot er ihnen, dass sie nicht von Jerusalem weggingen, sondern auf die Verheißung des Vaters warteten, die ihr von mir gehört habt.

Der Heilige Geist wird ein Lehrer und Führer sein und Sie befähigen. Der Heilige Geist befähigt Samson und David, die geistliche Finsternis zu vernichten. Er half auch Daniel, sich gegen Schwierigkeiten zu behaupten. Der Heilige Geist ist der beste Lehrer, wenn er zu dir kommt.

Johannes 14:26 Der Tröster aber, welcher der Heilige Geist ist, den der Vater senden wird in meinem Namen, der wird euch alles lehren und euch alles ins Gedächtnis rufen, was ich euch gesagt habe.

Jesus war bei ihnen, dann kam er in sie hinein. Die Jünger befolgten die Anweisungen von Jesus. Am Pfingsttag empfingen sie den Heiligen Geist.

Apg 2:4 Und sie wurden alle mit dem Heiligen Geist erfüllt und fingen an, in anderen Sprachen zu reden, wie der Geist es ihnen eingab.

Bevor er abreiste, gab Jesus einige Zeichen an, an denen man seinen Jünger erkennen konnte;

Markus 16,17a c Und diese Zeichen werden denen folgen, die glauben: Sie werden mit neuen Zungen reden;

Wenn Sie also sehen, dass jemand nicht in einer Sprache spricht, ist er kein Jünger. Die neue Zunge im Griechischen ist glóssa, das ist die Sprache, die man spricht, ohne sie an der Universität zu lernen. Die Gemeinde in Samaria war aus Wasser, aber nicht aus dem Geist geboren. Petrus und Johannes kamen nach Samaria, um die Hände aufzulegen und den Heiligen Geist zu empfangen.

Apg 8:15 der, als sie hinabgestiegen waren, für sie betete, dass sie den Heiligen Geist empfingen; 16 denn noch war er auf keinen von ihnen gefallen, sondern sie ließen sich taufen auf den Namen des Herrn Jesus.

Der Heilige Geist muss fallen auf Sein Volk, deren Name ist geschrieben in das Buch des Lebens. Gott wählte sie vor das Fundament der Welt.

Epheser 1:4a wie er uns in ihm erwählt hat vor Grundlegung der Welt,

Wenn Gott Sie nicht von Grundlegung der Welt an erwählt hat, dann werden Sie den Heiligen Geist nicht empfangen. Wenn Sie den Heiligen Geist nach der Taufe auf den Namen Jesu nicht haben, dann müssen Sie ihn empfangen.

Römer 8:9c Wenn aber jemand den Geist Christi nicht hat, so ist er keiner von den Seinen.

1 Thessalonicher 1,5a "Denn unser Evangelium ist nicht allein im Wort zu euch gekommen, sondern auch in Kraft und im Heiligen Geist,

Empfangen den Heiligen Geist ist das meist wunderbare Erfahrung. Du verlierst Kontrolle von dir selbst und Gott nimmt Kontrolle. Die Zunge ist das unbändige Mitglied und Gott übernimmt es. Ich habe den Heiligen Geist empfangen und kann diese wunderbare Erfahrung nicht erklären. Suchen Sie den Geist Gottes, dann werden Sie sagen: Wow! Jetzt verstehe ich, warum der Teufel sagt, dass Sie ihn haben, auch wenn Sie ihn nicht haben. Der Teufel hat die meisten religiösen Organisationen auf falschen Lehren aufgebaut. Sie haben die Apostelgeschichte abgebrochen, weil sie es abgelehnt haben, dass Gott kommt, um ihnen Macht zu geben. Wie geht es Ihnen? Halsstarrig, Antichrist? Machtlos? Ich habe gehört und gesehen, wie Menschen die Taufe im Heiligen Geist empfangen haben. Die Fremden sind Zeugen, weil sie die Sprache verstehen. Genau wie am Pfingsttag. Viele Juden der jüdischen Nationalität verstanden die Sprache, aber nicht die, die sie sprachen.

1 Korinther 14:21 Im Gesetz steht geschrieben: "Mit Menschen anderer Zungen und anderer Lippen will ich zu diesem Volk reden, und doch werden sie mich nicht hören, spricht der Herr. 22a Darum sind die Zungen ein Zeichen, nicht für die, die glauben, sondern für die, die nicht glauben:

Warum lehnen die Menschen den Heiligen Geist ab? Wir haben Gott immer abgelehnt, in jeder Epoche. Letztendlich ist es immer die gleiche Situation. Wir wollen den Heiligen Geist nicht so empfangen, wie die Bibel es will. Die Mentalität ist, dass ich meinen Weg will, nicht den von Gott.

Apg 10:44 Während Petrus noch diese Worte redete, fiel der Heilige Geist auf alle, die das Wort hörten. 46a Denn sie hörten sie mit Zungen reden und Gott preisen.

Petrus wusste also, wie die Menschen die Taufe mit dem Heiligen Geist empfangen. Ich hatte einige Mitarbeiter, die zu mir nach Hause kamen, und als ich über sie und ihre kleine Tochter betete, empfingen beide den Heiligen Geist und sprachen in Zungen. Am nächsten Sonntag brachte sie die andere kleine Tochter mit, und auch sie empfing den Heiligen Geist. Sie ging in die Schule und der Heilige Geist ergriff sie und begann, in Zungen zu sprechen. Sie sagte zu ihrer Mutter: "Mama, der Heilige Geist kam zu mir in mein Klassenzimmer." Ich habe in Zungen geredet. Viele Menschen haben in meinem Haus den Heiligen Geist empfangen. Sei wie ein kleines Kind. Dann ließen sie sich alle auf den Namen Jesu taufen.

Jesaja 28:9 Wem wird er Wissen beibringen, und wen wird er lehren, die von der Milch entwöhnt und von den Brüsten gezogen sind?

LASST UNS BETEN

Herr, wir danken dir für den Heiligen Geist. Er ist das größte Geschenk, wenn er von innen kommt. Der Heilige Geist ist um uns herum, denn dein Geist erfüllt Himmel und Erde. Er kommt zu uns, wenn wir die Gabe empfangen. Er gibt uns Kraft. Danke, du hast gesagt, ich lasse dich nicht im Stich, ich komme zu dir. Danke denen, die dir erlauben, in ihnen zu wohnen. Du bist ein sanfter Gott, der an die Tür des Herzens klopft. Wenn wir uns öffnen, wirst du kommen. Lasst heute jedes Herz sich öffnen, um den Heiligen Geist zu empfangen, indem wir eine unbekannte Sprache sprechen. Wir verstehen diese Sprache nicht, aber sie hilft uns, in der Sprache des Gebets zu beten oder die Fürsprache zu halten. Ich danke dir, dass du mich mit deinem Geist erfüllt. Erfülle alle, die wünschen, suchen und bitten, in Jesu Namen! Amen! Gott segne Sie!

15. OKTOBER

DIE BESCHULDIGUNG UND DIE ANSCHULDIGUNG SIND DIE ALTEN TAKTIKEN DES TEUFELS!

Der Teufel, bekannt als ein Lügner, benutzt weiterhin seinen alten Trick, Lügen gegen die Gerechten zu erfinden. Es ist genau wie immer. Wohin du auch reist, setzt der Teufel sein Team ein, um andere zu überzeugen, dass er alles besitzt. Wirklich? Er macht Versprechungen, die er nicht halten kann, und benutzt Einschüchterungstaktiken. Der Verlierer, bekannt als Satan, der Teufel, ist völlig besiegt. Die positive Nachricht ist, dass er niemals Erfolg haben wird. Er macht es sich zur Aufgabe, den Gerechten das Leben schwer zu machen. Wer den Herrn kennt, wird feststellen, dass es wirkungslos ist.

Wenn Sie das Wort Gottes und die Wahrheit kennen, können Sie die Anschuldigungen des Teufels in Segen und Lob umwandeln. Wenn du erst einmal erkannt hast, wie du alle Machenschaften Satans überwinden kannst, wirst du mit Begeisterung erfüllt sein.

Während viele wissen, wie sie aussteigen können, sind sich einige dessen nicht bewusst. Wissen und Gehorsam sind zwei verschiedene Situationen. Auch wenn wir das Ergebnis nicht kennen, kann das Wissen um den Herrn uns während der Prüfung Trost und Glauben geben. Die Bedrängnisse der Gerechten sind zahlreich. Nicht einige oder wenig, sondern viele. Wir kennen die Zahl nicht, denn es heißt "viele".

Psalm 34:19 Des Gerechten Leid ist viel; aber der Herr errettet ihn aus allem. 20 Er bewahrt alle seine Gebeine; kein einziges wird zerbrochen.

Die Bibel tröstet seine Kinder:

Psalm 94:13 Damit du ihm Ruhe gibst in den Tagen des Unglücks, bis die Grube gegraben ist für die Gottlosen.

Bei der Arbeit fragte mich ein christlicher Freund, warum das Böse keine Probleme hat, aber die Christen viele haben. Der Herr verspricht uns in der obigen Schriftstelle, dass er für ihr plötzliches Unglück sorgt. Sie dominieren in jedem Bestreben, ihre Errungenschaften glänzen hell, aber eines Tages wird ihr Erfolg zu einem Ende kommen. In den vielen Prüfungen, die wir durchmachen, müssen wir den Frieden finden, indem wir vor Gott das Richtige tun.

Jesaja 32:17 Und das Werk der Gerechtigkeit wird Frieden sein, und die Wirkung der Gerechtigkeit Ruhe und Zuversicht für immer.

Holt euch die Freude des Herrn, sie wird eure Stärke sein.

Wenn du einmal gelernt hast, was dein Anteil im Herrn ist, dann wird ein Feind wie ein bellender Hund sein, flaches Wasser, das viel Lärm macht. Und Gerechte sind wie Wasser aus Stahl, das tief fließt. So wie der Teufel wie Gras wächst, aber bald abgeschnitten wird.

Psalm 37:1 Zerbreche dir nicht den Kopf über die Übeltäter und sei nicht neidisch auf die, die Unrecht tun. 2 Denn sie werden bald abgemäht werden wie das Gras und verdorren wie das grüne Kraut.

Es ist wahr, sie leben nicht einmal die Hälfte ihres Lebens. Schauen Sie auf dem Friedhof nach, in welchem Alter sie sterben. Sie sterben früh. Der Teufel benutzt böse Menschen und hat keine Macht, sie vom Herrn zu befreien. Gott ist mächtig, und der Teufel ist ein Verlierer. Der Ankläger, Satan, hat ein wachsames Auge auf jedem Schritt auf Ihrem Weg.

Psalmen 37:32 Der Gottlose beobachtet den Gerechten und versucht, ihn zu töten. 35 Ich habe den Gottlosen in großer Macht gesehen, und er breitete sich aus wie ein grüner Lorbeerbaum.

Hiob ist das beste Beispiel dafür. Er war der gerechte Mann, der vom Teufel angeklagt wurde, aber das Ende war Lobpreis und Segen. Doppelt für das Leid. Unzählige Segnungen flossen in seinen Schoß. Denk daran, der Segen kommt vom Herrn, und er kann nur kommen, wenn du die gerechten Gesetze, Gebote und Vorschriften des Herrn hältst.

Meine Mutter arbeitete im Krankenhaus als Krankenschwester. Als das Krankenhaus erweitert wurde, berichteten sie der neuen Leitung von ihr als einer gerechten und wahrhaftigen Frau. Ich habe den ganzen Kampf meiner Mutter gesehen; sie stand wie ein Baum, gepflanzt am Fluss. Mama hat nie eine Schlacht verloren. Sie war eine mächtige Gebetskämpferin und bewahrte das Wort in ihrem Herzen. Eine Frau des Glaubens.

Psalm 37:39 Aber das Heil der Gerechten ist vom Herrn; er ist ihre Stärke in der Zeit der Not. 40 Der Herr wird ihnen helfen und sie erretten; er wird sie von den Gottlosen erlösen und sie retten, weil sie auf ihn vertrauen.

Oft fragen wir uns, warum die Bösen herrschen, die Gerechten beschuldigen und anklagen und ihnen nichts geschieht. Wartet, vertraut auf den Herrn. Der Teufel ist ein Lügner. Der Feind wird besiegt werden.

Sprüche 2:22 Aber die Gottlosen werden von der Erde ausgerottet, und die Übeltäter werden von ihr entwurzelt.

Denken Sie an Jesus. Was geschah mit ihm? Er sagte: Ich bin zu den Meinen gekommen, und die Meinen haben mich gekreuzigt. Derjenige, der für sein Werk verantwortlich war, hat Jesus beseitigt. Jesus hat über den Teufel gesiegt, indem er für uns Blut bezahlt hat. Der Teufel hat ihm nur geholfen, den Plan Gottes zu erfüllen. Ohne den Teufel und seine Anschuldigungen werden Sie nicht gesegnet werden. Sie werden keinen Sieg erringen, wenn Sie keinen Gegner haben. Du würdest niemals die Erfüllung der Verheißungen Gottes erleben, wenn du nicht die Taktik Satans gegen dich erkennst. Joseph, David, Daniel und viele andere wurden befördert, während sie durch die Not gingen, vor dem Schwert, dem Feind, davon liefen, aber den Ausweg kannten. Es erforderte Mut, für die Wahrheit und einen unerschütterlichen Glauben einzustehen. Wir alle wissen, dass der Teufel, wenn auch nur für kurze Zeit, ein brüllender Löwe ist.

15. OKTOBER

Offenbarung 12:12 Darum freuet euch, ihr Himmel und die ihr darin wohnt. Weh den Bewohnern der Erde und des Meeres! Denn der Teufel ist zu euch herabgestiegen und hat einen großen Zorn; denn er weiß, daß er nur noch eine kurze Zeit hat.

Zieht die ganze Waffenrüstung Gottes an, den Brustpanzer der Gerechtigkeit, umgürtet die Lenden mit der Wahrheit, den Helm des Heils der Hoffnung, nehmt auch den Schild des Glaubens, und geht mit Schuhen voran und predigt das Evangelium des Friedens. Schwingen Sie das Wort wie ein Schwert, weil Sie wissen, dass es angemessen ist.

Möge der Herr für den Glauben und das Vertrauen sorgen, um den feurigen Pfeil auszulöschen. Viele scheitern an sich selbst, werden müde und beklagen sich. Ich erinnere mich an eine gute Christin, die nicht in der Bibel lesen und beten wollte. Ihr Kampf verursachte ihr ein großes emotionales Trauma. Sie verlor den Glauben. Deshalb sagte Jesus, man solle beten und eine Stunde lang ausharren. Wenn der Kampf den Punkt erreicht, an dem man das Gefühl hat, ich verliere, dann ist das der Punkt, an dem man gewinnt, wenn der Glaube nicht versagt. Der Teufel macht immer viel Lärm; er weiß es nicht besser. Seine Taktik braucht den Gegenangriff Gottes.

Hosea 4:6a Mein Volk wird aus Mangel an Wissen vernichtet:

Erwirb Erkenntnis über Gott und finde deine Rechte, Autorität und Macht, die dir gegeben wurden. Lerne, wie du den Teufel besiegst, genauso wie Jesus es tat, als Satan gegen Ihn kam. Lerne und verwende, was der Herr im Wort Gottes geschrieben hat. Du kannst sehr reich und erfolgreich aus Satans Anschuldigung und Anklage hervorgehen, mit allem Lob, wenn du weißt wie und was zu tun ist.

Viele nahmen die Position ihrer Feinde ein. David ersetzte König Saul und Samuel ersetzte Eli. Das ist das Spiel Satans, und wenn Sie die Bedingung, das Gebot Gottes, kennen, werden Sie oben, zuerst, an der Spitze und hoch begünstigt sein. Die Engel werden Ihnen dienen, so wie sie es bei Jesus getan haben. Sie werden die Hecke des Schutzes gewinnen. Es ist ein geistlicher Kampf, der nicht mit der Faust geführt werden kann, sondern durch das Wort Gottes. Amen.

LASST UNS BETEN

Herr, wenn der Feind wie eine Flut kommt, dann erhebe deine Fahne, Herr. Du hast uns versprochen, dass das Wasser uns nicht überschwemmen und das Feuer uns nicht verbrennen wird. Wir dienen dem Gott, der Macht hat über Feuerlöwen, Wasser, die Waffen des Satans und den schrecklichen Anblick. Mit dem Herrn sind alle Dinge möglich. Gott hat dir alle Macht gegeben im Himmel, auf der Erde und unter der Erde. Er hat unsere Seele in dir geborgen; du hast uns in deine Handfläche eingemeißelt, und niemand kann uns entfernen. Wir haben eine hundertprozentige ewige Sicherheit, deshalb ist der Herr uns gnädig. Der Gott Israels schlummert und schläft nicht. Er wird nie ohne Quellen und Mittel sein. Wir dienen dem Gott, der die Bequemlichkeit bewahrt. Sein Wort ist gut, deshalb danken wir dir, dass du uns unter deinen Flügeln hältst. Dein Name ist ein starker Turm, der sein Vertrauen in dich setzt. Wir danken dir, dass du uns gegen die taktischen, anklagenden Behauptungen des Teufels hilfst, in Jesu Namen! Amen! Gott segne Sie!

16. OKTOBER

DAS GEHEIMNIS CHRISTI!

Geheimnis bedeutet ein Rätsel, eine Frage, ein Geheimnis oder etwas, das ein Mensch nicht erklären oder verstehen kann. Geheimnis bedeutet verborgene oder geheime Dinge, die dem Verstand nicht offensichtlich sind (aus Lexikon strong). Die Bibel ist das geschriebene Wort Gottes. Gott sprach und etwa 40 Menschen in verschiedenen Epochen oder Zeitaltern an verschiedenen Orten nahmen das Diktat auf. Es dauerte 1600 Mannjahre, um das Wort Gottes zu vollenden. Jetzt haben wir eine vollständige Bibel. Die Bibel hat 66 Bücher. Aber das Neue Testament sprach über Jesus. Es erwähnte die Heiden im Alten Testament nicht als Teilhaber des Jehova Gottes, außer den Nachkommen von Abrahams verheißenem Kind.

Gott ist im Neuen Testament ein Geheimnis, seit Jesus Christus ins Fleisch gekommen ist. Wenn Sie die Antwort auf dieses Rätsel oder Puzzle kennen, dann ist die Meisterschaft offenbart. Nur der Geist Gottes kann das Geheimnis offenbaren. Gott offenbarte es zuerst dem Petrus. Deshalb wurde die erste Kirche, die Ihr Körper ist, von ihm gegründet. Petrus hatte den Schlüssel zur Öffnung des Himmelreichs. Das Himmelreich kann nur geöffnet werden, wenn Sie das Geheimnis Christi kennen, d. h. Gott Jehova im Fleisch als Jesus. Andernfalls bist du nicht berufen, sondern du hast dich selbst berufen. Das zweite war für Paulus, den der Herr auf der Damaskus Straße traf, und es löste das Problem der Kirche (wir sind die Kirche). Wenn man das Geheimnis Christi kennt, dann werden Juden und Heiden nie mehr die gleichen Probleme haben.

Kolosser 1:26 Das Geheimnis, das von Ewigkeit her und von Geschlecht zu Geschlecht verborgen war, jetzt aber seinen Heiligen offenbart wird: 27 denen Gott kundtun wollte, was der Reichtum der Herrlichkeit dieses Geheimnisses unter den Heiden ist, nämlich Christus in euch, die Hoffnung der Herrlichkeit:

Christus hat uns Hoffnung gegeben, indem er uns Zugang zum Blut verschaffte, indem er uns durch die Taufe unsere Sünden abwäscht, wenn wir Seinen Namen, Jesus Christus, verwenden. Die Menschen werden den Namen Jesus Christus nicht verwenden, wenn sie das Geheimnis von Jesus Christus nicht verstehen. Wer ist Jesus Christus? In der Vergangenheit hatte Jehova viele Namen für das Handeln und Tun der Arbeit. Jehova sagte, ich war so und so. Über die gaben sie zehn mächtige Namen einem wahren Jehova Gott. Ein wahrer Gott hat über 72 Namen. Aber die Meisterschaft liegt im Namen Jesu, Jesus, der höchste Name, der Name über allen Jehovas Namen. Jehova legte das Fleisch an und gab Blut für Seine Schöpfung und löste das Problem der Sünden. Blut hat Leben, und Er gab Leben, indem Er Sein Blut vergoss.

1 Timotheus 3:16a Und unstreitig ist das Geheimnis der Gottseligkeit groß: Gott hat sich im Fleisch offenbart,

Dem Teufel gefiel es nicht, dass "Gott im Fleisch manifestiert wurde", also änderte er "er" anstelle von "Gott". Nun werden Sie versuchen, die Einheit zu erkennen oder zu verstehen, aber das schmutzige Spiel des Teufels wird es nicht zulassen. Der Teufel hat die Bibel verändert, sodass Sie das Rätsel um Jesus Christus

16. OKTOBER

nicht lösen können. Jesus Christus sagte: "Wer mich gesehen hat, hat den Vater gesehen". Jesus war der wandelnde Gott in Fleisch und Blut. Er fragte alle Jünger, nur Petrus kannte das Geheimnis.

Matthäus 16:17 Und Jesus antwortete und sprach zu ihm: Selig bist du, Simon Barjona; denn Fleisch und Blut haben es dir nicht offenbart, sondern mein Vater im Himmel.

Vater ist Geist, also kann Er offenbaren, aber Sein Teil des Geistes legte Fleisch an, das ist Jesus Christus. Es kann nicht offenbart werden. Paulus tötete viele. Heutzutage werden viele Christen auf der ganzen Welt getötet. Warum? Weil ein Mörder das Geheimnis Christi nicht kennt. Sobald sie es wissen, wird es das Problem lösen. Es braucht den Geist, um zu offenbaren. Ich erklärte das Geheimnis Christi einer Familie, die im Namen Jesu getauft wurde.

Seit ich in die USA gezogen bin, hatte ich nie mit der Gujarati-Bibel zu tun. Aber eines Abends fanden die Leute, denen ich die englische Bibel zeigte, heraus, dass der Vers in der Gujarati-Bibel fehlte. Ich konnte das böse Werk des Teufels nicht fassen. Diese Leute werden das Rätsel nicht lösen. Das Wort Gottes ist Geist, denn der Geist Gottes hat es geschrieben.

1 Johannes 5:7 Denn es sind drei, die im Himmel Zeugnis ablegen: der Vater, das Wort und der Heilige Geist; und diese drei sind eins.

Dieser Vers stand nicht in der Gujarati-Bibel und später fand ich heraus, dass er in den meisten Bibeln außer der KJV nicht vorkommt. Wie wird diese Person also die Offenbarung beim Lehren erhalten? Möge der Herr den Teufel bestrafen. Ich bin kein Teilhaber an dieser falschen Abschrift der Bibel. Danach bat ich in jeder Bibelstunde darum, ihre Bibel zu öffnen, damit ich ihnen zeigen konnte, dass der Teufel ihre Bibel verändert hat. Und sie stimmten zu: Ja, wir müssen diese verdorbene Kopie der Teufelsbibel loswerden. Gott benutzte eine Schriftstelle, um mir das Geheimnis der Wahrheit zu offenbaren. Ich konnte nicht mehr warten, denn Gott hatte es mir nicht offenbart. Ich wurde auf den Namen Jesu Christi getauft und hatte die mächtigste Erfahrung der Sündenvergebung, aber ich sah Jesus nie als Jehovas Gott. Einmal, bei einem Bibelstudium, wurde es mir offenbart. An diesem Tag war das Rätsel um Jesus Christus komplett gelöst. Nicht nur Paulus, sondern viele haben das gleiche Problem, Jesus als Jehovas Retter zu akzeptieren, indem sie die verdorbenen Schriften lesen. Außerdem lernen sie von den falschen Lehrern und Propheten, die keine Offenbarung über die Meisterschaft Christi haben.

Meine Offenbarung kam aus *Jesaja 43:10 Ihr seid meine Zeugen, spricht der Herr, und mein Knecht, den ich erwählt habe, damit ihr mich erkennt und mir glaubt und begreift, dass ich es bin. Vor mir ist kein Gott gewesen, und nach mir wird keiner mehr sein. 11 Ich bin der Herr, und außer mir ist kein Retter.*

Die Bedingung ist, dass, wenn Sie Gott mehr lieben, dann wird die vom Teufel indoktrinierte Konfession Ihnen das Geheimnis offenbaren. Der Geist Gottes kann das Geheimnis offenbaren. Kümmern Sie sich um Ihre Seele? Kümmern Sie sich um die Seelen anderer Menschen? Falsche Lehrer, Pastoren und Konfessionen schicken viele in die Hölle. Und warum? Wenn Sie keine Offenbarungen des Geheimnisses Jesu Christi haben, dann werden Sie die Wahrheit Christi nicht erkennen. Wie können Sie oder andere in Jesu Namen taufen, wenn der Geist Gottes es nicht offenbart?

Epheser 3:1 Darum bin ich, Paulus, der Gefangene Jesu Christi für euch Heiden, 2 so ihr gehört habt von der Gabe der Gnade Gottes, die mir gegeben ist zu euch, 3 wie er mir durch Offenbarung das Geheimnis kundgetan hat; (wie ich zuvor in wenigen Worten geschrieben habe, 4 damit ihr, wenn ihr lest, meine Erkenntnis des Geheimnisses Christi versteht) 5 welches in andern Zeiten den Menschenkindern nicht kundgetan worden ist, wie es jetzt seinen heiligen Aposteln und Propheten durch den Geist geoffenbart ist, 6 daß die Heiden Miterben seien und desselben Leibes und teilhaftig seiner Verheißung in Christus durch das Evangelium:

Möge der Herr Ihnen heute eine Offenbarung von Jesus Christus schenken.

Paulus sagte. *Kolosser 2: 8 Hütet euch, daß euch nicht jemand verderbe durch Philosophie und eitlen Betrug, nach der Überlieferung der Menschen, nach den Grundsätzen der Welt, und nicht nach Christus. 9 Denn in ihm wohnt die ganze Fülle der Gottheit leibhaftig. 10 Und ihr seid vollkommen in ihm, der das Haupt aller Fürstentümer und Gewalten ist:*

Danke, Herr, dass Du das größte Geheimnis von Jesus Christus offenbart hast; Gott ging auf der Erde, um Sein Blut zu vergießen und ein Beispiel zu geben. Er kaufte die Seele des Gehorsams durch Sein Blut. Ich bin einer von ihnen. Lobet Gott!

LASST UNS BETEN

Herr, wir danken dir, dass du denen, die dich lieben, das Geheimnis offenbart hast. Es ist kein Geheimnis, wenn wir dem Geist Gottes erlauben, es zu offenbaren. Welch eine Freude, dass wir den verborgenen Schatz Christi kennen. Wir tragen ihn in einem irdenen Gefäß. Möge der Herr viele retten, indem er ihre Sünden im Namen Jesu wäscht, wo das Blut verborgen ist. Danke, dass du unser Lamm bist. Danke, dass du die Sünden der Welt weggenommen hast, indem du dein Blut vergossen hast. Es gibt keine Vergebung ohne Blutvergießen, und du hast es für deine Braut getan. Das ist die Barmherzigkeit Gottes, denn viele haben den schmalen Weg gewählt. Wir werden die Apostelgeschichte fortsetzen. Die Taten des Wunders, des Zeichens und des Wunders, der Heilung werden von dem fortgesetzt, dem Gott das Geheimnis offenbart hat, in Jesu Namen! Amen! Gott segne Sie!

17. OKTOBER

GOTT IST BESORGT ÜBER DAS, WAS SIE BETRIFFT!

Wenn du oder wir zu Gott wegen irgendwelcher Probleme, Fragen, Schwierigkeiten und Situationen gehen, wird der Herr sich darum kümmern. Mein Herr kümmert sich um all deine Sorgen und sorgt sich um dein Wohlergehen. Es ist genau das, was du zum Herrn bringen musst. Er ist qualifiziert für alles, was unmöglich ist. Der Herr sagte, nichts sei unmöglich für mich. Aber wenn du dein Zuhause, deine Familie, die Situation in einem Stadtstaat, Land oder auf der ganzen Welt siehst, machst du dir Sorgen? Wird dein Herz schwer? Rufst du nach jemandem, der vermisst wird, einem kranken Kind? Machst du dir Sorgen um die Situation, die andere in anderen Nationen durchmachen?

Vieles betrifft nur das, was sie berührt. Ich habe die Einstellung der Menschen gehört und gesehen, die sagen: Das ist nicht mein Problem. Wie wäre es, wenn es dein Problem wird, wenn du es siehst?

Der Herr im Himmel sagte: Liebe andere, wie du dich selbst liebst. Liebe andere – wie? Ich habe viele Familienmitglieder gesehen, die gegeneinander arbeiten. Besonders wenn du eifersüchtige Familienmitglieder oder Menschen hast, die durch Heirat dazukamen. Wie traurig! Es ist die riesige Schlange, mit der du lebst. Sogar deine bekannten Leute werden dir nichts Gutes wünschen. Ich habe es gesehen, und ich kann es immer noch nicht glauben, aber ich habe keine Wahl. Einige meiner Freunde benahmen sich seltsam und waren wütend auf mich. Ich war schockiert und überrascht. Besorgt wandte ich mich an Gott um Führung. Er zeigte mir, dass sie sehr eifersüchtig, neidisch und stolz sind. Diese Art von Person hasst es, wenn du höher gehst. Also sei vorsichtig beim Teilen von Angelegenheiten. Wenn es deine Brüder, Schwestern, Freunde, Nachbarn oder jemand ist, der durch Heirat kam, bete für Selbstschutz und bete für sie. Hilf, aber halte Abstand. Du würdest es nicht glauben, aber du musst. Alles, was du tust, ist gut für sie, weil du gut bist, aber alles, was sie zurückgeben, wird Schock oder Überraschung sein. Möge der Herr dir helfen zu glauben, wie der Herr sieht. Der Herr sieht das Herz und was sie sind – und nicht das, was du denkst und glaubst.

Unser Anliegen sollte mit dem des Herrn übereinstimmen. Wir mögen den Anschein erwecken, aber der Herr hat die Fakten. Kümmere dich um alle, die schlecht, böse, verrucht, verloren und unwürdig sind. Es ist Ihre Sorge um die Seele, die Situationen und Anliegen, die zu Gottes Sorge werden.

Es ist die Zeit, in der wir aufstehen und beten und lernen müssen, zu den Grundlagen zurückzukehren. In die Kirche zu gehen wird die Situation nicht ändern, aber zu Gott zu gehen schon. Zu Gott zu gehen ist eine vergessene Angelegenheit. Wir hatten einen Familienaltar, dann sah ich meine Mutter beten, und ich sah meinen Vater knien und beten. Manche Familienmitglieder beten von sich aus. Ich habe immer gebetet. Ich liebte es zu beten. Einer meiner College-Freunde, der Hindu war, sagte: "Ich habe die Nummer deines

Geburtsdatums gelesen." Die Menschen sind sehr religiös. Sie sagte, als ich diesen Artikel las, habe ich an dich gedacht. Du bist, was deine Zahl sagt. Nun, wir Christen glauben nicht daran. Sie sagte, es sei kein Horoskop. Es liegt in der Natur der Menschen, die an bestimmten Daten geboren wurden. Ich glaube das immer noch nicht. Der Herr Jesus kann uns verändern, wenn wir Buße tun, uns in Jesu Namen taufen lassen und mit seinem Geist erfüllt werden.

Ich glaube, dass Gott die Last der Seele gibt, wenn wir darum bitten. Gott wird den Nationen und Menschen eine Last auferlegen. Meine Sorge gilt den Kindern auf der ganzen Welt. Ich bete jeden Tag. Ich habe alle Fotos der vermissten Kinder ausgeschnitten und um Schutz gebeten. Wir müssen unseren Kindern Hausaufgaben geben, um für etwas zu beten. Es ist unsere Aufgabe, ihnen beizubringen, sich mit Gott zu verbinden und nicht mit Spielen und dem Internet. Wir verlieren sie in der Welt. Manche haben sie für immer verloren. Sie wissen nicht, wo sie sind. Wenn sie etwas durchmachen, suchen sie eher nach der Waffe als nach Gott. Wenn sie ein Problem haben, nehmen sie sich lieber das Leben, als es auf die Knie zu nehmen. Seht, was wir erzogen haben. Wir haben unsere Eltern verspottet. Wir denken, es sei altmodisch. Aber ich sehe meine Eltern lieber beten, als an der Bar zu sitzen, mir die Nägel und die Haare zu machen oder einen Film zu sehen. Diese altmodischen Eltern haben die Nationen, Menschen und Familien sicher, gesund und gerettet.

Der Herr kam, weil er sich um seine Schöpfung sorgte, die verwirrt war, sich in der Falle von Krankheit und Seuchen verfangen hatte, vom Teufel unterdrückt wurde und untröstlich war. Seine Sorge veranlasste den Gott des Universums, der Himmel und Erde geschaffen hat, hinabzusteigen, um die Probleme zu lösen. Er gab den Heiligen Geist, damit wir die Kraft bekommen, das Gleiche zu tun. Der Herr des Himmels hat so viel getan.

Markus 3:20 Und die Menge kam wieder zusammen, so dass sie nicht einmal mehr Brot essen konnten.

Markus 6:31 Und er sagte zu ihnen: Geht in die Wüste und ruht euch eine Weile aus; denn es kamen und gingen viele, und sie hatten nicht einmal Zeit zum Essen.

Kümmere dich und bringe die Angelegenheit vor den Herrn. Ich sehe immer wieder Träume und Visionen und höre die hörbare Stimme des Herrn. Lange Zeit teilte ich dies mit oder trat für andere ein und fastete, wenn es nötig war. Wöchentliches Fasten und langes Fasten sind unser Lebensstil. Dennoch sind wir bereit, darüber hinauszugehen, wenn es nötig ist.

Machen Sie sich Sorgen und bringen Sie die Angelegenheit vor den Herrn. Ich sehe immer den Traum und die Visionen und höre die hörbare Stimme des Herrn. Lange Zeit habe ich geteilt oder Fürbitte gehalten und gefastet, wenn es nötig war. Jede Woche ist Fasten und langes Fasten ist unser Lebensstil. Dennoch sind wir bereit, darüber hinauszugehen, wenn es nötig ist.

Lukas 5:16 Und er zog sich in die Wüste zurück und betete.

Markus 1:35 Und am Morgen, als er noch vor Tagesanbruch aufstand, ging er hinaus und begab sich an einen einsamen Ort und betete dort.

Lukas 6:12 Und es geschah in jenen Tagen, dass er auf einen Berg ging, um zu beten, und die ganze Nacht im Gebet zu Gott blieb.

17. OKTOBER

Der Herr war besorgt über alles, was vor sich ging. Er war im Fleisch und alles Fleisch muss zu Gott kommen. Jesus war im Fleisch und tat alles, was das Fleisch tun musste.

Psalm 65:2 Du, der du das Gebet hörst, zu dir wird alles Fleisch kommen.

Wir sind im Fleisch, und das Fleisch begrenzt – genau das lehrte der Herr Jesus, der Gott, der im Fleisch erschienen ist, und gab uns ein Beispiel. Der Herr Jesus gab auch ein Beispiel.

1 Petrus 2:21 Denn auch dazu seid ihr berufen; denn auch Christus hat für uns gelitten und uns ein Beispiel hinterlassen, damit ihr seinen Fußstapfen folgt:22 Er hat keine Sünde getan, und in seinem Mund ist kein Betrug gefunden worden:

Möge der Herr uns helfen, uns von allen Geschäften zu trennen, Zeit zu verschwenden und falschen Kirchen, Organisationen, Pastoren, Lehrern und Autoritäten zu folgen.

Jesus sagte: "Folge mir nach, trage das Kreuz, die Ablehnung und das Leiden, das mit der Nachfolge Jesu einhergeht. Möge der Herr Sie dazu bringen, sich um die zu kümmern, die hilflos und verletzt sind und die Hilfe des Himmels brauchen. Unsere Besorgnis wird Gott besorgt machen. Wenn Sie Gott anrufen, wird er Ihnen mit Feuer antworten. Du kannst es mit Gewalt oder Feuer nehmen. Machen Sie sich Sorgen, und der Herr wird das Unmögliche möglich machen, Wasser in der Wüste, in Jesu Namen. Amen.

LASST UNS BETEN

Himmlischer Vater, wir kommen zu deinem Altar, weil wir wissen, dass du du bist und unser Gott uns geführt hat. Er ist der Weg, die Wahrheit und das Leben durch Jesus und keinen anderen Weg. Wir sehen, dass viele sogenannte Götter und Göttinnen einen anderen Weg gezeigt haben. Es ist die Sorge, die wir für vergangene Sünden und Flüche, für die Gegenwart und die Zukunft haben. Wir haben Sicherheit in dem Blut des Lammes Jesus. Das Blut von Jesus spricht besser als das Blut von Abel. Das Blut von Abel schrie aus der Erde, denn Blut stirbt nie. Blut hat Leben. Heute stehen wir und bedecken unsere eigenen Sünden mit dem Blut Jesu. Erhöre uns, worum wir bitten, anklopfen und dich suchen. Lass dein Blut nicht nur unsere Sünden abwaschen, sondern auch das, worüber wir flehen. Unser himmlischer Vater gibt uns die Last, die Sorge und das Verlangen für alles, was dich und uns betrifft. Deine Sorge wird zu unserer Sorge. Wir wünschen uns das Leben Jesu, damit die Welt ein angenehmer, sicherer und schöner Ort zum Leben sein kann. Kinder können sich sicher und gesund bewegen. Unsere Sicherheit ist in dir, Herr. Unsere Hecke des Schutzes kommt vom Himmel, wenn wir niederknien und zu dir bringen. In Jesu Namen. Amen! Gott segne Sie!

18. OKTOBER

DER VERSTAND IST EINE WERKSTATT DES TEUFELS. GOTT ARBEITET MIT DEM HERZEN!

Das Leben beginnt im Herzen. Wenn du das Wort Gottes liest und danach lebst, wird dein Leben dem Plan des Designers entsprechen. Gott ist der Designer unseres Lebens. Der einzig wahre Gott, Jesus Christus, hat uns erschaffen. Er hat auch ein Rezept in Seinem Wort gegeben, wie man heilig, gerecht und wahr lebt. Wenn du nach dem Wort Gottes lebst, dann wirst du so sein.

1 Petrus 2:9 Ihr aber seid ein auserwähltes Geschlecht, eine königliche Priesterschaft, eine heilige Nation, ein besonderes Volk, damit ihr das Lob dessen verkündet, der euch aus der Finsternis in sein wunderbares Licht gerufen hat;

Gott kennt unser Wesen und hat uns Anweisungen gegeben, erfolgreiche, fruchtbare und heilige Menschen nur für ihn zu sein. Wir bewahren das Wort Gottes in unserem Herzen, denn das Herz ist der Ursprung des Lebens.

Psalm 119:11 Dein Wort habe ich in meinem Herzen verborgen, damit ich nicht gegen dich sündige.

Wir bewahren Gottes Gesetz in unserem Herzen. *Psalmen 37:31 Das Gesetz seines Gottes ist in seinem Herzen, kein Schritt wird ihm entgleiten.*

Mach einen Schritt, indem du Seine Gesetze hältst. Die wahren Lehrer und wahren Propheten handeln gemäß dem Wort Gottes. Die Nation dieses Volkes wird vor Sieg rufen. Wenn die Nation das Gesetz Gottes hat, von Kindheit an gelehrt, dann werden diese Nationen Menschen wie Daniel, Joseph, Mose und viele Gerechte hervorbringen. Der Herr erhöht. Gott gibt Wissen denen, die im Weg Seiner Gesetze wandeln. Halte das Gesetz nicht nur auf den Lippen, sondern im Herzen, um es zu befolgen.

Sprüche 4:20 Mein Sohn, achte auf meine Worte, neige dein Ohr zu meinen Reden. 21 Laß sie nicht von deinen Augen weichen; behalte sie in deinem Herzen. 22 Denn sie sind das Leben für die, die sie finden, und die Gesundheit für ihr ganzes Fleisch. 23 Bewahre dein Herz mit allem Fleiß; denn aus ihm geht das Leben hervor.

Dein Herz entscheidet über deine Angelegenheit. Das Leben ist nicht das, was prahlt oder große Dinge redet. Das Leben verbirgt sich im Herzen. Die Bibel warnt uns, dass das Herz trügerisch ist. Sie warnt auch, dass das Herz dem Menschen unbekannt ist. Wenn du dir Zeit nimmst und Worte pflanzt und über diesen Samen betest, wird er aufblühen. Niemand kann es vorhersagen, außer das verborgene Herz, das nur Gott kennt. Der Herr sieht dein Herz. Wenn Er ein reines, gutes Herz sieht, dann wird Er es gebrauchen. Viele sind begeistert und würden alles tun, um aufzusteigen. Sie werden bestechen, lügen, betrügen und Kompromisse mit dem Wort Gottes eingehen. König Saul war einer von ihnen. Er, der abgelehnt wurde, versuchte mit allen Mitteln, den David zu vernichten, den der Herr erwählt hatte. Beide hatten ein Handeln: einer versuchte, die Leiter hinaufzusteigen, aber der andere versuchte nur, das zu tun, was dem Herrn gefällt. Egal was kommt, wer Gott gefällt, beweist, dass er Gott kennt. Du musst deine Schwester oder deinen Bruder oder jemanden, der besser ist als du, nicht töten. Wenn der Herr die Person annimmt, dann ändere deine Wege und tu das Richtige, damit Gott dich annimmt.

Erst Gott, dann deine Leidenschaft! Viele haben sich das falsche Gewand der Religion angezogen, um höher zu kommen. Sie wollen sich selbst befördern, indem sie den Menschen, den Behörden und der Macht gefallen. Religiöser Ehrgeiz wird alles tun, nur um Lob, Macht und Position zu bekommen. Möge der Herr diesen selbstsüchtigen Opportunisten helfen. Je höher sie steigen, desto schneller rutschen sie zurück. Der Teufel arbeitet mit unserem Verstand. Als ich jünger war, konnten wir keine Zeitschriften und Romane lesen, es gab keine Filme und kein Fernsehen, das war ein Vorteil für uns. Wir sehen, wie der Fürst der Lüfte durch die Hintertür kommt. Früher sind die Leute nie ins Kino gegangen. Sie lebten, lebten immer wieder auf, lasen die Bibel und führten ein heiliges Leben. In den alten Zeiten hatten der Fürst der Lüfte, das Fernsehen, Filme, Shows, Musik und zerstörerische Elemente keinen Einfluss auf die Gesellschaft. Die Kirche, in die ich in den 80er Jahren ging, lehrte uns, nicht fernzusehen. Das hielt den Müll aus unseren Köpfen fern. Als ich 1980 in die USA ging, gab es in Indien noch kein Fernsehen. Gott sei gelobt! Dafür bin ich sehr dankbar. Die Sünde infiziert unsere Gesellschaft, unsere Familie und unser Land mit dem Fernsehen.

Das Fleisch genießt den Müll, der von den Medien übermittelt wird. Der verdorbene Teufel begann das Gemeindeleben nur ein wenig besser als Hollywood. Es ist die Mentalität, die uns so akzeptiert, wie wir sind. Ändert die Bibel, denn wir haben Gedanken wie Eva. Wir wollen es versuchen, wenn es gut aussieht, gut schmeckt, uns völlige Kontrolle gibt – das nennt man den Stolz des Lebens. In dieser Zeit und diesem Zeitalter soll man nicht die Wahrheit sagen. Falsche Daten sind bereits in unserem Verstand verarbeitet und der Verstand ist verdorben. Wenn du all den Müll in deinen Verstand geladen hast, dann ist das Produkt das, was du heute siehst. Es ist das Produkt Satans – zügellos, hochmütig, Bündnisbrecher, gesetzlos, unheilig, gottlos, Ehebrecher und machthungrige Menschen. Satan ist der erste Bündnisbrecher. Jetzt ist seine Agenda, alle wie ihn zu machen. Er hat viele Produzenten, Regisseure, Stars, Sänger, Musiker, Filmemacher – du nennst es – die für das geistverändernde Skript arbeiten. Wenn du dieses teuflische, verstandsschädigende, lebenszerstörende Produkt genießt, das deinen Geist infiziert, dann erwarte niemals ein sauberes Zuhause, eine saubere Gesellschaft oder ein sauberes Land. Es braucht eine Reinigungskraft und eine Reform-Zensurbehörde, um es zu stoppen, zu blockieren, zu schließen oder zu boykottieren. Lehre weiter und schütze Kinder davor, das Böse in ihr Leben zu lassen. Unsere Gesellschaft kann sich nicht allein auf Eltern verlassen, denn der Einfluss kommt vom Fürsten der Luft. Er wirkt auf deinen Verstand. Wie schwer es ist, sie zurückzubringen, es sei denn, du gehst in das Wort Gottes.

Wahre Propheten und Lehrer lehrten und schulten dich, und dann hat die Gesellschaft Hoffnung. Das Leben hat viele Einflüsse, aber wenn Sie ein Herz voll des Wortes Gottes haben, haben Sie weniger Chancen, ruiniert zu werden. Das Leben ist kurz, also hören Sie auf, einen Schaufensterbummel mit dem Teufel zu machen. Der Teufel hat viele Honig-Tiefende Verkäufer, die wissen, wie sie dich zu Fall bringen können. Möge der Herr uns die Weisheit und die Erkenntnis geben, am Wort Gottes festzuhalten. Ein tödlicher, verblüffender Fürst des Luft Fernsehens hat die Welt verändert. Es kann das beste Werkzeug sein, wenn Gott es benutzt. Aber der Teufel benutzt es, um unseren Verstand zu zerstören. Heutzutage gibt es keinen Unterschied mehr zwischen Nacht- und Tages Sendungen. Die Medien lehren uns, wie man stiehlt, raubt, Hexerei betreibt, Zaubersprüche anwendet und vieles mehr. Die Gesellschaft hatte in der Vergangenheit viele Probleme, aber die Pornografie hat die Kinder in ihren eigenen Familien verunsichert. Wie das? Indem sie

ELIZABETH DAS

Satans Idee in den Kopf setzen. Füllen Sie Ihren Geist nicht mit Müll, der das feindliche Fleisch infiziert. Die Injektion mit einer verdorbenen Reihe von Gedanken macht das Leben unkontrollierbar. Hören Sie auf, geistig verseuchte, Leben zerstörende, schmutzige Sendungen zu sehen, und fangen Sie an, die Bibel zu lesen. Das wird Ihrem Geist, Ihrer Gesundheit und Ihrer Seele gut tun. Möge der Herr uns helfen, uns selbst zu lieben. Niemand außer Ihnen kann Ihre Seele sichern. Du hast die Macht, dem Teufel Einhalt zu gebieten und die Tür für den Herrn zu sein. Amen!

LASST UNS BETEN

Herr, hilf uns, die richtigen Entscheidungen zu treffen, denn wir leben in einer fortschrittlichen Welt. Wir haben nicht nur einen Fernseher, sondern die Welt liegt in unseren Händen. Hilf uns wahrzunehmen, denn wir haben überwältigende Informationen und lebenswichtige Erfahrungen. Es ist unsere Aufgabe, das Wort Gottes in unseren Händen zu halten und nicht dieses kleine, Leben zerstörerische Teufel Handy. Wir tragen es bei uns, wohin wir gehen. Fernsehen, Tablets und andere Geräte sind zu Babysittern geworden. Wir haben die schlimmste Sucht und die weltweit beherrschende Macht, die Wahlmöglichkeiten sind unsere. Das hat die Welt zerstört. Viele Unfälle, und Strafzettel, und viele sitzen hinter Gittern nur wegen des ablenkenden Telefons. Unser Gott hat uns das lebensrettende und die Seele schützende Wort Gottes in der Bibel gegeben. Herr, hilf uns, es zu öffnen, zu lesen und zu kennen. Hilf uns, es in unserem Herzen zu verbergen. Es wird unser Leben schützen, wenn wir nach ihm leben. Es ist die Anleitung des Herrn für seine Geschöpfe, um uns vor dem Bösen und dem Schein des Bösen zu bewahren, in Jesu Namen.

1 Thessalonicher 5: 22 Enthaltet euch von allem Anschein des Bösen. In Jesu Namen. Amen! Gott segne Sie!

19. OKTOBER

IHR WORT IST SO MÄCHTIG!

Der Geist Gottes brachte alles ins Dasein, indem Er zu ihm sprach. Gott sagte: Es werde Licht – und es war. Er sagte: Es werde eine Feste mitten im Wasser – und es war so. Er sagte: Es sammle sich das Wasser unter dem Himmel an einen Ort, und das Trockene erscheine – und so geschah es auf das Gebot Seines Wortes. Die Erde bringe Gras hervor, Kraut, das Samen trägt, und Fruchtbäume, die Frucht bringen nach ihrer Art – und es erschien. Es seien Lichter an der Feste des Himmels, um Tag und Nacht zu scheiden, und sie seien zu Zeichen und zur Bestimmung der Zeiten und der Tage und Jahre – und so war es: Unser Wort entwirft, baut, erzeugt, denn es hat die Kraft, hervorzubringen, was du aussprichst. Bitte achte darauf, was du sagst!

Wir sehen und genießen, was um uns ist, das ebenfalls durch das Sprechen ins Dasein kam. Und sie seien Lichter an der Feste des Himmels, um auf die Erde zu leuchten: Das Wasser bringe reichlich hervor, was sich regt und lebt, und Vögel, die über der Erde fliegen können, am offenen Himmelsgewölbe. Und Gott schuf große Wale und alles lebendige Getier, das sich bewegt, die das Wasser reichlich hervorbrachte, nach ihrer Art, und alles geflügelte Getier nach seiner Art; Die Erde bringe das lebendige Wesen hervor nach seiner Art, Vieh, Gewürm und Tiere der Erde nach ihrer Art.

An einem anderen Tag bat mich Gott, diese Person anzurufen und sie zu bitten, sich draußen hinzusetzen und laut aus der Bibel vorzulesen. Sie sagte, ich hätte laut gebetet, aber nicht aus der Bibel gelesen. Möge der Herr uns helfen, zu sehen, was passiert, wenn wir an verschiedenen Orten laut aus der Bibel vorlesen. Probieren Sie es aus. Egal, wer Sie sind, es ist das Wort Gottes. Gott ehrt sein Wort und seine Verheißungen. Viele lesen die Worte leise, so dass niemand das Wort kennt. Ich bitte Sie, die Bibel über Lautsprecher abzuspielen, damit Nicht-Christen sie hören können. Das wird gut für Indien sein, da sie die Freiheit haben, dies zu tun.

Ich war im Krankenhaus, um für einen indischen Mann zu beten. Plötzlich fiel er ins Koma, und sein Schwiegervater flog aus Indien ein, um ihn zu besuchen. Ich gehe immer mit dem Wort Gottes, das die Bibel ist. Nur eine Person konnte ihn besuchen. Als ich niemanden im Raum sah, ging ich hinein und begann, die Bibel zu lesen. Ich sah diesen Schwiegervater durch die Glasscheibe der Tür schielen, also bat ich ihn, hereinzukommen. Ich fragte ihn, ob er die Bibel laut lesen würde. Er stimmte zu. Bei meinem nächsten Besuch sagte der ältere Schwiegervater, dass er die Bibel noch nie gelesen habe, aber dass die Bibel faszinierend sei. Er bat um ein weiteres Exemplar der Bibel. Sofort kaufte ich ihm eine Regenbogenbibel.

Nehmen Sie Ihr gesprochenes Wort niemals unbedacht. Es wird so geschehen, wie Sie es gesagt haben. Worte haben die Macht, dein Schicksal zu bestimmen, also wähle das richtige Wort für dich und andere. Am frühen Morgen, während der Gebetszeit, sagte Schwester Pena: " Gestern hatte ich einen Unfall, aber ich danke dem Herrn dafür."

ELIZABETH DAS

1 Thessalonicher 5:18 Dankt in allem; denn das ist der Wille Gottes in Christus Jesus für euch.

Ich war froh darüber, denn wenn man sich auf das Wort Gottes verlässt, werden die Verheißungen eingelöst. Sie war ein wenig verletzt und hatte keine Krankenversicherung. Wir beten zum Herrn, er möge sie berühren und heilen. Es ist eine Freude, die Erfüllung des Wortes zu sehen, während Sie sprechen. Sie schaffen das Heilmittel der Heilung, Befreiung und Wunder, indem Sie es mit dem Wort Gottes einfordern.

Wenn ich einkaufen gehe, spreche ich positive Worte wie "Ich werde ein gutes Geschäft finden und alles, was ich brauche". Gott hat etwas für mich, also bringt mich dorthin zum Einkaufen. Er wird mir einen guten Preis geben, und es passiert immer. Viele haben gesagt, dass es bei ihnen nie passiert ist. Lerne die Technik des Wortes. Das verheißene Wort Gottes braucht ein Glaubensbestandteil, um es zu beschleunigen. Wenn du das Wort im Glauben sprichst, erschafft es das, was du erwartest.

Gott sprach für das Licht und die Dunkelheit kam nicht. Also sprich, was du dir wünschst, und sieh, was passiert. Entdecken Sie, was und wie die Menschen sprechen und welche Folgen das hat. Wenn sie negativ sprechen, hat das eine negative Wirkung. Worte sind mächtig, entweder negativ oder positiv. Es sind Ihr Denken, Ihr Wissen und Ihr Vertrauen in Gott, die die Wirkung hervorrufen.

Daniel 11:32b Das Volk, das seinen Gott kennt, wird stark sein und Heldentaten vollbringen.

Lies das Wort; das Wort tut die Arbeit. Ein Wunder geschieht nur, wenn du sprichst, was du dir wünschst. Durch Mose tat Gott viele Wunder, weil er wusste, dass Mose ihn verstand. Ebenso hatten die Hebräer Angst, als sie sahen, dass die Ägypter sie verfolgten. Mose tröstete die Hebräer, indem er das Wort sprach.

Mose 14:13 Und Mose sprach zum Volk: Fürchtet euch nicht, bleibt stehen und seht das Heil des Herrn, das er euch heute zeigen will; denn die Ägypter, die ihr heute gesehen habt, werdet ihr nie mehr sehen. 14 Der Herr wird für euch kämpfen, und ihr werdet schweigen.

Der Herr ehrt, was Sie behaupten. Du bist derjenige, der die Sache durch sein Reden ins Leben ruft. 28 Und die Wasser kehrten zurück und bedeckten die Wagen und die Reiter und das ganze Heer des Pharao, das hinter ihnen her ins Meer kam; es blieb nicht einer von ihnen übrig.

Wie wunderschön! Schreie nicht, weine nicht und fürchte dich nicht – warte auf den Herrn zur Rettung, die Heilung, Befreiung und Erlösung ist, und sie liegt auf der Spitze deiner Zunge. Es ist Gott, der Seiner Schöpfung die Autorität gegeben hat, zu beanspruchen, zu erlösen und jedem Versprechen Leben zu geben. Kennst du deinen Schöpfer? Schau auf Seine Macht und Kraft. Kennst du Sein Wissen, Seine Weisheit, Seinen Reichtum und Seine Herrlichkeit? Wenn nicht, wirst du niemals vorankommen. Du wirst nicht bekommen, was du dir wünschst. Mangel an Wissen ist ein gefährlicher Feind des Menschen. Du wirst hungrig, krank, unterdrückt, besessen und verletzt sterben – wegen mangelnden Wissens. Möge der Herr unsere Zungen und Lippen mit den gesprochenen Worten Gottes füllen. Sein Wort braucht die Stärkung deines Glaubens. Es hat bergversetzende Kraft und lebensrettende Stärke. Das Wort hat eine übernatürliche, verblüffende, schöpferische Kraft.

Ich bete für Menschen am Telefon und beobachte das Ergebnis, das ihre Vorstellungskraft übersteigt. Lernen Sie anderen das Wort und verwenden Sie das Wort in Ihren Gesprächen. Das Wort wird anderen die Augen öffnen, wenn es sich erfüllt.

19. OKTOBER

Jesaja 55:10 Denn gleichwie der Regen und der Schnee vom Himmel fällt und nicht wieder dahin zurückkehrt, sondern die Erde tränkt und sie zum Sprießen und Knospen bringt, damit sie dem Sämann Samen und dem Esser Brot gebe, 11 so soll auch mein Wort sein, das aus meinem Munde geht; es soll nicht leer zu mir zurückkehren, sondern es soll vollbringen, was mir gefällt, und es soll gelingen, wozu ich es gesandt habe.

Was ist das Problem? Warum sehen wir nicht die Werke Gottes in den Betrieben? Ehrlich gesagt, die Menschen wissen nicht, wie sie die Verheißungen Gottes in Anspruch nehmen können. Sie kommen aus Gottes Mund und nicht aus Ihrem oder dem eines Menschen. Glaube und Verkünde, um zu sehen, wie die Verheißungen der Bibel umgesetzt werden.

Ich habe viele gesehen, die sagen: Ich bin arm, ich habe kein Geld, ich kann es nicht geben, usw. Glaub mir, sie sind immer noch arm, haben nichts und es fehlt ihnen ständig an allem. Im gleichen Sinne hat derjenige, der immer positive Worte spricht, eine außergewöhnliche Geschichte. Ich benutze Präsident Trumps Worte – sehr positiv, „groß", „wieder großartig" usw. – und wir sehen das wunderbare Ergebnis. Ich achte auf Sein Wort mit Glauben, und es hat bedeutende Ergebnisse in den USA gebracht. Unser Wort braucht das Wissen des Allmächtigen, bevor du mit Zuversicht sprichst. Öffne das Wort Gottes und lerne es, indem du es auf deine Situation anwendest. Bete zum Herrn, dass Er das Wort zurückbringt – nach Hause, in die Schule, in unsere Nationen und in das Leben jedes Einzelnen. Du bist derjenige, der es kann und wird – das Wort zurück auf die Erde zu bringen, im Namen Jesu! Amen!

LASST UNS BETEN

Himmlischer Vater, der Schöpfer von allem, was wir sehen und fühlen, wir geben dir Ruhm und Ehre. Dein Wissen übersteigt unsere Vorstellungskraft, aber gib uns den Glauben an das, was wir ins Leben rufen wollen. Unser Glaube braucht Wissen, Herr, bitte gib es uns. Was für ein wunderbarer Gott du bist! Wir danken dem Schöpfer, dass er alles, was er besitzt, mit uns teilt. Wir danken dir, dass du uns Zugang zu deinem Expertenwissen gibst. Deine Worte sind der Schatz. Das Wort zu kennen bedeutet, einen Schatz, Reichtum und Macht zu kennen. Herr, wir beanspruchen die Heilung, indem wir sie in die Existenz sprechen. Und nicht nur das, wir wollen die Zeugen des Wortes sein. Durch das Blut haben wir Nichtjuden nun Zugang zu denselben Privilegien. Ich danke dir für das Blut, das unter deinem Namen verborgen ist. Es reinigt unsere Sünden, wenn wir ins Wasser gehen, indem wir den Namen Jesu aussprechen. Der Name Jesus hat alle alttestamentlichen Namen Jehovas verschluckt. Dieser Name "Jesus" hat das Blut des Lammes; das Blut des Erlösers hat lebensspendende Kraft für alle, die dem Wort Gottes in Jesu Namen gehorchen! Amen! Gott segne Sie!

20. OKTOBER

LASS DIE LEUTE DEN HIMMEL REDEN HÖREN!

Hast du schon einmal gehört, wie jemand deinen Namen rief, und als du dich umsahst, war niemand da? Viele Menschen haben die Stimme Gottes gehört. Samuel hörte seinen Namen dreimal.

1 Samuel 3:8 Und der Herr rief Samuel zum dritten Mal. Da stand er auf, ging zu Eli und sagte: "Hier bin ich, denn du hast mich gerufen. Und Eli erkannte, daß der Herr den Jungen gerufen hatte.

Er ging dreimal zu Eli und dachte, er hätte ihn gerufen. Eli erkannte, dass es Gott war. Eli lehrte Samuel und uns, wie wir auf die Stimme des Herrn reagieren sollten.

Hiob 33:14 Denn Gott spricht einmal, ja zweimal, doch der Mensch nimmt es nicht wahr.

Der Herr ruft, mit wem er sprechen will. Die Bibel sagt, die Stimme des Herrn kommt nur zu denen, die sie hören.

1 Samuel 3:1 Und der Knabe Samuel diente dem Herrn vor Eli. Das Wort des Herrn war in jenen Tagen selten; es gab keine offenen Visionen.

Der Herr spricht zu denen, die Ihn hören. Eli hörte nicht auf Gott, obwohl er von Gott eingesetzt war. Eli, der Hohepriester, zu dem Gott eigentlich sprechen sollte, war von Gott getrennt, weil er jemand oder etwas vor Gott gestellt hatte. Nun fand Gott jemanden, der Ihn ehrt. Denk daran: Du bist nicht berufen, einfach nur die Lücke zu füllen, sondern die Aufgabe fleißig und aufrichtig zu erfüllen. Einmal erhielt ich einen Anruf von einer Frau. Sie sagte, sie habe mich in ihrem Ohr beten gehört. Zu dieser Zeit war sie im Gefängnis. Beurteile eine Person nicht nach ihrer Vergangenheit. Diese Frau war eine Prophetin. Sie hatte früher etwas falsch gemacht, bevor der Herr sie rettete. Man sperrte sie für ein paar Monate ein. Während ihrer Dusche erwähnte eine ältere Frau, dass sie mich gehört hatte. Siehst du: Wenn du für jemanden betest, wird diese Person dich sogar über große Entfernungen hinweg hören. Menschen sagten: „Ich habe jemanden gehört, der mit mir sprach." Siehst du, auch Dämonen haben eine Stimme – ohne Körper. Du kannst mit Dämonen sprechen, wie du mit Gott sprichst. Wenn du zu einem Psychiater gehst und davon erzählst, dass du Stimmen hörst oder Geister siehst, wird er dir Medikamente verschreiben. Diese Medikamente machen dich schläfrig. Aber wir kennen den Kanal, den wir betreten müssen. Um in die geistliche Welt einzutreten, müssen wir durch den Heiligen Geist eintreten.

Jesus sagte. Johannes 14:6 Jesus spricht zu ihm: Ich bin der Weg, die Wahrheit und das Leben; niemand kommt zum Vater denn durch mich.

20. OKTOBER

Wenn du mit den falschen Medien chinesen, dann wirst du dich mit der Welt Satans verbinden. Einmal rief jemand an und sagte, dass sie einen bösen Geist auf dem Computer channelt, was sie nicht sollte. Sie fühlte und sah das Böse. Sie hatte Angst. Ich sagte, lass uns beten; nachdem wir gebetet hatten, ging der böse Geist weg. Meine Frage ist, warum channeln Sie mit den falschen Leuten und den falschen Medien? Alle sind verfügbar, was nicht bedeutet, dass man sich mit ihnen verbinden muss. Ihr werdet sie hören, denn die geistige Welt ist die reale Welt. Mein Gebet ist, dass wir alle mit dem Herrn channeln sollten. Was geschieht, wenn wir das tun? Alle werden das herrliche Licht sehen und die Stimme des Herrn hören; wir werden die übernatürlichen Bewegungen, Stimmen und Visionen in Aktion sehen.

Wir brauchen heute viele Daniels, Joseph, Moses und Josuas. Warum sind wir nicht mit dem Herrn verbunden? Wir verbinden uns mit dem Gebäude, das Kirche genannt wird, mit dem Chor, der Predigt und mit den Positionen, die das System der Organisation anbietet. Die eine Position, die ich mag, ist die Verbindung zu Gott auf meinem Knie durch Fasten. Das ist die beste Verbindung, und sie funktioniert! Sie werden sehen, wie sich der Himmel öffnet, Erdbeben, Heilung, Befreiung, Namen von Personen, Geburtsdaten und Adressen werden gegeben, wenn Sie beten und dienen. Möge der Herr uns zeigen, was wir sehen und hören müssen, um Veränderung in unser Leben zu bringen. Wenn die Menschen mich Tausende von Kilometern entfernt hören können, dann ist es ein Leichtes, alle verbannten Nationen mit dem Evangelium Gottes zu erreichen. Das Evangelium muss gepredigt werden. Beten Sie zuerst zu Gott, dass er den Boden fruchtbar macht, und predigen Sie dann. Viele können Sie hören, wenn Sie für Menschen im Gefängnis, in Gefängnissen, in Kirchen, Satans, in China, Indien oder irgendwo auf der Welt beten. Gott weiß, wie er die Botschaft in ihre Sprachen übersetzen kann. Die Gabe des Wortes der Erkenntnis und der Weisheit kommt zum Tragen. Möge der Herr uns den Geist Christi geben. Wenn wir für andere beten und ihnen helfen, Gott zu hören, werden die Heiligen Engel für uns arbeiten. Gott hat die Engel geschaffen, um sich um die Bedürfnisse seiner Schöpfung zu kümmern.

Hebräer 1:13 Zu welchem der Engel aber hat er jemals gesagt: Setze dich zu meiner Rechten, bis ich deine Feinde zum Schemel deiner Füße mache? 14 Sind sie nicht alle dienstbare Geister, ausgesandt, um denen zu dienen, die Erben des Heils sein werden?

Lernen Sie die verschiedenen Engel Kategorien kennen, damit Sie wissen, um welche Sie bitten müssen. Sie arbeiten für uns. Sie haben für Elias gekocht.

1 Kön 19:7 Da kam der Engel des Herrn zum zweiten Mal, rührte ihn an und sprach: Steh auf und iß, denn die Reise ist zu weit für dich. 8 Und er stand auf, aß und trank und ging in der Kraft dieser Speise vierzig Tage und vierzig Nächte bis zum Berg Gottes, dem Horeb.

In der Nacht hörte Joseph die Stimme Gottes, die ihm Anweisungen gab.

Matthäus 1:20 Während er aber über diese Dinge nachdachte, siehe, da erschien ihm der Engel des Herrn im Traum und sprach: Joseph, du Sohn Davids, fürchte dich nicht, Maria, dein Weib, zu dir zu nehmen; denn was in ihr empfangen wird, das ist vom Heiligen Geist.

Wir können auch im Geist viel tun, wenn wir dem Geist erlauben, uns zu führen, zu leiten und zu lehren. Ich habe gebetet, und Menschen haben die Kraft Gottes bei der Arbeit, im Krankenhaus und zu Hause gespürt, und Situationen haben sich verändert. Senden Sie die Botschaften durch den Geist. Senden Sie eine Botschaft an das Unbekannte durch den Kanal Gottes.

Apg 16:9 Und dem Paulus erschien in der Nacht ein Gesicht: Da stand ein Mann aus Mazedonien und bat ihn und sprach: Komm herüber nach Mazedonien und hilf uns!

Gott sandte Sein Wort, um die Krankheiten zu heilen. Der Herr Jesus muss nicht physisch im Raum, in der Stadt oder am Ort anwesend sein. Er sandte Seinen Geist zu 120 Jüngern am Pfingsttag und später zu allen, die Ihn suchen. Sie alle sprachen unbekannte Sprachen, die jedoch den Pilgern bekannt waren, die nach Jerusalem zur Zeremonie kamen. Sieh, Gott sprach zu diesen israelitischen Pilgern in ihren Sprachen. Bete zum Herrn, dass Er dir die übernatürliche Fähigkeit gibt, in der Sprache anderer zu sprechen, um ihnen die Botschaft Gottes zu übermitteln. Das Werk des Geistes ist größer, als du dir vorstellen kannst. Übergib dich und lass Gott die Kontrolle übernehmen. Wenn du betest, dann bete, um Sein Wort in Anspruch zu nehmen. Es bringt hörbare, sichtbare, greifbare und noch viel mehr Ergebnisse hervor. Wenn Dämonen einen Mann oder eine Frau beeinflussen, können sie die Stimmen der Dämonen hören und haben Albträume und Angst. Wie viel mehr können wir tun, wenn wir mit dem Heiligen Geist erfüllt sind? Wir können Größeres tun. Der Geist spricht und vollbringt wunderwirkende Taten. Sende den Geist Gottes an Orte wie Nordkorea, in Gefängnisse oder überall dorthin, wo du willst. Und sieh die Verwandlungen, die er bringt. Dein Kanal sollte der Herr sein und kein anderes Medium. Krankheit wird fliehen, Ketten werden abfallen, und Engel werden durch dein gesprochenes Wort über Orte, Menschen und Situationen wirken. Wir leben in der Heilszeit Gottes, in der Er uns gebraucht, aber Sein Geist durch uns wirkt. Der Geist tut alles, wenn du den Heiligen Geist empfangen hast. Ich bin beeindruckt, wenn ich die Stimme des Herrn erkenne. Sie erreicht Orte, die ich selbst nicht erreichen kann – im Namen Jesu. Amen!

LASST UNS BETEN

Bitte sprich zu unseren Herzen, Herr. Lass uns im Glauben zu den verdorrten Händen, den toten Menschen und den Kranken sprechen, um sie wieder zum Leben zu erwecken. Lass Befreiung und Heilung durch den Klang unserer Stimme geschehen. Beten Sie, dass der lebendige Gott am Werk ist. Das Wirken Gottes ist auf einer viel höheren Ebene als alle anderen Medien. Es gibt die Stimme, die wir durch Medien wie Fernsehen, Telefon, Bücher, Menschen und das Internet hören. Aber wenn wir uns mit dem lebendigen Gott verbinden, werden wir ein außergewöhnliches Ergebnis sehen. Sie können es sich nicht vorstellen, aber wenn es erst einmal greifbar wird, werden Sie es sehen und schätzen. Unser Gott hat gesprochen, also müssen wir auch sprechen. Hesekiel sprach zu den Gebeinen und sah, wie das Volk wieder auferstand. Einst wurde das Volk von der Landkarte getilgt, aber durch das gesprochene Wort des Gebets wieder ins Leben gerufen. Kanalisieren Sie das Gefängnis durch Gebet. Sie werden sehen, wie die Macht Gottes durch die einfachen, im Glauben gesprochenen Worte wirkt. Es ist das Werk des Herrn, das für Sie getan wurde, als Sie baten, anklopften und suchten, indem Sie den Geist Gottes kanalisieren. Wenn Sie über Fernsehen, Wi-Fi und Internetverbindungen kanalisieren, verbinden Sie sich auf dieselbe Weise mit Gott, um die Heilung, Befreiung und Erlösung durch den Geist des Herrn zu sehen. Amen! In Jesu Namen. Gott segne Sie

21. OKTOBER

EMPFÄNGER ODER ABWEISER!

Gott sagt große Dinge für denjenigen, der der Empfänger der Worte und Seiner Diener ist. Aber es ist gegen denjenigen, der das Wort Gottes ablehnt. Die Ablehner der Wahrheit sind die Verlierer. Die Ablehnung von Gottes Anweisungen bedeutet nicht nur den Verlust von Vorteilen, sondern auch den Fluch. Der Verlierer kann immer korrigiert werden, wenn er seine Denkweise und Haltung ändert.

1 Thessalonicher 4:8 Wer nun verachtet, der verachtet nicht den Menschen, sondern Gott, der uns auch seinen heiligen Geist gegeben hat.

Die Lehre des Wortes Gottes ist sehr wichtig. Das ist die Errichtung des Reiches Gottes. Stehen Sie auf dem unverrückbaren Boden des Wortes Gottes. Sie werden Erfolg haben, wenn Sie die Entscheidung treffen, aufrecht zu stehen, sich der Praxis zu widmen und sich an die Regeln zu halten. Es hat lebensspendende Kraft und Erfolg. Es hat noch viele weitere Vorteile, die in ihm verborgen sind.

Denk an Eva und Adam vor dem Sündenfall; Gott besuchte sie und ging mit ihnen. Kein Schwitzen, nur Segen – Segen, sich im Garten Eden zu bewegen. Sie waren geschützt, mussten sich niemals vor einem Angriff durch ein Tier fürchten. Der Boden gab die besten Früchte ohne Mühe. Männer und Frauen hatten den Fluch nie erlebt.

Jesaja 5:24 Wie das Feuer die Stoppeln verbrennt und die Flamme die Spreu verzehrt, so wird ihre Wurzel verfaulen und ihre Blüte vergehen wie Staub; denn sie haben das Gesetz des Herrn der Heere verworfen und das Wort des Heiligen Israels verachtet.

Da sie die Stimme und die Gebote Gottes ablehnten, warf der Herr sie hinaus, und sie waren auf sich allein gestellt. Eva und Adam waren die ersten, die Gott ablehnten. Die Könige, wie König Saul, König Salomo und andere israelitische Könige in der Geschichte, waren edel, bis sie gegen Gottes Gebote handelten. Als sie die Stimme Gottes ablehnten, wurden sie verflucht. Egal wie es aussieht oder wie es sich anfühlt, denke daran, Gottes Wort zu empfangen und zu gehorchen. Der Herr wird dir den Teil des geplanten Bildes zeigen, während du Ihm erlaubst, jeden Tag an deinem Leben zu malen.

Das Leben ist ein Geschenk Gottes, das an Bedingungen geknüpft ist. Achten Sie darauf, den Plan des Herrn zu befolgen, in den Sie eintreten, indem Sie seinen Bund halten. Alle, die den Bund hielten, lebten und genossen die Segnungen Gottes und hinterließen ein Erbe des Herrn. Abraham hat seiner Generation ein Erbe hinterlassen, das Land Israel, der König kam aus seinem Schoß, und vieles mehr.

David empfing Gottes Befehl mit der Bereitschaft seines Herzens. David empfing die Segnungen des ewigen Throns. Der Messias, der Erlöser der Welt, wurde versprochen, aus seinem Schoß in diese Welt zu kommen. Wo auch immer Sie hingehen, denken Sie daran, dass Sie alles haben können, was Sie wollen, wenn Sie sich an die Gebote und Verbote halten. Diese Gebote und Verbote sind von Gott nicht dazu da, um Schaden anzurichten, sondern um Sie auf einem geraden und schmalen Pfad zu halten, der zum ewigen Königreich führt. Gott braucht niemanden, der schlauer ist als er, sondern jemanden, der gehorsam ist und seine Anweisungen befolgt. Man muss sich den Wegen Gottes unterordnen. Amen!

Sprüche 22:29 Siehst du einen Mann, der fleißig in seinen Geschäften ist, so wird er vor Königen bestehen und nicht vor Bösewichtern bestehen.

Während wir mit unseren täglichen Angelegenheiten umgehen, gehen wir vorsichtig vor. Genauso sollten wir mit den Dingen Gottes umgehen. Mein Herz ist voller Dankbarkeit gegenüber der Bibel. Ich empfange die Gebote, Gesetze und Satzungen, um ein Leben in Fülle zu haben. Der Herr kann dem Empfänger des Wortes ein Leben in Fülle geben, ohne etwas hinzuzufügen oder wegzunehmen. König Salomo diente dem Herrn und wurde zum Empfänger der Segnungen Gottes. Es ist derjenige, der zum Ablehner des Herrn wird und verloren hat.

Ich begegne den wahren Propheten und Lehrern mit einem offenen Herzen und Verstand, um das Wort zu empfangen. Der Prophet ist das Wichtigste in meinem Leben. Ich glaube, dass ich nur Erfolg haben kann, wenn ich die wahren Propheten habe. Die Anweisungen und Ratschläge, die er gibt, kommen direkt vom Herrn. Wer kann besser sein als der Herr? Keiner! Der Herr weist den Propheten zu und erkennt ihn an.

Wenn Sie einen Propheten aufsuchen, achten Sie darauf, dass Sie jedes Wort, das aus seinem Mund kommt, für sich selbst aufnehmen. Ich bete immer, bevor ich zu einem Propheten gehe, dass Gott zu ihm über meine Situation spricht. Es wird eine Prophezeiung geben, wenn du sie empfängst. Ich habe viele Propheten besucht. Ich habe Gott immer gebeten, ihm das Wort für mich zu geben. Ich empfehle es, nehme es aber auch auf, um mich daran zu erinnern. Wenn ich kein Aufnahmegerät dabei habe, schreibe ich es sofort auf.

Es ist eine ernste Angelegenheit. Ich besuchte die Kirche, als der Mann Gottes vor Beginn des Gottesdienstes zu mir kam und sagte: Du hast ein Rückenproblem, und ich werde für dich beten, wenn der Geist Gottes auf mir ruht. Einmal sagte mir der Prophet, dass ich bald in ein anderes Land für Missionsarbeit reisen würde, und das tat ich. Er sagte, mach dir keine Sorgen um das Geld, Gott wird versorgen, und das tat Er. Der Prophet ist das Sprachrohr Gottes, um zu uns zu sprechen.

Ich bin so froh über die von Gott geschenkten Propheten. In einer Prophezeiungssitzung fragte mich die Prophetin: "Kennst du mich?" Ich sagte: "Nein", und sie sagte: "Lass mich dir sagen, was Gott dir sagen will. Er benutzt dich zum Gebet.' In einer anderen Sitzung sagte die Prophetin zu mir: 'Ich sehe das Gebet in dir; du bist die Mutter im Herrn.' Damals saß eine Pastorin neben mir, die mit mir befreundet ist, und sie sagte, sie sei meine Mentorin. Meine Freundin und ich haben diese Prophetin nie getroffen oder mit ihr gesprochen.

Ich gehe jetzt zu verschiedenen Prophetentreffen. Eine Prophetin riet mir, weiterhin in die Gemeinde zu gehen, in die Gott mich gebeten hatte, zu gehen. Mein Herz raste vor Angst, als ich merkte, dass der Ort nicht sicher war. Ich ging weiter dorthin, weil sie gegen die Angst gebetet hatte. Zur gleichen Zeit betete und sprach ein anderer Prophet aus dem Staat. "Fürchte dich nicht, mein Kind. Ich bin mit dir." Ich ging viele Jahre lang dorthin, bis Gott mich von diesem Ort wegzog. Wie schön!

21. OKTOBER

Wenn du zur Gemeinschaft gehst, begegne Gott, bevor du durch die Tore gehst. Bitten Sie Gott, zu Ihnen zu sprechen und sein Wort zu empfangen. Er wird zu Ihnen sprechen. Ich suche immer nach einer persönlichen Botschaft. Ja, es gibt für alle eine Botschaft zu empfangen, aber ich mag es, wenn man mich bei meinem Namen ruft und mir meine Botschaft vom Herrn sagt.

1 Korinther 14:3 Wer aber weissagt, der redet zu den Menschen zur Erbauung, zur Ermahnung und zum Trost. 4b Wer weissagt, der erbaut die Gemeinde.

Suchen Sie den wahren Propheten. Sobald Sie die Prophezeiung erhalten haben, halten Sie fest, auch wenn es einige Zeit dauert. Was auch immer geschieht, es wird geschehen. Die Prophezeiung über die Israeliten erfolgte nach 430 Jahren. Bei Abraham geschah es nach 30 Jahren mit dem verheißenen Kind. Es ist das Wort Gottes und nicht die Stimme eines Menschen.

Jesaja 55:11 So soll mein Wort sein, das aus meinem Munde geht; es soll nicht leer zu mir zurückkehren, sondern es soll vollbringen, was ich will, und es soll gelingen, wozu ich es gesandt habe.

Sei ein Empfänger und halte fest. Halte das Wort, das du von Gott empfängt, als eine Prophezeiung für dein Leben fest. Amen!

LASST UNS BETEN

Herr, wir wissen, dass das Wort Gottes gut tun wird, wenn wir es tun. Die Bibel ist ein Buch, das wir durch Übung lernen. Wenn wir das Wort tun, dann wirkt das Wort besser als Magie.

Es zeigt die Macht des Wortes in und durch uns. Lass die Welt Gottes in unseren reinen und guten Boden des Herzens fallen. Herr, wir nehmen dein Wort auf und geben es an die nächste und übernächste Generation weiter, so wie es ist. Achte auf die Lehre, damit sie Empfänger und Teilhaber des Segens sind, der durch sie sprosst. Unsere Vorfahren erkannten den Segen, den der Empfang des Wortes mit sich bringt; wir ernten diesen Segen. Hilf uns, das Wort zu empfangen, damit wir weiterhin gesegnet werden. Unser Gott ist gut und tut Großes an denen, die ihn lieben und als ihren persönlichen Gott annehmen. Wir haben gottgegebene Eltern, aber wir wollen Gott erleben, um unsere Reise mit ihm fortzusetzen. Unser himmlischer Vater, wir beten heute, dass du uns hilfst. Wir lehren nicht nur unsere Kinder, sondern lehren diese Generation, der Bibel zu folgen. Wir beten, dass sie sie für sich selbst annehmen und den Segen für die Nächsten leben, in Jesu Namen! Amen! Gott segne Sie!

22. OKTOBER

DER GLÄUBIGE ERHÄLT, WAS ER FORDERT!

Gott sagte: Es werde Licht, und es wurde Licht! Eine Frau sagte: Wenn ich nur das Gewand berühre, dann werde ich gesund sein. Und sie wurde durch das Berühren gesund. Die Bibel macht deutlich, dass es bei den Menschen unmöglich ist, aber bei Gott ist alles möglich. Hast du schon einmal Christen sagen hören: Ich bin ein Gläubiger? Warum? Wenn jemand an den Herrn Jesus glaubt, ja, dann ist er ein Gläubiger. Du kannst das Wort lebendig machen oder beleben, indem du tust, wie es angewiesen wurde.

Matthäus 19:26 Jesus aber sah sie an und sprach zu ihnen: Bei den Menschen ist es unmöglich; aber bei Gott sind alle Dinge möglich.

Gott hat uns nach seinem Bild geschaffen und gesegnet. Er gab uns alle Macht durch den Heiligen Geist und Autorität im Namen Jesu. Glauben Sie daran? Gläubige können Gott bewegen, wenn sie sich am Wort Gottes orientieren. Der Herr hat Macht, und er hat sie uns gegeben, wenn wir glauben. Viele haben bezeugt: Der Herr hat es gesagt, also habe ich es geglaubt. Ein Gläubiger ist jemand, der glaubt und sich einer Sache unterwirft. Wenn ein Christ sagt, ich bin gläubig, bedeutet das, dass er an Gott Jesus als Herrn und Retter glaubt. Wie viel und wie weit? Wenn Sie sagen, dass Sie an Gott glauben, ist das nicht gut genug, um jemanden oder sogar Gott zu überzeugen. Können Sie beweisen, was Sie in Wirklichkeit glauben? Der Glaube wird geprüft und getestet. Lass uns sehen, wie du dastehst.

Wenn der Mann sagt, glaube ich. Wie und an was glauben Sie?

Lukas 7:7b aber sprich nur ein Wort, und mein Knecht wird gesund werden.

Das Ergebnis dessen, was Sie geglaubt haben, wird Ihren Glauben bestätigen.

10 Und die Gesandten kehrten in das Haus zurück und fanden den Knecht gesund, der krank gewesen war.

In den alten Zeiten glaubten die Menschen an Propheten. Sie nannten sie Seher; Gott gab ihnen das Amt.

1 Samuel 9:6 Er sagte zu ihm: "In dieser Stadt ist ein Mann Gottes, ein ehrenwerter Mann, und alles, was er sagt, wird sich erfüllen; laßt uns dorthin gehen; vielleicht kann er uns den Weg zeigen, den wir gehen sollen.

Wenn du an einem Treffen teilnimmst oder einen Gläubigen begrüßt, achte darauf, ob sein Lebensstil mit dem Wort des Herrn übereinstimmt. Das Leben sollte durch den Heiligen Geist fließen, wenn du glaubst und dem Herrn gehorchst. Die Bibel ist Gottes Buch für diejenigen, die glauben wollen. Es braucht einen Gläubigen, um mit Kraft und Glauben zu wirken. Gott wählte Jünger aus und gab ihnen Vollmacht. Bei Seinem Weggang sandte Er die Kraft durch den Heiligen Geist.

22. OKTOBER

Korinther 4:7 Wir haben aber diesen Schatz in irdenen Gefäßen, damit die Herrlichkeit der Kraft von Gott sei und nicht von uns.

In irdenen Gefäßen, die unser Körper sind, ist der Heilige Geist. Wenn du die Kraft des Heiligen Geistes hast, dann kannst du Dämonen austreiben, Tote auferwecken und Kranke heilen. Ich habe keine Angst davor, an das Wort Gottes zu glauben.

Heute Morgen betete ich für die Frau, die Nackenschmerzen hatte. Ich bat sie, mit ihrer rechten Hand Salböl auf ihren Nacken zu legen. Sofort glaubte diese Frau. Sie ging nicht zum Arzt, sondern bat mich, zu beten. Ich betete, und sie wurde geheilt. Wie einfach? Warum machst du es so kompliziert? Glaube daran, dass es geschieht. Wenn Menschen sagen: „Ich glaube nicht, dass ich geheilt werden kann", dann wird sie es auch nicht.

Markus 6:5 Und er konnte dort kein größeres Werk tun, als dass er einigen Kranken die Hände auflegte und sie heilte. 6a Und er wunderte sich über ihren Unglauben.

Wir haben unsere Zeit erschöpft, als die Menschen über verschiedene Krankenversicherungen debattierten, nicht wahr? Wir glauben an einen Knieersatz, eine Herztransplantation und viele schmerzstillende Operationen. Das ist sehr teuer und unpraktisch. Warum predigen oder praktizieren wir nicht, was zur Verfügung steht, indem wir es in die Existenz sprechen? Warum werden wir zu Ungläubigen? Wir gehen nicht zu dem von Gott gegebenen Seher. Wir gehen dorthin, wo ein Ungläubiger predigt oder lehrt. Ich habe nur diejenigen um Gebet gebeten, die an die Macht Gottes glauben. Ich erhalte viele Anrufe, E-Mails und SMS mit der Bitte um Gebet. Sie wissen, woran ich glaube. Wer nicht glaubt, hofft auf greifbare Dinge, die er in den Mund nimmt, oder darauf, dass ein Mann vor ihm spricht. Ich glaube nicht. Ich glaube an den Herrn und sein Wort. Jedes Wort Gottes ist heute außergewöhnlich. Ich glaube an Gott, der gesagt hat, dass alle Dinge möglich sind. Was ist mit den modernen sogenannten Gläubigen geschehen?

Jeremia 2:11 Hat ein Volk seine Götter gewechselt, die doch keine Götter sind? Aber mein Volk hat seinen Ruhm gegen etwas eingetauscht, das nichts nützt.

Glaube an Gott für Heilung und Befreiung. Es ist verfügbar zu dir in der Bibel. Lass mich dir sagen, komm raus aus dem Gebäude wo du gefangen gehalten wirst und suche Gott. Gott ist nicht im Gebäude, aber wenn du suchst, Er wird dich führen zu dem einen der Gaben hat und nicht verkaufen würde. Wenn du es tust, dann wird der Hirtenjunge gekrönt werden, und der Sklave wird der mächtige Mann im Hof des Königs sein. Er wird zehnmal besser sein als Hexen, Zauberer, Magier und Astrologen. Glauben ist der Schlüssel auf deiner Seite um den Schatz zu öffnen.

Viele sagen: Ich glaube, aber siehst du auch das Ergebnis dessen, was du glaubst? Ich habe für viele Menschen gebetet, die glauben und die Ergebnisse sehen, auch wenn sie Götzenanbeter sind. Gott hat keinen Respekt vor den Menschen. Glaube an Gott, das ist es, was es braucht.

Der Mann sagte, sende mir dein Wort. Die Frau von Phönizien, die um Befreiung für die Tochter bat, war keine Jüdin. Es überzeugte sie, dass Jesus heilen, befreien und freisetzen konnte. Sie überzeugten den Herrn auf eine Weise, die viel besser war als die heutigen Christen. Die heutigen Christen sind die besten Kunden von Ärzten und Apotheken. Wie kannst du glauben, dass sie Gläubige sind? Vielleicht sind sie es, aber nicht an Jesu Wunden, Befreiung oder Kraft in Seinem Namen. Gott gab Vergebung für Sünden durch Seinen Namen in der Wassertaufe. Wenn sie glauben, dann wären wir alle im Namen Jesu getauft worden. Statt an das mächtige Blut zu glauben, das hinter dem Namen verborgen ist, werden sie Theologen und falsche Lehrer der Bibel, indem sie das Wort ablehnen und andere lehren, es abzulehnen.

Daher können wir sagen, dass viele behaupten, sie seien gläubig, aber wenn man ihr Leben überprüft, sind sie Ungläubige des Wortes Gottes. Ohne greifbare Ergebnisse werden sie dem Wort nicht glauben. Wenn Sie in die Kirche gehen, wem hören Sie dann zu? Demjenigen, der die beste Musik, eine schöne Kirche und eine wunderbare Botschaft hat, aber keine Macht, zu heilen und zu befreien. Achten Sie auf die Zeichen und Wunder. Wenn es keine gibt, dann sind sie nicht gläubig. Sie wissen von Gott, aber sie kennen Gott nicht. In welche Kategorie fallen Sie? Gläubig oder ungläubig? Wenn Sie gläubig sind, dann zeigen Sie mir die Beweise. Ich bin jetzt blind, ich sehe; ich bin gesund, ich gehe.

Ja, ich habe das Buch mit dem Titel. Ich habe es auf seine Weise gemacht". Ich bekomme viele Empfehlungen und Angebote als das beste Buch. Es ist nicht die Geschichte, sondern das Zeugnis aus dem wahren Leben, die Memoiren.

Wenn wir den Herrn in der Wolke kommen sehen, was wird dann mit den Ungläubigen geschehen? In die Kirche zu gehen, macht einen nicht zum Gläubigen, aber auf dem Wort zu stehen schon. Ich bin überrascht, wenn ich mit einem Gläubigen zu tun habe und herausfinden, dass er nicht gläubig ist, wenn ich seine Praxis betrachte. Wie traurig, dass wir sehen, dass die Welt mehr Ungläubige als Gläubige macht, indem sie die religiösen Versammlungen besucht, die sie Kirchen nennen. Sie kennen Gott nicht. In der Zeit des Neuen Testaments haben die 120 Jünger Jesu die Welt auf den Kopf gestellt. Wären wir das gleiche Produkt dieser Jünger, würden wir in unserer Generation keine Krankenhäuser, Hexen, Zauberer und Magier finden. Der gefälschte Satan hat Geld, Leben und Gesundheit gestohlen, indem er eine andere Religion eingeführt hat. Folgen Sie Jesus, gehen Sie hinaus und tun Sie, was der Herr gesagt hat, und verstehen Sie das Wort. Ihr seid der Beweis für einen Gläubigen oder Ungläubigen durch eure Taten. Amen!

LASST UNS BETEN

Herr, wir danken dir für Gott, der gesagt hat, dass nichts unmöglich ist, wenn wir glauben. Wir glauben, was du in deinem Wort gesagt hast. Wir wollen im Licht deiner geschriebenen Verheißungen wandeln und das Licht erbringen, indem wir beweisen, dass es Gott ist, der es gesagt und gemeint hat. Wir glauben, dass keine Waffen des Feindes Erfolg haben können. Wir glauben, dass Gläubige durch den Namen Jesus Dämonen auszutreiben und Kranke heilen können. Der Name Jesus ist der Name, der über allen alttestamentlichen Namen Jehovas steht. Deshalb wird das Volk Gottes nur im Neuen Testament Jesus genannt. Jesus nur, weil wir wissen, welche Macht hinter dem Namen von Jehovas Retter steckt. Dämonen glauben an den Namen Jesus und zittern, deshalb, Herr, glauben wir, dass nur der Name Jesus mächtig ist. Amen! In Jesu Namen. Gott segne Sie!

23. OKTOBER

SPRICH MIT GOTT IN SEINER SPRACHE!

Gott hat eine Sprache, die du im Wort Gottes findest. Gott hat Anweisungen in der Bibel für Haltung und Kleidungsstil für alle und jeden Anlass. Der Herr hat uns eine Sprache gelehrt, die wir benutzen sollen. David hat einige Worte gesprochen beim Eintreten in Seine Gegenwart. Gott hatte alle Aufmerksamkeit auf Ihn.

Psalm 100:4 Gehet ein zu seinen Toren mit Danksagung und zu seinen Vorhöfen mit Lobgesang; danket ihm und preiset seinen Namen.

Wir müssen die Sprache der Danksagung lernen, auch wenn wir uns in einem finanziellen Kampf, in einer gesundheitlichen oder sonstigen Krise befinden. Denken Sie daran, dass David nichts anderes hatte als den Kampf. David lehrt uns die Sprache, die Sieg, Vergebung und Segen vom Herrn bringt. Wer tanzt, wenn er siegreich aus der Not herauskommt, aber in eine neue Prüfung eintritt, vergisst die Sprache des Herrn. Manche lernen es nie und landen immer wieder an derselben Stelle. Viele können mit dem Problem nicht umgehen, weil sie den Herrn nie kennengelernt haben oder kennen. Lernen Sie, Freiheit, Sieg, Segen und Heilung zu erhalten, indem Sie die Sprache lernen, in der Sie mit Ihrem Schöpfer sprechen können. Erinnern Sie sich an die Reaktion der Hebräer, als die Ägypter die Hebräer verprügelten? Sie bekamen die Freiheit und waren in kleinen Schwierigkeiten; sie begannen zu kompilieren. Du denkst, wow, diese Person wird ihre schwierige Zeit nie vergessen und dem Herrn für immer dankbar sein. Hören Sie, wie sie sich ausdrücken, wenn sie sehen, dass ihnen nur wenig Ärger bevorsteht.

Mose 16:2 Und die ganze Gemeinde der Israeliten murrte gegen Mose und Aaron in der Wüste:

Exodus 15:24 Und das Volk murrte gegen Mose und fragte: Was sollen wir trinken?

Sehen Sie, Gott führt Buch über Ihre Sprache und die Worte, die Sie benutzen. Bitte lerne die Sprache, die du benutzen sollst, wenn du mit dem mächtigen Gott sprichst, der barmherzig, gerecht und heilig genannt wird. Seid vorsichtig, wenn ihr an Ihrem Fußschemel vorbeigeht. Die Erde ist Sein Fußschemel. Benutze nicht irgendwelche Worte, das würde den Herrn zornig machen. Welche Art von Sprache verwenden Sie gegenüber Ihrem Chef? Reden Sie nett und höflich mit Ihren Ehepartnern, Eltern, Kindern oder Nachbarn? Sie benutzen freundliche und höfliche Worte für sie. Warum lernen Sie dann nicht, auf die richtige Art und Weise zu sprechen, wenn Sie wissen, wer Er ist? Wenn Sie Schwierigkeiten, Probleme, Krieg oder Chaos haben, sprechen Sie bitte mit dem Herrn, wo er eingreifen kann. Die Sprache der Kunst bewegt den Herrn dazu, zu befreien, zu heilen, zu retten, zu versorgen, zu helfen und mehr zu geben, als Sie bitten und denken.

Numeri 14:22 Denn all die Menschen, die meine Herrlichkeit und meine Wunder gesehen haben, die ich in Ägypten und in der Wüste getan habe, haben mich jetzt zehnmal versucht und nicht auf meine Stimme gehört;

Wir wollen sehen, wie die ohrenfreundliche Sprache der Menschen Gott dazu veranlasst, sich ihnen zuzuwenden. Hören wir auf die Sprache des Blinden, als er hörte, dass Jesus vorbeikam,

Lukas 18:38 Und er schrie und sprach: Jesus, du Sohn Davids, erbarme dich meiner! Die Leute wiesen den Blinden zurecht und baten ihn, still zu sein, aber er bat weiter um Erbarmen. Seht, die Sprache des Menschen verändert das Herz Gottes. 41 und sprach: Was willst du, dass ich dir tun soll? Und er sprach: Herr, dass ich mein Augenlicht wiedererhalte.

Der Herr heilte seine Augen und gab ihm sein Augenlicht zurück. Ihre Sprache muss das Herz der Person zum Schmelzen bringen, wenn Sie Gunst, Barmherzigkeit oder Hilfe brauchen. Sprechen Sie zu Gott, indem Sie ihn anpreisen, damit er sich Ihrer Situation mit Mitgefühl annimmt. Eine anmutige Sprache ist der Schlüssel, um Hilfe zu bekommen.

Matthäus 8:2 Und siehe, da kam ein Aussätziger und betete ihn an und sprach: Herr, wenn du willst, kannst du mich rein machen. 3 Und Jesus streckte seine Hand aus, rührte ihn an und sprach: Ich will, du sollst rein werden. Und alsbald wurde sein Aussatz gereinigt.

Höre auf die Sprache dieser bedürftigen Menschen, die ihnen Gunst verschaffte, Hilfe zu empfangen. Gott ist derselbe gestern, heute und für immer. Hat sich nicht geändert und wird sich nicht ändern. Darf ich dir also raten? Lerne die Sprache, um die Person zu gewinnen. Reiß nicht nieder, sondern stelle wieder her. Wenn ich jemanden treffen muss, versuche ich, ihm kleine Geschenke zu geben und etwas zu tun, nur um ihm zu gefallen. Du wirst seine Gunst finden. Deine Sprache sollte am weisesten gewählt sein für Gott, auch wenn du gegen Ihn gesündigt hast. Als David in Ehebruch und Mord fiel, stellte Gott David zur Rede. Als der Prophet Nathan mit einer Botschaft von Gott kam, erhob David nicht seine Stimme und rechtfertigte sich auch nicht oder verbarg seine Sünden, sondern.

2 Samuel 12:13 Da sagte David zu Nathan: Ich habe gegen den Herrn gesündigt. Da sagte Nathan zu David: Der Herr hat deine Sünde weggetan; du wirst nicht sterben.

Wieder sündigte David gegen den Herrn, indem er die Truppen zählte. Hören Sie seine Sprache und wie er sich dem Thron des Herrn näherte. Er betritt den Thronsaal, indem er um Gnade bittet, den Fehler und die Sünde bekennt und akzeptiert, dass er schuldig war. Bekenne immer deine Sünden und bitte um Vergebung. Kain, König Saul und Esau hätten eine weitere Chance bekommen, wenn sie ihre Sünden bekannt hätten. Wenn Sie gegen Gott sündigen, kann nur Gott Ihnen vergeben, wenn Sie bekennen.

Chronik 21:8 Da sagte David zu Gott: Ich habe schwer gesündigt, weil ich das getan habe; aber nun bitte ich dich, tilge die Schuld deines Knechtes; denn ich habe eine große Torheit begangen.

Seine Sünden wurden ihm vergeben, indem er Weizen als Speisopfer, Brandopfer und Friedensopfer darbrachte. Gott ist erfreut, wenn Sie die Sprache Gottes benutzen, aber er ist verärgert über die Sprache Ihres Fleisches. Reagiere, indem du Gott als Gott erkennst. Erkennen Sie Gott als allmächtig, allwissend und als den Schöpfer an. Bereitet euch vor, bevor ihr euch dem Thron nähert. Viele sind vor dem Altar gefallen, weil sie nicht wussten, wie sie sich vorbereiten und die Sprache des Herrn benutzen sollten. Gott ist kein Mensch, er sagte, ich verändere mich nicht. Gott ist Gott.

Möge der Herr uns die Kraft der Sprache geben, auch wenn wir miteinander kommunizieren.

23. OKTOBER

Sprüche 18:21 Tod und Leben stehen in der Macht der Zunge, und wer sie liebt, wird von ihrer Frucht essen.

Sprüche 13:3 Wer seinen Mund hütet, der bewahrt sein Leben; wer aber seine Lippen weit aufreißt, der kommt ins Verderben.

Ich habe Menschen gesehen, die keine Kommunikationsfähigkeiten haben, keine Kontrolle über das Fleisch, und ihre Familien verletzen. Viele Ehen und Familien werden zerstört durch das Fehlen des richtigen Vokabulars. Herr, hilf uns, den richtigen Ausdruck zu verwenden. Manche werden hinausgeworfen, weil sie nicht die richtigen Worte zum Sprechen haben. Möge der Herr denen Weisheit geben, die dieses Problem haben. Möge der Herr ihre Zunge mit dem Blut Jesu waschen und sie mit dem Heiligen Geist salben. Herr, gib jedem ein weises Herz. Aus der Fülle des Herzens redet der Mund. Bewahre dein Herz, bewahre deine Ohren und Augen. Eine tödliche Sache kann in dein Herz eindringen und wird dir schaden. Wir kennen unseren Gott als den barmherzigen, heiligen, gerechten und wunderbaren Vater. Lerne, wie man sich dem Thron Gottes nähert mit dem richtigen, weisen und korrekten Wort in Jesu Namen! Amen!

LASST UNS BETEN

Himmlischer Vater, wir wissen, dass unsere Sprache viel mit unseren Gedanken und Gefühlen zu tun hat. Lass uns denken wie du und handeln wie du. Wir wissen, dass Gott uns durch die Sprache, die wir sprechen, erfreut. Du hast gesagt, dass nichts unmöglich ist; alle Dinge sind möglich. Herr, es ist unser Ansatz, weiterhin an dich zu glauben. Du bist die Quelle, wenn wir die richtige Sprache lernen. Hilf uns zu denken, bevor wir den Mund aufmachen. Die Sprache ist eine großartige Waffe. Sie kann Heilung für Familien, Ehen und sogar Länder bringen. Dialekte können Gottes Aufmerksamkeit erregen. Unsere sprachlichen Äußerungen können uns nach oben bringen, unser Herz heilen und uns aus der Verurteilung herausführen. Unsere Sprache zeigt uns genau, was wir sind. Herr, gib uns eine demütige und gottesfürchtige Sprache, wenn wir reden. Herr, gib uns das weise Herz, die Zeit zu verstehen, durch die wir gehen. Und hilf uns, die Sprache so zu gebrauchen, dass sie aufbaut und gedeiht - in Jesu Namen. Amen! Gott segne Sie!

24. OKTOBER

PRIVILEGIEN DER AUFGERUFENEN UND AUSGEWÄHLT!

Die Bibel sagt. Matthäus 22:14 Denn viele sind berufen, aber wenige sind auserwählt.

Gott gab die Prüfungen an alle, die von Ihm berufen sind. Wer die Prüfungen besteht, kommt heraus wie reines Gold. Sie sind rein, heilig und gerecht. Sie werden Auserwählte genannt. Es ist wie eine Person, die sich für eine Position mit vielen Bewerbern bewirbt. Die einstellende Behörde wird jemanden auswählen, der qualifiziert ist und die Bedingungen für die Stelle erfüllt. Die Person, die ausgewählt wird, muss qualifiziert sein. Gott sagte, folge mir. Folge nicht Organisationen und Pastoren, sondern Gott mit Namen Jesus. Wenn du es tust, dann.

1 Petrus 2:9 Ihr aber seid ein auserwähltes Geschlecht, eine königliche Priesterschaft, eine heilige Nation, ein besonderes Volk, damit ihr das Lob dessen verkündet, der euch aus der Finsternis in sein wunderbares Licht gerufen hat;

Die Menschen einer Nation müssen ihre Führer wählen, die die Gesetze, Gebote und Satzungen Gottes durchsetzen, dann wird Gott diese Nation segnen. Wir sehen Chaos im Leben, in den Ländern und Nationen, weil sie die Wege Gottes nicht kennen. Beten Sie, dass der Herr auch geistliche Autorität zur Führung schickt.

Epheser 4:11 Einige aber hat er zu Aposteln gemacht, einige zu Propheten, einige zu Evangelisten, einige zu Hirten und Lehrern, 12 zur Vervollkommnung der Heiligen, zum Werk des Dienstes, zur Auferbauung des Leibes des Christus:

Wenn die Autorität dem Willen Gottes zuhört, bringt sie eine Generation von Heiligen hervor, einen Jünger Gottes und das heilige, besondere Volk und Nationen. Aber die Autorität ist wie eine Viper, Dieb, eifersüchtig und gierig und wird eine Generation von Ehebrechern und Vipern ausbilden. Du lebst unter deinen Vorrechten, wenn du der sogenannten Religion gehorchst, aber dem Herrn. Jesus sagte, folge mir, das gilt für dich, mich, Apostel, Propheten, Evangelisten; Pastoren und Lehrer. Wenn wir alle Jesus folgen, dann können wir oben, Haupt, zuerst und hoch begünstigt und gesegnet sein. Suche nach Autoritäten, die Gott fürchten und nicht Menschen. Gott hat uns für sich selbst berufen, um Sein Königreich weiterzubringen. Bereite dich jeden Morgen vor, dein tägliches Auftrag zu hören und zu gehorchen, indem du dich Gott hingibst und Ihm gehorchst. Wir haben den Plan Gottes bereits bereit, wir müssen nur hineingreifen.

Epheser 2:20 a und sind auf das Fundament der Apostel und Propheten gebaut,

24. OKTOBER

Suchen Sie also nach dem, was die Apostel und Propheten in der Bibel gelehrt haben. Sie müssen durch niemanden gehen, wenn wir Buße tun und uns im Namen Jesu taufen lassen und den Geist Gottes durch das Sprechen in Zungen empfangen haben. Wir haben Zugang zum Heiligtum der heiligen Stätte. Wir brauchen weder den Priester noch den Hohepriester. Wenn wir eine Predigt hören, achten wir darauf, dass es das Wort Gottes ist.

Apg 17:11 Diese waren edler als die in Thessalonich, denn sie nahmen das Wort mit aller Bereitwilligkeit auf und forschten täglich in der Schrift, ob es so sei.

Lassen Sie sich nicht von falschen Lehrern und Propheten leiten.

1 Petrus 2:5 Auch ihr seid als lebendige Steine zu einem geistlichen Haus aufgebaut, zu einer heiligen Priesterschaft, um geistliche Opfer darzubringen, die Gott wohlgefällig sind durch Jesus Christus.

Während des Gebets erinnerte ich mich, dass ich in Seinem Thronsaal war. Ich kann sagen, meine Antwort ist auf dem Weg. Wir werden in Prüfungs- und Erprobungszeiten verzweifelt. Einer dieser Zeiten war, als ich meine Mutter verlor. Ich bat Gott; ich wollte nicht sehen, wie meine Mutter geht. Hilf mir Herr, und Er sagte, geh an diesem und jenem Tag. Also buchte ich das Ticket, um an diesem Tag anzukommen. Meine Mutter verstarb am Tag davor. Siehst du, wir können mit Gott über unsere persönlichen Gefühle und persönliche Führung sprechen. Er ist ein mitfühlender Gott und versteht dich mehr als jeder andere.

Einmal ging ich durch eine feurige Prüfung und fragte Gott: "Warum werde ich nicht geheilt?" Er sagte mir: "Das ist der Prozess der Zeit." Es wird ein Tag sein, an dem du gehen wirst und später wirst du laufen. Es wird Zeit brauchen, denn es ist eine lange Zeit der Anstrengung, aber du wirst als Gold herauskommen. Ich habe Gott, ich gehe mit ihm, und ich spreche mit ihm. Unser Problem ist, dass wir nicht zu Gott gehen.

Johannes 1:12 So viele ihn aber aufnahmen, denen gab er Macht, Kinder Gottes zu werden, denen, die an seinen Namen glauben:

David, Daniel, Josef, Jakob, Paulus, Petrus und viele andere hatten das Privileg, Gott, ihren Vater, anzurufen. Auch Sie können zu ihm gehen, und er wird Sie führen und leiten. Mit Jesus zu gehen und seine Satzungen und Gebote zu halten, ist der Schlüssel zur Fortsetzung der Beziehung. Gott gibt uns zuerst, und wir müssen ihm etwas zurückgeben, um den Segen über das Übrige zu erhalten. In dieser Dispensation haben wir keinen Tempel, also geben Sie den wahren Aposteln, Missionaren, Pastoren, Propheten und Evangelisten, die als Arbeiter auf dem Feld der Welt arbeiten. Unterstützen Sie diejenigen, die Dämonen austreiben, Kranke heilen und von Haus zu Haus lehren. Gebt denen, die als Mitarbeiter Jesu in den Städten und auf dem Land unterwegs sind. Geben Sie den Armen, Nackten und Hungernden.

Sprüche 3:9 Ehre den Herrn mit deinem Vermögen und mit den Erstlingsgaben deines ganzen Einkommens.

Seine Verheißungen sind größer.

Philipper 4:19 Mein Gott aber wird euch mit allem versorgen, was ihr braucht, nach seinem Reichtum in Herrlichkeit durch Christus Jesus.

Denke daran, viele sogenannte Götter und Göttinnen haben viele Rituale, Zeremonien, Traditionen und Bräuche, die dich immer in Knechtschaft halten werden. Aber Jesus gibt. Gab Sein Leben, nahm Krankheiten auf sich und versprach den Himmel für den, der von neuem geboren ist. Die privilegiertesten Menschen sind das Volk Gottes. Wenn Einzelne sich zu Gott wenden, ist die erste Erfahrung, die wir haben, Frieden, Freude und Trost. Wir haben den Heiligen Geist, um uns zu lehren und zu führen. Wir werden die Gesegneten Gottes genannt. Christen haben Schutz gegen Satan, Krankheiten, Dunkelheit und Armut. Ihr Land ist fruchtbar. Unser Gott segnet unser Land, Früchte, Bäume, Ernten, Vögel, Tiere und alles, was wir haben. Die Nationen, die Gott fürchten, sind anders. Alle wollen in ein reiches Land ziehen, damit sie haben können, was sie sich wünschen. Viele Menschen, deren Götter nicht real sind, mögen Geld haben, aber Dinge sind trotzdem nicht leicht verfügbar. Egal was sie sagen, sie wandern von Nation zu Nation auf der Suche nach Essen, Arbeit und einem besseren Leben. Geh einfach und finde die Wurzel des Segens. Es ist der Herr, der König der Könige und Herr der Herren genannt wird. Möge der Herr die Blindheit der Augen und die Taubheit des Ohres öffnen. Sei das Modell Christi, um zu beweisen, dass dein Gott real und wahr ist. Unser Schatten, unsere Gegenwart, unser Geist und unser Leben sollen das Licht in der Dunkelheit sein. Unser Gott wird den Unterschied bewahren zwischen Gläubigen und Ungläubigen. Viele Nationen haben bezeugt, dass Jesus die Nationen segnet, die an Ihn glauben. Der Eigentümer und Erhalter Seines Volkes und des Landes.

Jesaja 1:19 Wenn ihr willig und gehorsam seid, werdet ihr das Gute des Landes essen:

Armut ist nicht der Anteil des Volkes Gottes. Ich habe mit einigen Leuten gesprochen, die sich kürzlich zu Jesus bekehrt haben. Sie sagten, das erste, was uns auffiel, war, dass unser Gehalt nicht gestiegen war, aber wir hatten alles, was wir brauchten. Wir haben sogar ein neues Haus gebaut, frieren ein, haben Telefone, Motorräder und, und, und. Früher brachten wir wenig mit und hatten nichts, aber jetzt ist es eine andere Geschichte. Wir wachen hungrig auf, schlafen aber nie hungrig ein. Unsere Vorräte sind immer da. Unsere Privilegien sind an die Bedingung geknüpft, dass wir unseren Herrn mit ganzem Herzen, ganzem Verstand, ganzer Seele und ganzer Kraft lieben müssen.

Deuteronomium 11:27 Ein Segen, wenn ihr die Gebote des Herrn, eures Gottes, haltet, die ich euch heute gebiete:

Der Himmel wartet auf dich und mich, die wir wiedergeboren sind. Wir haben ein ewiges Zuhause. Ist das nicht schön? Ich bin so begeistert, dass Gott uns gegeben hat, was wir brauchen, und dass unsere Zukunft für die Ewigkeit hell ist. Möge der Herr Sie segnen.

LASST UNS BETEN

Himmlischer Vater, wir sind so privilegiert, dass wir deine Kinder genannt werden. Da wir den Herrn Jesus als unseren Gott haben, haben wir Trost, Frieden, Kraft, Heilung, Engel und vieles mehr für unseren Schutz und unsere Bedürfnisse. Möge der Herr die Herzen derer verändern, die die Barmherzigkeit und Güte Gottes noch nicht erfahren haben. Jesus zu kennen und mit ihm zu gehen, ist das größte Privileg. Lass uns nicht in die Irre gehen durch Götzen, sogenannte Götter und Göttinnen, die weder sehen noch hören können. Herr Jesus, wir danken dir, dass du die Erde für deine Schöpfungen geschaffen hast. Dein Wort ist wahr. Wir sind nicht auf Wissenschaft oder Technologie angewiesen. Wir können in Jesu Namen heilen. In deinem Namen haben wir Autorität über die Situation. In deinem Namen treten wir gegen den Teufel und seine Taktiken an. In Jesu Namen haben wir alles, was wir brauchen. Unser Gott ist ein Segen. Gott hat uns mit einem gesunden Verstand gesegnet. Der Herr Jesus hat uns vor dem Satan geschützt, der kommt, um zu töten, zu stehlen und zu zerstören. Er hat nichts Unmögliches und liebt uns genug, um sein Leben zu geben, das in seinem Blut ist. Wir sind dankbar, dass du uns dein Leben gegeben hast, in Jesu Namen! Amen! Gott segne Sie!

25. OKTOBER

WER IST JESUS?

Ist Er Jehova? Bist du nur Jesus? Glaubst du, dass wenn du Jesus gesehen hast, du Jehova, Gott, gesehen hast?

1 Korinther 2:8 was keiner der Fürsten dieser Welt wusste; denn hätten sie es gewusst, so hätten sie den Herrn der Herrlichkeit nicht gekreuzigt.

Ja, der gekreuzigte Jesus war der Jehova, der kam, um Satan unter Seinen Füßen zu zertreten, indem Er Sein Blut vergoss. Als Jesus hinaufging, empfing Ihn der Himmel als den König der Herrlichkeit. Er trat in das Allerheiligste im Himmel ein mit jedem Tropfen des Blutes, das Er für unsere Sünden vergossen hat.

Psalmen 24:7 Erhebt eure Häupter, ihr Tore, und erhebt euch, ihr ewigen Türen, und der König der Herrlichkeit wird eintreten.

Dies ist kein gewöhnlicher Kampf, sondern ein Kampf um deine und meine Seele. Er gilt für alle und nicht nur für die Nachkommen Abrahams. Es ist Gott Jehovas, der gesagt hat, dass ich euch mit meinem Blut erkaufe.

Apg 20:28b um die Gemeinde Gottes zu weiden, die er mit seinem eigenen Blut erkauft hat.

Wer hat mit seinem Blut gekauft? Gott! Der eine Gott, der Fleisch annahm, hatte einen geheimen Namen, der von den Engeln gegeben wurde. Es ist der Name, der über allen früheren Namen des Alten Testaments von Jehova steht. Die Bibel hat 956 Namen und Titel Gottes aufgezählt. Aber am Ende sagte dieser wahre Gott, der sich in Fleisch kleidete: "Mein neutestamentlicher Name ist jetzt Jesus".

Johannes 5:43a Ich bin im Namen meines Vaters gekommen,

Jesus bedeutet "Jehovas Retter", Hoshea Yehoshua Yeshua. Das hebräische Verb Yasha bedeutet befreien, retten oder retten. Wenn Sie also nur Jesus genannt werden, sagt man Ihnen die Wahrheit. Jesus ist der Name, der über allen früheren Namen Jehovas steht. Der lang erwartete Jehova war auf der Erde unterwegs.

Jesaja 35:3 Stärkt die schwachen Hände und stärkt die schwachen Knie. 4 Sagt denen, die ängstlichen Herzens sind: Seid getrost, fürchtet euch nicht; denn siehe, euer Gott wird kommen und sich rächen, er wird kommen und euch helfen. 5 Dann werden die Augen der Blinden aufgetan und die Ohren der Tauben verstopft werden. 6 Dann wird der Lahme springen wie ein Hirsch, und die Zunge des Stummen wird singen; denn in der Wüste werden Wasser hervorbrechen und Bäche in der Wüste.

Ist das nicht der Grund, warum man uns "Jesus-only-Leute" nennt? Ja, wir sind nicht nur der Teufel, sondern nur Jesus. Eines Tages müssen alle bekennen und sich vor dem Namen Jesu verbeugen.

Philipper 2:10 dass sich vor dem Namen Jesu alle Knie beugen, die im Himmel und die auf Erden und die unter der Erde sind; 11 und dass alle Zungen bekennen, dass Jesus Christus der Herr ist, zur Ehre Gottes, des Vaters.

Das Alte Testament erklärt dasselbe für Jehova Gott und weiß, dass der zukünftige Name Jehovas Jesus sein wird.

Jesaja 45:22 Seht auf mich und werdet errettet, alle Enden der Erde; denn ich bin Gott und sonst keiner. 23 Ich habe bei mir selbst geschworen, das Wort ist aus meinem Munde gegangen in Gerechtigkeit und wird nicht wiederkehren, daß sich vor mir alle Knie beugen und alle Zungen schwören sollen.

Es ist der rettende Name für seine gesamte Schöpfung, denn in diesem Namen Jesus ist das Blut Jehovas verborgen.

Philipper 2:9 Darum hat Gott ihn auch hoch erhoben und ihm einen Namen gegeben, der über alle Namen ist:

Verstehen Sie, warum der Teufel den Namen Jesus bei der Taufe nicht verwenden darf? Weil die Taufe der Vergebung der Sünden dient, und wenn Sie den Namen des rettenden Namens Jehovas, Jesus, aussprechen, werden Ihre Sünden in diesem Namen weggewischt. In diesem Namen ist Jesus Blut verborgen.

1 Johannes 5:8 Und es sind drei, die auf der Erde Zeugnis ablegen: der Geist, das Wasser und das Blut; und diese drei stimmen in einem überein.

Wo ist das Blut? Ohne Blut keine Vergebung der Sünden. Die neutestamentliche Wassertaufe dient der Vergebung der Sünden. Der Jüngere Johannes erklärt, wo das Blut ist.

1 Joh 5: 6 Dieser ist es, der durch Wasser und Blut gekommen ist,

Auch (auch =kai= das ist) Jesus Christus; nicht durch Wasser allein, sondern durch Wasser und Blut.

Menschen, die den Namen nicht benutzen wollen, sind diejenigen, die keine Offenbarung darüber haben, wer Jesus ist. Wenn Sie keine Offenbarung über Jesus haben, dann sind Sie nicht die Gemeinde, die durch das Blut erkauft wurde. Sie beenden die Kirche, in der Jehova im Fleisch gekommen ist, um seine Braut zurückzukaufen. Sie sind ein Ablehner des Namens. Der Name Jesu hat nichts mit dir zu tun. Wer den Namen Jesu ablehnt, kennt den Vater nicht.

1 Johannes 3:1 Siehe, welch eine Liebe hat uns der Vater erwiesen, dass wir Gottes Kinder heißen sollen; darum kennt uns die Welt nicht, weil sie ihn nicht kennt. 5 Und ihr wißt, daß er offenbart worden ist, um unsere Sünden wegzunehmen; und in ihm ist keine Sünde.

Wer nicht glaubt, dass der Geist Gottes das Fleisch angezogen hat, wird ein Antichrist genannt. Wir haben eine Mehrheit von Kirchen, die auf einer falschen Lehre beruhen.

25. OKTOBER

1 Johannes warnt uns, nicht jedem Geist zu glauben. Viele, nicht wenige, aber viele falsche Propheten sind in die Welt gegangen und haben Kirchen gegründet, um sie von der Nachfolge Jesu abzubringen. Woher wissen Sie, dass diese falschen Propheten nicht glauben werden, dass Jesus Christus ist, der Messias, der Erlöser, der Sohn Gottes? Der letzte lebende Überlebende Johannes der Geliebte warnt sie und uns,

1 Johannes 4:2 Daran erkennt ihr den Geist Gottes: Jeder Geist, der bekennt, daß Jesus Christus im Fleisch gekommen ist, der ist aus Gott. 3 Und jeder Geist, der nicht bekennt, daß Jesus Christus im Fleisch gekommen ist, der ist nicht aus Gott; und das ist der Geist des Antichristen, von dem ihr gehört habt, daß er kommen soll, und er ist schon jetzt in der Welt.

Das Buch Johannes sagt, dass das Wort Gott (Wort=Gott) und sich im Fleisch manifestierte Johannes 1:1, 14. Nun erklärt sein erster später deutlich

1 Johannes 5:20 Und wir wissen, dass der Sohn Gottes gekommen ist und uns die Erkenntnis gegeben hat, damit wir den erkennen, der wahrhaftig ist, und wir sind in dem, der wahrhaftig ist, nämlich in seinem Sohn Jesus Christus. Dieser ist der wahre Gott und das ewige Leben.

Der Begriff "Sohn Gottes" bezeichnete Gott im Fleisch, nicht den Sohn Josephs. Jesus bekannte, dass er der Sohn Gottes war. Das war sehr beleidigend und wurde wegen Gotteslästerung mit dem Tod bestraft. Aufgrund dieses Bekenntnisses kreuzigten sie ihn. Das war Gotteslästerung, denn sie waren sich sicher, dass er ein Sohn Josephs war und nicht Gott im Fleisch, d. h. der Sohn Gottes. Ein gottesfürchtiger Jude versuchte, Jesus aufgrund seines Bekenntnisses, der Sohn Gottes zu sein, zu steinigen. Die jüdische Terminologie, Sohn Gottes, bedeutete Gott im Fleisch. Der Name Jesu war kein Problem, aber zu sagen, dass er Gottes Sohn ist, schon. Das machte ihn zu Gott und nicht zur zweiten Person in Satans Lehre.

Johannes 5:18 Darum trachteten die Juden am meisten danach, ihn zu töten, weil er nicht nur den Sabbat gebrochen hatte, sondern auch sagte, dass Gott sein Vater sei, und sich selbst Gott gleichstellte.

Möge der Herr Ihnen heute die Offenbarung dieses wunderbaren Namens schenken, eines Namens, der über allen seinen Namen steht. Und ich bekenne, dass ich nur Jesus bin. Amen!

LASST UNS BETEN

Herr, wir danken dir. Wir nennen Jesus nur Menschen. Es ist der Name, vor dem wir uns verneigen;

wir taufen zur Vergebung unserer Sünden. Wir kennen die Macht des Namens, denn der Dämon zittert und gehorcht. Es ist der Name, der lange Zeit verborgen war. Ich bin so froh, dass du mir das gehorsame Herz gegeben hast, mich zu taufen, um meine Sünden in deinem kostbaren Namen abzuwaschen. Herr, lass meine Familie im Namen Jesu in der Wassertaufe getauft werden. Ich habe gestaunt und war erstaunt, als ich die Operation meines Herzens sah, die mir die Schwere der Sünden Berge bewusst machte und abnahm. Wir wollen, dass andere den höchsten Namen Jehovas Gottes für diesen Neuen Bund kennenlernen. Alle Bündnisse sind alte Bündnisse, aber dieses Letzte ist mit seinem Blut. Danke, dass du Fleisch angezogen und Blut vergossen hast. Wir haben keine Worte, um dir zu danken. Herr, wir segnen deinen heiligen Namen in Jesu Namen. Amen! Gott segne Sie!

26. OKTOBER

NICHT WIE SIE BEGINNEN, SONDERN WIE SIE FERTIG WERDEN!

Es heißt, dass das Ende wichtiger ist als der Anfang. Wir wissen, dass der Herr gesagt hat: „Egal wie dunkel deine Sünden sind, wenn du Buße tust, deine Sünden im Blut Jesu durch die Wasserbaptismus wäscht, wird es deine Sünden auslöschen und du wirst rein werden. Wie schön!"

Der Schächer am Kreuz begegnete dem Herrn und sagte.

Lukas 23:40 Der andere aber antwortete und bedrohte ihn und sprach: Fürchtest du dich nicht vor Gott, da du in derselben Verdammnis bist? 41 Wir aber sind gerecht; denn wir empfangen den Lohn unserer Taten; dieser aber hat nichts Unrechtes getan. 42 Und er sprach zu Jesus: Herr, gedenke meiner, wenn du in dein Reich kommst!

Die Furcht vor Gott ist wichtig. Der Schächer rechtfertigte seine Sünden nicht, sondern bekannte sie. Er erkannte den Mann am Kreuz mit Macht und Autorität an. Wir müssen die Autorität und Macht Gottes anerkennen, um sein Gericht zu betreten. Er hat alle Macht. Der Herr Jesus hat die Macht, unsere Sünden zu vergeben, damit wir in den Himmel kommen können. Der Lohn der Sünde ist der Tod. Der Schächer am Kreuz hat sein Ziel erreicht, denn er erkannte Gott neben sich und tat, was nötig war.

43 Und Jesus sprach zu ihm: Wahrlich, ich sage dir: Heute wirst du mit mir im Paradies sein.

Alle, die in Ägypten waren, begannen ihr Leben als Sklaven. Als sie schrien, ließ Gott sie frei. In welche Familie man hineingeboren wird, ist nicht so wichtig wie die Art, wie man endet. Du kannst deinem Titel als Armer, Sklave, Nichtjude, Verlorener, Dieb, Lügner, Mörder, Hindu, Baptist, Katholik, Pfingstler, Mormone, Zeuge Jehovas oder einem anderen entkommen. Es liegt in Ihrer Hand, einen Ausweg zu finden. Die Familie von Mose war ein Sklave; David war ein Hirtenjunge, der nicht einmal von seiner Familie anerkannt wurde.

1 Samuel 16:11a Samuel sprach zu Isai: Sind alle deine Kinder hier? Er antwortete: Der Jüngste ist noch da, und siehe, er hütet die Schafe.

David beendete also nicht sein Leben, indem er seine wenigen Schafe hütete. Er suchte Gott, und Gott fand sein Herz bei ihm. Dien Gott mit deinem ganzen Herzen. Petrus wandte sich an alle, die kreuzigten oder zu kreuzigen bereit waren,

Apg 2:36 So soll nun das ganze Haus Israel wissen, daß Gott denselben Jesus, den ihr gekreuzigt habt, zum Herrn und Christus gemacht hat. 37 Als sie aber das hörten, wurden sie in ihrem Herzen geprellt und

26. OKTOBER

sprachen zu Petrus und den andern Aposteln: Männer und Brüder, was sollen wir tun? 38 Petrus aber sprach zu ihnen: Tut Buße und lasse sich ein jeglicher taufen auf den Namen Jesu Christi zur Vergebung der Sünden, so werdet ihr empfangen die Gabe des Heiligen Geistes.

Sieh, du hast Unrecht getan, aber geh nicht mit all deinen Sünden ins Grab. Bevor du die Erde verlässt, hole dir Vergebung für deine Sünden. Das ist der Weg aus der Hölle, die Sklaverei ist nicht mehr dein Anteil. Wenn du deine Sünden erkennst, dann tue Buße für deine Sünden. Und geh im Namen Jesu ins Wasser, um alle deine Sünden auszulöschen. Der Lohn der Sünde ist der Tod in der Hölle. Denkt daran, dass alle gesündigt haben. Möge der Herr uns seinen Namen geben und uns mit dem Geschenk der Reue segnen.

Sprüche 14:12 Es gibt einen Weg, der dem Menschen richtig erscheint, aber sein Ende sind die Wege des Todes.

Denken Sie immer daran, dass niemand von uns ohne Sünde geboren wird. Alle haben gesündigt, und das ist der Grund, warum Jesus kam, um das Blut zu geben. Blut hat Leben, und er gab das Leben für unsere Sünden. Diebe auf beiden Seiten des Retters. Der eine verhöhnte den Herrn, der andere bereute. Sie waren nur einen Schritt von der Hölle und dem Himmel entfernt. Paulus spricht über das liberalste Land in Korinth.

1 Korinther 6:9 Wisst ihr nicht, dass die Ungerechten das Reich Gottes nicht erben werden? Irret euch nicht: Weder Hurer noch Götzendiener noch Ehebrecher noch Verweichlichte noch Unzüchtige 10 noch Diebe noch Habsüchtige noch Trunkenbolde noch Lästerer noch Wucherer werden das Reich Gottes erben.

Gott hat die Sünder aufgerufen, die Einladung anzunehmen und die erforderlichen Schritte zu unternehmen, bevor sie die Erde verlassen. Lebt nicht unter Flüchen, Krankheiten, Fesseln und in der Dunkelheit, sondern.

11 Und solche waren einige von euch; ihr aber seid gewaschen, ihr aber seid geheiligt, ihr aber seid gerechtfertigt in dem Namen des Herrn Jesus und durch den Geist unseres Gottes.

Wasche deine Sünden im Wasser mit dem Namen Jesus. Der Name von Jesus hat Blut. Empfange den Heiligen Geist, damit er dir die Kraft gibt, in der Wahrheit zu bleiben. Möge der Herr uns helfen, die Wahrheit anzunehmen. Die Wahrheit hat die Kraft, dich zu befreien. Alle, die die Wahrheit lieben, werden sie finden. Der Name der Taufe von Jesus wird bekämpft. Und warum? Der Teufel mag das Blut nicht; er hasst das Blut, das Leben ist. Das Blut ist der Schlüssel für die Heiden und Juden, um die Rolle Jehovas im Fleisch für die Endzeit zu erkennen. Es ist der ewige Erlösungsplan Gottes für seine Schöpfung. Viele, die das Blut des Erlösers erfahren haben, können bezeugen, dass es die mächtigste Wasser Geburtserfahrung ist. Egal was passiert, wenn Sie zu Gott schreien und sagen: Ich suche einen Weg aus der Hölle. Der Herr ist barmherzig, wenn Sie nach der Wahrheit suchen, um von Sünden, Krankheiten und dem Höllenfeuer befreit zu werden. All deine Mühen werden vorbei sein. Es gibt viele sogenannte Bräuche für die Vergebung der Sünden, aber keiner hat das Blut Jesu. Wir aber haben den schönen Namen Jesus, in dem das vergossene Blut des Erlösers verborgen ist. Möge der Herr Jesus uns mit Weisheit segnen, wie der Schächer am Kreuz neben ihm. Das heißt, zu wissen, wer Jesus ist, wie der Dieb am Kreuz, Petrus, Paulus und viele andere. Wenn Sie keine Offenbarung von Jesus haben, dann werden Sie eine andere verwirrte Konfession oder Organisation gründen.

Psalm 107:6 Da schrien sie zum HERRN in ihrer Not, und er erlöste sie aus ihrer Bedrängnis.

Ich habe ein Buch gelesen, das von einem nordindischen Evangelisten geschrieben wurde. Der Mann fand die biblische Wahrheit in der Taufe auf den Namen Jesus und begann darüber zu predigen. Er war an der theologischen Hochschule und stellte den Namen Jesu in der Taufe in Frage. Das Seminar warf ihn hinaus.

Aber er sah es in der Apostelgeschichte, und so suchte er weiter nach jemandem, der ihn im Namen Jesu taufte. Schließlich führte der Herr ihn zu diesem Missionar, der die Wahrheit kannte, und er taufte ihn im Namen Jesu. Er hatte es nicht nötig, sich von dem Grad der Wahrheit beirren zu lassen. Danach gab es eine Erweckung im nördlichen Teil Indiens. Auch wenn die religiösen Autoritäten gegen ihn sprachen, war der Herr mit ihm. Viele Wunder geschahen. Er hat viele befreit. Viele finden die Wahrheit und tun nichts, um sie für die Förderung des Reiches Gottes zu verbreiten. Es geht nicht um den Broadway, sondern um den schmalen Weg. Es geht um das Finden und Bewahren der Wahrheit. Ich bin nur an der Wahrheit interessiert.

Matthäus 15:14 Lasst sie in Ruhe; sie sind blinde Führer der Blinden. Und wenn der Blinde den Blinden führt, werden beide in den Graben fallen.

Der Nachfolger Jesu endet gut. Viele sind berufen, aber wenige sind auserwählt. Nur wenige? Gott vergleicht die Zeit Noahs mit Seiner Wiederkunft. Wie viele wurden gerettet, nur acht? Wir haben die Erde mit Sünden verunreinigt. Allein zu stehen ist in Ordnung, aber ich möchte mein Rennen sicher beenden. Ich möchte das Wort „gut gemacht" hören, wenn ich durch das Perlentor gehe, um meinen Retter zu treffen. Die ganze Absicht des Lebens ist es, durch die Tür des physischen Todes einzutreten, um die ewige Ruhe meiner Seele zu finden. Amen!

LASST UNS BETEN

Herr, wir sind verloren, hab Erbarmen mit uns. Das Blut Christi hat die Sünder gerettet. Wir sind dankbar für das Blut.

Das Blut der Tiere muss nicht mehr vergossen werden. Wir haben das unbezahlbare Blut des Erlösers. Blut ist unbezahlbar und wird von vielen so wenig geschätzt. Wir, die wir gerettet sind, wissen, wie wichtig der Name Jesus in der Taufe ist. Wir sind dankbar für die Vergebung der Sünden eines Diebes. Die Welt hat ihm nicht verziehen, aber der Herr hat ihm das ewige Leben geschenkt. Unser Anliegen ist das ewige Leben. Wir wollen in die ewige Ruhe eingehen. In der Hölle gibt es keine Ruhe. Wir brauchen deine Salbung, um die Wahrheit bis zum Ende zu predigen. Es lohnt sich zu leben, auch wenn acht Gerechte gerettet werden. Unser Gott hat bis zu seinem letzten Atemzug auf Erden gepredigt. Es ist nie zu spät, sich an dich zu wenden, um den Plan der Erlösung zu hören. Wir wollen ein Prediger der Wahrheit sein. Die Wahrheit wird und hat Menschen vom Höllenfeuer, von Krankheiten, Unterdrückung und Seuchen befreit. Wir danken dir für die Wahrheit, in Jesu Namen. Amen! Gott segne Sie!

27. OKTOBER

PFLANZE DAS WORT WIE EINEN SAMEN!

Die Bibel spricht von der Saat. Der Same ist das Wort Gottes, und wenn du sprichst, keimt der Same. Wenn du anderen vom Wort Gottes erzählst und sie darauf reagieren, indem sie dem Wort Gottes glauben und gehorchen, wirst du sehen, wie sich die Kraft in dir und in denen, die glauben, manifestiert. Viele tun nicht Buße, so dass das Wort auf schlechtem Boden nicht wachsen kann. Dein Herz ist der Ort, an dem dein Leben beginnt.

Markus 7:20 Und er sagte: Was aus dem Menschen herauskommt, das verunreinigt den Menschen. 21 Denn von innen, aus dem Herzen des Menschen, kommen böse Gedanken, Ehebruch, Unzucht, Mord, 22 Diebstahl, Habsucht, Bosheit, Betrug, Lüsternheit, ein böser Blick, Lästerung, Hochmut, Torheit: 23 Alles dieses Böse kommt von innen und verunreinigt den Menschen.

Das Herz muss geerdet werden und rein sein. Wir müssen also Buße tun und aufhören, in Sünde zu leben. Jesus Christus musste nicht umkehren, weil er ein sinnloser Gott im Fleisch war. Wenn du also anfängst, in Gerechtigkeit zu wandeln und alles Böse aus deinem Herzen entfernst, fang an, das Wort Gottes zu pflanzen, und es wird wachsen. Wenn du betest und das Wort Gottes praktizierst, wirst du die Kraft des Wortes sehen.

1 Petrus 1:22 Da ihr nun eure Seelen gereinigt habt im Gehorsam der Wahrheit durch den Geist zur ungeheuchelten Liebe zu den Brüdern, so seht zu, dass ihr einander mit reinem Herzen eifrig liebt; 23 denn ihr seid wiedergeboren, nicht aus vergänglichem, sondern aus unvergänglichem Samen durch das Wort Gottes, das da lebt und bleibt in Ewigkeit. 24 Denn alles Fleisch ist wie Gras und alle Herrlichkeit des Menschen wie die Blume des Grases. Das Gras verdorrt, und seine Blume verwelkt; 25 aber das Wort des Herrn bleibt ewiglich. Und dies ist das Wort, das euch durch das Evangelium verkündigt wird.

Vor langer Zeit gab eine meiner Arbeitskolleginnen ein Zeugnis von der Kraft der Saat in ihrem Herzen. Ihr Ehemann versuchte, sie zu einem Anruf zu überreden, aber sie zögerte, da sie der Meinung war, dass es nicht das Richtige sei, dies zu tun. Da sie nun Christin war, weigerte sie sich, es zu tun, und ihr Mann, der betrunken war, stand auf und schlug sie. Als sie versuchte, sich zu verteidigen, kam ihr diese Schriftstelle in den Sinn und ins Herz, und sie sprach 1. Johannes 4,4b: "Größer ist der, der in dir ist (der in ihr ist), als der, der in der Welt ist. Dann hörte sie einen großen Knall und ihr Mann wurde wie ein Ball gegen die Wand geschleudert. Sie wusste, dass es ein Engel war. Nach diesem Vorfall versuchte er nie wieder, ihr etwas anzutun.

Es liegt Macht darin, das Wort Gottes zu sprechen. Aus der Fülle des Herzens redet der Mund. Füttern Sie also Ihr Herz und Ihren Verstand mit dem Wort Gottes, der Bibel. Wenn Sie das tun, wird es aus Ihrem Mund kommen. Deine Aufgabe ist es, das Wort in den guten Boden deines Herzens zu pflanzen und alles Schlechte, das gekeimt hat, auszujäten.

ELIZABETH DAS

Jesus ist das fleischgewordene Wort. Er schrieb das Wort Gottes, wenn er sprach, wurden blinde Augen geöffnet und fehlende Gliedmaßen geheilt. Alles, was er tat, war das Wort zu sprechen. Verstehen Sie, warum der Herr tat, was er tat? Ich weiß, dass das Sprechen des Wortes eine große Salbung bewirkt. Eines Tages musste ich ein paar Tischdecken kaufen. Ich sagte: Herr, ich hasse es, ins Einkaufszentrum zu gehen, aber du weißt genau, wo ich hingehen muss, also bitte führe und leite mich dorthin. Ich ging zu dem Ort, an dem die Tischtücher lagen.

Was wir in unserem Herzen haben, werden wir auch aussprechen. Wenn wir Angst, Wut, Eifersucht, Stolz oder irgendetwas anderes haben, das nicht gut ist, wird es auch herauskommen. Es liegt in unserer Verantwortung, SEINE Gebote in unser Herz zu legen.

Deuteronomium 6:6 Und diese Worte, die ich dir heute gebiete, sollen in deinem Herzen sein. 7 Und du sollst sie deine Kinder fleißig lehren und davon reden, wenn du in deinem Hause sitzt und wenn du auf dem Wege gehst, wenn du dich niederlegst und wenn du aufstehst. 8 Und du sollst sie zum Zeichen auf deine Hand binden, und sie sollen wie Stirnbänder zwischen deinen Augen sein. 9 Und du sollst sie an die Pfosten deines Hauses und an deine Tore schreiben.

Das erste Gebot steht an erster Stelle, denn in dieser Welt haben die Menschen viele Götter und Göttinnen. Nun, Sie wissen, was Gott sagt, und der Teufel sagt genau das Gegenteil.

Deuteronomium 6:4 Höre, Israel! Der Herr, unser Gott, ist ein einziger Herr. 5 Und du sollst den Herrn, deinen Gott, lieben von ganzem Herzen, von ganzer Seele und mit all deiner Kraft.

Dies ist das allererste Gebot. Was haben Sie in Ihrem Herzen? Das erste Gebot oder eine falsche Lehre? Die Irrlehre hat es auf das allererste Gebot abgesehen. Gute Arbeit, Teufel. Der Schreiber stellte die erste Frage.

Markus 12:28 Es kam aber einer der Schriftgelehrten und hörte, wie sie miteinander redeten, und merkte, dass er ihnen gut geantwortet hatte, und fragte ihn: Welches ist das erste Gebot von allen?

Siehe die Antwort. Das ist es, was Juden immer in ihr Herz gepflanzt haben. Gott kann nicht zwei oder drei werden.

Markus 12:29 Jesus antwortete ihm: Das erste aller Gebote ist: Höre, Israel: Der Herr, unser Gott, ist ein einziger Herr. 30 Du sollst den Herrn, deinen Gott, lieben von ganzem Herzen, von ganzer Seele, von ganzem Gemüt und von ganzer Kraft; das ist das erste Gebot.

Dies sind die grundlegenden Worte, die wir als Samen pflanzen müssen. Wenn wir Fragen haben, müssen wir uns an den Autor des Buches wenden. Sein Name ist Jesus. Wenn Sie Fragen zu seiner Identität haben, gehen Sie zu ihm. Er sagte: "Ändert das Wort nicht, sondern lasst es so, wie ich es geschrieben habe. Diese Offenbarung kommt durch seinen Geist, nicht durch Fleisch und Blut. Das bedeutet, dass sie nicht zu jemandem geht, der das erste Gebot übertreten hat und mit dem Teufel übereinstimmt, der mehr weiß als Gott. Es geht um Ihre Seele und Ihr Seelenheil. Gott hat die Wahrheit vor einem verborgen, der die Wahrheit nicht liebt. Der Teufel stiehlt das gepflanzte Wort, wenn du dein Herz nicht hütest, indem du dem Wort gehorchst. Wenn Sie weitere Fragen haben, studieren Sie das Wort aus einer echten, unverfälschten Kopie der Bibel, nämlich der KJV.

Das Wort, das auf sauberen, gedüngten Boden gepflanzt wird, wird gute Heilige hervorbringen. Möge der Herr uns leiten, dass wir niemals mit der Menge übereinstimmen, die falschen Lehrern und Propheten folgt.

27. OKTOBER

Jemand stellte die Frage, warum wiedergeborene Christen, die im Namen Jesu getauft sind, ein schweres Leben haben. Falsche Lehrer und Propheten versuchen, die Menschen davon abzuhalten, den schmalen Pfad zu betreten. Wir gehen durch die enge Pforte , was so viel bedeutet wie begrenzt. Sie befinden sich nicht auf einem breiten Weg. Jesus und alle seine Jünger bewahrten das Wort in Zeiten der Not. Obwohl der Herr sie aus einigen herausholte. Nein, der Herr hat sie aus allen herausgeführt. Denken Sie daran, dass es unsere Aufgabe ist, die Wahrheit zu pflanzen. Warte, bis das Wort sprießt, und der Mund des Teufels wird sich schließen. Wenn Sie Kranke heilen, Dämonen austreiben und Tote auferwecken, ist das nicht so wichtig, aber dass Gott Ihren Namen in das Buch des Lebens schreibt, ist wichtiger als alles andere. Ich spiele die Audio-Bibel 24/7. Ich will nichts anderes als das Wort Gottes in meinem Herzen. Amen!

LASST UNS BETEN

Herr, du bist immer wieder erstaunlich. Wir sind sehr privilegiert, das Wort von dir zu hören. Es ist nicht das Wort eines Menschen, sondern das Wort Gottes. Hilf uns, zu lesen, zu studieren und zu meditieren, um Orientierung im Leben zu finden. Wir wollen ein heiliges, rechtschaffenes und königliches Geschlecht genannt werden. Es ist der Herr, der uns aus der Finsternis in sein wunderbares Licht gerufen hat. Dein Wort ist Licht in uns. Jede Lampe, die wir haben, ist dein Wort. Hilf uns, Herr zu werden, was das Wort sagt. Hilf uns zu glauben, wie es dein Wort sagt. Dein Wort ist die einzige Bürgschaft, die wir haben. Es ist ein Blankoscheck, den wir nicht behalten, sondern ausfüllen müssen, um ihn einzulösen. Wir können dein Wort mit unserem Namen, dem Namen unserer Kinder und dem Namen von wem auch immer ausfüllen. Es ist immer gut, in jeder Situation und unter allen Umständen. Unsere Herzen quellen über Dankbarkeit, wenn wir die Manifestation des Wortes in menschlicher Gestalt erleben. Viele haben die Macht des Wortes erfahren. Lasst Gott in unseren Herzen als den Heiligen Geist leben. Du erfüllst die Welt, aber komm und lebe in uns. Wir danken dir für das Wort, das in uns lebt, in Jesu Namen! Amen! Gott segne Sie!

28. OKTOBER

DEIN REICH KOMME AUF ERDEN!

Gott herrscht im Himmel. Er schuf die Erde und gab dem Menschen die Autorität, die Erde zu bewachen, zu verwalten und in Ordnung zu halten. Wenn du gottgegebene Aufgaben erfüllst, dann wird der Herr Seinen Teil tun. Aber wenn du es nicht tust, wirst du alle Macht und Autorität verlieren. Nun musste der Herr gegen den Teufel kämpfen, der eine nachlässige Frau und einen Mann verführt hat. Möge der Herr dir ein großes Bild vom Königreich zeigen und wie es unter dem souveränen Gott geführt wird. Der Herr hat dir einen Weinberg gegeben, um ihn zu pflegen. Wo irrst du herum, schaust und redest? An verbotenen Orten? Möge der Herr uns helfen, besonders achtsam zu sein, unsere Schritte, Augen und unser Leben zu bewachen. Unsere Entscheidungen im Leben bringen entweder eine schreckliche oder eine große Belohnung. Viele haben eine Richtung eingeschlagen ohne einen Direktor. Viele haben sich selbst fehlgeleitet ohne einen Führer. Du kannst nicht leben ohne den Direktor deines Lebens.

Unser Leben hat einen großen Sinn, wenn du ihn findest. Halten Sie durch und gehen Sie weiter bis zum Zeichen des Kreuzes. Paulus fand den König, erlaubte ihm, sein Herrscher zu sein, und stellte sein Leben in den Dienst des Reiches Gottes. Wir kennen Gott nicht oder wissen so wenig, dass wir jedem glauben, der von Jesus spricht. Wir springen in das Boot und denken, dass es in den Himmel fährt. Vergewissern Sie sich, dass das Boot den Heiligen Geist als Führer hat.

Unser Gott kann das Himmelreich auf die Erde bringen, wenn er einen gehorsamen Zuhörer wie Mose und Abraham hat. Gehorsam und Unterwerfung sind der Schlüssel zu deinem Erfolg. Der eine wahre Gott hat dich und mich erschaffen, aber vorher hat er den Ort für dich und mich geschaffen. Gott liebt es, der König und Retter zu sein, aber derjenige, der ihn als König wählt, sind wir. Es liegt in unserer Verantwortung, Gott der Herrscher, Versorger und Retter der Erde sein zu lassen. Der Erdenmensch ist ein Mensch, und Gott hat uns einen freien Willen mit sehr wenigen Einschränkungen gegeben. Eine kleine Einschränkung war nur, um zu prüfen, ob sie gehorchen sollten oder nicht. Oft wünsche ich mir, Gott hätte uns wie einen Roboter gemacht. Aber unser liebender Gott hat uns den freien Willen gegeben, zu wählen, wem wir dienen wollen. Gott oder uns selbst. Unser Selbst wird uns führen oder von der irdischen Falle in die Irre geführt werden. Achten Sie auf Gottes Anweisungen und halten Sie sich von Satans ablenkenden Plänen fern. Unser guter Gott wollte zu unserem Wohl mit uns gehen und reden. Unser Wohlergehen war seine Verantwortung. Aber wir wollten Gott ausschließen, indem wir ein Gesetz brachen. Verboten waren seine und unsere Prüfung. Der Herr sagte: "Könnt ihr mich als euren souveränen Gott wählen, der sich um euch kümmert?" Wir haben immer einige Gesetze im Land. Sie setzen einige Gesetze durch, wenn wir uns entscheiden, nicht zu gehorchen. Gott gibt uns alles, der Teufel stellt uns Fallen, indem er uns dazu bringt, in die Falle zu gehen. Der Teufel ist ungehorsam und zeigt uns das auch. Wenn Gott sagt, du sollst nicht, dann sagt der Teufel, du musst es versuchen und es einfach tun.

28. OKTOBER

Unser Gott kann tun, was Er Seiner Schöpfung versprochen hat. Aber findet Er jemanden, der weiß, wie man Seinen Anweisungen folgt? Findet Er jemanden, der hört und es tut? Wenn der Herr einen König findet, der gehorcht, dann kann Er Sein Königreich wieder auf die Erde senden. Unser Gott braucht jemanden, der hören und gehorchen kann. Wie würdest du dich fühlen, wenn du eine Firma besitzt und niemand hört auf dich? Du kannst das Geschäft nicht weiterführen. Wenn wir uns weigern, den Herrschern unseres Hauses zu gehorchen, dann wird es Chaos geben.

Gott sucht jemanden, der ihn als Chef, Meister, Führer und Gott haben will. Das war damals im Garten Eden der freie Wille und ist auch heute noch der freie Wille. Viele verstehen die Liebe Gottes nicht. Er liebt alle Sünder, aber nicht ihre Sünden. Unsere Sünden trennen uns von seiner Rolle als König in unserem Leben. Ob Sie es wissen oder nicht, sobald Sie eine Übertretung begehen, wird Gott Sie aus der Beziehung ausschließen. Er erlaubte den Zuhörern im Gehorsam, ihn gegen alle Widerstände zu vertreten. Der Herr kann sein Reich nicht ohne Bürger bringen, die ihn respektieren und verehren.

Unser Gott will, dass du und ich auf Seine Stimme hören. Er will, dass sie wissen, dass Sein Königreich im Himmel auf die Erde kommen kann. Der Reichtum an Erkenntnis, Segen, Schutz, Reichtum, Ehre, Weisheit, Macht und Stärke vom Herrn wird dir gehören. Möge unser Herr uns helfen, damit der göttliche Plan Gottes heute wirken kann, der im Garten Eden nicht funktioniert hat. Prüfe dich selbst und sage: Herr, hilf mir, ich will, dass dein Wille geschieht auf Erden, wo ich lebe und wo du mir Macht gegeben hast, zu herrschen.

Mose 1:26 Und Gott sprach: Lasset uns Menschen machen als unser Abbild, uns gleich, und sie sollen herrschen über die Fische im Meer und über die Vögel unter dem Himmel und über das Vieh und über die ganze Erde und über alles Gewürm, das auf Erden kriecht. 27 Und Gott schuf den Menschen als sein Abbild, als Abbild Gottes schuf er ihn; als Mann und Frau schuf er sie. 28 Und Gott segnete sie und sprach zu ihnen: Seid fruchtbar und mehret euch und füllet die Erde und machet sie euch untertan und herrschet über die Fische im Meer und über die Vögel unter dem Himmel und über alles Getier, das auf Erden kriecht.

Wollen Sie die Herrschaft zurück? Es ist immer noch möglich, wenn Sie zum Herrn zurückkehren. Blockieren Sie andere Stimmen, auf die Sie hören, und hören Sie auf, dem zu folgen, was Sie für richtig halten. Möge der Herr uns leiten, wenn wir ihn suchen, und uns den Glauben schenken, uns zu ergeben, ohne Angst vor jeder weltlichen Autorität. Es gibt Positionen in seinem Reich, die er geben kann. Er braucht keine feigen, rebellischen oder ungehorsamen Menschen, um sein Reich zu bauen. König Jesus kennt viele rebellische, religiöse und ungehorsame Menschen, die ihr Reich bauen. Aber bei Gott muss man zuhören, gehorchen und sich unterordnen. Keine weiteren Fragen. Er wird Sie zu Ihrem erwarteten Ende führen. Ist das nicht schön? Diejenigen, die auf Gott hörten und ihm gehorchten, waren die reichsten und gesegnetsten Menschen. Gott war ihr König.

Mose 13:2 Und Abram war sehr reich an Vieh, Silber und Gold.

Indem sie Gott gehorchten, wurden Jakobs Kinder wohlhabend.

Mose 30:43 Und der Mann vermehrte sich gewaltig und hatte viel Vieh, Mägde und Knechte, Kamele und Esel.

Selbst eine Hungersnot kann die Vermehrung ihrer Ernten nicht aufhalten.

Mose 26:12 Da säte Isaak in jenem Land und erhielt in demselben Jahr hundertfachen Ertrag; und der HERR segnete ihn. 13 Und der Mann wurde groß und ging voran und wuchs, bis er sehr groß wurde:

ELIZABETH DAS

Siehst du, wir wollen alles, aber wir wollen Gott nicht als König. Wenn wir es doch wollen, dann wird Sein Königreich in uns gegründet. Ein Land kann viele Schwierigkeiten haben – zu viel Regen oder kein Regen, Tornado, Hurrikan, Erdbeben oder Lava –, aber Gott sagt: Wenn du mich lässt, kann ich helfen. Gott weiß, wie man versorgt und wie man segnet. Lass den Herrn der Herrscher deines Lebens sein. Er will Sein Königreich hier auf Erden, aber Er braucht jemanden, der Ihm das erlaubt. Viele lehnen Gott ab, ohne es zu wissen, aber heute übergib dich dem Herrn und sieh, wie gut Er ist. Er ist mein König und Gott geworden. Seit über 20 Jahren habe ich nicht gearbeitet und sehe dennoch Wunder und Versorgung. Viele große Dinge hat Er in meinem Leben getan. Seine Versorgung, Heilung, Schutz und Segen sind mir zuteilgeworden. Er hat mich reich gemacht mit Seinem innewohnenden Geist. Er hat guten Geschmack in sich. Bitte, lass Ihn heute dein König sein. Er will dich zu deinem erwarteten Ende führen. Lass Sein Königreich auf die Erde kommen. Amen!

LASST UNS BETEN

Himmlischer Vater, wir danken dir für deinen Wunsch, Herrscher und König über unser Leben zu sein. Danke, dass du uns das Geschenk des Lebens gemacht hast. Hilf und stärke uns, dich zum König über unser Leben werden zu lassen. Unser Herr ist gut, und er möchte sein Reich auf Erden wie im Himmel nur dann bringen, wenn wir es zulassen. Wir sind es, die ihm erlauben, der Herr unseres Lebens zu sein. Unser Gott, wir wollen, dass dein Reich kommt. Herr, halte uns für würdig und treu. Möge der Herr uns seinen Geist geben, um uns zu leiten und zu führen. Unser Gott ist ein Erhalter unserer Seele. Möge unser Herr sein Wort an alle senden, die sein Reich in ihrem Leben und in ihrem Land wünschen und wollen. Herr, sorge dafür, dass dein Wille auf Erden geschieht wie im Himmel. In Jesu Namen. Amen! Gott segne Sie!

29. OKTOBER

SIND SIE BLUTGEKAUFT?

Blut hat Leben. Dein Leben wird durch das Leben eines anderen gerettet. Das bedeutet, jemand musste sein Blut vergießen, um dein Leben zu retten. Denk daran: Um dich vor der Todesstrafe durch die Sünde zu retten, wird es jemanden das Leben kosten – das liegt im Blut. Der Lohn der Sünde ist der Tod. Gott sagte, die letzte Plage sei, die Erstgeborenen der Ägypter zu töten. In der Nacht, in der Gott die Erstgeborenen töten wollte, sagte Er: Geh und töte das Lamm. Der Herr hat dich durch das Blut eines Lammes herausgeführt.

Mose 11:1 Und der HERR sprach zu Mose: Ich will noch eine Plage über den Pharao und über Ägypten kommen lassen; danach wird er euch von dannen ziehen lassen, und wenn er euch von dannen ziehen läßt, wird er euch von dannen treiben. 4 Und Mose sprach: So spricht der HERR: Gegen Mitternacht will ich mitten in Ägypten hinausgehen; 5 und alle Erstgeburt in Ägyptenland soll sterben, von der Erstgeburt des Pharao, der auf seinem Thron sitzt, bis zur Erstgeburt der Mägde, die hinter der Mühle sind, und alle Erstgeburt des Viehs.

Dies war die Todesstrafe, die der Herr über die Erstgeborenen der Ägypter verhängt hatte. Um die Hebräer zu retten, forderte der Herr sie auf, ein Lamm zu nehmen und es zu töten. So gab Gott das Blut des Lammes für das Leben der Hebräer.

Mose 12:21 Da rief Mose alle Ältesten Israels zu sich und sagte zu ihnen: Zieht aus und nehmt euch ein Lamm nach euren Sippen und schlachtet das Passah. 22 Und ihr sollt einen Bund Ysop nehmen und ihn in das Blut tauchen, das im Becken ist, und die Oberschwelle und die beiden Seitenpfosten mit dem Blut im Becken bestreichen; und niemand von euch soll vor die Tür seines Hauses gehen bis zum Morgen.

Es ist eine Tatsache, dass Sie, wenn Sie nicht durch das Blut erkauft sind, mit der Todesstrafe rechnen müssen und zum ewigen Tod anstatt zum ewigen Leben berufen werden. Verstehen Sie nun, warum Gott die Sünden von Adam und Eva durch die Tötung des Tieres deckte?

Mose 3:21 Und Gott der Herr machte Adam und seiner Frau Mäntel aus Fellen und bekleidete sie.

Blut rettet das Leben und die Seelen der Sünder. Möge der Herr uns ein Verständnis dafür geben, dass die Sünde die Seele Strafe im Feuersee kosten wird. Du willst nicht im Feuer der Hölle leiden, besonders wenn du nicht dorthin gehen willst. Jedes Jahr führte der Priester ein kostspieliges Blutvergießenes Ritual durch, um eine Seele zu retten.

Leviticus 17:11 Denn das Leben des Fleisches ist im Blut, und ich habe es euch auf den Altar gegeben, um eure Seelen zu versöhnen; denn es ist das Blut, das die Seele versöhnt.

ELIZABETH DAS

Das Vergießen von Tierbluten reicht nicht aus, um die Vergebung der Sünden in unserer Blutlinie zu erlangen. Das Tierblut Opferritual war nur für ein Jahr gültig. Wir brauchen menschliches Blut, um die Menschheit vor dem ewigen Tod der Seele zu retten. Wir können auf der Erde überleben, indem wir das Blut eines Tieres vergießen, aber es hat keine Macht, die Seele vor der ewigen Strafe der Hölle zu retten.

Hebräer 10:8 Oben, als er sagte: "Opfer und Speisopfer und Brandopfer und Sündopfer wolltest du nicht und hattest auch keinen Gefallen daran, die durch das Gesetz dargebracht werden;

Sündhaftes menschliches Blut ist nicht gut genug, um den Preis für unsere Sünde, den ewigen Tod, zu bezahlen. Wir brauchen sinnloses Blut. Gott sagte, ich würde Fleisch anziehen und das Blut selbst bekommen.

Hebräer 10:7 Da sprach ich: Siehe, ich komme, um deinen Willen zu tun, o Gott, wie es im Buch geschrieben steht.
Gott kam leibhaftig.

1 Tim 3,16 wurde zum Lamm, um das Blut zu vergießen.

Johannes 1:29 Am nächsten Tag sieht Johannes Jesus zu sich kommen und sagt: Siehe, das Lamm Gottes, das die Sünde der Welt wegnimmt.

Dieses Lamm hatte dich und mich im Sinn, um unsere Seele zu retten. Das Blut eines Tieres kann das nicht.

Hebräer 10:4 Denn es ist nicht möglich, dass das Blut von Stieren und Böcken die Sünden wegnimmt.

Verstehen Sie den herrlichen Plan für die Dispensation Gottes, auch Dispensation der Gnade genannt? Wir haben das Blut des allmächtigen Gottes und nicht das des Tieres. Wenn Sie das Blut Jesu ablehnen, dann haben Sie keine Rettung. Denken Sie zweimal oder dreimal nach, bevor Sie den Namen Jesus in der Taufe ablehnen. Und warum? Weil Gott das Blut unter dem Namen Jesu versteckt hat.

1 Johannes 5:6a Dieser ist es, der durch Wasser und Blut gekommen ist, nämlich Jesus Christus, nicht durch Wasser allein, sondern durch Wasser und Blut.

Die Wassertaufe muss den Namen Jesus Christus als Blut enthalten. Was hat Gott für seine Kirche oder Braut getan? Er hat sein Blut gegeben. Unsere Sünden haben Ihn sein Leben gekostet. Wenn Adam und Eva nicht getan hätten, was sie getan haben, dann wäre es nicht nötig gewesen, das Blut zu vergießen. Möge der Herr Ihnen ein Verständnis dafür geben, dass die Folgen unserer Sünden jemanden brauchen, der das Blut vergisst.

Apg 20:28b um die Gemeinde Gottes zu weiden, die er mit seinem eigenen Blut erkauft hat.

Gott hat dich und mich mit seinem Blut erkauft, indem er sich selbst im Fleisch manifestiert hat. Wo also ist das Blut? Gott hat sein Blut unter dem Namen Jesus versteckt. Wenn Sie unter Wasser gehen und Gottes rettenden Namen Jesus aussprechen, wird er zu Blut, das alle Sünden wegwischt. Jesus ist der rettende Name von Jehovas Retter. Du musst diesen Namen annehmen, wenn du ins Wasser gehst, damit dir deine Sünden vergeben werden. Wenn du den Namen nicht annimmst, dann gibt es auch kein Blut. Und wenn es kein Blut gibt, dann gibt es auch keine Vergebung der Sünden.

29. OKTOBER

Matthäus 26:28 Denn das ist mein Blut des neuen Testaments, das für viele vergossen wird zur Vergebung der Sünden.

Petrus, der ein Jude war, rettete den Sünder vor dem Blut des Erlösers. Kein Tierblut mehr! Halleluja! Die allererste Kirche, die gegründet wurde, wurde mit dem Blut Jesu erkauft.

Apostelgeschichte 2:38b Tut Buße und lasst euch alle taufen auf den Namen Jesu Christi zur Vergebung der Sünden. 41 Da ließen sich taufen, die sein Wort gern annahmen; und an demselben Tag wurden ihnen etwa dreitausend Seelen zugerechnet.

Die Samariter wuschen ihre Sünden mit Blut ab, indem sie sich in Jesu Namen taufen ließen.

Apostelgeschichte 8,16 wurden sie auf den Namen des Herrn Jesus getauft).

Das erste Mal, dass ein Heide oder Nichtjude die Vergebung der Sünden erhielt.

Apg 10:48 Und er befahl ihnen, sich auf den Namen des Herrn taufen zu lassen.

Die Sünden des Jüngers von Johannes dem Täufer wurden durch die Kraft des Namens Jesu gereinigt.

Apostelgeschichte 19:5 Als sie das hörten, ließen sie sich auf den Namen des Herrn Jesus taufen.

Der demütige Jünger Johannes der Täufer musste zweimal unter Wasser gehen. Aber sie haben es richtig gemacht. Ich wurde zuerst getauft, indem ich mit Wasser gesprengt wurde, was keine Taufe ist. Aus Gehorsam wurde ich ein zweites Mal getauft, als ich die Stimme des Herrn hörte, die mich aufforderte, in Jesu Namen getauft zu werden. Ich lernte, wie mächtig diese Erfahrung war. Kein Wunder, dass der Teufel den Namen von Jesus bekämpft. Das wissen Sie jetzt. Es ist das Blut, das Leben ist, gegen das der Teufel kämpft. Fliehen Sie vor denen, die den rettenden Namen Jesus nicht annehmen, wenn sie sich taufen lassen. Sie sind bösartige Wölfe. Amen.

LASST UNS BETEN

Heiliger Jesus, himmlischer Vater, einziger Geist, wahrer Gott, danke, dass du in diese Welt gekommen bist, um dein Blut zu vergießen. Danke, dass du das sündlose Opfer für mich und die ganze Welt bist. Alle, die unter Wasser gegangen sind und den Namen Jesus angenommen haben, haben das Blut. Wir wissen, dass Jehova Gott das Lamm wird, das die Sünden der Welt wegnimmt. Herr, wir lassen den Namen Jesu zur Vergebung unserer Sünden ins Wasser steigen. Wir wissen, dass Vater, Sohn und der Heilige Geist nicht die Namen, sondern nur die Titel des einen wahren Gottes sind. Wir danken dir, dass du uns eine Offenbarung von Jesus gegeben hast. Er ist der einzige rettende Name für unsere Seelen. Unser einziger wahrer Gott hat Blut gegeben. Es ist für alle, die das lebenspendende Blut annehmen. Möge der Herr uns zu Teilhabern an diesem großen Evangelium machen, das von den Jüngern gepredigt wurde, die deine Offenbarung hatten. Herr, wir danken dir, dass du uns vor dem Höllenfeuer gerettet hast. Es hat dich dein Leben gekostet, dass du dein Blut vergossen hast. Wir sind dem himmlischen Vater in Jesu Namen zu Dank verpflichtet. Amen! Gott segne Sie!

30. OKTOBER

WERDEN SIE TRANSPARENT!

Transparent bedeutet kristallklar und unzweideutig. Wenn jemand etwas sagt, von dem man weiß, dass es wahr ist, muss man es nie in Frage stellen, weil er die Wahrheit sagt.

Wenn du zum Altar Gottes gehst, musst du transparent sein. Sei klar, wenn du deine Sünden vor Gott bekennst. Er kennt sie bereits. In dem Moment, in dem du bekennst, weiß Gott, dass du Ihn und Seine Stellung anerkennst. Du hast Gott als Richter erkannt, der alles weiß. Er wird vergeben und Barmherzigkeit mit dir haben. Gott weiß, dass wir Staub sind und viele Fehler haben. Wir können nicht perfekt sein. Gehe zum Gnadenthron Gottes.

Hebräer 4:16 So lasst uns nun kühn zum Thron der Gnade treten, damit wir Barmherzigkeit erlangen und Gnade finden, zu helfen, wenn wir in Not sind.

Wer Gott nicht kennt, sorgt sich um die Gesellschaft, die Menschen und andere. Sorgen Sie sich um Gott, der weiß, wo Sie sind, was Sie getan haben und was die Folgen Ihrer Sünden sind. Die großen Menschen bereuen, nicht die kleinen. Sie machen immer andere für ihr Fehlverhalten verantwortlich. Die großen Leute wissen, dass ich mich nur um den hohen Richter kümmern muss, der alles weiß. Wenn wir sündigen, ist derjenige, der uns am Ende bestrafen wird, Gott, unser Schöpfer. Warum sich also Sorgen um andere machen? Das ist sinnlos. Unsere Aufgabe ist es, unsere Fehler, unsere Sünden und unsere Übertretungen zu bekennen. Ich glaube nicht, dass wir zu irgendeinem Menschen gehen, wenn wir gegen Gott sündigen. Wir gehen zu anderen, wenn wir einen Fehler haben, aber nicht die Sünden.

Wir sehen die Sünden der Familien, der eigenen Person und die Sünde in Unwissenheit. Alle Sünden müssen hier auf Erden angesprochen werden. Wir leben in einer Zeit, in der Sünder mit dem Finger auf andere zeigen, anstatt zu bekennen und Buße zu tun. Ich habe gesehen, wie diejenigen, die Unrecht tun, anderen die Schuld geben. Sie sind unwissend. Diese Menschen kennen Gott nicht. Nun werden sie keinen Ausweg aus der Hölle haben, da sie nicht bekennen wollen.

Sprüche 28:13 Wer seine Sünden verdeckt, dem wird es nicht gelingen; wer sie aber bekennt und vergibt, dem wird Barmherzigkeit zuteil.

Haben Sie schon Menschen gesehen, die ihre Sünde bekennen und trotzdem weitermachen? Das ist nicht mutig, sondern leichtsinnig. Der Lohn der Sünde ist der ewige Tod. Wenn Sie die Sünde ansprechen und einen notwendigen Schritt tun, dann haben Sie einen Ausweg. Wir alle haben gesündigt. Keiner ist perfekt. Also, bekennen Sie und lassen Sie sich in Jesu Namen taufen, um Ihre Sünden abzuwaschen?

30. OKTOBER

Der Himmel ist nicht für die Sünder, sondern für die Heiligen. Seine Braut nahm den Namen an, als sie ins Wasser ging, in Jesu Namen. Hat uns der Schöpfer des Himmels nicht den Weg hinaus gezeigt?

Hohelied Salomos 1:3 Wegen des Duftes deiner guten Salben ist dein Name wie ausgegossenes Salböl, darum lieben dich die Jungfrauen.

Micha 6:8 Er hat dir gezeigt, was gut ist, und was verlangt der Herr von dir, außer gerecht zu handeln, Barmherzigkeit zu üben und demütig zu sein vor deinem Gott?

Ihr Weg muss der gerechte Weg zu Gott sein. Durch das Lesen der Bibel haben wir das Wort, um richtig von falsch zu erkennen. Wir leben in einer Zeit, in der die Menschen nicht wissen, was richtig oder falsch ist. Viele bekennen ein sündiges Leben ohne Wiedergutmachung. Bekenne deine Sünden vor Gott zur Vergebung, und es wird dich von der Sünde reinigen. Das vollständige Abwenden von der Sünde hat Erlösung. Gott kann dich zu deinem ursprünglichen Status wiederherstellen.

Psalm 32:1 Wohl dem, dem die Übertretung vergeben und die Sünde zugedeckt ist! 2 Selig ist der Mensch, dem der Herr keine Schuld zurechnet und in dessen Geist keine Arglist ist.

Also seien Sie aufrichtig. Habt keine Angst. Gott hat einen Erlösungsplan für Sie. Gott wird Sie wiederherstellen, wenn Sie sich von Ihren Sünden abwenden. Wiederherstellung ist nur für denjenigen möglich, der es so sagt, wie es ist.

Der Unterschied zwischen König Saul und König David bestand darin, dass David transparent war, Saul aber nicht. König Saul sorgte sich um die Menschen und fürchtete sie. Er war nicht aufrichtig, und das kostete ihn seinen Thron. König David hingegen strebte nach dem Thron aus Barmherzigkeit. David kümmerte sich nur um Gott, weil er Gott kannte. Er sagte: "Ich bin nackt vor dir; du weißt alles." Ich brauche also Barmherzigkeit. Wir sollten direkt hingehen und transparent werden, indem wir unsere Sünden bekennen. Gott hat ihn nicht vom Thron gestoßen, und seine Kinder auch nicht. Tatsächlich ist Messias durch seine Blutlinie gekommen. Haben Sie keine Angst vor Menschen, Positionen oder Sicherheit. Wenn du die Wahrheit sagst, bist du geschützt.

Haben Sie schon von einigen Gerichtsverfahren gehört? Fragen Sie sich nicht, warum Kriminelle die Zeit und das Geld anderer verschwenden müssen? Es ist eine Verschwendung von Zeit und Geld, das staatliche System in Schwierigkeiten zu bringen. Nun sind einige Fälle lächerlich. Manche sind Gewohnheits-Lügner. Wenn Sie gestehen, hat der Richter vielleicht Erbarmen mit Ihnen.

Ich kenne einige Menschen, die aus Gewohnheit lügen. Alles, was sie erzählen, sind Lügen. Das ist selbstschädigend und schadet ihrem Ruf. Herr, hilf uns, wahrhaftig zu sein. Wir wissen, dass Lügner im Himmel kein Gehör finden.

2 Korinther 5:10 Denn wir müssen alle vor dem Richterstuhl Christi erscheinen, damit ein jeder empfange, was er an seinem Leib getan hat, es sei gut oder böse.

Du hast auf Erden die Chance, dem Gericht Gottes zu entkommen. Bringe dein Leben in Ordnung mit Gott, handle richtig und werde transparent. Ich habe in Amerika bemerkt, dass die Menschen transparent sind. Sie sprechen offen über jede Sünde der Familie oder anderer. Für den Tratscher gibt es da nichts zu tun. Wenn du etwas versteckst, dann hat der Tratscher etwas, worüber er reden kann. Du wirst die saftige Geschichte hören. Sobald du die Wahrheit sagst, gibt es keinen Grund mehr zur Angst. Gott wird deinen Rücken schützen.

Offenbarung 21:8 Die Furchtsamen aber und die Ungläubigen und die Greuelhaften und die Mörder und die Hurer und die Zauberer und die Götzendiener und alle Lügner, die werden ihr Teil haben in dem See, der mit Feuer und Schwefel brennt; das ist der zweite Tod.

Unser Gott ist barmherzig. Du fürchtest Gott und ihn allein. Und warum?

Matthäus 10:28 Und fürchtet euch nicht vor denen, die den Leib töten, aber die Seele nicht töten können; fürchtet euch aber vielmehr vor dem, der Leib und Seele in der Hölle verderben kann.

Warum so viele Sünden? Wir haben vergessen, Gott vorzustellen und über Hölle und Himmel zu sprechen. Die Dinge, die wichtig sind zu verkünden, werden nicht verkündet. Wir müssen transparent über unsere Sünden sein, damit die Menschen den Wert von Bekenntnis, Wiedergutmachung und Buße verstehen, was dazu dient, die Seele zu retten. Gefängnisse und Haft sind vorübergehend, aber die Strafe des Höllenfeuers ist ewig. Lebe transparent, und der Teufel wird keine Herrschaft über dich haben. Fürchte niemals den Menschen, sondern nur den Herrn, unseren Gott. Amen!

LASST UNS BETEN

Himmlischer Vater, wir danken dir, Herr, dass du gut bist und sehr zu loben. Es gibt Vergebung. Deshalb kommen wir vor deinen Altar der Barmherzigkeit. Du hast die Macht, den durchsichtigen Menschen zu verwandeln. Unser himmlischer Vater, wir geben dir Ruhm und Ehre dafür, dass du ein barmherziger Richter bist. Wir danken dir für die Verheißungen der Reinigung, wenn wir bekennen. Was für ein großer Gott, der ein Heilmittel für Sünden hat. Unsere Sünden haben viele Begleiterscheinungen. Viele sind kränklich, unterdrückt, besessen und in der Hölle. Es braucht Kühnheit, zu bekennen. Du hast Erbarmen, wenn wir mutig in seinem Thronsaal kommen. Wir stellen den großen Schöpfer den Menschen auf Erden vor. Er hat uns auch die Möglichkeit gegeben, frei zu werden von all unseren Übertretungen und Anklagen. Unser Gott ist gut und wird sich nie ändern. Kommen Sie also mutig zu Gott und sagen Sie: Herr, ich bin hier, vergib mir. Wir schreiben unsere Sünden auf ein Papier, indem wir beichten, und wenn wir dieses Papier verbrennen, löschst du es auch aus. Wir danken dir, dass du uns in Jesu Namen viele Chancen gibst! Amen! Gott segne Sie!

31. OKTOBER

KURZSCHLÜSSE PRÜFEN IN DEINEM GEIST!

Das Wort Gottes ist immer gut. Du wirst einen Kurzschluss deiner Segnungen verursachen, wenn du Gott nicht zu deiner Priorität machst und ihm nicht so dienst, wie Er es von dir wünscht. Möge der Herr uns in dieser Situation helfen. Lerne den Weg Gottes, damit Er die Segnungen freisetzen kann. Das ist der richtige Weg. Wenn du Prüfungen, Schwierigkeiten, Krankheiten, Rückschläge, Verletzungen, Schmerzen, Katastrophen und Flüche gegenüberstehst, konfrontiere das Selbst, wo die Wurzel ist.

Die Bibel sagt. Deuteronomium 32:39 Siehe, ich bin es, und es ist kein Gott bei mir: Ich töte und mache lebendig; ich verwunde und heile; und niemand kann aus meiner Hand erretten.

Unser Gott ist gut. Seine Worte sind rein und heilig. Wer sich auf das Wort verlässt, bezeugt, dass es keinen Makel enthält. Der Herr tötet und heilt, also bereite dein Herz vor.

Psalm 18:20 Der HERR hat mir vergolten nach meiner Gerechtigkeit, nach der Reinheit meiner Hände hat er mir vergolten.

Viele denken, Gott sei hart, unbarmherzig und habe kein Mitgefühl. Meine Frage an sie lautet: Liebst und kümmerst du dich um dich selbst? Erkennen Sie, wo Sie versagen? Der Herr kann Ihnen Gesetze, Satzungen und Gebote geben, aber wer ist dafür verantwortlich, sie zu befolgen und zu halten? Schauen Sie in den Spiegel. Du bist für deine Handlungen verantwortlich.

Deuteronomium 28:47 Weil du dem HERRN, deinem Gott, nicht gedient hast mit Freude und Wonne des Herzens um aller Dinge willen, 48 darum sollst du deinen Feinden dienen, die der HERR wider dich senden wird, in Hunger und Durst, in Blöße und Mangel an allem; und er wird ein eisernes Joch auf deinen Hals legen, bis er dich vertilgt hat. 49 Der HERR wird ein Volk über dich bringen von ferne her, vom Ende der Erde, so schnell wie ein Adler fliegt, ein Volk, dessen Sprache du nicht verstehst; 50 ein Volk von grimmigem Angesicht, das die Alten nicht achtet und den Jungen keine Gnade erweist:

Gott hat Gesetze. Wir müssen sie hören, beachten und befolgen, sonst verpassen wir den Segen. Lassen Sie uns einige dieser Arten finden. Schauen Sie, was Mose getan hat. Gott sagte,

Numeri 20:8a Nimm den Stab und versammle die Versammlung, du und Aaron, dein Bruder, und rede mit dem Felsen vor ihren Augen, so wird er sein Wasser geben,

Gott sagte, er solle sprechen, richtig? Lasst uns sehen, was der zornige Mose tat. 11a Und Mose hob seine Hand auf und schlug mit seinem Stab zweimal auf den Felsen, und es kam reichlich Wasser heraus

ELIZABETH DAS

Gott sagte, er solle sprechen, und Mose schlug zweimal gegen den Felsen. Wir wollen sehen, wie er den Segen des verheißenen Landes kurzgeschlossen hat

12 Und der Herr sprach zu Mose und Aaron: Weil ihr mir nicht geglaubt habt, mich vor den Augen der Kinder Israel zu heiligen, darum sollt ihr diese Gemeinde nicht in das Land bringen, das ich ihnen gegeben habe.

Hören Sie gut zu. Ihr Urteil sollte sich nach Ihrer Reaktion auf das Buch richten, nicht nach dem falschen Lehrer, der Sie unterrichtet hat. Die Bibel sagt: Wer ein Ohr hat, der höre. Haben Sie ein Ohr?

Numeri 4:15a Wenn Aaron und seine Söhne das Heiligtum und alle Geräte des Heiligtums bedeckt haben und das Lager aufbrechen soll, dann sollen die Söhne Kahats kommen, um es zu tragen; aber sie sollen nichts Heiliges anrühren, damit sie nicht sterben.

Es gibt eine Pflicht, die ein Priester erfüllen muss. Aber wir haben sowohl falsche als auch wahre Propheten. Wir müssen den richtigen finden und ihm folgen.

2 Samuel 6: 6 Als sie zur Tenne des Nachon kamen, streckte Usa seine Hand nach der Lade Gottes aus und ergriff sie; denn die Rinder rüttelten daran. 7 Da entbrannte der Zorn des HERRN gegen Usa, und Gott schlug ihn dort wegen seines Fehlverhaltens, so dass er dort neben der Lade Gottes starb.

Sie entschuldigt den König nicht, sondern gibt ihm Tipps, wie er sich aus Schwierigkeiten heraushalten kann. Vergessen Sie nicht, dass die Bibel sagt, dass Jesus gestern, heute und in Ewigkeit derselbe ist. Möge der Herr uns helfen, das Wort Gottes in unserem Herzen zu bewahren, damit wir nicht gegen ihn sündigen! Unsere Sünden bereiten uns Qualen, Schmerzen und Kummer. Wir stehen nicht über dem Wort Gottes. Unachtsamkeit tut weh. Auch wenn Sie aufgebracht, wütend, krank oder in einer anderen Situation sind, seien Sie weise. Der Herr hat ein Feuer, und er wird auf dich herabregnen. Keine Waffe, die gegen dich eingesetzt wird, kann Erfolg haben, wenn du dich an die Gesetze Gottes hältst. Du bist der Oberste, das Haupt, der Erste und der Hoch Begünstigte, wenn du Jesus in guten und schlechten Zeiten, im Feuer, in der Löwengrube und in allen Lebenslagen folgst. Dein Gott kann dich bewahren, wenn du das Wort hältst.

Psalm 119:89 Ewig, Herr, steht dein Wort im Himmel.

Jesaja 40:8 Das Gras verdorrt, die Blume verwelkt; aber das Wort unseres Gottes bleibt ewiglich bestehen.

Verstehe die Kraft von Unwissenheit und Gehorsam im Wort. Wenn unser Wissen zunimmt, werden wir schüchtern beim Lesen der Bibel. Ich hatte Mittagessen mit ein paar schönen älteren Damen. Sie dienten Gott auf ihre eigene Weise. Eine von ihnen sprudelte im Heiligen Geist. Ich hörte zu und beobachtete sie. Als ich sie näher kennenlernte, schloss ich mich ihrem Gespräch an. Ich war so froh, dass ich dort war. Viele kämpfen für ihre Religionen, aber ich tue das nie. Viele haben eine Verbindung zu ihren falschen Lehrern, Pastoren oder Propheten. Ich bin nur durch Gebet und das Lesen des Wortes mit Gott verbunden. Wenn du dieses Problem hast, wirst du sie in deine Religion hineinziehen. Ich weiß, dass die Wahrheit uns frei macht. Die Bibel sagt, Gottes Wort ist wahr. Wie schön! Der sehr strenge und worttreue Pastor ist in Sünde gefallen. Ich habe das Gericht Gottes über ihn und seine Familie gesehen. Ich habe gesehen, wie sie das taten, was ihnen beigebracht wurde. Aber wenn du das Wort liest, hat es sich nicht geändert.

Ich erinnere mich, dass ich mir von Anfang an gesagt habe, dass ich auf die Leiter hören werde, wenn sie das Wort Gottes umsetzen. Wenn sie das Wort bis zu einem gewissen Grad befolgen, dann werde ich nur auf

31. OKTOBER

diesen Teil hören. Ich bin auf der Suche nach der Wahrheit. Es wird gut gehen, wenn ich die Wahrheit habe. Wenn nicht, dann wird es einen Kurzschluss in meinem Leben geben, was ich nicht will. Wer möchte das schon? Wir müssen Gott suchen und nicht die Dinge. Verstehen Sie, dass die KJV-Bibel für Sie und mich ist? Suchen Sie sich keine anderen Übersetzungen aus. Es ist Ihr Erfolg oder Ihr Kurzschluss. Sie wird sich nie ändern, also nehmen Sie die saubere, reine und gesunde Bibelausgabe Gottes. Wenn Sie es nicht wissen, dann lassen Sie mich Ihnen sagen, dass die KJV die richtige ist. Es ist unsere Verantwortung, nicht die der Pastoren, Propheten und Lehrer. Sie werden ihre Belohnung bekommen, aber ich bin für meine Seele verantwortlich. Amen!

LASST UNS BETEN

Herr, das Wort Gottes ist nicht im Himmel oder auf der anderen Seite der Welt, sondern es ist in unserer Sprache, aus nächster Nähe. Hilf uns, mächtig fleißig und genau zu sein in dem, was wir lesen und befolgen. Wir wissen, dass alle Worte Gottes von dir kommen. Kein menschlicher Einfluss auf das Wort Gottes. Du hast gehaucht, was sich niemals ändern wird. Himmel und Erde werden vergehen, aber dein Wort wird Bestand haben. Das zeigt uns, wie genau, aufrichtig und fleißig wir sein sollten, wenn wir das Wort Gottes studieren. Es bedarf keiner persönlichen Interpretation, sondern der Unterwerfung. Wir sind dankbar für das Beispiel desjenigen, der es genau gemacht hat, und desjenigen, der es verfehlt hat. Aber wir wollen wissen und tun, was darin steht. Wir wissen, dass das Wort Gottes nicht dazu da ist, zu streiten, zu debattieren oder Geld zu verdienen. Wir sollten es befolgen, ohne zu addieren oder zu subtrahieren. So hilft uns der Herr, dem Heiligen Geist zu erlauben, uns zu lehren, zu führen und zu leiten, denn der Heilige Geist hat dieses Wort gehaucht. Wir wollen in Fülle gesegnet werden, also hilf uns, alles zu beseitigen, was einen Kurzschluss in unserem Leben verursachen kann - in Jesu Namen! Amen! Gott segne Sie!

NOVEMBER

1. NOVEMBER

WELCHE ART VON KIRCHE WOLLTE GOTT?

Gott ließ verlauten, dass er will, dass die Kirche bestehen bleibt, so wie seine Jünger sie gegründet hatten.

In Matthäus 16:15 heißt es: "Er sprach zu ihnen: Wer sagt denn ihr, dass ich sei? 16 Simon Petrus aber antwortete und sprach: Du bist der Christus, der Sohn des lebendigen Gottes. 17 Und Jesus antwortete und sprach zu ihm: Selig bist du, Simon Barjona; denn Fleisch und Blut hat dir das nicht offenbart, sondern mein Vater im Himmel. 18 Und ich sage dir auch: Du bist Petrus, und auf diesen Felsen will ich meine Kirche bauen, und die Pforten der Hölle sollen sie nicht überwältigen. 19 Und ich will dir die Schlüssel des Himmelreichs geben; und alles, was du auf Erden binden wirst, soll auch im Himmel gebunden sein, und alles, was du auf Erden lösen wirst, soll auch im Himmel gelöst sein.

" Simon Peter baute die Kirche, indem er eine Offenbarung von Jesus hatte. Offenbarung Jesu wird der Fels genannt. Der Fels ist das Wissen, wer Jesus ist. Jesus hat ihnen nie gesagt, wer er war, aber er fragte sie, was sie von ihm hielten. Simon bekam eine Offenbarung vom Geist, antwortete, dass er seine Identität kenne, und lag damit richtig. Simon legte am Pfingsttag den Grundstein für die erste Kirche. Danach wurden viele sogenannte Kirchen nach ihrem Glauben gebaut und hatten keine Offenbarung von Jesus als einem Gott im Fleisch. Viele satanische Kirchen haben sich eingeschlichen, indem sie auf der Grundlage verdorbener Lehren gegründet wurden. Aber die Kirche, die in der Apostelgeschichte gegründet wurde, besteht immer noch, und die Pforten der Hölle werden sie nicht überwältigen. Unser Gott ist wunderbar und absichtlich in Seiner Fürsorge für Seine eine Kirche. Selbst als Paulus und Petrus lebten, versuchte der Teufel, Gottes Kirche zu verderben.

In 1. Korinther 1:12 heißt es: "Das sage ich aber, dass ein jeglicher von euch sagt: Ich bin des Paulus, und ich des Apollos, und ich des Kephas, und ich des Christus. 13 Ist Christus geteilt, ist Paulus für euch gekreuzigt worden, oder seid ihr auf den Namen des Paulus getauft worden?"

Viele sagen, ich bin Katholik, Presbyterianer, Methodisten, Baptisten und viele, viele Konfessionen und Nicht-Konfessionen. Das Betreten der sogenannten Kirche ist für Satan zum Kinderspiel geworden. Letzte Nacht erhielt ich einen Anruf aus Kalifornien, und dieser Bruder teilte eine wunderschöne Botschaft von Gott. Jetzt in ihren 60ern, eine südkoreanische Frau, die mit 19 eine göttliche Berufung empfing, teilt ihre Botschaft auf der ganzen Welt. Jesus sagte ihr, dass all diese Denominationen, Nicht-Denominationen und Organisationen von Menschen geschaffen wurden. Ich bin völlig getrennt von ihnen. Einige Männer oder Frauen haben sie gegründet. Darüber hinaus verbreite die Nachricht, dass von allen Christen nur 15 Prozent gerettet sind. Sie hat sowohl den Himmel als auch die Hölle gesehen, wo Menschen im Himmel extreme Freude und in der Hölle intensives Leiden und Schmerz erfuhren. Bedauerlicherweise setzen sich viele Menschen stark für ihre religiösen Gruppen und Institutionen ein. Es ist wichtig, dass wir dieselbe Botschaft predigen wie die frühe Kirche, die von den Aposteln und Propheten gegründet wurde. Die Pforten der Hölle werden sie nicht überwältigen, wie Gott es verkündet hat. Jesus sagte in.

Johannes 3: "Jesus antwortete und sprach zu ihm: Wahrlich, wahrlich, ich sage dir: Es sei denn, dass jemand von neuem geboren werde, so kann er das Reich Gottes nicht sehen. 5 Jesus antwortete: Wahrlich, wahrlich, ich sage dir: Es sei denn, daß jemand geboren werde aus Wasser und Geist, so kann er nicht in das Reich Gottes kommen. 11 Wahrlich, wahrlich, ich sage dir: Wir reden, daß wir's wissen, und bezeugen, daß wir's gesehen haben; und ihr nehmt unser Zeugnis nicht an.

Außerdem erwähnte der Bruder während unserer Diskussion, dass Jesus einer Frau sagte, dass diejenigen ohne den Heiligen Geist nicht in den Himmel kommen werden. Ich sagte, wow! Gott schickt diese Frau überall hin, um die Botschaft zu verkünden, den Heiligen Geist zu empfangen. Ich bin so froh, dass jemand Gott gehorsam ist und seine Botschaft in die Welt trägt. Während sie von Gott gesandt wird, sucht sie nach seiner Führung, was sie sagen soll. Ihr ganzes Leben lang hat sie alle Kontinente und verschiedene Länder bereist. Unter dem Deckmantel falscher Konfessionen, Nicht-Konfessionen und Organisationen sind Gott und seine Lehren begraben worden. Ihre Taktik besteht darin, den Menschen Angst zu machen, damit sie denken, dass sie keinen Ehepartner finden, wenn sie nicht unserem Club beitreten. Wer wird dich begraben und mit dir verbunden bleiben? Diese Frage sollte meiner Meinung nach an Jesus, Paulus und Petrus gerichtet werden. Obwohl wir gerne Wunder und Heilungen sehen, hat die Rettung von Seelen höchste Priorität.

Jesus sagte in Lukas 10,20: "Freut euch aber nicht darüber, dass die Geister euch untertan sind, sondern freut euch vielmehr, dass eure Namen im Himmel geschrieben sind." Jedes Werk, das die Jünger Jesu begannen, stellte Fragen: Habt ihr den Heiligen Geist empfangen?

Die Jünger haben nicht gesagt: Du hast Jesus angenommen, also hast du den Heiligen Geist; das ist eine Lüge!

In Apostelgeschichte 2,4 heißt es: "Und sie wurden alle mit dem Heiligen Geist erfüllt und fingen an, in anderen Sprachen zu reden, wie der Geist ihnen eingab."

Sie sprachen also in Zungen als Zeichen für den Empfang des Heiligen Geistes.

In Apostelgeschichte 19,6 heißt es: "Und als Paulus ihnen die Hände aufgelegt hatte, kam der Heilige Geist auf sie; und sie redeten mit Zungen und weissagten."

Wenn sie den Heiligen Geist nur durch ihren Glauben empfangen, dann hätten Johannes und Petrus keinen Grund, nach Samaria zu gehen, oder?

In Apostelgeschichte 8,15 heißt es: "Der, als sie hinabgestiegen waren, für sie betete, dass sie den Heiligen Geist empfingen, 16 (denn er war noch auf keinen von ihnen gefallen).

Der Heilige Geist wurde von diesen Menschen empfangen, die nicht der jüdischen Gemeinschaft angehörten. Wie das? Sie sehen den Geist nicht, aber der Geist spricht durch ihre Zunge in einer unbekannten Sprache.

In Apostelgeschichte 10,44 heißt es: "Während Petrus noch diese Worte redete, fiel der Heilige Geist auf alle, die das Wort hörten. 45 Und die aus der Beschneidung, die gläubig geworden waren, entsetzten sich, so viele mit Petrus gekommen waren, weil die Gabe des Heiligen Geistes auch auf die Heiden ausgegossen worden war. 46 Denn sie hörten sie mit Zungen reden und Gott preisen.

1 NOVEMBER

" Das ist es, worüber Jesus mit Nikodemus in Johannes, Kapitel 3, spricht. Das ist es, was Jesus uns heute sagt. Der Beweis für den Empfang des Geistes ist, dass der Geist Ihnen eine neue Sprache geben wird. Ich habe den Geist Gottes in den 1980er Jahren empfangen. Gott erfüllte mich, als ich in der Kirche Gottesdienst feierte.

In Römer 8,9 heißt es: "Ihr aber seid nicht im Fleisch, sondern im Geist, wenn der Geist Gottes in euch wohnt. Wenn aber jemand den Geist Christi nicht hat, so ist er keiner von den Seinen."

Amen! Empfangen Sie den Heiligen Geist durch den Beweis, dass Sie in einer anderen Sprache sprechen.

LASST UNS BETEN

Himmlischer Vater, unsere Herzen quellen über Dankbarkeit, wenn wir Deine göttliche Kommunikation durch Deine gehorsamen und auserwählten Boten anerkennen. Es sind der Hunger und der Durst in uns, die Gott anziehen. Viele haben empfangen, und ich kann bezeugen, dass es nichts Vergleichbares zum Heiligen Geist gibt. Du bist es, der zu uns kommt. Du bist es, der in uns in der Kirche des Neuen Bundes wohnt, die Du mit Deinem Blut erkauft hast. Hilf uns zu glauben und Deinen Geist zu empfangen. Wir wissen, dass du in unserem Leib, der dein Tempel ist, wohnen willst. Komm, Heiliger Geist, als unser Führer, Lehrer und Vater, um uns die Kraft zu geben, gegen Satan zu bestehen. Herr, wir begrüßen den Heiligen Geist als ein mächtiges Werkzeug für unser Zeugnis. Indem wir den Heiligen Geist empfangen haben, haben wir ein Bürgerrecht im Himmel, in Jesu Namen! Amen! Gott segne Sie!

2. NOVEMBER

DIE EINZIGE AUTORITÄT, DIE SIE BITTE IST GOTT!

Ja, wenn du dem Vater, dem Schöpfer des Universums, gefällst, dann ist alles gut. Es ist wichtig zu erkennen, wie kurz unsere Zeit hier auf der Erde ist. Unser Gott hat uns den Weg gezeigt, wie wir ihm gefallen können. Ich möchte Gott gefallen und nicht irgendjemandem. Diejenigen, die böse, betrügerisch und korrupt sind, üben Autorität aus und haben Machtpositionen inne, aber wir müssen in unserem Glauben an Gott standhaft bleiben. Wir tun, was Ihm gefällt, ohne Rücksicht.

1 Johannes 3:22 Und alles, was wir bitten, das empfangen wir von ihm, weil wir seine Gebote halten und tun, was ihm gefällt.

Das Wichtigste ist, Gott zu gefallen. Das ist das einzige, worauf wir achten müssen. Als Gott sich im Fleisch manifestierte, hatte er nur eines im Sinn. Nämlich Gott zu gefallen. Und warum? Weil er uns den richtigen Weg zeigen wollte. Dem Herrn Jesus nachzufolgen ist kein Problem, denn er lebte richtig. Unser Problem ist, dass wir uns umsehen und versuchen, den Menschen um uns herum zu gefallen. Wir müssen wissen, dass es unsere Aufgabe ist, Gott zu gefallen. Viele wollen, dass wir ihnen gefallen oder tun, was sie wünschen, was gut ist, aber wenn es unseren Weg mit Gott behindert, dann müssen wir uns weigern. Entweder du gefällst Gott oder den Menschen oder dir selbst. Egal, wie es aussieht, lernen Sie, nur Ihm zu gefallen. Wähle nicht deinen Ehepartner, um ihm zu gefallen, wie Eva und Adam, und nicht Gott. Du kennst das Ergebnis. Manche gefallen den Kindern und ziehen sie als Schlangen auf. Die Liebe wird die Kinder korrigieren. Lernen Sie, für die Wahrheit einzustehen, die die größte Liebe ist. Kinder mit einer eisernen Rute zu korrigieren, ist in den Augen Gottes wohlgefällig. Den Geboten Gottes zu gehorchen gefällt ihm.

Hebräer 11:5 Durch den Glauben wurde Henoch entrückt, damit er den Tod nicht sehe, und er wurde nicht gefunden, weil Gott ihn entrückt hatte; denn vor seiner Entrückung hatte er dieses Zeugnis, dass er Gott gefiel: Wer dem Herrn in allen Situationen dient, der gefällt Gott.

Matthäus 6:24 Niemand kann zwei Herren dienen; denn entweder wird er den einen hassen und den anderen lieben, oder er wird an dem einen festhalten und den anderen verachten. Ihr könnt nicht Gott dienen und dem Mammon.

Mammon bedeutet Reichtum. Ich habe viele gesehen, die zur Arbeit gehen, selbst wenn sie krank sind, weil sie Geld bekommen, das sie zählen, anfassen und ausgeben können. Aber für Gott sind sie müde, beschäftigt, haben Termine und haben viele Ausreden. Sehen Sie den Unterschied: Der Mammon, also das Geld, wird vom Menschen mehr geschätzt als Gott. Ich erinnere mich, dass ich, als ich noch arbeitete, beschloss, einmal im Monat drei Tage und eine Nacht ohne Essen und Trinken zu fasten. In jedem Monat des Jahres habe ich

2. NOVEMBER

drei Tage hintereinander Urlaub. Aber in manchen Monaten des Jahres muss ich extra Urlaub nehmen, damit ich drei Tage und Nächte fasten kann. Mein ganzes Leben dreht sich um mein Fasten, das Gebet und Gott. Ich achte darauf, dass ich faste. Jede Woche habe ich zwei Tage gefastet. Ich habe immer biblisches Fasten gemacht, ohne Wasser und ohne Essen. In meinem Leben dreht sich alles um Gott und nichts anderes. Ich habe mich nie für Geld gesehnt. Ich weiß, wenn ich Gott an erster Stelle halte, wird das Geld kommen. An dem Tag, als Gott mir meinen Job wegnahm, sagte er: "Du arbeitest für mich, und ich werde für dich sorgen." Es war nicht meine Idee, einen gut bezahlten Job bei der Post aufzugeben, aber der Herr nahm ihn mir weg.

Römer 8:8 Also können die, die im Fleisch sind, Gott nicht gefallen. 5 Denn die, die nach dem Fleisch sind, denken an die Dinge des Fleisches, die aber nach dem Geist sind, an die Dinge des Geistes.

Heutzutage lieben die verschiedenen religiösen Autoritäten die Gemeinden, um ihnen zu gefallen und nicht Jesus. Wie traurig! Ich habe zahlreiche Ehepartner erlebt, die sich gegenseitig über Gott stellen. Solange man Gott nicht missfällt, ist das in Ordnung. Aber wenn Sie Gottes Gebot missachten, um den Menschen zu gefallen, die Sie entweder fürchten oder mit denen Sie verbunden sind, wie Behörden oder Familien, dann sind Sie des Reiches Gottes nicht würdig. Vergessen Sie nicht, dass Sie das Wort kennen müssen, um dem Herrn zu gefallen.

Hebräer 11:6 - Aber ohne Glauben ist es unmöglich, [ihm] zu gefallen; denn wer zu Gott kommt, muss glauben, dass er ist und dass er denen, die ihn fleißig suchen, ein Belohner ist.

Ich hatte nicht viele Freunde, da die meisten von ihnen in die Kirche gingen und Kompromisse eingingen. Einige von ihnen werden es ihren Freunden, ihrer Familie und sich selbst recht machen. Viele würden für einen kleinen Gefallen lügen; ich würde das nicht tun. Ich will Gott gefallen und Gott allein. Einen schmalen Weg zu wählen bedeutet, Gott zu folgen. Wir können nicht in die Welt, den weltlichen Stil oder die Wege passen. Deshalb haben wir auch nicht viele Freunde. Kein Problem, jetzt haben wir einen Freund namens Jesus. Er reicht aus, um uns zu versorgen, zu helfen und zu segnen. Einige Kompromisse für die Kinder. Die Eltern erlauben den Kindern, was ihnen gefällt und nicht, was Gott gefällt. Es ist in Ordnung, wenn es Ihren Weg mit Gott nicht behindert, aber wenn es das tut, dann müssen Sie es meiden. Ich habe gesehen, dass viele, die lieber anderen als Gott gefallen, bei Gott den Kürzeren ziehen. Angst ist ein weiterer Faktor, um Gott nicht zu gefallen. Die Frau denkt, sie müsse sich ihrem Mann unterordnen. Wenn er lügt, böse ist und will, dass Sie etwas Unredliches oder Unmoralisches tun, dann sollten Sie es nicht tun. Es wird zu Reibereien zwischen Ihnen beiden kommen, aber so soll es sein. Der Teufel hat sich auf einen Kampf mit uns eingelassen, aber wir würden gewinnen, wenn wir keine Kompromisse eingehen würden. Gott oder den Menschen zu gefallen, ist eine Entweder-oder-Beziehung. Niemand außer Ihnen kann das entscheiden.

Johannes 8:29 Und der, der mich gesandt hat, ist mit mir; der Vater hat mich nicht allein gelassen; denn ich tue immer, was ihm gefällt.

Jesus sagte: Folge mir nach. Wenn du der Welt gefällst, dann wirst du das Heil verlieren. Denken Sie daran, diese Welt vergehen wird. Machen Sie sich also keine Sorgen, Sie werden nichts verlieren. Vielmehr verbringst du die Ewigkeit mit dem Herrn, wenn du in seinen Augen das Richtige tust. Als die Jünger Jesus folgten, gab es viel Widerstand von Seiten der religiösen Führer.

Apg 4:18 Und sie riefen sie und befahlen ihnen, nicht zu reden noch zu lehren in dem Namen Jesu. 19 Petrus aber und Johannes antworteten und sprachen zu ihnen: Ob es vor Gott recht ist, euch mehr zu hören als Gott, das möget ihr beurteilen. 20 Denn wir können nicht anders als reden, was wir gesehen und gehört haben.

ELIZABETH DAS

Unser Gott ist real, und er verlangt nicht viel von uns. Ich habe in anderen Religionen gesehen, dass ihre Götter und Göttinnen viel verlangen. Menschen, die an falsche Götter und Göttinnen glauben, führen alle Rituale aus. Einige werden sogar andere töten. Wie traurig! Gottes Gebot ist nicht schwerwiegend. Ihm zu gehorchen bringt nichts als Segen. Gott zu gefallen hat also eine ewige Belohnung. Entscheiden Sie heute, Gott und ihm allein zu gefallen. Mach keine Kompromisse mit der Welt, in Jesu Namen. Amen!

LASST UNS BETEN

Herr, du vergleichst unsere Lebensspanne mit Blumen und Gras, die bald vergehen werden. Unsere Lebenserwartung liegt zwischen 70 und 80 Jahren. Kannst du uns helfen, das zu tun, was in deinen Augen richtig ist? Gott, du hast uns ein lebensspendendes Gebot gegeben. Wenn wir Gott gefallen, haben wir eine Belohnung, aber wenn wir uns fürchten oder uns entscheiden, irgendetwas oder irgendjemandem zu gefallen, werden wir zu Fall kommen. Herr, viele, die dir gefallen haben, haben den Lohn auf Erden gesehen und werden auch den ewigen Lohn erhalten. Möge unser Herr uns das Herz geben, ihn zu lieben! Die Liebe wird uns auf dem richtigen Weg halten. Unser Gott, der geliebt und alles getan hat, was nötig war. So hilf uns, Herr, zu tun, was du uns vorgelebt hast. Hilf uns, dir zu folgen, hilf uns, unser Kreuz zu tragen. Mach uns rechtschaffen in deinen Augen. Mach uns weise und fleißig, damit wir das Richtige vom Falschen unterscheiden und das Richtige wählen können. In unserem Leben müssen wir Entscheidungen treffen, und wir wollen richtige und weise Entscheidungen treffen, in Jesu Namen. Amen! Gott segne Sie!

3. NOVEMBER

EIN GOTT IN DREI ROLLEN ODER DREI GÖTTER?

Die Erkenntnis Gottes ist die größte Offenbarung überhaupt. Diese Erkenntnis kommt nur durch Offenbarung, die durch den Geist Gottes gegeben wird. Und warum? Von Anfang an wollte Gott eine Beziehung zu seiner Schöpfung. In dieser Endzeit hat er uns die Wahl gelassen, ihn zu lieben oder abzulehnen. Am Anfang gab es ein Gebot: Leben oder Sterben in der Ewigkeit. Es ist das gleiche Gesetz wie heute. Wenn du mich liebst, werde ich dir sagen, wer ich bin. Ich bin Jesus, der demütige Gott, der unter seinen Geschöpfen wandelt. Er hat nie verkündet, ein König der Könige oder ein Herr der Herren zu sein, sondern hat sich als Lamm oder als Knecht zu erkennen gegeben. Ebenso erkannten ihn manche als Propheten, als kommenden Messias oder als Sohn Gottes. Viele haben die verborgene Bedeutung des von Engeln gegebenen Namens Jesus nie verstanden. Dieser Name wurde über die Zeitalter hinweg geheim gehalten. Wenn heute jemand fragt, sag mir, wer Jesus ist, wirst du viele Antworten von verschiedenen Menschen erhalten. Es wird das Geheimnis Gottes denen offenbaren, die Ihn lieben und Seine Gebote halten. Es zeigt, dass Jesus nicht offensichtlich zu erkennen oder zu verstehen ist, außer durch das Eingreifen des Geistes Gottes. Warum brauchen wir das Eingreifen des Geistes, um Jesus zu erkennen? Wer kann eine Person erkennen außer sie selbst, richtig? So wie du weißt, wer du bist. Im Evangelium nach Johannes,

Johannes 1:23 Er sagte: Ich bin die Stimme eines Rufers in der Wüste: Macht den Weg des Herrn gerade, wie der Prophet Jesaja gesagt hat.

Deshalb sagte Johannes der Täufer: Ich bin gekommen, um die zerbrochene Brücke zu reparieren. Die Sünde hat im Garten Eden eine zerbrochene Beziehung verursacht. Johannes bereitete den Weg für Jehova Gott, die Menschheit zu erreichen.

Erstes Gebot *Dtn 6:4 Höre, Israel! Der Herr, unser Gott, ist ein einziger Herr:*

Maleachi prophezeite über Johannes den Täufer. Johannes der Täufer predigte die Umkehr der Sünden mit der Taufe zur Beseitigung der Sünde. Die Sünde hat die Beziehung zwischen dem Schöpfer und der Schöpfung gestört.

Maleachi 3:1 Siehe, ich sende meinen Boten, und er wird den Weg vor mir bereiten; und der Herr, den ihr sucht, wird plötzlich zu seinem Tempel kommen, der Bote des Bundes,

Die Rolle Jehovas als Sohn Gottes, Messias oder Christus bedeutete Gott in Fleisch und Blut. Gott hat keinen Sohn, aber er hatte die zweite Rolle als Erlöser.

Jes 61:1 Der Geist Gottes, des Herrn, ruht auf mir; denn der Herr hat mich gesalbt, um den Sanftmütigen eine frohe Botschaft zu verkünden; er hat mich gesandt, um die zerbrochenen Herzen zu verbinden und den Gefangenen die Freiheit zu verkünden und den Gebundenen die Öffnung des Gefängnisses.

Jes 9:6 Denn uns ist ein Kind geboren, ein Sohn ist uns gegeben, und die Herrschaft ruht auf seiner Schulter; und man nennt ihn Wunderbarer, Ratgeber, starker Gott, ewiger Vater, Friedensfürst

Das Alte Testament stellt den Sohn als einen mächtigen Gott und ewigen Vater vor. Die zweite Rolle des Geist-Gottes ist die eines männlichen Kindes, das Jehova Gott im Fleisch verkörpert. Jesus sagte, er sei der fleischgewordene Gott.

Johannes 14:7 Wenn ihr mich erkannt hättet, so hättet ihr auch meinen Vater erkannt; und von nun an kennt ihr ihn und habt ihn gesehen. 9 Jesus spricht zu ihm: Bin ich schon so lange bei euch, und du hast mich noch nicht erkannt, Philippus? Wer mich gesehen hat, der hat den Vater gesehen; wie sagst du denn: Zeig uns den Vater?

Das erklärt, dass der Geist Gottes ins Fleisch gekommen ist, um das zurückzukaufen, was wir im Garten Eden verloren haben. Jesus bezahlte mit seinem Blut, das Leben hat. Jehova Gott und Jesus, wie in der dritten Rolle des Heiligen Geistes:

Johannes 14:18 Ich werde euch nicht im Stich lassen: Ich werde zu euch kommen. 28a Ihr habt gehört, wie ich zu euch gesagt habe: Ich gehe weg und komme wieder zu euch. 23 Jesus antwortete und sprach zu ihm: Wenn jemand mich liebt, so wird er meine Worte halten; und mein Vater wird ihn lieben, und wir werden zu ihm kommen und Wohnung bei ihm machen.

In dieser dritten Rolle kommt Jehova Gott als Geist, um in uns zu wohnen. Eines Tages wird diese Rolle des Vermittlers zu Ende sein.

1 Korinther 15:24 Dann kommt das Ende, wenn er das Reich Gott, dem Vater, übergeben hat, wenn er alle Herrschaft und alle Gewalt und Macht abgetan hat. 25 Denn er muß herrschen, bis er alle Feinde unter seine Füße gelegt hat. 28 Und wenn ihm alles unterworfen sein wird, dann wird auch der Sohn selbst dem unterworfen sein, der ihm alles unterworfen hat, damit Gott alles in allem sei. Seht ihr, am Ende wird alles vorbei sein.

1 Johannes 5:7 Denn es sind drei, die im Himmel Zeugnis ablegen: der Vater, das Wort und der Heilige Geist; und diese drei sind eins.

Wenn man einen Gott hat, braucht man auch einen Thron,

Offb. 4:2b Ein Thron war im Himmel aufgestellt, und einer saß auf dem Thron. 4a Und rings um den Thron waren vierundzwanzig Stühle:

Offenbarung 21:5a Und der, der auf dem Thron saß, sprach,

1 König 22:19b Ich sah den Herrn auf seinem Thron sitzen und das ganze Heer des Himmels zu seiner Rechten und zu seiner Linken stehen, denn nur ein Gott ist König.

3. NOVEMBER

1 Timotheus 6:15 Zu seiner Zeit wird er zeigen, wer der gesegnete und einzige Potentat ist, der König der Könige und Herr der Herren;

Jesus ist der König der Könige und der Herr der Herren, denn er ist Jehova, Gott im Fleisch, der gekommen ist, um über alles zu herrschen. Wenn Jesus also getrennt ist, kann er nicht sagen, er sei Herr, König über Jehova.

Offenbarung 19:16 Und er hat auf seinem Gewand und auf seinem Schenkel einen Namen geschrieben: König der Könige und Herr der Herren.

Was heute schief läuft, ist, dass es keine Offenbarung gibt. Menschen, die an drei Götter glauben, das ist Polytheismus, das bedeutet viele Götter. Die Einheit Gottes war für die Juden im Alten Testament kein Problem, aber sie war ein großes Problem, als er im Neuen Testament Fleisch annahm. Sie wird durch die Offenbarung strikt offenbart. Eine Bedingung ist, Gott zu lieben, und zweitens kommt die Offenbarung Jesu durch den Geist und nicht durch Fleisch und Blut. Jemand, der im Geist wandelt, hat kein Problem, aber jemand, der im Fleisch wandelt, kennt Jesus nicht. Viele glauben, Jesus sei eine eigenständige Person. Aber der Himmel erklärt den Herrn Jesus nicht als einen anderen Gott oder zweiten Gott der Dreifaltigkeit. Hände hoch und zurücklehnen. Der einzige Weg, wie Sie Jesus kennen, ist,

Johannes 14:21 Wer meine Gebote hat und sie hält, der ist es, der mich liebt; und wer mich liebt, der wird von meinem Vater geliebt werden, und ich werde ihn lieben und mich ihm offenbaren. Er wird sich dir offenbaren.

Ist Ihnen klar, dass Gott ein Sieb hat, um diejenigen auszuscheiden, die nicht für den Himmel geschaffen sind? Das sind die Menschen, die den einen Gott als drei verschiedene Wesenheiten sehen. Die Auserwählten sehen den einen wahren Gott durch Offenbarung durch den Geist. Der Autor der Bibel ist ein Gott. Zwei Arten von Menschen stellen Jesus vor. Die einen, die die Offenbarung des einen Gottes haben, und die anderen, die keine Offenbarung haben, sehen sie als drei getrennte Wesenheiten. Sie haben die Offenbarung direkt vom Geist Gottes. Im Jahr 325 n. Chr. half die Konferenz von Nicäa dem Teufel, seinen Plan, zu spalten und zu herrschen, umzusetzen. Der Teufel, der weiß, dass es einen Gott gibt, spaltet ihn in drei Teile und entfernt das Blut, indem er den höchsten Namen Jehova Gottes, Jesus, entfernt. Die Bibel sagt;

Jakobus 2:19 Du glaubst, dass es einen Gott gibt, und du tust gut daran; auch die Teufel glauben und zittern.

LASST UNS BETEN

Der himmlische Vater, der eine und der wahre Gott, kam in Menschengestalt, um uns durch sein kostbares Blut zu erlösen. Herr, dein Wort ist Geist, und wir brauchen deinen Geist, um die Wahrheit zu erklären. Unsere Liebe macht einen Unterschied. Unser himmlischer Vater, wir haben alle Schriftstellen hier und dort. Hilf uns, sie miteinander zu verbinden. Danke, dass du dich uns offenbart hast, sonst hätten wir dich nicht erkannt. Gott ist ein Geheimnis und nur dein Geist kann es offenbaren. Lass den Herrn uns selbst vorstellen, anstatt dass wir dich vorstellen. Unser Gott hat ein ungebrochenes System. Deshalb unterwerfen wir uns dir als unserem Schöpfer, Retter, Führer, Lehrer und Erlöser. Wenn alles vorbei ist, werdet ihr wieder eins sein. In Jesu Namen. Amen! Gott segne Sie!

4. NOVEMBER

ALLE VERSPRECHUNGEN WERDEN MIT GEMACHT. DAS TRIAL!

Bereite dich darauf vor, der Prüfung zu begegnen, bevor du die Verheißungen einlöst. Hast du jemals eine Leistung gesehen, ohne eine Prüfung zu bestehen? Wenn der Berg so glatt ist, kann ihn niemand erklimmen. Gott macht unsere Prüfungen im Himmel, die wir auf der Erde bestehen müssen. Alle Bedrängnisse haben einen Ausweg. Egal, wohin du gehst, es wird irgendeine Art von Problemen und Prüfungen geben. Einzigartige Prüfungen sind für dich und mich vorbereitet. Unser Gott versucht, uns rein und heilig zu machen. Gott macht ein Prüfungspaket für uns, bevor wir die Verheißungen in physischer Form sehen.

Ich treffe viele Menschen aus der ganzen Welt. Alle machen irgendeine Art von Prüfung durch. Egal was passiert, man kann nur auf den Knien gewinnen. Wenn du den Teufel auf deinen Knien besiegst, wirst du den Sieg haben. Das bedeutet, dass man den Teufel im Gebet besiegen muss. Wenn ich in ein Land reise, weiß ich, dass ich den Teufel dieses Landes treffen werde. Ich gehe auf eine Mission mit Fasten und Gebet, damit ich das, wozu ich gesandt wurde, auch zu Ende bringe.

Das auserwählte Volk Gottes muss lernen, mit den Geistern zu kämpfen. Viele Kämpfe sind nur deine Gedanken. Wenn Sie sehen, dass die Situation sofort schlecht wird, denken Sie negativ, anstatt das richtige Wort Gottes zu benutzen. Sagen Sie: "Ich übergebe meine Situation Gott und er wird sich darum kümmern. Vergessen Sie die Sorgen und Ängste im Gesamtbild, ohne einen zweiten Gedanken an sie zu verschwenden. Sobald Sie lernen, das Wort Gottes auf die Situation anzuwenden, wird es einfacher. Wissen Sie, warum? Jedes Mal, wenn der Herr übernatürliche Dinge tut, wird das Ihren Glauben erhöhen. Kein Berg ist zu hoch und kein Meer zu tief für Gott. Denn er hat sie alle gemacht Der Ingenieur dieser Welt hat die Macht, diese Welt neu zu ordnen, indem Er zu ihr spricht. Im Zeitalter fortgeschrittener Technologie können wir an viele Dinge glauben. Wer im Glauben lebt, kann an nichts anderes glauben als an den Herrn.

In meinem Fall konnte ich dem Arzt nicht glauben. Ich habe noch nie Medikamente genommen und weiß nicht, was ein Arzt tun kann. Ich bitte immer die Heiligen zu beten, wenn ich krank bin, um geheilt zu werden. Ich lerne immer durch den Heiligen Geist. Gott verspricht, dass alle Dinge möglich sind! Du empfängst es, indem du es aussprichst, um es ins Dasein zu bringen. Wenn du ein Unternehmen gründest und der CEO des Unternehmens bist, wie wirst du dein Unternehmen führen? Wenn ich der CEO meines Lebensunternehmens bin, möchte ich sicherstellen, dass keine bösen und negativen Gedanken mein Leben übernehmen. Mein Leben muss vom Geist Gottes geführt werden, und meine Helfer sind die Engel Gottes.

Ich war in einem Verfahren wegen Körperverletzung. Der Postarzt fing an, meinen Fall zu vermasseln, also schickten sie mich zu einem Schiedsarzt. Die Dame, die mich dorthin brachte, sagte, dieser Arzt würde Ihnen gut tun. Nun, er war ein Schiedsrichter Arzt, also dachte ich, er würde es tun. Nachdem er mich untersucht

4. NOVEMBER

hatte, verließ er den Raum mit einer bestimmten Einstellung. Ich erhielt einen Bericht, in dem stand, dass er den Arbeitsunfall für erledigt erklärt und meinen Fall abweist. Ich war sehr verärgert und betete bitterlich gegen den Arzt. In meiner Vision sah ich, wie dieser Arzt den Verstand verlor und sich in einem wahnsinnigen Zustand befand. Ich weiß, dass ich wütend und verbittert war. Ich verstand, dass mein Gebet dem Arzt schaden würde, und sagte: Herr, lass das nicht zu, und ich vergab ihm. Ich sah, dass der Zustand des Arztes völlig verrückt war; so wütend war ich. Nachdem ich mich beruhigt und ihm vergeben hatte, sprach Gott zu mir. Gott sagte, dass dieser Arzt Gutes für dich getan hat. Ich fragte, wie. Gott sagte mir, dass ich für meine Pensionierung meinen Fall mit dem Postamt klären müsse, ich müsse das persönliche körperliche Problem finden, um eine Invalidenrente zu bekommen.

Nun, der Arzt des Schiedsrichters sagte, die Ursache für meinen schwächenden Zustand sei mein Blut Problem. Mein körperliches Problem hat mich in den Ruhestand versetzt. Ich war krank, aber um in den Ruhestand versetzt zu werden, mussten arbeitsbedingte Verletzungen beseitigt werden. Das wusste ich nicht. Es war eine Reise mit ständigen Hindernissen auf dem Weg. Überlegen Sie einmal: Ich war nie bei einem Arzt, wie kann also ein Arzt einen Bericht über mein körperliches Problem schreiben? Ich ging ins Gebet und der Herr sagte: "Sammle alle Berichte, die du in den letzten Jahren über Verletzungen gesammelt hast, und schicke sie den Ärzten. Ich bin nie zu Ärzten gegangen, aber für diesen Ruhestand brauchte ich einen persönlichen Arzt. Wie der Herr es mir aufgetragen hatte, schickte ich alle Berichte an meinen Arzt, und er unterschrieb die Pensionierung Unterlagen.

Ist Gott nicht so gut? Er lehrt uns, was zu tun ist, wenn wir fragen. Es war die härteste körperliche und geistig belastendste Reise, bevor ich in den Ruhestand ging. Der Herr versprach mir, du wirst gehen und laufen, aber bevor ich diese Verheißung erreichte, hatte ich viele Kämpfe. Wir denken, es ist ein einfacher Weg. Nein, er ist härter, als Sie sich vorstellen können. Egal, was man sagt, keine Prüfung ist ohne Schmerz. Alle Prüfungen sind ein Kampf, und alle Prüfungen können dir den Sieg bringen, wenn du den Wegbereiter kennst. Wenn du weißt, wie du mit Gott in Verbindung treten kannst. Die meisten Menschen sagen, sie kennen Gott. Aber um Ihn persönlich zu kennen, in Ihren Prüfungen, in Ihren Situationen, brauchen Sie etwas Training, Führung, Lehre und Hilfe. Suchen Sie sich jemanden, der ein wahrer Lehrer ist, ein erfahrener Kämpfer, der vom Heiligen Geist erfüllt ist und den Herrn liebt. Ich kann es tun, wenn ich die Führung des Heiligen Geistes habe.

Ich erhalte viele Anrufe für Gebete. Einige kenne ich nicht persönlich. Auch wenn ich sie kenne, habe ich sie schon eine Weile nicht mehr gesehen. Mit wachsenden Kindern haben sie sich sehr verändert. An einem anderen Tag betete ich frühmorgens mit meiner Freundin. Ich sah ihre ältere Tochter in meiner Vision, und ich betete für sie. Ich fragte meine Freundin, ob es irgendein Problem mit ihrer Tochter gäbe. Meine Freundin sagte, ihre Tochter sei ein Menschenfreund. Ich sagte, das sei nicht das einzige Problem, das sie habe. Aber die ältere Tochter ist kleiner als ihre jüngere Schwester. Sie sagte, ja, deshalb sei sie auch sehr traurig. Meine Freundin sagte: "Meine jüngere Tochter ist größer als die ältere." Ich sagte, kann ich zu Gott beten, dass sie größer wird? Sie sagte: Ja. Ich sagte: OK, und betete. Gott kann jedes Problem lösen, wenn wir beten. Jetzt habe ich sie nicht mehr gesehen, aber der Geist hat über das Problem gesprochen. Das Wort Gottes hat das versprochen. "Wenn ihr glaubt, sind alle Dinge möglich." Warum sollten Sie dann nicht daran glauben? Das Christentum ist nichts anderes als das Spiel des Glaubens.

Dein Glaube kann wachsen, wenn du das Wort in deinem täglichen Leben kennst und praktizierst. Sieh, was passiert, wenn du zur Situation sprichst. Jetzt zitieren Christen die Schrift. Hast du schon versucht, das Wort Gottes zu deinen Situationen, Problemen und Prüfungen zu sprechen?

Ich habe einige schwarze Schuhe und brauchte eine andere Farbe. Wegen meines Rückenleidens kann ich nur bestimmte Schuhmarken tragen. Eines Nachmittags sprach Gott zu mir, ich solle in den Ross-Laden gehen. Ich ging hin und begann zu suchen, fand aber nichts. Ich bat den Heiligen Geist um Führung. Er führte mich in die Schuhabteilung. Ich sah genau meinen Stil und die Marke, die ich trage. Zu meiner Überraschung fand ich den blauen Schuh, und der Preis war viel zu niedrig. Ich nahm sie mit. Ross führt diese Schuhmarke nie, aber man sieht ja, wie Gott wirkt. Vielleicht hat der Engel sie für mich gebracht.

Ich bin gesegnet, weil ich seiner Führung vertraue. Um die Verheißungen Gottes zu erhalten, muss man Prüfungen bestehen. Durch die Prüfungen wird ein wunderbares Zeugnis entstehen, das Sie erzählen können. Da es Ihre lebensverändernde Geschichte ist, werden die Menschen sie glauben, wenn Sie sie erzählen. Hier bringen Sie Gottes Herrlichkeit zum Ausdruck. Wer würde nicht gerne an diesen wunderbaren Gott glauben? Ich glaube, und ich bezeuge meine Lebensgeschichte. Sie können es versuchen, Herr Jesus. Es wird Prüfungen geben, aber wenn Sie es versuchen, werden Sie sauber und rein wie Gold sein. Es ist eine Lebensweise. Erfolgreiche Menschen haben nicht nur eine, sondern viele Prüfungen durchgemacht, bevor sie befördert wurden. In einem Paket von Verheißungen sind Probleme, Prüfungen und Schwierigkeiten versteckt. Wenn du sie gelöst hast, kannst du dein Versprechen abholen. Amen!

LASST UNS BETEN

Herr, die Prüfungen werden viele Geschichten schreiben, wenn wir nicht schwach werden. Der Glaube ist ein Muskel und muss trainiert werden, damit er stark bleibt.

Lass unser Leben dich preisen. Wir wollen nach deinen Gesetzen und Geboten leben, um vollkommenen Frieden zu erlangen. Das Leben ist kurz, aber voll von Prüfungen und Schwierigkeiten. Im Vertrauen auf dich, den Herrn, werden wir aus allem herauskommen. Verheißungen sind da, aber sie haben viele Hindernisse, deshalb lehre uns, dein Wort für jedes Problem anzuwenden. Gott, du bist treu; du hast uns dein Beispiel gezeigt und bist siegreich daraus hervorgegangen. Hilf uns, auf den Knien zu bleiben, um Anweisungen und Weisheit für alles zu erhalten, was wir auf der Erde durchmachen. Das ist die Art zu leben, die du von uns verlangst. Der Sieg unseres Lebens kann anderen zeigen, wie man in vollkommenem Frieden und in Harmonie nach Gottes Plan lebt, so hilft uns der Herr in Jesu Namen. Amen! Gott segne Sie!

5. NOVEMBER

WACHT AUF, MEIN VOLK!

Vor vielen Jahren, früh am Morgen, betete ich am Altar. Ich sah den Pastor der Kirche, der vom Eckplatz der Kanzel aufstand und mich stieß. War er ein Pastor? Nein, es war der gefallene Engel, der dort herrschen wollte. Der Pastor war dort nicht anwesend. Satan beauftragte gefallene Engel, gegen die Gemeinden, Gebetskämpfer und Leiter zu kämpfen. Unsere Aufgabe ist es nicht, mit schöner Frisur, in den besten Kleidern und Liedern zu erscheinen, sondern mit der Waffenrüstung Gottes bekleidet zu kommen. Wir haben einen Kampf gegen Satan und sein Heer, das die Seelen der Sünder gefangen nehmen will, und wir sind hier, um die Gefangenen freizusetzen. Wir kämpfen gegen den Teufel, der das Böse bringen und einführen will. Ich sah, dass Satans Ziel auf wahre Pastoren, Autoritäten, die Ehefrauen von Pastoren und Autoritäten gerichtet ist. Erinnere dich an Eva. Es ist heute genauso. Bleib fokussiert und mach dir keine Sorgen um dich selbst und deine Umgebung, sondern kämpfe. Wache auf und bete.

Jeremia, Elia, Johannes, der Täufer und viele andere, die für die Wahrheit eingetreten sind, haben gelitten. Das werden Sie auch. Entledigen Sie sich der schleichenden, bösartigen Wege des Satans. Satan wird Sie verfolgen, aber halten Sie sich an Gott. Beten Sie schnell und befreien Sie sich von der glamourösen Anziehungskraft. Wachen Sie auf und beten Sie für die geistlichen Führer. Selbst Menschen, die von Gott berufen sind, können korrumpiert werden oder auf Abwege geraten. Bitte beten und fasten Sie. Vielleicht sind Sie zur Zeit Daniels, Esthers, Josephs oder Sie selbst, der für die Wahrheit eingetreten ist. Gott wird Sie gebrauchen, wenn Sie Gott nicht im Stich lassen. Lassen Sie sich von allen falschen Lehren befreien. Wirf das Addieren und Subtrahieren ab, wo du dich erdrückt fühlst. Stehen Sie auf und tun Sie, was richtig ist, auch wenn Sie allein dastehen müssen. Wir haben viele schwache Männer wie Ahab. Viele haben sich ablenken lassen, wie König Saul, Jerobeam und König Salomo.

Wenn Sie sehen, dass falsche Behörden die Macht übernehmen, gehen Sie in die Knie und beten Sie, schreien Sie. Satan wird dich mit Hilfe böser Mächte bedrängen. Das sind trügerische Dämonen, denn sie haben die Form der Religion. Wir haben einen Auftrag von Gott, aber wenn er sich von Gottes Auftrag zu unserem ändert, dann sind wir auf der falschen Seite. Tauchen Sie durch Fasten und Beten in die geistige Welt ein, um die unsichtbaren Aktivitäten Satans, der gefallenen Engel und der dämonischen Welt zu erkennen. Gebet und Fasten helfen uns, die geistige Welt zu sehen. Sie werden geistliche Aktivitäten sehen und hören. Beobachten Sie, wie diese geistlichen Autoritäten arbeiten, indem sie den Wegen Gottes folgen. Gott gibt ihnen Anweisungen und die verblüffende Macht, die sie ausüben. Diese Operationen Gottes werden mit dem wahren Christentum wirksam. Ich bin sicher, Sie verstehen, was ich meine. Die Bibel ist kein lebendiges Wort im Leben der religiösen Autoritäten. Sie ist ein totes Wort in ihrem Mund, auch wenn sie lehren und predigen, rufen und schreien. Wir müssen die Salbung erfahren, und die Salbung zerbricht das Joch.

Warum und was erwartest du, wenn du die Kirche besuchst? Natürlich, um Probleme, familiäre Schwierigkeiten und viele Herausforderungen zu lösen und Befreiung zu empfangen, Punkt. Du brauchst

Befreiung; der Tod ist aufgehoben und dämonische Aktivitäten in dir, um dich, auf dir und gegen dich werden zerstört. Wenn du in eine Kapelle gehst, um einen Pastor oder geistliche Autoritäten zur Befreiung zu treffen, aber sie wissen nicht, wie sie dir helfen sollen, dann gibt es keinen Grund, dorthin zu gehen. Kein Grund, ihnen zu vertrauen, anstatt Gott zu vertrauen. Denk daran, das Gebäude ist keine Kirche, sondern dein Körper ist die Kirche. Verbinde dich durch Buße, Taufe im Namen Jesu und Empfang des Geistes Gottes. Jesus wird kommen und in dir wohnen, um dich zu führen, zu lehren und zu stärken. Bitte erlauben Sie es ihm. Fasten Sie, beten Sie und beginnen Sie, sein Angesicht zu suchen. Wenn Sie das tun, dann wird der Herr Sie führen und leiten. Ich weiß, dass Gott viele Wege hat, um zu helfen. Nichts ist unmöglich, aber bei Gott sind alle Dinge möglich. Wenn Sie das glauben, dann können Sie heute eine Erweckung bewirken. Sie können die heutigen Jünger von Jesus sein.

Unser Problem ist, dass wir keine Zeit haben. Wir sind zu beschäftigt. Selbstgemachte destruktive Pläne und Probleme haben uns verstrickt. Wir sind selbstgefällig. Kein Wunsch nach einer Lösung, sondern perfekte Akzeptanz des Zustands. Wie traurig! Ich nehme nichts von diesem Paket des Satans an, zurück an die Absender. Jeden Tag wache ich auf und schlage mir das Knie auf. Die ganze Nacht schufte ich und bete, dass die Strategie des Satans gegen mich zurück ins Meer geht und in der Hölle verbrannt wird. Gott hat gesagt, ihr sollt nicht gewalttätig gegeneinander werden, sondern herausfinden, wo der Teufel seinen Sitz hat. Er wohnt im Wasser; sein Sitz ist im Norden und steht jetzt auf der Kanzel. Ununterbrochene Aktivitäten in einem religiösen Gebäude, eine unermüdliche Anstrengung, machten Satans Ziel der Zerstörung erfolgreich. Wir werden müde, bequem, schlafen ein und kümmern uns nicht darum, zu suchen, zu bitten und anzuklopfen. Hilf uns, Herr. Die heutigen Aktivitäten sind so weltlich, dass sie dem Teufel helfen und Gott behindern. Die guten Ideen Satans ersetzen alle geistlichen Bewegungen.

Satans Gemeinden töten, bringen Blutopfer, und wir schenken uns in dieser Zeit gegenseitig Süßigkeiten. Warum gehen unsere Kinder nicht auf die Straße, um zu predigen? Die Bibel sagt, dass ihr eure Kinder lehren sollt. Was bringt ihr ihnen bei, alle dämonischen Feste des Satans zu feiern? Nach und nach steigen wir in die Geschäfte Satans ein und vergessen, wozu wir berufen sind. Christen sollten dafür bekannt sein, dass sie Dämonen austreiben und Menschen heilen, indem sie die Kleider oder Schatten von Gottes Gesalbten berühren. Jetzt lehren alle Bücher Satans, die es gibt, Hexerei und das Kommunizieren von Müll über den Computer. Sie demonstrieren, wie man Babys tötet, Menschen vergiftet und stiehlt. Hören Sie nicht auf die irreführenden Stimmen. Wachen Sie auf, wir haben noch Zeit. Anstatt Yoga, östlichen Religionen und gottlosen Darbietungen Tür und Tor zu öffnen, müssen wir Gott suchen und in seine Fußstapfen treten. Was geschieht, wenn wir mit Satan gewalttätig werden? Niemand auf der Erde wird vom Teufel besessen, unterdrückt oder beeinflusst werden. Erinnern Sie sich an viele Teenager, die von zu Hause weggelaufen sind? Ich erinnerte mich daran, dass Gott mir offenbarte, dass die Dämonen an meinen Füßen zerrten und mich buchstäblich aus dem Haus zerrten. Also fing ich an, die Dämonen, die mir und anderen etwas an taten, zu binden und zurechtzuweisen. Diese Art von Satans Wirken braucht nicht Ihren Rat oder Ihre Beratung; es braucht Ihr Gebet und Ihr Fasten, um Ihre Kinder aus dem zerstörerischen Griff Satans zu befreien. Wenn Sie das dämonische Wirken sehen, dann holen Sie das Wort. Fangen Sie an, das Wort Licht, Schwert und Lampe zu benutzen. Übernimm die Macht und zerstöre die bösen Strategien gegen das Ziel. Jesus sagte: "Bleibt eine Stunde lang." Jesus kämpfte mitten in der Nacht und zerstörte die Aktivitäten des Teufels in der Nacht. Der Engel gab ihm Kraft, als er betete.

Wir gehen ins Bett, weil wir müde sind. Wir wachen müde auf, nehmen Vitamine zu uns, treiben Sport und versuchen, in Form zu bleiben. Satan hat Übungen eingeführt, die ihm die Tür öffnen. Wir trinken Kaffee und Tee, um wach zu werden. Aber um zu beten, sind wir müde. Wir haben das Gefühl, dass man mit der Luft spricht. Was für eine böse Zeit! Die Menschen haben mehr Vertrauen in Autoritäten, die sie als religiöse Schauspieler und Schauspielerinnen sehen, als in Jesus. Wacht auf, ergreift Gott, und macht es richtig. Unser

5. NOVEMBER

Gott braucht jemanden, der sich gegen weltliche religiöse Aktivitäten wendet, um den Plan, das Werk und das Wirken Satans zu zerstören. Der Teufel hat die Religion von Halloween eingeführt. Die Menschen haben im Jahr 2018 9 Milliarden Dollar ausgegeben. Denken Sie einmal darüber nach, wohin wir uns bewegen.

Ich habe keine Zeit für so etwas. Ich bin wach und auf der Hut. Die Rüstung Gottes schützt mich vor Satan. Lasst uns mehr beten, verbunden mit Gott. Religionen sind machtlos, denn sie haben keinen Halt. Willst du dem sozialen Club beitreten? Wachen Sie auf und kehren Sie zu den Grundlagen zurück. Beten Sie zuerst, beten Sie ohne Unterlass. Faste, damit du die Kraft hast, Dämonen auszutreiben und Kranke zu heilen. Lerne deinen Gott kennen, indem du über das Wort meditierst und es anwendest. Die wirkliche Welt ist eine unsichtbare geistliche Welt, nicht die physische, die du siehst. Das Reich Gottes braucht geistige Giganten, die es zurückerobern, wiederherstellen und Rache am Feind nehmen. Es ist die beste Zeit, wenn Sie Gott und seine Wege kennenlernen. Wachen Sie auf, kehren Sie um, und leben Sie siegreich in Jesu Namen. Amen!

LASST UNS BETEN

Himmlischer Vater, wir kommen zu dir in dem Wissen, dass du uns die Kraft des Heiligen Geistes gegeben hast. Er soll uns führen, leiten und lehren. Wie wunderbar, wenn wir sie in unserem Leben nutzen und zulassen. Herr, hilf uns, von deinem Geist erfüllt zu bleiben, denn er kommt nicht durch Macht und Kraft, sondern durch deinen Geist. Wir müssen das Wort Gottes ausüben und darauf vertrauen, dass das Eingreifen des Geistes Gottes den Plan des Teufels zerstören kann. Wir wissen, dass das Gott selbst ist. Dein Geist ist die stärkste Kraft gegen die Strategie Satans. Gott ist gut, gestern, heute und in Ewigkeit. Hilf uns, Herr, denn wir haben die Schwäche, uns von dir zu entfernen. Ziehe uns zurück, halte uns fest, bewahre uns unter deinen Flügeln und dem Blut In Jesu Namen. Amen! Gott segne Sie!

6. NOVEMBER

WISSENSBEDARF EINE BEWERBUNG!

Du magst ein Gelehrter sein, aber du weißt nicht, wie du dein Wissen praktisch anwenden kannst. Meine Mutter arbeitete in einem Krankenhaus. Sie teilte viele Arbeitserfahrungen mit uns. Sie sagte, dass einige Ärzte einen Preis für ihre Doktorarbeit gewonnen haben. Sie haben geforscht und sind gut in der Theorie, aber es könnte riskant sein, den Patienten in ihre Hände zu legen. Viele Ärzte sind jedoch großartig in der Chirurgie, haben aber nie einen Preis gewonnen. Das ist wahr, denn sie sah, wie einige Chirurgen viele Fälle ruinierten, und das Verhältnis war hoch. Also waren die, die gut im Schreiben waren, nicht gut in der Chirurgie. Deshalb bevorzugten viele Patienten bestimmte Ärzte für die Operation. Ich würde ihnen nicht die Schuld geben. Würdest du?

Derjenige, der weiß, wie man die Theorie anwendet, ist ein ausgezeichneter Chirurg. Wenn man die Predigten und Lehren von Gelehrten hört, aber das Leben nicht mit ihren Predigten übereinstimmt, dann wird niemand glauben. Ich will die Anwendung und nicht die Predigt und Lehre. Das Produkt ist nur dann wunderbar, wenn Ihr Leben es zeigt. Das Produkt wird sich verkaufen, wenn es mit Beweisen untermauert wird. Gott, der Schöpfer, hat in vielen Fällen bewiesen, dass er ein Schöpfer ist. Jesus behauptete, er sei die Auferstehung und das Leben. Er hat es bewiesen; er ist am dritten Tag wieder auferstanden. Können Sie beweisen, was Sie predigen? Ich würde es nicht glauben, wenn es keine Unterstützung oder Beweise gäbe.

Johannes 11:43 Und als er so geredet hatte, rief er mit lauter Stimme: Lazarus, komm heraus! 44 Und der Tote kam heraus, gebunden an Händen und Füßen mit Grabtüchern, und sein Gesicht war mit einem Tuch umbunden. Jesus spricht zu ihnen: Löset ihn auf und lasset ihn gehen!

Jesus hat uns erschaffen, also weiß er auch, wie er uns reparieren kann. Nur Jesus kann unsere Körperteile reparieren und niemand sonst. Natürlich, wenn er die Autorität gibt, dann wird er uns lassen.

Matthäus 8:16 Als es Abend geworden war, brachten sie viele Besessene zu ihm; und er trieb die Geister mit seinem Wort aus und heilte alle Kranken:

Matthäus 4:24 Und sein Ruf verbreitete sich in ganz Syrien; und sie brachten zu ihm alle Kranken, die von verschiedenen Krankheiten und Qualen befallen waren, und die Besessenen, die Geisteskranken und die Gelähmten, und er heilte sie.

Der Beweis für seine Taten steht in der Bibel. Wir müssen die Anwendung des Wortes lernen, indem wir ihm allein folgen. Sie können in der realen Welt reden, aber der Beweis wird Ihre Aussage rechtfertigen.

6. NOVEMBER

Viele besuchen Gebäude, in denen sich Organisationen, Konfessionen und Nicht-Konfessionen treffen; sie hören laute, aufregende Botschaften, aber keine Beweise. Kratzen Sie sich nicht nur am Kopf, sondern fragen Sie, wo die Beweise sind.

All dies ist möglich, wenn Sie den Weg der Wahrheit finden, indem Sie Jesus folgen.

Johannes 8:30 Als er diese Worte sprach, glaubten viele an ihn. 31 Da sprach Jesus zu den Juden, die an ihn glaubten: Wenn ihr in meinem Wort bleibt, so seid ihr meine wahren Jünger; 32 und ihr werdet die Wahrheit erkennen, und die Wahrheit wird euch frei machen.

Wenn Sie also einen anderen Weg als den zu Jesus Christus einschlagen, dann finden Sie eine Form der Religion ohne Macht und Beweise. Sie bildet Organisationen, Konfessionen und Nicht-Konfessionen. Sehen Sie, welchen Unterschied die Wahrheit macht?

Wenn ich rausgehe, um zu predigen oder zu lehren, dann predige ich mit dem Beweis, dass er gestern, heute und in Ewigkeit derselbe ist. Jemand hat einen anderen Weg eingeschlagen, der der Weg der Zerstörung ist. Glaubt nicht, kehrt um und werdet zu den Jüngern des Herrn Jesus. Ich habe den Weg der Konfession gesucht, der nicht funktioniert hat. Als ich Gott suchte, fand ich den Weg des Herrn Jesus. Er funktionierte. Ich habe erfahren, dass es leichter ist, von Drogen, Alkohol und Lügen befreit zu werden als von religiösen Dämonen. Religiöse Konfessionen oder sogar Konfessionslose sind eine Festung. Wenn man Konfessionen folgt, arbeitet man gegen die Bibel. Ich habe Jesus immer geliebt. In meiner Familie gibt es eine Menge Religionen. Wir waren alle auf der Suche. Ich habe nie behauptet, ein Mitglied einer religiösen Kirche zu sein. Suchen Sie Gott auf wunderbare Weise, indem Sie versuchen, ihn zu finden. Er wird Ihnen Probleme oder Prüfungen auferlegen, wo Sie die Hand des Herrn brauchen. Religiöse Kirchen werden Hoffnungslosigkeit bringen. So kommen Probleme, Prüfungen, Tests, Krankheiten und Situationen in den Weg, um uns näher zu Gott zu bringen.

Ich habe mich nur auf Gott für Heilung und Befreiung verlassen. Ich habe niemals Medizin genommen. Rückblickend hat Gott mich auf verschiedene Weise geheilt. Ich sagte zu Gott, dass ich so froh bin, dass du viele Wege hast zu heilen und zu helfen. Wenn du zum Arzt gehst, gibt er dir vielleicht ein Medikament, aber das hat viele Nebenwirkungen. Wenn Gott heilt, gibt es keine. Wie schön ist das? Nicht nur das, sondern er vergibt auch jede Sünde, die mit der Krankheit zusammenhängt.

Ich bewundere jemanden, der im Geist handelt und sich in seinen Situationen auf Gott verlässt. Sie sind die Zeugen, wenn sie zu Jesus gehen. Möge der Herr uns wahre Propheten und Lehrer geben, die das Königreich mit Beweisen, Zeichen und Wundern predigen.

Mose fragte auch, wie sie glauben könnten, dass du mich gesandt hast. Der Herr bat ihn, den Stab, den er in der Hand hielt, zu werfen,

Mose 4:3b und sie wurde zu einer Schlange, und Mose floh vor ihr. 4 Und der HERR sprach zu Mose: Strecke deine Hand aus und fasse sie am Schwanz. Und er streckte seine Hand aus und ergriff sie, und sie wurde zu einem Stab in seiner Hand:

Ein zweites Wunder, wenn sie nicht an das erste glauben,

6 Und der HERR sprach weiter zu ihm: Stecke deine Hand in deinen Busen! Und er steckte seine Hand in seinen Busen; und als er sie herausnahm, siehe, da war seine Hand aussätzig wie Schnee. 7 Und er sprach:

Lege deine Hand wieder in deinen Busen. Und er steckte seine Hand wieder in seinen Schoß und zog sie aus seinem Schoß, und siehe, sie war wieder wie sein anderes Fleisch geworden.

Wir müssen uns vorbereiten, bevor wir über Jesus sprechen. Viele kennen die Heilige Schrift sehr gut, tut das nicht auch Satan? Er stiehlt, tötet und vernichtet. Ihr Wissen braucht das Rezept, um es zum Leben zu erwecken. Vorträge können gut sein, aber Beweise werden die Menschen zum Glauben und Vertrauen bewegen. Es ist eine weltweite Einladung.

Heutzutage, derjenige der wird gerufen von Gott tut erstaunliche Wunder. Sie empfangen Information vom Heiligen Geist. Sie empfangen Wissen Versorgung vom Thron von Gott. Wie du weißt, Gott ist derjenige der soll sein dein Direktor. Wenn du versucht hast eine religiöse Organisation, und es hat nicht funktioniert, dann du musst suchen Ihn. Es ist im Gebetsraum auf deinem Knie. Die Begegnung mit Gott macht den Unterschied aus. Nicht das Etikett von Pastoren, Predigern, Aposteln oder Missionaren. Wenn Sie die Kapelle besucht haben und das Problem nicht gelöst wurde, bedeutet das, dass Sie zu einer religiösen Organisation gegangen sind. Lernen Sie die Bibel kennen, und beginnen Sie, sie auf Ihr Leben und Ihre Situationen anzuwenden. Möge der Herr das Wort entzünden, indem er Ihren Glauben anregt! Ich gehorche dem, was der wahre Prophet, der Heilige Geist, mir aufträgt. Wenn der Geist mich bittet zu tanzen, jemandem etwas zu sagen, die Hand aufzulegen, zu salben oder jemandem etwas zu kaufen, dann tue ich es einfach. Die Anwendung wird Ihnen das mächtige Ergebnis des Wortes zeigen. Jesus wird die Ehre bekommen, wenn du den Glauben an ihn allein behältst und nicht an deine Religion. Amen!

LASST UNS BETEN

Himmlischer Vater, du hast gesagt, wir sollen mir folgen. Hilf uns, ohne Sorgen zu folgen. Hilf uns, uns zu ergeben, weil wir wissen, dass du im Begriff bist, Wunder und Heilung von Weltrang zu bewirken. Wir wissen, dass du im Begriff bist, das Leben von jemandem da draußen zu verändern. Der einzige Weg, wie Gott wirkt, und kein anderer, ist der totale Glaube an dich. Unser Gott ist gut und wird das Mächtige tun, er braucht nur ein williges Gefäß. Herr, ich ergebe mich. Verwende, was du willst, wie es dir gefällt. Gott im Himmel schaut auf die Erde, die sucht, bittet und anklopft. Er wird helfen und dieser Welt große Dinge zeigen. Nicht Gott, sondern wir müssen uns ändern. Wir haben den Weg weg von Ihm gefunden. Herr, du bist gut und wirst dich nie ändern. Verändere uns, verwandle uns in dein Bild. Verwandle uns, damit die Menschen sehen, wie Jesus in und durch uns wirkt. Es ist eine nie endende Arbeit. Der Herr hat für jeden von uns gearbeitet. Gott braucht das Werkzeug, das bereit ist, zu arbeiten. Möge der Herr viele Arbeiter finden, die unter seinen Anweisungen und Bedingungen arbeiten. Wir wollen, dass diese Welt erfährt, dass er für immer derselbe ist, in Jesu Namen. Amen! Gott segne Sie!

7. NOVEMBER

NIEMAND AUSSER HERRN JESUS KANN ES BEHEBEN!

Menschen können machen und reparieren viele Maschinen und Dinge, aber bestimmte Dinge sind nur Gott. In Indien, unfruchtbar zu sein ist beschämend. Manchmal der Hexendoktor hat gefragt zu töten jemandes Baby für sie zu empfangen. Herr hat gesagt ich kann öffnen den Mutterleib. Nur Gott kann es reparieren.

Mose 30:1 Als Rahel sah, daß sie Jakob keine Kinder gebar, beneidete Rahel ihre Schwester und sagte zu Jakob: Gib mir Kinder, sonst sterbe ich. 2 Da entbrannte Jakobs Zorn gegen Rahel und er sagte: Bin ich an Gottes Stelle, der dir die Frucht des Leibes vorenthalten hat?

Nur Gott öffnet den Mutterleib. Nur Gott gibt Leben. Nach dem Neuen Testament gibt Gott seinen geist erfüllten Heiligen die Vollmacht, über die Toten vom Leben zu sprechen, aber der Teufel kann nur töten und zerstören.

Viele Menschen haben mich gebeten, für sie zu beten, damit sie schwanger werden können. Ich habe gebetet, und sie haben ein Kind bekommen. Ich habe mit einer Frau gesprochen. Sie sagte, ich hätte alles getan, was der Hexendoktor von mir verlangt hatte, aber ohne Ergebnis. Einmal besuchte ich eine Kirche, und sie beteten für mich, damit ich schwanger werde, und das wurde ich auch. Ich las in der Bibel und schrie zu Jesus, als sie mich baten zu beten, und ich bekam ein kostenloses Baby. Sie sagte, ich habe Geld für den Topf, die Opferziege und die Mehlspeisen ausgegeben, aber es hat nicht funktioniert. Wenn Sie ein Problem haben, lernen Sie, zu Jesus zu gehen. Der Herr Jesus sagte: "Für mich ist nichts unmöglich." Gott hält etwas in seiner Hand, damit wir mit ihm verbunden bleiben. Gott möchte mit seinen Kindern in Verbindung bleiben, genau wie es Eltern tun.

Deuteronomium 32:39 Siehe, ich bin es, und es gibt keinen Gott neben mir: Ich töte und mache lebendig; ich verwunde und heile, und niemand kann aus meiner Hand erretten.

Nur die Bibel spricht von der Schöpfung, von der Erschaffung von Mann und Frau. Die Bibel sagt, dass Gott alles, was wir auf der Erde sehen, den Lebensatem gibt: den Menschen, den Vögeln, den Bäumen, dem Wasser und den Meereslebewesen. Er hat auch unsichtbare Engel, Erzengel usw. geschaffen.

Mose 1:27 Und Gott schuf den Menschen zu seinem Bilde, zum Bilde Gottes schuf er ihn; und schuf sie als Mann und Weib.

Nur Gott kann schöpferische Arbeit tun. Gott hat viele Engel und geistliche Wesen erschaffen, um zu helfen, aber die Schöpfung ist in der Handarbeit Gottes. Heute haben wir die beunruhigendste Welt, die sich gegenseitig beschuldigt. Politiker, Regierungen, Königreiche und Machthungrige werden versuchen, die maßgebliche helfende Macht zu stürzen. Wenn wir der Geschichte durch das Licht des Wortes Gottes genau Aufmerksamkeit schenken, können wir herausfinden, dass es das Königreich der Finsternis ist, das gegen das Königreich des Lichts kämpft. Beschuldigt euch nicht gegenseitig, setzt euer Vertrauen nicht in den, den ihr wählt zu regieren, sondern schaut nach oben und schreit zu Gott um Hilfe. Vergesst nicht, dass nur Gott euer Problem lösen kann, den unsere religiöse Autorität vergessen hat. Als Jesus auf Erden wandelte, konnten Sein Volk ihren Messias, König und Gott nicht erkennen.

Ich habe die Ursache oder die Wurzel des Problems nicht in einer politischen Partei gesehen, sondern im Volk Gottes. Religiöse Autoritäten haben den Kummer dieser Welt verursacht, weil sie sich nicht an den Weg Gottes erinnern. Lasst uns Buße tun, niederknien, beten, schreien und Gott bitten, uns einen geistlichen Führer zu geben, der uns die Wege und die Wahrheit Gottes lehrt. Ein Hirte, der uns an das stille Wasser führt, sei der Hirte für unsere Seele. Ich glaube, dass diese Welt und dieses Land Frieden, Heilung und Befreiung von allen Problemen finden werden. Unser Problem ist, dass wir zu klug sind. Wir wissen alles und brauchen Gott nicht, um zurechtzukommen. Solange wir religiös aussehen und uns nicht ändern. Wir warten nicht gern, bis er uns den Weg zeigt. Wir können keines der Probleme lösen. Vertrauen Sie nicht auf Mann oder Frau, sondern auf den Herrn. Beten Sie, tun Sie Buße, wenden Sie sich von bösen Wegen ab und suchen Gott für alle Ihre Bedürfnisse.

Erinnerung, Esther, König David, König Asa, Joseph, Daniel und viele andere gingen zu Gott, um das Problem zu lösen. Diese alle hatten herausragende Positionen und waren intelligente, weise und starke Menschen. Wohin schauten sie? Sie alle schauten nach oben. Nicht hier nach unten, sondern nach oben. Bereut, kehrt um und sucht Gott. Sucht Gott um Hilfe in den schwierigen Zeiten unserer Nationen. Bittet Gott, die besten gesalbten Menschen zu senden, die den Herrn kennen. Steht ein, um in den Riss zu treten für unsere Nation.

Ich liebe gute und wahrheitsgemäße Behörden, aber mein Vertrauen gilt allein Gott. Ich bete zu Gott für sie. Denken Sie daran, dass Gott gesagt hat, ich ändere mich nicht. Heutzutage trifft man auf Menschen, die lügen, betrügen, stehlen und vieles mehr. Sie tragen das religiöse Etikett verschiedener Organisationen, haben aber keine Umkehr und keinen Wandel vollzogen. Wer sind also ihre Führer? Sie sind wie die Menschen, die Gott nicht erkennen konnten, als er in Fleisch und Blut wandelte. Ich fürchte Gott für sie. Ich sage: Herr, erbarme dich ihrer. Sie wissen nicht, was sie tun. Hilf ihnen. Möge der Herr ihnen vergeben und ihnen Gnade und Barmherzigkeit schenken. Gott helfe uns, auf die Knie zu fallen und die blinden und tauben Führer zu rufen. Wir werden die übernatürliche Bewegung Gottes sehen.

Josua 10:11 Als sie vor Israel flohen und nach Beth-Horon hinabstiegen, ließ der Herr große Steine vom Himmel auf sie herabregnen, so daß sie starben. Es waren mehr, die durch Hagelkörner starben, als die Israeliten mit dem Schwert erschlugen.

Überall um uns herum ist nichts als Ärger, ein furchtbarer Anblick. Unsere Autorität wird versagen, und die Armee wird versagen, aber nicht Gott. Schreit zu Gott. Jetzt, da das Kommen des Herrn näher rückt, sehen wir immer mehr ungläubige Menschen. Sie tun sich schwer damit, an Wunder, Heilung und übernatürliche Vorgänge zu glauben. Gott weiß, wie er dich aus der Sklaverei Ägyptens herausholen und befreien kann. Er kann Sie für frei erklären und Sie werden frei sein. Suchen Sie Gott, suchen Sie sein Angesicht, er allein kann helfen. Wir haben es immer wieder versucht, aber es funktioniert nicht. Bitten Sie den Herrn, die Bibel in unser Leben zu bringen, in das Leben unserer Kinder und in die Regierungsbehörden. Das ist der einzige Weg, wie das Problem gelöst werden kann. Wie oft habe ich diese Bibelstelle schon von der Kanzel gehört?

7. NOVEMBER

2 Chronik 7:14 Wenn mein Volk, das nach meinem Namen gerufen ist, sich demütigt und betet und mein Angesicht sucht und sich von seinen bösen Wegen abwendet, dann will ich vom Himmel her hören und ihre Sünde vergeben und ihr Land heilen.

Wenn sie diese Schriftstelle zitieren, habe ich das Gefühl, sie zu fragen, wann sie anfangen werden, ihr zu folgen. Wann? Es ist Zeit, dass du aufwachst. Ich sehe nie den Fehler oder die Ursache des Chaos beim Anführer des Landes, sondern bei den religiösen Führern. Sie sind eingeschlafen und können nicht aufwachen. Wir haben verschiedene Wege, Lieder, Vorträge und Geldsammlungen dem Gebet vorgezogen. Wie traurig! Wir haben die Nationen gebetslos gemacht.

Lukas 6:12 Und es begab sich in jenen Tagen, dass er auf einen Berg ging, um zu beten, und die ganze Nacht im Gebet zu Gott verharrte.

Warum sind wir so hochmütig, dass wir uns hinknien und beten? Beten Sie, dass Gott uns demütige Autoritäten zur Führung schickt, damit wir gewinnen können. Ich gehöre nur zu Gottes Kirche. Ich weiß sogar, dass ich die Kirche bin. Tun Sie Buße und beten Sie. Bitte beten Sie, dass nur Gott das Problem in Jesu Namen lösen kann. Amen!

LASST UNS BETEN

Himmlischer Vater, wir wissen, es ist alles unsere Schuld. Wir sind zu stolz und arrogant und haben vergessen, wie man demütig ist. Wir behaupten, alles zu wissen und haben die Wege Gottes vergessen. Wir sehen das Chaos, aber wir haben uns für das Problem gefühllos gemacht. Wir sind verloren und ziehen eine verlorene Generation auf. Hilf uns, das Richtige zu tun und das zu tun, was du von uns willst. Schicke uns die Autorität wie Mose, Josua und König David. Wir wollen, dass du unsere Autorität bist und uns sicher und gesund in das verheißene Land führst. Herr, es ist unsere Verantwortung, zu schreien, zu bitten und zu suchen. Heute bringen wir unsere zerbrochene und gespaltene Nation zu deinem Altar. Bitte bringe sie in Ordnung. Schicke uns geistliche Führer in Jesu Namen. Amen! Gott segne Sie!

NOVEMBER 8
DIE PLANTAGE BRINGT VIEL!

Wir erwarten immer viel. Wir denken, wir verdienen alles, aber das Geschäft des Himmels funktioniert nicht so. Der Gott des Himmels hat ein Gesetz. Wenn du dem Gesetz folgst, dann funktioniert es. Ich liebe es zu geben, aber manchmal habe ich den Dieb getroffen, der mein Geld gestohlen hat. Denk daran, es ist trotzdem gut zu geben, denn unser Gott weiß, wie man doppelt zurückgibt. Wenn du denkst, dass Leute dich beraubt oder bestohlen haben; willst du vielleicht nicht mehr für einen guten Zweck geben. Nein, das ist falsches Urteilen. Ich habe viele getroffen, die von mir gestohlen und schlecht über mich gesprochen haben. Wird es mich davon abhalten, Gutes zu tun? Nein, ich weiß es besser. Das Wort Gottes unterstützt, was ich weiß. Ich werde weiterhin geben. Geben ist pflanzen.

Gott sagt: Joel 2:25 Und ich will euch die Jahre zurückgeben, die die Heuschrecke, der Krebswurm, die Raupe und der Palmenwurm gefressen haben, mein großes Heer, das ich unter euch geschickt habe.

Seht ihr, es wird all dies verschlingen, aber der Herr wird uns das Doppelte zurückgeben. Möge der Herr dein Herz trösten. Wir sind auf der Erde und treffen alle Arten von Menschen. Sie reden unsinnig und versuchen, uns zu verletzen, aber denkt daran, dass unser Gott alles sieht. Er vergleicht eine Witwe mit einem reichen Mann; der Herr wiegt und schätzt mehr als das, was die Witwe gegeben hat.

Es gibt einen Ort, Menschen und Boden, wo du dein Geld pflanzen musst. Ich gebe den Zehnten und zahle mein Angebot, aber ich weiß auch, wo ich den besten Zins bekomme, um zusätzlich zu pflanzen. Ich gebe dem Arbeiter und säe an den Orten kontinuierlich.

Lukas 6:38 Gebt, und es wird euch gegeben werden. Ein gutes Maß, gedrückt und zusammengeschüttelt und überfließend, werden die Menschen in euren Schoß geben. Denn mit demselben Maß, mit dem ihr messt, wird euch wieder zugemessen werden.

Gib einfach! Meine Eltern lebten unter Hindus. In Indien kennen wir eine bestimmte Kaste als Geber. Meine Eltern sagten, sie seien reich, sie hätten so viel, weil sie so viel geben, dass es überläuft. Natürlich, wenn Sie das Geben gesehen haben, werden Sie glauben, dass Gott keinen Respekt vor den Menschen hat.

Lukas 6:30 Gib jedem, der dich bittet, und von dem, der dir dein Gut nimmt, verlange es nicht wieder.

Wir wissen, dass manche Menschen nur nehmen, aber trotzdem geben. Ich glaube, solange man nicht ein Nehmer ist, wird es zu einem zurückkommen.

Deuteronomium 15:9 Hüte dich, daß nicht ein Gedanke in deinem bösen Herzen sei, der da sagt: Das siebente Jahr, das Jahr der Freilassung, ist nahe, und dein Auge ist böse auf deinen armen Bruder, und du gibst ihm

NOVEMBER 8

nichts, und er schreit zu dem HERRN wider dich, und es ist dir Sünde. 10 Du sollst ihm geben, und dein Herz soll nicht betrübt werden, wenn du ihm gibst; denn darum wird dich der HERR, dein Gott, segnen in allen deinen Werken und in allem, was du mit deiner Hand anstellst. 11 Denn die Armen werden nie aufhören im Lande; darum gebiete ich dir und spreche: Du sollst deine Hand weit auftun zu deinem Bruder, zu den Armen und zu den Bedürftigen in deinem Lande.

Wenn du Bettler, Hungrige und Nackte siehst, gib bitte, es wird dir gut tun. Es ist deine Pflanzung für eine Belohnung. Wenn Sie in die Gegenwart Gottes gehen, gehen Sie nie mit leeren Händen. Wenn uns jemand besucht und wir wissen, dass es Arbeiter für Jesus Christus sind, geben wir immer. Wenn die Arbeiter an meine Tür kommen, segne ich sie immer. Es spielt keine Rolle, ob ich sie benutze.

Die Bibel sagt: Deuteronomium 16:17 Ein jeder soll geben, was er kann, nach dem Segen des Herrn, deines Gottes, den er dir gegeben hat.

Wenn Gott Ihnen viel gegeben hat, dann müssen Sie auch viel geben. Das ist der Schlüssel, denn viele versagen hier. Sie denken, wir geben der Kirche, aber was ist mit demjenigen, den Sie zum Gebet oder für geistliche Bedürfnisse benutzen und einfach weggehen, ohne ihn zu segnen? Sie verlieren den Segen des Arbeiters. Verpassen Sie nicht dreißig, sechzig, behinderte oder unbegrenzte Segnungen durch Segnungen für den Arbeiter. Ihr wisst nicht, was ihr empfangen könnt, denn Gott wird es geben.

Lukas 10:7 denn der Arbeiter ist seines Lohnes wert.

Viele haben es versäumt, ein Arbeiter zu sein. Wenn du ein Arbeiter für den Herrn bist, vertraue Ihm für die Versorgung. Ich gebe immer mein Zeugnis, seit Gott mich bat, für Ihn zu arbeiten. Er sagte mir, dass Er sich um mich kümmern würde, arbeite für mich. Es bedeutet nicht, dass ich alles habe. Viele Male kämpfe ich, aber ich warte auf Gott. Der, der mich zu Seinem Dienst gerufen hat, versprach, sich um mich zu kümmern. Das verborgene Geheimnis ist, dass du wissen musst, wer dir versprochen hat. Wird Er versagen? Nein, sobald du lernst, auf Gott zu warten, wirst du Seine Treue erkennen. Ich liebe es, Ihm furchtlos zu dienen, da Er mir nie versagt hat.

Psalm 41:1 Wohl dem, der an die Armen denkt; der Herr wird ihn erretten, wenn er in Not ist.

Lesen Sie diese Bibelstellen immer wieder. Gott ist treu, er hält sich an sein Wort, wenn Sie daran glauben und danach handeln. Er ist auf dich und mich angewiesen. Viele sehen die Armen an und sagen: "Gott segne dich" und gehen weg. Sie haben ihre Chance verpasst, die Armen zu segnen. Der Herr beobachtet unsere Reaktion darauf, wie wir die Armen und Bedürftigen behandeln. Bitte geben Sie den Armen. Ich liebe es, Witwen zu beschenken und Rekonvaleszenten mit kleinen Geschenken zu besuchen, um sie zu segnen. Segnungen sind besser als Geld. Würden Sie gerne nichts bekommen, arm bleiben und sagen, ich bin gesegnet? Nein, das sind Sie nicht. Segnen bedeutet, etwas in die Hand zu nehmen und zu geben.

Sprüche 22:9 Wer ein gutes Auge hat, wird gesegnet; denn er gibt von seinem Brot den Armen. 22 Beraube nicht den Armen, weil er arm ist, und bedränge nicht den Elenden im Tor. 23 Denn der Herr wird für sie eintreten und die Seele derer verderben, die sie verderben.

Die Konsequenzen sind mehr, als du dir leisten kannst. Tu etwas für die Bedürftigen. Das Pflanzen von Worten hat die beste Belohnung. Geh hinaus und tu etwas für obdachlose, arme, bedürftige, vaterlose, Witwen und alte Menschen. Das wird eine große Pflanzung sein, wenn du wirklich nach Segen suchst. Der

Herr zeigt, wie man Segnungen empfängt. Wenn du ein Abendessen machst, rufe nicht den an, der dir etwas zurückgeben kann.

Lukas 14:13 Wenn du aber ein Festmahl machst, so rufe die Armen, die Krüppel, die Lahmen und die Blinden:14 und du wirst gesegnet sein, denn sie können dir nicht vergelten; denn du wirst vergelten bei der Auferstehung der Gerechten.

Wenn ich in arme Länder reise, achte ich darauf, dass ich viel mitnehme, um zu geben. Ich glaube, dass dieser Segen bis in die Ewigkeit reichen wird.

Ich treffe verschiedene Menschen und sehe ihren Lebensstil. Gott segne diejenigen, die über die Maßen großzügig geben. Es überrascht mich zu sehen, wie sehr Gott sie aufgrund ihrer Großzügigkeit gesegnet hat. Wenn du das Wort Gottes kennst und es wie einen Samen pflanzt, wirst du gesegnet werden und niemals ohne sein. Auch Ihre Kinder werden gesegnet sein. Der Bruder meiner Mutter hatte einen Job, bei dem er viele arme Menschen traf. Meine Mutter erzählte, dass ihr Bruder immer eine Tasche mit Kleidung auf seinem Fahrrad mitführte. Ich habe seine Tochter nie kennen gelernt, aber ich habe gehört, dass es ihr gut geht. Der Herr hat für sie gesorgt, obwohl sie ihre Eltern früh verloren hat. Denken Sie also daran, zu teilen: Geben ist Empfangen. Indem du gibst, schaffst du Platz, damit Gott dir mehr geben kann. Gott wird dir vertrauen und dir mehr geben, wenn du pflanzt, worum er dich gebeten hat.

LASST UNS BETEN

Wir danken dir, Herr, dass du uns zuerst gegeben hast. Wir wollen auch weiterhin von dir gesegnet werden, also hilf und lehre uns, wo wir geben sollen. Lass unsere Augen nie zufallen, wenn wir die Not sehen. Wir danken dir, dass du uns erlaubst, zu geben. Wenn wir das tun, dann wird diese Welt ein besserer Ort sein. Herr, wir wissen, dass es viele arme Kinder, Witwen und Obdachlose gibt, also rühre jedes Herz an, um etwas für sie zu tun. Unser Gott gab und lehrte uns zu geben. Du hast dich selbst gegeben. Lehre uns, uns für das Reich Gottes hinzugeben. Unser Gott ist ein Geber. Die Heiden beschuldigen uns, wenn wir den Armen, Witwen und Nackten geben, aber unser Vater hat uns gelehrt zu geben. Die Missionare und Christen sind die Besten der Besten. Wir sind gesegnet, weil unsere Eltern uns gegeben haben. Wir wollen lernen, wie und wo man pflanzt, um den größeren Segen nicht nur in unserem Leben, sondern auch in unserem Land, unseren Feldern, Früchten, Ernten und Tieren zu sehen. Lehre uns, nach deinem Wort zu pflanzen, in Jesu Namen. Amen! Gott segne Sie!

9. NOVEMBER

WÄHLE DIE SPIRITUELLE FRAU!

Die Frau wird als die andere Hälfte bezeichnet, und die andere Hälfte von dir kann dich vollständig machen, wenn sie weise und richtig ist. Viele Königreiche, Könige, Männer, Länder und die Welt wurden zerstört wegen der falschen Hilfe. Unsere Welt kann Eva für das Todesurteil wegen der Sünde beschuldigen. Die Flut kam, weil sie das Verbotene Gottes anschaute und danach begehrte. Der Verkäufer, der Teufel genannt wird, brachte sie in die Falle. Deine Falle ist bereit, denn der Teufel ist ein Schmeichler. Der Teufel ist das Ja und Amen für deine Zerstörung. Der Teufel sieht immer gut aus, da er die Aspis, das Gift hat, und du wirst es erleben, nachdem du in die Falle gefallen bist. Beobachte das Leben von Adam, König Salomo, König Ahab, der mit Isebel verheiratet war, und König Jehoram, der mit Athalia, der Tochter Isebels, verheiratet war. Der zerstörerische Plan setzte in den Nord- und Südreichen Israels durch diese Mutter und Tochter ein. Die südlichen und nördlichen Regionen der Nation gingen schließlich in Verwüstung und Gefangenschaft.

Sucht niemals den Frieden, indem ihr Kompromisse mit den Heiden eingeht und sie durch Heirat zu euch holt. Das öffnet dem Satan Tür und Tor, wie es König Salomo tat. Satan wird hineinströmen. Sucht Gott in allen Situationen, bittet um seine Hilfe, und er wird es tun. Die Frau ist die mächtige Waffe, die Segen oder Fluch über Ihr Leben, Ihr Land und die Menschen in Gottes Reich bringen kann. Es ist die gefährlichste Entscheidung, sie in Gottes Reich arbeiten zu lassen, wenn sie heidnisch sind. König Salomo war kein Krieger, sondern wurde ein weiser Mann genannt. Indem er die Töchter des heidnischen Königs heiratete, um Frieden zu finden, brachte er seinem Königreich Unheil.

1 Kön 11:1 Aber der König Salomo liebte viele fremde Frauen, die Tochter des Pharao, die Moabiterinnen, Ammoniterinnen, Edomiterinnen, Zidonierinnen und Hetiterinnen. 2 Von diesen Völkern hatte der Herr zu den Israeliten gesagt: "Ihr sollt nicht zu ihnen hineingehen, und sie sollen auch nicht zu euch hineingehen; denn sie werden euer Herz nach ihren Göttern ausrichten: Salomo hängte sich an diese in Liebe. 3 Und er hatte siebenhundert Frauen, Prinzessinnen, und dreihundert Kebsweiber; und seine Frauen wendeten sein Herz ab. 4 Denn als Salomo alt war, wandten seine Weiber sein Herz ab zu anderen Göttern, und sein Herz war nicht vollkommen bei dem Herrn, seinem Gott, wie das Herz seines Vaters David. 5 Denn Salomo lief Aschtoreth, der Göttin der Zidonier, und Milcom, dem Greuel der Ammoniter, nach. 6 Und Salomo tat, was dem HERRN übel gefiel, und folgte dem HERRN nicht völlig nach, wie sein Vater David getan hatte. 7 Da baute Salomo dem Kemosch, dem Greuel der Moabiter, eine hohe Stätte auf dem Hügel vor Jerusalem, und dem Moloch, dem Greuel der Kinder Ammon. 8 Und ebenso tat er allen seinen fremden Weibern, die ihren Göttern räucherten und opferten. 9 Und der HERR wurde zornig über Salomo, weil er sein Herz von dem HERRN, dem Gott Israels, abwendete, der ihm zweimal erschienen war;

Das Problem liegt im Hören. Die Bibel sagt, wer ein Ohr hat, soll hören. Jeder hat ein Ohr, aber derjenige, der hört und gehorcht, hat ein Ohr. Hören Sie auf Gott und seine Anweisungen. Satan wird eine böse Frau benutzen, um dich niederzureißen, und du wirst sterben, um zu verlieren. Dein Reich mit deiner Familie wird dir genommen werden, und deine Familie wird zerstört werden.

Machen Sie sich keine Sorgen um den Gewinn von Stimmen und Ihre Position. Wenn Sie an den Herrn glauben und ihm vertrauen, wird er Ihnen Schutz, Beförderung und Wohlstand geben. Das Vertrauen auf den Herrn nicht zu haben, ist der Grund für inneren und äußeren Chaos. König Salomo wurde vom benachbarten König angegriffen. Jerobeam kam aus Ägypten zurück, um gegen Salomos Söhne zu kämpfen. Wenn König Salomo im Glauben geblieben wäre, hätte er das geteilte Königreich nie gesehen. Das Königreich wurde in ein nördliches und ein südliches Königreich geteilt, weil man Gott nicht vertraute. Setze dein Vertrauen in Gott Jehova; Er ist allmächtig. Der weise König Salomo nahm seine Augen von Gott. Er fürchtete die umliegenden Nationen und verehrte die Götter und Göttinnen seiner Königin.

Josua 23:10 Ein Mann von euch soll tausend jagen; denn der Herr, euer Gott, ist es, der für euch kämpft, wie er es euch versprochen hat. Darum gebt gut Acht auf euch, daß ihr den Herrn, euren Gott, liebt.

Nur wenn Sie seine Gebote und Gesetze befolgen. Ihr werdet Schutz finden, wenn ihr die Wege Gottes einhaltet. Manche Männer heiraten eine Frau, die Geld hat oder die Hausarbeit erledigen kann. Schauen wir uns an, wie Abraham darum bat, die Frau für seinen Sohn auszuwählen. Abraham war im Land Kanaan, das Gott abgelehnt hatte. Also fragte er den ältesten Diener des Hauses.

Mose 24:3 Und ich will dich schwören lassen bei dem Herrn, dem Gott des Himmels und dem Gott der Erde, dass du meinem Sohn nicht eine Frau nehmen sollst von den Töchtern der Kanaaniter, unter denen ich wohne: 4 sondern du sollst in mein Land und zu meiner Verwandtschaft gehen und meinem Sohn Isaak eine Frau nehmen.

Jakob diente seinem Onkel 14 Jahre lang, um eine Frau zu bekommen.

Mose 29:18 Und Jakob liebte Rahel und sagte: Ich will dir sieben Jahre um Rahel, deine jüngere Tochter, dienen.

Warum? Diese Frau, die Sie heiraten, wird Ihre Augen von dem lebendigen Gott abwenden. Sehr gefährlich, wenn Sie keine geistliche Frau finden.

Esther war eine geistliche Tochter und wurde von Mardochai erzogen, der auf jede seiner Anweisungen hörte. Sie besiegte den Satan und vernichtete den Feind. Der Feind kommt auf einem Weg und läuft auf sieben Wegen. Unser Gott hat ein System, um sich zu nähern, also bereite dich vor. Du bist die Tochter Zions. Mach dir keine Sorgen über deine Nase, deine Haarfarbe, dein Make-up und dein Aussehen. Schau nach oben, er hat dich wunderschön gemacht, bete und faste. Du bist die heutige Ester, Maria und Ruth. Mögen Sie nach dem Reich Gottes streben, nicht nach weltlicher Macht und Position. Unser Gott hat Sie berufen, sich zu erheben. Ziehen Sie die Rüstung Gottes an und nehmen Sie die Waffe Gottes, um den Feind zu besiegen. Der Feind geht umher wie ein brüllender Löwe, um zu verschlingen, aber du kannst ihn auf deinen Knien besiegen. Betet ohne Unterlass, betet zuerst. Unsere Aufgabe ist es nicht, uns wie eine dumme Frau zu verhalten, wie Eva, die Königin Athalja oder ihre Mutter Isebel, die sich schminkte und frisierte, bevor man sie den Hunden zum Fraß vorwarf.

Unser Gott sucht eine Braut, die sich nicht umschaut, um ihn und seinen Plan zu enttäuschen, sondern eine, die bereit und willens ist, ihm zu dienen. Die Gemeinde ist die Braut, und denken Sie daran: Wir sind eine Gemeinde, nicht das Gebäude.

Epheser 5:27 damit er sie sich selbst als eine herrliche Gemeinde vorstelle, die weder Flecken noch Runzeln noch dergleichen hat, sondern heilig und ohne Makel ist.

Er ist auf der Suche nach einer klugen Braut.

Matthäus 25:6 Und es geschah um Mitternacht ein Geschrei: Siehe, der Bräutigam kommt; geht ihm entgegen! 7 Da standen alle diese Jungfrauen auf und zündeten ihre Lampen an. 10 Und der Bräutigam kam; und die bereit waren, gingen mit ihm hinein zur Hochzeit, und die Tür wurde verschlossen.

Dies ist die entscheidendste Zeit für die Berufenen, Auserwählten, Bußfertigen und im Blut des Lammes Gereinigten. Bereite dich vor, indem du Seinen Geist empfängst, um deinem Bräutigam zu begegnen. Er ist auf dem Weg, Seine Braut zu empfangen. Die Zeit ist nahe, dass die treue Frau Jesu für Ihn auf der Erde und in der Ewigkeit im Himmel arbeitet. Amen!

LASST UNS BETEN

Herr, wir sind dankbar, dass du uns für das Reich Gottes berufen und gewählt hast. Wir wissen, dass das Reich Gottes Gewalt erleidet, also mach uns zu mächtigen Kriegern wie König David, um mit Gewalt zu nehmen, was uns gehört. Du hast uns die Macht dazu gegeben. Hilf uns, darauf zu achten, sie zu gebrauchen. Hilf uns, aufzublicken und unsere Augen auf dich zu richten. Wir kämpfen im Sieg. Du hast den Feind besiegt. Unser Herr und Schöpfer kommt, um seine Braut zu empfangen. Wir sind die Kirche, seine Braut. Lasst uns beten, fasten und uns vorbereiten. Möge der Herr uns ohne Makel, ohne Falten und makellos vorfinden, um unseren Bräutigam zu empfangen. Bald werden wir in die Ewigkeit gehen, um bei dir zu bleiben. Hilf uns, Herr Jesus. Finde uns würdig, im Himmel empfangen zu werden, in Jesu Namen. Amen! Gott segne Sie!

10. NOVEMBER
LASSEN SIE NICHT ZU, DASS IHR DREAM DIE!

Wir träumen viele Male in unserem Leben. Gott spricht zu uns in einem Traum. Aber denken Sie daran: Wenn Sie viele Träume haben, bedeutet das auch, dass der Geist Ihren Geist stört. Wenn ich viele Träume habe, bedeutet das, dass ich dem bösen Geist befehlen muss, zu verschwinden. Tun Sie alles, um den Dämon loszuwerden. Legen Sie die Bibel als Kissen unter den Kopf, salben Sie den Kopf und das Haus mit Öl, legen Sie die Hand auf den Kopf und sprechen Sie in Zungen. Nimm die von Gott gegebene Autorität, um die bösen Geister zu binden und zu brechen sowie ihre Taten des Tötens, Stehlens und Zerstörens. Entlasse den Heiligen Geist, Gottes Krieger, dienende und schützende Engel im Namen Jesu

Prediger 5:7 Denn in der Menge der Träume und der vielen Worte gibt es auch mancherlei Eitelkeiten; du aber fürchte Gott.

Heute möchte ich über den Traum sprechen, den Gott für die Zukunft gibt. Gott offenbart die zukünftigen Verheißungen oder Pläne in Träumen.

Viele zerstören den Plan, der in Träumen offenbart wurde, indem sie zu schnell handeln oder verantwortungslos oder ungeduldig sind. Die von Gott gegebene Verheißung kommt später, aber sie ist immer noch zur rechten Zeit. Früher sangen wir, dass Er ein Gott zur rechten Zeit ist. Denk daran, es gibt einen Gott im Himmel, der real und mächtig ist. Wenn Er dir etwas durch Traum, Vision, hörbare Stimme oder durch Propheten offenbart, dann sei ernst. Es ist nicht die Zeit, mit deinem Leben herumzuspielen.

Apg 2:17 Und es wird geschehen in den letzten Tagen, spricht Gott, dass ich meinen Geist ausgießen werde über alles Fleisch; und eure Söhne und eure Töchter werden weissagen, und eure jungen Männer werden Gesichte sehen, und eure alten Männer werden Träume haben:

Gottes Führung offenbart die künftige Agenda und gibt im Traum auch Warnungen. Wir müssen dem Traum mehr Aufmerksamkeit schenken, indem wir die falschen Träume herausfiltern. Bitten Sie Gott, Ihnen Unterscheidungsvermögen und die Deutung des Traumes zu geben. Der Traum ist sehr wichtig, also schenken Sie ihm besondere Aufmerksamkeit.

Matthäus 1:20 Während er aber über diese Dinge nachdachte, siehe, da erschien ihm der Engel des Herrn im Traum und sprach: Joseph, du Sohn Davids, fürchte dich nicht, Maria, dein Weib, zu dir zu nehmen; denn was in ihr empfangen wird, das ist vom Heiligen Geist.

Der Himmel gibt Informationen frei, über die du nachdenkst oder dir Sorgen machst. Der Herr Jesus hat viele Pläne im Traum offenbart. Ich versuche immer, meine Träume aufzuschreiben. Viele denken, sie würden sich erinnern, aber das tun sie nicht. Bitte schreibe es auf. Gott löst das Geheimnis im Traum. Denk daran,

10. NOVEMBER

Gott sandte den Messias Jesus Christus, aber der Teufel versuchte, Ihn zu zerstören. Erinnere dich daran, dass Gott ein Halter Seiner Verheißungen ist, wenn du Seinen Schutzplan befolgst. Danke Gott für diejenigen, die dem Befehl des Herrn folgen, der im Traum gegeben wurde.

Matthäus 2:13 Und als sie weggegangen waren, siehe, da erschien dem Joseph der Engel des Herrn im Traum und sprach: Steh auf und nimm das Kindlein und seine Mutter und flieh nach Ägypten und bleib dort, bis ich dir etwas sage; denn Herodes wird das Kindlein suchen, um es zu verderben.

Wir hatten den Messias, den Sohn Gottes, Christus, denn jemand hatte den Mut, einen Schritt zu tun, um das Leben des Babys zu retten. Gelobt sei Gott! Wenn es eine Warnung gibt, handeln Sie bitte.

Mose 28:12 Und er träumte, und siehe, eine Leiter war auf der Erde aufgestellt, und ihre Spitze reichte bis zum Himmel; und siehe, Engel Gottes stiegen auf ihr auf und nieder. 13 Und siehe, der Herr stand darüber und sprach: Ich bin der Herr, der Gott Abrahams, deines Vaters, und der Gott Isaaks; das Land, darauf du liegst, will ich dir geben und deinen Nachkommen. 18 Und Jakob stand früh am Morgen auf und nahm den Stein, den er zu seinen Kissen gelegt hatte, und richtete ihn zu einer Säule auf und goss Öl auf seinen Kopf.

Wie notwendig war das, um diesen Ort mit dem Heiligen Geist zu versiegeln? Ich versiegele alle eure Verheißungen, die Gott gegeben hat, mit seinem Geist im Namen Jesu. Sie werden sich erfüllen, wenn du nicht verzagst. Gott ist dabei, Großes und Mächtiges für Sie und Ihre Lieben zu tun. Bleiben Sie einfach konsequent und erinnern Sie sich an seine Verheißungen. Ich hatte einen Traum, in einem muslimischen Land zu predigen. Seitdem behalte ich die Karte und bete für die muslimischen Länder. In meinem Traum hatte ich ein wenig Angst, aber im selben Traum predigte ich mit Kühnheit. Wenn wir an Muslime denken, denken wir an Widerstand, aber wenn ich meinen Weg durch Fasten und Beten vorbereite, werden die Dinge geschehen.

Träumen Sie im wirklichen Leben groß, das ist in Ordnung. Denken Sie daran, dass es keine Grenzen für das gibt, was Sie erreichen können, genau wie der grenzenlose Himmel. Lebe ein grenzenloses Leben. Träume groß. Es ist nicht unmöglich für Gott, der gesagt hat, dass alle Dinge möglich sind, wenn du glaubst. Werden Sie nicht müde, versuchen Sie es weiter, hoffen Sie weiter, und Ihre ständigen Bemühungen werden etwas Großes bewirken. Ich bete für all Ihre Arbeit. Möge der Herr Jesus Ihre praktische Arbeit segnen und vermehren.

Ich sehe Träume und Visionen und höre die hörbare Stimme Gottes. Die Auslegung kommt, wenn ich meinen Mund öffne und spreche. Öffne deinen Mund, um positive Worte zu unterstützen. Wenn du träumst, dann sage: Ich glaube daran, und es wird geschehen. Gott segne alle Verheißungen und Pläne, die mir und dir im Traum gegeben wurden. Erinnere dich an einen Traum. Sage Gott, dass du immer noch daran glaubst. Wie schön, wenn du es sagst, aber dränge Gott nicht.

Numeri 12:6 Und er sprach: Hört nun meine Worte! Wenn es unter euch einen Propheten gibt, so will ich, der Herr, mich ihm in einem Gesicht offenbaren und im Traum zu ihm reden.

Gott gab mir im Jahr 1984 Verheißungen durch den Traum. Es ist noch nicht geschehen, aber meine Aufgabe ist es, daran festzuhalten. Abraham hatte eine Verheißung, und er glaubte Gott dafür. Der Gott, der es sagte, wird es zur rechten Zeit tun. Bei Gott ist nichts unmöglich, aber Gott hat für alles eine bestimmte Zeit. Möge der Herr uns helfen zu verstehen, dass Er der große Gott ist. Unser Gott kann alles und jedes tun, wenn du Ihn nicht enttäuschst.

Ein Traum war eine Warnung vor der Ankunft des Hinduismus an der Ostküste. Der Herr erklärte, dass die Hindus konsequent sind. Sie beten seit Ewigkeiten Götzen an. Gott offenbarte mir, wie ich für die Hindus beten soll, nämlich Gott zu bitten, die Liebe zu Jesus in die Herzen der Hindus zu legen. Deshalb bitte ich Sie, nicht nur einmal, sondern jeden Tag für dieses gottgegebene Gebetsanliegen zu beten.

Viele von Ihnen sind da draußen und fragen sich, wie es mit Ihrem Traum weitergeht. Wartet, verliert nicht euren Traum, indem ihr die Hoffnung verliert oder euch entmutigen lasst, weil ihr keine Fortschritte seht. Er braucht keine Ermahnung oder Ihre Hilfe. Er will nur, dass du glaubst und wartest. Gehen Sie nicht zu Heiden, Hexendoktoren, Handlesen oder anderen Medien, um den Traum zu deuten. Daniel Kapitel 2 ist ein Beweis dafür, dass Magier, Astrologen oder Chaldäer den Traum nicht deuten konnten. Aber Daniel, ein weiser Mann, der die von Jehova Gott gegebene Deutung vornahm. Joseph sah in einem Traum, wie sich seine Brüder und sein Vater vor ihm verneigen. Das Leben nahm eine traurige Wendung auf einem langen, unruhigen Weg. Er sah nie, dass er von einer Frau angeklagt wurde. Er sah sich nie als Sklave im Gefängnis und in einer hohen Position in Ägypten. Der Herr zeigte ihm nur einen symbolischen Traum. Er zeigt nicht alle Hindernisse in deinem Traum, aber sie werden kommen. Möge der Herr uns viele Traumdeuter schenken.

Gott spricht immer noch mit seiner Schöpfung, die mit ihm geht und seiner Stimme gehorcht. Amen!

LASST UNS BETEN

Unser himmlischer Vater, der im Himmel ist, kommuniziert mit uns. Unser Traum ist die einzigartige Art und Weise, in der Gott spezifische Informationen, Warnungen und Pläne mit Verheißungen freigibt. Du bist eine Quelle des Wunders und wir sind voller Dankbarkeit. Wir wollen träumen, aber nur von dir. Wir wollen träumen mit dem Wissen, den Traum zu deuten. Danke für die Beispiele, wie die Menschen den Traum angenommen haben. Selbst der Herrscher eines heidnischen Volkes, der den wahren Gott nicht kennt, nimmt sich in Acht und trifft Vorkehrungen. Es ist eine atemberaubend schöne und außergewöhnliche Art und Weise, in der Gott Informationen beschafft. Dein Traum hat viele Leben und Nationen mit weisen Herrschern gerettet. Wir danken dir für die Herrscher, die mit Informationen vom Himmel regieren. Wir danken dir für diejenigen, die versuchen, sie zu verstehen. Wir danken dir für alle Verheißungen, die in Träumen gegeben werden, in Jesu Namen. Amen! Gott segne Sie!

11. NOVEMBER

SCHADEN DER GEBETSLOSIGKEIT!

Die Gefahr der Arbeitslosigkeit. Ich hörte einen Prediger sagen, dass der Herr zu ihm sprach: "Bete oder stirb". Das bedeutet, dass Sie ohne Unterlass beten müssen. Es ist gefährlich, wenn es in deinem Leben kein Gebet gibt. Ich spreche nicht von dem Gebet beim Essen, vor dem Schlafengehen oder wenn man aufwacht und ein wenig betet.

1 Timotheus 2:1 Ich ermahne nun, dass vor allem Bitten, Gebete, Fürbitten und Danksagungen für alle Menschen gemacht werden;

1 Thessalonicher 5:17 Betet ohne Unterlass.

Derselbe Gott gab dem Prediger den Schlüssel zum Leben. Bete oder stirb. Möge der Herr uns ein Verständnis für die Arbeitslosigkeit geben. In meinem Leben dreht sich alles um das Gebet. Ich fühle mich wie ein Gebet Holiker. Wenn ich früh fliegen muss, stehe ich um Mitternacht oder mitten in der Nacht auf, um mindestens zwei Stunden lang zu beten. Ohne Gebet gehe ich nicht aus dem Haus. Kein Essen ist in Ordnung, aber kein Gebet ist unmöglich.

Hören Sie die Nachrichten? Ich meine schlechte Nachrichten und höre, dass es Krankheiten gibt. Sehen Sie die Selbstmorde, hören Sie von Kindesmissbrauch, Entführungen und Belästigungen? Schauen Sie sich Schießereien und Morde an. Sehen Sie das innere und äußere Chaos? Sehen Sie Menschen, die früh sterben, die besessen sind, die unterdrückt werden, die geschieden sind, die von älteren Menschen missbraucht werden? Die Liste ließe sich endlos fortsetzen.

Ich möchte Sie daran erinnern, dass dies auf die Gebets Losigkeit des Volkes Gottes zurückzuführen ist. Stellen Sie sich vor, der Herr hat ein System, das man das Rufsystem nennt, von der Erde bis zum Himmel, das man das Rufsystem nennt, von der Erde bis zum Himmel. Jemand muss Gott anrufen, der alles tun kann, denn er ist allmächtig, und er hat gesagt, dass nichts unmöglich ist. Nun, diese Verbindung ist nur für die Gerechten verfügbar. Stellen Sie sicher, dass Sie bereuen und wiedergeboren sind, gottesfürchtige Menschen.

Du sagst: "Ich habe gebetet", aber du hast gebetet, nachdem der Unfall passiert ist. Du hättest die Entführung, den Selbstmord, das Stehlen, das Töten, die Vergewaltigung, die Krankheit oder jeden anderen Schaden auf der Erde verhindert, wenn du gebetet hättest. Alle Schäden entstehen durch Menschen, die nicht beten. Sagen Sie nicht, es sei die Aufgabe einer Person.

Da die Bibel sagt:

Psalm 65:2 Du, der du das Gebet hörst, zu dir wird alles Fleisch kommen.

ELIZABETH DAS

Sind Sie aus Fleisch und Blut? Ja, dann müssen Sie beten. Jesus im Fleisch hat auch gebetet. Kein Fleisch ist eine Entschuldigung.

Jedes Mal, wenn ihr ein Problem seht, zeigt es, dass ihr beten müsst. Die Engel sind arbeitslos, da von der Erde keine Anrufe für ihre Probleme kommen. Gott hat die Engel geschaffen, um den Menschen zu dienen, zu helfen oder für sie zu kämpfen. Ein Schöpfer ist der König der Könige. Er braucht nicht zu kommen, um sich um die Schöpfung zu kümmern. Gott sendet mächtige Engel und sie tun, was er ihnen befiehlt. Die Schöpfung hat nur begrenzte Macht. Die Menschen können die geistige Welt weder hören noch sehen. Aber durch ihren Schrei, ihre Bitten, ihr Gebet sendet Gott Hilfe durch Engel. Ich möchte Sie daran erinnern, dass Gott viele Erzengel oder Generäle hat, die über den Engeln stehen. Die Engel arbeiten unter dem General, der Erzengel genannt wird, um uns auf der Erde zu dienen. Aber sie können nur kommen, wenn jemand sie ruft. Zum Beispiel betete Gott im Fleisch, und sie stärkten sich, bevor sie durch die große Prüfung der Kreuzigung gingen.

Lukas 22:43 Und es erschien ihm ein Engel vom Himmel und stärkte ihn.

Haben Sie schon einmal gehört, dass viel gebetet wird, viel Kraft? Ja, versuchen Sie es. Es wird himmlischen Verkehr geben, um uns alle zu retten, zu helfen, zu heilen und zu befreien. Wenn es einen Menschen gibt, zu dem man betet, dann gibt es auch einen Gott, der antwortet. Gott hat ein gutes Gehör, wenn Sie mit ihm reden. Wenn Sie nicht mit ihm reden, dann erwarten Sie es auch nicht. Wenn Sie sagen, dass Gott real, mächtig und allmächtig ist, was ja auch stimmt, dann bedeutet das nicht, dass er sich der Nöte und Situationen annimmt und sich darum kümmert. Er kommt nicht eingeladen. Laden Sie ihn ein. Er wird kommen. Bleiben Sie durch ständiges Gebet mit ihm in Verbindung; das ist das einzige und beste Sicherheitssystem der Welt. Sünden der Arbeitslosigkeit

Die Aufgabe eines Mannes Gottes ist es, Tag und Nacht zu beten.

1 Samuel 12:23 Gott bewahre mich davor, dass ich mich gegen den Herrn versündige, indem ich aufhöre, für euch zu beten; aber ich will euch den guten und richtigen Weg lehren:

Ich beobachte den Propheten Alph Luckau. Alles, was ich über ihn höre, ist, dass er Tag und Nacht betet. Das himmlische Reich ist das, was er sieht. Er war in Paris, rief aber seine Gemeinde an, um zu sagen, dass jemand in seiner Kirche Hexerei betreibt. Er schickte jemanden, um es zu entfernen, da Gott ihm zeigte, wo das Zeug war.

Jetzt fallen die Kirchen auseinander, und die Menschen sind besessen. Die Gemeinde liegt im Sterben, unter der Knechtschaft von Krankheitsdämonen, Unterdrückung und Krankheiten. Und warum? Wegen der gebetsleben Autorität. Diebe, gierig, haben die religiöse Welt betreten. Egal, was jemand sagt, wir wissen, dass die Mission Jesu immer noch dieselbe ist, aber wir sehen sie nicht, weil es an Gebet mangelt. Er ist gekommen, um die gebrochenen Herzen zu heilen, die Kranken zu heilen und die Dämonen auszutreiben. Es ist selten; wir sehen die übernatürlichen Zeichen und Wunder nicht. Es ist den Menschen fremd geworden.

Du gehst auf den Berg oder die Terrasse, um zu beten. Jesus ging auf den Ölberg, um zu beten. Mose war dort oben, um sich mit dem Herrn zu verbinden. Aber David war auf einer Terrasse, um sich umzusehen, und fiel in Sünde. Geh hinauf, schau dich nicht um, sondern schau nach oben, knie dich hin und rufe aus. Du wirst den Unterschied bemerken.

11. NOVEMBER

Heute Morgen rief mich dieser Evangelist an. Er sagte, ich müsse auf der Konferenz predigen, aber ich sei krank. Ich betete, und seine Nebenhöhlen öffneten sich, seine Brustschmerzen verschwanden, und bevor er den Hörer auflegte, sagte er, ich könne atmen. Gestern rief diese Ministerin an, die sehr niedergeschlagen war, und als ich betete, sagte sie, dass es mir hundertprozentig gut geht. Ein Pfarrer braucht Hilfe, und wenn ich nicht mit Gott verbunden bin, kann das nicht geschehen. Sie werden krank bleiben, verletzt, mit Schmerzen, und hahaha, der Teufel wird gewinnen.

An einem anderen Tag rief ein Pastor aus einem anderen Bundesstaat an, er wurde angegriffen. Also begann ich, ihm beizubringen, wie er alle Angriffe durch Hexerei zerstören kann. Ich lehrte ihn, wie man einen Gegenangriff startet. All dies geschieht, wenn man mit dem Herrn verbunden ist. Warum treten manche Pastoren zurück und warum fallen manche in Sünde? Kein Gebet, sie sind so beschäftigt wie Martha. Seien Sie wie Maria. Beten Sie jeden Augenblick. Schauen Sie nicht nur den christlichen Kanal, sondern bleiben Sie mit dem Herrn in Verbindung. Der Fernseher ist kein Gebet; das Fernsehen ist eine weitere Ablenkung, die dich vom Gebet abhält. Ich bete im Namen Jesu, dass all diese Gebete Losigkeit verschwinden. Betet in jeder Jahreszeit, betet ohne Unterlass. Und rufen Sie nicht jeden für Ihr Problem, sondern rufen Sie Jesus.

Ich habe meine Mutter immer beten sehen. Ihr Gebet hat uns sicher und gesund nach Hause gebracht. Ihr Gebet hat uns vor Schwierigkeiten und Prüfungen bewahrt. Ich habe meine Mutter nie irgendwo anders als zu Hause oder bei der Arbeit sitzen sehen. Ich sehe Menschen im Einkaufszentrum, im Nagelstudio oder im Spa, im Kino, beim Sightseeing, auf Kreuzfahrten, im Urlaub, im Gerichtssaal, im Gefängnis, im Knast oder bei einem Besuch, in der Bar, auf Drogen, mit einem anderen Mann, und so weiter. All dies geschieht, weil wir keine Verbindung zu Gott haben. Wie wäre es mit einem Gebet für 24 Stunden? Bringen Sie Ihren Fall vor den Herrn, und der Himmel wird auf die Erde herabkommen, um zu helfen, zu retten und zu tun, was nötig ist, um der Schöpfung zu helfen. Möge der Herr unsere Gebete Losigkeit in Jesu Namen wegnehmen! Amen!

LASST UNS BETEN

Allein Jesus, wir danken dir, dass du uns ein Beispiel für das Gebet gegeben hast. Wir wissen, dass der Gott, der Gebete erhört, Kranke heilt, Tote auferweckt und Dämonen vertreibt, nicht zu beten braucht, aber er hat gebetet, seit er im Fleisch war. Möge der Herr Jesus uns mit einem Gefühl der Sicherheit und des Trostes umgeben und uns zeigen, wie wir beten können, so wie du es getan hast. Du hast gesagt: Folge mir nach. Hilf uns, nicht jeder gebetsleben religiösen Autorität zu folgen, sondern dir allein. Unsere Verbindung ist sehr wichtig für unser Wohlergehen. Unser Gott hat uns ein gut bezahltes Telefon gegeben, das er Gebet genannt hat. Ist das nicht das Schönste? Er hat alle Netze und Wi-Fi zur Verfügung gestellt und hat einen unbegrenzten Serviceplan. Ich schätze die Einfachheit dieser kostenlosen Verbindung zur Privatnummer von Jesus. Dank dieser Einrichtung können wir Hilfe bekommen und uns um Bedürfnisse und Probleme kümmern. Im Namen Jesu binden und durchbrechen wir die Arbeitslosigkeit. Wir sind aufgerufen, in Verbindung zu bleiben, also gib uns den Geist des Gebets. Wir können beruhigt sein, denn wir wissen, dass wir geschützt sind, solange wir den Namen Jesu anrufen. Amen! Gott segne Sie!

12. NOVEMBER

FOLGEN SIE DEN EINFACHEN ANWEISUNG GOTTES!

Jetzt haben wir viele Konfessionen, Nicht-Konfessionen und Organisationen, da die Menschen verschiedene Rezepte für Gott gefunden haben. Ein Gott hat Eine Bibel und Einen Weg, um in den Himmel zu kommen. Die Bibel ist ein Buch, das dir zeigt, wie du dein Leben auf der Erde sichern und den Weg in den Himmel finden kannst. Es ist ganz einfach, wenn du dich an die Lehren Jesu hältst.

Lukas 9:23 Und er sprach zu ihnen allen: Wer mir nachfolgen will, der verleugne sich selbst und nehme täglich sein Kreuz auf sich und folge mir nach.

Konkrete, aber einfache Anweisungen von Gott!

Johannes 14:6 Jesus spricht zu ihm: Ich bin der Weg, die Wahrheit und das Leben; niemand kommt zum Vater denn durch mich.

Ist das nicht die einfache, korrekte Anweisung, die zu tun ist? Warum folgen wir allen anderen Wegen und vergessen Jesus? All diese Konfessionen oder Nicht-Konfessionen haben ihre eigenen Wege und nicht Jesus. Also Freunde, schlagt die Bibel auf und tut euch selbst den Gefallen, euch an den zu halten, der gesagt hat, folgt mir nach. Habt Erbarmen mit eurer Seele. Deine Seele ist unter deiner Obhut. Tausche deine Seele nicht für einen kleinen Gefallen ein. Sei nicht leichtsinnig mit dir. Habt Angst vor der Hölle. Es ist eine Frage der Ewigkeit. Ich will alles tun, was nötig ist, um durch Jesus in den Himmel zu kommen. Wer ist die Tür? Jesus ist die Tür zum Himmel. Ich mache mir keine Sorgen darüber, ob jemand mich mag oder nicht, wofür ich stehe. Ich bin ein Pilger, heute hier und morgen weg. Viele denken, dass es Gott egal ist, solange man nur glaubt und einen einfachen Glauben hat. Nur in die Kirche zu gehen, wird dich retten. In der Bibel steht nirgends, dass man gerettet ist, wenn man auf einer Kirchenbank sitzt und den Zehnten und das Opfergeld zahlt. Deine Sicherheit ist das Wort, wenn du dem Weg folgst, den Jesus Nikodemus vorgeschrieben hat.

Die Bibel ist eine Karte des Himmelreichs. Wenn ihr dorthin gelangen wollt, dann lasst uns gemeinsam reisen. Prüfen Sie zunächst, was die Bibel sagt.

Apg 4:12 Und in keinem anderen ist das Heil; denn es ist kein anderer Name unter dem Himmel den Menschen gegeben, durch den wir gerettet werden müssen.

Der Name Jesus hat die Macht, uns zu retten. Er ist ein rettender Name. Der Name Jesus rettet uns von Krankheiten und befreit uns von Dämonen. Er vergibt auch unsere Sünden, wenn wir ihn in der Wassertaufe benutzen, was das Größte von allem ist.

12. NOVEMBER

Apg 10:43 Von ihm bezeugen alle Propheten, dass durch seinen Namen jeder, der an ihn glaubt, Vergebung der Sünden empfangen wird.

Der Name Jesus ist wichtig, um durch das Perlentor zu gehen. Kein Engel wird dich hineinlassen, wenn du den Namen Jesus nicht trägst. Heutzutage sagt man, man solle nicht mit 'Jesus only people' sprechen. Bitte sprechen Sie nicht mit uns, denn wir haben den rettenden Namen Jesus. Er ist der Name, der über allen früheren Namen Gottes, Jehovas, steht. Seien Sie vorsichtig! Hören Sie nicht auf den Teufel, der viele Organisationen, Kirchen und Großkirchen gegründet hat. Sie werden Ihnen mit Ablehnung drohen. Sie brauchen keine verlorenen Autoritäten von verlorenen Kirchen. Sie brauchen den Namen Jesu, um in das Reich Gottes zu gelangen. Ihr Wohnsitz ist im Himmel und nicht auf der Erde.

Gott hat dieses Evangelium vor den verlorenen Organisationen, Konfessionen und Nicht-Konfessionen verborgen, nur damit sie wissen, dass Jesus nie für sie gekommen ist. Zunächst brauchen wir eine Offenbarung der Identität Jesu, wie sie Petrus und Paulus hatten. Er ist der fleischgewordene Gott Jehova, der sein Blut vergießt. Der Schöpfer wandelt auf der Erde, um die Schöpfung durch sein Blut zu erlösen. Suchen Sie in der Heiligen Schrift. Schließen Sie sich keiner Versammlung an.

Apg 17:11 Diese waren edler als die in Thessalonich, denn sie nahmen das Wort mit aller Bereitwilligkeit auf und forschten täglich in der Schrift, ob es so sei.

Kolosser 1:14 In ihm haben wir die Erlösung durch sein Blut, nämlich die Vergebung der Sünden:

Haben Sie sich jemals gefragt, warum es heute einen so großen Unterschied zu damals gibt? Vor 2000 Jahren hat ein echter Jünger der Marke Jesus die Welt auf den Kopf gestellt. Aber heute sind sie machtlos, hoffnungslos, unterdrückt, besessen und krank. Es ist eine so genannte Jesus-Marke, die der Himmel nicht anerkennt. Ich habe mich von einigen von ihnen ferngehalten, die mit verschiedenen Marken gekennzeichnet waren und Christus beschämt haben.

Römer 2:24 Denn durch euch wird der Name Gottes unter den Heiden gelästert, wie es geschrieben steht.

2 Petrus 2:2 Und viele werden ihren verderblichen Wegen folgen, wodurch der Weg der Wahrheit in Verruf gerät.

Wenn Ihnen jemand sagt: "Nur Jesus", dann antworten Sie ihm: "Ja, wir sind die einzigen Menschen, die Jesus sind". Viele haben den Namen verlassen und viele andere verwirrende, verwirrende Lehren gefunden, bei denen sie nicht umkehren oder ihren Lebensstil ändern oder für Gottes Reich arbeiten müssen, sondern für ihr eigenes.

Judas 1:4 Denn es haben sich unversehens Menschen eingeschlichen, die von alters her zu dieser Verdammnis bestimmt waren, gottlose Menschen, die die Gnade unseres Gottes in Lüsternheit verwandelt und den einzigen Herrn, Gott, und unseren Herrn Jesus Christus verleugnet haben.

Jesus gestattete Petrus, seine Kirche auf der Offenbarung aufzubauen, die er von Jesus Christus als dem Sohn Gottes und als dem Messias hatte. Fahren Sie fort, darauf zu bauen. Gründen Sie keine anderen Kirchen oder Konfessionen, wenn Sie keine Offenbarung von Jesus haben. Alle anderen Fundamente sind ohne den wichtigsten Eckstein, Jesus.

Vor langer Zeit war ich einer von ihnen. Aber ich war auf der Suche nach der Wahrheit. Indem ich gehorchte, erfuhr ich die Macht des Blutes, als ich im Namen Jesu ins Wasser ging. Eine außergewöhnliche Erfahrung! Ich folgte den Anweisungen Jesu und sagte: "Glaubt den Propheten und Aposteln, denen ich den Schlüssel gegeben habe.

Epheser 2:20 und sind auf das Fundament der Apostel und Propheten gebaut, wobei Jesus Christus selbst der wichtigste Eckstein ist;

Tausende von Juden folgten.

Apostelgeschichte 2:38 Da sprach Petrus zu ihnen: Tut Buße und lasst euch alle taufen auf den Namen Jesu Christi zur Vergebung der Sünden, so werdet ihr die Gabe des Heiligen Geistes empfangen.

Kirche in Samaria: Aufgebaut auf der Anweisung Jesu an Petrus, Apostelgeschichte 8:16 (Denn noch war er auf keinen von ihnen gefallen; nur sie ließen sich auf den Namen des Herrn Jesus taufen). Heiden oder Nichtjuden, die in die Kirche aufgenommen werden, indem sie ihre Sünden in dem Blut waschen, das unter dem Namen Jesu verborgen ist.

Apg 10:47 Kann jemand das Wasser verbieten, dass diese nicht getauft werden, die den Heiligen Geist empfangen haben wie wir? 48a Und er befahl ihnen, sich auf den Namen des Herrn zu taufen.

Die Jünger von Johannes dem Täufer wurden erneut getauft. Sie lebten in der Heilszeit, in der das Blut Jesu verfügbar war, um ihre Sünden abzuwaschen. Sie hatten die Taufe der Buße, aber nicht die Vergebung der Sünde.

Apg 19:5 Als sie das hörten, ließen sie sich auf den Namen des Herrn Jesus taufen. 6 Und als Paulus ihnen die Hände aufgelegt hatte, kam der Heilige Geist auf sie, und sie redeten mit Zungen und weissagten.

Befolgen Sie die einfachen Anweisungen Jesu Schritt für Schritt oder haben Sie einen anderen trügerischen Weg gefunden, um Sie aus dem Heilsplan herauszuholen? Er ist immer noch verfügbar. Viele folgen den breiten Wegen des Teufels. Prüfen Sie ihre Früchte. Kehren Sie um von dem gefährlichen breiten Weg, der Sie in die brennend heiße, dunkle, schreiende Höllenqual führt. Es gibt keine Tür zum Entkommen. Suche, frage und klopfe an. Du wirst sie finden! Amen!

Hebräer 2:3 Wie sollen wir entrinnen, wenn wir ein so großes Heil vernachlässigen, das zuerst vom Herrn geredet und uns von denen, die ihn gehört haben, bestätigt worden ist; 4 und das Gott ihnen auch bezeugt hat mit Zeichen und Wundern und mit verschiedenen Wundern und Gaben des Heiligen Geistes nach seinem Willen?

LASST UNS BETEN

Himmlischer Vater, dass alle deine Wege gesegnet, gesichert und mit allen Vorteilen verpackt sind. Danke, dass du uns deinen Namen gegeben hast und uns zur Taufe rufst. Wir sind blutgekaufte Jesus-Only-Menschen. Der Himmel, die Erde und die Unterwelt werden sich vor dem König Jesus verneigen. Wir danken dir, dass ich mich niemals für diesen Namen Jesus schämen muss. Der Weg Jesu ist voller Gnade und Barmherzigkeit und zeigt sich denen, die dich lieben. Wir lieben dich und schämen uns nicht, Jesus nur Menschen zu nennen. Du bist der König der Könige und der Herr der Herren. Wir werden herrschen, wenn wir den Wegen Gottes folgen, in Jesu Namen. Amen! Gott segne Sie!

13. NOVEMBER

DAUERHAFTER VERLUST ÜBER MOMENTANER GEWINN!

Derjenige, der nach Macht strebt, stirbt ohne sie. Ist das nicht eine Schande? Es gibt einen richtigen Weg und einen falschen Weg. Der richtige Weg wird Sie zu Ihrem erwarteten Ziel führen. Wie Sie wissen, wird der Weg viele Hindernisse, Widerstände und Konflikte beinhalten, aber halten Sie an Gott fest. Er hat ein unvorstellbares Ergebnis. Sie mögen das Gefühl haben, dass Sie ohne ihn sterben könnten, aber halten Sie sich an den Herrn. Er ist treu.

Psalmen 37:25 Ich bin jung gewesen und bin nun alt; aber ich habe den Gerechten nicht verlassen gesehen, und seine Nachkommen haben nicht um Brot gebettelt.28 Denn der HERR liebt das Recht und lässt seine Heiligen nicht im Stich; sie werden für immer bewahrt; aber die Nachkommen der Gottlosen werden ausgerottet.

Der Herr tötete Er, warum?

1 Chronik 2:3 Er, der Erstgeborene von Juda, war in den Augen des Herrn böse, und er tötete ihn.

Dein Charakter ist nicht das, was du anderen zeigst. Sei gerecht in den Augen Gottes. Dein Charakter entscheidet, wer du bist, wenn dich niemand beobachtet. Was hast du mit den Chancen und Gelegenheiten gemacht, die du hattest? Der Herr beobachtet dich die ganze Zeit. Du lebst für Gott und nicht für andere. Viele haben Prinzipien, wenn sie in einem konservativen Land leben, aber sobald sie in freie Nationen fliegen – oh mein Gott. Das Wahre kommt zum Vorschein. Sie legen die anständige Kleidung ab und ziehen provozierende Kleidung an. Weißt du, was heute fehlt? Die Lehre der Wahrheit. Wir sehen unsere Gesellschaft und fragen uns, was geschehen ist. Unsere Gesellschaft hat die korruptesten und machthungrigsten Menschen, die sich nur um Geld und Macht kümmern. Wenn du mich als deinen Chef wählst, werde ich tun, was du willst, aber mich nicht um deine Seele kümmern. Das macht das Zuhause, das Geschäft oder das Land gesetzlos.

Joab tötete einen gerechteren Mann als ihn.

1 Kön 2:32 Und der Herr wird sein Blut auf sein eigenes Haupt zurückerstatten, weil er zwei Männer, die gerechter und besser waren als er, mit dem Schwert erschlug, ohne daß mein Vater David davon wußte: Abner, den Sohn Ners, den Obersten des Heeres von Israel, und Amasa, den Sohn Jethers, den Obersten des Heeres von Juda.

Das Vergnügen des Ehebruchs ist vorübergehend, aber der Verlust ist für immer.

ELIZABETH DAS

1 Chronik 5:1 Die Söhne Rubens, des Erstgeborenen Israels, waren zwar die Erstgeborenen, aber weil er das Bett seines Vaters entweiht hatte, wurde sein Erstgeburtsrecht den Söhnen Josephs, des Sohnes Israels, gegeben; und das Geschlechtsregister wird nicht nach dem Erstgeburtsrecht gerechnet. 2 Denn Juda war vor seinen Brüdern, und von ihm kam der Oberste, aber das Erstgeburtsrecht war Josephs).

Glauben Sie, dass das, was in der Vergangenheit geschah, nicht auch in der Gegenwart oder Zukunft geschehen wird? Gott sagt, ich bin derselbe gestern, heute und in Ewigkeit. Wir müssen uns mit dem Wort Gottes befassen, um sein Wesen und seine Gerechtigkeit zu lernen. Ein weiteres Beispiel für einen nachlässigen Minister,

Leviticus 6:12 Und das Feuer auf dem Altar soll darin brennen und nicht verlöschen; und der Priester soll jeden Morgen Holz darauf anzünden und das Brandopfer darauf legen und das Fett der Heilsopfer darauf anzünden.13 Das Feuer soll immer auf dem Altar brennen und nicht verlöschen.

Als Pfarrer muss man vorsichtig sein. Viele, die auf der Kanzel stehen, begraben ihre Fehler. Heutzutage ist es unheilig, die Wahrheit zu lehren.

Levitikus 10:1,2 10 Und Nadab und Abihu, die Söhne Aarons, nahmen einer von ihnen sein Räuchergefäß und taten Feuer hinein und legten Räucherwerk darauf und opferten fremdes Feuer vor dem Herrn, was er ihnen nicht geboten hatte.2 Und es ging Feuer aus vom Herrn und verzehrte sie, und sie starben vor dem Herrn.

Die Konsequenz ist dieselbe. Du und ich müssen darauf achten. Unsere von Gott gegebenen Anweisungen dürfen nicht verändert werden. Gott sagt: Ich ändere mich nicht. Versuche Gott nicht. Du wirst verlieren. Wenn so etwas heute geschieht, geben wir irgendeine Art von Ausrede, weil wir das Gericht Gottes nicht kennen. Wir leben in einer Zeit, in der man von der Kanzel aus alles sagen kann, und es ist in Ordnung. Das hat zu unglaublicher Zerbrochenheit, Verletzung und Zerstörung der Gesellschaft geführt.

Was ist unser Problem? Wir sehen, was wir sehen wollen, und hören, was wir hören wollen. Wenn wir krank sind, besorgen wir uns Medizin, anstatt es durch Umkehr in Ordnung zu bringen. Wir folgen falschen Lehrern und Propheten, denn das ist das Beste für ein leichtes Leben. Triff keine dauerhafte Entscheidung wegen einer vorübergehenden Situation. Die Mentalität ist: Wer kümmert sich um deine Seele? Religiöse und weltliche Führer kümmern sich nur um ihre Position und ihre Macht. Gott kann dir alles geben, wenn du ihm vertraust und seinen Anweisungen folgst.

In der Beleidigung, keine Kinder zu haben, drängt Sarah Abraham dazu, Haggar, das Hausmädchen der Ägypter, zu bekommen. Abraham weiß es besser, trotzdem hört er auf die Frau. Kennen Sie die Schwierigkeiten, denen das von Gott auserwählte Israel ausgesetzt ist? Unser Problem ist, dass wir uns nicht konzentrieren. Egal, wo Sie hingehen, versuchen Sie nie, sich vor der Angst vor dem Druck der Gesellschaft, der Menschen und der Familie zu schützen. Stehen Sie ein für das, was Sie glauben. Satan wird versuchen, Sie wegen Ihres Kompromisses zum Narren zu halten. Wenn Sie von Gott hören, dann kennt er Sie und Ihre Situation. Unter Druck versuchen viele, es durch ihr Handeln zu beweisen. Gott gibt Mut, wenn du stehst.

Deuteronomium 31:8 Und der Herr ist es, der vor dir hergeht; er wird mit dir sein und dich nicht verlassen; fürchte dich nicht und erschrecke nicht.

Wir sehen den Gruppenzwang auf unsere Kinder, und ohne Gebetsunterstützung oder moralische Unterstützung scheitern sie. Es ist unsere Verantwortung, da zu sein und zu helfen. Ich habe früher meine

13. NOVEMBER

Nichten und Neffen abgeholt und manchmal auch ihre Freunde. Kinder sind verletzlich und brauchen unsere Unterstützung. Ich habe kein Problem damit, ihnen zu helfen, denn da draußen tobt ein Kampf.

Die Endzeit-Generation wurde fehlgeleitet. Ich frage mich, warum sie so unzivilisiert handeln und reden. Der Wunsch nach einem höheren Gehalt, einer höheren Position und mehr Macht lässt sie wie einen Idioten handeln. Ich glaube, dass jemand, der fest steht und sich keine Sorgen um Geld, Position und Macht macht, alles bekommen wird. Viele scheinen ihren Verstand verloren zu haben. Wie viel Geld ist viel? Welche Machtposition ist von Dauer oder lässt einen nachts gut schlafen? Bete für diese Generation, selbst einige in ihren 60ern oder 70ern haben keinen Blick oder keine Unterscheidung. Warte, bis du dem Richter der Erde gegenüberstehst. Welches Argument oder welche Berufung wirst du dann haben? Zeigt das alles nicht, dass ein Haufen feiger oder törichter Menschen auf kleine Gefälligkeiten, Geld, Positionen und Vorteile aus ist? Möge der Herr uns allen gute, ehrliche und wahre Lehrer und Propheten schenken. Wer kann sich dafür einsetzen, die Gesetze Gottes durchzusetzen? Bitte beten Sie für diese Generation; sie ist verloren und fehlgeleitet. Wenn Sie einer von ihnen sind, wenden Sie sich bitte ab und finden Sie die Wahrheit in der Bibel. Die Bibel ist das Buch für die Schöpfung, wie du und ich vom Schöpfer. Sie werden darin Frieden, Trost und alles, was Sie brauchen, finden. Das Leben ist nur ein einziges Mal zu leben, und dann gibt es ein Gericht. Möge der Herr uns helfen und uns mit gesundem Verstand und Weisheit ausstatten, um die richtige Entscheidung zu treffen, in Jesu Namen. Amen!

LASST UNS BETEN

Himmlischer Vater, dein Wort sagt, dass du Weisheit frei geben kannst, wenn wir darum bitten. Wir bitten nicht nur um Weisheit, sondern auch um Einsicht und Unterscheidungsvermögen in unserem täglichen Leben. Es ist eine einmalige Chance auf Erden und hat ewige Konsequenzen zu tragen. Möge der Herr uns helfen, das Beste aus dem zu machen, wozu wir berufen sind. Dies ist unsere Show, unsere Zeit, und wir spielen unser Leben in dem Wissen, dass es eine Zukunft gibt. Wir denken nicht nur an uns selbst, sondern auch an unsere Kinder und deren Kinder. Unser Leben hat Narben, Segen oder Fluch, je nachdem, welche Entscheidungen wir treffen. Herr, hilf uns, die richtigen Entscheidungen zu treffen, denn nicht alle Möglichkeiten sind von dir. Unser Leben hat dauerhafte Auswirkungen auf andere. Hilf uns also, Herr, richtig zu handeln und zu denken, und entscheide dich, deinem Willen zu entsprechen, in Jesu Namen. Amen! Gott segne Sie!

14. NOVEMBER

HERR, VERGRÖSSERE MEIN GEBIET!

Was bedeutet die Vergrößerung des Territoriums? Es ist ein Gebiet oder Land, das dir nicht gehört. Wenn du Gott bittest, dir zu geben, was dir nicht gehört, Er wird es tun. Ich liebe es, Gott zu bitten, meinen Dienst zu erweitern. Ich bete für das, was ich noch nicht erreicht habe oder was über mich hinausgeht. Hast du schon Menschen gesehen, die im selben Hüttchen, am selben Ort leben und dieselbe Arbeit tun? Warum bittest du Jesus nicht, deinen Einflussbereich zu vergrößern und auszuweiten? Bitte Gott, dir Wissen und Weisheit für Abenteuer in neuen Bereichen zu geben. Für Gott ist nichts schwer. Dein Einflussbereich ist nicht nur auf Land begrenzt, sondern umfasst Wissen, Reichtum, einen genialen Verstand – du nennst es. Schau dir die Technologie an, einfach umwerfend. Wer hätte sich die Zeit vorstellen können, in der wir leben? Es ist einfach jemand, der daran geglaubt hat, seinen Bereich zu erweitern.

Berühmtes Gebet aus der Bibel:

1 Chronik 4:10 Und Jabez rief den Gott Israels an und sagte: Ach, daß du mich doch segnen und mein Gebiet erweitern würdest, daß deine Hand mit mir wäre und du mich vor dem Bösen bewahren würdest, damit es mich nicht betrübt! Und Gott gewährte ihm, worum er bat.

Jabez kannte Gott und wagte es, ihn zu beten. Beten Sie heute zu dem Herrn, der gesagt hat: "Bitte klopft an, sucht, und er wird es tun." So bete ich, dass der Herr dein Gebiet in Jesu Namen vergrößert. Wenn ein Künstler, ein Mechaniker, ein Computertechniker oder ein Künstler anfängt, ohne zu wissen, dass er oder sie diese Höhe erreichen wird. Wenn du anfängst, weißt du nicht, was als Nächstes kommt, aber das Nächste wird dich zu einer Höhe bringen, die du dir nie vorstellen konntest.

2 Samuel 22:37 Du hast meine Schritte unter mir vergrößert, so dass meine Füße nicht ausrutschten.

Als ich bei der Post arbeitete, begann mein körperlicher Kampf. Ich wusste nicht, wohin er mich führen würde. Ich wusste nur, dass es um Heilung ging. Wenn ich krank werde, rufe ich die Kirche an und bete um Heilung. Dass ich nicht geheilt wurde, machte mich stutzig. Ich wusste nicht, wohin Gott mich durch diese neue Prüfung führen würde. Eines Tages hörte ich eine klare Stimme Gottes, die mir sagte: "Du wirst nie wieder hierher zurückkommen". Ich war erstaunt. Ich wusste, dass eine körperliche Verletzung und ein Kampf auf dem Postamt schwierig waren, aber ich hatte Gott.

Als der Tag kam, geschah ein Wunder. Nachdem ich wegen meiner Blutkrankheit in den Ruhestand versetzt worden war, tat er ein Wunder und ich konnte gehen. Ich war nicht völlig geheilt, aber ich konnte kurze Strecken gehen. Der Herr Jesus sagte: Arbeite für mich und ich werde für dich sorgen. Ich hatte keinen Computer, also kaufte ich einen. Wegen der unerträglichen Schmerzen hatte ich einen Gedächtnisverlust, ich konnte nicht mehr lesen und mich erinnern. Schmerz ist ein Killer.

14. NOVEMBER

Ich habe darüber nachgedacht, ein Audio meiner Bücher zu machen. Jetzt bin ich ein Perfektionist. Ich sehe all diese weltlichen Menschen, die ihre Arbeit nach bestem Können tun. Warum also nicht die Arbeit Gottes tun und sie auf die beste Weise machen? Also fragte ich den Sohn eines Freundes, der so freundlich war, mir das Aufnehmen beizubringen, indem er mir eine Bearbeitungssoftware zur Verfügung stellte. Ich wusste, dass Geld ein Problem war, aber ich hatte eine Kreditkarte. Ich benutzte die Kreditkarte und dachte, es war es wert.

Ich fing an, an der Aufnahme zu arbeiten. Wegen der Schmerzen konnte ich nicht ständig sitzen, sondern nur ab und zu. Oft vergaß ich die Aufnahmeprozedur und ging zu den Notizen zurück. Ich vergaß, Gujarati perfekt zu lesen. Ich besuchte die englische Kirche und hatte die meiste Zeit mit einem Amerikaner zu tun. Mit Gujarati hatte ich nicht viel zu tun. Ich glaube nicht daran, aufzugeben oder nachzugeben. Es dauerte ein Jahr, bis ich vier Seiten fertig hatte, aber ich war so gut, dass die Leute mich fragten, wie schön ich lesen und sprechen konnte. An dem Tag, an dem ich meine CD einlege, war mein Haus von der Herrlichkeit der Shekinah erfüllt. Das ist die dicke Wolke, in der Gott wohnt. Ich sah Jesus in dieser Wolke lächeln. Halleluja! Jetzt mache ich Filme und Videos und habe einen YouTube-Kanal. Ich nutze die Technologie, um die Welt zu erreichen. Ich mag es nicht, die gleichen alten Dinge zu tun.

Satan hat viele Tricks und Techniken, um unsere Zeit, unser Geld und unser Leben zu kontrollieren und zu stehlen. Der Teufel benutzt das von Gott gegebene Wissen, die Weisheit und das Talent, um Geld zu verdienen und andere davon zu überzeugen, dass er gut ist. Gott benutzt Menschen, die nichts und niemand sind. Er fängt bei Null an und macht sie vom Hirtenjungen zum Psalmisten, der Gott und einen König anbetet, vom Gefangenen zum Herrscher des Landes, vom Sklaven zum freien Mann, vom Armen zum Reichen und vieles mehr.

Jesaja 43:18 Gedenkt nicht an das Frühere und denkt nicht an das Alte. 19 Siehe, ich will etwas Neues tun, und es soll hervorgehen; sollt ihr es nicht erkennen? Ich will einen Weg in der Wüste machen und Ströme in der Wüste.

Ja, Hallelujah! Ich liebe es, jeden Tag etwas Neues zu haben. Wenn wir den Herrn kennen, an seine Weisheit glauben, an seine Macht, an seine übernatürliche, wundertätige Kraft, dann können wir ihm vertrauen. Gott ist nicht für diejenigen da, die meinen, alles zu können, die allwissend und über intelligent sind. Gott ist für die Demütigen.

1 Korinther 1:27 Gott aber hat die Toren der Welt erwählt, um die Weisen zu verwirren, und die Schwachen der Welt, um die Mächtigen zu verwirren;

Wer sich für schlau hält, kann alles tun, was den Plan Gottes ruinieren wird. Gott hat das Drehbuch geschrieben, er braucht nur noch Schauspieler und Schauspielerinnen, die die Rolle spielen, um der Welt seine übernatürliche Macht zu zeigen. Die Welt wird den Masterplan Gottes sehen und sich wundern, was hier passiert. Wie kann der Sklave die Nation besitzen? Wie kann der Sklave ein weltweites Geschäft haben? Weil der Herr ihr Territorium vergrößert hat. Ihr bescheidener Anfang kann vergrößert werden, wenn Sie beten und Gott bitten, ihn zu segnen. Nur der Herr kann segnen und vergrößern. Wir sehen einige Unternehmen, die in der Welt bekannt sind, und wir denken darüber nach, was hier passiert ist. Es ist der Herr, der ihr Gebiet erweitert und vergrößert hat.

Lernen Sie, Gott um den Segen für Ihre Arbeit zu bitten. Ich erinnere mich, dass ich als Kind immer früh schlafen gegangen bin. Ich habe nie meine Hausaufgaben gemacht. Ich war zu Tode erschrocken, weil ich wusste, dass ich nicht bestehen würde. Ich betete zu Gott, mir beim Lernen zu helfen, und er tat es. Ich war gut in der Schule. Ich lernte und schlief nicht. Ich wusste, dass das Gott war, denn bevor ich mein Buch aufschlug und zur Schule ging, bat ich Gott, mir zu helfen. Ich merkte, dass meine Noten in den Fächern immer besser wurden. Gott ist gut.

Für Gott ist nichts unmöglich. Dem Herrn gehört die Erde, Reichtum, Vermögen, Rubine, Diamanten und alles. Geh zu ihm. Er wird dir geben, worum du bittest. Orte wie die USA waren früher ein leeres Land. Der Pilger, der Jesus kannte, begann zu beten. In einigen Jahren wurde Amerika zu einem der besten Länder. Freund, wenn wir unseren Gott kennen, dann ist es eine andere Geschichte. Es wird eine Geschichte über David, Mose, Esther, Mordechai und viele andere sein. Er segnet alle, die sich auf ihn verlassen, die auf Gottes Plan vertrauen, die gehorchen und sich unterordnen. Wie groß wäre das Ergebnis, wenn wir alles Gott überlassen würden? Erfahrung von Großem aus dem Nichts, vom Freien zum Sklaven, vom Sklaven zum König, vom Armen zum Reichen, und vieles mehr. Nur wenn Sie demütig sind. Wer demütig ist, kann beten und sich Gott unterordnen. Die Unfruchtbare betete und gebar den größten Propheten, der die ersten beiden Könige Israels salbte. Alles ist ein Spiel der Demut und der Bereitschaft, Gott, dem Meister, dem Künstler Jesus, die Möglichkeit zu geben, eine erstaunliche Lebensgeschichte aus dir zu machen, in Jesu Namen. Amen! Gott segne Sie!

LASST UNS BETEN

Himmlischer Vater, dein Wort sagt, du hast die Macht, alles neu zu machen. Mache uns wieder neu.

Anstelle von: Akzeptieren Sie das Vergehen des Alten und stellen Sie sich eine großartige neue Zukunft vor. Unser Leben soll ein Zeugnis sein. Lasst die Menschen sehen, dass sie unfruchtbar sind, um einen Vater von Nationen zu empfangen und zu gebären. Der Herr ist es, der uns wie einen unzähligen Stern wachsen lassen kann. Da ich Gott kenne, bete ich zum Herrn, dass er jeden Stolz, jede Lüge, jedes Hindernis, jeden Stopper und jeden Blocker von uns entfernt. Herr segne all unsere handwerkliche Arbeit, damit die Welt sie sieht und staunt. Gib uns den intelligenten Verstand, um das zu tun, was für uns unmöglich ist. Die Hand Gottes hilft uns, den unerreichbaren Berg zu erreichen. Segne das Land, in dem wir gerade sind, damit es Heilige, Propheten, Lehrer und mächtige Arbeiter Gottes hervorbringt, die uns wieder mit Jesus verbinden. Vergrößere die Punkte, die wir erreichen und verkünden, in Jesu Namen. Amen! Gott segne Sie!

15. NOVEMBER

WAS IST DAS WICHTIGSTE?

In jedem Lebensalter ist uns etwas am wichtigsten. Aber frage den sterbenden Menschen, was ihm am meisten bedeutet. Das Leben bedeutet für jede Person etwas anderes. Wir können durch das Wort Gottes analysieren, was dir am wichtigsten ist. Viele Charaktere in der Bibel sind perfekte Beispiele dafür. Einige haben das Leben nie aus Gottes Perspektive gesehen. Manche leben spontan, ohne zu wissen, dass ihr Leben eine langfristige Auswirkung hat. Doch wir alle sehen unterschiedlich, aber das Ergebnis, dem du gegenüberstehst, wird dich zweimal nachdenken lassen, wenn du eine zweite Chance hättest, auf dieser Erde zu leben. Lasst uns der Realität ins Auge sehen; wir alle werden die Konsequenzen dafür tragen, dass wir nicht genug oder gar nicht auf diejenigen geachtet haben, denen wir mehr hätten Aufmerksamkeit schenken sollen. Möge der Herr uns die Weisheit geben, das Richtige zu tun. Ich sagte Weisheit. Egal, ob du es weißt oder nicht, deine Handlungen werden ein automatisches Ergebnis haben. Du magst sagen: Es tut mir leid für meine Handlungen. Das Richtige zu tun hätte dir ein langes Leben gegeben, aber deine falsche Handlung schneidet es ab.

Als ich studierte, war mein Examen sehr wichtig, und ich dachte immer, wenn ich es nicht schaffe, dann will ich mein Leben beenden. Wie dumm von mir. Allein in Indien begehen jedes Jahr 135.000 enttäuschte Studenten Selbstmord. Das ist sehr traurig. Sie denken, dass eine College-Ausbildung ihr Leben ist. Viele stehen unter dem Druck des Aussehens, der Mitgift, der Liebesaffären, der Familienprobleme und so weiter. Das Problem wird wie ein Berg. Wir sehen das Leben anders, wir haben gegensätzliche Götter. Möge der Herr uns Augen geben, um Hindernisse mit seinen Augen zu sehen. Wenn die Dinge nicht so laufen, wie wir wollen, schränkt das unser Denken ein. Wir vergessen, dass Gott eine hellere und bessere Zukunft versprochen hat. Die einzige Bedingung ist, dass Sie Ihr Leben unter dem Radar von Gottes Wort führen. Ihre Verheißungen können Sie einlösen, wenn Sie den richtigen Verstand mit Gottes Rechenmaschine haben. Wir wissen, dass die Lebensspanne nur 70 bis 80 Jahre beträgt und dass sie zu Ende geht. Deshalb sollten wir in der Zwischenzeit sorgfältig überlegen, was für unsere Seele wichtig ist, und nicht die Lust der Augen, des Fleisches und den Stolz des Lebens.

Möge der Herr uns die Weisheit geben, das vorzuziehen, was Gott am wichtigsten ist.

Apg 20:24 Aber nichts von alledem bewegt mich, und mein Leben ist mir nicht lieb, damit ich meinen Lauf mit Freuden beende und das Amt, das ich von dem Herrn Jesus empfangen habe, um das Evangelium von der Gnade Gottes zu bezeugen.

Eva betrachtete den Baum, als er mit schönen Früchten blühte. Er muss das Auge erfreuen und dem Fleisch schmeicheln. Die Dinge, die wichtig sein sollten, waren nur ihre Seele. An dem Tag, an dem du isst, wirst du sterben.

ELIZABETH DAS

Mose 2:17 Aber von dem Baum der Erkenntnis des Guten und Bösen sollst du nicht essen; denn an dem Tag, an dem du davon isst, wirst du sterben.

Die Fragen, die einem Menschen wichtig sind, werden durch die Entscheidungen, die er bei der Auswahl trifft, bestimmt. Ich habe in Indien gelebt und viele Menschen anderer Herkunft getroffen. Indien war sehr konservativ, als ich das Land verließ. Viele hatten eine andere Sichtweise auf das Leben. Viele haben verloren, weil sie sich für die falschen Dinge entschieden haben. Vergleichen Sie die Situation mit dem Wort Gottes, und Sie werden anders denken.

Hebräisch Kapitel 11 ist ein Beispiel dafür, wie die Menschen ihr Leben sahen. Der irdische Erfolg, die Beförderung, die Stellung und der Reichtum waren nicht so wichtig wie der Plan des Herrn. Sie richteten ihre Augen auf Gott, so dass nichts in dieser Welt sie gekauft hätte.

Hebräer 11:13 Diese sind alle im Glauben gestorben, ohne die Verheißungen empfangen zu haben; sie haben sie aber von ferne gesehen und sind davon überzeugt worden und haben sie ergriffen und bekannt, dass sie Fremdlinge und Pilger auf Erden sind.

1 Chronik 29:15 Denn wir sind Fremde vor dir und Gäste wie alle unsere Väter; unsere Tage auf Erden sind wie ein Schatten, und keiner bleibt.

Wer den wahren Sinn des Lebens kennt, wird keine dummen Entscheidungen treffen. Sie werden nicht nach Spaß suchen, im Vergnügen leben und wie Narren sterben. Die Welt ist so durcheinander, dass wir nicht wissen, was richtig und was falsch ist. Der Teufel ist in das Zuhause, die Gemeinden, Schulen und Regierungen eingedrungen. Die Leute sagen: „Oh, es ist doch nur Spaß." Warum brauchst du so viel Spaß, dass deine Seele dafür in Ewigkeit leiden muss? Meine Eltern – und wahrscheinlich auch einige von euren – waren sehr genau darin, uns zwischen richtig und falsch zu unterscheiden. Wir haben einige Familienmitglieder wie Eva und Adam. Achtlose, törichte Frau und Mann, auf der Suche nach dem, was den Augen gefällt, was dem Fleisch guttut, und dem Stolz, wie andere zu sein. Bete für sie; sie bringen den Teufel in unser Haus.

In der heutigen Zeit gibt es viele wie König Saul, Eva-Adam, Jerobeam, König Saul und viele dumme Menschen, die Unrecht getan haben und das Ergebnis dessen zeigen, was ihnen am wichtigsten ist. Aber denken Sie daran, wir sind Individuen, und wir haben eine individuelle Seele. Lerne das Richtige und behalte es in deinem Herzen. Du kannst einen Unterschied machen, wie Josef, Paulus, Johannes der Täufer, Johannes der Geliebte und viele andere, die für ihre Integrität und Aufrichtigkeit bekannt waren. Das irdische Leben spielte für sie keine Rolle. Sie hatten keine Angst vor dem physischen Tod im Leben. Nichts war ihnen wichtig, außer dass sie an der Wahrheit festhielten. Manche Menschen versuchen, sich in die Masse einzufügen, aber für die Klugen ist das nicht wichtig. Sie wurden das Volk Gottes genannt, das am Wort Gottes festhielt. Die Umgebung änderte sich ständig, als die Apostel von Land zu Land und von Stadt zu Stadt reisten. Die Sprache und die Menschen waren anders, aber ihre Augen waren fest entschlossen, dem Herrn zu folgen. Sie kümmerten sich nicht um ihre Umgebung, während sie weiterzogen und predigten. Es spielte keine Rolle, was die Zukunft bringen würde, denn das Evangelium war das Wichtigste für das Volk Gottes.

Hast du eine Bibel gesehen und viele Spaltungen? Einen Gott haben, aber viele sind verloren. Wenn du viele Wege der Errettung hast, dann hast du deine eigenen Wege gewählt und nicht die von Jesus. Wenn du einen Gott hast, eine Taufe, und der einzige Weg Jesus ist, wo schaust du dann hin? Er sagte: Folge mir, nimm dein Kreuz auf dich. Was ist also unser Problem? Die Menschen leben nach dem, was ihnen am wichtigsten ist.

15. NOVEMBER

Verbotene Frucht, 30 Silbermünzen, Machtgier, Habgier, Ehebruch, den Bruder töten wie Kain – es kommt alles darauf an, wohin du schaust. Was zählt am meisten für deine Augen, dein Fleisch und deinen Stolz? Unser Gott kam und zeigte uns den Weg und sagte: Folge mir einfach. Er sagte nie, folge einem Pastor oder ändere deinen Lebensstil, wenn du in ein fremdes Land ziehst. Jetzt bist du verheiratet und folgst deinem Ehemann, hörst auf deine törichte Frau oder veränderst dich, weil du Kinder hast – dann gehst du in die Irre. Was zählt dir am meisten? Alles wird vergehen außer dem Wort Gottes. Darf ich sagen: Achte mehr darauf, wohin du deine Seele führst? Was ist dein Problem? Was zählt dir am meisten? Möge der Herr uns helfen, damit wir nicht als Narr, Verlorener, Achtloser, Blinder, Tauber, Gieriger oder Schlangenbrut bezeichnet werden. Was zählen sollte, ist das Kreuz, unsere Errettung und unser Gott. Das wird dein Schicksal verändern – von der Hölle zum Himmel, von der Dunkelheit zum Licht, vom Schreien zur ewigen Freude. Amen!

Hebräer 11:16 Nun aber begehren sie ein besseres Land, nämlich ein himmlisches; darum schämt sich Gott nicht, ihr Gott genannt zu werden; denn er hat ihnen eine Stadt bereitet.

LASST UNS BETEN

Herr, wir danken dir demütig, dass du uns durch dein Beispiel geführt hast. Was dir am meisten am Herzen liegt, ist, deine verletzte Schöpfung zu sehen. Dein Auftrag war es, zu helfen, zu befreien, zu erlösen und das Evangelium des Heils zu verkünden. Hilf uns zu tun, worum du uns gebeten hast. Es ist unsere Zeit. Lass nicht zu, dass wir eine Abkürzung nehmen oder es beiseite schieben, denn in jeder Generation haben wir etwas anderes gefunden als das, was du gesagt hast, und wir müssen uns davon fernhalten. Du hast uns dein Wort gegeben, damit wir es lesen, kennen und befolgen. Die Güte unseres Gottes ist erstaunlich, denn er sorgt sich sehr um uns und ist so weit gegangen, dass er sein Blut für uns vergossen hat. Wir sind für ihn das Wichtigste. Er hat sich nicht um sein Leben gekümmert. Jesus hat sich selbst entleert, weil er weiß, was es braucht, um all unsere Fehler der Vergangenheit zu korrigieren. Hilf uns, die Bibel aufzuschlagen und den Weg zu finden, den du uns gezeigt hast. Herr, hilf uns, dass uns nichts anderes wichtig ist als du. Du bist der Weg und die Wahrheit, in Jesu Namen. Amen! Gott segne Sie!

16. NOVEMBER

WER HAT DAS HAUS BEWOHNT?

Du bist das von Gott erbaute Haus. Gott hat deinen Körper gebaut oder geschaffen.

Mose 2:7 Und Gott, der Herr, formte den Menschen aus dem Staub der Erde und blies ihm den Odem des Lebens in die Nase; und der Mensch wurde eine lebendige Seele.

Jesaja 64:8 Nun aber, HERR, bist du unser Vater; wir sind der Ton und du bist unser Töpfer, und wir alle sind das Werk deiner Hand.

Gott hat uns geschaffen und ist Eigentümer unseres Körpers. Gott ist der Schöpfer, und niemand hat das gesetzliche Recht dazu. Wenn das Haus jemandem erlaubt, dann kann er kommen. Unsere Aufgabe ist es, unseren Körper, der aus Fleisch besteht, zu erhalten. Ihn zu renovieren, sauber zu halten und zu pflegen, damit er nicht auseinanderfällt. Das Fleisch ist schwach und anfällig dafür, den falschen Mieter aufzunehmen. Sie sind nur ein Verwalter oder Kontrolleur des von Gott geschaffenen Hauses. Verwalten Sie es mit dem richtigen Geist und guten Absichten für die Seele. Der Herr hat uns die Informationen und die Macht gegeben, es gut zu verwalten. Die Sünde trennt uns von Gott, aber das Blut bringt Versöhnung zwischen den Bauherren und seinem Haus. Der Baumeister Jesus Christus hat uns geschaffen, damit er in uns wohnen und Gemeinschaft mit uns haben kann.

1 Korinther 3:16 Wisst ihr nicht, dass ihr der Tempel Gottes seid und dass der Geist Gottes in euch wohnt? 17 Wenn jemand den Tempel Gottes verunreinigt, den wird Gott verderben; denn der Tempel Gottes ist heilig, und dieser Tempel seid ihr.

Deine Verbindung mit Gott wird deinen Körper rein und heilig halten. Der heilige Gott kann nicht in einem unreinen Körper leben. Verunreinigen Sie Ihren Körper nicht, indem Sie falsche Dinge zu sich nehmen, sündigen und alles zulassen, was Sie verunreinigen könnte. Unser Körper kann gesund bleiben, wenn Gott in ihm wohnt. Umgekehrt wird Satan, wenn er durch die Sünde kommt, stehlen, töten und zerstören, indem er den Körper schädigt. Es ist beschämend, dass wir uns nicht daran erinnern oder nicht wissen wollen, wie wir geschaffen wurden und was der Zweck unseres Schöpfers ist. Wir gehen zu jemandem, der nichts über unseren Körper weiß, nämlich zu Ärzten. Mit unserem Mangel an Wissen, unserer Arroganz, unserem Glauben an Lügen oder unserer Missachtung der Wahrheit leben wir in einem Zustand von Krankheit, Und Gesundheit, Besessenheit, Unterdrückung und Enttäuschung. Wir gehen lieber zum Arzt, geben Geld aus oder essen Medikamente mit vielen Nebenwirkungen, aber wir bereuen es nicht.

Wer den Leib besetzt, macht einen großen Unterschied. Was ich meine, ist, dass Satan kommt, um zu töten, zu stehlen und zu zerstören, und das wird er auch tun, wie der Titel schon sagt.

16. NOVEMBER

Matthäus 12:43 Wenn der unreine Geist von einem Menschen ausgefahren ist, so wandelt er durch dürre Örter und sucht Ruhe und findet sie nicht. 44 Da spricht er: Ich will wieder in mein Haus gehen, von wo ich ausgegangen bin; und wenn er kommt, so findet er's leer, gefegt und zugerichtet. 45 Da geht er hin und nimmt sieben andere Geister mit sich, die sind böser als er selbst, und sie gehen hinein und wohnen daselbst; und der letzte Zustand dieses Menschen ist ärger denn der erste. So wird es auch mit diesem bösen Geschlecht sein.

Der Teufel sagte, ich würde in mein Haus zurückkehren. Wenn der Dämon im Körper lebt, ist alles, was er braucht, Bequemlichkeit. Der Dämon leidet weder Hunger noch Durst, und er wird zum Herrn des Hauses. Wenn Sie also einen Dämon des Alkohols, der Drogen, der Zigaretten, des Glücksspiels oder des Diebstahls haben, dann müssen Sie ihn loswerden.

Ich hatte einen Bruder, der früher geraucht hat. Er war im Plano Krankenhaus hospitalisiert. Der Dämon der Zigaretten wurde aktiv, als ich mit ihm dort war. Er bat die Krankenschwester immer wieder; Ich will rauchen, gib mir Zigaretten. Seine Lungen hatten Kohlendioxid. Wenn er raucht, dann gibt es keinen Weg zu überleben. Ich bin froh, dass ich dort war. Ich kann sagen, der Herr war da, um ihn zu retten. Er bat die Krankenschwester und mich immer wieder um eine Zigarette, während ich Dämonen befahl, herauszukommen. Ich befahl dem Zigarettendämon ununterbrochen, herauszukommen. Als ich im Namen Jesu befahl, verließ er ihn. Später, als er entlassen wurde, sah er den kleinen Zigarettenstummel und dachte, diese kleine Zigarette kontrollierte ihn. Nein, es war der Dämon, der kontrollierte, nicht die Zigaretten. Freund, sie können medizinisch all diesen besessenen Menschen nicht helfen. Du musst sie zu dem bringen, der Dämonen austreiben kann. Jesus kam, um uns frei zu machen. Unser Körper ist nicht für diesen bösen Geist, sondern für den Herrn.

Hebräer 3:6 Christus aber ist wie ein Sohn über sein eigenes Haus; dessen Haus sind wir, wenn wir die Zuversicht und den Jubel der Hoffnung bis ans Ende festhalten.

Das Haus kann nicht leer bleiben. Füllen Sie die Leere mit dem Heiligen Geist, damit der böse Geist nicht zurückkommt. Geh zu einem, der dir die Hände auflegt, damit du den Heiligen Geist empfängst. Viele kommen in mein Haus, um den Heiligen Geist zu erbitten, und ich bete für sie, dass sie ihn empfangen.

Apg 19:2 Er sprach zu ihnen: Habt ihr den Heiligen Geist empfangen, seit ihr glaubt? Sie antworteten ihm: Wir haben noch nicht einmal gehört, ob es einen Heiligen Geist gibt.

Wenn ihr nicht empfangen habt, wie die Bibel sagt, dann geht zu Leuten wie Johannes und Petrus. Gehen Sie nicht zu den religiösen Irrlehrern und Propheten, sondern zu den geistlichen. Sie werden ihre Hände auf dich legen.

Apg 8:17 Da legten sie ihnen die Hände auf, und sie empfingen den Heiligen Geist.

Oftmals glauben Christen fälschlicherweise, dass ein Dämon nicht in unseren Körper kommen oder bleiben kann. Ein Dämon kann kommen, aber man muss wissen, wie man ihn loswird. Was denken Sie über all diese Krankheiten? Die meisten von ihnen sind Dämonen. Krebs ist ein Dämon. Lerne, wie man ihn austreibt. Jesus hat uns Macht gegeben und gelernt, sie zu benutzen. Wenn nicht, dann wird es dein Leben nehmen und in ein anderes Mitglied deiner Familie eintreten. Was ist mit einem Herzinfarkt? Tötet Generation nach Generation! Benutze die Macht im Namen Jesu gegen generationale Flüche. Eine Frau sagte, meine Mutter betete, dass wir nie Diabetes bekommen, keiner von ihnen hat Diabetes. Bete und sage, ich erbe keine Krankheiten. Tu, was nötig ist, und lass sie niemals deinen Körper besetzen. Du hast die Macht. Lerne von

Jesus, wie Er Dämonen ausgetrieben hat. Du schaust in den Spiegel und sagst: 'Raus aus meinem Körper.' Lege eine Hand auf deinen Kopf und sage zu gehen, ich befehle dir, aus meinem Körper herauszukommen im Namen Jesu.

2 Korinther 7:1 So lasst uns nun, meine Lieben, nach diesen Verheißungen uns reinigen von aller Unreinheit des Fleisches und des Geistes und die Heiligkeit vollenden in der Furcht Gottes.

Matthäus 17:15 Herr, erbarme dich meines Sohnes; denn er ist wahnsinnig und sehr geplagt; denn er fällt oft ins Feuer und oft ins Wasser.18 Und Jesus bedrohte den Teufel, und er fuhr von ihm aus; und das Kind war von derselben Stunde an geheilt.

Eine andere Art von Dämonen war taubstumm.

Lukas 11:14 Und er trieb einen Teufel aus, und er war stumm. Und es geschah, als der Teufel ausgefahren war, redete der Stumme; und das Volk wunderte sich.

Eine meiner Freundinnen, die zum Christentum konvertiert ist, erzählte mir, dass sie einer ihrer Freundinnen half und während sie betete, ununterbrochen weinte. Ihre Freundin war völlig außer sich, aber am nächsten Tag war sie wieder normal. Ein Freund sagte, ich dachte, sie tue nur so. Ich sagte: "Nein, du hast gebetet und den Dämon ausgetrieben". Sie sagte: 'Ich weiß, dass ich geweint habe, aber ich wusste nicht, warum. Viele aktive Christen wissen nicht, dass sie Dämonen ausgetrieben haben. Wir sehen nicht den Geist, sondern das Verhalten und die Handlung. Es ist also unsere Aufgabe, dem Dämon zu befehlen, aus unserem Körper und auch aus dem Körper anderer herauszukommen. Tun Sie es selbst, um das Ergebnis zu sehen. Sie werden erkennen, dass Sie Ihre Zeit vergeudet haben, wenn Sie nicht so arbeiten, wie Jesus es verlangt hat. Amen!

LASST UNS BETEN

Himmlischer Vater, wir danken dir, dass unser Körper dein Tempel ist. Er ist dein Wohnsitz. Wir laden dich ein, in unseren Körper zu kommen und in uns zu wohnen. Wir danken dir. Du wohnst nicht in einem von Menschenhand geschaffenen Gebäude, sondern Gott hat den Leib geschaffen. Er ist der Ort, an dem du lebst, redest, führst, leitest und lehrst. Du bevollmächtigt uns auch mit deinem Geist in uns. Nicht durch Macht, nicht durch Kraft, sondern durch deinen Heiligen Geist. Es ist die mächtigste Erfahrung, wenn wir den Heiligen Geist empfangen. Wir danken dir, dass du kommst und in unserem Leib lebst. Unser Leib ist der Tempel oder deine Kirche. Mit deinem Geist können wir viele mächtige Dinge tun. Du hast versprochen, dass du kommst und lebst und Großes durch uns tust. Heiliger Geist, du bist in diesem Haus willkommen in Jesu Namen. Amen! Gott segne Sie!

17. NOVEMBER

AKTION ALERT!

Gott kategorisiert uns nach unseren Taten, nicht nach dem, was wir mitteilen, sondern nach unseren Taten. Früchte sind die Handlung. Die Handlung ist das, was Sie sind; Gott verbindet das Handeln mit dem, was Sie in Ihrem Herzen haben.

Viele sind einfach gute Redner. Sie können dich durch ihre Art zu sprechen gewinnen. Der Teufel ist einer von ihnen. Viele Lügner, Diebe und böse Menschen sind die besten Redner. Aber am Ende entdecken wir, oh nein, sie haben betrogen, gelogen und uns geschadet. Sei vorsichtig. Gott gibt uns einen Test, um zu beweisen, was wir sind. Wenn es irgendeinen Ehebruch gibt, dann wird er dir Macht, Position und die Gelegenheit geben, zu beweisen, was du bist.

Sowohl David als auch Joseph beweisen durch ihr Handeln, dass sie moralisch einwandfrei sind. Joseph ehrte Gott, indem er die Gebote hielt, und David verfiel dem Ehebruch. Sehen Sie, die Handlung hat beides bewiesen. Sie sind unschuldig, solange nichts bewiesen ist. Es ist ein Gesetz, dass niemand Sie hinter Gitter bringen kann, solange dies nicht bewiesen ist. Ich habe schon oft Männer oder Frauen gesehen, die beschuldigt wurden, etwas getan zu haben, aber durch die Vorlage von Beweisen wurden sie verurteilt oder freigelassen.

Jesus sagte 'Räuberhöhle'. Wie traurig! An einem anderen Tag traf ich meine Freundin; sie ist eine Dienerin des Wortes Gottes. Wir studierten das Wort. Sie fragte mich, würdest du etwas in der Kirche verkaufen? Ich sagte nein, der Heilige Geist würde es mir nicht erlauben. Sie sagte; ich mag es nicht, wenn Leute Sachen in der Kirche verkaufen. Lass uns den Ort für das Gebet behalten.

Matthäus 21:12 Und Jesus ging in den Tempel Gottes und trieb alle aus, die im Tempel verkauften und kauften, und stieß die Tische der Geldwechsler und die Stühle der Taubenverkäufer um 13 und sprach zu ihnen: Es steht geschrieben: Mein Haus soll ein Bethaus heißen; ihr aber habt es zu einer Räuberhöhle gemacht.

Der Herr Jesus bezeichnet sie als Diebe. Ihre Handlungen veranlassten Jesus, sie als Diebe zu bezeichnen. Haben Sie bemerkt, dass das Land heutzutage nicht mehr lehren will, was richtig ist? Keine Bibel, kein Wort Gottes, keine Wahrheit und kein Licht. Es ist die Zeit, in der Geld böse Machthaber kauft. Satan regiert in hohen Positionen. In unserer Schule wird eines Tages Hexerei und andere Religionen gelehrt. Sie haben die Bibel und das Gebet rausgenommen. Wundern Sie sich nicht über die Handlungen der Kinder: Schießen, Töten, Banden, Unzucht, Drogen und Alkohol. Wir geben ihrem Fehlverhalten ein Etikett, indem wir die Handlungen beobachten. Unsere Handlungen kennzeichnen unsere Generation. Wenn Sie Menschen wie Noah oder Lot finden, dann wird der Herr sie als rechtschaffen bezeichnen und sie von dem Problem befreien.

ELIZABETH DAS

Achte also darauf, wie Gott sieht und wie die Menschen sehen. Kümmert euch nicht um das Urteil der Menschen, sondern um das des Herrn.

Psalm 7:11 Gott richtet die Gerechten, und über die Gottlosen ist er täglich zornig.

Gott sagte: die ungläubige Generation. Manche sagen, wir haben viele Gläubige in unserem Land. Jesus sagt die ungläubige Generation. Jesus sieht, wohin sie ihr Vertrauen setzen. Wenn sie ein Problem haben, gehen sie dann zu Gott oder kämpfen sie mit der Faust, mit der Waffe oder mit dem Schwert? Möge der Herr uns Weisheit, Einsicht und den Mut geben, die Wahrheit zu sagen.

1 Korinther 2:15 Wer aber geistlich ist, der richtet alles, aber er selbst wird von niemandem gerichtet.

Wir brauchen den Geist Gottes, um uns zu führen, zu lehren und in die richtigen Bahnen zu lenken.

1 Johannes 2:20 Ihr aber habt eine Salbung von dem Heiligen, und ihr wisst alles.

Am Anfang kannten wir Salomo als den weisesten König. Am Ende bezeichneten sie König Salomo als einen verlorenen Mann. Es gibt einen gerechten Gott im Himmel, der die Wahrheit über uns kennt. Keine Macht, Verschwörung oder Bestechung kann sein Urteil ändern. Leben Sie also so, dass der Herr Sie beobachtet und nicht die Menschen. Bringen Sie Ihren Kindern bei, wie man richtig spricht, lebt und handelt. Eines Tages werden sie dich segnen. Erziehen Sie sie nicht zu Ihren Marionetten, Lügnern und Sprachrohren. Das ist das Spiel einer Mutter oder eines Vaters, die ein Ungeheuer sind und einen erziehen, der ihnen gleicht. Diese Menschen bringen Unglück und Gericht.

Schauen wir uns einige wunderbare Titel an, die in der Bibel genannt werden, und sehen uns an, wie sie gehandelt und reagiert haben.

Barnabas *Apg 11:24 Denn er war ein guter Mann und voll des Heiligen Geistes und des Glaubens; und es wurde dem Herrn viel Volk zugeführt.*

Nun bezeichnen Gottesfürchtige Menschen Rut aufgrund ihres Verhaltens gegenüber der Schwiegermutter als eine tugendhafte Frau: Haben Sie eine Schwiegertochter? Wie würden Sie sie bezeichnen?

Rut 3:11 Und nun, meine Tochter, fürchte dich nicht; ich will dir alles tun, was du verlangst; denn die ganze Stadt meines Volkes weiß, dass du eine tugendhafte Frau bist.

Gott bezeichnet Satan als einen Vater der Lüge.

Johannes 8:44 Ihr seid von eurem Vater, dem Teufel, und die Begierden eures Vaters werdet ihr tun. Er war ein Mörder von Anfang an und blieb nicht in der Wahrheit; denn es ist keine Wahrheit in ihm. Wenn er eine Lüge redet, so redet er von sich selbst; denn er ist ein Lügner und der Vater derselben.

Gott, das Etikett Hiob war perfekt und aufrichtig.

Hiob 1:1 Im Land Uz lebte ein Mann namens Hiob. Er war vollkommen und aufrichtig, ein gottesfürchtiger Mensch, der das Böse meidet.

17. NOVEMBER

Mit größtem Gehorsam erfüllt er die Bitten Gottes und verkörpert damit Demut. Der Demütige wird bei Gottes Befehl weder etwas hinzufügen noch etwas wegnehmen. Der Erzengel Luzifer hat Gott enttäuscht.

Aber Mose brachte das himmlische Gesetz, die Vorschriften und Gebote auf die Erde, so wie sie sind. Mit einem Herzen voller Demut erlaubte Mose Gott, seine Gesetze, die Thora, auf der Erde zu etablieren. Mose brachte den Schlüssel zum Erfolg. Haben wir diese Art von demütigen Menschen oder fügen wir wie Satan dem Wort Gottes etwas hinzu und ziehen es wieder ab?

Numeri 12:3 Der Mann Mose war sehr sanftmütig, mehr als alle Menschen, die auf der Erde lebten.

Erinnern Sie sich an den Pharao von Ägypten? Der Herr bezeichnete ihn als einen hartherzigen Mann. Er brachte das Gericht, weil er nicht auf die höchste Autorität Gottes hörte und sich ihr nicht untergeordnete. Seien Sie vorsichtig. Lassen Sie nicht zu, dass der Herr Sie als Eifersüchtigen, Lügner, Mörder, Ehebrecher, Hexe, Dieb usw. bezeichnet.

Hast du schon Leute gesehen, die sich selbst bezeichnen als, ich bin Trinitarier, Methodisten, Allianz, Baptisten, Katholiken, Mormonen, Zeugen Jehovas oder Pfingstler? Der Herr sagte: "Ich kenne dieses Etikett nicht. Ich kenne nur diejenigen, die gerecht sind, heilig leben, wiedergeboren sind, im Namen Jesu getauft wurden und den Heiligen Geist empfangen haben, indem sie in Zungen sprechen." Jesus bezeichnet sie als Jünger oder Gläubige, indem er ihre Taten sieht.

Markus 16:17 Und diese Zeichen werden denen folgen, die glauben: In meinem Namen werden sie Teufel austreiben; sie werden mit neuen Zungen reden; 18 sie werden Schlangen aufheben; und wenn sie etwas Tödliches trinken, wird es ihnen nicht schaden; sie werden Kranken die Hände auflegen, und sie werden gesund werden.

Sie und ich müssen richtig leben und richtig handeln, indem wir uns Jesus zum Vorbild nehmen. Das Kreuz tragen und ihm folgen. Wie einfach ist es, wenn wir die Wahrheit haben, aber nein, wir wissen es besser als Gott. Wir wollen eine andere Art von Produkt. Wir glauben nicht, dass Jesus der Weg und die Wahrheit ist. Wir bevorzugen ein religiöses Etikett und lieben es, einem falschen Lehrer und Propheten zu folgen. Ist es das wert? Seien Sie vorsichtig. Seien Sie wachsam, lesen Sie die Bibel und folgen Sie Jesus. Gebt Acht in Jesu Namen. Amen!

LASST UNS BETEN

Herr, wir kommen vor deinen Altar, weil wir wissen, dass du real bist und uns ständig beobachtet. Wir bitten dich um Vergebung für alle unsere Sünden und gib uns ein reines Herz. Gib uns Weisheit für alle Situationen und führe uns durch alle Prüfungen, Sorgen und Probleme. Wir wissen, dass der Herr uns seinen Geist gegeben hat. Oh Herr, gib mir die Fähigkeit, aufmerksam auf die Stimme Gottes zu hören. Wir bitten dich, dass alle deine Kinder gesegnet werden und in Harmonie und Einheit leben. Du bist der Lehrer. Lehre uns, damit wir keine Fehler machen. Herr, sei der Lehrer, damit wir Deinem Gebot folgen. Wir danken dir für das Wort, das Blut und den Geist Gottes. Es herrscht ein mächtiger Krieg um unsere Seele, Herr, halte uns in deiner Hand. Lass unser Handeln wohlgefällig sein vor dem Herrn, in Jesu Namen. Amen! Gott segne Sie!

18. NOVEMBER

DURCH DIE AUGEN SEHEN DES PROPHETEN!

Hosea 12:13 Durch einen Propheten hat der Herr Israel aus Ägypten herausgeführt, und durch einen Propheten wurde es bewahrt.

Der Herr hat uns einen Propheten gegeben, um uns zu führen und uns sicher und geschützt zu halten. Die Menschheit brach ihre Beziehung zu ihrem Schöpfer durch Ungehorsam. Der Herr versucht immer, sein Volk zu leiten, zu helfen und zu versorgen. Er möchte verbunden bleiben für ihr Wohl. Aber die Menschen lehnen Gott immer ab. Der Prophet ist ein besonderes Amt, das von Gott gewählt wurde. Durch Propheten spricht Gott zu uns.

Wir müssen Propheten haben, die zu unserem Leben sprechen. Ich weiß, dass viele wahre Propheten über mich gewusst haben. Ich höre zu, nehme auf oder mache mir Notizen, damit ich den Plan Gottes, den der Prophet gesprochen hat, nicht vergesse. Wenn wir dem Propheten glauben, gehorchen und uns ihm unterordnen, wird Gottes Plan erfolgreich sein. Wir brauchen Gott, aber wir denken andersherum. Gott braucht uns nicht. Gott weiß, dass der krumme Teufel einen Plan hat, um Gottes Schöpfung zu zerstören. Unser Problem ist, dass wir anders denken. So wie viele versagt haben und versagt haben und versagt haben. Wenn wir auf Gott hören, dann wird das Leben für uns viel einfacher werden.

An einem anderen Tag betete ich für die Frau in Indien; sie hat etwas Eigentum und möchte eine Kirche bauen. Aber Gott erlaubt es nicht. Denn alle, die an diesen Ort kommen, wissen, dass sie eine Frau und eine Witwe ist. Sie wollen ihr Land wegnehmen. Ich betete und sagte ihr, dass Gott einen senden wird, der echt und wahr ist. Er wird dir helfen, das Eigentum an die richtige Person zu übergeben. Heutzutage kommen viele Diebe im Winkel des Lichts. Bete für den aufrichtigen und gerechten Arbeiter. Gott spricht nicht zu allen, sondern nur zu einem, den er ausgewählt hat.

Richter 6:8 Da sandte der Herr einen Propheten zu den Israeliten, der ihnen sagte: So spricht der Herr, der Gott Israels: Ich habe euch aus Ägypten heraufgeführt und euch aus dem Haus der Knechtschaft herausgeführt; 9 und ich habe euch aus der Hand der Ägypter und aus der Hand aller, die euch bedrängten, befreit und sie vor euch her vertrieben und euch ihr Land gegeben; 10 und ich habe zu euch gesagt: Ich bin der Herr, euer Gott; fürchtet euch nicht vor den Göttern der Amoriter, in deren Land ihr wohnt: Aber ihr habt meiner Stimme nicht gehorcht.

Jedes Mal hat Gott einen Propheten geschickt, um uns zu warnen, zu korrigieren, zu leiten und uns auf dem richtigen Weg und Plan zu halten.

Jeremia war der Prophet nicht nur für Israel, sondern für alle Völker. Er wurde geboren, als die Geistlichkeit in Israel fast gestorben war. Jeder tat, was in seinen Augen richtig war. Es ist gefährlich, wenn man von

18. NOVEMBER

einem religiösen Führer gelehrt wird, nicht auf Gott zu hören, sondern auf ihn allein. Man wird taub und blind für Gott. Suchen Sie also nach geistlichen Menschen. Im Thronsaal verbringen sie Zeit auf ihren Knien, beten und fasten. Durch ihre Verbindung mit dem Herrn sprechen sie furchtlos die Wahrheit aus. Sie sind bereit, ihr Leben zu riskieren, um dies zu tun.

Jeremia 1:9 Da streckte der Herr seine Hand aus und berührte meinen Mund. Und der Herr sprach zu mir: Siehe, ich habe meine Worte in deinen Mund gelegt. 10 Siehe, ich habe dich heute über die Völker und Königreiche gesetzt, um auszurotten, auszureißen, zu zerstören und umzuwerfen, um zu bauen und zu pflanzen.

Sie folterten Jeremia, weil er die Wahrheit sagte. Die Situation ist heute die gleiche. Ich besuche einige Orte oder Länder, in denen religiöse Führer den Menschen schmutzige Luft ins Ohr blasen. Die Menschen sehen das Wunder und die Salbung und hören trotzdem auf die falschen Lehrer, Pastoren und sogenannten Propheten. Es ist die geistliche Dämmerungszeit, in der die meisten Unfälle passieren. Ist das nicht gefährlich?

Ich hatte das Privileg, zahlreiche außergewöhnliche Propheten zu treffen. Jeder hat das Gleiche gesagt und sie kennen sich nicht einmal untereinander. Viele haben gesagt: Ich weiß, dass du ein Autor bist; du hast ein Buch geschrieben. Aber ich sehe, dass du mehr Artikel im Internet schreibst. Ich habe einen Propheten, der mir immer wieder sagt, dass sich mein Schreiben verändern wird. Du wirst andere, von Gott gegebene Werkzeuge haben. Wenn ich den Propheten höre, werde ich besonders wachsam und auf Gott hören.

Die Propheten wissen manchmal nicht, was sie sagen, denn Gott benutzt ihre Lippen und ihre Zunge. Deshalb nehme ich immer auf und höre weiter, bis ich es verstehe. Bitten Sie Gott immer darum, uns in seinem Plan zu führen. Gib seine Gedanken an uns weiter, damit wir so denken wie er. Micha war der meistgehasste Prophet, weil der König von Israel fleischlich und gottlos war. Der König bediente sich falscher Propheten, die wohlklingende Worte sprachen. Aber Micha hatte keine Angst vor ihnen, sondern vor dem Herrn.

1 Kön 22:14 Und Micha sprach: So wahr der HERR lebt, was der HERR zu mir sagt, das will ich reden. 17 Und er sprach: Ich sah ganz Israel zerstreut auf den Hügeln wie Schafe, die keinen Hirten haben; und der HERR sprach: Sie haben keinen Herrn; ein jeglicher kehre mit Frieden in sein Haus zurück. 18 Da sprach der König Israels zu Joschafat: Habe ich dir nicht gesagt, daß er nichts Gutes über mich weissagen würde, sondern Böses?

Sehen Sie, Gott warnte den Mann, aber er zog trotzdem in die Schlacht, wo er getötet wurde. Micha wurde geohrfeigt und verleumdet, weil er die Wahrheit sagte. Es ist nicht die Aufgabe des Propheten, für Sie zu glauben; Sie glauben an sich selbst und handeln entsprechend. Du glaubst an Gott, der für deinen Schutz und deinen Erfolg sorgt. Ich arbeite für Gott, und da sind die falschen Lehrer und Propheten am schädlichsten. Sie sind immer bereit, die Lorbeeren zu ernten. Irgendwie möchte ich ihnen nie helfen, aber wenn sie darum bitten, habe ich keine andere Wahl.

Gott sagte,

Jeremia 29:11 Denn ich weiß, was ich für Gedanken über euch habe, spricht der Herr: Gedanken des Friedens und nicht des Unheils, um euch ein gutes Ende zu bereiten.

Wenn der Prophet zu Ihrem Leben spricht, schreiben Sie es auf und beginnen Sie, in diese Richtung zu arbeiten. Eine Frau, die in einem muslimischen Land gepredigt hat, sagte: "Ich habe jeden Tag gebetet und die Erweckung über dieses Land prophezeit." Sie können das Gleiche tun. Besorgen Sie sich eine Landkarte und studieren Sie die Menschen in diesem Land. Seien Sie ein Visionär und prophezeien Sie. Prophetie ist für die Zukunft, und Sie werden die Erweckung sehen.

In den 80ern sah ich die Slums von Bombay, und die Last der Nation kam sofort über mich. Eines Tages, 18 Jahre später, ging ich in denselben Slum von Bombay und predigte das Evangelium. Ich hatte keine Ahnung, da ich zuvor nie so eine starke Begegnung mit Gott gehabt hatte. Ich hatte Ihn gehört und unterschiedlich erlebt, aber nicht so, wie Er mir den Slum zeigte, wo ich Jahre später hinging und tatsächlich dort ging. Sieh, was ich begehre, und bete, dass es geschieht. Dein Wort ist eine Prophezeiung; du kannst die Karte nehmen und den Segen, die Erweckung sprechen und die Tür öffnen. Bekomme eine herrliche Vision der Nationen und sieh, was Gott tut. Habe eine zukunftsorientierte Denkweise und umarme grenzenlose Möglichkeiten. Lass den Herrn dich an Orte führen, um zu predigen.

Habakuk 2:3 Denn das Gesicht ist noch für eine bestimmte Zeit, aber am Ende wird es reden und nicht lügen; wenn es auch zögert, so wartet doch darauf; denn es wird sicher kommen und nicht zögern.

Ich sehe Visionen und habe von dem geträumt, was Gott mir mitzuteilen hat. Träume und Visionen sind die Offenbarung der Wahrheit oder der Zukunft. Ich glaube, dass unser Gebet die Macht hat, die Situation zu verändern und die Mäuler der Hunde- und Naturgeister zu stopfen. Wir haben die Macht, dem Feind entgegenzutreten, Vorsichtsmaßnahmen zu treffen und ihn zu überwinden. Alles, was Gott tut, ist zu helfen, zu schützen und sich zu kümmern. Finde die wahren Propheten über dein Leben. Gott wird dein Leben verschonen. Ihre Leistungen werden in die Höhe schnellen und Ihr Wachstum wird unaufhaltsam sein. Gott wird Sie in Jesu Namen segnen. Amen!

LASST UNS BETEN

Herr, du bist unser Schöpfer. Du hast uns nie verlassen. Du hast uns nie verlassen. Aber wir hören nicht auf dich, denn wir haben ein schlechtes Gehör. Gott ist wunderbar und gütig. Bitte hilf uns, dich als unseren Gott zu akzeptieren. Unser Gott hat ein Interesse daran, uns zu schützen und zu segnen. Wie schön sind wir doch gesegnet. Unser Gott hat wahre Propheten, die für uns sehen und hören. Gottes Propheten geben uns genaue Informationen, so dass all die Blockierer, Mörder, Diebe und Zerstörer vernichtet werden können. Danke, Herr, dass du uns vor der Zerstörung bewahrt. Hilf uns, Herr, wachsam zu sein, in einer Zeit, in der die Zeit unmittelbar bevorsteht. Wir haben dich, aber wer zu Hexen, Hexenmeistern und Falschen geht, wird mit Flüchen in die Irre geführt. Herr, lehre uns, auf unsere Zeit und unseren Zeitpunkt zu warten. Alle deine Wege werden sich bewähren. Dein Wort kehrt nicht ins Leere zurück, aber es braucht unsere Mitarbeit, indem wir glauben und gehorchen. Hilf uns, Herr, im Namen Jesu zu glauben! Amen! Gott segne Sie!

19. NOVEMBER

SEIEN SIE SENSIBEL FÜR IHRE SURROUNDINGS!

Manche Menschen sind unsensibel gegenüber den Bedürfnissen, Emotionen oder Situationen anderer. In der heutigen Welt herrscht eine weitverbreitete Unsensibilität und Selbstsucht, wobei die Menschen erwarten, versorgt und betreut zu werden. Ich betrachte mich selbst als von größerer Bedeutung als andere. Nach Gott verstand Er die Bedürfnisse Seiner Schöpfung auf einer tiefen Ebene. Sowohl der Vater als auch die Mutter reagieren auf die Bedürfnisse ihrer Kinder. Der Heilige Geist ist der außergewöhnlich Sensible. Beim Beten bin ich in der Lage, die Bedürfnisse der Person zu erkennen. Ausnahmslos bestätigen sie immer, dass die Situation, für die ich gebetet habe, kritisch war.

Wenn du in ein Haus gehst, in dem Menschen krank sind, erwarte nicht, dass sie dich füttern und sich um dich kümmern. Ich habe schon oft erlebt, dass Besucher zur Last wurden. Weltliche Menschen sind am sensibelsten und egoistischsten. Als meine Familie und ich schwere Zeiten durchmachten, kamen einige Leute an unsere Tür, um uns Hilfe anzubieten, aber einige wollten, dass wir sie füttern und uns um sie kümmern. Wie selbstsüchtig und dumm von ihnen! Ich war in dieser Zeit wegen meiner Krankheit nicht in der Lage, für mich und meine Mutter zu sorgen. In meiner Einfahrt standen sie und verlangten Essen. Obwohl sie wussten, dass meine Mutter im Krankenhaus lag und ich den ganzen Tag dort verbracht hatte, machten sie sich nicht die Mühe zu fragen, wie es ihr ging oder wie es mir ging. Mein Körper zitterte aufgrund meines sich verschlechternden Gesundheitszustands und der Last, mich um meine im Krankenhaus liegende Mutter zu kümmern.

Während viele ein Segen waren, verursachten einige nichts als Schmerz. Auch wenn du zu einer Beerdigung gehst, geh nicht dorthin, um der trauernden Familie zusätzlichen Schmerz zu bereiten. Sei sensibel gegenüber den Menschen, die verletzt sind. Es gibt Zeiten, in denen Dinge unorganisiert werden, weil bestimmte Personen andere missachten. Ich hatte Mitgefühl für meine Schöpfung, wie Jesus sagte. Gott vergoss das Blut und nahm die Striemen für unsere Krankheiten auf sich. Er stellte sich dem Gericht, weil der Mensch unfähig ist zu geben oder zu tun, was der Herr für uns getan hat.

Ich hatte früher eine Gemeinde in Dallas, wo der Pastor ein offenes Ohr für die Bedürfnisse der Gemeinde hatte. Es kamen immer wieder Menschen, die Heilung, Befreiung oder Prophetie brauchten. Pastoren bezeichnen das oft als eine gute oder göttliche Idee. Es war nie das Vorhaben eines Menschen, sondern des Heiligen Geistes. Manchmal sagt der Pastor, ich habe eine Botschaft, aber der Heilige Geist sagt mir, ich solle für einige beten, die Schmerzen haben. Es gibt Fälle, in denen er behauptet, dass viele Menschen an diesem Ort untröstlich sind. Dabei ruft er sie an, nennt ihren Namen, spricht ihr Problem an, betet für sie und kommt zum Schluss. In einer Minute sind sie geheilt und gehen zurück an ihren Platz. Wie schön!

Ich war erstaunt. Es ist erstaunlich, wie viele Menschen sich nicht bewusst sind, was in ihrer eigenen Gemeinschaft oder sogar in ihrem eigenen Haushalt vor sich geht.

Kolosser 3:12 Legt nun an als Auserwählte Gottes, Heilige und Geliebte, ein Herz der Barmherzigkeit, Freundlichkeit, Demut, Sanftmut, Langmut.

1 Joh 3:17 Wer aber das Gute dieser Welt hat und sieht, dass sein Bruder Not leidet, und verschließt sein Herz vor ihm, wie kann da die Liebe Gottes in ihm wohnen?

Meine Mutter hatte einen Bruder namens John. Selbst in ihren letzten Momenten auf Erden hielt meine Mutter ihn in ihrer Erinnerung fest. Sie rief nach ihrem Bruder John, obwohl er vor fast 70 Jahren gestorben war. Erinnerte sie sich an alle Menschen? Nein, sie erinnerte sich an den, der ihr und ihren Geschwistern Barmherzigkeit zeigte und sich um sie kümmerte, als sie klein waren. Meine Mutter verlor ihre Eltern in jungen Jahren, und dieser Halbbruder war mehr als Eltern. Meine Mutter lobte ihren Bruder jeden Tag. Laut ihr war er ein wirklich guter Mensch, der die Verantwortung übernahm, sich um seine jüngeren Geschwister zu kümmern, als ihre Eltern starben, als sie noch klein waren. Helfen ist das eine, aber mit Liebe und Freundlichkeit zu helfen, ist etwas ganz anderes. Möge der Herr uns helfen zu verstehen, dass es einen Gott im Himmel gibt, der Mitgefühl für unsere Situation hat. Nur Er allein hat wahre Liebe und Verständnis.

Achten Sie auf die Bedürfnisse und Gefühle der anderen. Viele sind verletzt und werden eine falsche Entscheidung treffen. Wir müssen eingreifen und für die Situation, das Bedürfnis oder das Anliegen eintreten. Viele fügen deinem Schmerz Schmerz hinzu. Aber manche helfen mit Liebe und Fürsorge.

Ich berate international und habe festgestellt, dass die Menschen unterschiedliche Probleme haben. Wenn du eine Not siehst, sei hilfreich und nicht schmerzhaft. Man wird sich auf Erden und im Himmel an Sie erinnern, wenn Sie helfen. Niemand will dich an seiner Tür sehen, wenn du kein Mitgefühl zeigst. Vor allem ich möchte sie nicht an meiner Tür sehen. Es ist wahr: Niemand will Menschen, die Feuer entfachen, um dem Leben Schmerz zuzufügen. Manche Menschen werden einfach mit einem Mangel an Sensibilität geboren.

Meine Tage sind damit ausgefüllt, Menschen zuzuhören, die sich beklagen und weinen. Indem ich mit ihnen spreche, für sie bete und ihnen Worte der Ermutigung anbiete, bringe ich sie wieder in einen Zustand der Freude. Ich habe die Seelsorge vom Heiligen Geist gelernt, und ich tue sie mit ganzem Herzen.

Als ich gestern in der Kirche war, wies Gott mich an, eine bestimmte Frau zu besuchen. Ich rief sie an, und sie sagte, dass sie um 13 Uhr zu Hause sein würde. Ich sagte, ich würde sie gerne besuchen. Also kaufte ich etwas, das sie essen konnte, und wir verbrachten Zeit miteinander. Sie hat eine Tochter, aber sie steht ihr nicht nahe. Sie hat keine andere Familie. Es war also Gott, der mich geschickt hat, und wir hatten eine wunderbare Zeit. Sie erholt sich gerade von ihrem Krebsleiden. Kleine Dinge machen Menschen glücklich. Ein bisschen Mitgefühl, ein bisschen Fürsorge und Liebe sind alles, was man braucht. Seien Sie nicht jemand, der nur nimmt und konsumiert. Schenken Sie auch etwas Zeit. Die Menschen haben eine Abneigung gegen diejenigen, die nehmen, ohne zu geben.

Wenn ich ins Krankenhaus gehe, um für die Kranken zu beten, frage ich auch Familienmitglieder und Besucher, ob sie Gebet brauchen. Da draußen gibt es viele, die leiden. Ein schwuler Kollege bat einmal seinen Mitarbeiter, mich um Gebete zu bitten. Er war in demselben Krankenhaus wie seine Mutter. Ich habe seine Mutter getroffen und für sie gebetet. Es tat mir leid, dass sie gestorben ist. Aber jetzt lag dieser junge Mann mit Aids im Sterben und sah einen bösen Geist. Ich ging mit meinem Gebetspartner hin und betete. Er fühlte Frieden. Habt etwas Mitgefühl. Wir wissen, dass Menschen, die dem Tod nahe sind, vielleicht Buße tun. Es ist unsere Aufgabe, uns nicht darum zu sorgen, was sie waren, sondern darum, was sie sein können. Ich habe viele Menschen an ihrem Sterbebett besucht. Am Ende des Weges sind sie so traurig, und der Herr vergibt, so wie er dem Dieb vergeben hat.

Gott heilt und rettet, also predige ihnen die Wahrheit. Unser Gott hat uns große Barmherzigkeit gezeigt. Denke nicht, dass du nicht an Gott glauben musst, nur weil jemand böse ist. Gott ist groß und wird immer da sein, wenn du seinen Namen anrufst. Behalte deinen Glauben an den Herrn und nicht an Menschen. Das ist der Punkt, an dem viele entmutigt werden. Bleibe immer hoffnungsvoll und sei Zeuge der Heilung, Befreiung, Versorgung und Segnungen des Herrn. Wir können die Größe Gottes mit unserer Vorstellungskraft nicht begreifen.

Ich habe die härteste gesundheitliche Prüfung hinter mir. Ich habe den Verlust meines Arbeitsplatzes und die Verschlechterung meiner Gesundheit erlebt. Später starb auch noch meine Mutter. Aber ich habe meine Augen auf den Herrn gerichtet, und er hat alles zum Guten gewendet. Niemand außer dem Herrn hat Erbarmen mit uns. Er weiß, wie er uns an das Ufer bringt. Er weiß, wie man den Weg nach draußen findet. Richten Sie Ihre Augen auf den Herrn und sehen Sie, wie wunderbar unser Gott ist. Zeigen Sie Mitgefühl mit denen, die in der Nähe sind, mit den Alten, den Verletzten, den Witwen und den Waisen. Geh nicht weg, wenn du ihre Not siehst, in Jesu Namen. Amen!

LASST UNS BETEN

Unser himmlischer Vater, dein Auftrag war es, den Schwachen, Armen, Bedürftigen und Hilflosen zu helfen. Du hast großes Mitgefühl für die Verlorenen und Verletzten gezeigt! Unsere Aufgabe ist es, denjenigen die Hand zu reichen, die verletzt und bedürftig sind. Sie müssen nie nach uns suchen, aber wir müssen nach ihnen suchen. Der Herr macht uns sensibel für ihre Bedürfnisse. Der Erfolg deiner Mission hängt von unserer Sensibilität für deine Stimme ab. Gott, du hast alles in Fleisch und Blut getan, indem du das Beispiel gegeben hast, dir zu folgen. Wir müssen ein tiefes Gespür für die Bedürfnisse der anderen entwickeln. Wenn wir uns wirklich um das Wohlergehen der anderen kümmern, werden wir im wahrsten Sinne des Wortes zu Nächsten. Nimm den Egoismus weg und hilf uns, da zu sein, wenn jemand uns braucht. Herr, unsere Aufgabe ist es, Mitgefühl und Liebe zu zeigen, also hilf uns. Wir treffen auf viele bedürftige Menschen, die verletzt sind. Ein wenig Hilfe wird sie aufmuntern, also hilf uns, ihnen in Jesu Namen Mitgefühl zu zeigen. Amen! Gott segne Sie!

20. NOVEMBER

NICHT ZU BEKEHREN, SONDERN DIE WAHRHEIT ZU VERKÜNDEN!

Versuchen Sie es auf eigene Faust. Das hat nichts mit Religion zu tun, die ich nicht ausstehen kann. Ich habe mich nie für Religion interessiert. Seit ich angefangen habe, die Bibel zu studieren, sind viele Fragen aufgetaucht. Ich weiß, dass ich eine Frage und keine Neugierde hatte. Mein Ziel war es, den Gott des Alten Testaments zu finden. Das Alte Testament ist mein Lieblingsbuch. Die Bibel bezeichnete mich als konvertierten Nichtjuden und nicht als Juden, was mir nicht gefiel. Ich fragte mich, warum ich kein Jude war, und suchte bei Gott nach Antworten. Ich hatte das Gefühl, dass die Israeliten gesegnet und auserwählt waren, und ich war ein Nichts. Meine Frage war: Wie kann ich ein Jude werden? Welche Schritte kann ich unternehmen, um mein Blut durch das der Juden zu ersetzen?

Mein Gott liebt mich; Er hat mein Verlangen gestillt. Später, als ich mehr über das Neue Testament erfuhr, bekam ich mehr Fragen. Wo sind all diese Wunder, Kräfte und Heilungen? All diese Aufgaben mussten erledigt werden, aber niemand handelte. In dem Gebäude, das als Kirche bekannt ist, saßen und standen die religiösen Leiter. Ich hatte Millionen von Fragen. Aufgrund spiritueller Probleme, die ein Familienmitglied betrafen, fühlte ich mich dazu getrieben, umfassendere Nachforschungen anzustellen.

Ich war bereit, geistliche Führung von jedem zu suchen. Der Heilige Geist ist in Kirchen, die nur nominell oder religiös sind, nicht vorhanden. Sie behaupten, dass sie ihn haben, aber sie haben ihn nicht. Was Jesus getan hat, übersteigt ihre Möglichkeiten. Man kann von ihnen nicht erwarten, dass sie es besser machen. Religiöse Führer manipulieren ihre Überzeugungen, um Sie zu täuschen.

1 Korinther 4:20 Denn das Reich Gottes besteht nicht in Worten, sondern in Kraft.

Ich hatte keine andere Wahl, als der Wahrheit nachzugehen, denn ich hatte ein großes Bedürfnis.

Nachdem ich mich in den Vereinigten Staaten niedergelassen hatte, begann ich, Kirchen zu besuchen, in denen in Zungen gesprochen, getanzt, gesprungen und einige ziemlich ungewöhnliche Aktivitäten durchgeführt wurden, ähnlich wie bei den Jüngern. Wenn Menschen krank waren, legten sie ihnen die Hand auf, legten heiliges Öl auf usw. Es scheint, als ob ich langsam aber sicher den Weg und die Wahrheit gefunden habe. Auf der Suche nach der Wahrheit begann ich, tiefer in das Wort Gottes einzutauchen. Ich begann, immer mehr Erfahrungen zu machen. Als Student der Naturwissenschaften werde ich nicht an die Erfahrungen anderer glauben. Ich muss mit Beweisen experimentieren. Als ich im Namen Jesu getauft wurde und aus dem Wasser auftauchte, hatte ich die stärkste, wunderbarste und unglaublichste Erfahrung. Seitdem habe ich erkannt, dass es ein Problem ist, zu religiösen Konfessionen zu gehen. Ich erkannte, dass es meine Aufgabe ist, anderen die Wahrheit zu sagen. Ich begann, anderen zu sagen, dass sie die Bibel studieren

20. NOVEMBER

sollten. Das ist es, was die frühere Kirche glaubte und praktizierte. Das ist es, was ich früher geglaubt habe. Ich erzählte allen, denen ich begegnete, von meiner Erfahrung mit der Wassertaufe im Namen Jesu und legte Zeugnis ab. Viele waren überzeugt und sahen, dass die frühen Jünger die Taufe nur im Namen Jesu praktizierten. Ich hatte keine Religion, also führte ich sie direkt zur Bibel und zeigte zwei oder drei Schriftstellen, um die Lehre zu begründen. Wie die Bibel sagt, braucht man zwei oder drei Schriftstellen, um eine Lehre zu begründen.

Epheser 1:4 wie er uns in ihm erwählt hat vor Grundlegung der Welt, damit wir heilig und ohne Tadel seien vor ihm in der Liebe:

Der allwissende Gott weiß es, denn vor Gott gibt es keine Vergangenheit, Zukunft oder Gegenwart. Ein schönes Leben kann uns geschenkt werden, wenn wir der Wahrheit folgen. Jehovas Erlöser, auf Englisch Jesus, sagte, ich bin die Wahrheit. Suchen Sie aufrichtig nach dem Ausweg aus allen Prüfungen, Problemen, Krankheiten und Leiden, die Eva und Adam hinterlassen haben. Finden Sie die Wahrheit in der Bibel. Die Bibel ist die Wahrheit, wenn Sie sie suchen. Ja, es gibt viele Lügen in der Welt, die der Teufel auf der Konferenz von Nizäa geschaffen hat, indem er den einen Gott in drei geteilt hat. Viele sprechen eine Lüge, die sich mit dem geistigen Medium verbindet.

Die Bibel ist das Wort Gottes. Glaube und probiere es, du wirst die Erfahrung machen, um zuzustimmen. Viele lehnen die Wahrheit ab, indem sie der Religion folgen. Sie akzeptieren die Religion der Eltern ohne Beweise oder Unterstützung durch Fakten. Wie wäre es, Gott nach Seiner Identität zu fragen? Wer kennt die Person außer der Person selbst?

Wo immer ich hingehe, predige ich die Wahrheit. In diesen Zeiten und Tagen sind wir von vielen Religionen und Stimmen umgeben. Die Stimme Gottes ist nirgends zu finden. Ich habe die Wahrheit und ich stehe dazu. Die Wahrheit wird für die Ewigkeit gelten. Geben Sie sich also nicht mit weniger zufrieden. Wenn ich sage, dass Jesus ein Heiler ist, muss ich das beweisen. Gott hält mir den Rücken frei. Er wird wirken und heilen. Nachdem sie die Wahrheit erfahren haben, kehren viele zu ihrer Religion zurück. Die Wurzeln der Religionen sind ziemlich tief, dornig und steinig. Man muss sich Zeit nehmen, um sie zu finden und zu erproben, indem man an sie glaubt und ihnen gehorcht.

Selbstsüchtige Menschen suchen Gott nur, wenn sie nicht weiterkommen oder die Situation ausweglos ist. Sie suchen nach mir, um zu beten oder nach dem, der den Heiligen Geist hat. Aber sobald Gott ein Problem gelöst hat, verabschieden sie sich und sagen Gott auf Wiedersehen. Es ist in Ordnung, wenn sie sich von mir verabschieden, aber wenden Sie sich nicht von Gott ab. Wenn Gott deinen Namen seit Grundlegung der Erde in das Buch des Lebens geschrieben hat, wirst du versucht werden und Probleme haben, bis dein Herz erweicht ist. Wir hören viele Zeugnisse da draußen, aber Sie brauchen Ihr eigenes. Ich habe selbst viele Zeugnisse. Sie werden an einen Punkt gelangen, an dem Sie niemandem mehr glauben würden, außer dem Herrn. Wie können Sie Jesus vertrauen? Sie bauen Beziehungen auf, indem Sie ihn kennenlernen, mit ihm sprechen und Zeit mit ihm verbringen.

Lies die Bibel. Sprechen Sie mit Gott. Suchen Sie das Wort und gehorchen Sie ihm. Sie werden sehen, das Leben wird einen anderen Verlauf nehmen. Nur Gott hat die Macht zu helfen, zu retten, zu verändern und übernatürliche Dinge zu tun. Ich glaube an Zeugnis und Lehre. Ich glaube an das Auflegen der Hände auf kranke Menschen und die Austreibung von Dämonen. Aber wir können das Herz eines Menschen nicht ändern, das kann nur Gott. An vielen Orten und in vielen Ländern wird versucht, ein Gesetz gegen Bekehrung zu erlassen. Es ist unmöglich, jemanden zu bekehren. Die Verabschiedung von Gesetzen wird die Überzeugungen nicht aufhalten.

Die Regierung versucht, die Hand des allmächtigen Gottes aufzuhalten; das klingt töricht. Der Herrscher einer Nation und einer Religion braucht etwas Verstand und Weisheit. Einen Kampf gegen den Herrn werden sie nicht gewinnen.

Apg 4:18 Und sie riefen sie und befahlen ihnen, in dem Namen Jesu weder zu reden noch zu lehren.

Heutzutage gehen unwissende Menschen gegen christliche Führer vor und zerstören ihre Häuser und ihr Eigentum. Haben Sie Gott ausprobiert und das Wort Gottes gelesen, das in der Bibel steht? Es hat 1600 Jahre gedauert, bis die Bibel fertig war. Sie wurde von Gott geschrieben, wobei er viele Menschen in einer anderen Zeit benutzte. Wie kann es jemand wagen, sich gegen Gott zu stellen?

Apg 5:27 Und als sie sie gebracht hatten, stellten sie sie vor den Rat. Und der Hohepriester fragte sie 28 und sprach: Haben wir euch nicht streng geboten, daß ihr nicht in diesem Namen lehren sollt? und siehe, ihr habt Jerusalem mit eurer Lehre erfüllt und wollt das Blut dieses Menschen über uns bringen. 29 Da antworteten Petrus und die anderen Apostel und sprachen: Wir müssen Gott mehr gehorchen als den Menschen.

Lassen Sie mich Ihnen die Wahrheit sagen: Es gibt einen Gott, nicht Millionen. Gott wohnt als Geist im Himmel und wünscht, in uns zu wohnen. Unzählige Götter und Göttinnen zu erschaffen, wird dir keinen Reichtum bringen, sondern Verwirrung. Der Zweck ist, dir die Wahrheit zu geben, ohne die Absicht, dich zu bekehren. Der Gott des Himmels hat uns befohlen, der ganzen Welt die Wahrheit zu sagen. Es ist Gottes Gebot an Christen, anderen die Wahrheit mitzuteilen. Wir verändern oder bekehren sie nicht, sondern der Herr verwandelt sie. Wenn du die Wahrheit liebst, dann werden dein Suchen und Mühen vorbei sein, im Namen Jesu. Amen!

LASST UNS BETEN

Himmlischer Vater, wir danken dir, dass du unser Gott bist. Der Herr hat uns den großen Auftrag gegeben, in der Welt zu senden. Der Herr hat uns mit dem Heiligen Geist und Feuer gesalbt, so dass, wo immer wir hingehen, dein Geist der Wahrheit durch uns wirkt. Der Herr hat dies schon einmal getan, und wir folgen seinen Fußstapfen. Herr, wir sind nicht in der Lage, ihre Herzen zu ändern, aber du kannst es tun, wenn wir die Wahrheit bezeugen. Gib uns Rückendeckung, indem du die Fakten des Wortes beweist. Herr, wir geben dir unser Herz, unseren Verstand, unsere Seele und unseren Geist. Indem wir die Wahrheit sagen und dem Willen Gottes gehorchen, können wir das Wachstum des Wortes Gottes bezeugen, selbst auf zementiertem Boden. Der Herr tut alles und nicht wir. Wenn Sie dem Wort Glauben schenken, wird es geschehen und es wird keine Probleme geben. Herr, du hast alles unter Kontrolle. Herr, bitte gib uns die Kühnheit und den Mut, die gute Nachricht zu verkünden. Unser Gott ist erstaunlich, echt und mächtig. Er hat gesagt, dass er es tun wird, wenn wir die Wahrheit in Liebe sagen. Möge der Herr sich dieser verlorenen Seelen in Jesu Namen erbarmen. Amen! Gott segne Sie!

21. NOVEMBER

BEREITE DEIN HERZ VOR!

Die Menschen neigen dazu, sich in dieser Zeit in Geschäftigkeit zu verlieren und vergessen dabei die Bedeutung von Erntedank. Gutes Essen ist etwas, wonach wir uns alle sehnen. Wir vergessen Jesus, der uns mit allen Vorteilen beladen hat. Menschen aus anderen Nationen sagten, wir haben Essen, aber die Menge ist geringer als in Amerika. Sie sagten, unser Land ist reich, aber wir haben nicht so viele verschiedene Dinge und Speisen wie die USA. Bitte hört, fürchtet und dient Gott von ganzem Herzen, der alles im Überfluss gibt. Er ist real. Es wird immer Reste geben, um Körbe zu füllen.

Der Herr gibt uns alles. Er möchte dafür von Herzen kommende Dankbarkeit als Anerkennung. Denken Sie immer daran, unser Herz zu prüfen, und glauben Sie nie, dass wir alles allein aus eigener Kraft erreichen. Sagen Sie im Gegenteil: "Ich erkenne, dass es ein Geschenk des Herrn ist." . Es sind die Segnungen, die vom Herrn gegeben wurden. Sobald wir lernen, dankbar zu sein, werden wir niemals unsere Errettung verlieren, die Heilung, Befreiung und Rettung ist.

Wenn ein Mensch den Höhepunkt seines Segens erreicht hat, sieht er die Welt entweder mit seinen Augen oder mit denen Gottes. Lassen Sie nicht zu, dass der Teufel Ihnen vorgaukelt, er habe für alles gesorgt. Gott beobachtet dich von oben. Prüfen Sie Ihr Herz. Werden Sie sich entscheiden, höher oder tiefer zu gehen?

Es sind die Treuen, die sich mutig aufmachen, um die Schönheit der Welt zu sehen. Wie du die Welt siehst, hängt von deinem Denken ab. Wenn wir unser tägliches Brot von Gott bekommen, bleiben wir bescheiden. Aber diejenigen, die viel haben, müssen sich in Acht nehmen. Wenn sie erst einmal ganz oben sind, denken sie vielleicht, oh, ich kann das alles machen, denn ich bin ja schon da. Es geht nicht darum, alles zu haben, sondern darum, die Seele zu bewahren. Denken Sie daran, immer dankbar zu sein.

Psalm 9:1 Ich will dich loben, HERR, von ganzem Herzen; ich will alle deine wunderbaren Werke verkünden.

Es ist bedauerlich, dass wir manchmal unsere bescheidenen Anfänge aus den Augen verlieren und in unseren Herzen arrogant werden. Seien Sie immer vorsichtig, wenn es um Angelegenheiten des Herzens geht. Das Herz ist trügerisch und bösartig. Das Herz ist die Quelle des Ursprungs des Lebens.

An einem anderen Tag habe ich ein Video über Obdachlose in San Francisco und Los Angeles gesehen. Ich hörte einen Bericht, dass San Francisco deprimierend ist. San Francisco ist eine der teuersten Städte. Ich war dort und habe den bösartigsten Geist in der Stadt erlebt. Ich bin sehr empfindlich für den Geist, seit ich faste bin. Das Fasten tötet das Fleisch und der Geist wird lebendig. Die spirituellen Sinne arbeiten kraftvoll, wenn man fastet. Ich erinnere mich, dass es in dieser Stadt viele Homosexuelle gibt und viele sexuelle und geschlechtliche Veränderungen. Wenn man den Punkt ohne Wiederkehr überschritten hat, gibt es kein Zurück mehr, man rutscht nur noch ab.

ELIZABETH DAS

Lukas 21:34 Hütet euch aber, dass euer Herz nicht überladen wird mit Fresserei, Trunkenheit und den Sorgen dieses Lebens, so dass dieser Tag unversehens über euch kommt.

Hesekiel 16:49 Siehe, das war die Missetat deiner Schwester Sodom: Hochmut, Überfluss an Brot und viel Müßiggang war in ihr und in ihren Töchtern. Sie stärkte auch nicht die Hand der Armen und Bedürftigen.

Wir bekommen Geld und vergessen unsere Pflichten gegenüber armen Waisenkindern und Bedürftigen. Manche vergessen sogar ihre Eltern und Geschwister. Wenn du Segnungen bekommst, ist das nur ein Test für dich. Geld hat Flügel und wird wegfliegen, wenn du Gott vergisst. Vergewissern Sie sich, dass derjenige, der Ihnen Geld, Verstand und Arbeit gegeben hat, als Gegenleistung nur Dankbarkeit will. Erkennen Sie Jesus und kümmern Sie sich gut um Ihr Herz, damit es nicht unempfindlich gegenüber der Umgebung wird. Dem Herzen die richtige Pflege zukommen zu lassen, ist entscheidend, und zwar über Ihre Erwartungen hinaus. Erinnern wir die Verlorenen daran, dass sie auf Gott hören und sich ändern. Nehmen Sie die richtige Straße des Sieges, indem Sie sich an den Herrn erinnern. Sorgen Sie dafür, dass Ihre Beziehung zum Herrn stark bleibt, um fortlaufend Segnungen zu erhalten. Niemand erreicht den Ort ohne seine Zusammenarbeit mit dem Herrn. Es ist notwendig, dass Sie Ihre Identifikation mit dem Herrn bestätigen. Sie können sich als Sünder oder Heiliger, Obdachloser oder Sesshafter identifizieren. Es geht dem Herrn nicht darum, in ein Kirchengebäude zu gehen, sondern um Ihre persönliche Beziehung zu ihm. Ihr Körper ist eine Kirche oder sein Wohnsitz. Befreien Sie sich von Sünde und Dämonen, um Platz für die Fürsorge des Herrn zu schaffen.

Prüfe dich selbst und finde heraus, ob du in dem von Gott gegebenen Gebiet lebst oder nicht. Gott hat uns ein bestimmtes Gebiet und eine Region zugewiesen, mit der Erwartung, dass wir uns verhalten, handeln und denken im Einklang mit Seinem Denken. Gott hat für niemanden Ausnahmen gemacht. Eine Person, die ständig verliert und weiter fällt, wird als Verlierer bezeichnet. Ich habe immer eines im Sinn: Übe weiterhin alles, was du empfängst. Nimm niemals an, dass du von den Gesetzen Gottes ausgenommen bist. Geld hat Flügel und wird davonfliegen. Von Gott gegebener Reichtum hat Segen und Fluch in sich, je nach dem Zustand deines Herzens.

Viele waren reich und wurden arm. Das Herz denkt nicht nach und erkennt den Gott des Himmels nicht an. Die Menschen, die einst im schönen Garten Eden wandelten, wurden obdachlos. Widerspenstigkeit ist nicht der richtige Weg. Wenn die Menschen alles haben, dann geben sie ihr Geld aus, um zu trinken, zu essen, zu shoppen, für Haare, Nägel und Schuhe. Was denken Sie? Investitionen sind gut, aber wo du investierst, bringt Segen und Fluch mit sich. Einige haben sich selbst den Titel eines Pastors, eines Heiligen oder eines wunderbaren Menschen gegeben. Aber hinter der Tür sind sie die betrügerischen Menschen. Ich fürchte Gott für sie. Es heißt, dass sie durch ihr trügerisches Herz getäuscht werden.

Manche haben mehr als genug verdient und vergessen, den Bedürftigen zu helfen. Helfen Sie jemandem, der krank, verletzt und bedürftig ist. Unsere Aufgabe ist es, das Beste aus unserem Leben zu machen. Wir können anderen helfen, wenn wir ein gutes Herz haben. Habt Liebe, Langmut, Sanftmut, Freundlichkeit, Güte, Sanftmut und Frieden in eurem Herzen. All diese Tugenden verbinden sich mit deinen Handlungen. Rechtschaffenheit bringt Frieden.

Der Staat Kalifornien, insbesondere sein Golden State, hat mich beschäftigt. Los Angeles gehörte zu den Städten, die viele Menschen für erstrebenswert hielten. Jetzt gibt es überall Obdachlose. Im Jahr 1980 fuhr ich mit dem Bus nach LA. Ich sagte, wow, was für eine schöne Stadt! Es macht mir Freude, schöne Menschen, Kleider, Häuser und so weiter zu sehen. Heute ist die Stadt von Bränden, Obdachlosigkeit und extremer Armut betroffen. Was ist passiert? Wir haben vergessen, unser Herz darauf vorzubereiten, die Segnungen Gottes zu bewahren. Der Glamour von Hollywood ist der trügerische aller Zeiten. Nachtclubs, Drogen, Stolz,

21. NOVEMBER

Zigaretten, Selbstliebe und viele andere Dinge haben sich gegen sie gerichtet. Die Verunreinigung beginnt, wenn man bei der Vorbereitung des Herzens nachlässig wird.

Lass mich dir einen Rat geben: Denke an die Armen, Bedürftigen, Witwen, Kranken, Verletzten und Waisen. Durch Make-up und Verwandlungen versuchen wir, das Aussehen von jemand anderem nachzuahmen. Denkst du darüber nach, zu verschwinden und dich in Cinderella zu verwandeln? Dieser Zustand ist als Herzproblem bekannt. Kümmere dich um das Herz. Du brauchst eine doppelte Dosis Freude im Herzen. Viele sind mit einem großen Traum von Hollywood aus dem Haus gerannt, nach Los Angeles. Aber jetzt, wie viele Menschen möchten aus LA und Kalifornien fliehen?

Das Land ist reich geworden und hat vergessen, seinen Kindern die Orakel Gottes zu lehren. Zuerst wurden das Gebet, die Bibel und jetzt Gott entfernt. Es kommt nicht auf die Bildung, die Menschen oder das Land an, sondern auf Gott, der den Unterschied ausmacht. Liebe Gott von ganzem Herzen. Sie haben sich nie daran erinnert, wie sie auf die Berge gekommen sind. Wie und wann sie anfingen, zurückrutschen. Ich dachte, Sie sollten wissen, dass die Vorväter die Weisheit besaßen, so zu leben, dass es Gott gefällt. Sie schickten viele Missionare aus, um die Wahrheit Gottes zu lehren, damit sie nicht auf der Suche nach Reichtum in die USA kommen müssen. Anstatt sie in der heutigen Zeit mit der Wahrheit zu erziehen, folgten die Menschen einer heidnischen Methode und beobachteten das Ergebnis. Können Sie suchen und googlen, was die Führer der Stadt denken? Ich bete dafür, dass Gott jemanden schickt, der diese verlorene Generation auf die Wege Gottes führen kann. Dies ist der Schlüssel zum Erfolg. Amen!

LASST UNS BETEN

Herr, wir danken dir für deine ewige Barmherzigkeit gegenüber denen, die deine Gegenwart in allen Bereichen des Lebens achten und anerkennen.

Wir werden nackt geboren und verlassen diese Erde nackt, ohne Zweifel. In der Zwischenzeit gibt uns der Herr das Nötigste und noch viel mehr. Der Herr beschenkt alle, die ihm dienen, mit seinen Bedingungen. Er hält nichts Gutes von uns zurück. Hilf uns also, Herr, dass wir dir ganz und gar untertan bleiben. Unser Gott ist außergewöhnlich und handelt immer wohlwollend. Wer dich, Herr, liebt, wird niemals Hunger, Durst oder Mangel leiden. Wir wollen nicht die Fehler der Verlierer wiederholen. Wir wollen die Gebote, Weisungen und Satzungen des Herrn in unserem Herzen bewahren. Unser Herz wird trügerisch genannt, aber du kannst Reinheit schaffen, indem du dein Wort lehrst. Wir laden dich in unser Herz ein. Möge der Heilige Geist uns befähigen, Jesus nachzufolgen. Im Namen von Jesus! Amen! Gott segne Sie!

22. NOVEMBER

DANKESCHÖN!

"Danke" ist ein hervorragendes Wort. Gott gegenüber Dankbarkeit ausdrücken kann zu unvorstellbaren Ergebnissen führen. Wir wissen, dass dankbare Menschen extra empfangen. Wenn du zusätzliche Vorteile möchtest, zeige Wertschätzung gegenüber denen, die dir geholfen haben.

2 Korinther 9:11 und sind in allem reichlich beschenkt worden, was uns veranlasst, Gott zu danken.

Werden Sie Zeuge des Ergebnisses, wenn Sie für die Segnungen des Herrn dankbar sind.

Matthäus 15:36 Und er nahm die sieben Brote und die Fische, dankte und brach sie und gab sie seinen Jüngern, und die Jünger gaben sie der Volksmenge. 37 Und sie aßen alle und wurden satt; und sie hoben auf von den Brocken, die übrigblieben, sieben Körbe voll.

Jesus hat bewiesen, dass man wahre Zufriedenheit und Überfluss findet, wenn man lernt, Gott zu danken.

Johannes 6:11 Und Jesus nahm die Brote und dankte und verteilte sie an die Jünger und die Jünger an die, die sich niedergelassen hatten, und auch von den Fischen, so viel sie wollten. 13 Und sie sammelten sie und füllten zwölf Körbe mit den Brocken von den fünf Gerstenbroten, die denen, die gegessen hatten, übrigblieben.

Es wurde vom Herrn gezeigt, dass im Ausdruck der Dankbarkeit Kraft liegt. Danke dem Herrn für das, was du hast, unabhängig von der Anzahl, die du ernähren musst. Seine Segnungen werden zur Vermehrung und Fülle führen. Unser himmlischer Vater möchte, dass wir für Seine Segnungen dankbar sind. Er ist ein guter Gott und tut die wunderbaren Dinge. Auf dem Weg zum Priester wurden zehn Aussätzige geheilt, aber nur einer von ihnen kam zurück, um sich bei Jesus zu bedanken.

Lukas 17:17 Jesus aber antwortete und sprach: Sind nicht zehn gereinigt worden? wo aber sind die neun? 18 Es ist keiner gefunden worden, der zurückgekehrt ist, Gott die Ehre zu geben, außer diesem Fremdling. 19 Und er sprach zu ihm: Stehe auf und gehe hin; dein Glaube hat dich gesund gemacht.

Der Herr Jesus heilte ihn vollständig und stellte seinen Körper, seine Seele und seinen Geist wieder her.

Das Ergebnis Ihres Dankbarkeit Herzens wird Ihnen große Freude und Dankbarkeit bringen. Wir wissen, dass jeder dankbare Menschen liebt. Jammerer und Nörgler werden allgemein nicht gemocht. Genau wie die Menschen hat auch Gott Gefühle. Jammerer und Nörgler sind die Menschen, die Gott nicht ausstehen kann. Ein undankbares Herz verärgert den Herrn.

22. NOVEMBER

Deuteronomium 9:14 Laßt mich allein, daß ich sie vertilge und ihren Namen auslösche unter dem Himmel.

Es gibt einen bestimmten Titel, den Gott an undankbare Menschen vergibt.

Numeri 14:11 Und der Herr sprach zu Mose: Wie lange will mich dieses Volk noch provozieren, und wie lange wird es dauern, bis sie mir glauben wegen all der Zeichen, die ich unter ihnen gezeigt habe? 12 Ich will sie mit der Pestilenz schlagen und sie enterben und will aus dir ein größeres und mächtigeres Volk machen als sie.

1 Korinther 10:10 Und murrt nicht, wie auch einige von ihnen murrten und von dem Verderber vernichtet wurden.

Vergessen Sie nie, demjenigen zu danken, der Gutes für Sie getan hat. Danken Sie zuerst Gott und auch den Menschen, die Ihnen geholfen haben. Sie werden gesegnet sein. Die Bibel sagt, dass man Gott für alles Gute und Schlechte danken soll. Sie fragen sich vielleicht, warum Sie für die schlechten Dinge dankbar sein sollen. Bedenken Sie, dass Hiob alles verloren hat.

Hiob 2:10 Er aber sagte zu ihr: Du redest, wie eine der törichten Frauen redet. Was? Sollen wir von Gottes Hand Gutes empfangen und nicht Böses empfangen? Bei all dem hat Hiob nicht mit seinen Lippen gesündigt.

Wir sind nicht in der Lage zu teilen, denn wir haben nur zwei Fische, ein wenig Mehl und ein wenig Öl, und Gott weiß das. Das Einzige, was man tun kann, ist zu schätzen, was man hat. Wenn wir das tun, werden wir Zeuge der göttlichen Intervention des allmächtigen Gottes. Unser Gott ist barmherzig und sorgt für unser Wohlergehen. Ich hatte zahlreiche gesundheitliche Probleme und verlor unter anderem meinen Arbeitsplatz. Ich achtete darauf, Gott jeden Tag während meiner Morgengebete zu danken. Am frühen Morgen bin ich auf besondere Weise mit Jesus verbunden. Ich näherte mich Ihrem Tor mit einem Herzen voller Dankbarkeit.

An dem Tag, an dem ich zu laufen begann, war ich von Dankbarkeit überwältigt. Doch selbst inmitten dieser Prüfung danke ich Gott jeden Tag. Ein Gefühl tiefer Wertschätzung überflutete mich, als ich über die Errungenschaften während meiner schwierigen Erfahrung nachdachte. Mehr als Heilung wünschte ich mir ein dankbares Herz. Ich wusste, dass Gott sich sowieso um mich kümmern würde. Wir lernten den Herrn kennen und murren nicht mehr, weil er die Situation zuließ. Wenn wir den Herrn kennen, können wir aufrecht stehen und standhaft bleiben. Der Lernprozess ist das, worauf es ankommt. Dankbarkeit gegenüber Gott sorgt dafür, dass wir unsere Heilung, Befreiung und Wunder nie verlieren.

Das Leben ist voll von unerwarteten Wendungen, die das Morgen ungewiss machen. Das sind nur Dinge, für die wir uns lehren müssen, dankbar zu sein. Unser Gott ist ein wundertätiger Gott und kein Zauberer. Magie ist zu wenig. Das Wunder ist übernatürlich. Lernen und lehren Sie Ihre Kinder, dankbar zu sein. Der Eintritt in ein Wunder ist durch Dankbarkeit möglich.

Ich besuche Menschen im Krankenhaus, zu Hause oder am Telefon. Viele sind so dankbar. Ich spreche mit einer Frau; ihr Ehemann kennt den Herrn noch nicht. Er wird so böse und gewalttätig ihr gegenüber. Aber wenn ich mit ihr spreche, spricht sie immer schöne Worte zu Gott. Trotz der schweren Verletzungen, die ihr Ehemann ihr das letzte Mal zugefügt hat, drückte sie ihre Dankbarkeit dafür aus, von Gott auserwählt worden zu sein. Sie hat keine Beschwerden. Ich vertraue darauf, dass Gott bald eine positive Veränderung in ihrer Situation herbeiführen wird.

Hiob verlor alles. Doch sein dankbares Herz brachte ihm doppelten Segen.

ELIZABETH DAS

Wenn Sie lernen, Dankbarkeit auszudrücken, werden Sie reichlich gesegnet und mehrfach belohnt.

Unser Gott ist mächtig und allwissend, und für ihn sind alle Dinge möglich. Würden Sie Ihn gerne auf seiner höchsten Ebene kennenlernen? Wir müssen ihn kennen und nicht umgekehrt. Er weiß bereits, wer er ist. Das Herz schmerzt vor Traurigkeit, wenn die Menschen sich nicht an die Quelle ihres Segens erinnern, wenn sie ihn in Hülle und Fülle haben.

Heute ist Thanksgiving; die Vereinigten Staaten von Amerika feiern und erinnern sich an die Versorgung durch Gott, der die Pilger, die aus Europa in die Vereinigten Staaten kamen, mit Nahrung versorgte. Es war die Zeit, in der viele starben und der Herr seinen Segen ausgoss. Die Vereinigten Staaten von Amerika sind eine der am meisten gesegneten Nationen der Welt. Wir werden in der Wüste, in der Hungersnot, in der Knappheit, in der Armut oder in jeder anderen Situation überleben, wenn wir dem Herrn danken, der gesagt hat: Ich bin euer Jehova Jairah. Unser Versorger!

Ich lebe in den Vereinigten Staaten von Amerika. Mein Job wurde mir im Jahr 2000 vom Herrn genommen, der mich dann berief, Ihm zu dienen. Er versprach mir meine Versorgung. All diese Jahre hat Er Sein Wort gehalten. Viele kommen und essen in meinem Haus, und manchmal bleiben sie bei mir. Ich tue meinen Dienst im Auftrag des Herrn, und er hat mich gesegnet und gesegnet. Ich habe nie jemanden um Hilfe gebeten, aber er hat mir aus seinem Reichtum alles gegeben, was ich brauche. Zählen Sie Ihre Segnungen und schätzen Sie, was Sie haben. Frohes Erntedankfest! Gott segne Sie,

LASST UNS BETEN

Himmlischer Vater, diese Erde gehört dir, und zwar in ihrer ganzen Fülle. Wir wissen, dass du dein Volk liebst, und wir sind dir dafür dankbar. Ein dankbares Herz ist das, was wir brauchen.

Ihr seid erstaunlich, das ist genau das, was wir zum Ausdruck bringen wollen. Du hast uns viele wunderbare Segnungen gegeben. Wir haben es nie aus eigener Kraft bekommen, aber du hast es uns gegeben. Herr, segne die Menschen mit einem dankbaren Herzen. Viele konnten das gelobte Land nicht erreichen, weil sie dir nicht dankbar waren. Du hast uns das Beispiel der Dankbarkeit gezeigt und das Wunder, das sich hinter dem Wort "Danke" verbirgt. Wir kehren heute zu dir zurück, um dir Danke zu sagen, Herr. Du hast nichts als Gutes getan. Wir danken dir für einen weiteren Tag und ein weiteres Jahr. Jeder Tag ist ein Geschenk des Himmels, deshalb danken wir dir für jeden Tag, für unsere Familie, unsere Freunde, unsere Lieben und die Freiheit, dich anzubeten. Unser Gott ist gut und hat sich um uns gekümmert. Du hast uns reichlich versorgt, und dafür sagen wir dir in Jesu Namen aufrichtigen Dank. Amen! Gott segne Sie!

23. NOVEMBER

MÖGE DIE PROPHEZEIUNG IN ERFÜLLUNG GEHEN!

Wenn du glaubst und Geduld hast, werden die Prophezeiungen, die über dir gesprochen wurden, erfüllt werden. Prophezeiung ist ständig auf Strategien und Garantien ausgerichtet. Um den Anweisungen des Herrn zu entsprechen, muss der Teilnehmer weitermachen. Jede Prophezeiung, die im Leben des Teilnehmers ausgesprochen wurde, wird erfüllt, wenn die Zeit reif ist. Um Gottes Plan für dich zu erfüllen, wie er prophezeit wurde, musst du von ganzem Herzen seinen Anweisungen folgen. Sei achtsam in Bezug auf Situationen und Ereignisse mit aller Sorgfalt. Möge Gott dir helfen zu erkennen, dass sein Wort als eine zweiseitige Vereinbarung funktioniert, die nur erfüllt wird, wenn die Bedingung in seinem göttlichen Plan aktiv ist. Lassen Sie uns einige Ausnahmen betrachten.

Jesaja 38:1 In jenen Tagen war Hiskia todkrank. Da kam der Prophet Jesaja, der Sohn des Amoz, zu ihm und sprach zu ihm: So spricht der Herr: Bringe dein Haus in Ordnung; denn du wirst sterben und nicht leben. 2 Da wandte Hiskia sein Angesicht gegen die Mauer und betete zum HERRN,

Der Prophet wurde vom Herrn beauftragt, der als CEO des gesamten Universums herrscht, den Plan zu offenbaren. Später wurde er geändert. Jesajas Prophezeiung war nicht falsch, jedoch suchte König Hiskia verzweifelt nach Gnade. Vermeide es zu sagen, dass der Prophet betrügerisch oder unwahr war, denn er war wirklich ein Prophet. Der Prophet hat nichts mit der Situation zu tun; er ist nur der Überbringer der Botschaft Gottes.

Jesaja 38:5 Geh hin und sag zu Hiskia: So spricht der Herr, der Gott deines Vaters David: Ich habe dein Gebet erhört und deine Tränen gesehen; siehe, ich füge deinen Tagen fünfzehn Jahre hinzu.

Gott hat den besten Plan für dein Leben. Wenn du einen Plan über Gottes Plan stellst, wird das dein Leben nur ins Verderben führen. Wenn das Wort vom lebendigen Gott kommt, haben Sie Geduld, bis es erfüllt ist. Das Wort Gottes wird sich zur rechten Zeit erfüllen, zur rechten Zeit. Wir können Gott drängen, aber es wird nicht geschehen, sondern es wird geschehen, wenn wir warten. Die Prophezeiungen in Gottes Wort werden deutlich, wenn sie mit Hilfe von Propheten und Aposteln genau ausgelegt werden. Verstehen Sie ihre Auslegung des Wortes, empfangen Sie das verheißene Wort und handeln Sie entsprechend. Es ist die Aufgabe eines Propheten, die Botschaft zu überbringen, ohne etwas hinzuzufügen oder wegzulassen. Die Sicherheit des Propheten ist bedroht, wenn ungerechte Menschen das Reich Jesu regieren. Denken Sie daran, dass Propheten als Boten dienen, nichts anderes.

Lukas 7:28 Denn ich sage euch: Unter denen, die von Frauen geboren sind, gibt es keinen größeren Propheten als Johannes den Täufer; aber der Kleinste im Reich Gottes ist größer als er.

Johannes der Täufer hatte die Aufgabe, sich auf die leibhaftige Erscheinung Gottes vorzubereiten. Lasst uns beten, dass der Herr uns mit wahrhaftigen Propheten segnet.

Johannes 1:23 Er sagte: Ich bin die Stimme eines Rufers in der Wüste: Macht den Weg des Herrn gerade, wie der Prophet Jesaja gesagt hat.

Der Prophet spielt eine entscheidende Rolle in Gottes Reich. Heutzutage weigern sich gefälschte Konfessionen und Organisationen, Propheten anzuerkennen oder zu gebrauchen. Dies ist das Ende der Zeit, wo das Chaos regiert. Dennoch gibt es in dieser Region bemerkenswerte Propheten. Wir sollten den Herrn in unseren Gebeten bitten, uns den wahren Propheten zu schicken.

Manchmal werden die Menschen sehr ungeduldig, was die Prophezeiung betrifft. Sie sind der Meinung, dass sich die Prophezeiung unverzüglich erfüllen sollte. Haben Sie Geduld und vertrauen Sie auf Gottes Zeitplan. Er wird die Aufgabe erfüllen, so wie es der Prophet angekündigt hat. Das Konzept der Prophezeiung ist mit einer ungewissen Zukunft verbunden. David war etwa zehn bis fünfzehn Jahre alt, als er die Prophezeiung erhielt. Er hielt sich an die Prophezeiung Gottes, während er vor seinem Feind floh. König Saul war sein einziger Feind. Das Land wandte sich gegen David. David siedelte mit seinen Eltern in ein anderes Land um. Als Gott Davids Herz untersuchte, fand er, was er suchte.

Möge der Herr seinem Volk helfen. Das Leben nimmt oft unerwartete Wendungen, bevor es den richtigen Weg findet.

Wer ist für den Abbruch der Prophezeiung verantwortlich? Beende die Prophezeiung nicht, aber sei wachsam. Du bist für deine Zukunft verantwortlich, kümmere dich gut um den Plan Gottes. Gott hat gesagt, ich werde euch einen Platz bereiten. Er hat Villen, aber das bedeutet nicht, dass Sie eine besitzen, bis Sie die Voraussetzungen erfüllen, um eine zu erhalten.

Viele suchen nicht das Königreich Gottes. Nicht aufrichtig genug, um den Weg durch Jesus zu finden. Alle registrierten Kirchen, Organisationen, die Denomination ist nicht der Weg, aber Jesus ist es. Die Wahrheit offenbart sich nur durch den Weg von Jesus. Suche, bitte, klopfe an, und finde deinen Weg ins Gelobte Land. Zahlreiche Personen sind damit beschäftigt, auf die Hoffnung zu setzen, dass es keine Hölle gibt und dass alle Menschen Eintritt in den Himmel erhalten werden. Sie glauben, Gott ist gut. Ein guter Gott würde niemanden in die Hölle schicken. Glaube diesen betrügerischen Behauptungen nicht. Wenn blinde Lehrer führen, erwarte, dass ihr gemeinsam in die Grube fallt. Sei vorsichtig.

Denken Sie mit dem richtigen Verstand: Ein Mann kam zu einem Propheten und suchte Heilung. Der Prophet fragte ihn nach den einfachsten Dingen, und er wurde ärgerlich und wollte zurückgehen, wie er gekommen war.

2 Kön 5:13 Da traten seine Knechte heran, redeten mit ihm und sagten: Mein Vater, wenn der Prophet dir gesagt hätte, du sollst etwas Großes tun, hättest du es nicht getan? 14 Da ging er hinab und tauchte sich siebenmal in den Jordan, wie der Mann Gottes gesagt hatte; und sein Fleisch wurde wieder wie das Fleisch eines kleinen Kindes, und er war rein.

Gott sagte, ihr sollt im Namen Jesu ins Wasser gehen, und mein Blut wird eure Sünden abwaschen. Der Tod ist die Folge der Sünde und führt zum ewigen Höllenfeuer. Alle haben gesündigt. Ich gebe also mein Blut; du musst nur einmal unter Wasser gehen und du wirst gereinigt, geheilt und erlöst werden, da deine Sünden weggewischt werden.

23. NOVEMBER

Alle Demütigen gingen im Namen Jesu ins Wasser, um ihre Sünden abzuwaschen. Falsche Lehrer und Propheten, die mit Denominationen und Organisationen verbunden sind, werden sich dagegenstellen. Falsche Lehrer vernachlässigen die Bedeutung, an denjenigen zu glauben, dem Jesus den Schlüssel anvertraute, nämlich Petrus und Paulus. Sie werden sagen, wir müssen dem Buch der Apostelgeschichte nicht folgen, das sei nur vergangene Kirchengeschichte. Unser Leib, einst eine Kirche, wurde mit Blut erkauft. Wusstest du, dass Jesus jedes Wort Gottes geschrieben hat?

Blinde Führer führen also blinde Gefolgsleute.

2 Korinther 4:3 Wenn aber unser Evangelium verborgen ist, so ist es denen verborgen, die verloren sind:4 in denen der Gott dieser Welt den Verstand derer verblendet hat, die nicht glauben, damit ihnen das Licht des herrlichen Evangeliums von Christus, der das Bild Gottes ist, nicht leuchte.

Es gibt viele, die eingeschlafen sind, und viele, die wie verlorene Münzen und Schafe sind, töricht und in der Irre. Wachen Sie auf. Sorgen Sie dafür, dass diese Prophezeiung nicht zu einem Teil Ihrer Lebensgeschichte wird. Möge der Herr Ihnen ein Herz schenken, das nach Wissen dürstet, und einen weisen Berater, der Sie bei der Unterscheidung zwischen Prophezeiungen und Ihren eigenen Worten leitet.

Viele meiner Prophezeiungen sind wahr geworden. Ich kann mir mein Leben ohne einen Propheten nicht vorstellen, da ich Gottes Lehren folge. Viele bemerkenswerte Prophezeiungen, denen ich begegnet bin, sind tatsächlich eingetreten. Nicht alle sind eingetreten, aber es wird geschehen, im Namen Jesu. Amen!

LASST UNS BETEN

Herr, wir wissen, dass du nicht lügen kannst. Du sprichst uns durch dein Wort oder einen wahren Propheten. Bitte gib uns ein gläubiges Herz. Unsere Aufgabe ist es, zu glauben und durchzuhalten. Selbst im Tal des Todes, wenn wir allein dastehen oder das tosende Wasser auf uns zukommen sehen. Möge unser Herr uns gnädig sein! Lasst uns den Ausgang aller Prophezeiungen sehen, während wir festhalten. Die Fähigkeit, die Zukunft vorauszusehen, erfordert die Flügel eines Adlers, um einen höheren Aussichtspunkt zu haben. Wir wissen, dass die Prophezeiung in Erfüllung gehen wird, wenn wir dem allmächtigen Gott vertrauen. Unser Herr hat noch nie versagt und wird es auch nie tun. Hilf uns, dich nicht zu enttäuschen. Wir wollen dein Reich bauen und es nicht zerstören. Unsere Aufgabe ist es, eine Kirche aufzubauen, die vor 2000 Jahren gegründet wurde. Wir werden unsere himmlische Heimat erreichen, wenn wir dein Wort halten und deine Gebote befolgen. Unsere Zukunft wird hell und groß sein, weil wir wissen, dass du tust, was du in deinem Wort und durch deine wahren Propheten gesagt hast, in Jesu Namen. Amen! Gott segne Sie!

24. NOVEMBER

GEISTIGER ANALPHABETISMUS!

Die reale Welt ist tatsächlich die geistige Welt. Es ist wichtig, die Existenz des geistigen Reiches anzuerkennen. Diejenigen, die sich der geistigen Aktivitäten nicht bewusst sind, sind einfach unwissend. Armut ist das Ergebnis von Analphabetismus. Das Fehlen grundlegender Kenntnisse unter dem Volk Gottes führt zu einer Krise und schwächt das Reich Gottes. Das Fehlen von Wissen über das Wort Gottes führt zu Schaden an Seiner Schöpfung. Warum? In Dunkelheit zu wandeln ist das Ergebnis, das Wort Gottes nicht zu kennen. Ohne das Wort Gottes als Lampe ist die Wahrscheinlichkeit größer, auf Schlangen zu treten. Wenn du die nährende geistliche Nahrung des Wortes Gottes vermisst, bedeutet das Schwäche, Gebrechlichkeit und Krankheit. Das Wort Gottes wirkt als Schwert, um den Einfluss des Teufels, der gefallenen Engel und Dämonen zu durchtrennen. Wenn du das Wort Gottes nicht als Schwert gegen deinen Gegner erlebst, wirst du zerstört werden. Das bedeutet, dass Ihr Leben zerbrechen wird und nicht wiederhergestellt werden kann. Denken Sie daran, dass Satan kommt, um zu stehlen, zu töten und zu zerstören. Wie sehr sollten Sie sich mit dem Wort Gottes beschäftigen, wenn Sie wissen, dass es um Ihr Leben und Ihren Tod geht? Ist es nicht wichtig, sich ständig mit dem Wort Gottes zu beschäftigen?

Stirb nicht wie ein Narr. Im Besitz eines Schwertes zu sein, ohne zu wissen, wie man es benutzt. Ich habe gestern eine Botschaft vom Herrn erhalten, in der er mir durch den Heiligen Geist Autorität und Macht verliehen hat. Nimm zurück, was vom Teufel, den gefallenen Engeln und den Dämonen mit Gewalt gestohlen wurde.

Später sprach ich mit der Frau, und sie sagte: "Ich bin krank. Diese Krankheit muss aus meinem Körper vertrieben werden. Ich erinnerte Sie daran, dass Sie die Autorität im Namen Jesu und des Heiligen Geistes besitzen, also machen Sie davon Gebrauch. Sagen Sie dem Teufel, er soll verschwinden. Warum willst du, dass der Teufel deinen Körper benutzt, wo du doch die Macht und Autorität hast? Sie sagte: Stimmt, ich muss die Autorität nutzen und Satans Plan, mich krank zu halten, zerstören. Ich sagte, das sei richtig. Biblischer Analphabetismus ist ein Vorteil für den Teufel. Der Teufel führte verschiedene Denominationen, Non-Denominationen und Organisationen ein, um das Predigen, Lehren, das Austreiben von Dämonen und das Heilen der Kranken zu entmutigen. Sie erhalten Schulung und Ausbildung, um das zu verfolgen, was sie wirklich wollen, trotz der Verwirrung.

Was war der Untergang Amerikas? Sie nahmen die Bibel und das Gebet aus der Schule. In der heutigen Zeit werden die Begriffe Gebäude auch für die Kirche verwendet. Viele Familien lesen nicht in der Bibel. Sie ist da, aber es fehlt die Zeit. Ich trage viele Bibeln bei mir und gebe sie den Menschen, wenn ich sie bediene. Wenn Sie sich Ihrer Privilegien, Vorteile, Autorität und Macht bewusst sind, bereitet Ihnen das keine Kopfschmerzen mehr. Wenn Sie sich dessen bewusst werden und anfangen, es zu nutzen, hat es die Macht, nicht nur Sie, sondern auch die Menschen in Ihrem Leben zu verändern. Vor vielen Jahren, als ich in Indien lebte, hatte ich die gleichen Bedingungen. Wir haben viel durchgemacht, um die geistige Situation meines

24. NOVEMBER

Bruders zu verbessern. Ich konzentriere mich darauf, ununterbrochen das Wort Gottes zu studieren. Als ich aufwuchs, wollte ich nicht an die Existenz von Dämonen glauben. Ich hatte nur begrenztes Wissen über dieses Thema und hatte nicht die Absicht, mein Verständnis zu erweitern. Ich stellte klar, dass Dämonen nicht existieren. Aus Angst zog ich es vor, nichts über die dämonische Welt zu erfahren. Ich wollte mir als Christ sicher sein, dass sie mir keinen Schaden zufügen können. Was für eine traurige Situation! Aber als ich anfing, mich mit dem Kapitel Epheser 6 vertraut zu machen, in dem es heißt: Zieh die Waffenrüstung Gottes an, nimm deine einzige Offensiv Waffe, das Schwert, welches das Wort Gottes ist, und vor allem den Schild des Glaubens. Mir wurde klar: Wow, das ist ein Kampf. Ich möchte geistlich stark sein, und ich glaube, dass der Verzehr des Wortes Gottes mir dabei helfen wird, das zu erreichen. Ich werde Ihnen ein paar Beispiele nennen, um den Unterschied zwischen geistlichem Analphabetismus und Alphabetisierung zu verdeutlichen. Das wird zu unserem Verständnis beitragen.

Mose 2:17 Aber von dem Baum der Erkenntnis des Guten und Bösen sollst du nicht essen; denn an dem Tag, an dem du davon isst, wirst du sterben.

Ist es wahr, dass du nicht essen sollst? Beobachten Sie nun Evas Antwort an Satan.

Mose 3:3 Aber von der Frucht des Baumes, der mitten im Garten steht, hat Gott gesagt: Ihr sollt nicht davon essen und sie auch nicht anrühren, damit ihr nicht sterbt.

Gott sagte nie, du sollst es nicht berühren, sondern er sagte, du sollst nicht essen. Aber sie fügte das Wort Gottes hinzu. Du sollst nichts zum Wort Gottes hinzufügen oder davon abziehen. Es war dem Teufel klar, dass diese Frau kein Verständnis für Spiritualität hatte. Der teuflische Zerstörer hatte das Gespräch gehört. Das Einzige, was er tun muss, ist, das Wort zu manipulieren. Oh, ich sage euch, der Teufel ist ein Gauner und Verdreher. Er sagt Ihnen, dass es Spaß macht, es zu tun, aber informiert Sie nie über die versteckte Absicht der Zerstörung. Alles scheint in Ordnung zu sein. Der Teufel lobt die Schönheit und fügt falsche Informationen hinzu. Es auszuprobieren ist eine reizvolle Erfahrung, und Sie werden genauso zufrieden sein wie die Joneses. Sie werden wie Gott sein und wie die Welt. Das ist etwas, das jeder macht. Natürlich muss ich auch so aussehen, so handeln und so in der Hölle schmoren wie sie.

Der Teufel sagt nie, wenn du nackt gehst, kann ich deinen Körper benutzen, um dich zu vergewaltigen und zu belästigen. Indem ich Ihrer jungen Tochter Schminke beibringe, kann ich ohne Angst vor göttlichen Konsequenzen im Bereich des Menschenhandels tätig werden. Ich habe eine Methode, Sie in einer Minute zu besiegen, wenn Sie die Terminologie Gottes nicht kennen. Ich habe die Fähigkeit, dich mit Gewalt in mein Reich der Finsternis zu bringen. Du wirst für immer gefangen sein, es gibt keinen Ausweg. Der Teufel erfreut sich an dem mangelnden geistlichen Verständnis der Menschen und ermutigt sie, sich auf weltliche Dinge zu konzentrieren, anstatt nach Erleuchtung zu suchen. Satan liebt es, wenn Menschen Gebäude besuchen, die sie Kirchen, Konfessionen und falsche Lehren nennen. Hört meinen falschen Lehrer, prahlt mit echtem Glauben und so weiter. Unwissende Menschen werden von Satan geliebt, da sie religiöse Bildung lieben. Sie schlagen die Bibel nicht auf, um das Wort zu studieren, zu meditieren und zu üben, um es zu bekämpfen. Sie sind so schwach, dass Satan ihnen Luft machen und sie aus dieser Welt hineinblasen kann. Satan kann ihnen einen Anfall, Krebs oder Schlaganfall verpassen und sie von hier wegbringen.

Sehen Sie sich an, wie Jesus mit dem Teufel umgeht. Es scheint, dass er ein tiefes Verständnis für geistliche Angelegenheiten hat.

Matthäus 4:1 Da wurde Jesus vom Geist in die Wüste geführt, um vom Teufel versucht zu werden.

ELIZABETH DAS

Der Teufel sagte, er solle essen, als Jesus fastete. Als jemand, der sich mit dem Wort Gottes auskennt, lebe ich nach seinen Lehren. Der Teufel war davon überzeugt, dass du, wenn du dich als Sohn Gottes, des menschgewordenen Gottes, zu erkennen gibst, eine Schar von Engeln besitzt, die für deine Sicherheit sorgen werden. Jesus, der im Wort Gottes bewandert war, benutzte ein Schwert und sagte: "Nein, ich weiß, was ich habe, und ich weiß, dass ich Gott bin, aber ich werde es nicht versuchen." Jesus wusste, dass der Teufel nichts besaß, alles, was er hatte, war vorübergehend. Die ungebildete Eva und Adam überlassen es dem Teufel. Und doch wird es weggenommen werden. Jesus, der alles wusste, sagte: "Es steht geschrieben: Du sollst den Herrn, deinen Gott, anbeten, und ihm allein sollst du dienen.

Ist Ihnen jetzt klar, warum wir besiegt worden sind? Wir sind ungebildet, und das ist der einzige Grund. Wir bewegen uns durch die Dunkelheit, wie ein Gefangener, unwohl, belastet, kontrolliert und desorientiert. Ich lese die Bibel, weil ich sie für mich selbst und für die Menschen, denen ich diene, brauche. Wenn ich nicht die Wahrheit lehre, gehöre ich zu der Gruppe, die als blinde Führer und falscher Lehrer bezeichnet wird. Ich möchte das Wort Gottes kennen. Der Teufel kann mich nicht benutzen. Warum lassen sich Menschen von sich selbst oder vom Teufel täuschen? Nur die Unwissenden tappen in die Falle des Teufels. Wenn du die religiösen Führer siehst, die sogenannten Heiligen, die irgendwelche Positionen innehaben oder dem Wort der Bibel widersprechen, dann sind diese Menschen unwissend und ungebildet. Warte einfach ab und sieh, was mit ihnen passiert. Das Urteil wird beweisen, was sie sind. Satan zieht sie an der Nase; sie haben keine Macht, Dämonen auszutreiben. Tatsächlich sind einige von ihnen von Dämonen besessen. Es ist ein trauriger Bericht. Geistliche Unwissenheit hat uns, unseren Kindern und den Leben unserer Familien großen Schaden zugefügt. Sie haben unsere Nation zerstört, weil wir das ABC und 123 der Bibel nicht kennen, die zu unserer Erziehung dienen. Bitte öffne die Bibel, studiere sie und erlange geistliche Abschlüsse im Namen Jesu. Amen!

LASST UNS BETEN

Herr, wir brauchen dich. Wie du gesagt hast, wirst du uns niemals verlassen und aufgeben. Es ist möglich, wenn wir uns auf dich konzentrieren und dich nicht aus den Augen verlieren. Herr, leite uns, deinen Geboten zu gehorchen und mit dir zu gehen, damit wir sicher sind. Obwohl Adam, Eva und viele, die rebellisch und unwissend waren, verloren haben, können wir immer noch das geschriebene Wort Gottes studieren. Hilf uns, das Wort als Lampe, Licht, Nahrung und Waffe zu nutzen. Herr, wir sollten im Sieg wandeln, wenn wir uns erlauben, das Wort zu kennen und zu gebrauchen. Lehre uns, im Gebrauch deines Wortes geschickt zu sein. In dieser Welt gibt es vom Teufel inspirierte Organisationen, Konfessionen, Lehrer und Pastoren, weil der Teufel viele ungebildete Autoritäten verführt hat. Herr, lass den Heiligen Geist uns lehren. Wir bitten dich, dass dein Geist uns durchtränkt, wie er es am Pfingsttag tat, im Namen Jesu. Amen! Gott segne Sie!

25. NOVEMBER

GOTT SCHENKT IM ÜBERFLUSS KEIN GRUND ZUR ANSTRENGUNG!

Unter Gottes Führung schwitzt und schuftet man nicht, sondern empfängt im Überfluss! Wisst ihr, dass der Weg des Menschen schwieriger ist als der Weg Gottes? Gottes Weg hat eine einfache übernatürliche Berechnung. Holen Sie sich einen himmlischen Taschenrechner. Du brauchst einen Rhythmus Gottes in deinem Atemsystem. Als er sich die ganze Nacht bemühte, um einen Fisch zu fangen, und nicht fündig wurde, sagte Jesus,

Lukas 5:5 Simon aber antwortete und sprach zu ihm: Meister, wir haben uns die ganze Nacht abgemüht und nichts gefangen; doch auf dein Wort hin will ich das Netz auswerfen. 6 Und als sie das taten, schlossen sie eine große Menge Fische ein; und ihr Netz zerriß.

Wir mühen uns ab, weil wir Gott nicht fragen, die Wege Gottes nicht kennen und uns nicht auf Gott stützen. Unser Leben hat einen Sinn, aber wir machen es bedeutungslos. Der Herr hat ein Ziel, aber wir kümmern uns nicht um eine höhere Berufung. Unser Problem ist, dass wir eher wie Schweine sind. Es würde Ihnen und Ihren Kindern nach Ihnen niemals nützen. Was für eine Zeitverschwendung, wenn wir nicht auf den Weg Gottes hören und ihm gehorchen wollen!

Der Herr sprach: Deuteronomium 6:10 Und es wird geschehen, wenn der HERR, dein Gott, dich in das Land gebracht hat, das er deinen Vätern Abraham, Isaak und Jakob geschworen hat, dir große und schöne Städte zu geben, die du nicht gebaut hast, 11 und Häuser voll allerlei Gut, die du nicht gefüllt hast, und Brunnen gegraben, die du nicht gegraben hast, Weinberge und Ölbäume, die du nicht gepflanzt hast; wenn du gegessen hast und satt bist, 12 so hüte dich, daß du des HERRN nicht vergißt, der dich aus Ägyptenland geführt hat, aus dem Hause der Knechtschaft. 13 Du sollst den HERRN, deinen Gott, fürchten und ihm dienen und sollst bei seinem Namen schwören. 14 Du sollst nicht andern Göttern nachjagen, den Göttern der Völker, die um dich her sind; 15 denn der HERR, dein Gott, ist ein eifersüchtiger Gott unter dir, daß nicht der Zorn des HERRN, deines Gottes, über dich entbrenne und dich vertilge von der Fläche des Erdbodens.

Wer diese Art von Segen aufrechterhalten will, wird nirgendwo anders suchen als in den Anweisungen Gottes. Unser Problem ist, dass wir uns nicht auf die Prioritäten konzentrieren. Wir konzentrieren uns auf alles, was nicht wichtig ist. Das Gesetz sagt, wenn man ein uneheliches Kind bekommt, bekommt man alles umsonst und dazu noch Geld. Alle springen kostenlos auf das Programm auf. Wie wäre es, wenn Gott sagt: Ich bin Jehova Jireh, ich werde für dich sorgen. Wenn man diese Kinder hat, will niemand sie aufziehen. Sie sind auf der Straße, verletzen sich, nehmen Drogen, werden missbraucht, und so weiter. Was denken Sie also? Wie können Sie sich das leisten? Viele Menschen müssen zwei oder drei Jobs haben. Trotzdem haben sie nichts als Probleme. Unser Problem ist, dass wir nicht auf Gott hören und uns nicht seinen Wegen unterwerfen. Wer möchte nicht, dass die von Gott geschenkten Dinge mit Segnungen verbunden sind? Satans kostenlose Dinge haben einen Anhang, der Flüche genannt wird. Flüche, weil alles, was er gibt, dazu dient, die Gebote Gottes zu brechen. Er gab Judas 30 Silbermünzen. Seine Belohnung war Selbstmord, das Geld war wertlos, da er es nicht genießen konnte. Der Herr gab König Salomo, worum er bat, als er den Wegen Gottes folgte. Gott kann geben, denn alles gehört dem Herrn.

2 Chronik 1:11 Und Gott sprach zu Salomo: Weil dies in deinem Herzen war und du nicht um Reichtum, Vermögen und Ehre gebeten hast, auch nicht um das Leben deiner Feinde und auch nicht um langes Leben, sondern um Weisheit und Erkenntnis für dich selbst, damit du mein Volk richtest, über das ich dich zum König gemacht habe: 12 Weisheit und Erkenntnis ist dir gegeben, und ich will dir Reichtum, Vermögen und Ehre geben, wie sie keiner der Könige hatte, die vor dir gewesen sind, und wie sie auch keiner nach dir haben wird.

Arbeite nicht für diese Welt. Weltliche Güter sind nicht zufriedenstellend. Der Herr gibt, ohne zu schuften, zu schwitzen und sich als Sklave zu verkaufen. Er holt den Armen aus dem Staub und setzt ihn auf die Höhe. Der Herr kann einen Hirtenjungen zum König krönen. Daniel wurde durch das von Gott gegebene Wissen über Träume, Visionen und deren Deutung zum nächsten König.

Sprüche 10:22 Der Segen des Herrn macht reich, und er fügt keinen Kummer hinzu.

Die Bibel sagt, die ersten Dinge zuerst zu tun, wie es die muslimischen Menschen tun. Wir haben nun den Weihnachtsmann aus dem Nordpol gebracht. Schau dir die Schreibweise von Santa an. Es ist Satan und sein Thron ist auf der Nordseite. Unser Gott ist gut, setze keine Götzen. Es ist ein von Menschen gemachter Charakter, der unseren Gott ersetzt hat, der sein Leben gab. Viele törichte Menschen erkennen es nicht und folgen dem Strom.

Unser Gott hat alles gegeben, lernen Sie, in seinen Segnungen zu bleiben. Gottes Segnungen sind erstaunlich, aber zu lernen, wie man damit weitermacht, ist extrem wichtig. Das ist der Schlüssel, den wir nie verlieren sollten. Viele lebten in einem wunderschönen Haus. Wo sind sie jetzt? Sie haben alles verloren und leben jetzt auf der Straße, hinter der Theke, in einem hoffnungslosen Leben! Viele nehmen Gottes Segnungen als selbstverständlich hin. Manche haben Gott auf ihrer Zunge, aber nicht in ihrem Herzen. Ich weiß, dass viele aufrichtig sind und den Wert des Wortes Gottes kennen, um es in ihrem Herzen zu bewahren, damit sie nicht gegen den Herrn sündigen. Der Grund für unseren Kummer ist, dass wir nicht auf Gott hören. Unser Gott ist gut und schenkt mir wunderbaren Reichtum und Frieden. Unser Wert der Moral sinkt, und wir bringen unsere Kinder in Gefahr. Manche Eltern und Großeltern können nachts nicht mehr ruhig schlafen, weil sie vergessen haben, Gott als ihre Priorität zu lehren. Viele fragen sich, was passiert ist.

Lassen Sie uns einige Gründe für unser Mühen betrachten. Zuerst, betest du? Betest du ohne Unterlass? Suchst du zuerst das Reich Gottes und seine Gerechtigkeit? Was suchst du, Job, Abschluss, die Welt und die Dinge der Welt? Bist du ein weiser Verwalter deines Lebens? Liebst du den Herrn mit ganzem Herzen, ganzer Seele, ganzem Verstand und aller Kraft? Siehst du jemanden in Not und wendest dein Gesicht von ihnen ab? Der Herr sieht unser Mühen. Er möchte dir sagen: Warte, warum bist du so spät noch auf? Warum bist du so müde, deprimiert, entmutigt und stirbst wie ein Narr? Treiben Sie Dämonen aus? Verteilst du Bibeln oder Worte an andere? Haben Sie die Witwe besucht? Bist du jemand, der den Waisen beisteht? Siehst du die Hungernden und gibst?

Wenn nicht, dann wirst du Tag und Nacht schuften müssen. Wenn du dich um den Weinberg Gottes kümmerst, dann wird der Herr sich um dich kümmern. Ich habe schon oft gesagt: Wie gut Gott ist, viele hängen von mir ab. Und ich kann nicht alles tun, aber der Herr kann es. Er sagt mir, ich soll dieses oder jenes tun. Es ist keine Mühe mehr. Gehen Sie nicht ohne Jesus einkaufen. Gehen Sie nicht ohne seine Führung. Gott sagte: Ich gebe dir alles, aber hast du den Schlüssel, um den Schatz zu öffnen? Es braucht den richtigen Schlüssel, um den von Gott gegebenen Schatz zu öffnen, also hilf uns, Herr. Wir müssen nicht die ganze Nacht schuften. Wenn du zwei Fische hast, dann halte dich nicht zurück. Gib, damit sich die Fische vermehren und alle satt werden. Es scheint, als ob wir keine armen und bedürftigen Säcke hätten, wenn wir die Anweisungen Gottes befolgen. Amen!

LASST UNS BETEN

Heiliger Jesus, der Mensch ist nach Gottes Ebenbild geschaffen, und dir ist Macht und Autorität verliehen worden. Hilf uns, das von Gott gegebene Erbe weiterzuführen, damit wir uns nicht Tag und Nacht abmühen müssen. Heutzutage sind viele auf der Straße, haben den Geber ihres Erbes abgelehnt, und viele wenden sich ab und wählen den falschen, harten und verletzenden Weg. Hilf uns, Herr, dich richtig zu erkennen und dich zu erfahren, indem wir die Wege Gottes lernen und erfahren. Gott hat alles und besitzt alles. Auf seinen Befehl hin hörte das tosende Wasser auf. Hilf uns Gott, deinen Anweisungen treu zu bleiben. Gib uns Fleiß und lass uns aufrichtig sein. Nicht in die Irre zu gehen, nicht nach links oder rechts abzubiegen ohne deine Weisung. Hilf uns, unseren Weg zu korrigieren. Hilf uns, im Segen zu bleiben, indem wir die Wege Gottes einhalten und unsere bösen Wege ablegen. Mach uns demütig, indem du uns von unseren bösen Wegen befreist, in Jesu Namen. Amen! Gott segne Sie!

26. NOVEMBER

UNVORSICHTIGE FÜHRER VERURSACHEN CHAOS IN DER NATION!

Gottgegebene Richtung sollte eine Priorität für den von Gott ernannten Führer sein. Sobald du es tust, wird es dir klar werden.

Genesis 1:2 Und die Erde war wüst und leer, und es war finster auf dem Grunde der Erde. Und der Geist Gottes bewegte sich auf der Wasserfläche. 3 Und Gott sprach: Es werde Licht! und es ward Licht.

Es wird Ordnung, Gesetze, Gelassenheit, Schutz und Versorgung geben, wenn wir Gottes Führung folgen. Die Krise einer Nation spiegelt böse religiöse Führer wider. Geistliche Führer sind diejenigen, die Gottes Ordnung bewahren, und religiöse Führer bewahren Satans Ordnung. In jeder Nation, wenn ihre geistlichen Führer Gottes Ordnung nicht aufrechterhalten, wird die Nation gespalten und Satan wird herrschen. Leere Versprechungen sind Satans Agenda. Gottesfürchtige Führer bringen dem Land Segen.

Jesaja 26:1 An jenem Tag wird man im Lande Juda dieses Lied singen: Wir haben eine feste Stadt; das Heil wird Gott zu Mauern und Bollwerken machen.

Der Herr hat Großes zu bieten, wenn unsere Führungskräfte Gottes Anweisungen befolgen.

Jes 32:18 Und mein Volk wird in einer friedlichen Wohnung wohnen, in sicheren Häusern und an ruhigen Plätzen;

Gott hat Engel, eine feurige Mauer des Heiligen Geistes zum Schutz und seine Gegenwart, um sich um seine Schöpfung zu kümmern. Ist es nicht schön, wenn wir geistliche Führer haben, die aufwachen, bevor die Sonne aufgeht, um den Willen Gottes zu suchen? Gott, der im Himmel wohnt, möchte, dass sein Volk aufschaut, in Verbindung bleibt und schreit, um zu erhalten, was es sich wünscht. Verbindung ist der Schlüssel für den Herrn, um Leiter auszuwählen, die ein Ohr haben, um zu hören und zu gehorchen. Die Nation ist gefallen und auferstanden; die Ursache dafür sind ihre geistlichen Führer. Meine und Ihre Aufgabe ist es, Gott um die Führer zu bitten, damit sie Gott hören.

Dtn 31:29 Denn ich weiß, daß ihr euch nach meinem Tod verderben und von dem Weg abkommen werdet, den ich euch befohlen habe, und daß euch in der letzten Zeit Unheil widerfahren wird, weil ihr vor dem Herrn Böses tut und ihn durch das Werk eurer Hände erzürnt.

26. NOVEMBER

Wir brauchen die MapQuest des Herrn für jede Führungskraft, um erfolgreich zu sein. Das ist sein Wort für diese Dispensation. Leiter sollten die vom Herrn gegebene Aufgabe kennen. Seien Sie nicht blind und taub gegenüber den Anweisungen, die Ihnen Gott gibt. Der Erfolg oder die Niederlage von Nationen hängt davon ab, wie du auf die Befehle Gottes reagierst.

Josua 1:8 Dieses Buch des Gesetzes soll nicht von deinem Munde weichen, sondern du sollst Tag und Nacht darüber nachdenken, damit du darauf achtest, alles zu tun, was darin geschrieben steht; denn dann wird dein Weg erfolgreich sein, und du wirst Erfolg haben.

Im Jahr 721 v. Chr. stürmte Assyrien aus dem Norden, eroberte das Nordreich Israel und nahm die zehn Stämme in Gefangenschaft. Was führte zum Untergang des Nordreiches?

1 Könige 12:26 Da sprach Jerobeam in seinem Herzen: Nun wird das Königreich wieder zum Hause Davids zurückkehren. 27 Wenn dieses Volk hinaufzieht, um im Hause des HERRN zu Jerusalem zu opfern, so wird sich das Herz dieses Volkes wieder zu seinem Herrn, zu Rehabeam, dem König Juda's, wenden, und sie werden mich töten und wieder zu Rehabeam, dem König Juda's, ziehen. 28 Da beriet sich der König und machte zwei goldene Kälber und sprach zu ihnen: Es ist zuviel für euch, daß ihr hinauf nach Jerusalem zieht; siehe, deine Götter, Israel, die dich aus Ägyptenland geführt haben! 29 Und er setzte den einen nach Bethel und den andern nach Dan. 30 Und das ward eine Sünde; denn das Volk ging hin, anzubeten vor dem einen bis nach Dan.

Die selbstsüchtigen Motive des Königs veranlassten sie, sich von dem Gott abzuwenden, der sie mit Hilfe von Mose aus der Gefangenschaft befreit hatte, anstatt sich für das Wohlergehen des Volkes einzusetzen.

Führung kann mit dem Kopf verglichen werden. Ohne Schutz kann das Gehirn Schaden nehmen, wenn der Kopf nicht geschützt ist. Das Gehirn ist für das gesamte Denken zuständig. Einige Familien sind wegen der schlechten Führung in die Brüche gegangen. Wir hatten Adam, dessen Führung schlecht war und die Menschheit durch die Sintflut ruinierte. Beten Sie für korrupte Führer. Der Herr ist über allem und wird Hilfe vom Himmel schicken, wenn ihr darum bittet.

1 Timotheus 2:1 Ich ermahne nun, dass vor allen Dingen Bitten, Gebete, Fürbitten und Danksagungen für alle Menschen vorgebracht werden, 2 für Könige und alle, die Macht haben, damit wir ein ruhiges und friedliches Leben in aller Frömmigkeit und Rechtschaffenheit führen können.

Die Schlussfolgerung ist also, dass wir für die Behörden beten müssen, damit sie auf dem richtigen Weg bleiben. Wir können uns von ihnen ruinieren lassen, wenn wir schlafen und die Angelegenheit nicht vor Gott bringen. Esther wusste, dass sie und ihr Volk nur noch eine kurze Zeit zu leben hatten. Sie ging ins Gebet und bat andere, drei Tage und Nächte lang zu beten und zu fasten. Sie durchkreuzte den Plan des Satans.

Ein böser Leiter handelt unvorsichtig in seiner Rolle. Ein verantwortungsbewusster Leiter bleibt auf dem richtigen Weg, indem er den Anweisungen Gottes folgt und sie befolgt. David ersetzte König Saul, indem er weise spielte. Für König David stand Gott an erster Stelle und nichts anderes. Er war mehr daran interessiert, seine Beziehung zu Gott zu bewahren, als an Macht und Position. Gott regierte in Davids Reich. Erfolg lag nicht in seiner Stärke, sondern durch den Herrn.

Psalm 75:6 Denn die Förderung kommt weder vom Osten noch vom Westen noch vom Süden. 7 Gott aber ist der Richter; er stößt einen ab und stellt einen anderen auf.

ELIZABETH DAS

Der Herr entfernte Eli aus dem Amt des Priesters, weil er die Anweisungen des Herrn nicht befolgte.

1 Samuel 2:29 Warum stoßt ihr euch an meinem Opfer und an meinen Gaben, die ich in meiner Wohnung geboten habe, und ehrt eure Söhne über mich, um euch mit den besten aller Gaben meines Volkes Israel zu schmücken? 30 Darum spricht der HERR, der Gott Israels: Ich habe gesagt, daß dein Haus und deines Vaters Haus ewiglich vor mir wandeln soll; aber nun spricht der HERR: Es sei ferne von mir; denn die mich ehren, die will ich ehren, und die mich verachten, sollen gering geachtet werden. 31 Siehe, es kommt die Zeit, daß ich deinen Arm und deines Vaters Haus abhacken will, daß kein Greis mehr in deinem Hause sei.

Da Gott der ultimative Richter ist, sollte man sein Geschäft im Furcht Gottes führen. Der Herr warnte böse Könige durch die Mundpropheten, aber sie weigerten sich umzudenken. Das Urteil schwebt über ihrem Kopf wie ein drohendes Schwert. Dankbar für die Beförderung des Herrn, ging er seine Verantwortung mit einer demütigen Haltung an und sorgte dafür, dass er sie gewissenhaft erfüllte.

Micha 3:9 Hört doch, ihr Häupter des Hauses Jakob und ihr Fürsten des Hauses Israel, die ihr das Recht verabscheut und die Gerechtigkeit verkehrt. 10 Sie bauen Zion mit Blut und Jerusalem mit Ungerechtigkeit auf. 11 Ihre Häupter richten um Lohn, und ihre Priester lehren um Lohn, und ihre Propheten weissagen um Geld; aber sie stützen sich auf den HERRN und sagen: Ist der HERR nicht unter uns, so kann uns kein Unglück treffen? 12 Darum wird Zion um deinetwillen gepflügt werden wie ein Acker, und Jerusalem wird zu einem Haufen werden, und der Berg des Hauses wie die Höhen des Waldes.

Wir brauchen echte Leiter als geistliche Autoritäten. Geistliche Leiter sollten sich nie Sorgen um Tod oder Verfolgung machen, sondern der Ordnung Gottes treu bleiben. Als David Ehebruch beging, sagte der Seher Nathan: "Du bist die Person.

2 Samuel 12:7a Und Nathan sprach zu David: Du bist der Richtige!

Sehr richtig, diese Propheten haben es mit sehr bösen Autoritäten zu tun.

Markus 6:18 Denn Johannes hatte zu Herodes gesagt: Es ist nicht erlaubt, dass du die Frau deines Bruders bekommst.

Johannes der Täufer verlor seinen Kopf wegen des korrupten Königs. Die Wahrheit brachte den Kopf von Johannes dem Täufer ins Grab. Denkt daran, dass die bösen Machthaber euch wieder in die Gefangenschaft führen werden. Betet für die Führer, dass sie Weisheit und Gottesfurcht haben.

LASST UNS BETEN

Himmlischer Vater, wir alle kümmern uns um die Probleme, die wir auf der Erde, in der Nation und als Einzelne haben. Unser Herr ist bereit zu helfen, wenn wir ihn anrufen. Wir bitten dich, Herr, schenken uns wahre Propheten und wahre Lehrer, die das Werk Gottes weiterführen und die Armee aufstellen, die sich der Realität stellt. Hilf uns, Herr, dass wir unsere Stimme zum Herrn erheben. Lehre uns, wie wir beten und Bitten an den Herrn richten können. Unsere Aufgabe ist es, echte Führer zu bitten. Wir bitten den Herrn, uns ehrliche Führer zu geben, die die Nation auf einen gerechten Weg führen können, in Jesu Namen. Amen! Gott segne Sie.

27. NOVEMBER

IHRE ENTSCHEIDUNGEN SPIEGELN WIDER IHR HERZ!

Wir rechtfertigen das Treffen falscher Entscheidungen. Wir leiden unter den Konsequenzen von Entscheidungen. Einige wiederholen die Fehler immer und immer wieder. Finden niemals ihren Weg aus der Tragödie, dem Ärger und dem dauerhaften Schaden. Sie bringen sich selbst und der Familie, die mit ihnen verbunden ist, Schmerz und Leid.

Die Bibel gibt genaue Informationen über das Herz. Das Herz ist ein Geheimagent in Ihrem Leben. Oftmals fragen sich die Menschen, warum, was und wie. Das ist eine gute Frage, aber es ist am besten, das Problem zu identifizieren und eine Lösung zu finden. Viele drehen sich im Kreis und im Kreis. Sie finden nie den Ausweg und fallen immer zurück. Gott sagt: Ich habe dich gesegnet. Hinterherhinken ist kein Segen, oder? Der einzige Weg, wie der Herr dich segnen wird, ist, wenn du ein reines Herz hast. Wenn dein Herz gesund ist, dann werden deine Entscheidungen deinem Leben Auftrieb geben. Das Leben beginnt in deinem Herzen.

1 Petrus 3:15a Heiligt aber Gott den Herrn in euren Herzen:

Heiligen bedeutet, sein Herz zu reinigen oder zu säubern. Es ist notwendig, das Herz zu reinigen und zu läutern. Lernen Sie zuerst den Zustand Ihres Herzens kennen. Kennen Sie ihn? Nein, niemand außer dem Herrn kennt den Zustand des Herzens!

Jeremia 17:9 Das Herz ist trügerisch über alle Maßen und verzweifelt böse; wer kann es erkennen? 10 Ich, der Herr, erforsche das Herz und prüfe die Zügel, um jedem Menschen zu geben, was er getan hat und wie er es getan hat.

Haben Sie Fragen zu Ihrem Herzen? Geh zu dem, der dein Herz kennt, und das ist der Schöpfer des Herzens.

David sagt in Psalm 51: Schaffe in mir ein reines Herz.

Meinen Sie, wir sollten auch jeden Tag um ein reines Herz beten? Ich bete jeden Tag; der Herr schafft in mir ein reines Herz. Ich kenne mein Herz nicht, aber du kennst es.

Psalm 51:7 Reinige mich mit Ysop, so werde ich rein; wasche mich, so werde ich weißer als Schnee.

Wie du weißt, braucht unser Herz geistliche Hilfe und körperliche Pflege. Sobald du es ausbalancierst, wird dein Leben das schönste auf der Erde sein. Gott schaut in unser Herz. Dein Herz zieht Gott an. Die Menschen sehen dich als Person, aber deine Handlungen spiegeln den Zustand deines Herzens wider. Wenn das Herz die Tugend hat, die Gott verlangt,, dann sind Sie der Kandidat für seine Wahl.

1 Samuel 16:7 Aber der Herr sagte zu Samuel: Sieh nicht auf sein Aussehen oder auf seine Größe, denn ich habe ihn abgelehnt; denn der Herr sieht nicht, wie die Menschen sehen; denn die Menschen sehen auf das Äußere, der Herr aber sieht auf das Herz.

Das Herz wird schmutzig. Deshalb müssen wir weiter mit dem Herrn arbeiten. Was ich meine, ist, dass Sie Ihr Herz zur Korrektur und Reinigung bringen müssen, so wie Sie Ihr Auto zur Wartung bringen müssen. Bringen Sie Ihr Herz immer zu seinem Schöpfer, damit er es in Ordnung bringt. Bitten Sie Gott, Ihr Herz zu reinigen, denn er weiß, was korrigiert werden muss. Schicke dein Herz zum Schöpfer. Er weiß, wie man es korrigiert, reinigt und alle Maßnahmen ergreift, um es zu pflegen.

Psalm 44:21 Sollte Gott das nicht erforschen? Denn er kennt die Geheimnisse des Herzens.

Bevor Sie sich selbst verurteilen, sollten Sie herausfinden, was in Ihrem Herzen ist. Unser guter Gott möchte Sie beschützen. Er hat uns Körper, Seele und Geist gegeben. Er kennt jedes Organ des Körpers. Wir wissen nichts über die Organe unseres Körpers, aber Gott weiß es.

Manche Menschen reden zu hoch von sich selbst. Aber wenn man sie kennenlernt oder kennt, denkt man, oh, dieser Mann ist ein Betrüger, Lügner, gierig, Ehebrecher oder was auch immer. Glaubt nicht dem Wort eines Menschen, sondern achtet auf seine Taten. Ihre Taten werden uns verraten, wer sie sind. Ihr Herz ist das Drehbuch für ihr Leben. Wenn sich das gleiche Problem wiederholt, wird man oft feststellen, dass diese Person ein Herzproblem hat und nicht den Verstand. Gott kann sie korrigieren, wenn sie fleißig ihr Herz durchsuchen, um es zu korrigieren.

Matthäus 5:8 Selig sind, die reines Herzens sind; denn sie werden Gott schauen.

Das Herz braucht mehr Aufmerksamkeit als jeder andere Teil des Körpers. Es braucht Heilung und Reinigung; es erfordert Aufrichtigkeit, Weisheit und Wahrhaftigkeit. Also das Herz in deinem Körper zu haben, benötigt deine fortwährende Pflege. Lerne, wie du dich darum kümmerst. Viele sind Experten im Drehen, Lügen, Betrügen, Täuschen, ohne zu wissen, dass ihre Handlungen ihren Herzzustand widerspiegeln.

Wenn Ihre Kinder etwas Falsches tun, sollten Sie sie mit der Rute korrigieren, anstatt ihnen zu helfen, eine Entschuldigung zu finden. Wenn Kinder sich rechtfertigen oder Ausreden finden, beweist das, dass sie schlechte Eltern haben. Die Eltern sind auch der Schlüsselfaktor bei der Erziehung dieser bösen Generation.

Sprüche 22:15 Die Torheit steckt im Herzen eines Kindes, aber die Rute der Zurechtweisung treibt sie von ihm weg.

Sprüche 23:14 Du sollst ihn mit der Rute schlagen und seine Seele aus der Hölle retten.

Sprüche 20:30 Die Bläue einer Wunde wäscht das Böse weg, so wie man das Innere des Bauches abstreift.

Die Bibel sagt, dass Eltern das Böse mit einer eisernen Rute reinigen sollen, nur um es zu korrigieren. Das wird sie reinigen und du wirst ruhig schlafen. Sehen Sie die fehlerhafte Generation, die von fehlerhaften Eltern erzogen wurde? Sie haben die Rute nicht benutzt, um das Böse zu beseitigen, wenn sie etwas Falsches getan haben. Viele denken, es sei falsch zu strafen. Bestrafung aus dem richtigen Grund ist biblisch.

27. NOVEMBER

Es ist die Aufgabe der Eltern, ihre Kinder darauf aufmerksam zu machen, wenn sie sich irren. Sie würden es gerne sehen, wenn Ihre Kinder zu großen Heiligen Gottes heranwachsen würden.

Ich bete, dass der Herr uns viele Jeko Bad schenkt, die Mose, Aaron und Miriam erzogen haben. Wie auch immer, die Eltern spielen die größte Rolle bei der Erziehung von Kindern mit einem reinen Herzen. Ja, wir können dem Fernsehen, der Gesellschaft und anderen Faktoren die Schuld geben. Kinder wissen nicht, was richtig und was falsch ist. Der moralische Sinn für ethische Motive muss richtig eingeordnet und gelehrt werden.

Natürlich haben Eltern viel zu tun, lassen ihre Kinder beim Babysitter oder schalten den Fernseher ein, um geistige und Lebens zerstörerische Programme zu sehen. Sie sind damit beschäftigt, sie zur Schule, zu Spielen, zu Partys und so weiter zu schicken. Eltern, Sie sind der von Gott gegebene Babysitter für Ihr Kind. Geben Sie Ihre Verantwortung nicht an jemand anderen ab. Sobald du dir die Zeit nimmst, die Kinder zu erziehen, indem du das Gesetz, die Gebote und die Weisungen Gottes lehrst, werden sie mächtige Männer und Frauen Gottes werden.

Ich habe gesehen, dass böse Eltern Kinder und dann auch böse Enkelkinder haben. Am Ende löscht der Herr die Nation aus, die von dieser Art von böser und betrügerischer Generation erfüllt ist. Ich habe unter multikulturellen Menschen gelebt und weiß, dass sich die Erziehung der Menschen aus den verschiedenen Bevölkerungsgruppen unterscheidet. Ich habe keinen Zweifel daran, dass einige von ihnen aufrichtig und wahrhaftig sind. Und warum? Eltern nehmen sich Zeit, um ihre Kinder zu erziehen. Wenn Sie jetzt die Kinder sehen, spiegeln sie ihr Herz wider, aber auch die Eltern. Kümmere dich um dein Herz und bewahre es mit allem Fleiß, damit du das ewige Leben findest. Amen!

LASST UNS BETEN

Herr, ich glaube, unsere Eltern können uns im Stich lassen, aber du wirst es nicht. Gib uns deinen Heiligen Geist, damit er uns die Wahrheit lehrt.

Wir haben eine Chance, wenn wir die wahren Lehrer und Propheten finden. Sie können uns aus der Hölle retten. Uns vor jeglichem Herzschmerz bewahren. Möge der Herr uns helfen, das Richtige zu tun. Lehre uns, gut auf unsere Herzen aufzupassen. Wir kommen in deine Gegenwart, zeige uns das Böse, Falsche und Schlechte in unserem Herzen, damit wir uns darin reinigen können. Möge der Herr uns zu einem Abbild deines Wortes machen. Lass unser Leben ein Leben wie Jesus sein. Gott, schenke uns ein wahres, aufrichtiges, reines, reines und weises Herz. Das Herz geht über uns hinaus, auch wenn es in uns ist. Möge der Herr uns ein großes, reines Herz geben, um viele zu erreichen. Viele haben gebrochene Herzen, und ihr Leben scheint ein einziges Chaos zu sein. Herr, heute heilst du die gebrochenen Herzen, damit sie gut funktionieren. Unser Gott, wir bitten dich, dass du dich um unsere Herzen kümmerst und uns lehrst, wie wir gut auf unsere Herzen aufpassen können, in Jesu Namen. Amen! Gott segne Sie!

28. NOVEMBER

GEISTIGE ÜBUNG!

Wir wollen immer sicherstellen, dass wir in guter Form sind. Früh am Morgen joggen, trainieren oder laufen Leute. An vielen Orten gibt es eine Strecke, wo Leute laufen, spazieren und trainieren gehen. Viele Fitnessstudios sind da, um uns in Form und gesund zu halten. Leute nehmen Mitgliedschaft und zahlen Geld für ihre Körper, damit sie in Form bleiben. Der Körper ist das größte Anliegen der Menschen in den USA. Ich habe eine Freundin getroffen, die sehr auf ihre Fitness bedacht war. Sie war immer im Fitnessstudio und hat trainiert. Ich meine, sie kümmerte sich nicht um ihren Mann und ihre Kinder, sondern um Bewegung und perfekte Form. Der Körper ist für die Menschen zu einem Idol geworden. Sie nutzen jede Gelegenheit, sich um sich selbst zu kümmern, statt um ihre Seele und ihren Geist.

Fleisch und Geist sind einander entgegengesetzt. Gott hat den Leib aus Fleisch gemacht, in dem ihr zeltet. Wo der Geist dauerhaft ist und Gott darauf reitet. Der Körper oder das Fleisch ist der Eingang für Satan. Die Gesellschaft hat ihrem Geist wenig oder fast gar keine Bedeutung beigemessen. Wenn der Geist durch das heilige Wort Gottes übt, kann man in den Himmel zur ewigen Ruhe kommen. Das Heilige Wort Gottes ist nicht zum Lesen da, sondern zur Umsetzung in die Praxis.

Viele Leute in der Welt haben das Wort Gottes in Aktion gesetzt und haben Erfolg gesehen. Wir alle werden nicht Christen, weil wir in einer christlichen Familie geboren sind. Leute, die das Wort Gottes ausüben, bekommen eine Fahrt auf dem Geist Gottes. Das ist die Verbindung mit dem Herrn. Denk daran, dein geistliches Training ist ein Mittel, um in das geistliche Reich einzutreten. Es gibt viele Übungen in dämonischen Religionen. Worüber ich nicht sprechen will, aber finde heraus, wie sie ein Opfer des bösen Geistes werden. Du lädst Satan und seinen bösen Geist in deinen Körper ein, indem du die falsche Übung machst, um in Form zu kommen. Aber wenn Sie das Wort Gottes ausüben, laden Sie den Geist Gottes ein. Sie können beruhigt sein, denn Sie wissen, dass Sie an diesem Ort geschützt sind.

1 Timotheus 4:8 Denn die leibliche Übung nützt wenig; die Frömmigkeit aber ist zu allem nütze und verheißt das jetzige und das künftige Leben.

Es ist Gottesfurcht, Ehrfurcht vor Gott, seinem Charakter und seinen Gesetzen zu haben. Wir glauben an die Bibel, aber wir wissen, dass der Teufel auch glaubt und jedes Wort kennt. Er hat unsere Gesellschaft dazu gebracht, jedes Wort, jedes Gebot und jedes Gesetz Gottes zu brechen. Schauen Sie sich um. Das Produkt Satans ist unglücklich, deprimiert, obdachlos, drogenabhängig, besessen, unterdrückt und innerlich und äußerlich krank.

Lies Schriften, Gesetze, Gebote und Vorschriften, um zu folgen, was es sagt. Das nennt man geistliche Übung. Unser Problem ist, wir finden keinen Ausbilder oder Lehrer, der uns hilft, das Wort Gottes zu üben. In der Tat kümmern sie sich um Zehnten und Opfergaben, nicht um dein geistliches Wohlbefinden. Das ist

28. NOVEMBER

kein Üben. Wenn Jesus da ist, dann wird Er dir sagen, du bist zur Höhle gegangen. Aber es gibt viele, die dich stark und schön geformt machen. Wir müssen alle Schriften kennen, um für bessere geistliche Gesundheit zu üben.

Die heutigen Medien versuchen, entweder zu helfen oder zu schaden. Sie zeigen eine fleischliche und geistliche Übung in den Medien. Manchmal halte ich inne und lege meine Hand auf Christen, die vom Gegner bombardiert werden. Wenn ihr keine starken, gesunden und geformten Christen seid, dann werdet ihr die Fassung verlieren. Der Teufel reitet auf dem Fleisch und weiß, wie er euch auf die Palme bringen kann. Nicht nur das, sondern sie sind auch voll von Dämonen. Das Gebet, das Fasten mit dem Wort, ist die geistliche Übung für starke Muskeln. Bevor er ans Kreuz ging, betete Jesus und wurde gestärkt. Er machte Gebetsübungen, bis der Blutschweiß herauskam.

Lukas 22:43 Und es erschien ihm ein Engel vom Himmel, der stärkte ihn. 44 Und er betete in seinem Schmerz noch mehr; und sein Schweiß war wie große Blutstropfen, die auf die Erde fielen.

Wo andere Jünger müde waren, sich nicht bewegen konnten, müde und schwach wurden und versagten. Viele Israeliten arbeiteten unter der Anleitung von Mose, und Josua war der stärkste von ihnen. Wenn Sie einen ausgezeichneten Trainer für geistliche Übungen gefunden haben, wird er Sie in das gelobte Land führen. Du wirst sehen, wie dein Feind besiegt wird, und niemand kann vor dir bestehen.

Gute Eltern und Lehrer sind ausgezeichnete Lehrmeister. Suchen Sie sich einen großartigen Glauben, der die Gesetze, Gebote und das Wort Gottes durchsetzt. Glauben Sie mir, sie sind nicht konservativ, aber sie werden Sie auf den Kampf vorbereiten. Ein guter Ausbilder wird dafür sorgen, dass Sie Ihre tägliche Routine einüben. Wenn Sie einmal angefangen haben, nicht mehr aufzuhören, wird die Sache mit den Fakten zu Ihrer täglichen Routine.

Euer Leben muss verschiedene Übungen haben, die ihr befolgen müsst; es ist unsere Aufgabe, uns um den Geist zu kümmern. Kümmert euch nicht um euer Gesicht, eure Figur und andere Dinge, die Satan durch den Hollywood- und Bollywood-Glamour verherrlicht hat. Die himmlische Residenz braucht andere Muskeln. Verschiedene Stärken, um den Teufel und seine Dämonen zu besiegen. Wenn Sie Kraft und Mut gewinnen, beten und fasten, werden Sie gegen alle Kräfte des Feindes bestehen. Gute Christen üben ihren Glauben aus.

2 Timotheus 4:7 Ich habe einen guten Kampf gekämpft, ich habe den Lauf vollendet, ich habe den Glauben bewahrt:

Der Glaube ist ein Muskel. Du trainierst ihn in deinem täglichen Leben, indem du an die Heilige Schrift glaubst und darauf stehst. Du wirst gut abschneiden, wenn der Feind auf dich schießt.

Epheser 6:16b womit ihr alle feurigen Pfeile der Bösen auslöschen könnt.

Unser Glaube ist ein Muskel. Gott sorgt hier und da für Schwierigkeiten, Prüfungen und Probleme. Der Glaube versucht, seine Muskeln zu trainieren. Sobald du das meisterst, kannst du im Kampf vorwärts gehen und den Feind besiegen.

Halten Sie sich an das Wort Gottes, kein Stehlen, Lügen, Ehebruch, Unzucht, Hochmut, Betrug oder eines der Gebote, die Gott uns verbietet. Dann wird es Ihnen leicht fallen, Ihren Erfolg fortzusetzen. Erfolg, Meisterschaft und der Erhalt des Preises sind ständige geistige Arbeit. Wer ständig vergisst zu üben, ist ein Versager.

ELIZABETH DAS

Praktiziere all das im Wort. Joseph gab sich nicht einer Frau hin, die ihn versuchte. Er besiegte sie und besiegte die Macht und den Einfluss, den sie hatte, um Joseph zu besiegen. Das Gefängnis war nur ein Mittel für Joseph, um die Leiter hinaufzusteigen. Du kannst nicht an die Spitze des Berges gehen, wenn du nicht geübt hast. Unser Ziel sollte niemals die Akzeptanz der Welt durch äußere Form sein, sondern durch geistliche Form..

Gott macht einige Tests, um herauszufinden, wie stark Sie geistlich sind,

1 Korinther 10:13 Es hat euch keine andere Versuchung getroffen als die gewöhnliche; aber Gott ist treu, der nicht zulassen wird, dass ihr über eure Kräfte hinaus versucht werdet, sondern der mit der Versuchung auch einen Ausweg schaffen wird, damit ihr sie ertragen könnt.

Üben Sie sich in Liebe, Vergebung, Geduld, Langmut, Freundlichkeit, Glauben und Vertrauen. Das wird Ihnen Erfolg bringen. Oft wird jemand, der Ihnen Unrecht getan hat, zum Gebet um Heilung oder Befreiung kommen. Bitte hilf ihnen nach dem besten deiner Fähigkeit. Es ist notwendig; du brauchst geistliche Muskeln, wenn du auf der Erde bist. Erinnere dich, du hast die große Hilfe von Engeln vom Herrn. Kämpfe einen guten Kampf des Glaubens. Werde stärker durch das Tun von geistlicher Übung. Amen!

LASST UNS BETEN

Herr, während wir auf der Erde unterwegs sind, haben wir viele Schwierigkeiten und Prüfungen. Wir brauchen die beste Übung, um durchzuhalten. Dein Wort gibt uns geistliche Kraft und Muskeln, wenn wir es in unserem täglichen Lebenskampf anwenden. Es ist unsere Aufgabe, darauf zu achten, zu beten, zu fasten, das Wort zu lesen und unserer täglichen Routine zu folgen. Möge der Herr uns die besten der besten Lehrer geben, damit wir das beste Ergebnis erzielen. Danke für den Heiligen Geist; es ist das Beste, wenn wir hören und tun, was er uns lehrt. Unser Gott hat es leibhaftig getan, und wir können es auch, wenn wir beten, fasten und üben. Hilf uns, dein Wort in unserem täglichen Leben zu praktizieren, damit die Welt erkennt, dass wir ein mächtiges Volk des höchsten Gottes sind, in Jesu Namen. Amen! Gott segne Sie!

29. NOVEMBER

GLÜCKLICH BIST DU!

Sind Sie glücklich? Seid ihr zufrieden oder seid ihr alle noch traurig?

Lasst uns sehen, wie man glücklich sein kann.

Johannes 13:14 Wenn nun ich, euer Herr und Meister, euch die Füße gewaschen habe, so sollt auch ihr einander die Füße waschen.15 Denn ich habe euch ein Beispiel gegeben, damit ihr tut, wie ich euch getan habe.17 Wenn ihr das wisst, seid ihr glücklich, wenn ihr es tut.

Jesus, der Meister und Schöpfer, wandelte in demütiger Gestalt unter uns. Tut dies auch. Unterstütze und kümmere dich um die Waisenkinder, versorge sie mit dem Geringsten und segne die Bedürftigen. Du kannst Glück erlangen, indem du für Gott arbeitest. Probieren Sie es aus. Es geht nicht nur um dich, denke an die, die ohne dich sind und deine Hilfe brauchen. Wir müssen denjenigen, die in Not sind, die Hand reichen. Unsere Füße werden für jemanden laufen, aber eines Tages wird es vorbei sein. Es wird eine Zeit kommen, in der du nicht mehr gehen oder arbeiten kannst, aber dann wirst du erkennen, was Gott gemeint hat. Du wirst mit einer Situation konfrontiert werden, in der alles ganz anders sein wird. Sie werden sich fragen, warum die Menschen unsensibel sind, warum sie mir nicht helfen können und warum sie kein Verständnis haben. Schauen Sie sich also um und nehmen Sie die Hand und das Bein von jemandem. Es wird das Kapitel deines Lebens verändern.

Hast du gesehen, wie Kinder, wenn sie älter werden, zu ihren älteren Eltern oder zur Familie kommen? Jesus ist die einzige wahre Familie Seiner Schöpfung. Jesus ist der Vater Seiner Schöpfung. Als Vater muss Er uns das perfekte Beispiel geben. Aber Sein Beispiel war nicht selbstsüchtig, beschränkt auf Seine unmittelbare Familie, Freunde oder Verwandte. Er ging überall hin, um zu heilen, zu befreien und Seiner Schöpfung zu helfen. Er sagte: Liebt andere, wie ihr euch selbst liebt. Wenn ihr andere so liebt, wie ihr euch selbst liebt, dann wird niemand krank, unglücklich, arm oder deprimiert sein. Ihr werdet sehen, niemand wird verrückt, hungrig, deprimiert und nackt auf der Straße herumlaufen. Alles Glück macht die Welt glücklich, nicht wahr?

1 Petrus 3:11 Er meide das Böse und tue das Gute; er suche den Frieden und erhalte ihn. 12 Denn die Augen des Herrn sind über den Gerechten, und seine Ohren sind offen für ihr Gebet; aber das Angesicht des Herrn ist wider die, die Böses tun.14 Wenn ihr aber um der Gerechtigkeit willen leidet, so seid ihr glücklich; und fürchtet euch nicht vor ihrem Schrecken und seid nicht betrübt;

Der Weg zum Glück ist uns von unserem Gott offenbart worden.

Was bedeutet nun das Wort "glücklich"? Glücklich bedeutet fröhlich, freudig, wohlwollend, gesegnet und Gottes Gunst erhalten. Wollen Sie das? Sie erhalten es, wenn Sie den Wegen Jesu folgen. Wenn du etwas tust oder jemandem die Hand reichst, der sich selbst nicht helfen kann, dann schenkst du dem Herrn Gunst und Versorgung.

Meine Eltern halfen den Armen, Bedürftigen und denjenigen, die ohne Hilfe waren. Seit sie im medizinischen Bereich tätig sind, haben sie immer viele bedürftige Menschen getroffen. Unsere Tür war offen für die Bedürftigen. Wenn Sie dies tun, wird Ihr Segen weitreichend und überfließen sein. Sie nahmen Menschen mit unterschiedlichem Hintergrund, unterschiedlicher Religion und Kultur mit offenem Herzen auf. Kein Wunder, dass wir so gesegnet sind.

In meinem Missionsfeld treffe ich viele bedürftige Menschen, und ich glaube, es ist zu einem Lebensstil geworden. Man tut, was die Eltern tun. Als ich jünger war, beklagte ich mich oft darüber, dass ich nicht viel hatte. Meine College-Freunde hatten viel mehr als ich. Ich sagte meinen Eltern, sobald ich einen Job hätte, würde ich alles für mich kaufen. Ich werde dies und das kaufen. Alles wird sich um mich drehen. Aber oh nein, man wird genau wie seine Eltern. Ich bin so froh, dass ich Gott habe, der der große Geber ist. Er schenkte mir Eltern, die immer gaben und nie nahmen. Das Herz meines Bruders war von Güte und Großzügigkeit erfüllt. Er wird dir großzügig seinen letzten Dollar geben. Das ist der von Gott gegebene Geist. Ein gebendes Herz bringt Glück, unverdiente Gunst und Vorräte. Mein Bruder fand immer Gefallen.

Ihr wisst, dass Gottes Versorgung sich von der Arbeit in der Nacht unterscheidet. In der Wüste vermehrte er die Fische und gab Wasser und Manna zu essen. Ihr Lebensweg wird in die Wüste führen, oder Sie werden von Armut heimgesucht, oder Sie werden Mangel erleben. Denken Sie daran, dass der Herr Ihnen in dieser Situation beistehen wird. Die Güte Gottes übersteigt alle Grenzen und lässt uns in Ehrfurcht erstarren. Gott verbirgt das Glück unter deinem Geben.

Sprüche 11:24 Es gibt einen, der streut und doch zunimmt, und einen, der mehr zurückhält, als ihm zusteht, und doch wird er arm. 25 Der Freigebige wird fett werden, und wer tränkt, wird auch selbst getränkt werden.

Sprüche 3:13 Glücklich ist der Mann, der Weisheit findet, und der Mann, der Einsicht erlangt.

Psalm 146:5 Glücklich ist, wer den Gott Jakobs zu seiner Hilfe hat und seine Hoffnung auf den Herrn, seinen Gott, setzt:

Ich hatte das Vergnügen, jemanden zu treffen, der mich glücklich macht. Außerdem gibt es Zeiten, in denen man sich schrecklich fühlt und den Drang verspürt, vor bestimmten Menschen zu fliehen. Glückliche Menschen bringen jedem in ihrer Umgebung Freude. Ich bin mir sicher, dass der glückliche Mensch derjenige ist, der gibt. Sie verstecken sich nicht und haben keinen Hortgeist. Befreien Sie sich von diesem Geist; er wird Ihnen und Ihrer Familie nicht gut tun.

2 Korinther 9:8 Und Gott ist fähig, euch alle Gnade reichlich zuteil werden zu lassen, damit ihr allezeit alle Genüge habt in allen Dingen und reichlich seid zu jedem guten Werk:

Begrenztes Geben führt zu begrenzter Barmherzigkeit. Ich bin entschlossen, nicht zu kurz zu kommen, und das ist meine Motivation. Wenn man nicht genug gibt, wird man auch nicht genug bekommen, wenn man es braucht. Diejenigen, die über sich hinauswachsen, selbstlos geben und Mitgefühl zeigen, werden ebenfalls reich belohnt. Sie werden Segnungen, Vorräte und Wohltaten erhalten, für die es keinen Platz gibt, um sie zu behalten. Wenn Sie Bedürftige, Kranke, Arme oder Hilflose sehen, halten Sie ihnen keinen Vortrag. Niemand will deine Kritik hören. Tun Sie etwas für sie. Alles Glück ist um uns herum, glauben Sie mir. Gott

29. NOVEMBER

hat es unter den Bedürfnissen Ihrer Familie, Freunde, Eltern oder Bekannten versteckt, die hilflos sind. Helfen Sie anderen und werden Sie Zeuge, wie sich das Wunder entfaltet.

Ich war zu Besuch in einem arabischen Land und traf einen Mann, der das Land verlassen musste, weil er eine Arbeitserlaubnis hatte. Die Leute, die ihn in dieses Land gebracht hatten, nahmen ihm seinen Pass weg und begannen das Spiel zu spielen. Als ich dort war, bat er mich zu beten, was ich auch tat. Ich habe eine großartige Verbindung in den Himmel, wo sich die Dinge bewegen, wenn ich bete. Ich habe eine Freundin im Jahr 2018 nach demselben Mann gefragt. Sie sagte, dass er immer noch für sie arbeitet. Damals, 2015, habe ich für ihn gebetet. Halleluja!

Meine Freunde bitten mich immer, zu beten, weil sie glauben, dass ich dort oben eine starke Verbindung habe. Ja, die habe ich. Er erhört mein Gebet. Eine Frau sagte, meine Verkaufszahlen hätten sich stark verbessert, nachdem Sie dreimal gebetet hätten. Elia betete, und der Regen hörte auf, und er betete, dass es regnete. Wir sind Arbeiter, Arbeiter für Gott, und haben eine besondere Verbindung. Er erhört unser Gebet. Wir finden Gefallen bei ihm. Es ist kein Wunder, dass mein Telefon, meine SMS, Videos und E-Mails ständig mit Gebetsanliegen überschwemmt werden. Ich bin froh, dass ich die Möglichkeit habe, für andere etwas zu bewirken. Das ist der Grund, warum ich hier bin: um seine Mission fortzuführen. Amen!

LASST UNS BETEN

Herr, es ist ein Privileg, dir zu dienen. Es bringt Freude in das Leben der anderen, aber auch Freude und Gunst für uns selbst. Unser Gott belohnt die, die fleißig sein Angesicht suchen.

Wir sind gesegnet, Sie zu haben. Unser Gott möchte sein Reich auf der Erde errichten und braucht einen Arbeiter. Sein Reich Arbeiter hat das beste Gehalt, Vorteile und Bereitstellung von Gnade und Barmherzigkeit. Wir sind dankbar, dass wir berufen und ausgewählt worden sind. Am Beispiel unseres Gottes wird deutlich, dass unser Glück darin liegt, ihm selbstlos zu dienen. Unsere Kinder und Enkelkinder werden gesegnet sein. Unser Gott ist erstaunlich, überragend und mehr als genug für sein Volk. Er gibt alles mit dem Anhang des Segens und bringt keinen Kummer mit sich. Wir sagen also: Danke, Herr, dass du uns ein großes Beispiel gegeben hast, indem du in Menschengestalt gekommen bist. Danke, dass du dich hingegeben hast; auch wir wollen geben. Wir wissen, dass das der Schlüssel zum Glück ist, in Jesu Namen. Amen! Gott segne Sie!

30. NOVEMBER

GOTTES VERWALTUNG IST DAS BESTE!

Suchst du Gottes Beteiligung, bevor du Pläne machst oder Entscheidungen triffst? Was sind deine Gedanken? Bist du klüger als Gott? Gibst du Gott die Schuld für das ganze Chaos? Hast du Gott konsultiert, bevor du Chaos verursacht hast, oder hast du Ihm einfach die Schuld gegeben, so wie der Teufel es tut? Alles, was der Teufel tut, ist ständig zu klagen. Während der Teufel unverändert bleibt, hast du die Macht, dich zu verwandeln. Du bist eine Schöpfung Gottes, erlöst durch das Blut.

Genesis 1:2 Und die Erde war wüst und leer, und es war finster auf der Tiefe. Und der Geist Gottes bewegte sich auf dem Wasser. 3 Und Gott sprach: Es werde Licht, und es ward Licht. 4 Und Gott sah das Licht, dass es gut war, und Gott schied das Licht von der Finsternis.

Der Geist Gottes hat eine Veränderung in der ungeordneten Erde bewirkt. Der Herr ist ein Verwandler. Wenn man seine Gegenwart und sein Engagement zulässt, besitzt er die Fähigkeit, alles zu schaffen. Lasst Gott die Verantwortung übernehmen, bevor ihr ihm die Schuld gebt. Du willst Segen und willst, was Abel hat; du willst, was König David hat? Du begehrst, was Daniel hat, aber du lehnst es ab, Gott in deinen Lebensstil einzubeziehen. Gott kann dein Chaos in den Griff bekommen und den Teufel hinauswerfen, wenn du den Heiligen Geist willkommen heißt. Ich brauche dich. Jeden Morgen übergebe ich mich Jesus. Jeden Tag gebe ich alles und bitte Gott, es neu zu machen, wie dein Wort sagt.

2 Korinther 5:17 Wenn nun jemand in Christus ist, so ist er eine neue Kreatur; das Alte ist vergangen, siehe, es ist alles neu geworden.

Jesaja 43:18 Gedenkt nicht an das Frühere und denkt nicht an das, was früher war.

Gottes Verwaltung ist wunderbar. Schlagen Sie die Bibel auf, um sie zu studieren, und finden Sie jedes Wort, das er neu schafft. Er kann dir ein neues Herz geben, wenn du ihm dein trügerisches und böses Herz schickst und siehst, was er tut. Er kann dir einen guten, reinen, heiligen, gesunden und ganzen Körper geben. Beten Sie ihn an und sehen Sie, was passiert.

Vor kurzem hatte ich einen Anruf. Jemand hat getrunken und Dinge getan, die er nicht tun sollte. Ich betete und sagte ihm, er solle sich umdrehen. Ich bat ihn, den Teufel zu befehlen, hinauszugehen, was er tat. Dann sagte ich ihm, er solle die Lieder des Blutes Jesu einschalten, um Ihn anzubeten, was er tat. In kürzester Zeit sagte er, die Angst sei weg. Er konnte nicht aufhören zu weinen, als der Geist Gottes eintrat. Sieh, was er willkommen hieß. Der Herr übernahm und kümmerte sich um das Chaos in seinem Leben und machte ihn neu.

Wie wir wissen, stiftet der Geist des Teufels Chaos,

30. NOVEMBER

Johannes 10:10a Der Dieb kommt nicht, sondern um zu stehlen, zu töten und zu verderben:

Jesus wird kommen, wenn Sie ihn einladen. Umgekehrt wird der Teufel Sie dazu bringen, Drogen, Unzucht, Pornografie, Lügen und Betrug zu nehmen, um Sie zu zerstören. Schalten Sie Blut- und Anbetungslieder ein, um den Herrn Jesus anzubeten. Seine Gegenwart wird dich erfüllen. Befehlen Sie dem Teufel, in Jesu Namen zu verschwinden, waschen Sie sich selbst und Ihre Sünden in Blut. Tun Sie Buße, bitten Sie um Vergebung, und der Heilige Geist wird kommen. Übergeben Sie sich jeden Tag Jesus und bitten Sie ihn, Ihnen zu helfen und Sie zu bewahren.

Wenn Ihnen jemand Zigaretten, Alkohol und Drogen anbietet und Sie das Angebot annehmen, dann öffnen Sie Satan die Tür. Sie schaden sich freiwillig, indem Sie beim Teufel kaufen. Du machst böse Händler reich mit dem von Gott gegebenen Geld und der Kraft. Habt Erbarmen mit uns. Warum sind wir so stur und verstehen nicht, wie Gott unser Leben regelt? Ein Leben für den Teufel ist teuer. Du gibst alles, was Gott gibt, an den Dieb, Mörder und Zerstörer. Du gibst den Zigarettenherstellern, Alkohol- und Drogenhändlern und Ärzten und machst sie damit reich. Bitten Sie Gott, Ihnen seine Weisheit zu geben, das Leben zu meistern. Laden Sie Jesus ein, um Ihr Leben zu führen. Öffnen Sie die Tür. Jesus ist ein sanfter Gott.

Offenbarung 3:20 Siehe, ich stehe vor der Tür und klopfe an; so jemand meine Stimme hört und die Tür auftut, zu dem will ich hineingehen und will mit ihm essen und er mit mir.

Der Herr Jesus möchte Ihr Leben, das Leben Ihrer Kinder und das Leben Ihrer Enkelkinder in die Hand nehmen. Sein Geist möchte Ihre Finanzen, Ihr Chaos, Ihre Schulden und Ihre Sucht in den Griff bekommen und Ordnung schaffen. Ihr Leben braucht einen Führer wie den Herrn, aber Sie müssen ihn einladen und ihn das tun lassen. Wir sind zu sehr damit beschäftigt, Fehler zu finden, und sehen nicht, dass wir selbst ein Chaos sind. Gott kauft dir keine Zigaretten, Drogen, Alkohol oder schmutzigen Filme. Trotzdem gibst du Gott die Schuld. Du bist kein guter Verwalter seines Hauses, das dein Körper ist. Lade Jesus ein und lass Ihn Manager sein; Er hat Engel, Sein Blut, um alle Sünden abzuwaschen, und noch viel mehr. Probier es aus. Ein Schöpfer ist nur einer, niemand außer dem Herrn kann erschaffen,

Jesaja 65:17 Denn siehe, ich schaffe einen neuen Himmel und eine neue Erde, und der vorigen wird man nicht mehr gedenken noch sich ihrer erinnern.

Jesaja 43:19 Siehe, ich will etwas Neues tun, und es soll hervorquellen; wollt ihr es nicht erkennen? Ich will einen Weg in der Wüste machen und Ströme in der Wüste.

Ich erhalte viele Anrufe aus anderen Nationen zur Beratung. Vor ein paar Tagen erhielt ich einen Anruf von einer Frau. Sie hatte Schmerzen im Rücken und im Bein. Ich betete, und es ging ihr besser. Wieder, ein paar Tage später, konnte sie nicht laufen. Es war ein stärkerer Angriff vom Feind. Ich sagte, lass mich eine Gebetsanfrage senden. Ruf mich an, wenn du aufwachst. Der Herr soll Seine Engel senden, um ihr Heilung zu bringen. Ich bat sie, mich am Morgen anzurufen, um es mir mitzuteilen. Es wird meine Nachtzeit sein, um schlafen zu gehen. Sie rief in der Nacht an. Sie sagte, meine Mutter läuft und hat keine Schmerzen. Die Mutter erlebte zum ersten Mal Heilung von Jesus in ihrem Leben. Sie kannte Jesus nicht, aber einige ihrer Kinder und Enkelkinder schon.

Einige der Familienmitglieder haben Wunder, Heilung und Befreiung von allen Arten von Süchten erfahren. Sie luden den Herrn ein, ihr Leben zu leiten. Der Herr tat es ohne Geld. Sie gingen zu vielen Tempeln und Medizinmännern, aber Jesus tat es, ohne dass sie etwas dafür bezahlen mussten. Halleluja.

Es ist Gott, der den Körper verwaltet, geheilt und neu gemacht hat, und als sie aufwachte, sagte sie: "Mir geht es gut." Sie wusste, wohin sie gehen musste und bat um ein Gebet. Der Teufel wollte sie zerstören, aber der Herr Jesus trat ins Leben. Laden Sie Jesus in Ihr Leben ein, in Ihr Auto, in Ihre Arbeit, in Ihre Familie, in Ihr Land, und sehen Sie, was er tut. Seine Verwaltung ist preisgekrönt. Der Herr hat seinen Vorrat von zwei Fischen auf ein Vielfaches von tausend erhöht. Er erweckt die Toten. Sein Schatten kann sogar heilen, heilen und befreien. Warum versuchst du es nicht?

Er hat mein Leben gelenkt, seit ich ihn eingeladen habe. Mein Leben ist schön, seit ich ihm von ganzem Herzen diene. Ich bin nicht auf der Suche nach Spaß, sondern auf der Suche nach Gott. Ich weiß, dass ich alles haben kann, wenn ich Jesus den Chef sein lasse. Keine Sorge um den Proviant, er wird im Überfluss vorhanden sein. Keine Sorgen über Kleidung, Dächer, Essen oder Wasser. Er hat alles.

David hatte den Herrn in sein Leben eingeladen, und Gott bewahrte sein Leben vor tobenden Wassern, Schwertern, Bären und Löwen. Der Feind mag um dich herum gekommen sein, aber der Herr weiß, wie er sie blenden und dich unter seinen Flügeln halten kann. Er ist der gute Hirte und wird dich unter seinem Blut verstecken. Bleiben Sie in Jesus und lassen Sie ihn in Ihnen bleiben. Der Herr ist der brillante Manager Ihrer Kinder, Ihrer Familie, Ihrer Nation und dieser Welt. Führen Sie den Herrn Jesus als fähigen Manager und Geschäftsführer ein, in Jesu Namen. Amen!

LASST UNS BETEN

Himmlischer Vater, im Namen Jesu heißen wir dich in unserem Leben willkommen. Bitte nimm unser Leben in die Hand und tu, was das Beste für uns ist. Herr, wir haben alles und dich nicht, dann wird es zum Chaos. Du weißt, wie du Frieden, Heilung und Befreiung schenken kannst. Herr, führe uns in den schönen Garten, den du geschaffen hast. Du weißt, wie man segnet, versorgt und sich um die Probleme kümmert. Du weißt, wie man alles neu macht und uns Freiheit schenkt. Nur der Herr Jesus, unser Gott, ist wirklich und wahrhaftig. Wir brauchen uns nicht zu wundern, zu sorgen und uns über jede Situation zu ärgern, denn für den Herrn Jesus ist nichts unmöglich. Herr, gib uns deinen Geist, lass ihn sich frei bewegen in allem ungeordneten Chaos. Herr, komm in unsere Dunkelheit und bringe das Licht. Du hast die Macht, alles neu und schön zu machen. Wir laden dich ein, uns zu versorgen, die Asche zu selig zu machen, die Zerbrochenheit zu heilen und zu heilen, wo sie Heilung braucht, in Jesu Namen. Amen! Gott segne Sie!

DEZEMBER

1. DEZEMBER

VON GOTT VERBOTEN!

Hat dir schon einmal jemand gesagt, dass Gott ihm gesagt hat, etwas nicht zu tun oder eine bestimmte Sache nicht zu essen? Hast du dich jemals gefragt, warum Gott so etwas zu einer Person sagen würde? Es ist, weil Gott ein persönlicher Gott ist. Er hat uns gemacht, und Er kennt uns persönlich und möchte mit uns über solche Dinge sprechen. Erinnern Sie sich daran, dass Gott zu Adam und Eva in.

Mose 2:17: "Aber von dem Baum der Erkenntnis des Guten und Bösen sollst du nicht essen; denn an dem Tag, an dem du davon isst, wirst du des Todes sterben.

" Unser Gehör muss geschärft werden, indem wir uns im Gehorsam üben. Gottes Weisheit sorgt dafür, dass er erkennt, was uns nützt und was uns schaden kann. Wir müssen gehorsam sein gegenüber dem, was der Herr uns sagt. Es mag komisch oder seltsam klingen, aber der Herr wollte nicht, dass ich auf eine bestimmte Weise sitze. Einmal saß ich in dieser Position, und meine kleine Nichte saß neben mir, und sie sagte: "Kannst du bitte deine Hand wegnehmen?", und ich sagte okay. Gott kann sogar die Kinder benutzen, um uns zu korrigieren. Vor vielen Jahren sagte Gott mir, ich solle nicht nach Mexiko gehen. Jedes Mal, wenn jemand versucht, mich zu zwingen, zu gehen, lässt Gott mich wissen: "Geh nicht." Und der Herr weiß, wie er die Gerechten retten kann.

In 1. Korinther 10:13 heißt es: "Es hat euch keine andere Versuchung getroffen als die gewöhnliche des Menschen; aber Gott ist treu, der euch nicht versucht werden lässt, als ihr vermögt, sondern der mit der Versuchung auch einen Ausweg schafft, so dass ihr sie ertragen könnt".

Ich erinnere mich an Zeiten, in denen Leute versuchten, mich zu zwingen mitzugehen. Einmal wurde ich von schwerer Krankheit getroffen, und ein anderes Mal hatte jemand mit einer erhöhten Sensibilität für den Heiligen Geist gesehen, dass mir etwas Negatives zustoßen würde. Ein Freund sagte: Ich hatte das Gefühl, wir müssten die Pläne für die Reise nach Mexiko absagen. Der Herr weiß, wie Er die Gerechten errettet.

Einmal sagte eine Frau, meine Familie sei Hindu und man wolle das neue Haus mit hinduistischen Bräuchen einweihen, und sie sagte, ich wolle da nicht mitmachen. Sie sagte, bitte beten Sie, dass ich da rauskommen kann. Viele haben gebetet. Gott hat die Gebete erhört. Er hat etwas getan, damit sie nicht an dieser Zeremonie teilnehmen musste. Einmal sagte Gott zu mir: Ich will nicht, dass du Speck und Wackelpudding isst. Seit diesem Tag achte ich darauf, dass ich sie nicht esse. Gott hat mir so viele andere Nahrungsmittel gegeben, dass ich diese zwei Dinge in meiner Ernährung nicht einmal vermisse.

In Genesis 3,1 heißt es: "Die Schlange aber war listiger als alle Tiere des Feldes, die Gott der Herr gemacht hatte. Und sie sprach zu dem Weibe: Hat Gott gesagt: Ihr sollt nicht essen von allen Bäumen des Gartens?"

1 DEZEMBER

Wie Satan Eva verführte, werden die Leute versuchen, dich zu überzeugen, dass sowohl dies als auch das aus Schweinefleisch gemacht ist.. Es ist mir egal, was was ist. Die Botschaft des Herrn gilt nicht nur für Speck und Wackelpudding. Über meine verbotenen Dinge spreche ich nur, wenn jemand danach fragt. Bestimmte Grundsätze sind allgemein anerkannt, zum Beispiel nicht zu töten oder zu stehlen. Es ist unmöglich, Sie davon zu überzeugen, dass es in Ordnung ist, zu lügen, zu betrügen, zu stehlen oder ein Leben zu nehmen. Wenn Gott etwas verboten hat, sollten Sie es aufschreiben und meiden. Was zwischen Ihnen und Gott persönlich ist, betrifft nicht Millionen. Achte darauf, dass du dich von den verbotenen Dingen fern hältst, vor denen Gott dich gewarnt hat. Sie erkundigten sich nach der Aussage Gottes, und ich fragte mich, ob Sie den Grund dafür in Frage gestellt hätten. Ich sagte, das sei mir nie in den Sinn gekommen. Er hat es gesagt und das ist das letzte Wort. Keine weiteren Fragen. Ich genieße das Leben innerhalb seiner Grenzen, und es macht mir nichts aus, allein zu stehen oder allein zu sein. Wo würden wir heute stehen? Wenn Eva, Adam, König, Saul und viele andere in den verbotenen Gebieten gestanden hätten. Viele wollen dem Fleisch, den Menschen und sich selbst gefallen. Ich möchte Gott und ihm allein gefallen. Wenn ich nicht in die Welt und ihren Stil passe, bin ich froh darüber. Ich mag die Welt nicht, aber ich mag das Wort Gottes. Ich lebe im Wort Gottes und habe kein Verlangen nach der Welt. Viele Dinge sind uns durch die Bibel verboten, und auch durch persönliche Anweisung. Ein Prediger behauptete, dass der Herr ihm sagte, er solle aufhören Kaffee zu trinken, und er gehorchte. Es war etwas Persönliches für ihn von Gott. Die Anweisungen unseres Gottes müssen genau beachtet werden. Manchmal prüft Er uns.

In Jeremia 16:2 heißt es: "Du sollst dir keine Frau nehmen und weder Söhne noch Töchter haben an diesem Ort."

Ist das für alle? Nein, es war nur für eine bestimmte Person.

In 1. Könige 13,8 lesen wir: "Und der Mann Gottes sprach zum König: Wenn du mir die Hälfte deines Hauses gibst, so will ich nicht mit dir hineingehen und will an diesem Ort weder Brot essen noch Wasser trinken; 9 denn so hat es mir der HERR befohlen und gesagt: Iss kein Brot und trink kein Wasser und kehre nicht um auf dem Wege, den du gekommen bist. 10 Also ging er einen anderen Weg und kehrte nicht um auf dem Weg, den er nach Bethel gekommen war."

Aber der Prophet war ungehorsam und hörte auf die Lüge des anderen Propheten. Ein Löwe tötete den Propheten wegen seines Ungehorsams.

LASST UNS BETEN

Himmlischer Vater, wir kommen vor Deinen Altar, um Dich anzubeten und zu preisen. Herr, Dein Wort ist endgültig und wir sagen Amen. Wir können es nicht außer Kraft setzen, umschreiben, hinzufügen oder wegnehmen. Herr, öffne unsere Ohren, damit wir Dich hören und Dir gehorchen können. Wir müssen denken, reden und handeln wie Du. Mach uns zu Hören und gehorsam gegenüber Deiner Stimme. Dein Reich kann errichtet werden, wenn du gehorsame Kinder findest. Du warst gehorsam bis zum Tod am Kreuz, was die schwerste Prüfung ist, und hast nie eine Abkürzung genommen. Herr, wir wollen deinem Willen, deinem Plan und deinen Anweisungen folgen. Gib das alles in unser Herz, damit wir nicht gegen dich sündigen. Möge der Herr uns Ohren, Augen und Herzen öffnen, damit wir seinen vollkommenen Willen in Jesu Namen tun. Amen, Gott segne Sie.

2. DEZEMBER

DAS GEBET GEBIERT!

Gebet kann einem toten Mann Leben geben. Gebet bringt die Sinne eines Menschen zum Funktionieren für den Schöpfer. Wenn die Gedanken, Handlungen und das Leben eines Menschen nicht vom Geist Gottes geleitet werden, kann Gebet ihn geistlich wiederbeleben. Viele Menschen beteten für Saul, damit der wahre Paulus hervorkommt, der von Gott berufen war, um zu den Heiden zu predigen. Jesus Christus, im Fleisch, betete und brachte viele Dinge zum Leben. Dein Dienst und deine Berufung brauchen das Gebet von jemandem, um Leben zu bekommen. Gebet gibt Leben. Geburtswehen bringen Geburt hervor; lerne, im Gebet zu ringen, und sieh, was passiert. Israel wurde geboren, als der hebräische Sklave in Qualen schrie.

In Galater 4:19 heißt es: "Meine Kindlein, um die ich wieder Geburtswehen habe, bis Christus in euch gebildet ist."

Wenn du lernst, dich zu quälen, dann wird etwas geboren. Gebet mit Geburtswehen gibt Geburt, Kraft und vieles mehr. Jesus mühte sich ab, um Kraft und Stärke zu erhalten, um die härteste Prüfung vor seiner Kreuzigung zu bestehen, um die neutestamentliche Kirche zu gebären. Die neutestamentliche Kirche ist nicht dadurch entstanden, dass sie Tabernakel für Menschen gebaut hat. Es dauerte viele Jahre, bis der Messias kam und diese wunderbare, mit Blut erkaufte Kirche zur Welt brachte. Es war Gott, der das Blut beschattete. Messias bedeutet Retter. Nur ein Erlöser brachte das sündlose Blutopfer für seine Schöpfung. Zweifellos bedurfte es der Mühen des Gebets, um diese neue Dispensation zu gebären. Er hat mich und dich durch sein Blut freigekauft, das uns zur Verfügung steht, wenn wir Buße tun und auf seinen Namen, Jesus, getauft werden. Unser Herr weiß, wie und was zu tun ist, um ein Wunder, eine Heilung oder eine Befreiung hervorzubringen. Das Gebet gab den Aposteln den Anstoß, das Evangelium in die ganze Welt zu tragen.

In Lukas 6:12 heißt es: "Und es begab sich in jenen Tagen, dass er auf einen Berg ging, um zu beten, und blieb die ganze Nacht im Gebet zu Gott. 13 Und als es Tag wurde, rief er seine Jünger zu sich; und er erwählte aus ihnen zwölf, die er auch Apostel nannte;..."

Der Teufel hatte es auf Petrus abgesehen, der eine Offenbarung von Jehova Gott im Fleisch hatte. Petrus wusste, dass Jesus der eine Gott war, auf den wir gewartet hatten. Gott, der im Fleisch kam. Er ist der Jehova Gott in der Rolle des Retters, des Messias, als der Sohn Gottes, um die Welt zu retten. Der Teufel zielte auf Petrus, der den Schlüssel hatte, um zu zeigen, wie man von Neuem geboren wird. Die Vergebung der Sünden erforderte das sündlose Blut des großen Gottes, dessen anderer Titel das Lamm Gottes ist. Jesus betete, um Petrus am Leben zu erhalten. Jesus sagte zu Petrus in.

Lukas 22:32: "Ich aber habe für dich gebetet, dass dein Glaube nicht wanke; und wenn du dich bekehrt hast, stärke deine Brüder."

DEZEMBER 2

Petrus musste am Leben bleiben, um das Reich Gottes zu öffnen, indem er den Schlüssel zur neuen Geburt benutzte, indem er nur auf den Namen Jesu getauft wurde und den Heiligen Geist empfing. Der Himmel wird uns retten, egal was der Teufel vorhat, wenn wir gegen das Ziel des Satans beten.

In Apostelgeschichte 12:5 heißt es: "Petrus wurde also im Gefängnis gehalten; aber die Gemeinde betete ohne Unterlass zu Gott für ihn."

Ein Engel öffnete die Tür des Gefängnisses, um Petrus zu retten. Die Geburt des Lebens, Wunder, Verwandlung, Heilung und Befreiung geschehen nur, wenn jemand mit dem Himmel in Verbindung tritt. Der Himmel wird auf Ihre Bitte hin tätig. Gott hört Ihr Gebet und gibt seinen Engeln den Auftrag, das übernatürliche Werk zu tun. Wer in die Schlacht zieht, ohne sich mit dem Herrn zu verbinden, wird sich selbst und sein Volk im Stich lassen und den Namen Gottes ruinieren. Denken Sie daran, dass der Teufel frei auf der Erde ist und bereit, zu stehlen, zu töten und zu zerstören. Wenn du weißt, wie du retten, befreien und bewahren kannst, dann wirst du gewinnen.

In Apostelgeschichte 9:1a heißt es: "Saulus aber drohte und schlug die Jünger des Herrn.

Ananias hatte Angst vor diesem Mann, Saulus (später Paulus genannt). liest

"13 Da antwortete Ananias: Herr, ich habe von vielen von diesem Mann gehört, wie viel Böses er deinen Heiligen in Jerusalem angetan hat. 15 Aber der Herr sprach zu ihm: Geh hin; denn er ist mir ein auserwähltes Gefäß, meinen Namen zu tragen vor den Heiden und Königen und den Kindern Israel...

Jemand hat dafür gebetet, dass Saulus zum Paulus wird. Die Berufung, die er hatte, wurde geboren, als Heilige ohne Unterlass beten. Übernatürliches geschieht, wenn der Vater, die Mutter, die Heiligen oder jemand betet, um den Dienst ins Leben zu rufen. Der Mörder und Zerstörer Satan wird seine Hand gebrauchen, um Gottes Werk zu zerstören, aber wenn die Gemeinde betet, kann der Teufel der Familie nichts anhaben. Die Kirche ist kein Gebäude, der Leib der Heiligen ist die Kirche. Denken Sie bitte nicht an Gebäude, wenn Sie in meinem Buch von der Kirche lesen. Etwas geschieht nicht ohne Gott. Es geschieht nur, wenn jemand erkennt, dass es die Kraft Gottes braucht, um es zum Leben zu erwecken. Nur Gott gebiert! Nur Gott kann das Tote lebendig machen und nur Gott gibt dem Schlummernden Leben. Wenn Sie wissen, dass Ihr Gebet die toten Dinge zum Leben erweckt, die schlafenden zum Leben erweckt und die Ketten entfernt, dann werden Sie es lieben zu beten. Ich habe in vielen Leben einen Unterschied gesehen. Neulich sagte eine Freundin zu mir: "Weißt du noch, als ich zu dir kam und wir einen Mann anriefen, der Krebs im vierten Stadium hatte? Ich erinnerte mich nicht, aber sie sagte, dass er noch lebt, krebsfrei ist und das Evangelium predigt. Meine Freundin sagte, sie habe ihn gestern bei einem Treffen getroffen, es gehe ihm gut. Der Mann sagte: "Nachdem ihr gebetet habt, habe ich mich noch einmal auf Krebs untersuchen lassen, und der Arzt sagte, es sei kein Krebs vorhanden. In den letzten zwei Jahren hat das Ergebnis gezeigt, dass er krebsfrei ist.

Das Gebet verändert die Dinge! Vor einigen Jahren gab jemand mein Buch "I did it His Way" einem jungen Mann, der Krebs hatte. Der Arzt hatte ihm das Bein amputiert, aber der Krebs war immer wiedergekommen. Nachdem er das Buch 'I Did It His Way' gelesen hatte, setzte er sich mit mir in Verbindung. Ich traf ihn bei einem Treffen und betete für ihn. Das letzte Mal, dass ich ihn besuchte, war in einem Kinderkrankenhaus. Das war das letzte Mal, dass der Arzt seinen Körper berührte. Gebet verändert die Dinge! Jetzt arbeitet er als Krankenpfleger in demselben Krankenhaus. Wir müssen das Evangelium durch die Kraft des Gebets lebendig machen. Das ohnmächtige Evangelium befindet sich im Ruhezustand, aber tote Dinge können durch unser Gebet lebendig werden.

Gebet bewegt Gott zum Handeln. Dein Gebet bringt Evangelisten, Apostel, Propheten und Lehrer Gottes in deinem Land hervor. Dein Gebet bringt Leben in eine leblose und hoffnungslose Situation. Möge der Herr uns aufwecken zum Gebet. Wir werden Seine Engel auf der Erde sehen, wie sie Lösungen, Befreiung, Heilung und Leben zu den Toten und Hoffnungslosen bringen. Möge der Herr uns den Wunsch zum Gebet geben. Mehr als alles andere brauchen wir betende Eltern, Großeltern und Familien. Bitte bete, dass der Herr die Diebe aus der Autorität entfernt. Herr, gib uns betende Frauen und Männer auf ihren Knien.

Jesus sagte in Lukas 19:46: "Er sprach zu ihnen: Es steht geschrieben: Mein Haus ist ein Bethaus; ihr aber habt es zu einer Räuberhöhle gemacht.

"Heilige, ihr seid sein Haus. Euer Körper ist der Tempel Jehovas Gottes. Das Gebet ist die himmlische Verbindung, um Berge zu versetzen und das Übernatürliche zu tun. Ein einfacher Mensch, der aus Fleisch besteht, ist begrenzt, aber die Verbindung mit Gott verleiht eurer Sache ein überwältigendes Ergebnis. Denken Sie immer daran, dass nur Gott Leben schenkt und niemand sonst. Wenn wir uns mit Gott verbinden, dann wird er durch uns wirken. Lebensverändernde, bewusstseinsverändernde, lebensverändernde, neugeborene, himmlische Operationen finden nur statt, wenn einige Männer und Frauen wissen, wie man betet. Das Gebet bringt die Kraft des Heiligen Geistes ins Spiel. Amen!

LASST UNS BETEN

Herr, gib uns ein betendes Herz. Himmlischer Vater, viele kommen in die Hölle, weil wir nicht beten und keine Hilfe vom Himmel erhalten. Viele verlieren ihr Leben, weil viele ein Gebäude besuchen, das kein Interesse daran hat, mit Gott in Verbindung zu treten. Wenn wir uns mit dir verbinden, dann wird der Teufel, der die Menschen mit Drogen, Alkohol, Krankheiten, Dämonen, Unterdrückung und dem Besitz vieler böser Geister gebunden hat, vernichtet werden. Wir wissen, dass die einzige mächtige Waffe das Gebet ist. Viel Gebet, viel Kraft. Der Herr hat uns viele mächtige Gotteskrieger geschickt, wie König David, Daniel und die Apostel, die gebetet haben. Wir brauchen Menschen, die dir nachfolgen und nicht dieses tote, schlafende Christentum, das wir in unserem gebetsleben Leben geschaffen haben. Hilf uns, Herr, in Jesu Namen! Amen! Gott segne Sie!

3. DEZEMBER

NICHT ZU KURZ KOMMEN!

Wie würdest du es finden, ein kleineres Kleid oder Hemd zu tragen, das dir nicht passt? Was, wenn du plötzlich entdeckst, dass du etwas weniger Geld hast als für deine Zahlung nötig ist? Wie würdest du es finden, einen Goldpreis Stück für Stück zu verlieren? Wie würdest du es finden, den Himmel nur um ein kleines Stück zu verpassen (zu verlieren)? Seien Sie vorsichtig und spielen Sie keine Spiele für die Ewigkeit. Adam und Eva haben den Garten wegen einer Kleinigkeit verloren; sie aßen eine verbotene Frucht. König Salomon verlor die 10 Stämme wegen eines kleinen Vergnügens mit einer ausgefallenen Frau. Judas verlor das Bündnis mit Gott wegen 30 Silberstücken. Esau verlor die doppelte Portion Segen für eine Mahlzeit.

Seien Sie vorsichtig! Unser Problem entsteht, wenn wir nach einer Abkürzung suchen. Würden Sie gerne einen winzigen Segen haben oder sogar den Segen verlieren? Derjenige, der den ganzen Weg geht, wird den Segen nie verlieren. Die Bibel spricht vom Überfließen. Lasst uns mehr tun als nötig und über das Notwendige hinausgehen, damit wir auch großzügigen Segen erhalten.

Ein guter Mensch traf auf dem Weg von Jerusalem nach Jericho einen Verwundeten. Er hielt an, hob ihn auf, verband seine Wunden und brachte ihn in ein Motel. Ein Levi und ein Priester sahen denselben Mann noch vor dem guten Mann, aber sie wechselten auf die andere Straßenseite und ließen den Verwundeten dort im Straßengraben liegen.

In Lukas 10:33 heißt es: "Es kam aber ein Samariter, als er auf der Reise war, zu ihm; und als er ihn sah, hatte er Mitleid mit ihm 34 und ging zu ihm und verband seine Wunden und goß Öl und Wein hinein und setzte ihn auf sein Tier und brachte ihn in eine Herberge und pflegte ihn. 35 Und des andern Tages, da er wegging, nahm er zwei Groschen und gab sie dem Wirt und sprach zu ihm: Sorge für ihn; was du aber mehr ausgibst, das will ich dir vergelten, wenn ich wiederkomme. 36 Welcher von diesen dreien nun, meinst du, war der Nächste des, der unter die Räuber gefallen ist?

Der barmherzige Samariter hatte Mitleid, verzichtete auf den Ritt auf seinem Esel, zahlte Geld, versorgte die Wunden des Mannes und zahlte Geld an den Gastwirt. Seht, wie viel er getan hat! Der Herr sagte in Vers.

37: "Und er sprach: Der sich seiner erbarmt hat. Da sprach Jesus zu ihm: Gehe hin und tue desgleichen."

Was Gott uns zeigt und lehrt, ist, dass Ihr Amt, Ihre Position, der Titel Ihrer Konfession oder Religion ohne Barmherzigkeit im Handeln keinen Wert hat. Unser Gott sieht das Herz. Er hatte Mitleid mit allen, und wir müssen Mitleid mit den Menschen haben, egal wie sie aussehen. Sie sehen vielleicht nicht aus wie wir, kleiden sich nicht wie wir, passen nicht zu uns oder riechen nicht wie wir, aber Gott erwartet von uns, dass wir Barmherzigkeit, Mitgefühl und Liebe zeigen. Möge der Herr uns helfen! Wir besuchen irgendeine

Organisation und machen alle religiösen Rituale und Bräuche mit, aber wenn wir vergessen, wie Jesus zu sein, haben wir in unserem Christsein versagt.

In 1. Korinther 13:1-3 heißt es: "Und wenn ich mit Menschen- und mit Engelszungen redete und hätte die Liebe nicht, so wäre ich ein tönendes Erz oder eine klingende Zimbel. Und wenn ich die Gabe der Weissagung hätte und wüsste alle Geheimnisse und alle Erkenntnis, und wenn ich allen Glauben hätte, dass ich Berge versetzen könnte, und hätte die Liebe nicht, so wäre ich nichts. Und wenn ich alle meine Güter gäbe, um die Armen zu speisen, und wenn ich meinen Leib gäbe, um verbrannt zu werden, und hätte nicht die Liebe, so wäre mir's nichts nütze."

Die verschiedenen Organisationen versuchen, uns in ihren Stil, ihre Bräuche und ihren Glauben hineinzupressen. Oft betonen sie Dinge, die ihnen wichtig sind, aber nicht Gott. Sei also vorsichtig, dass du nicht an Seinem Reich vorbeigehst. Sei unter den fünf klugen Jungfrauen gezählt und nicht unter den törichten. Es ist der Herr, der seinen Standard festgelegt hat. Jesus passte nicht in das religiöse Programm seiner Zeit. Er brach den Sabbat viele Male, um den Juden, den Pharisäern und Sadduzäern zu zeigen, dass Heilung, Mitgefühl, Liebe, Barmherzigkeit und das Gute für die Gebrochenen und Kranken das ist, was ich will.

Jesus bezeichnete sie als habgierig, eifersüchtig, neidisch, heuchlerisch, diebisch und vieles mehr. Sie entsprachen nicht dem Maßstab Gottes. Eine Frau gab zwei Scherflein in den Opferteller, und die Reichen gaben viel mehr, doch der Herr sagte in.

Markus 12:43 "Und er rief seine Jünger zu sich und sprach zu ihnen: Wahrlich, ich sage euch: Diese arme Witwe hat mehr eingeworfen als alle, die in den Gotteskasten geworfen haben: 44 Denn sie alle haben von ihrem Überfluß eingeworfen; sie aber hat von ihrer Not alles, was sie hatte, eingeworfen, auch ihren ganzen Lebensunterhalt."

So sollten wir denken, wenn wir Gott etwas geben. Geben Sie aus Ihrem Überfluss oder aus Ihrem Lebensunterhalt? Wenn Sie von Ihrem Lebensunterhalt geben, bedeutet das, dass es ein Opfer sein wird. Ich werde niemals vergessen, wie der Herr meine Freundin gesegnet hat. Sie unterstützte meine Missionsarbeit mit ihrem Einkommen. Sie betrachtete meine Arbeit als Missionsarbeit. Einmal reiste ich nach Indien für Missionsarbeit. Sie gab mir etwas Geld, und es war ein Segen. Ich bete um einen vierfachen Segen für sie. Gott sagte nein, also betete ich um einen hundertfachen Segen. Immer noch sagte der Herr nein. Ich sagte: Jetzt sprich du, Herr; ich weiß nicht, wie ich weiter beten soll. Der Herr sagte: Segne sie unbegrenzt. Wie schön! Jetzt ist sie unbegrenzt gesegnet!

In Gottes Ordnung müssen wir den Arbeitern, den Armen, Nackten, Hungrigen, Waisen und Bedürftigen etwas geben. Früher habe ich für das Gebäude namens Kirche gespendet, heute nicht mehr. Nachdem ich eine Offenbarung über das Geben erhalten habe, gebe ich den Arbeitern. Kaufen Sie Bibeln und geben Sie, schauen Sie sich um und sehen Sie, wer sich abmüht, und helfen Sie ihm. Geben Sie den Obdachlosen auf der Straße, den Witwen, besuchen Sie die Eingeschlossenen, besuchen Sie die Kranken in Krankenhäusern und Pflegeheimen, oder die in Gefängnissen und Haftanstalten. Das Wort Gottes ist unser Prüfstein. Tun wir es, dann sind wir ein Gewinner. Der Herr sagte, als ich hungrig und durstig war, als ich ein Fremder war, als ich nackt war, als ich im Gefängnis war, da seid ihr zu mir gekommen. Das sind diejenigen, an die wir denken und mit denen wir Mitleid haben müssen.

In Matthäus 25:40 heißt es: "Und der König wird antworten und zu ihnen sagen: Wahrlich, ich sage euch: Was ihr für einen dieser meiner geringsten Brüder getan habt, das habt ihr mir getan."

3. DEZEMBER

Sobald du lernst, die Grundlagen zu tun, wirst du niemals Gnade und Barmherzigkeit verlieren. Wenn dich jemand bittet, eine Meile zu gehen, geh die extra Meile. Wenn jemand deinen Mantel leihen will, gib ihm auch den Umhang. Der Herr lehrt uns in Seinem Wort, wie wir überfließend und im Übermaß empfangen können. Es ist nicht die Regierung, nicht der Sozialdienst oder die Wohltätigkeit, sondern wir müssen Verantwortung übernehmen.

Möge der Herr uns helfen, die Bedürftigen zu sehen, und wenn wir können, sollten wir uns nicht zurückhalten. Unsere Aufgabe ist es, zu helfen. Dieser Monat Dezember ist etwas ganz Besonderes. Denken Sie daran, dass wir lernen müssen, so zu leben, wie Jesus es getan hat. Er gab alles und entäußerte sich selbst. Ob Sie in den USA oder in Indien leben, in einem armen oder einem reichen Land, wir wissen, dass es viele Dinge gibt, die wir für andere tun können. Der Herr hat nicht nur eine, sondern viele Möglichkeiten gegeben, andere zu erreichen.

In Philipper 2,6-11 heißt es: "Der in der Gestalt Gottes war, hielt es nicht für ein Raub, Gott gleich zu sein: 7 sondern er entäußerte sich selbst und nahm Knechtsgestalt an und wurde den Menschen gleichförmig gemacht: 8 Und da er wie ein Mensch gefunden wurde, erniedrigte er sich selbst und wurde gehorsam bis zum Tod, ja zum Tod am Kreuz. 9 Darum hat ihn auch Gott hoch erhöht und ihm einen Namen gegeben, der höher ist als alle Namen: 10 dass sich vor dem Namen Jesu alle Knie beugen, die im Himmel und die auf Erden und die unter der Erde sind, 11 und dass alle Zungen bekennen, dass Jesus Christus der Herr ist, zur Ehre Gottes, des Vaters."

Der Herr Jesus ist unser Vorbild. Wenn wir ihm folgen, dann werden wir auch unsere Medaille und Krone erhalten und ihn sagen hören,

"Gut gemacht, du guter und treuer Knecht." Du bist über einige Dinge treu gewesen, nun werde ich dich zum Herrscher über viele machen. Gehe ein in das Reich, das für dich bereitet ist.

LASST UNS BETEN

Himmlischer Vater, wir kommen vor dich, um dein Beispiel zu lernen. Wir wollen alle Unzulänglichkeiten vermeiden. Es wäre schön, wenn du uns sagen würdest, dass wir unsere Arbeit gut gemacht haben. Wir wollen uns vergewissern, dass wir zu deiner Rechten stehen und dass wir Schafe genannt werden. Herr, dein Geist lehrt uns und macht uns sensibel, deine Stimme zu hören. Herr, wir wissen, dass die Worte, die wir gerne hören würden, gut, treu und gerecht sind. Gib uns das Verlangen, das zu tun, was nötig ist, und keine Abkürzungen zu nehmen. Hilf uns, Dir den ganzen Weg zu folgen. Bitte führe uns zur Wahrheit, und unser Endziel wird das ewige Leben sein. Das Leben ist nur im Himmel, aber die Hölle ist dort, wo der Tod ist. So hilft, stärkt, befähigt und führt uns der Herr zu unserer Bestimmung. Danke für dich, deine Engel und deinen Heiligen Geist. In Jesu Namen! Amen! Gott segne Sie!

4. DEZEMBER

GEBET UMGESTALTET!

Gebet gestaltet alles neu! Gebet zu Jesus hat ein bedeutungsvolles, überwältigendes Ergebnis. Nicht viele wissen, dass in dir eine Kraft zur Neugestaltung steckt. Unsere Quelle ist Gott. Jesus sagte, nichts ist unmöglich. Wenn eine Unfruchtbare einen Sohn haben kann, dann gibt es keinen Grund, irgendwo anders hinzugehen als zum Herrn Jesus, oder?

Jeremia 32:17 Ach, Herr, Gott, siehe, du hast Himmel und Erde gemacht durch deine große Macht und deinen ausgestreckten Arm, und nichts ist dir zu schwer:

Die mächtige Geheimwaffe ist das Gebet. Holen Sie sich das, was Sie wollen, auf den Knien. Eltern, die für ihre Kinder gebetet haben, haben die Macht, ihr Leben neu zu gestalten. Niemand kann sagen, ich bin gut, wenn nicht jemand zum Gebet gegangen ist, der den Teufel davon abgehalten hat, sein Leben zu stehlen, zu töten und zu zerstören. Das Ende von Ninive war nur wenige Tage entfernt, aber die Bürger bereuten durch Gebet und Fasten. Sie änderten den Plan Gottes. Gebet ist die Antwort, um das Gericht zu vermeiden. Diejenigen, die denken, sie seien klüger, intelligenter, größer und wüssten alles, werden es schwer haben, vor dem Herrn im Gebet die Knie zu beugen. Siehst du irgendein Gebet in der Kirche? Nein, es ist das Schwierigste für Christen, zu Gott zu gehen.

Ich gebe Ihnen ein paar Beispiele für das Gebet und das Ergebnis. Vor langer Zeit ging diese Frau nicht mehr in die Kirche und kehrte in die Welt zurück. Ich kam früh zum Gebet und begann zu beten, als Gott mir ihr Gesicht zeigte. Ich legte Fürbitte für sie ein. Ich habe gebetet, ohne ihre Entscheidung zu kennen. Die Gemeinde begann, und während des Zeugnisses erzählte sie von ihrem Plan, die Gemeinde und Gott zu verlassen. Sie sagte, das Lied habe ihre Meinung geändert. Jetzt werde ich ihr nicht sagen, dass ich für sie gebetet habe, denn der Herr zeigte mir ihr Gesicht. Ihr Plan wurde von Gott geändert, als ich für sie betete. Ihr Leben wurde umgestaltet.

Ein anderes Beispiel: Ich habe vor der Kirche für den Gottesdienst gebetet. Gott gab mir eine Last für einen Prediger. Ich habe für ihn gebetet. An diesem Tag sang er ein besonderes Lied. Ich war erstaunt über die Salbung, die von ihm ausging. Die ganze Gemeinde war aus dem Häuschen, tanzte, rannte und sprang. Es war eine Befreiung, eine Heilung, und der Geist wurde wieder aufgefüllt. Ich sah die Macht des Gebets. Beim nächsten Mal sang er das gleiche Lied, aber ohne große Wirkung.

Das dritte Beispiel: Ich gab einem Ehepaar einen Bibelunterricht. Ich betete für größeren Hunger und Durst in ihren Herzen. Später an diesem Abend rief sie mich an und sagte: Ich bin so hungrig nach dem Herrn. Ich möchte die Seiten der Bibel essen. Siehst du, Gebet gestaltet das Verlangen einer Person neu.

4. DEZEMBER

Die Bibel spricht davon, dass das Gebet einen Berg versetzt. Wenn wir im Glauben beten, hat das eine starke Wirkung. Viele Gebete sind langweilig, routinemäßig, stagnieren und wiederholen sich. Das Gebet kann kontaminiert werden, wenn man nicht das Wort Gottes benutzt. Benutzen Sie das Wort Gottes und steigen Sie aus Ihrer Routine und Wiederholung aus. Beten Sie für die Menschen, die im Sterben liegen, die deprimiert sind, und die verletzt sind. Das gebietslose Land geht unter, Kinder verlieren den Verstand und sind verwirrt. Wenn Menschen ihre geschlechtliche Identität nicht kennen, zeigt das, dass unsere religiösen Führer tief und fest eingeschlafen sind. Religiöse Führer sind im Urlaub und haben ihre Berufung und Pflicht vergessen. Wenn das passiert, dann morden wir die Dispensation. Viele haben verschiedene Konfessionen, Ideen und Religionen gegründet, weil sie vergessen haben, sich mit Gott zu verbinden. Gestalten Sie nicht neu, lassen Sie Gott gestalten.

Wie traurig, das Leben wird von Schulbehörden, Freunden oder Familien gestaltet. Vergessen Sie nicht, dass Ihr Leben den besten und brillantesten Designer hat. Wenn du jetzt sagst, ich habe keine Zeit, dann sei lieber vorsichtig. Das Leben wird plötzlich vorbei sein, mit vielen Überraschungen. Es ist unvorhersehbar und am Ende unerträglich. Wenn man arm geboren wird, heißt das nicht, dass man arm bleiben muss.

Ich spreche international. Eine Frau sagte, ich habe es nicht geglaubt, aber seit du gebetet hast, hat sich unsere Situation gewendet. Wir waren früher arm, nichts war im Haus. Sie sagte, dass sich durch deine Bibellehre und Gebete unsere Finanzen, unser Leben und unsere Familie verändert haben. Wende erfahren haben. Unser Leben ist schön. Wir haben ein Haus gebaut, haben ein Telefon, einen Kühlschrank, Essen, eine Gehaltserhöhung und so weiter. Arme können reich werden; eine Prostituierte kann eine Prophetin werden, Lügner, Mörder, Böse und Schlechte können sich ändern, wenn man betet. Das Gebet zu Jesus schickt Hilfe auf die Erde und gestaltet das Leben neu. Vorräte werden kommen, Manna wird kommen, dein Gemüse wird sich vermehren, Lahme werden gehen, und alles, was du willst, kann neu gestaltet werden. Schlagen Sie das Knie, keine Ausrede für das Gebet. Das Gebet bewirkt große und mächtige Dinge. Das Gebet stürzt den Erlass des Königs. Mardochai, Königin Esther und die Israeliten beten, und das Todesurteil wurde gegen den Feind gefällt.

Richter 2:18 Als der Herr sie zu Richtern machte, war der Herr mit dem Richter und rettete sie aus der Hand ihrer Feinde, solange der Richter amtierte; denn es reute den Herrn, dass sie seufzten, weil sie bedrängt und gequält wurden.

Wow! Die Macht des Gebetes!

Markus 8:36 Denn was nützt es einem Menschen, wenn er die ganze Welt gewinnt und seine eigene Seele verliert?

1 Timotheus 2 So ermahne ich nun, dass vor allen Dingen Bitten, Gebete, Fürbitten und Danksagungen für alle Menschen vorgebracht werden; 2 für Könige und alle, die in der Gewalt sind, damit wir ein ruhiges und friedliches Leben führen in aller Frömmigkeit und Rechtschaffenheit. 3 Denn das ist gut und wohlgefällig vor Gott, unserem Heiland;

Weißt du, unsere Aufgabe ist es, ständig mit dem Herrn verbunden zu bleiben? Der Teufel ist ein zerstörerischer Designer, der uns in unsichtbarer Form umgibt. Niemand weiß, was und wie er unser Leben zur Zerstörung gestaltet. Es ist dein vernünftiger Dienst, zu Gott zu kommen und Eingreifen und Hilfe vom Herrn zu erhalten. Deshalb weist Gott uns dazu an.

1 Thessalonicher 5:17 Betet ohne Unterlass.

Wir werden nicht zum Beten erzogen oder gelehrt. Der Herr kam, um ein Beispiel zu geben, und sagte: "Folge mir nach". Der leibhaftige Herr betete und lehrte den Jünger zu beten.
Lukas 11:1 Und es begab sich: Als er an einem bestimmten Ort betete und aufhörte, sagte einer seiner Jünger zu ihm: Herr, lehre uns beten, wie auch Johannes seine Jünger lehrte.

Jesus hat gebetet.

Lukas 22:41 Und er entfernte sich von ihnen um einen Steinwurf, kniete nieder und betete 42 und sprach: Vater, so du willst, nimm diesen Kelch von mir; doch nicht mein, sondern dein Wille geschehe. 43 Und es erschien ihm ein Engel vom Himmel, der stärkte ihn. 44 Und da er sich quälte, betete er noch inständiger; und sein Schweiß war wie große Blutstropfen, die auf die Erde fielen.

Johannes der Täufer und Jesus lehrten beide ihre Jünger, wie man betet. Bitte lehre andere, wie man betet. Das ist das Erste, was wir tun sollten. Wenn du betest, wird es viele Leben neu gestalten. Wenn alle Kirchen anfangen zu beten, glaube ich, dass sich die Welt in 24 Stunden verändern kann. Ich sagte die Welt, nicht das Land. Was ist unser Problem? Wir gehen in die Kirche und glauben nicht an das Gebet, sondern an Geld. Viele Kirchen beten nicht und hören auf, wenn andere beten. Wenn du eine Nation zerstören willst, nimm das Gebet weg, und der Teufel wird ihr Leben für die Hölle neu gestalten. Die Hölle erweitert sich für Gottes Volk. Die Hölle ist gemacht für den Teufel und seine gefallenen Engel. Unser Gebetsmangel verursacht Chaos und gibt Satan Erfolg. Gibt es jemanden, der sagen kann: Lasst uns drei Tage und Nächte beten und fasten? Wir werden sehen wie Designer Jesus übernimmt um dein Leben wiederherzustellen. Möge der Herr uns den Führer geben, der eine Offenbarung über das Gebet hat, in Jesu Namen. Amen!

LASST UNS BETEN

Herr, mächtiger Gott, der Himmel und Erde geschaffen hat, wir kommen vor dich. Herr, du machst die Lahmen gehfähig, die Tauben hörfähig, die Blinden sehfähig und heilst die Zerbrochenen im Herzen. Bitte gestalte unsere Situation neu, während wir für sie beten und fasten. Herr, du hast die Gelähmten zum Gehen gebracht. Unsere Aufgabe ist es, deinen Namen für alle Angelegenheiten anzurufen, damit du sie neu gestalten kannst. Bitte renoviere unser Land. Entferne Drogen, Alkohol, Scheidungen und Krankheiten aus dem Land. Es ist unsere Aufgabe, zu beten und dein Angesicht zu suchen. Du warst kein Zimmermann, sondern ein Schöpfer, der alles durch deine mächtige Kraft geschaffen hat. Wir müssen umgestalten, damit wir fruchtbarer und fröhlicher werden. Lass die Armut verschwinden und gib uns Fülle. Du kannst uns in Hülle und Fülle geben, so dass wir nicht genug Platz zum Empfangen haben. Unser Herr hat Macht und Vorräte. Der übernatürliche Gott braucht jemanden, der für das Übernatürliche betet. Herr, wir bringen unser Leben zu dir, gestalte es neu in Jesu Namen. Amen! Gott segne Sie!

5. DEZEMBER

WENN SIE GOTTES GESETZ DURCHSETZEN!

Was kann passieren wenn die Gesetze Gottes durchgesetzt werden? Die Welt kann ein bewohnbarer, sicherer, und glücklicher Ort sein. Sobald Gesetze, Vorschriften, und Gebote Gottes aus unserem Zuhause, der Gesellschaft, und dem Land entfernt werden, dann wird die Welt zu Chaos. Unsere Lebensgeschichte ändert sich, und die Geschichte des Landes und der Rest ändern sich auch.

Jedes gerichtliche, zivil- und strafrechtliche System wird von demjenigen geleitet, der das Wissen darüber hat. Die von Gott gegebene Autorität muss also die von Gott gegebenen Gesetze durchsetzen. Und wenn sie von den von Gott gegebenen Autoritäten praktiziert werden. Es wird diese Welt besser machen. Ignoriert Gott, indem ihr seine Gesetze, Gebote und Vorschriften nicht lehrt. Vernachlässige Gott nicht, indem du die Gesetze Gottes mit Füßen trittst, sonst stellst du dich gegen den Schöpfergott. Das Ergebnis wird sein, dass unser Haus, unsere Stadt und unser Land in große Schwierigkeiten geraten werden. Lasst uns sehen, wie und was geschieht, wenn der von Gott eingesetzte Mensch kein Interesse an Gott zeigt oder seine Gesetze nicht beachtet. Gott bringt das Ende der Dispensation. Der souveräne Gott hat alle Macht zu handeln.

1 Samuel 2:6 Der Herr tötet und macht lebendig; er stürzt ins Grab und richtet auf. 7 Der Herr macht arm und macht reich; er erniedrigt und richtet auf.

Wenn du das Wort Gottes, das von Ihm gegeben wurde, liest und praktizierst, werden sich dein Verstand, dein Leben und dein Herz verändern. Besonders jetzt wirkt Er nicht mehr durch Priester, Leviten und Hohepriester, sondern durch uns durch den Heiligen Geist. Unser Gott beabsichtigt, dass wir aufstehen, gesegnet werden und in Seinem Plan gedeihen. Darf ich fragen, was unser Problem ist? Niemand außer unserem Fleisch, unseren schlechten Entscheidungen, ist unser Problem. Wir alle sind gemeinsam verantwortlich für das Chaos, in dem wir uns befinden.

1 Samuel 2:25 Wenn ein Mensch sich gegen einen anderen versündigt, wird der Richter ihn richten; wenn aber ein Mensch sich gegen den Herrn versündigt, wer wird für ihn eintreten? Doch sie hörten nicht auf die Stimme ihres Vaters, weil der Herr sie töten wollte.

Wenn du die Gesetze Gottes ignorierst und es versäumst deine Kinder und Enkelkinder zu lehren, dann warte auf das Gericht. Wenn du in die Hand Gottes fällst, wo der Herr das Gericht über dich und deine Blutlinie aussprechen wird.

1 Samuel 2:30 Darum spricht der HERR, der Gott Israels: Ich habe gesagt, daß dein Haus und deines Vaters Haus ewiglich vor mir wandeln soll; aber nun spricht der HERR: Es sei ferne von mir; denn wer mich ehrt, den will ich ehren, und wer mich verachtet, den will ich gering achten. 31 Siehe, es kommt die Zeit, daß ich deinen Arm und deines Vaters Haus abhacken will, daß kein Greis mehr in deinem Hause sei.

ELIZABETH DAS

Der Herr hat das Urteil über den Gesetzesbrecher gesprochen. Wir können für Jahre oder ein ganzes Leben im Gefängnis bleiben, wenn wir die Gesetze des Landes brechen, aber wenn wir Gottes Gesetze brechen, bleiben wir für die Ewigkeit im Feuersee?

Matthäus 10:28 Und fürchtet euch nicht vor denen, die den Leib töten, aber die Seele nicht töten können; fürchtet euch aber vielmehr vor dem, der Leib und Seele in der Hölle verderben kann.

Hebräer 10:31 Es ist eine furchtbare Sache, in die Hände des lebendigen Gottes zu fallen.

Niemand will eine echte Botschaft predigen, weil niemand sie praktiziert. Wenn niemand zuhören will, ist das in Ordnung, aber die von Gott Auserwählten und Berufenen sollten keine Übertreter oder Verletzer sein. Wenn man gottesfürchtige und hörende Lehrer, Propheten und Pastoren hat, dann braucht man kein Sicherheitssystem, kein Straf-, Gerichts- oder Sozialsystem. Die Welt braucht keine Polizei und keine Schusswaffen. Gott hat uns viele Gesetze gegeben, damit wir die Freiheit und den Segen Gottes genießen können. Wer würde gerne hinter der Bar sitzen? Niemand, richtig? Warum schlagen Sie dann nicht das Wort Gottes auf und halten sich an die Gesetze und Gebote Gottes?

Einmal, zweimal und dreimal sollte eine Warnung von Gott ausreichen, um aufzuwachen. Wenn das Gericht über Ihre Kinder und Enkelkinder hereinbricht, sollten Sie sich in Acht nehmen. Ihr betretet eine Sperrzone.

Matthäus 7:23 Und dann werde ich zu ihnen sagen: Ich habe euch nie gekannt; weicht von mir, ihr Übeltäter!

Matthäus 13:41 Der Menschensohn wird seine Engel aussenden, und sie werden aus seinem Reich alle Übeltäter und die, die Unrecht tun, sammeln;

Möge der Herr uns die gesunde Furcht vor Gott schenken, der das letzte Wort zu sagen hat. Ich habe das Urteil von Familien und Einzelpersonen gesehen. Gewiss, einige von ihnen haben sich nicht geändert. Und warum? Sie leben lieber, um das Fleisch und die Augen mit allem Stolz zu befriedigen, als sich Gott hinzugeben. Viele weinen wie Esau und andere vor Schmerz und Kummer, aber eine Hinwendung zu Gott ist nicht möglich. Wenn du das irdische Vergnügen dem Himmel vorziehst, gibt es keinen Platz für dich im Himmel. Nehmen Sie die Nachfolge Jesu ernst und vergessen Sie die Angst vor religiösen Führern. Wenn wir Gott gehorchen, wo können wir dann heute sein?

Ich hatte nie Angst vor Menschen, sondern vor Gott. Als ich meine Kleiderordnung änderte, kritisierten mich mein Kollege und einige meiner Freunde. Denken Sie daran, dass die erste Lektion, die Gott jemals erteilt hat, die Kleiderordnung war. Wenn wir eine Kleiderordnung Gottes hätten, würden viele Männer nicht hinter Gittern sitzen. Wenn nicht, und sie wollen wie Hollywood aussehen, denken Sie daran, dass Sie sie zu Vergewaltigung, Ehebruch und Begierde verführt haben. Wer hat also das Chaos verursacht? Schauen Sie in den Spiegel. Kleidung ist zum Bedecken da und niemals, um zu locken oder zu verführen.

Wo lernen wir uns zu kleiden? Hollywood oder der böswillige Designer? Eltern und religiöse Führer sollten die Gesetze Gottes durchsetzen. Ihre Aufgabe ist es, zu lehren, was der Herr sagt. Wenn Sie die Wahrheit nicht zu schätzen wissen, meiden Sie bitte meine Tür. Der Bildungsstandard religiöser Menschen ist um einige Zentimeter besser als in Hollywood und der Welt. Unser ewiges Leben beginnt nach dem physischen Tod. Alles, was Sie tun, wird ewiges Gericht über Sie und Ihre Lieben bringen.

Ein Christ zu sein bedeutet nicht, kurz zu beten oder in die Kirche zu gehen, ohne dass sich jemand die Mühe macht, einen zu korrigieren. Wir haben viele Sekten oder Konfessionen gegründet, weil wir unseren eigenen

5. DEZEMBER

Weg gehen wollen. Jesus sagte: "Folge mir nach", aber wenn das Kreuz schwer wird, schneiden wir und gründen Methodisten, schneiden mehr und gründen Baptisten und dann schneiden wir alles und gründen Katholiken. Warum wagen Sie es nicht, das Wort Gottes zu kennen, wenn Sie doch danach gerichtet werden sollen?

Johannes 12:48 Wer mich verwirft und meine Worte nicht annimmt, der hat einen, der ihn richtet; das Wort, das ich geredet habe, das wird ihn richten am letzten Tag.

Deshalb müssen wir einen kühlen Kopf bewahren, wenn wir Heuchlern begegnen, die sich hinter verschlossenen Türen unvorstellbar verhalten. Denken Sie daran: Wenn der Herr Ihr Action-Video abspielt, haben Sie keine Zeit mehr, als sich dem Ende Ihrer Geschichte zu stellen. Wir haben Zeit. Widmen wir unser Leben neu, tun wir Buße und taufen wir auf den Namen Jesu, um unsere Sünden abzuwaschen und den Heiligen Geist zu empfangen, damit wir die Kraft haben, richtig zu leben. Der Heilige Geist wird uns leiten und die Wahrheit lehren. Amen!

LASST UNS BETEN

Himmlischer Vater, wir kommen, um um die gesunde Gottesfurcht zu bitten, um richtig zu leben. Wir sind ein Pilger und ein Fremder auf der Durchreise. Unser Handeln und Reagieren wird uns das Urteil für die Ewigkeit bringen. Bitte, Herr, gib uns Wissen, Weisheit und Verständnis, um richtig zu leben. Wir wollen die wahren Propheten und Lehrer, die du berufen hast, und nicht die, die sich selbst berufen haben. Wir kommen vor dich. Gib uns Kühnheit und Mut. Bitte öffnen unsere Ohren und Augen, damit wir hören und sehen können. Herr, erbarme dich über uns. Wir wissen, dass niemand vor deinem Gericht fliehen kann. Hilf uns, Herr, dass wir in einer Menschenmenge oder hinter der Tür leben, wenn uns niemand beobachtet. Herr, gib uns ein reines Herz, in dem der Ursprung des Lebens beginnt, in Jesu Namen. Amen! Gott segne Sie!

6. DEZEMBER

VERTRAGSBRUCH!

Was ist ein Vertragsbruch? Bei der Einbeziehung des Vertrags zwischen zwei Parteien werden die Bedingungen nicht eingehalten. Eine Partei hat sich über die Vertragsbedingungen hinweggesetzt und Bedingungen festgelegt. Wenn nun eine Partei gegen die Bedingungen verstößt oder sie bricht, dann nennt man das einen Vertragsbruch. Gott kann auf der Erde mit den von ihm festgelegten Bedingungen regieren, die zwischen dem erschaffenen Menschen und dem Schöpfer festgelegt wurden. Gott wird keine Bedingung brechen, da er ein gerechter Gott ist, aber das Problem liegt in dem vom Menschen geschaffenen Fleisch.

Sobald Gottes gegebene mündliche Bedingung von einem Mann namens Adam und seiner Frau Eva gebrochen wurde, musste Gott das Gesetz anwenden. Das Gericht fiel auf sie wegen des Bruchs. Danach fand Er Abraham, dann seinen Nachkommen, der später Israelit genannt wurde. Er gab den Israeliten die geschriebenen Gebote mit Seinem Finger. Später wurde die Tora ihrem Führer Mose gegeben. Gott wählte Mose aus um die Armee Gottes zu führen, sie aus der Sklaverei Ägyptens herauszuführen, um dem Heiligen Gott zu folgen und zu dienen durch das Befolgen Seiner Gesetze, Vorschriften und Gebote.

Dieser heilige Gott brauchte jemanden, der seine Tora ohne persönliche Auslegung lehrt und praktiziert. Gott hielt den Vertrag ein, da er Abraham fand, der an Gott glaubte. Er verspricht seinen Nachkommen ein Land, in dem sie leben können. Was ist die Bedeutung von Glauben? Etwas als wahr annehmen und ihm vertrauen. Gott benutzte den demütigen Mann Mose, um seinen Plan weiterzuführen. Gott vertraute ihm an, sein Volk in das verheißene Land zu führen. Gott braucht jemanden, der sich an seine Bedingungen hält und sie nicht bricht oder übertritt. Jehova Gott hat uns für sich selbst mit seinen Bedingungen geschaffen. Wenn du dich nicht an Gebote hältst, folgst du Eva-Adam, König Saul und dem Priester Eli. Gott sagte, dass Moses ein demütiger Mann war. Warum wurde er demütig genannt? Mose tat genau das, was Gott von ihm verlangte. Folgst du Gott oder Adam und Eva? Wenn du Gott nicht folgst, dann ist deine Beziehung zum Herrn bereits zerbrochen, du weißt es nur nicht.

Unser Gott hat die Thora gegeben, damit die Obrigkeit sie befolgt und ausübt. Als er kam, übernahmen eifersüchtige, gierige, stolze und arrogante Menschen das Amt. Erinnern Sie sich an die jetzige Zeit? Ja, das tut es. Als Jesus auf die Erde kam, hielten sie die Gesetze, um sich die Taschen zu füllen. Sie kannten den Gott des Testaments oder des Vertrags nicht. Sie schafften den Gott des Vertrages ab. Heuchlerische Autoritäten übernahmen das Kommando und regierten mit harten Bedingungen und Gesetzen.

Unsere Aufgabe ist es, den Vertrag einzuhalten.

Jeremia 5:31 Die Propheten prophezeien falsch, und die Priester herrschen mit ihren Mitteln, und mein Volk will es so haben; und was wollt ihr am Ende tun?

DEZEMBER 6

Hesekiel 22:26 Ihre Priester haben mein Gesetz übertreten und mein Heiligtum entweiht; sie haben keinen Unterschied gemacht zwischen dem Heiligen und dem Unreinen, und sie haben ihre Augen vor meinen Sabbaten verschlossen, und ich bin bei ihnen entweiht.

Wenn die Autorität sich nicht an die Bedingungen hält, dann ist das Testament zu Ende. Deshalb haben wir zwei Testamente, das Alte und das Neue. Sein Blut hat einen neuen Bund erkauft. Gott hat sein Blut vergossen. Das Blut besiegelt jeden Vertrag. Es ist ein Blut-Bund.

Hebräer 9:22 Und fast alles wird durch das Gesetz mit Blut gereinigt; und ohne Blutvergießen gibt es keine Vergebung.

Apg 20:28 So habt nun acht auf euch selbst und auf die ganze Herde, über die euch der Heilige Geist zu Aufsehern gesetzt hat, um die Gemeinde Gottes zu weiden, die er mit seinem eigenen Blut erkauft hat.

Gott hat das Blut für diesen neuen Vertrag vergossen.

Oh, wie sehr bin ich seinem Blut verpflichtet. Ich erinnerte mich an den Tag, an dem ich im Namen Jesu unter Wasser ging. Ich kam sauber, gewaschen und federleicht wieder heraus. Das Blut ist im Namen Jesu verborgen, um unsere Sünden zu vergeben. Ich kann nichts anderes sagen, als Dir, Herr Jesus, für die Vergebung meiner Sünden zu danken. Ich kann nicht beschreiben, wie es war, im Namen Jesu ins Wasser zu gehen. Jetzt haben wir einen neuen Vertrag mit dem neutestamentlichen Glauben. Seine Bedingung ist, aus Wasser und Geist geboren zu werden. Die Wassertaufe im Namen Jesu, bei der sein Blut auf unsere Sünden angewandt wird, und der Empfang des Heiligen Geistes durch das Sprechen in der Sprache geben die Kraft, den Feind zu überwinden. Unser Gott ist gut.

Matthäus 26:28 Denn das ist mein Blut des Neuen Testaments, das für viele vergossen wird zur Vergebung der Sünden.

1 Johannes 5:6 Dieser ist es, der durch Wasser und Blut gekommen ist, nämlich Jesus Christus; nicht durch Wasser allein, sondern durch Wasser und Blut. Und der Geist ist es, der Zeugnis ablegt; denn der Geist ist die Wahrheit.

Unser Problem ist, dass wir uns nicht um das Blut kümmern. Er hat das Blut vergossen, um die neutestamentliche Braut zu kaufen. Lasst uns die durch Blut erkaufte Gemeinde sehen.

Matthäus 16:18 Und ich sage dir auch: Du bist Petrus, und auf diesen Felsen will ich meine Kirche bauen, und die Pforten der Hölle sollen sie nicht überwältigen.

Schauen wir uns die Schrift an und wie Petrus das Fundament einer durch Blut erworbenen Kirche gelegt hat. Wir sind die Kirche und nicht das Gebäude. Petrus ist derjenige, den ich fragen werde. Ich möchte, dass meine Kirche so gebaut wird, wie Petrus es tat. Ich brauche einen Sieg über den Teufel und seine Taktik, also folge ich lieber den Lehren der ersten Kirche. Sie hat den Schlüssel zur Öffnung des Himmelreichs.

Apg 2:38 Da sprach Petrus zu ihnen: Tut Buße und jeder von euch lasse sich taufen auf den Namen Jesu Christi zur Vergebung der Sünden, so werdet ihr die Gabe des Heiligen Geistes empfangen.

Jesus sagte dreimal wahrlich in Johannes Kapitel 3. Nun, wer kann Sie davon abhalten, in Jesu Namen zur Vergebung der Sünden zu taufen? Falsche Lehrer und Propheten, Konfessionen und Kirchen? Der

Vertragsbrecher! Derjenige, der die Anweisung nicht befolgt. Wenn Sie die Lehren der Bibel missachten, sind Sie auf dem falschen Weg.

Apg 20:29 Denn das weiß ich, dass nach meinem Weggang bösartige Wölfe unter euch eindringen werden, die die Herde nicht verschonen. 30 Es werden auch von euch selbst Menschen aufstehen, die verkehrte Dinge reden, um Jünger an sich zu ziehen. 31 Darum wachet und gedenket daran, daß ich drei Jahre lang nicht aufgehört habe, einen jeglichen Tag und Nacht mit Tränen zu ermahnen.

1 Johannes 2:18 Meine lieben Kinder, es ist die letzte Zeit; und wie ihr gehört habt, daß der Antichrist kommen wird, so sind auch jetzt viele Antichristen da; daher wissen wir, daß es die letzte Zeit ist.

Der Antichrist wird nicht in Jesu Namen taufen, denn Gott hat das Blut unter dem Namen Jesus versteckt um wegzuwaschen, um die Sünden zu vergeben. Mein Freund, wir sind in der letzten Stunde. Niemand will den einen Gott, Gebet, und Fasten kennen. Wir kümmern uns um Wohlstand und die Welt. Wir haben auch die Bedingungen und Konditionen der Bibel gebrochen. So hilf uns, Herr. Amen!

LASST UNS BETEN

Himmlischer Vater, unser Herr und Meister, wir haben dich gebeten, uns zu helfen, deine Gesetze und Gebote zu halten. Herr, wir danken dir, dass du uns den Heiligen Geist gegeben hast, um uns zu lehren und zu führen. Erfülle diejenigen, die den Heiligen Geist nicht haben, damit er sie stärkt. Lass nicht zu, dass sie durch das Gesetz, den Begriff und die Bedingungen verführt werden, die falsche Lehrer und Propheten brechen. Danke für die wunderbare Wahrheit und dafür, dass du uns vor falschen Lehren beschützt. Der Herr lege den Blutstropfen Jesu, vermischt mit dem Heiligen Geist, in jedes Auge und Ohr. Lass die fehlgeleiteten Menschen die Wahrheit der Bibel hören und verstehen. Lass deinen Geist auf sie kommen, auch wenn sie es nicht wissen oder danach suchen. Unser Vater, in deinem Namen haben wir dich gebeten, uns zum Hüter deiner Bedingungen zu machen. Hilf uns, deine Gesetze und Gebote zu halten, in Jesu Namen. Amen! Gott segne Sie!

7. DEZEMBER

ICH KENNEN MEINEN GOTT!

Leute verhalten sich anders wenn sie Kenntnis von ihrem Gott haben. Sobald du deine Beziehung entwickelst indem du auf Sein Wort stehst, gehorchst und dich Gott unterordnest, dann wirst du auf einem anderen Level sein. Es ist die Verantwortung der Eltern ihre Kinder über Gottes Wort zu unterrichten. Lehren Sie, indem Sie ein positives Beispiel für den Gehorsam gegenüber Gottes Wort geben, anstatt zu lehren, wenn es gerade passt. Es gehört zu unseren Pflichten, unseren Kindern, Enkeln und anderen Menschen Gottes Wort zu vermitteln. Es gibt Freunde in meinem Leben, die normalerweise genau darauf achten, was ich sage und wie ich lebe. Wenn meine Freundin, die Pastorin, mich jemandem vorstellt, erwähnt sie immer, dass ich ihre Mentorin bin. Ich werde von vielen Menschen, die ich gelehrt und betreut habe, oft als geistliche Mutter vorgestellt. Wie wir wissen, sind wir - wissentlich oder unwissentlich - ein Vorbild. Folgen Sie den Lehren Jesu in seinem Wort und wählen Sie ein Unternehmen.

Psalmen 1:1 Wohl dem Menschen, der nicht wandelt im Rat der Gottlosen, der nicht steht auf dem Weg der Sünder und nicht sitzt auf dem Stuhl der Verächter. 2 Sondern seine Lust ist des Herrn Gesetz, und über sein Gesetz denkt er nach Tag und Nacht.

Lassen Sie nicht zu, dass ein lästiges Familienmitglied Sie beeinflusst. Bitte beten Sie zu Gott, dass er Ihnen hilft, alle Türen zu schließen. Ich begann in den USA in die Kirche zu gehen, um zu lernen, was richtig ist. Ich bat Gott: Ich will mein Haus, damit ich Gott so dienen kann, wie ich es möchte. Gott kaufte mir ein Haus, in dem ich genau so zu leben begann, wie es mir durch das Wort Gottes gelehrt wurde.

Ich habe kein Interesse daran, Zeit mit den falschen Leuten zu verbringen, vor allem nicht mit denen, die ein Durcheinander sind. Das Durcheinander wird zu einem noch größeren Durcheinander führen. Egal, wer in deiner Familie ist, finde den Mut, dich nicht von ihnen stören zu lassen. Sie haben die Möglichkeit, bei ihnen zu bleiben, aber Sie müssen sich nicht anpassen oder unter ihrer Kontrolle stehen. Die Befolgung von Gottes Gesetzen sorgt dafür, dass die Menschen von ihrem Aufenthaltsland unbeeinflusst bleiben.

Daniel hatte eine starke Verbindung zu seinem Gott und kümmerte sich nicht um die Opposition. Wenn du dich einmal entschieden hast, wirst du über die Opposition triumphieren. Lernen Sie den Charakter Gottes kennen und leben Sie nach seinen Maßstäben. Du wirst nicht in den Genuss ihrer geselligen Runde kommen. Dafür gibt es überhaupt keinen Grund. Der Charakter meiner Mutter war von reiner Güte, Heiligkeit und Rechtschaffenheit geprägt, und sie distanzierte sich konsequent von den falschen Leuten. Sie zeigte große Hingabe an ihre Kinder und ihre Verantwortung. Unsere Mutter hat uns immer überwacht. Wir haben keine Sorgen, weil sie mit Rechtschaffenheit handelt. Wenn wir einen Fehler machen, weist sie uns sofort zurecht. Dafür bin ich ihr sehr dankbar. Eltern und Großeltern zu haben, die rein, heilig und rechtschaffen sind, bringt große Freude.

ELIZABETH DAS

Die Ursache für viele Probleme der Kinder liegt bei ihren Eltern und Großeltern, nicht bei der Umwelt. Die Eltern leiden unter den Folgen einer falschen Erziehung. Man kann sich ausruhen, wenn man sie unterrichtet hat. Abraham hatte Recht. Er kannte Gott, und er lehrte Isaak. Isaak lehrte seine Söhne, Jakob und Esau. Sie verstanden den Wert Gottes und hielten daran fest. Esau verstand Gott nie, verließ Gott und Gott verließ auch ihn.

Daniel 11:32 Diejenigen, die den Bund verletzen, wird er durch Schmeicheleien verderben; aber das Volk, das seinen Gott kennt, wird stark sein und Heldentaten vollbringen.

Es bedeutet, dass jemand, der Unrecht tut, Gott nicht versteht oder kennt, auch wenn er lehrt, predigt oder ein Missionar, Pastor oder Kirchenbesucher ist. Aber wer Gott kennt, wird stark sein und Erfolg haben. Erfolg kommt durch das Halten der Gesetze, Vorschriften und Gebote. Du bist wie ein Esel, der immer unermüdlich arbeitet. Du trägst die Last und hast keine Fortschritte gemacht. Unser Ziel ist es, Gott zu verstehen und die Bibel zu erforschen, um unser Wissen über ihn zu vertiefen. Wenn du Gott kennst, hast du keine Sorgen. Manche sammeln viel und wissen nicht, für wen? Mir tut das Herz weh, wenn ich das sehe. Manche kommen zum Nutzen anderer zusammen und gehen allein zugrunde.

Gott zu kennen führt zu einem reichen Leben und einem reichen Tod. Wenn wir sterben, gehen wir direkt in den Himmel und sind mit unserem Herrn. Alle Hunde und Tiger die gegen uns gekämpft haben werden dort keinen Platz haben. Ist das nicht großartig? Ich bin aufgeregt dorthin zu gehen. Es ist nicht der Ort wo du schuften und schwitzen musst. Ein Ort so schön, dass er jenseits der Vorstellungskraft ist. Als ich einer Freundin gegenüber erwähnte, dass ich früh in den Himmel komme, warf sie mir vor, ich sei abnormal. Ich sagte, mit mir sei alles in Ordnung, aber ich wisse, dass meine ewige Heimat mein Schicksal sei. Das ist es, wonach ich mich sehne. Sie sagte, nein, bleib, bis wir alt sind. Wir werden mit unseren Stöcken kämpfen, sagte ich, um jemanden zu finden. Ich bin bereit zu gehen, sobald ich meine Arbeit auf der Erde beendet habe.

Die Bibel sagt, dass die Menschen, die mit ihm gingen, ein langes Leben hatten. Die Eltern und Großeltern segneten ihre Kinder und Enkelkinder und wiesen darauf hin, dass die Zeit der Abschiebung gekommen war. Wie schön! Meine Mutter erlebte, wie ihre Familienmitglieder über ihren Abschied von der Erde sprachen. Sie wussten, wann die Zeit näher rückt. Ich kannte die Zeit meines Bruders. Gott bat mich: "Wenn ich ihn jetzt nehme, wird er gerettet, aber wenn nicht, gibt es keine Hoffnung für ihn." Sorge dafür, dass Gott dich nimmt, wenn du bereit bist. Wenn es Zeit ist den Herrn Jesus zu treffen, möchte ich freiwillig gehen. Sobald du die Zeit verpasst, wirst du niemals den Ausweg finden. Das ist was ich besprechen will. Als Daniel in die Löwengrube gehen musste, war er bereit weil er seinen Gott kannte. Ohne Gott zu kennen, würdest du dein Leben nicht für Ihn opfern.

2 Korinther 5:8 Wir sind zuversichtlich, sage ich, und bereit, lieber vom Leib abwesend zu sein, als bei dem Herrn zu sein.

Philipper 1:23 Ich bin hin- und hergerissen zwischen den beiden. Ich möchte weggehen und bei Christus sein, was in der Tat viel besser ist.

Das Volk Gottes hat keine Angst, die Erde zu verlassen. Wie groß ist sie?

Viele Erfahrungen kämpfen zu gehen weil sie Gott nicht kennen. Im Fleisch zu leben macht es schwieriger für die Seele zu gehen. Wir sehen sie krank, kämpfend, und ängstlich. Sie wissen dass sie ein böses, unheiliges Leben gelebt haben. Sie gingen in die Kapelle aber betrogen, machten Kompromisse, und logen

7. DEZEMBER

sich selbst und Gott an. Ein Sucher nach kleinem Vergnügen wie Judas, Priester Eli, König Saul, und König Salomo ging. Sogar die Zeit des Gehens bringt Traurigkeit zur Seele.

Möge der Herr Ihnen die Weisheit geben, ein heiliges und rechtschaffenes Leben zu führen. Denken Sie daran, dass Sie nicht ewig hier sind. Wenn das Leben zu Ende geht, werden deine vergnügungssüchtigen Ideen nicht mit dir an dein Ziel kommen. Es ist notwendig, Gott zu kennen, während du diese Erde verlässt. Ein Engel wird Sie zur Perle Pforte begleiten. Der Eingang zur Perlen Pforte ist für gott verbundene und gott abhängige Menschen reserviert. Sie sind Ihre eigene größte Herausforderung. Die Gier nach Fleisch, die Augen und der Stolz werden Sie die ewige Verdammnis kosten. Ich gebe Gott den Vorrang vor allem anderen in dieser Welt. Gott hat gesagt, dass ich dich niemals verlassen oder aufgeben werde. Gott hat mich nie verlassen oder im Stich gelassen. In der Tat bin ich gerne bei Jesus. Mein Leben hat mehr Freude, wenn ich keine weltlichen Menschen um mich herum habe. Jesus ist ein unvergleichlicher Gott. Jesus ist immer da und wird sich um Sie kümmern. Er hat Engel, die uns helfen. Sein Geist ist erstaunlich. Er ist dazu da, uns zu führen, zu leiten und zu beschützen. Ich kenne meinen Gott. Ich bereue es nicht, ihm zu dienen und zu folgen. Das Leben ist wunderbar und erfüllend mit Gott, Amen!

LASST UNS BETEN

Herr, wir danken dir für die Menschen, die dich kennen und lieben. Derjenige, der in Christus gestorben ist, hat uns ein wunderbares Zeugnis hinterlassen. Herr, hilf uns, bis zum Ende treu zu sein.

Nehmen Sie mit uns die Lasten unserer Brüder und Schwestern in Christus auf sich. Wir bitten, dass diejenigen, die zum Leib Christi gehören, ihr Leben dir widmen. Du wirst uns niemals verlassen, aufgeben oder vergessen. Dafür sind wir dir dankbar. Herr, wir danken dir, dass du uns mit unzähligen Segnungen, Vorräten und Privilegien beschenkt hast. Selbst ihre Kinder müssten nicht um Brot betteln. So danken wir dir, Herr, für deine vielen Verheißungen. Wir bitten dich um deine Führung, bis wir von der Erde scheiden. Wenn unsere Zeit gekommen ist, begleite uns von deinen Engeln im Namen Jesu von der Erde. Amen! Gott segne Sie!

8 DEZEMBER

WAS DENKT CHRISTIAN?

Christen denken wie ihre Väter. Geistliche Christen gehen die Dinge mit Liebe, Mitgefühl und der Suche nach Lösungen an. Johannes und Petrus kamen zum Beten in den Tempel.

Apg 3:2 Und es wurde ein Mann getragen, der von Mutterleib an lahm war; den legten sie täglich vor das Tor des Tempels, das "die Schöne" heißt, um Almosen von denen zu erbitten, die in den Tempel gingen;

Johannes und Petrus hatten kein Geld, aber etwas Besseres als das.

Apg 3:6 Petrus aber sprach: Silber und Gold habe ich nicht; was ich aber habe, das gebe ich dir: Im Namen Jesu Christi von Nazareth stehe auf und wandle! 7 Und er nahm ihn bei der rechten Hand und richtete ihn auf; und alsbald wurden seine Füße und Knöchel stark. 8 Und er richtete sich auf und wandelte und ging mit ihnen in den Tempel und wandelte und hüpfte und lobte Gott. Ein echter Christ hat einen Geist wie Christus.

1 Korinther 2:16 Denn wer kennt den Sinn des Herrn, dass er ihn unterweise? Wir aber haben den Sinn Christi.

Sobald wir den Sinn Christi haben, denken wir wie Er und handeln wie Er. Wir haben außergewöhnliche Gedanken, Persönlichkeiten, und ein Denken das anders ist als das der Leute der Welt. Die Welt hat einen weltlichen Verstand und Christen haben einen göttlichen Verstand. Christen denken an die Lösung für jedes Problem. Unser Auftrag ist es, das Evangelium mit Zeichen und Wundern zu verkünden. Wir wollen nicht, dass die Menschen das Wort hören, sondern dass sie die Heilung, die Wunder und die Auferstehung des Evangeliums sehen. Das Evangelium muss sich mit Zeichen und Wundern unter den Völkern verbreiten. Wir wollen, dass die Menschen nicht nur hören, sondern seine Macht im Wort erleben. Jedes Wort muss lebendig werden, wenn wir sprechen. Genau wie Jesus müssen wir die Angelegenheit mit Mitgefühl angehen.

Markus 1:41 Und Jesus erbarmte sich und streckte seine Hand aus, rührte ihn an und sprach zu ihm: Ich will es tun; du sollst rein werden. 42 Und kaum hatte er das gesagt, so wich alsbald der Aussatz von ihm, und er wurde gereinigt.

Gott ist barmherzig, also bitten Sie Gott um Mitgefühl für die Situation. In den 80er Jahren stieß ich auf einer Reise auf einen Slum in Bombay. Mein Herz wurde schwer, als ich den Slum zum ersten Mal sah. Ich fragte den Herrn: "Wer wird in diesen Slum gehen? Ich wusste nicht, dass ich eines Tages in diesen Slum kommen würde. Damals wusste ich noch wenig über den Geist Gottes, aber ich spürte, wie eine schwere Last über mich kam. Mir war danach, zu schreien und in Tränen auszubrechen. Es ist unsere Verantwortung, die Last für die Nation zu tragen. Unser Einsatz sollte sich auf alle Nationen, Religionen und Rassen erstrecken. Wir sollten danach trachten, dass Gott uns die Last auf das Herz legt. Haben Sie Mitgefühl für andere und rufen

Sie Gott um Hilfe an. Das Schicksal ihrer Zukunft hängt von unseren Gebeten ab. Unser Gebet kann viele Menschen aus der Hölle retten. Wir dürfen nicht wie ein Zombie gehen oder unsensibel sein.

Matthäus 9:36 Als er aber die vielen Menschen sah, hatte er Mitleid mit ihnen; denn sie wurden ohnmächtig und zerstreuten sich wie Schafe, die keinen Hirten haben. 37 Da sprach er zu seinen Jüngern: Die Ernte ist reichlich, aber der Arbeiter sind wenige. 38 Darum bittet den Herrn der Ernte, daß er Arbeiter in seine Ernte sende.

Als der Herr mir eine Last für die Slums gab, schuf er auch einen Weg, ihnen zu dienen. Aufgrund aller Gebete und des Fastens wurde im Bundesstaat Maharashtra und in Südindien viel Arbeit begonnen. Wir müssen mit einem himmlischen Geist sehen und denken. Unser Gott ist mit einer Mission auf die Erde gekommen. Er hatte ein Heilmittel für seine Schöpfung. Wenn die Schöpfung schreit und wir die Antwort kennen, dann sollten wir nicht weglaufen. Wenn wir sehen, dass ein Mensch, eine Witwe, ein Waisenkind, ein Kranker, ein Depressiver oder ein Gebundener in die Tasche greift, dann müssen wir darüber nachdenken, wie wir helfen können. Wir sind die Hand des Herrn. Unser Segen verbirgt sich darin, dass ihr den Bedürftigen gebt und nicht das Gebäude und die Geschäfte des Wortes Gottes unterstützt. Jesus hat den Tisch umgestoßen, weil er wusste, dass sie die Armen, Hungrigen, Waisen und Bettler bestehlen würden.

Viele, die von Ängsten geplagt, deprimiert, krank, unterdrückt und besessen sind, rufen mich zum Gebet. Ich komme ins Gebet und die Dinge ändern sich. Unser Geist muss an die Arbeit gehen, um den Bedürftigen zu helfen. Unsere Aufgabe ist es zu tun. Wenn man sich nicht anstrengt, sind Gespräche über den Glauben nur leere Worte. Reden ist wie Luft.

Matthäus 14:14 Und Jesus ging hinaus und sah eine große Volksmenge; und er hatte Mitleid mit ihnen und heilte ihre Kranken.

Was und wie fühlen Sie, wenn Sie kranke Menschen sehen? Ich habe eine Liste von Menschen, die mich um Heilung bitten. Krankheit bringt Hoffnungslosigkeit mit sich. Haben Sie sich nicht auch schon so gefühlt, als Sie krank waren? Manchmal bringt der Teufel schwarze Wolken der Depression und Entmutigung. Wir müssen eine Gesinnung wie Christus haben, um zu fühlen, was sie fühlen. Beten Sie für sie. Gestern Abend wurde die ganze Nacht gebetet. Ich habe gehört, dass alle für ein anderes Thema gebetet haben. Ich sagte, wie schön das war. Alle hatten irgendeine Last zu tragen. Wir haben gebetet und allen Situationen und Bitten zugestimmt. Menschen, die den Geist Christi haben, wachen auf und beten. Das ist etwas, worüber es sich lohnt, den Schlaf zu verlieren. Jemand braucht Wiederherstellung in Ehen, Kinder und Familien brauchen Frieden und Heilung. Ich bewundere Gotteskrieger, weil sie fasten und beten. Das Gebetsleben der Christen ist das, was sie auszeichnet. Wahre Christen gehen mitten in der Nacht zu Gott, um für die Sache zu beten. Ich liebe Gotteskrieger. Ich glaube, dass nur Gotteskrieger Frieden, Rettung und Schutz auf die Erde bringen.

Einige beteten so lange, bis die Angelegenheit erledigt war. Petrus entkam der Todesstrafe, weil jemand wie sein Vater dachte. Gott ist ein Lebensspender. Petrus war von der Todesstrafe befreit. Ich sehe einige Fälle auf dem Computer und fühle mit ihnen. Kommen ins Gericht mit Hand und Bein in Ketten. Warten darauf dass das Leben im Gefängnis vorbei ist oder stecken fest ohne Bewährung. Ich bete für sie. Mein Herz geht zu ihnen. Das Leben ist ein kostbares Geschenk. Plane richtig um vom Herzschmerz fernzubleiben. Ich bete gegen Satan, der den Verstand übernommen hat. Listiger Satan ist erfolgreich, stehlend, und zerstörende Arbeit. Er lässt Leute hinter Gittern verrotten und geht weiter Geschäfte machen. Wenn ich den Fall sehe und ins Gebet gehe. Gebetskämpfer leiten sie mit dem Gnadenthron des Himmlischen Vaters um sie vom Höllenfeuer zu retten. Gott kann sie retten und befreien wenn wir beten. Wahrscheinlich nicht aus dem Gefängnis, aber sicher aus der Hölle. Möge der Herr ihnen den Geist der Buße geben um dem ewigen Tod zu entkommen. Christen denken anders als fleischliche und weltliche Leute. Wir suchen nicht die Party als gute Zeit sondern zu beten und Fürbitte zu leisten für die Angelegenheiten anderer. Wir sind Seine Botschafter, Priester, und Hohepriester. Unser Verstand geht an die Arbeit um zu retten wer gerettet werden muss. Dankbar zu Gott dass wir den Sinn Christi haben, Amen!

LASST UNS BETEN

Himmlischer Vater, wir danken dir für das Mitgefühl und die Liebe, die du für dein Volk hast. Deine Schöpfung weint um uns herum. Bitte öffne unsere Augen und Ohren, damit wir für sie beten und uns um sie kümmern können. Du sagtest, als ich im Gefängnis hungrig, nackt, durstig und krank war, erinnerte uns das daran, dass es unsere Aufgabe ist, uns um die Situation zu kümmern. Wir und ich bedanken uns bei dem, der andere liebt und versteht. Unsere Aufgabe ist es, zu heilen, zu befreien und die Gefangenen zu befreien durch die von dir gegebene Autorität und Macht in Jesu Namen. Herr, lass unseren Geist mit dem Wort erfüllt sein, damit wir wie du denken. Du bist das fleischgewordene Wort. Danke, Herr, dass du das Geschäft der Heilung und Befreiung machst. Lass uns allen die gleiche Liebe und das gleiche Mitgefühl entgegenbringen. Hilf uns, mit den Armen zu teilen. Besonders in dieser Weihnachtszeit müssen wir an jemanden denken, der Hilfe braucht. In Jesu Namen. Amen! Gott segne Sie!

9. DEZEMBER

RELIGIÖSE MENSCHEN SIND PRÄSUMPTUELL.

Was ist vermessen? Vermessen sind arrogant, mutig, oder überkonfident. Da Gott mich gebeten hat den Gottesdienst im Internet zu besuchen, teile ich mit zwei religiösen Leuten. Einer sagte, Oh, Leute wurden verletzt, und sie hörten auf in die Kirche zu gehen. Wirklich? Eine andere Person sagte oh erinnerst du dich was mit mir passiert ist? Ja, ich erinnerte mich, er verlor seinen Verstand als er ein neuer Bekehrter war und wurde von den verlorenen Schafen geführt. Auch, ich kenne sie persönlich. Sie dachten sie wussten alles. Sie dachten sie waren am meisten geistlich. Es passiert nur wenn du ein Baby bist und den Heiligen Geist nicht führen und leiten lässt.

Nun, weise und spirituelle Menschen stellen eine Frage und gehen nicht von Vermutungen oder Annahmen aus. Anmaßende Menschen sind religiös oder religiöse Menschen sind anmaßend. Manche Menschen haben den Heiligen Geist, lassen sich aber nicht von ihm leiten oder führen. Viele haben Angst davor, seltsame Dinge zu tun, die Gott ihnen aufgetragen hat, zu tun oder zu sagen. Ich weiß, wann ich in andere Länder reise; ich weiß nicht, wohin ich reise, wo ich mich treffe oder wie mein Zeitplan aussieht. Ich brauche mir keine Sorgen zu machen, denn der Geist weiß alles und wird mich an alle Orte führen, an denen ich sein soll. Ich habe kein Problem damit. Religiöse Führer haben mich früher auch manipuliert. Früher war ich auch religiös, aber ich kannte Gott nicht. Ich habe die Religion gehasst. Sie hat mich in dieser Kiste erstickt. Ich habe nach einem Ausweg gesucht. Wenn man einmal in der Kiste der Religion steckt, hat man das Gefühl, dass man keine Flügel, keinen Mut, keine Kraft und kein Verständnis dafür hat, was man tun soll. Die Bibel sagt, dass du die Wahrheit erkennen sollst, und die Wahrheit wird dich frei machen. Ich fand die Wahrheit der Taufe in Jesu Namen und glaubte daran, den Heiligen Geist zu empfangen. Doch es war noch viel Fleisch im Spiel. Eine Phase der Religion ist vorbei und geht in eine andere Kiste der Religionen über.

Als ich das erste Mal in Jesu Namen getauft wurde, erlebte ich die unglaubliche Kraft der Wassertaufe. Diese Erfahrung machte mich zu einem Gläubigen. Ich glaubte an Jesus, seit meine Familie mich christlich erzogen hatte. Das Lesen der Bibel war das einzige religiöse Buch, das wir hatten. Zum ersten Mal erlebte ich die Kraft des Gehorsams gegenüber der Wahrheit. Ich ging ins Wasser, um mich im Namen von Jesus zu taufen und meine Sünden abzuwaschen. Als ich aus dem Wasser auftauchte, war das Gewicht so schwer wie ein Berg, der aufgehoben wurde. Ich wusste nicht, dass ich diese Last trug. Ich fühlte mich so leicht wie eine Feder. Das war meine erste Erfahrung mit der Kraft des Christentums.

Es war nur der Anfang. Die Bibel sagt das Herz ist trügerisch. Ich sagte nein, nicht meins. Siehst du, ich muss einen Schritt weiter glauben dass ich nichts über mich selbst weiß. Nun, religiöse Leute sind blind und taub, und ich war einer von ihnen, aber trotzdem hörte ich nie auf zu suchen, zu fragen, und zu klopfen.

ELIZABETH DAS

Lassen Sie mich eine wahre Geschichte aus meinem Leben erzählen, um zu beweisen, wie das Herz ist. Eines Tages bat die Kirche um Kleiderspenden für eine Frau, die meine Kirche besuchte. Die Frau war so groß wie ich und hatte meine Größe. Ich bereitete eine Tüte mit Kleidern für sie vor: . Es war mein freier Tag, und ich arbeitete zu Hause und war erschöpft. Ich hörte, wie Gott sagte, ich solle ihr diese beiden Blusen geben, die du aus China bekommen hast. Oh mein Gott, ich liebte diese Blusen und wünschte sie mir schon seit Jahren. Es schockierte mich, als Gott mich auf meine Lieblingsblusen hinwies. Sofort legte ich mich ins Bett und sagte: "Ich bin müde und werde sie morgen in die Tasche packen. Aber in meinem Herzen dachte ich: "Der Herr wird sie morgen vergessen." "Und ich muss meine Lieblingsblusen nicht weggeben." Nun, der Herr hat meine Müdigkeit in einer Sekunde weggenommen. Er sagte, du bist nicht mehr müde und steckte zwei Blusen in die Tasche. Meine Erfahrung mit Gott war atemberaubend. Wahnsinn! Er ist mächtig! Die Müdigkeit war in einer Sekunde verschwunden. Das ist verrückt.

Erstens hat Gott mir bewiesen, dass man sein Herz nicht kennt. Er bewies mir, dass ich in meinem Herzen falsch dachte. Mein Herz war trügerisch und bösartig.

Jeremia 17:9 Das Herz ist trügerisch über alle Maßen und verzweifelt böse; wer kann es erkennen?

Ich habe die Lektion meines Herzens gelernt. Zweitens war ich Gott dankbar, dass er mir den Weg gezeigt hat, sein Wort zu kennen und ihm mehr zu glauben als meinem Wort.

Psalm 51:10 Schaffe in mir ein reines Herz, Gott, und erneuere in mir einen rechten Geist.

Ich will ein reines Herz; ich will kein vermessener religiöser Mensch sein. Christliches Leben dreht sich um den Geist Gottes. Christliches Licht leuchtet innerhalb des lebendigen Gottes. Das Leben religiöser Leute dreht sich um ihre Kirche, menschengemachte Agenda, Routine, und Programm. Ich hasste das. Ich wollte was Jesus sagte und tat in der Bibel.

Ich würde mich nicht von ihnen beherrschen lassen, denn ich hatte einen Hunger und Durst nach Gott und nicht nach Religion. Möge der Herr Sie von der Macht der Religion befreien, damit Sie frei sind, Jesus zu folgen. Schauen Sie sich um. Wie viele sind krank, verletzend, deprimiert, unterdrückt, selbstmordgefährdet, drogenabhängig, geschieden und im Chaos? Haben Sie Mitgefühl mit ihnen oder sind auch Sie blind, taub und gefühllos geworden, indem Sie Konfessionen, Nicht-Konfessionen und Organisationen folgen? Der Herr Jesus sagte: Folge mir nach. Lasst uns Gottes Bewohner werden und ihm erlauben, sich um die Bedürfnisse seiner Schöpfung zu kümmern.

Als Gott mich von meiner Müdigkeit befreite, packte ich meine beiden Lieblingsblusen in die Tasche, um sie der Dame zu geben. Diese schönen Lektionen haben mir geholfen zu lernen, mein Bestes zu geben. Es gibt Dinge, die mich nicht betreffen. Manchmal gibt Gott mir etwas, damit ich es mit anderen teilen kann. Teilen Sie Ihren Segen, indem Sie dem Herrn gehorchen. Das Christentum basiert auf bedingungsloser Liebe und fröhlichem Geben.

In einer kurzen Lektion lerne ich verschiedene Dinge. Gott hat uns mit viel gesegnet, wo es keinen Platz zum Behalten gibt. Diese Lektion hat mich befreit und jetzt kann ich es ohne Groll geben. Ich bin von dem Geist des Hortens befreit. Ich habe das religiöse Kapitel meines Lebens abgeschnitten, indem ich dem Heiligen Geist erlaubte, mich zu führen, zu leiten und zu lehren. Das hat mir viel Kühnheit und Mut gegeben, Dinge zu tun, die ich vorher nicht tun konnte. Jesus gab uns ein Beispiel, um uns zu zeigen, dass auch er einer religiösen Macht gegenüberstand.

Ich bin von nun an grenzenlos, darüber hinaus und darüber hinaus. Der Himmel ist die Grenze, und du bist es auch! Komm aus der Religion heraus und sei frei von Grenzen. Du kannst alles sein, was du dir wünschst. Es gibt keine religiöse Anmaßung, die dich zerreißen, in die Irre führen, blockieren oder niederschlagen kann.

Mach dir keine Sorgen über deine Zukunft, wenn du mit Gott lebst. Sie brauchen keine Zustimmung von Menschen, denn die höchste Autorität ist Jesus Christus. Der Heilige Geist ist ein Geist Gottes. Er bringt dein Leben nie in Gefahr. Denken Sie daran, dass David immer zu Gott ging und ihn um Rat fragte. Genauso ging König Saul zu einem Vertrauten. Der Geist kann dir Informationen geben, aber er kann dich nicht zur Wahrheit führen. König Saul, der religiös war, hatte keinen Erfolg. Er hinterließ ein Vermächtnis des Fluchs, des Leids und der Zerstörung. Unsere Aufgabe ist es, ein Vermächtnis der Wahrheit und des Segens zu hinterlassen.

Die Menschen behaupten, sie hätten viele Erfahrungen mit Gott gemacht, was ich nicht bezweifeln würde. Aber wenn es um die totale Hingabe geht, wird es schwierig, aus der eigenen Komfortzone herauszukommen. Ich bin aufgerufen, Jesus zu folgen. Ich bin berufen, mich vom Heiligen Geist leiten und führen zu lassen. Ich bin angewiesen, das Wort Gottes zum letzten Wort zu machen. Ich möchte, dass die Jünger Jesu meine wahren Lehrer und wahren Propheten sind. Die Nachfolger Jesu haben ihre Zeit im Thronsaal verbracht, so dass wir dieselben Anweisungen, Gespräche und Weisungen hören. Ich bin froh, dass ich nie religiös war. Ich liebe den Herrn. Ich bin nicht faul, in den Thronsaal zu gehen, zu fasten und zu beten, bis ich meine Antwort finde. Denken Sie daran: Jesus hat Sie gerufen. Lass dich von niemandem täuschen, in die Irre führen oder dir etwas anderes erzählen. Öffne das Bibelstudium, um Jesus kennenzulernen. Wozu sind Sie berufen? In einer Kirchenbank zu sitzen oder um die Welt zu gehen, um das Evangelium zu predigen, die Dämonen auszutreiben und die Kranken zu heilen. Denken Sie selbst nach und folgen Sie dem Herrn Jesus. Amen!

LASST UNS BETEN

Herr, wir knien vor dem Altar Gottes; wir sind dankbar, dass du uns den Geist Gottes gegeben hast, der uns leitet, lehrt und führt. Entferne alle religiösen Blocker, die den Heiligen Geist ersticken. Hilf uns, nicht religiös zu werden, indem wir den Heiligen Geist haben. Wir erinnern uns daran, dass das Leben mit dem Heiligen Geist nicht bequem, sondern unbekannt und unvorhersehbar ist. Wir können das Wort nur lernen und erfahren, wenn wir ihm gehorchen. Herr, befreie dein Volk von religiösen Dämonen, damit wir jeden Tag eine neue Erfahrung machen können. Hilf uns, von Herrlichkeit zu Herrlichkeit zu wachsen. Wir brauchen deine Hilfe. Wir halten uns an die Hände, denn der Weg ist unbekannt. Hilf uns, nicht zu urteilen, sondern als Gotteskrieger Gott zu vertrauen. Herr, wir vertrauen auf deine Führung. Unser begrenzter Verstand kann unseren Gott nicht vorhersehen, deshalb überlassen wir uns dir. Gehe deinen Weg, aber führe uns aus der Religion heraus, damit wir frei sind, in Jesu Namen. Amen! Gott segne Sie!

10. DEZEMBER

CHRISTUS GAB!

Heute Morgen, der Herr offenbarte mir dass Christentum geht um Geben. Geben ist ein zentraler Aspekt von Christentums Lehre bezüglich Gott. Gott erschien um sich selbst zu geben. Gott wird ein Mensch um sich selbst anzubieten.

Philipper 2:7 Er hat sich selbst entehrt und Knechtsgestalt angenommen und ist den Menschen gleich geworden:

Während seiner Zeit hier ging Jesus umher und heilte die Bedürftigen.

Matthäus 4:23 Und Jesus zog durch ganz Galiläa und lehrte in ihren Synagogen und predigte das Evangelium vom Reich und heilte alle Krankheiten und alle Gebrechen des Volkes.

Lukas 4:43 Und er sprach zu ihnen: Ich muss das Reich Gottes auch in anderen Städten verkünden; denn dazu bin ich gesandt.

Gott hat sich selbst als Geschenk für seine eigene Schöpfung angeboten. Ein Gott, der Geist ist, hat unseren Körper erschaffen, also wusste er auch, wie man ihn repariert. Er sagte: "Ich habe euch durch meinen höchsten Namen 'Jesus' die Macht und Autorität gegeben, dasselbe zu tun. Es ist notwendig, dass wir uns Gott zum Dienst anbieten. Heilung sollte unsere Priorität sein, und wir sollten uns nicht nur auf Ärzte, Krankenschwestern und Apotheker verlassen. Ihre Honorare sind unangemessen hoch. Der Geist, den der Herr uns gegeben hat, befähigt uns, das von ihm bestimmte Werk zu erfüllen. Die Senioren sind obdachlos geworden als Ergebnis davon dass ihr hart verdientes Geld auf Medizin und Arztrechnungen ausgegeben wurde. Wenn wir unsere Arbeit tun, werden sie nicht auf der Straße enden.

Lukas 9:1 Dann rief er seine zwölf Jünger zusammen und gab ihnen Macht und Gewalt über alle Teufel und die Heilung von Krankheiten. 2 Und er sandte sie aus, das Reich Gottes zu verkünden und die Kranken zu heilen.

Lukas 10:17 Und die Siebzig kehrten mit Freude zurück und sagten: Herr, durch deinen Namen sind uns sogar die Teufel untertan.

Wir haben die Vollmacht erhalten, so zu arbeiten, wie der Herr es getan hat. Uns wurde die Kraft des Heiligen Geistes gegeben und die Autorität, im Namen Jesu zu handeln. Wir müssen jetzt der Krankheit und den Dämonen befehlen, wegzugehen. Die Menschen sind durch ein vom Teufel eingeführtes Christentum, das nur auf Wohlstand ausgerichtet ist, in Käfigen mit Namen gefangen, die Konfessionen, Nicht-Konfessionen und Organisationen heißen. In bestimmten Kirchen ist es verpönt, zu beten, Dämonen auszutreiben und

Kranke in Krankenhäusern und Heimen zu besuchen. Wie würden Sie diese unehrlichen Lehrer und Propheten ansprechen? Es ist am besten, diesen Ort zu verlassen. Ihre Bemühungen richten sich gegen den Herrn. Trotz des Befehls des Herrn zu gehen, will die Kirchenautorität dass wir Leute einladen zu sitzen, sich uns anzuschließen, und uns zu mögen. Kein Bedarf sich Sorgen zu machen über Krankheit, Fasten, oder Gebet. Folge Jesus wenn du tun willst was Er tat. Achte auf den Herrn, nicht auf falsche Lehren, Propheten, oder Kirchenautoritäten. Es gibt eine bedeutende Menge Arbeit die deine Aufmerksamkeit braucht. Arbeite weiter an dem Auftrag den Herr Jesus dir gab. Der den du siehst und hörst in einer Kirche ist nicht die wahre höchste Autorität.

Jesus trieb die bösen Geister aus. Wieder einmal verzichtete er darauf, sich zu amüsieren, die Präsentation zu planen, einzukaufen, zu jagen oder Golf zu spielen.

Matthäus 8:29 Und siehe, sie schrien und sprachen: Was haben wir mit dir zu schaffen, Jesus, du Sohn Gottes, bist du gekommen, uns vor der Zeit zu quälen? 32b Und er sprach zu ihnen: Geht hin! Und als sie hinausgegangen waren, gingen sie in die Schweineherde:

Das ist es, was Jesus von Ihnen und mir erwartet. Wenn Sie jemandem begegnen, dem es nicht gut geht, der besessen ist oder der in Not ist, bieten Sie ihm Hilfe an. Das ist die Verantwortung von dir und mir. Es gibt Menschen, die sich von den Lehren des Herrn und der Bibel entfernt haben und falschen Lehren anhängen. Ich versichere Ihnen, dass es diejenigen gibt, die in ständiger Angst leben, die Menschen zu verlieren, und die darauf beharren, sie in die Irre zu führen. Habt Erbarmen mit euch, wenn ihr nicht für Jesus arbeitet. Zahlt ihr Geld, um getäuscht zu werden, oder was? Jesus hat die Tische des Geldes und der Kaufleute umgestürzt; jemand muss das Gleiche tun. Nicht ich bin es, sondern Jesus, von dem du glaubst, dass er dich bittet, dich für sein Werk hinzugeben. Jesus sagte, ich bin der Weg, folgt nicht den verlorenen Autoritäten, prüft sie und folgt Jesus.

Bringen Sie drogenabhängige, von Dämonen besessene, kranke, unterdrückte und besessene Menschen nicht ins Krankenhaus, sondern lehren Sie sie das Wort Gottes, legen Sie ihnen die Hände auf und heilen Sie sie. Das ist die Lehre des Wortes Gottes. Achten Sie darauf, was Sie lernen.

Was passiert, wenn wir arbeiten? Was passiert, wenn Sie sich entschließen, sich für diese bedürftigen Menschen einzusetzen? Die Menschen werden geheilt und befreit, es gibt keine schlechten Nachrichten, wie wir sie heutzutage hören. Keine böse Existenz, diese ganze Apotheke wird verschwinden. Alle Geldfressenden Dämonen werden in die Hölle verbannt. Das Gefängnis wird geschlossen, keine Vergewaltiger oder Verrückten auf der Straße. Es wird Frieden zu Hause und auf der Straße herrschen. Unsere Aufgabe ist es, Tag und Nacht zu arbeiten wie Jesus. Wenn du so arbeitest, wie der Herr es getan hat, wirst du mehr Freude haben, als du dir vorstellen kannst.

Er gab Sein Blut. Er nahm Streifen, so wir sind geheilt. Also der Herr gab dir Gesundheit und Blut um frei zu sein von Krankheit und Höllenfeuer. Jetzt gehst du herum und benutzt das Blut um Sünden zu waschen in Jesu Namen unter dem Wasser. Gib dich selbst so wie du dich gibst für Arbeit, Schule, und die Welt. Die meisten Leute sind beschäftigt, ich meine sehr beschäftigt. Ihre Vorliebe ist durcheinander. Als ich den Heiligen Geist empfangen habe, wollte ich der ganzen Welt über die kraftvolle Erfahrung erzählen. Ich fing an jedem zu erzählen den ich traf. Ich stellte einen Übersetzer ein um Bibelkurse zu veröffentlichen die die Wahrheit aufdecken. Ich begann, über Menschen zu beten und böse Geister auszutreiben. Ich teilte mein Zeugnis in dem Buch 'I did it His way'. Ich fragte: Wie und was ist hier passiert? Wie wurde die Wahrheit vom Teufel gestohlen? Doch ich bin voller Freude, dass ich sie erhalten und meinen Dienst für Herrn Jesus begonnen habe. Ich brauche mich nicht darum zu kümmern, wer seine Zustimmung geben wird. Ich habe den Drang, jedem zu predigen, dem ich begegne, ohne Ausnahme.

Ich erforschte eine breite Palette von Medien, darunter Bücher, Videos und Audio, und besuchte Gefängnisse, Krankenhäuser und Genesungsheime. Ich habe mit Menschen verschiedener Glaubensrichtungen gearbeitet und im Namen Jesu Belehrungen, Heilungen und Befreiungen durchgeführt. Ich kann nicht still dasitzen und zulassen, dass der Teufel sie beraubt. Ich bin gesegnet, einen Geburtskanal und eine Telefonleitung zu haben, über die ich viele Menschen auf der ganzen Welt erreichen kann. Ich weiß, dass die Last der Arbeit sehr groß ist, und ich verstehe, warum Jesus darum bat, für die Arbeiter zu beten. Ja, wir brauchen Arbeiter, die sich selbst geben können. Deshalb bilde ich Neubekehrte für den Herrn Jesus aus. Ich bitte sie, an ihn allein zu glauben und ihm zu folgen. Ich will nicht, dass sie in der Kirchenbank sitzen und sich langweilen und krank werden. Diebe sammeln ihr Geld ein, um ein gutes Leben zu führen. Ich trainiere Neubekehrte in der Nachfolge Jesu, damit sie mehr tun als das, was Jesus getan hat. Ich möchte, dass sie grenzenlos sind. Ich möchte, dass sie alle Götzen entfernen, die ihnen nicht helfen können. Sie sollten sich niemals in die Schublade der religiösen Konfessionen stecken lassen. Jesus nachzufolgen bedeutet, in seinem Weinberg zu arbeiten. Arbeiten Sie, um ihn sauber zu halten, frei von Drogen, Entführern, Scheidungen, Alkohol und allen teuflischen Aktivitäten wie Töten, Stehlen und Zerstören. Ihr Weinberg braucht Sie. Geben Sie sich der Arbeit für Jesus hin. Wir alle müssen arbeiten, aber einige arbeiten, und einige folgen den verlorenen Religionen und rechtfertigen sich. Schlagen Sie die Bibel auf und sehen Sie, wie viel Arbeit vorhanden ist. Legen Sie diese Technologie in Schutt und Asche. Sie können Ärzte in Gottes Missionsfeld setzen. Drogen können aus dem Land ausgerottet werden.

Ich bin vertraut mit Leute die Kirche besuchen aber nicht sicher sind warum sie das tun oder was ihr Berufung ist. Dein Körper wird genannt als eine Kirche, Tempel, und Wohnort des Heiligen Geistes. Es ist deutlich dass sie ihr Ohr jemand anders geben, nicht Jesus. Ich begegne viele Orte die versuchen mein Arbeit für den Herrn zu behindern, aber ich gehe immer weg von denen. Ich habe kein Zweifel dass ich gehasst bin vom Teufel.

Ich habe mit einer Dame in Indien gesprochen, die ich betreue. Sie sagte, ich habe frühmorgens um 4 Uhr gebetet und den Dämonen befohlen, herauszukommen. Ich hörte den Geist schreien und sagen, rette mich und lief weg. Ich sagte, gute Arbeit, und sagte ihnen, sie sollen für immer wegbleiben. Sie sagte, meine Tochter wacht jetzt auch auf und betet mit mir. Ja, das ist es, was ich will. Mein Jesus hat uns gebeten, zu gehen, uns hinzugeben und die weltweite Erweckung zu bringen. Ich sage euch, ich habe keine Zeit, obwohl ich fast 18 Stunden am Tag arbeite. Gib dich für das Werk Gottes hin. Amen!

LASST UNS BETEN

Himmlischer Vater, wir danken dir, dass du uns Arbeit gegeben hast. Hilf uns, den Auftrag zu erfüllen. Diese Welt muss die Zeichen und Wunder sehen. Unser Schatten, unser Taschentuch, wird Menschen heilen, weil wir gesalbt sind. Salbe uns, um dem Teufel das Rückgrat zu brechen. Danke, Gott, dass du uns Macht und Autorität zurückgibst. Da du uns ein Beispiel dafür gegeben hast, wie wir arbeiten sollen, lass uns dir folgen und tun, was du gesagt hast. Du hast dich selbst gegeben und uns gebeten, uns ebenfalls zu geben. Wir wollen keine Entschuldigung geben, sondern uns selbst geben. Hilf uns, dafür zu arbeiten, dass die Seele frei von Sünde, Krankheit und Dämonen wird. Die Hölle wird leer sein, und deine Schöpfung wird den Himmel auffüllen. Herr, wir verpflichten uns zur Arbeit in Jesu Namen. Amen! Gott segne Sie!

11. DEZEMBER

BEUGT EUCH DEM GEIST GOTTES!

Die Bibel sagt, dass der Geist Gottes euch in alle Wahrheit führen wird.

Johannes 16:13 Wenn aber der Geist der Wahrheit gekommen ist, wird er euch in alle Wahrheit leiten; denn er wird nicht aus sich selbst reden, sondern was er hören wird, das wird er reden, und er wird euch zeigen, was kommen wird.

Die Bibel spricht über den Geist Gottes. Nun ist Gott Geist und es gibt nur einen Geist. Der eine wahre Geist ist also der eine Geist Gottes, und dem müssen wir nachgeben. Er wird euch nicht in die Irre führen. Was ist der Grund für dieses ganze Chaos? Weil sich niemand um die Hingabe des Heiligen Geistes kümmert. Die Menschen haben sich mit dem verbunden, den sie auf der Kanzel sehen und hören, anstatt sich mit Gott zu verbinden. Bitte hören Sie auf die Stimme Gottes und nicht auf die anderen Stimmen. Wenn Gott spricht, ist es das letzte Wort.

Gott wies mich einmal an, aus einer bestimmten Kirche auszutreten. Ich sprach mit dem Pastor über den Austritt, aber er bestand darauf: "Nein, ich will euer Pastor bleiben." Dass ich nicht auf Gottes Stimme hörte, machte die letzten 20 Jahre zu den schlimmsten in meinem Leben. Bei einer anderen Gelegenheit wurde mir von Gott gesagt, ich solle nicht nach Kanada gehen, und später erfuhr ich, dass Reisebusse alleinstehende Frauen misshandeln. Der Herr griff ein und hielt mich davon ab. Damals, in den 80er Jahren, machte ich all das durch, gleich nachdem ich mit dem Heiligen Geist erfüllt worden war. Ich wurde so stark manipuliert, dass ich keine andere Wahl hatte, als dem Pastor zu gehorchen, als ob er Gott oder die höchste Autoritätsperson wäre. Erinnert die Ankunft Jesu auf der Erde an den Priester, den Hohepriester und die Pharisäer? Wie dem auch sei, ich habe meine Lektion gelernt, und es war eine harte Lektion. Von da an habe ich beschlossen, dass ich Gott allein gehorchen werde, wenn ich ihn höre. Ich werde vor der irreführenden Stimme der kirchlichen Autoritäten davonlaufen, und ich bin sicher, dass einige von Ihnen mir zustimmen. Warum werden wir Menschen, Freundinnen und Freunde? Weil einige von ihnen starke Worte haben, um uns zu kontrollieren, und weil sie Anhänger haben, die uns angreifen. Wenn du nicht auf sie hörst oder ihre Befehle nicht befolgst, werden sie dich als rebellisch betrachten. Die kirchliche Autorität wird Ihnen vorwerfen, dass Sie sagen: "Du bist dein Pastor, nicht ich", und mehr. Es gibt Menschen, die über Gott Bescheid wissen, aber eine Beziehung zu ihm absichtlich ablehnen. Viele haben den Heiligen Geist, aber betrüben den Geist. Manche Menschen öffnen sich nicht für die Kommunikation des Heiligen Geistes.

2 Samuel 5:19 Da fragte David den Herrn: Soll ich zu den Philistern hinaufziehen? Willst du sie in meine Hand geben? Da sprach der Herr zu David: Zieh hinauf; denn ich will die Philister in deine Hand geben. 23 Da fragte David den HERRN und er sprach: Du sollst nicht hinaufziehen, sondern hinter ihnen herziehen und über sie kommen, gegenüber den Maulbeerbäumen.

Möge der Herr uns helfen, damit wir Gott um Hilfe bitten. Wenn du das tust, dann wird es keine Fehler geben. Die Gegenwart Gottes und des Heiligen Geistes ist nur dann wirksam, wenn die Menschen Gott die Kontrolle überlassen. Der Heilige Geist ist der Geist des allwissenden Gottes. Denken Sie daran, dass Gott alles weiß und nicht der Mensch. Holen Sie sich keinen Rat vom Fleisch. Es ist gut, einen wahren Propheten und Lehrer in unserem Leben zu haben. Erstens wissen wir, dass sie von Gott berufen und beauftragt sind. Bitte suchen Sie einen Propheten, dessen Motive rein sind. Möge der Herr euch wahre Propheten und Lehrer geben.

Die Wurzel unserer Probleme liegt in der Nachlässigkeit, da wir zögern, uns den Unwahrheiten einflussreicher nicht konfessioneller Organisationen und Behörden entgegenzustellen. Wir haben Angst, weil wir befürchten, dass sie uns von der Gesellschaft und von Netzwerken ausschließen könnten. Angst ergreift uns, wenn wir an die Möglichkeit denken, dass unser Ruf ruiniert werden könnte. Warum machen Sie sich überhaupt so viele Gedanken über sie? Wenn Sie einmal gelernt haben, den Geist zu hören, dann geben Sie ihm nach. Alles andere wird abfallen, wie welke Blätter. Furcht und Feigheit sind keine Eigenschaften, die man mit Gott in Verbindung bringt. Die geistliche Situation des Priesters, des Hohenpriesters, der Pharisäer und der Sadduzäer war schlecht. Sie redeten schlecht über ihren Gott, der leibhaftig unter ihnen wandelte.

Johannes 10:19 Es entstand nun wieder eine Spaltung unter den Juden wegen dieser Reden. 20 Und viele von ihnen sprachen: Er hat einen Teufel und ist verrückt; warum hört ihr ihn?

Auch heute noch gibt es Spaltungen zwischen denen, die sich dem Geist beugen, und denen, die sich den verlorenen Autoritäten beugen. Wie wir wissen, hat der Herr uns berufen und uns den Geist mit fünffachen Dienern gegeben. Achten Sie auf den, der im Thronsaal bleibt, sehen Sie, was die Bibel sagt.

Johannes 14:12 Wahrlich, wahrlich, ich sage euch: Wer an mich glaubt, der wird die Werke, die ich tue, auch tun; und er wird noch größere tun als diese; denn ich gehe zu meinem Vater.

Lukas 22:40 Und als er an dem Ort war, sprach er zu ihnen: Betet, dass ihr nicht in Versuchung geratet.

Es ist offensichtlich, dass man vor ihnen weglaufen sollte, wenn man sie nicht in Aktion sieht. Auch wenn sie in einer Sprache sprechen oder mit geistlichen Gaben arbeiten. Oft ist man nur für eine gewisse Zeit dort und dann ist es Zeit, weiterzugehen. Oft machen wir es uns bequem und bleiben deshalb. Ihr Fortschritt wird blockiert und aufgehalten. Denken Sie daran, wenn Sie dem Heiligen Geist nachgeben, dann werden Sie von Stadt zu Stadt, von Dorf zu Dorf und überall hingehen. Man kann nicht entkommen, dass man gesehen wird. Christen, die mit dem Heiligen Geist erfüllt sind, können nicht unbemerkt bleiben.

Gibt Gott ihnen auch Zeugnis mit Zeichen und Wundern und mit verschiedenen Wundern und Gaben des Heiligen Geistes, wie er es will?

Petrus tat viele Wunder. Lasst uns einige von ihnen sehen. Petrus sagte zu ihnen: "Ihr müsst euch dem Heiligen Geist hingeben, dann werdet ihr zu den Menschen gehen, so wie es alle Jünger getan haben. Es ist ein Arbeitsdienst und kein Sitzdienst. In der letzten Kirche, die ich besuchte, bekamen wir eine Karte und baten darum, unsere Namen einzutragen. Das erlaubte uns, rauszugehen und zu arbeiten. Das war schön! Aber ich gehe überall hin, suche Kranke und Bedürftige auf und leiste meine Heilungs- und Befreiungsarbeit.

Apg 3:7 Und er ergriff ihn bei der rechten Hand und richtete ihn auf; und alsbald wurden seine Füße und seine Gebeine stark.

Apg 9:34 Petrus aber sprach zu ihm: Aeneas, Jesus Christus macht dich gesund; stehe auf und mache dein Bett. Und er stand sofort auf.

Der Dienst im Geiste wird Sie an verschiedene Orte, in verschiedene Länder führen. Die Arbeit wird einfach sein, das meine ich ernst.

Apg 8:39 Und als sie aus dem Wasser gestiegen waren, entrückte der Geist des Herrn Philippus, so dass der Kämmerer ihn nicht mehr sah; und er ging fröhlich seines Weges.

Denken Sie daran, dass der Heilige Geist uns zur Wahrheit führen wird. Wisse, was du sagen sollst, wann du es sagen sollst und wann du es nicht sagen sollst. Bereiten Sie sich darauf vor, sich dem Geist zu unterwerfen.

Apg 16:6 Als sie aber durch ganz Phrygien und die Gegend von Galatien gezogen waren, wurde ihnen vom Heiligen Geist verboten, in Asien zu predigen,

Es ist gut zu wissen, dass unser Gott lebendig ist. Schließen Sie den Heiligen Geist nicht aus. Deshalb redet er nicht zu dir. Als ich hörte, dass ich umziehen würde, wurde ich besonders hellhörig. Ich blockierte Texas; ich wollte nie dorthin ziehen. Fast ein Jahr später fand ich heraus, dass es an der Zeit war, und zog ein paar Monate später nach Texas. Wenn wir dem Geist Gottes nachgeben, wird es Gottes Geschichte und nicht unsere. Gott war es, der mich auf eine Missionsreise nach Kalifornien, Chicago, Dubai, Bombay, Badlapur, in den Bundesstaat Maharashtra, nach Südindien, Bangalore, Kodai Kanal, Rajasthan, Vyara, Ahmedabad und in andere Städte in der Umgebung mitnahm, von denen ich einige bereits vergessen habe. Dies geschieht, wenn Sie berufen sind und dem Heiligen Geist nachgeben. Hören Sie auf Gott.

Erlauben Sie dem Heiligen Geist, Sie an die Arbeit zu führen. An den meisten Orten, an denen ich war, wurden viele Gebetshäuser, Bibelschulen, Waisenhäuser und vieles mehr gebaut. Möge der Herr Ihnen die Einsicht und das Verständnis geben, sich dem Geist und nicht der religiösen Autorität zu unterwerfen. Mögen Sie alles sein, wozu er Sie berufen hat, Amen! Gott segne Sie!

LASST UNS BETEN

Himmlischer Vater, wir haben den lebendigen Gott, der nicht aus Holz, Ton oder Metall besteht. Gott ist es, der uns aus dem Staub erschaffen und Leben hineingelegt hat. Gott kümmert sich um uns, wenn wir es zulassen, dass du es tust. Herr, wir haben dich gebeten, uns den Mut und die Kühnheit zu geben, uns in all deinen Plänen zu fügen. Hilf uns, dem Geist Gottes nachzugeben. Hilf uns, dorthin zu gehen, wo wir nie gedacht hätten und manchmal auch nicht hinwollen. Herr, lass deinen Willen geschehen. Es ist die schönste Sache, dass wir den Geist Gottes in uns wohnen haben. Hilf uns, dem Geist nachzugeben, damit wir das mächtige Werk Gottes sehen. Unser Gott ist wahrhaftig und mächtig, um zu retten, zu heilen und zu befreien. Hilf uns also, ohne zu zweifeln zu vertrauen und zu tun, was du von uns verlangst, in Jesu Namen! Amen! Gott segne Sie!

12. DEZEMBER

GOTT HAT ALLES!

Ja, Sie haben richtig gehört: Gott hat alles. Er ist die Quelle für all Ihre Bedürfnisse - Nahrung, Heilung, Erlösung, Befreiung, Land, Geld, Wissen, Weisheit, Kleidung und mehr. Aber das ist nicht das, wonach ich suche. Ich bin auf der Suche nach Gott, Punkt. Er hat mich geschaffen, und ich bin an ihm interessiert. Nichts, was ich sehe, hat mich je angezogen, außer Gott. Ich bin erstaunt darüber, wie er an mich denkt, obwohl ich in seinen Augen so klein bin. Er sah das Geben der Witwe und sagte: Sie hat alles gegeben. Der Gott, dem alles gehört, sagte, dass die Witwe alles gegeben hat.

Lukas 21:21 Und er blickte auf und sah, wie die Reichen ihre Gaben in den Schatzkasten einwarfen. 2 Und er sah auch eine arme Witwe, die zwei Scherflein einlegte. 3 Und er sprach: Wahrlich, ich sage euch: Diese arme Witwe hat mehr eingeworfen als sie alle. 4 Denn diese alle haben von ihrem Überfluß in die Opfergaben Gottes eingeworfen; sie aber hat von ihrer Armut alles, was sie hatte, eingeworfen.

Gott, dem alles gehört, schaute auf eine kleine arme Witwe und war von ihrem Geben beeindruckt. Der Herr, der das Universum geschaffen hat, hat mir gesagt, was er von mir will. Ich bin der eine und einzige Gott, der nur eines tun soll:

Deuteronomium 6:5 Du sollst den Herrn, deinen Gott, lieben von ganzem Herzen, von ganzer Seele und mit all deiner Kraft.

Solange Sie also alles aufgereiht, in Ihrem Geist abgesteckt und den Kanal mit Gott geklärt haben, dann erben Sie alles, was Gott hat. Davids Herz gehörte dem Herrn. Als Hirtenjunge erhielt er das Königtum, und der Messias kam aus seiner Blutlinie. Eine Hure, die sich mit Gott in Verbindung setzte, klärte ihre Vergangenheit und erlangte die Erlösung ihrer selbst und ihrer Familie. Wenn Sie wissen, wie Sie sich mit dem einen wahren Gott, der alles hat und alles weiß, in Verbindung setzen können, wird Ihr Leben nicht mehr dasselbe sein. Er kann jeden entfernen und uns an seine Stelle setzen. Der Herr gab Esther eine Stellung und ihre Schönheit. Nachdem sie eine geistige Verbindung zu Gott hergestellt hatte, setzte sie sich über Gesetze und Vorschriften hinweg und schaffte erfolgreich die Todesstrafe für ihr Volk ab, die von dessen Feinden seit langem verhängt worden war. Möge der Herr deinen Geist klären und dir völlige Sicherheit für alles geben, was du auf der Erde brauchst. Eine Witwe wagte es, alles zu geben, was sie hatte. Ein Junge wagte es, seinen ganzen Fisch zu geben. Die Witwe wagte es, den ersten Kuchen von ihrer kleinen Blume und Öl zu geben. Was wissen Sie über diesen Gott, der alles bekommen hat? Du kannst sagen, ich kenne die Geschichte von David, Mose, Paulus, Daniel und Jesus. Lesen Sie die Geschichte nicht, handeln Sie nach ihr. Holen Sie tief Luft und tun Sie genau das, was dort steht. Zweifeln Sie nicht, auch wenn Sie denken, dass das nicht geht. Vielleicht haben Sie viele Prüfungen und Widerstände und sehen keinen Ausweg. Warten Sie, Gott schafft einen Ausweg, wo Sie keinen Weg sehen. Er hat einen genialen Verstand. Wenn er ein wenig Geld mit Segen versieht, wird es sich vervielfachen, und unaufhörliche Finanzmittel werden in Gottes Bank fließen. Er hat die perfekten Geschenke für dich und mich aufbewahrt. Gott hat die ganze Erde und den Himmel. Der Schöpfer hat die Macht, sich zu vermehren, wenn ihr lernt, den Armen, Kranken, Witwen, Waisen usw. zu helfen. Niemand muss hungern, das ist seine Politik, aber alle, die mit ihm finanzieren, müssen auf die achten, die ihr nicht schätzt. Helfen Sie Menschen im Gefängnis, Kranken, Obdachlosen, Verletzten und Menschen ohne Ansehen der Person. Wie kann man sie aus der Hand eines Schänders befreien, wie kann man ihre Schulden abbezahlen, ihre Bedürfnisse decken und tun, was nötig ist. Im Vergleich zu ihnen ist es wenig für dich.

Als ich in Indien war, haben wir viele Arme, Waisenkinder, Kranke, Obdachlose und Bedürftige gesehen. Aber lassen Sie mich Ihnen sagen, dass wir auch in den USA viele von ihnen um uns herum haben. Wenn Sie sich also mit dem Herrn zusammengetan haben, dann wird ein einfacher Akt der Freundlichkeit, die Tat eines guten Samariters, in die Gesellschaft des Herrn aufgenommen. Er ist der König aller Könige und der Herr aller Herren.

Als der Herr auf die Erde kam, sagte er: Ich bin gekommen, um den Willen meines Vaters zu tun, der Gott des Geistes ist, und nicht Joseph. Er zeigte der Menschheit, dass sie aufhören sollte, sich auf die kirchliche Agenda zu konzentrieren, und anfangen sollte, an Gottes Agenda zu arbeiten, und er wird euch alles geben. Wir haben den Fokus auf Gottes Agenda verloren, haben Sünden des Ungehorsams begangen und später alle neuen und schönen Dinge wiedergewonnen. Gott sagte, ich habe den Feind besiegt, der euch in der Vergangenheit betrogen hat. Ich habe sie mit meinem Blut zurückgekauft. Mein Blut hat die Kraft, alle Strafen für Sünden zu tilgen. Was wollt ihr? Konzentriert euch auf mich, ich habe euch ein Beispiel gegeben. Folgt meinen Fußstapfen, und ihr werdet keinen Mangel haben.

Matthäus 6:33 Trachtet aber zuerst nach dem Reich Gottes und nach seiner Gerechtigkeit, so wird euch dies alles zugerechnet werden.

Offenbarung 1:18 Ich bin der Lebendige, der tot war; und siehe, ich bin lebendig von Ewigkeit zu Ewigkeit, Amen, und habe die Schlüssel der Hölle und des Todes.

Jetzt bekam Jesus den Schlüssel, der in Satans Hand war. Möge der Herr uns durch den Heiligen Geist göttliche Führung geben, damit wir die Wahrheit erkennen. Sieh dich nicht um. Lasst mich euch Informationen geben; Jesus ist alles, was ihr braucht, und sonst nichts.

Philipper 2:10 dass sich vor dem Namen Jesu alle Knie beugen, die im Himmel und die auf Erden und die unter der Erde sind; 11 und dass alle Zungen bekennen, dass Jesus Christus der Herr ist, zur Ehre Gottes, des Vaters.

Matthäus 28:18 Und Jesus kam und redete zu ihnen und sprach: Mir ist gegeben alle Gewalt im Himmel und auf Erden.

Was ist unser Problem? Wir schauen auf Orte, an denen es keine Macht und Hilfe gibt. Wir schauen auf den Ort, wo man uns falsche Versprechungen macht. Schauen Sie zu Gott; er hat alles. Eine Frau in Indien sagte, dass sie und ihr Mann beide lahm sind. Ihr Mann geht auf seinem Hintern. Sie sagte, als ich die Götzenanbetung verließ und mich Jesus zuwandte, bauten wir ein Haus mit 10 Lakhs. Sie bezeugte, dass wir, als ich ein Götzenanbeter war, nichts zu essen hatten. Aber jetzt haben wir genug. Sie ist ein Vorbild für ihr Dorf. Früher musste sie sich immer Geld leihen, um Gemüse für ihre Familie zu kaufen. Jetzt habe ich Geld, um mir das Nötigste zu kaufen. Der Herr hat ihr alles gegeben. Möge der Herr uns die Augen öffnen. Ich habe zu Gott gesprochen, als ich meine Gesundheit und meine Arbeit verloren habe. Herr, bitte behalte ich mein Haus. Ich habe nie daran gedacht, ein anderes Haus zu haben und das neue zu vergessen. Ich dachte, das Auto sei noch fahrtüchtig. Der Herr hat mich auf wundersame Weise vom Krebs geheilt. Später war ich wegen einer Rückenverletzung an den Rollstuhl gefesselt. Danach war mein Rücken geheilt und ich konnte wieder gehen, nachdem ich im Rollstuhl gesessen hatte. Der Herr schenkte mir ein größeres, brandneues und besseres Haus und ein neues Auto. Gott hat alles bekommen.

Hier haben wir zwei Fische, nicht genug für tausend. Der Herr sagte, gib sie mir. Ich weiß, wie man sie streckt, um Tausende zu ernähren. Der Herr sagte zu seinem Volk: Ihr geht auf eine lange Reise in das gelobte Land. Macht euch keine Sorgen, ich werde euch reich, gesund und wohlhabend machen. Möge der Herr uns helfen zu verstehen, dass es nicht um unsere Finanzen geht, sondern um unsere Investition in die Hand Gottes. Gott möchte, dass du dein Leben in sein Reich investierst. Nutzen Sie Ihre Kraft, um für ihn zu arbeiten. Gott weiß, wie er für Sie sorgen kann. Bitten Sie Gott, dass er Sie an bestimmte Orte führt und dass Sie so schön leben, dass Sie für das Reich Gottes arbeiten. Treiben Sie den Dämon aus, heilen Sie Kranke, lehren Sie das Wort. Das ist die schönste Arbeit, die ich je erlebt habe. Setzen Sie ein Wort in die Tat um und sehen Sie das Ergebnis. Möge der Herr Ihnen einen bergenden, herzverändernden und lebensverändernden Glauben in Jesu Namen schenken. Amen!

LASST UNS BETEN

Himmlischer Vater, wir kommen zu dir; du bist der Belohner derer, die dich fleißig suchen. Mache uns zu Suchenden nach dem Reich Gottes. Wir suchen das Land, in dem du uns verheißen hast. Wir brauchen deine Kraft, um alle Hindernisse und Widerstände zu überwinden. Du bist der Weg des Reichtums, der Gesundheit, der Befreiung, der Heilung und des Heils. Wir kommen zu dir mit all unseren großen und kleinen Nöten. Nichts ist schwer und unmöglich für dich. Du hast das Gold, das Silber, den Rubin, den Diamanten und alles andere. Alle Reichtümer der Welt gehören dir und nicht den Teufeln. Möge der Herr uns helfen zu erkennen, dass du der Schöpfer bist und dass du der Besitzer von allem bist. Unser himmlischer Vater, wir stehen hier und beten für alle, die sich wundern. Wir beten, dass sie aufblicken und ihren Weg durch dich finden. Es ist ein großer Gott, der wunderbares Staunen für diejenigen bereithält, die auf ihn vertrauen. Bitte lass uns auf dem schmalen Weg durch die verschlossene Tür gehen. Unser Gott wird uns auf die Straße aus Gold führen, wo unser Haus ist, in Jesu Namen. Amen! Gott segne Sie!

13. DEZEMBER
WER HAT TARA ERLAUBT?

Was ist nun eine Tara? Auf Arabisch heißt sie Zawan und auf Griechisch Zizanion. Tare ähnelt dem Weizen, ist aber kein Weizen! Tara ist wertlos. Nach Matthäus 13 pflanzte ein Mann Weizen, und der Teufel pflanzte Tara, der wie Weizen aussieht. Tare ist keine gute, sondern eine wertlose Pflanze, die in Palästina wächst.

Wenn du Menschen siehst, die wie Christen aussehen, über die Bibel sprechen, aber fruchtlos sind und ohne Glauben leben, verursacht das viel Ärger im Reich Gottes. Sie folgen der Lehre des Teufels. Nachdem der Mann ein gutes Samenkorn gepflanzt hatte, ging er schlafen. Das ist die Zeit, in der der Teufel kam und Unkraut pflanzte. Wir brauchen Gebet nach dem Pflanzen des Wortes Gottes, sonst entsteht Chaos. An jeder Ecke steht ein Kreuz auf dem Gebäude. Dein Körper ist die Kirche, und der Teufel sagt, das Gebäude mit einem Kreuz ist die Kirche. Gott sagte, ich bin eins, der Teufel sagt, nein, drei Götter. Gott sagt, taufe im Namen von Jesus, der Teufel sagt, nein, taufe im Namen des Vaters, des Sohnes und des Heiligen Geistes. Dieses Unkraut begann zu wachsen, und da es ein Unkraut ist, wächst es schnell und schadet den Christen. Das sind die religiösen Gruppen, Organisationen, Konfessionen und Konfessionslosen, die Jesus nicht als den Sohn Gottes oder Gott im Fleisch kennen.

Matthäus 13:24 Ein anderes Gleichnis legte er ihnen vor und sprach: Das Himmelreich ist gleich einem Menschen, der guten Samen auf seinen Acker säte; 25 während aber die Menschen schliefen, kam sein Feind und säte Unkraut unter den Weizen und ging davon.

Ein Mann säte guten Samen, aber als er schlief, kam der Feind, der Teufel, und säte Unkraut. Wenn wir schlafen, bedeutet das, dass wir nicht arbeiten. Wir können arbeiten, wenn wir wach sind. Keiner arbeitet im Schlaf. Wir sind dazu berufen, zu arbeiten und das Evangelium zu verkünden und dabei Zeichen zu setzen. Nun, Jesus hat die ganze Zeit gearbeitet. Seine Jünger taten dasselbe. Nach seinem Tod arbeiteten die Jünger Jesu Tag und Nacht.

Lukas 4:43 Und er sprach zu ihnen: Ich muss das Reich Gottes auch in anderen Städten verkünden; denn dazu bin ich gesandt.

Der Herr Jesus wirkte die ganze Zeit überall. Er predigte, trieb Dämonen aus, heilte die Kranken und lehrte. Jetzt müssen wir dasselbe tun. Wenn wir nicht arbeiten, bedeutet das, dass wir im geistlichen Schlaf sind.

Markus 16:15 Und er sprach zu ihnen: Gehet hin in alle Welt und predigt das Evangelium aller Kreatur.

Der Herr bat seine Jünger, diejenigen zu taufen, die an Jesus glauben. Ja, nachdem sie Zeichen, Wunder und Wundertaten gesehen haben, müssen sie ihre Sünden abwaschen. Ein Evangelium ohne Zeichen und Wunder ist kein Evangelium. Als der Herr Jesus seine Jünger aussandte, erfüllten sie ihren Auftrag. Sie waren geistig wach, um zu arbeiten.

Apg 8:4 So gingen die Zerstreuten überall hin und predigten das Wort.

Apg 6:2 Da riefen die Zwölf die Schar der Jünger zu sich und sagten: Es ist nicht vernünftig, dass wir das Wort Gottes verlassen und den Tischen dienen.

Die Jünger predigten weiterhin die Taufe im Namen Jesu, Wunder, Heilungen und die Taufe im Heiligen Geist. Der Vorsteher der Synagoge sagte.

Apg 4:18 Und sie riefen sie und befahlen ihnen, in dem Namen Jesu weder zu reden noch zu lehren.

Die geistig wachen Jünger pflanzen weiter Weizen. Was ist die wahre Lehre oder die gute Saat des Wortes Gottes? Hätten Sie weiter auf dem Feld gearbeitet, dann wären falsche Lehren nicht entstanden. Was haben Sie getan, nachdem Sie die Wahrheit empfangen haben? Sie sagen vielleicht: Ich gehe in die Kirche. Der Teufel hat viele falsche Lehrer, die falsche Lehren verbreiten. In der Kirchenbank zu sitzen, am Sonntag und in der Wochenmitte das Gebäude zu besuchen, funktioniert nicht. Es ist die Idee des Teufels, Sie von dem Auftrag Jesu Christi abzubringen. Erinnern Sie sich, dass der Herr den Tisch umwarf und sagte, der Dieb habe eine Höhle?

Die im Jahr 325 begonnene Irrlehre ist eine Tara. Die Tara-Pflanzung des Teufels ist, dass aus einem Gott drei wurden. Sagen Sie anderen, dass Jesus der Gott Jehovas ist? Jesus ist der Retter Jehovas, das heißt Gott, der im Fleisch wandelt. Gott manifestierte sich im Fleisch, um sein Blut zu vergießen. Wenn Sie eine Organisation besuchen oder ihr beitreten, helfen Sie jemandem in die Tasche, aber nicht dem Reich Gottes. Wachen Sie auf und arbeiten Sie. Ein geistliches Erwachen ist nötig. Was geschieht, wenn Sie einmal aufgewacht sind? Sie werden zu Ihrer Familie, Ihren Nachbarn, Krankenhäusern, Waisenhäusern, Gefängnissen und überall hin gehen, um zu predigen und zu lehren.

Es gab eine Zeit, in der ich für ein paar Monate in der Episkopal Kapelle in Dallas diente. Ich vertrete keine Doktrin, sondern lehre sie die Lehre eines Propheten und Apostels Gottes. Ich sah, wie viele geheilt und befreit wurden, als ich ihnen die Hand auflegte. Ein paar Mal kamen sogar Priester zum Gebet herunter. Ich gab ihnen verschiedene Bücher und DVDs, damit sie die Wahrheit über die Taufe auf den Namen Jesu und das Reden in der Zunge durch den Empfang des Heiligen Geistes lernen konnten. Ein paar Damen hielten immer die Tür geschlossen, wenn wir in der Zunge beteten. Jetzt brauchen sie keine Angst vor religiösen Autoritäten zu haben, ich würde es nicht tun. Ich war nur vorübergehend dort, weil Gott mich zum Dienen geschickt hat. Während dieser Zeit wurden viele von psychischen Angriffen, Krebs und Krankheiten geheilt und befreit und waren glücklich. Aber sie versteckten mich immer im Lagerraum, um für die Menschen zu beten. Ich bete über einen Mann, und er sagte: "Oh, ich fühle mich schon großartig. Er beschwerte sich über einen Priester und sagte, dass nichts passiert, wenn sie über mir beten.

Ich weigere mich, einzuschlafen; ich bin geistig immer wach. Also wachen Sie auf, gehen Sie hinaus und tun Sie das Werk Gottes. Ich weiß, dass viele Kirchen das nicht erlauben würden. Aber Gott hat Sie aufgefordert, zu arbeiten. Wenn wir einschlafen, bringt das die Lehre des Teufels mit sich, die eine Tara ist. Arbeitet immer, um Gott zu gefallen und nicht irgendwelchen falschen Autoritäten.

Tun Sie das, was Jesus und seine Jünger taten? Sehen Sie einen Hirten auf der Straße, von Stadt zu Stadt, der das Evangelium verkündet? Schicken sie zwei und zwei ins Gefängnis, ins Gefängnis, von Stadt zu Stadt?

Das ist nicht die Aufgabe eines Missionars, sondern Ihre und meine. Du bist derjenige, der es tun sollte, denn Jesus hat dich gebeten, genau so zu arbeiten, wie er es getan hat. Er hat uns versichert, dass wir mehr tun können, als er getan hat. Wenn Sie nicht am Werk Gottes arbeiten, bedeutet das, dass Sie schlafen. Menschen, die schlafen, können nicht arbeiten. Wenn Sie nicht arbeiten wollen, dann geht der Teufel umher und Pflanzen sind Tara, die dem Weizen ähnlich sehen. Wenn du nicht arbeitest, dann sprießt das Unkraut. Möge der Herr uns ein geistliches Erwachen schenken. Die Tarte sieht aus, handelt und spricht über Jesus ohne Zeichen und Wunder. Wenn Jesus sie vom Weizen trennt, kann das für die Christen ein Problem darstellen. Aber am Ende werden sie entfernt werden. Deshalb hat der Herr gesagt, wir sollen auf die Früchte achten.

Also geht herum und arbeitet. Arbeitende Menschen würden es Satan nicht erlauben, Tara zu pflanzen. Wenn du nicht arbeitest, bist du geistig eingeschlafen.

Matthäus 13:28 Er sprach zu ihnen: Das hat ein Feind getan. Die Knechte sprachen zu ihm: Willst du denn, daß wir hingehen und sie auflesen? 29 Er aber sprach: Nein, auf daß ihr nicht, wenn ihr das Unkraut ausjätet, auch den Weizen mit ausrotte.

Petrus und Paulus hatten eine Offenbarung über die Identität Jesu. Dann wurde sie den anderen Jüngern offenbart. Sie setzen diese Lehre der Wahrheit fort, die apostolische Lehre genannt wird. Aber der Teufel kam herein, als ein bekehrter Christ einschlief. Sie gingen nicht umher und taten, was Jesus ihnen befohlen hatte zu tun. Ich sage euch, diese Täuschung ist so stark, dass viele von euch und ich sie erlebt haben.

Apg 20:29 Denn das weiß ich, dass nach meinem Weggang böse Wölfe unter euch eindringen werden, die die Herde nicht verschonen. 30 Es werden auch von euch selbst Menschen aufstehen, die verkehrte Dinge reden, um Jünger an sich zu ziehen. 31 Darum wachet und gedenket daran, daß ich drei Jahre lang nicht aufgehört habe, einen jeglichen Tag und Nacht mit Tränen zu ermahnen.

Paulus warnte uns vor einem schlimmen Wolf. Er wird kommen, um das Unkraut zu säen. Sie verändern die wahre Bibel in viele falsche Versionen. Das Wort Gottes wurde entfernt und hinzugefügt, um falsche Lehren einzuführen. Unsere Arbeit auf dem Feld besteht darin, gegen Satan und seine Taktik zu kämpfen. Einige gehen überall hin, um Unkraut zu säen. Wachen Sie auf, arbeiten Sie, gehen Sie hinaus und lehren Sie die Wahrheit. Ändert eure Prioritäten. Als ich herumging und das Wort Gottes lehrte, fand ich alle möglichen falschen Versionen der Bibel. Ich frage mich, was hier passiert ist. Niemand weiß, dass Jesus Jehova Gott selbst im Fleisch ist. Jesus ist der höchste Name Jehovas. Gott hat den höchsten Namen, nämlich Jesus, lange Zeit geheim gehalten. Ein Engel hat ihn offenbart. Er steht über allen früheren Namen Jehovas. Blut steht unter diesem Namen. Der eine und einzige Gott des Alten Testaments wandelt im Neuen Testament als Jesus, der Retter, in Fleisch und Blut. Wenn Sie diese Wahrheit haben, dann gehen Sie hinaus und arbeiten Sie. Erzählen Sie der Welt die Wahrheit. Vom ersten Tag an habe ich die Wahrheit über Jesus gefunden und angefangen, treu zu arbeiten. Ich werde nicht schlafen, sondern arbeiten und arbeiten. Amen!

LASST UNS BETEN

Himmlischer Vater, wir danken dir; du hast auf der Erde gewirkt und bist nicht eingeschlafen. Du bist über die Grenzen des Tempels hinausgegangen, hast den Vorhang durchbrochen und bist aus dem Kasten herausgetreten, um deine Schöpfung zu erreichen. Herr, du hast dein Blut für alle Geschöpfe gegeben. Wir brauchen einen Arbeiter, der die Offenbarung von dir hat, deshalb setzen wir die Apostelgeschichte fort. Wir sind zur Arbeit aufgerufen. Die Apostel und Propheten haben unsere Lehre vermittelt und begründet. Hilf uns, kein Unkraut zu säen, das deinem Reich bereits Schaden zufügt. Dein Volk wird bereits abgelehnt, weil dieser schlimme Wolf in der religiösen Welt die Wahrheit zerstört. Der himmlische Vater sendet uns Arbeiter

ELIZABETH DAS

zur Arbeit. Wir können nicht in der Kirchenbank sitzen und es uns gut gehen lassen, denn du hast uns gebeten, an die Arbeit zu gehen. Herr, wir bitten um geistliches Erwachen. Öffne die Tür, salbe uns. Herr, wir arbeiten, um die Lüge des Teufels zu zerstören, in Jesu Namen. Amen! Gott segne Sie!

14. DEZEMBER

LASSEN SIE NIEMANDEN KONTROLLE SIE!

Wir sind gerufen um unsere mission zu erfüllen mit all denen die repented sind, in dem Namen von Jesus getauft wurden, und mit dem Holy Spirit filled sind. Wenn du die truth lernst, wird es deine responsibility es zu spreaden zu anderen. Deine task ist es das Gospel in jedem place zu preachen. Tust du es? Bist du unable zu move von dem pulpit, pew, oder irgendeinem anderen location in der city? Du bist summoned worden zu arbeiten als ein laborer. First, müssen wir beten, das word von God lehren, Dämonen austreiben, und die sicken heilen. Wenn du es nicht tust, bedeutet es, dass jemand dich kontrolliert, oder du bist einfach careless.

Lukas 4:42 Und als es Tag wurde, ging er weg und kam an einen wüsten Ort. Und das Volk suchte ihn und kam zu ihm und hielt ihn auf, damit er nicht von ihnen abliefe.

Können Sie sich vorstellen, dass die Menschen sich an Jesus klammern wollen? Haben Sie diese Erfahrung auch gemacht? Als ich berufen wurde, nach Texas zu gehen, sagten viele, nein, du kannst nicht nach Texas gehen. Ein Mensch versuchte, das Verkaufsschild für mein Haus zu entfernen. Einige versuchten, mich zu beraten, indem sie sagten, dein Dienst sei in Kalifornien. Sogar einige meiner Familienmitglieder versuchten, mich zu entmutigen. Nachdem ich eine Botschaft von Gott erhalten hatte, verließ ich Kalifornien schnell wieder. War es leicht? Die Antwort lautet: Nein. Es war der Plan Gottes.

Lukas 4:43 Und er sprach zu ihnen: Ich muss das Reich Gottes auch in anderen Städten verkünden; denn dazu bin ich gesandt.

Sie sind nicht dazu berufen, einen Freund zu finden, sich niederzulassen und zu verrotten, um sich anzustecken. Es wird so schrecklich, dass niemand mehr gerne in irgendwelche Gebäude geht, die sie Kirchen nennen. Unproduktivität und Machtkämpfe sind oft die Folge von zu vielen Klicks.

Lukas 2:49 Und er sagte zu ihnen: Wie kommt es, dass ihr mich sucht? Wisst ihr nicht, dass ich in den Angelegenheiten meines Vaters tätig sein muss?

Johannes 9:4 Ich muss die Werke dessen wirken, der mich gesandt hat, solange es Tag ist; es kommt die Nacht, in der niemand wirken kann.

Du hast die power des Holy Spirit erhalten um zu arbeiten, Dämonen auszutreiben, zu lehren, und die brokenhearted und kranken zu heilen. Vermeide es auf einem pew zu sitzen, deine Hand zu heben, Geld zu geben, und dann zu gehen. Du wirst vom Dieb im building/church geliebt werden. Ohne work, macht er es trotzdem Zeit um dich ein oder zweimal die Woche für weniger als drei Stunden zu treffen. Easy money! Was dein himmlischer Father gesagt hat, GO und tu was Er tat, ist es nicht? Du gehst vielleicht nicht, weil es Satan's kingdom schaden würde. Sie haben mich gestoppt außerhalb ihrer organization's beliefs zu arbeiten. Ich tat trotzdem was der Lord mich bat zu tun. Ich kann immer noch nicht das why dahinter verstehen. Sie haben verpasst was Jesus zu Seinen disciples und uns sagte. Viele laborers, einschließlich mir, wurden von verschiedenen denominations, organizations, und pastors gestoppt. Es sind oft die internen issues, nicht externe Faktoren, die viele Probleme verursachen. Bitte bete für sie. Sie brauchen compassion für die kranken, besessenen, verlorenen, und verletzten Menschen. Ich meine was ich sagte. In dieser dispensation, sollte unsere priority street preaching sein, nicht ins building zu gehen. Wenn du das New Testament lernen willst, dann übe Hände zu legen mit der authority im Namen von Jesus.

Matthäus 21:23 Und als er in den Tempel kam, traten die Hohenpriester und die Ältesten des Volkes zu ihm, während er lehrte, und sagten: Mit welcher Vollmacht tust du das? und wer hat dir diese Vollmacht gegeben?

Sie wagten es, Fragen an den menschgewordenen Gott zu stellen. Jesus begegnete Menschen, die taub und blind waren und keine religiöse Autorität besaßen. Auch ich stieß auf den Widerstand der religiösen Autoritäten. Sie verlangten, dass ich nicht mehr predige, lehre, Hände auflege und Dämonen austreibe. Sie sind vom Herrn gerufen worden. Führen Sie seine Aufforderung aus. Jemand behauptet, es sei nicht ratsam, in meinem Haus Gebetstreffen, Heilungen und Befreiungen zu veranstalten. Einige religiöse Autoritäten handeln im Gegensatz zu den Lehren des Herrn. Halten Sie Gottes Werk nicht auf, arbeiten Sie weiter für Jesus, wie er es verlangt hat. Irgendwie will der Teufel Sie und mich davon abhalten, die gute Nachricht zu verbreiten. Ich bin nicht hier, um auf der Kirchenbank zu sitzen und nach Hause zu gehen. Halten Sie Abstand von Hindernissen.

Wir müssen tun, was Jesus getan hat.

Johannes 6:15 Als Jesus nun merkte, dass sie kommen und ihn mit Gewalt ergreifen wollten, um ihn zum König zu machen, ging er allein auf einen Berg.

Lukas 13:22 Und er ging durch die Städte und Dörfer, lehrte und zog nach Jerusalem.

Matthäus 9:35 Und Jesus ging umher in alle Städte und Dörfer, lehrte in ihren Synagogen und predigte das Evangelium vom Reich und heilte alle Krankheiten und alle Gebrechen im Volk.

Ich habe das Privileg, die Wahrheit zu finden. Sie hat mich von der Last der religiösen Überzeugungen befreit. An dem Tag, an dem ich den Heiligen Geist empfangen habe, habe ich weiter für das Reich Gottes gearbeitet und gewirkt. Das ist das mächtige, kostbare, leben spendende Evangelium. Man kann jede Verheißung des Wortes Gottes nehmen und sie in der Praxis anwenden, um ihre Zuverlässigkeit und Vertrauenswürdigkeit zu erkennen. Durch unseren Lebensstil bekehren sich viele Menschen. Ihre Beziehung zum Herrn wird stärker, wenn sie die Grundsätze der Bibel ausleben.

Eine Frau konvertierte vom Hinduismus zum Christentum und erlebte eine lebensverändernde Veränderung. Das wirkte sich positiv auf ihren Vorgesetzten aus; er war ein wütender Mann, aber durch ihr Gebet wurde er der freundlichste und netteste Mann. An einem anderen Tag sagte ihr Vorgesetzter: "Ich möchte meine Religion wechseln." Die Frau sagte: Es geht nicht darum, die Religion zu ändern, sondern darum, das Herz zu ändern und sich von der Sünde abzuwenden. Freude überkam mich, als ich das Zeugnis eines neuen Gläubigen hörte. Sie ermutigen ihre Kollegen, es mit Jesus zu versuchen, um ein besseres Ergebnis zu erzielen. Das ist unsere ständige Verantwortung, egal zu welcher Zeit oder an welchem Ort. Dazu sind Sie berufen. Zeichen und Wunder werden von Gott bestätigt .

Markus 16:15 Und er sprach zu ihnen: Gehet hin in alle Welt und predigt das Evangelium aller Kreatur Freunde, bitte geht hinaus und predigt, setzt euch nicht auf die Kirchenbank und lasst euch anstecken. Ignoriert alle Ratschläge oder Kommentare von anderen.

Markus 8:35 Denn wer sein Leben retten will, wird es verlieren; wer aber sein Leben um meinetwillen und um des Evangeliums willen verliert, der wird es retten.

Es mag riskant sein, in verschiedene Länder zu reisen, aber wir können auf die Führung und den Schutz des Herrn vertrauen. Wenn ein Jünger an einem Ort geblieben wäre, dann hätten die Römer, Italiener, Asiaten, Korinther, Epheser, Kollisionen und alle Kulturen und Farben niemals das Heil gefunden. Ich möchte Sie weiterhin ermutigen, Jesus durch Ihre Arbeit zu dienen. Gottes Reich und seine Mission hängen von Ihnen und mir ab. Erfreuen Sie nicht die Menschen. Erfreuen Sie den Herrn. Verzichten Sie nicht auf einen kleinen Gefallen, einen Händedruck, einen Besuch oder einen Telefonanruf. Der Herr wird sich um Sie kümmern, wenn Sie für ihn arbeiten. Siehe die Apostel.

Apg 5:19 Der Engel des Herrn aber öffnete bei Nacht die Gefängnistüren und führte sie heraus und sprach: 20 Geht hin, steht auf und redet im Tempel zum Volk alle Worte dieses Lebens.

Wir haben die work fortzusetzen durch surrendering zu God. Bleibe nicht am gleichen place, aber gehe überall und preach das Gospel. Möge der Lord dir ein understanding von der seriousness Seines business geben. Sobald du hinaus gehst um zu arbeiten, wird Er dich zu Menschen mit provisions führen.

2 Korinther 10:16 das Evangelium zu predigen in den Gegenden, die vor euch liegen, und uns nicht zu rühmen mit dem, was uns in die Hand gegeben ist.

Unsere Aufgabe ist es, neue Menschen, neue Kulturen und neue Seelen mit dem Gospel von God zu treffen. Wir sind gesegnet, Menschen aus der ganzen Welt zu treffen. Ruf eine zufällige Telefonnummer an und sei ein Zeuge. Wenn das Wetter schlecht wird, nehme ich das Telefon und rufe zufällig an und frage, ob ich für sie beten kann. Also gürte deine Lenden und bereite dich mit den Schuhen des Gospel der Wahrheit vor, um allen Nationen der Welt zu predigen. Das ist, was du und ich tun müssen. Ab heute öffne deinen Mund, um das Gospel zu predigen und Bibelstudium zu geben. Geh hinaus, um den Dämon von Drogen, Lügen, Zigaretten, Krebs und Alkohol auszutreiben. Amen! Lord, salbe dich, um das Joch von Satan im Namen von Jesus zu zerstören! Amen!

LASST UNS BETEN

Himmlischer Vater, wir danken dir, dass du uns treu bist. Du hast gesagt, wenn ihr mich sucht, werdet ihr mich finden. Lass uns suchen, bitten und anklopfen, um dich zu erreichen. Herr, unsere Aufgabe ist es nicht, es uns auf der Kirchenbank, in derselben Stadt und am selben Ort bequem zu machen. Herr, hilf uns, das zu tun, worum du uns gebeten und wozu du uns berufen hast. Öffnet viele Türen, um zu predigen und zu lehren. Herr, bitte gib uns eine Last für die Seelen, damit wir sie mit Gebet und Fasten erreichen können. Möge der Herr uns viele Seelen schenken, die wir gewinnen können. Wir wollen für das Reich Gottes arbeiten und nicht für irgendjemanden. Herr, du wirst für alle Bedürfnisse sorgen. Schicke uns wahre Propheten und Lehrer. Schicke uns Arbeiter, die auf dem Feld des Herrn arbeiten. Erlöse die Seele von den Fesseln, dem Joch und den Ketten in Jesu Namen. Amen! Gott segne Sie!

15. DEZEMBER

POSITIONIEREN SIE SICH ZUM SPAREN!

Wir alle haben irgendeine Art von Position in der Familie, am Arbeitsplatz und im Reich Gottes inne. Gott platzierte Adam und Eva auf der Erde an einer Adresse, die Garten Eden genannt wird, um den Garten zu gestalten.

Die Position von Mutter und Vater spielt eine wichtige Rolle bei der Erziehung der Kinder. Kinder, die einem Paar geboren werden, werden Töchter oder Söhne genannt. Das Ergebnis der Eltern hängt von der Zeit ab, die sie mit der richtigen Erziehung ihrer Kinder verbracht haben. Ihr Produkt sind die zukünftigen Eltern ihrer Enkelkinder. So geht der Kreislauf weiter und weiter. Gott gibt jedem Menschen eine Position, um Verantwortung zu übernehmen.

Psalm 75:6 Denn die Förderung kommt weder vom Osten noch vom Westen noch vom Süden. 7 Gott aber ist der Richter; er stößt einen ab und stellt einen anderen auf.

Abraham positioned Isaac auf dem altar zu sacrifice. Lord rescued since Er hatte ein ultimate plan zu rescue Seine chosen. Die choice Abraham carried out zeigt dass er never had to worry, since der Lord würde sie rescue. Father positioned Isaac zu die, aber der Lord hatte eine position zu ihn rescue. Isaac represents us, die chosen, und das lamb represents Jesus Christ. Joseph positionierte sich als Retter von Gottes auserwähltem Volk. Er konzentrierte sich auf Gott und seine Werke. Wenn du dich auf Gott konzentrierst, dann wird Gott dich so positionieren, dass du das Volk rettest. Er wird Sie aus allen Schwierigkeiten retten und Sie nicht verlassen und sich eine Auszeit nehmen. Möge der Herr uns helfen, uns zu positionieren, indem wir uns auf Gott konzentrieren. Konzentrieren Sie sich auf sein Wort, konzentrieren Sie sich auf Ihre Berufung. Sich Gott zu überlassen ist beängstigend. Es fühlt sich hilflos an, ohne Mittel. Wenn du das tust, handelst und deiner Berufung treu bleibst, wird es dir gut gehen. Gott wird Sie vor der Todesstrafe, dem Gefängnis, der Hungersnot, dem Verhungern und den Problemen bewahren, in Jesu Namen. Möge der Herr uns benutzen, um die verletzte, hilflose, entmutigte, verlorene, verwirrte und fehlgeleitete Welt zu warnen. Sie verstehen, was ich meine, oder? Die Welt ist verloren. Sie wissen nicht, wohin sie gehen sollen. Ihr Verstand wurde vom Teufel durch die Identität gestohlen. Um verlorene und verletzte Generationen zu retten, möchte der Herr, dass Sie sich in ihm positionieren.

Eine Eine-Welt-Regierung wird vom Teufel durch strategische Vernetzung inszeniert. Meine Hauptaufgabe ist es, den Menschen zu helfen und ihnen zu zeigen, dass Jesus der Weg der Wahrheit zum ewigen Leben ist. Das Leben kann auf der Erde und auch danach im Überfluss vorhanden sein. Nur wenn ich mich aufstelle, um die Verlorenen zu erreichen. Bete und weine um die Situation, in der sich die Welt befindet.

Warum fasten ich und meine Gruppe jede Woche, und einmal im Monat länger? Wir wollen zur rechten Zeit und außerhalb der Zeit bereit sein. Wir wissen, dass es viele Dämonen im Krieg um den General gibt, gefallene Engel und den Oberbefehlshaber Satan. Ich weiß auch, dass ich hier bin, um für mich und andere gegen Satan antreten. Gott, der Herr, hat mir diesen Auftrag gegeben. Du musst die work von warfare gegen den enemy tun. Positioniere dich selbst um die lost zu save. Du kannst nicht fasten und beten nachdem du defeated bist. Ich muss fasten, beten, und meinen faith ahead of time exercise. Verstehst du es? Du weißt nicht wohin du heading bist, und du weißt nicht den plan von dem enemy gegen dich. Sobald du dich selbst fortified hast durch early morning prayers, diligent study von dem Word, deep meditation über seine teachings, und unwavering fasting, wirst du dich invincible fühlen und bereit sein jeder battle zu face die deinen way kommt.

Wie ihr wisst, haben sich die fünf Narren nicht in Stellung gebracht, um ihren Bräutigam zu treffen. Möge der Herr uns fünf Ehefrauen machen. Verstehen Sie jetzt, warum wir beten, fasten und Worte lesen? Ihr wisst nicht, wann eine Prüfung, ein Problem oder eine Situation wieder auftauchen wird. Sie kommen ohne Vorwarnung. Darf ich es Ihnen vorschlagen? Beten Sie, wie Sie noch nie gebetet haben, fasten Sie, wie Sie noch nie gefastet haben, und tauchen Sie ein in die Welt Gottes, wie Sie es noch nie getan haben. In der Tat, bitte beten Sie ohne Unterlass. Möge der Herr uns helfen, immer bereit zu sein. Verstehen Sie die Zeit und die Jahreszeit. Ich erinnere mich an ein kleines Mädchen, das immer mit Socken und ordentlich zusammengebundenen Haaren ins Bett ging. Sie sagte, wenn Jesus in der Nacht kommt, dann möchte ich ihm nicht mit zerzausten Haaren und barfuß begegnen. Wahnsinn!

Esther positionierte sich als Retterin für ihr Volk. Sie war nicht wie die religiöse Königin Isebel, sondern eine wachsame, scharfe Frau, die die Rüstung Gottes anlegte. Königin Isebel war geschminkt und aufreizend gekleidet. Seht, was der Unterschied ist. Möge der Herr das größere Werk für uns tun, damit wir genau das tun, was nötig ist, um diese sterbende, drogenabhängige, alkoholkranke, depressive, selbstmordgefährdete und hoffnungslose Generation zu retten. Unser Herr ist ein Retter, aber Er braucht einen Mitarbeiter, der für Ihn arbeitet. Bitte tragen Sie sich in sein Reich ein.

Wir alle haben eine Position; einige sind wie Adam und Eva und einige sind weise und gerecht wie König David. Joseph hat sich auf seine Berufung konzentriert. Er reichte dem Pharao die Hand, um das Volk Gottes vor der Hungersnot zu retten. Esther sorgte sich nicht um die Herrschaft des Königs, seinen Tod oder seine Selbstgerechtigkeit. Es war gegen die Herrschaft des Königs, zu fasten. Esther fastete und rettete die Blutlinie des Messias. Möge der Herr dich dazu einsetzen, viele Nationen überall zu retten. Vielleicht bist du in einem kommunistischen Land, in einem Land des Götzendienstes, in einem muslimischen Land und vielleicht in einigen christlich-religiösen Ländern, die den Weg Gottes verloren haben. Positioniere dich, um Menschen zu retten.

Als ich bei der Post arbeitete, traf ich viele Menschen, die Jesus nicht kannten. Ich hatte eine großartige Gelegenheit, andere Nationalitäten zu bezeugen. Durch meine Predigten wurden viele Menschen geheilt, in Jesu Namen getauft und glaubten an den Herrn. Ich erkenne an, dass du eine Aufgabe hast, die Konzentration erfordert. Konzentriert euch, damit euer Schatten Dämonen austreiben, Kranke heilen und viele das Heil empfangen können. Wir haben unsere Position vermasselt. Deshalb gibt es in unserer Stadt viel Kriminalität, Schießereien, Drogen, Scheidungen und Armut. Wir machen Urlaub, jagen und studieren, um zu beeindrucken, aber wir konzentrieren uns nicht darauf, hinauszugehen und Lehr- und Predigtarbeit zu leisten. Wir alle haben einen Ruf von Gott, zu heilen, zu befreien und das Evangelium zu verkünden.

Wie haben wir uns positioniert? Es ist so abwegig, dass manche Gemeinden viele Dämonen haben. Sie interessieren sich nur für den Reichtum. Den of Thieves hat sich auf der Kanzel positioniert.
Ich möchte mich positionieren, um das Evangelium überallhin zu bringen. Wenn es eine offene Tür gibt, dann möchte ich das Evangelium verkünden. Egal, wer es sein könnte, Hauptsache, sie lassen mich. Ich bete

für jeden, der mich zulässt. Es liegt ganz an mir, wie ich mich positioniere. Ich muss aufwachen und beten, um Stress und Unvorbereitetheit zu vermeiden. Warum konnte der Jünger den Dämon nicht austreiben? Sie hatten sich nicht vorbereitet. Ein taubstummer Geist war in dem jungen Mann, aber die Jünger waren nicht darauf vorbereitet. Jesus befahl den Dämonen, herauszukommen, und die Dämonen gingen weg.

Markus 9:28 Und als er in das Haus kam, fragten ihn seine Jünger unter vier Augen: Warum konnten wir ihn nicht austreiben? 29 Er aber sprach zu ihnen: Diese Art kann durch nichts ausfahren als durch Gebet und Fasten.

Stellen Sie sich auf die Berufung ein, oder wir werden kranke, deprimierte, verwirrte, besessene, verlorene und hilflose Menschen um uns herum sehen. Möge der Herr unsere Herzen in Jesu Namen vorbereiten. Amen!

LASST UNS BETEN

Himmlischer Vater, wir danken dir, dass du dich auf die Erde gestellt hast, um uns zu retten. Herr, hilf uns, unsere Augen auf dich zu richten. Leite unsere Füße in deinen Fußstapfen durch das Wort Gottes, damit wir uns um das Werk kümmern können, das du für uns hinterlassen hast. Herr, hilf uns, dich zu erkennen, indem wir deinem Wort und deinem Willen folgen und es tun. Der himmlische Vater, mache uns zum Licht, denn wir sehen viel Dunkelheit um uns herum. Wir beten für alle, die Hilfe brauchen. Wir müssen Licht für alle sein. So hilf uns, stärke uns, gib uns Weisheit, Liebe und Last für die verlorene Seele. Wir bringen unsere Kinder zu dir und leiten sie mit gottesfürchtigen Eltern, Lehrern und Behörden. Wir danken dir für das Wort Gottes. Es ist immer gut, so hilf uns zu einer Stellung im Wort Gottes in Jesu Namen. Amen! Gott segne Sie!

16. DEZEMBER

DURCHDRÜCKEN!

Lerne, alle Hindernisse auf dem Weg zu überwinden. Erwarte keinen rosigen Weg, keinen Weg ohne Hindernisse, ohne Barrieren, ohne Stopps und Blockaden. Unser Weg wird sowohl mit wildem Wasser als auch mit Feuer konfrontiert sein. Möge der Herr uns lehren, wie wir den Hindernissen begegnen und den Thron des Erlösers erreichen können. Drücke den Gedanken, das Gewand zu berühren. Erreichen Sie den Thron Gottes. Suchen Sie seinen Schatten, seine heilende Berührung oder seinen Geist zum Zweck der Heilung. Es erfordert eine Anstrengung, den Retter Jesus zu erreichen. Mit Retter ist jemand gemeint, der Heilung bringt, befreit und rettet. Alles, was Sie brauchen, ist in Ihm.

Markus 2:3 Und sie kamen zu ihm und brachten einen Gichtbrüchigen, der von vier Personen getragen wurde. 4 Und da sie nicht zu ihm kommen konnten wegen der Presse, deckten sie das Dach auf, wo er war; und als sie es aufgerissen hatten, ließen sie das Bett herunter, auf dem der Gichtbrüchige lag. 5 Da Jesus ihren Glauben sah, sprach er zu dem Gichtbrüchigen: Mein Sohn, deine Sünden sind dir vergeben. 11 Ich sage dir: Steh auf und nimm dein Bett und geh hin in dein Haus! 12a Und alsbald stand er auf, hob das Bett auf und ging hinaus vor ihnen allen;

Der Mann stieß auf Herausforderungen, aber er erregte letztlich die Aufmerksamkeit des Erlösers. Du musst hindurchdringen, um die Hilfe zu erhalten. Du kannst es schaffen. Das Ergebnis zu sehen, macht die ganze Zeit und Mühe lohnenswert. Die Menschen verfolgten Jesus über Berge, Ozeane und Flüsse, um Ihn zu finden. Er half, gab, heilte und befreite diejenigen, die Ihn erreichten. Warum tun wir nicht dasselbe?

In seinem Namen wird uns Autorität verliehen. Es ist üblich, dass Menschen um die ganze Welt reisen, um einen echten Propheten zur Problemlösung zu treffen. Hungrige und durstige Gottes Leute werden überall hinfliegen, um einen wahren Propheten zu finden. Ich habe eine ähnliche Situation gelöst, indem ich das Gleiche getan habe.

Markus 5:21a Und als Jesus wieder mit dem Schiff hinüberfuhr, versammelte sich viel Volk zu ihm; 23 und sie baten ihn sehr und sprachen: Mein Töchterlein ist dem Tode nahe: Ich bitte dich, komm und lege ihr die Hände auf, daß sie gesund werde, und sie wird leben.

Jesus ging in das Haus des kleinen Mädchens, um es zu heilen. Obwohl sie schon gestorben war, gelang es ihm, sie wieder auferstehen zu lassen. Jesus war von einer Vielzahl von Menschen umgeben. Eine Frau litt seit zwölf Jahren an Blutkrankheiten. Mit Entschlossenheit kämpfte sie sich durch, um das Gewand zu berühren und Heilung zu empfangen. Um seinen Thron zu erreichen, müssen wir lernen zu beten, zu fasten und durchzuhalten. Er ist derselbe gestern, heute und in Ewigkeit.

Markus 5:29 Und alsbald versiegte die Quelle ihres Blutes, und sie spürte am eigenen Leib, dass sie von der Plage geheilt war.

Schreie, um die Aufmerksamkeit Jesu zu erregen und eine Lösung für dein Problem zu finden. Als der blinde Bartimäus hörte, dass Jesus in der Nähe war, schrie er, um seine Aufmerksamkeit zu erregen. Viele versuchten, ihn aufzuhalten. Jesus hörte ihn und rief ihn. Der blinde Mann bat darum, sein Augenlicht wiederzuerlangen.

Markus 10:52 Und Jesus sprach zu ihm: Geh hin; dein Glaube hat dich gesund gemacht. Und alsbald wurde er sehend und folgte Jesus auf dem Weg.

Bleiben Sie nicht blind, taub, lahm oder ohne Gliedmaßen, sondern schreien Sie, um Hilfe zu bekommen. Der Herr wird dich hören und dir helfen. Er wird deinen Bedürfnissen volle Aufmerksamkeit schenken, wenn du schreist. Es liegt nur an Ihnen, seine Aufmerksamkeit zu erlangen. Anbetung ist auch eine Möglichkeit, sich durchzusetzen. Beten Sie Ihn einfach an; Sie werden Seine Aufmerksamkeit bekommen. Bitten Sie den Herrn, Sie von allen Krankheiten zu reinigen.

Matthäus 8:2 Und siehe, da kam ein Aussätziger und betete ihn an und sprach: Herr, wenn du willst, kannst du mich rein machen. 3 Und Jesus streckte seine Hand aus, rührte ihn an und sprach: Ich will, du sollst rein werden. Und alsbald wurde sein Aussatz gereinigt. Legen Sie Musik auf, um anzubeten, beten Sie mit der Zunge, und wenn Seine Gegenwart kommt, sagen Sie: Herr, heile, hilf, berühre und mach mich gesund. Er wird es tun. David bat auch um den Spielmann, der sang und musizierte, um David zu helfen, ernsthaft anzubeten und seine Gegenwart zu bringen.

Lerne, mit einem Musikinstrument zu beten. Sprich und beanspruche Seine Verheißungen, die in Seinem Wort gegeben sind, und gib sogar ein zusätzliches Opfer, um das zu erhalten, was du von Gott bekommen möchtest. Mit dem letzten Rest an Öl und Mehl backte die Frau einen Kuchen für den Propheten Gottes. Gott sorgte für ein Überlebenswunder für sie und ihren Sohn während der Hungersnot. Möge Gott uns den Weg zu seinem göttlichen Thron weisen und lehren. Gott kann das Problem lösen, sobald man sich durchringt, den Thron Gottes zu berühren. Wir sind unser Problem. Wir wollen nicht warten, suchen, bitten und anklopfen. Möge der Herr uns gnädig sein. Unser Heilmittel liegt auf unseren Knien. Möge der Herr uns im Bereich des Geistes sensibel machen. Wir können geheilt werden, wenn wir jemanden finden, der die Gabe der Heilung hat. Ich erhalte täglich viele Anrufe, um Heilung und Befreiung zu empfangen, da ich die Autorität benutze, die der Herr Jesus seinen Heiligen gegeben hat. Die Kraft des Heiligen Geistes leitet mich, wenn ich Jesus und seinen Anweisungen folge. Sobald wir den Himmel berühren, kommt jede Heilung herunter. Es sollte der Wunsch eines jeden sein, das Gewand von Jesus zu berühren.

Markus 3:7 Jesus aber zog sich zurück mit seinen Jüngern ans Meer; und es folgte ihm nach eine große Schar aus Galiläa und aus Judäa, 8 und aus Jerusalem und aus Idumäa und von jenseits des Jordans, und aus der Gegend von Tyrus und Sidon, eine große Schar, als sie hörten, was für große Dinge er tat, und kamen zu ihm. 10 Denn er hatte viele geheilt, so daß sie zu ihm drängten, ihn anzurühren, so viele Plagen hatten.

Der Schlüssel, um ihn zu finden, liegt in unserer Herangehensweise und unserem Handeln. Lernen Sie, wie Sie Ihn erreichen, durchdringen und berühren können. Wir leben in einer Zeit und in einem Zeitalter, in dem niemand weiß, wie man schreit. Beten Sie, bis sich alle Berge von Problemen bewegen. Finden Sie die wahren Propheten Gottes, wo Sie Hilfe von Gott finden.

Der Herr Jesus ist durch pharmazeutische Medikamente, Hexerei, Homöopathie und andere Mittel ersetzt worden. Er nahm 39 Striemen, um alle Krankheiten zu heilen. Wir hatten die Macht, Dämonenangriffe zu zerstören. Er sagte in unserer Sprache, dass ihr Größeres tun könnt. Ja, ich glaube es. Ich bete am Telefon und Heilung, Befreiung und Wunder geschehen im Namen Jesu. Die Kraft Gottes wird empfangen, wenn man ausdauernd ist, schreit und den Herrn Gott sucht. Viele Menschen lehnen Gottes Wege ab, aber ich ermutige Sie, die Bibel zu lesen. Möge Ihr Glaube durch den Herrn wiederhergestellt werden. Unsere Beziehung wurde durch das Befolgen falscher Konfessionen und Organisationen beeinträchtigt. Suchen Sie die wahren Gläubigen von Jesus Christus, die geistliche Gaben zeigen. Suchen Sie Orte auf, an denen sie wissen, wie man sich im Geist abmüht und schreit. Möge Gott, der Herr, seinem Volk helfen, indem er die wahren fünffachen Diener sendet. Viele werden den Prophezeiungen der Propheten nicht einmal glauben.

Menschen können vorübergehend Heilung erfahren, aber wenn sie nicht verstehen, wie man sie aufrechterhält, kann die Krankheit zurückkehren. Den Menschen wurde nie beigebracht, wie man Satan mit Gewalt begegnen kann. Nimm dir mit Gewalt, was dir gehört. Befehlen Sie dem Teufel, alles freizugeben, was er verbirgt, stiehlt und bereits zerstört hat. Die Wahrheit gehört Gott, aber er ist auf jemanden angewiesen, der seinen Weg, seine Mittel und seine Bestimmungen durchsetzt. Wie viel du zu opfern bereit bist, wird alles bestimmen. Gott wird Ihr Opfer des Fastens, Suchens und Schreiens bemerken. Er wird sich an Sie erinnern. Einmal hatte ich starke Schulterschmerzen und betete und betete, aber eines Tages war es vorbei. Mitten in der Nacht schrie ich auf, weil ich zufällig auf dieser Schulter schlief. Natürlich war mein Gebet anders, denn der Schmerz war groß. Was auch immer es war, es wurde durch die feurige Herabkunft des Heiligen Geistes verzehrt. Ich wurde vollständig geheilt. Ihr Bemühen, Ihr Handeln, Ihr Wunsch und Ihr ständiges Suchen werden seine Aufmerksamkeit auf sich ziehen, um Sie zu heilen, zu versorgen, zu segnen und von allem und jedem zu befreien. Heute sind die Menschen zu beschäftigt, um sich einen Augenblick Zeit zu nehmen. Der Weg Gottes ist vergessen. Er wird durch alle von Menschen gemachten Wege ersetzt. Erbarme dich über uns, Herr, hilf uns in Jesu Namen. Amen!

LASST UNS BETEN

Bitte, Herr, lehre uns, durchzuhalten. Herr, du hast viele Nächte gebetet. Du hast auf dem Berg gebetet. Das Haus ist warm und wir wollen nicht schreien. Wir sind wie betäubt und ignorieren unsere Bedürfnisse und die anderer. Wir gehen zu Ärzten und zahlen für teure Versicherungen und teure Medikamente. Herr, manche Medikamente haben die Warnung, uns zu töten, und trotzdem verlassen wir uns nicht auf dich. Falsche Lehrer und Propheten haben uns gelehrt, nicht an das richtige Wort Gottes zu glauben, weil es sie nicht interessiert. Aber Herr, heute lehrst und segnest du uns mit einem wahren Lehrer und Propheten. Wir wünschen uns, Gott wieder in Aktion zu sehen. Herr, gib uns den Wunsch, dich zu erreichen. Wir wünschen uns, dich in unserem Herzen zu haben. Bitte hilf uns in Jesu Namen. Amen! Gott segne Sie!

17. DEZEMBER

NUTZEN SIE IHR TALENT!

Jeder von uns wurde mit einem einzigartigen Talent von Gott gesegnet. Gott fragte Mose, was du in deiner Hand hast. Er sagte nur einen Stock. Er benutzte diesen Stock, um die Menschen zum Staunen zu bringen. Möge der Herr alles, was du in deinem Besitz hast, gebrauchen, um Gott zu verherrlichen. Ich bete zu dem Herrn, dass er alles, was ich habe, nutzt. Nutze mein Talent. Wenn ich keins habe, dann gib mir bitte etwas, um dir Ehre zu geben. Anstatt zu kritisieren, sollten die Menschen darüber nachdenken, wie sie anderen helfen könnten. Den ganzen Tag über berate ich, bete und lehre. Ich habe gesehen, wie das Leben von gefallenen, gebrochenen Menschen sich gewendet hat. Beten hat die Fähigkeit, die Armen und Bedürftigen zu erheben. Ich schaue auf meine Hand und bete zu dem Herrn, sie zu seinem Ruhm zu gebrauchen. Ich habe keinen Stock, aber eine Hand.

Lukas 13:13 Und er legte ihr die Hände auf, und alsbald wurde sie aufgerichtet und pries Gott.

Paulus hörte und tat, was der Herr uns in seinem Wort aufgetragen hat.

Apg 28:8 Und es begab sich: Der Vater des Publius lag krank im Fieber und im blutigen Fluß; zu ihm ging Paulus hinein, betete und legte ihm die Hände auf, und er wurde gesund.

Unsere Hand hat mehr Macht als der Stock, den Moses besaß. Wenn wir diese Hand gebrauchen, verwandelt sich alles. Setzen Sie jedes von Gott gegebene Talent ein, um das Reich Gottes voranzubringen. Wenn ich mich umschaue, sehe ich viele talentierte Menschen, aber sie nutzen ihr Talent für Satan. Manche nutzen ihr Talent für Ruhm, Geld und Macht auf Erden. Ich frage mich manchmal, was und wie ihre Geschichte enden wird. Gott schenkt uns alles, warum sollten wir es also nicht für seine Zwecke nutzen? Ich hatte eine wunderbare Erfahrung mit der Taufe im Namen von Jesus. Ich widmete mich dem gründlichen Studium des Buches, um seine Offenbarungen vollständig zu verstehen. Ich bin so froh, dass vielen, die den Namen Jesu angenommen haben und getauft sind, ihre Sünden vergeben sind und sie in einem neuen Leben wandeln. Die Erinnerung an meine Erfahrung ist eine ständige Erinnerung an meinen Kampf gegen die Wahrheit. Ich wollte mich auf den Namen des Vaters, des Sohnes und des Heiligen Geistes taufen lassen. Die Wurzeln der falschen Lehre waren so tief, dass ich einen mächtigen Herrn brauchte, um mich von meinem Unglauben an die Taufe auf den Namen Jesus zu befreien. Die Bibel sagt, Jesus von Nazareth lernt, indem er der Schrift gehorcht. Auch ich lernte, indem ich der Apostelgeschichte 2,38 gehorchte. Erfahrung kann man nur durch Gehorsam erlangen, nicht durch Erklärungen. Heute hat mein Talent das Reich Gottes gesegnet. Viele haben das Reich Gottes betreten, indem sie ihre Sünden im Blut abgewaschen haben. Die Menschen, die gute und vollkommene Gaben von Gott haben, leiten viele. Ich möchte mein Talent für den König der Könige und den Herrn der Herren einsetzen. Möge der Herr uns helfen, Segen und Fluch zu unterscheiden.

Matthäus 25:15 Und er gab einem fünf Zentner, dem andern zwei, dem andern einen, einem jeden nach seinem Vermögen, und machte sich sogleich auf den Weg. 16 Da ging der hin, der fünf Zentner empfangen hatte, und handelte mit ihnen und machte ihnen andere fünf Zentner. 17 Ebenso gewann der, der zwei empfangen hatte, auch andere zwei. 18 Der aber einen empfangen hatte, ging hin und grub in die Erde und verbarg das Geld seines Herrn.

Unser von Gott gegebenes Talent sollte 5 mehr einbringen. Wir müssen für denjenigen arbeiten, der uns diese Talente gegeben hat. Ein Mann arbeitete hart für Gott, und Gott segnete ihn mit doppeltem Segen. Meine Frage ist: Was tun Sie für das Talent, das Ihnen der Herr gegeben hat? Nachdem ich die Wahrheit entdeckt hatte, habe ich sie weltweit verbreitet. Der Herr führte mich in andere Länder, Städte und Staaten, um die Menschen mit der Wahrheit zu erleuchten. Wie können Sie an einem Ort bleiben und andere nicht von Ihrer Erfahrung wissen lassen? Wie lange dauert es, bis man vom Krabbeln zum Gehen und Laufen übergeht? Es kommt häufig vor, dass Menschen viel Zeit für Arbeit, Haushalt und andere Dinge aufwenden, während sie Jesus aufgrund von Erschöpfung oder Zeitmangel vernachlässigen. Wer sich nicht für Jesus abmüht, hat Zeit, die Fehler in Gottes Werk zu suchen. Möge der Herr Ihnen helfen, Ihre begrenzten Fähigkeiten für das Reich Gottes zu nutzen. Paulus sprach verschiedene Sprachen; er reiste um die Welt, um in jeder Sprache zu predigen.

Wenn wir unsere Talente, unser Wissen, unsere Weisheit, unseren Reichtum und alles, was Gott uns gegeben hat, nutzen, dann wird es auf dieser Welt kein Leid, keinen Misserfolg, keine Verrückten, die herumlaufen, keine Depressiven und keine ungesunden Menschen geben. Möge der Herr uns helfen, damit wir die Welt erobern können, indem wir unsere Talente einsetzen. Wir werden geizig, wenn wir Gottes Arbeiter geben müssen. Wir denken, die Arbeiter leben und essen Luft. Oftmals geben die Menschen ihr ganzes Geld für sich selbst aus, aber für Gott und sein Volk haben sie nichts. Wenn wir uns um Gottes Wort und sein Volk kümmern, werden wir viel Segen auf unserem Weg haben. Der Mann der Frau besaß außergewöhnliche Bau Fähigkeiten. Sie baute einen Raum speziell für den Propheten. Deshalb wurde sie gesegnet.

Unsere Aufgabe ist es zu geben, stattdessen sind wir zu Nehmenden geworden. Jeder hat irgendein Talent. Der Herr sagte, dass er jedem Menschen einige Gaben gegeben hat. Einige weigern sich, ihr Talent zu nutzen, aufgrund verzerrter Gedanken. Wenn du deine Fähigkeiten einsetzt, um Gott zu verherrlichen, wird die Gegenwart des Herrn in der Stadt, dem Staat und dem Land anerkannt werden. Was machst du mit den Gaben, die dir von Gott gegeben wurden? Versteckst du sie? Nutze sie. Ich wusste immer, dass ich das Talent, das mir Gott gegeben hat, vermehren kann, wenn ich es für das Reich Gottes einsetze. Ich hatte keine Kenntnisse von Computern, aber ich widmete mich dem Lernen. Ich lernte, wie man aufnimmt, schreibt und einen Film macht. Meine Leidenschaft ist es, die Welt mit der Wahrheit Gottes zu erreichen. Jesus sendet niemals jemanden ohne Talent. Wir alle sind einzigartig. Ich kann nicht du sein und du kannst nicht ich sein. Wir alle setzen unsere Talente ein und machen die Welt neu und schön, um darin zu leben. Die 12 Kinder Israels wurden mit außergewöhnlichen Gaben von Gott gesegnet. Einige Menschen haben das Geschenk des Singens von Gott erhalten.

Jakobus 1:17 Jede gute Gabe und jedes vollkommene Geschenk kommt von oben herab, vom Vater der Lichter, bei dem es keine Schwankungen und keinen Schatten der Veränderung gibt.

Gott gab Bezaleel die Weisheit.

Mose 31:3 Und ich habe ihn mit dem Geist Gottes erfüllt, mit Weisheit und Verstand und Erkenntnis und mit allerlei Kunstfertigkeit, 4 dass er sich kunstvolle Werke ausdenkt, Gold, Silber und Erz zu bearbeiten, 5 Steine zu schneiden und zu fassen, Holz zu schnitzen und allerlei Kunstfertigkeit zu arbeiten

Gott gibt dem weisen Herzen detaillierte Weisheit, um die einzigartige Arbeit zu tun.

6 Und siehe, ich habe mit ihm gegeben Aholiab, den Sohn Ahisamachs vom Stamme Dan; und in das Herz aller, die klugen Herzens sind, habe ich Weisheit gelegt, daß sie alles machen, was ich dir geboten habe: 7 die Hütte des Stifts und die Lade des Zeugnisses und den Gnadenstuhl, der darauf ist, und alles Gerät der Hütte,

Daniel hatte ein von Gott gegebenes Verständnis für die Deutung der Träume. Joseph hat also das gleiche Talent in verschiedenen Zeiten und Epochen. Nutze dein Talent, um Gott die Ehre zu geben. Sagen Sie nicht: "Ich habe keine Zeit". Manche sind gut darin, Menschen zu dienen und mit ihren Händen zu arbeiten. Ich hörte, dass der Mann im Krankenhaus arbeitete; seine Frau war Hausfrau. Sie kochte immer für jeden Christen, der ins Krankenhaus kam. Sehen Sie, tun Sie etwas für andere. Kleine Dinge werden immer in Erinnerung bleiben und bewundert werden. Amen!

LASST UNS BETEN

Himmlischer Vater, wir kommen zu dir; wir danken dir für dein Beispiel. Du setzt all deine Talente ein, um zu heilen, zu befreien und die Gefangenen zu befreien. Jetzt sind wir an der Reihe, das Gleiche zu tun. Wir danken dir, dass du uns mit Talenten gesegnet hast. Hilf uns, sie nicht zu vergraben, sondern sie zu nutzen. Herr, unser himmlischer Vater, alles ist dein. Mach uns treu zu dir und deinem Reich. Lass uns nicht zu beschäftigt werden. Lass nicht zu, dass sie vom Teufel vergeudet werden. Wir wissen, dass alle vollkommenen Gaben von dir kommen. Deine Liebe ist das größte Geschenk. Hilf uns also, das zu tun, worum du uns gebeten hast. Wir sind hier auf der Erde, um die von dir gegebene Aufgabe zu erfüllen. Wir wollen in allen unseren Aktivitäten für Gott aufrichtig sein. Möge der Herr uns seine Engel schicken und uns begleiten, wohin wir auch gehen. Hilf uns, den Ort zu finden, an dem wir arbeiten können, und deinen Namen zu rufen, zu klatschen und Halleluja zu singen. Wir wollen treue Arbeiter für dein Reich sein, in Jesu Namen. Amen! Gott segne Sie!

18. DEZEMBER

SEIEN SIE EIN VERMITTLER!

Der Herr sucht nach dem Vermittler, der vor dem Thron steht, um eine Sache zu verfechten. Der Lohn der Sünde ist der Tod, Sünde hat eine Konsequenz. Sünder stehen vor dem göttlichen Gericht Gottes. Wenn jedoch Gott einen Vermittler findet, kann Er sein Urteil ändern, um Barmherzigkeit zu zeigen. Um ein Urteil über Ninive zu verhängen, wählte der Herr Jona als Boten, um ihnen die Konsequenzen ihrer Sünden und das genaue Datum und die Zeit ihres Urteils mitzuteilen. Ninive gehörte nicht zu den auserwählten Leuten Gottes. Wie groß ist unser Herr! Seine Barmherzigkeit währt ewig! Wir, als Menschen, können zusammenarbeiten und dieses Chaos beenden. Es ist unser Privileg, anderen Barmherzigkeit zu zeigen. Wenn wir Hilfe anbieten können, sind wir verpflichtet zu handeln. Unsere Mission ist es, alle zu retten, auch wenn es nur eine Person ist. Alles, was es braucht, ist unsere Zeit und Aufmerksamkeit, um die notwendigen Schritte unsererseits zu unternehmen.

1 Timotheus 2:5 Denn es gibt nur einen Gott und einen Mittler zwischen Gott und den Menschen, den Menschen Christus Jesus;

Jehova Gott hat Fleisch angenommen, Blut vergossen und alles getan, um dich und mich zu retten. Er wird zum Vermittler für mich und Sie. Meine Aufgabe ist es, dem Beispiel Jesu zu folgen und das Nötige zu tun. Jedes Gericht kam mit einer Warnung von Gott. Unsere Aufgabe ist es, zusätzliche Vorsichtsmaßnahmen zu treffen und die notwendigen Schritte zu unternehmen, um dem angekündigten Gericht zu entgehen. Denken Sie daran, dass das Gericht einen oder viele treffen kann, eine Person, eine Stadt, einen Staat, ein Land oder die ganze Welt. Das Gericht der Flut Noahs betraf die ganze Welt. Es regnete Schwefel und Feuer wegen des sündigen Lebensstils von Sodom und Gomorra. Über König Hiskia wurde ein individuelles Gericht verhängt.

2 Kön 20:2 Dann wandte er sein Gesicht zur Wand und betete zum Herrn und sagte: 3 Ich bitte dich, Herr, gedenke daran, wie ich in Wahrheit und mit reinem Herzen vor dir gewandelt bin und getan habe, was gut ist in deinen Augen. Und Hiskia weinte heftig.

Er trat für sich selbst ein, und der Herr hörte ihn und gab ihm 15 Jahre mehr. Verstehst du jetzt, dass es eine Frage von Leben und Tod ist? Glaube es oder nicht, du bist berufen, ein Vermittler zu sein. Stehe also für die Familie oder die Situation deiner Kinder ein. Aber das Beste ist, du trittst für deine Nation ein. Du wirst ein Segen für diese Welt sein. Du hast die Macht, jedes Urteil für jemanden oder alle zu ändern.

Hesekiel 22:30 Und ich suchte unter ihnen einen Mann, der die Hecke bilden und vor mir für das Land eintreten sollte, damit ich es nicht zerstöre; aber ich fand keinen.

Der Herr blickt herab und sucht nach einem, der Seine Last tragen kann. Stoppe die Hand Gottes, dass Er seinen Zorn ausgießt. Er bittet dich, nach Ninive zu gehen. Anstatt dorthin zu gehen, liefen wir nach Tarsis.

Die Menschen laufen zur Party, zum Golfen, Angeln, Jagen und ins Kino und sind extra beschäftigt, um Gottes Auftrag zu vermeiden. Warum? Heutzutage kümmern sich die Menschen nicht um andere. Traurig, nicht wahr? Wir sehen viele, die in der Hölle brennen, in Irrenhäusern, Gefängnissen, Haftanstalten und Krankenhäusern, weil jemand nicht gehen will. Sie suchen nach einem anderen Weg, um Verantwortung zu vermeiden. Unsere Nachlässigkeit und Verantwortungslosigkeit gegenüber der Situation, der Sache und dem Problem wird ein Erdbeben, Lava, Sturm und Katastrophen in die Welt bringen. Wach auf, um Fürbitte zu leisten. Fürbittend zu Gott für die Situation, die Kinder, die Älteren, die Depressiven, Besessenen und Obdachlosen, die vor ihnen stehen. Gott sorgte für dich und mich. Gott zog Fleisch an, um uns zu retten. Er gab das Leben, das in Seinem Blut ist. Er tat alles, auch heute steht Er in der Lücke. Du und ich finden alle Ausreden, um unseren Verantwortlichkeiten zu entkommen. Bitte steh auf und rufe aus für diese sterbende Welt. Wie betet man als Vermittler? Wir wissen, dass Sünde die Trennung zwischen Gott und Seiner Schöpfung bringt.

Daniel 9:20 Während ich redete und betete, bekannte ich meine Sünde und die Sünde meines Volkes Israel und flehte vor dem Herrn, meinem Gott, um den heiligen Berg meines Gottes;

Die Geschichte, wie Mose zum Vermittler zwischen Gott und Seinem Volk wurde. Kannst du stehen und für die kranke und sterbende Welt beten? Beten nicht nur für dich selbst. Wenn du versäumst, Fürbitte zu leisten, werden sie dem Urteil des Feuerofens der Hölle unterworfen. Ich verstehe meine Verantwortlichkeiten, zu denen es gehört, in der Lücke zu stehen, zu beten, zu beraten und zu lehren. Ich habe unzählige Menschen gerettet gesehen.

Mose 32:30 Am nächsten Tag sprach Mose zum Volk: Ihr habt eine große Sünde begangen; nun will ich zum Herrn hinaufgehen, vielleicht kann ich eure Sünde versöhnen. 31 Und Mose kehrte zum Herrn zurück und sprach: Dieses Volk hat eine große Sünde begangen und sich goldene Götter gemacht. 32 Willst du aber ihre Sünde vergeben, und wenn nicht, so tilge mich aus deinem Buch, das du geschrieben hast.

Viele Menschen, die "Ja, Herr" gesagt haben, wurden vom Herrn gebraucht. Umarme und akzeptiere Gottes Willen und Wege. Er schaut, Seine Augen gehen hin und her, um zu sehen, wer hören kann und Seine Hand aufhalten kann, um das Urteil auszuschütten. Informiere sie über die Wahrheit, damit sie ihre bösen Wege verleugnen und vor Gottes Urteil gerettet werden können.

Amos 3:7 Gott, der Herr, tut nichts anderes, als seinen Knechten, den Propheten, sein Geheimnis zu offenbaren.

Der größte Vermittler ist Jesus. Daniel, Moses, Abraham, Noah, Esther und jetzt auch wir, wenn wir das Nötige tun, um das Chaos zu beenden. Wie erfüllen Sie Ihren Auftrag? Ist es nur Ihre Last und die Ihrer Kinder, die Sie tragen? Sind Sie mitfühlend gegenüber Menschen, die mit Drogensucht, Alkoholismus, Depressionen, Krebs und anderen gesundheitlichen Problemen zu kämpfen haben? Setzen Sie sich für vermisste Kinder ein? Haben Sie Mitgefühl für diejenigen, die von falschen religiösen Führern in die Irre geführt werden? Üben Sie Barmherzigkeit für die Gefangenen in unserem Land und im Ausland. Kümmern Sie sich um die Obdachlosen? Heutzutage führen viele von ihnen ein hoffnungsloses Leben. Könnten Sie sie besuchen und ihnen Essen, Kleidung oder andere Hilfe anbieten? Möge Gottes Führung uns befähigen, für seine Schöpfung einzustehen. Ich sehe, dass alles klein ist, ein wenig Gebet, ein wenig Bibellesen, und nichts vom Fasten. Kein Fasten nach dem Wort Gottes. Wir hören keine lebensverändernden Botschaften, weil die Person, die lehrt, nicht daran interessiert ist, Ihr Leben zu verändern. Wenn die Veränderung in ihr Leben kommt, dann wird sie auch in deinem sein. Leute, es ist Zeit, aufzuwachen. Hört auf, den verlorenen Köpfen zu folgen, folgt Jesus.

Wir haben die ganze Nacht gefastet und gebetet. Es ist meine Aufgabe, dafür zu sorgen, dass wir uns für die Menschen in dieser Welt einsetzen. Bitte beten Sie für die Völker. Die Nationen stecken in einer großen Krise. Wenn wir ihre Lasten tragen und ernsthaft beten, werden unsere Familien automatisch eine Veränderung erfahren. Die Veränderung der Drogensituation, das Verhalten unheiliger Menschen, die Beseitigung des Alkohols und die Aufdeckung der Wahrheit werden zu einer Veränderung unseres Problems und unserer Familie führen. Der Herr wird seine Freude daran haben, dass Sie seine Last auf sich nehmen und sich nicht nur auf Ihre eigene konzentrieren. Heutzutage sind die Menschen kurzsichtig und haben kein Interesse daran, sich um andere zu kümmern. Bitte stellen Sie sich in den Dienst des Reiches. Vergessen Sie nicht, dass Ihr Einfluss im Himmel bedeutend ist. Jesus hat die ganze Nacht gebetet. Hat er nur für seine Familie gebetet? Nein.

Johannes 17:20 Ich bitte auch nicht für diese allein, sondern auch für die, die durch ihr Wort an mich glauben werden;

In der heutigen Zeit werden Christen von Teufelsanbetern angegriffen, die zu Luzifer beten. Wir müssen zurückschlagen, indem wir zum Herrn Jesus beten. Unsere Aufgabe ist es, für alle Menschen einzutreten. Unser oberstes Ziel ist es, Satans Plan und Idee zu vereiteln. Amen! Möge der Herr uns viele Vermittler schicken, in Jesu Namen. Amen!

LASST UNS BETEN

Himmlischer Vater, wir sind in deinem Gerichtssaal, knien nieder und bitten um die Vergebung unserer Sünden und der Sünden anderer. Herr, lass dein kostbares Blut all unsere Sünden weggewaschen. Möge der Herr uns seine Gnade zeigen. Wir wissen, dass wir sündigen und dass es in unserem Fleisch ist. Dein Blut hat die Macht, unsere Sünden abzuwaschen, wenn wir Buße tun und uns in Jesu Namen taufen lassen, indem wir ins Wasser eintauchen. Du wirst uns und anderen vergeben, wenn wir deinen Namen anrufen. Herr, hilf uns, früh aufzuwachen und zu beten. Bete am Mittag und in der Nacht. Es ist unsere Aufgabe, für alle Probleme einzutreten, denn du hast gesagt, nichts ist unmöglich. Du wirst die Menschen aus dem Verderben erwecken. Lass uns für die anderen beten, wie wir für die unseren beten. Da du für alle gestorben bist, sollten auch wir für alle beten. Herr, lege eine Last für diejenigen auf, die niemanden haben, für den sie Fürsprache einlegen können. Wir wollen ein Vermittler sein in Jesu Namen. Amen! Gott segne Sie!

19. DEZEMBER

BEDEUTUNG DER WURZEL!

Was ist die Definition von Wurzel? Der untere oder tiefere Teil von etwas, der erste Vorfahre. Die Wurzel ist sehr wichtig für die Pflanze. Sie saugt Wasser und Nährstoffe auf und versorgt damit die Pflanze. Sie ist ähnlich wie eine Vene oder Arterie. Fest verwurzelte Pflanzen gewährleisten eine sichere Versorgung. Jesus verfolgte seine Ahnenreihe bis David, aber in Wirklichkeit war er die Inkarnation von Jehova Gott in menschlicher Form. Die betroffene Person war Jehova, nicht Josef. Wenn du ein starkes Fundament hast, ist dir Erfolg garantiert. Woher du kommst, sagt viel darüber aus, wer du bist. Wenn du deine Identität erklärst, erwarte, dass die Leute tief in deine Ahnenreihe graben.

David und König Saul hatten unterschiedliche Stammbäume. Der eine stammte aus Juda und der andere aus Benjamin. Um die Abstammung einer Person herauszufinden, werden heute DNA-Tests durchgeführt. Das ist derzeit der fortschrittlichste Test, den es gibt. In der Bibel erwähnt der Herr die Wurzeln der Rechtschaffenheit, der Bitterkeit und des David. Die böse Wurzel ist die Wurzel der Bitterkeit. Sie wird den Untergang der Person herbeiführen. Die Wurzel der Rechtschaffenheit bringt Segen. Warum ist das so wichtig? Unser gerechter Gott bleibt mit einer gerechten Wurzel verbunden.

Häufig führt eine verfluchte Wurzel zu einem kontaminierten Samen, der eine Plage, Krankheit oder Seuche beherbergt. Einige unserer Probleme setzen sich mit unseren Vorfahren fort. Es braucht das Blut des Retters, um deine Wurzeln zu reinigen und zu waschen. Du musst herausfinden, wann und wo es begann. Lass es raus. Lass den Herrn verurteilen und seinen Engel senden, um zu entfernen und im Blut Jesu zu reinigen. Bestimmte Menschen haben eine Wurzel im Genie. Der Herr hat sie mit einem gesunden Intellekt und Intelligenz ausgestattet. Aaron besaß eine ehrbare Abstammung. Der Grund, warum Gott ihn als Priester und Hohepriester ausgewählte, war, dass ihre Mutter Jochebed sie die Wahrheit des Herrn lehrte. Sie hatten eine rechtschaffene Wurzel.

Mose 20:6 und Barmherzigkeit an Tausenden von denen, die mich lieben und meine Gebote halten.

Psalm 103:17 Aber die Barmherzigkeit des HERRN währt von Ewigkeit zu Ewigkeit über die, die ihn fürchten, und seine Gerechtigkeit über die Kindeskinder;

Stellen Sie sicher, dass Sie es richtig machen. Du glaubst, dass deine Taten gegenüber deinem Ehepartner, deinen Schwiegereltern, deiner Familie oder anderen unbemerkt geblieben sind. Der Herr hat es gesehen und du erntest Gutes oder Schlechtes, Segen oder Fluch, ewiges Leben oder Tod. Sie sind von Gott markiert worden. Sie haben Ihre Blutlinie entweder mit Krankheiten oder ewigem Segen gezeichnet. Du fragst, ob ich dir gegenüber Barmherzigkeit zeigen soll, ist das nicht richtig?

DEZEMBER 19

Den Nachkommen von Aron wurde von Gott ein weises Herz gegeben, um die Gesetze aufrechtzuerhalten. Außerdem müssen wir die Anweisungen, die im Heiligen Buch, der Tora, zu finden sind, durchsetzen, lehren und befolgen. Wenn du ein gutes Erbe hast, eben deine Kinder automatisch den Segen.

Hast du dich jemals gefragt, warum einige so verflucht sind? Weil jemand in dieser Blutslinie Böse und Ungerechtes gegenüber jemandem getan hat, und deshalb wurden sie mit bestimmten Flüchen und Krankheiten behaftet. Die Taufe im Namen Jesu kann die Etiketten von Flüchen und Krankheiten entfernen. Reinigung von der bösen Wurzel ist für jeden möglich durch das Blut Jesu. Das Blut Jesu hat die Macht, Krankheiten, Flüche und Schwierigkeiten hinwegzuwaschen, wenn du Buße tust und im Namen Jesu getauft wirst. Ist Ihnen klar, warum bestimmte Menschen in jungen Jahren sterben? In bestimmten Familien treten Probleme wie Alkohol, Herzinfarkt, Diabetes und Bluthochdruck auf. Die Wurzeln der Blutlinie werden mit verschiedenen Krankheiten in Verbindung gebracht.

Ich stellte fest, dass mein Freund eine besondere Vorliebe für sie hat. Sie wurde von der Wurzel begünstigt, die vom Herrn begünstigt wird. Ihre Vorfahren hatten wahrscheinlich eine enge Beziehung zu Gott. Die guten Wurzeln unserer Eltern haben uns Segen von Gott gebracht, und das verstehe ich. Unsere Herkunft ist eine Quelle des Segens für andere. Es ist wichtig, für Ihre Kinder zu beten, dass sie jemanden heiraten, der eine gesegnete Abstammung hat. Flüche oder Segnungen werden an die nächsten Generationen weitergegeben. Ein Ehepaar ist eine Kombination aus Segen und Fluch, Segen und Segen oder Fluch und Fluch. Können Sie das erkennen? Rechtschaffenheit war ein entscheidendes Merkmal von David. Dank eines rechtschaffenen Vorfahren wurde die Blutlinie mit der Ankunft des Messias gesegnet. Das Geschlecht Isais lässt sich bis zu seinem Ursprung zurückverfolgen.

Sprüche 12:3 Wer böse ist, wird nicht bestehen; aber die Wurzel des Gerechten wird nicht vergehen.

Diejenigen, die nach Gott streben, unterscheiden sich von denen, die nach Ruhm, Geld, Macht und Position streben. Wie würden Sie das Beste aus einer kurzen Lebensspanne von 70 oder 80 Jahren machen? Die Entscheidung liegt bei Ihnen.

1 Timotheus 6:10 Denn die Liebe zum Geld ist die Wurzel alles Übels; und da einige danach trachteten, sind sie vom Glauben abgeirrt und haben sich selbst mit vielen Schmerzen durchbohrt.11 Du aber, Mensch Gottes, fliehe diese Dinge und jage der Gerechtigkeit, der Frömmigkeit, dem Glauben, der Liebe, der Geduld und der Sanftmut nach.

Schwert, Hungersnot, Armut und Pest werden jede Generation dieser bösen Wurzel heimsuchen. Es gibt kein Entkommen aus Gottes Griff. Ihr werdet ständig vom Herrn beobachtet. Am Tag des Jüngsten Gerichts wird Gott euch aus seiner Welt auslöschen.

Hebräer 4:13 Es gibt auch kein Geschöpf, das vor ihm nicht offenbar ist; sondern alles ist nackt und offen vor den Augen dessen, mit dem wir es zu tun haben.

Hiob 26:6 Die Hölle ist nackt vor ihm, / das Verderben hat keine Hülle.

Prediger 12:14 Denn Gott wird jedes Werk ins Gericht bringen, auch jedes verborgene Ding, ob es gut oder böse ist.

Gestern wurde ich mit einem Gebet von einer Prophetin gesegnet. Sie wollte wissen, ob jemand versucht habe, meine Blutlinie durch Gebet zu reinigen. Ich sagte: "Nein". Sie sagte, die Reinigung der Blutlinie dauere 30 Minuten. Und ich sagte: "Geh zu . Sie segnete mich und betete für den spirituellen Schutz und die Führung meiner gesamten Abstammungslinie, die bis zu den allererstens Menschen, Adam und Eva, zurückreicht. Ich sagte, wow, erstaunlich! Ich war froh, dass ich ihr das erlaubte. Es steht uns so viel zur Verfügung, aber wenn wir uns Kirchen, Konfessionen und konfessionslosen Organisationen anschließen, bekommen wir nur theologische Scheuklappen. Ich möchte nicht von irgendetwas überrumpelt werden. Ich suche Vergebung und Reinigung von allen Verfehlungen auf beiden Seiten meiner Familie. Sie verwies auf Deuteronomium 28 und forderte mich auf, Buße zu tun. Sie sagte, wir befänden uns im Gerichtssaal Gottes; Engel würden ausgesandt, um Dämonen zu verhaften, zu reinigen und sich um jede verborgene Sünde, unausgesprochene und unbekannte Sünden und die Sünde der Unwissenheit zu kümmern, die aus meiner Blutlinie entfernt wurde. Ist das nicht schön? Wir alle müssen uns von unseren Sünden und den Sünden unserer Vorfahren reinwaschen. Viele können aufgrund von geistiger Blindheit, Taubheit und Unwissenheit nicht sehen. Möge der Herr uns mit wahrhaftigen Mentoren und Propheten versorgen, die vom Geist geleitet sind. Ich habe Prophet Alph Luckau auf YouTube beobachtet. Ich liebe die Wirkung der Gaben des Geistes. Er kontaktierte die junge Frau und teilte ihr mit, dass alle ihre Familienmitglieder gescheiterte Ehen hinter sich hatten, was sie als richtig anerkannte. Der Prophet offenbarte ihr, dass ihr Urgroßvater unschuldigen Ausländern auf seinem Grundstück das Leben nahm. Das Chaos der zerbrochenen Ehen in Ihrer Blutlinie ist das Ergebnis von unschuldigem Blut Vergießen.

Wenn Eltern, ihre Kinder und Enkel alle eine Geschichte von Alkoholismus, Scheidung oder denselben Krankheiten haben, untersuche die zugrunde liegenden Ursachen. Bekenne deine Sünden, lasse dich im Namen Jesu taufen und erlebe das Ergebnis. Deine Lebensgeschichte wird sich verändern. Vom Bösen zum Guten, von Krankheit zu Gesundheit, vom Lügner zum Gereinigten, vom Mörder zum Heiligten, vom Mörder zum Sauberen – alles im Namen Jesu. Jesus ist jetzt dein Wurzel. Du hast ein gutes Erbe. Amen!

LASST UNS BETEN

Himmlischer Vater, wir kommen vor deinen Altar und bitten dich, all unsere mütterlichen, väterlichen und ehelichen Abstammungen von den Sünden Adams und Evas durch das Blut Jesu zu vergeben. Lass den Herrn unsere Wurzeln in der Blute Jesu bewahren. Wir wollen deine Gerechtigkeit. Unsere Gerechtigkeit ist ein schmutziger Lappen. Hilf uns, dich zu erfahren, indem wir deine Gebote halten. Gott wird unsere Nachkommen nach uns segnen. Sie werden weiterhin ernten, wenn wir das Vermächtnis der Gerechtigkeit leben. Es ist ein Privileg, denen zu vergeben, die uns Unrecht getan haben. Herr, wir vergeben, und du vergibst ihnen ihre Sünden gegen uns. Wir wissen, dass sie dadurch von der Krankheit befreit werden, die mit den Sünden verbunden ist. Herr, wenn wir Buße tun, lass heute dein gerechtes Blut sprechen, dass wir nicht schuldig sind. Unsere Wurzeln beginnen mit der Gerechtigkeit und der Heiligkeit Gottes. So erben wir das Erbe und den Segen Abrahams, Isaaks und Israels in Jesu Namen. Amen! Gott segne Sie!

20. DEZEMBER

ZEITAUFWAND.

Es ist wichtig, seine Zeit zu überwachen und zu verwalten. Wenn die Zeit einmal weg ist, kann sie nicht wiedergewonnen werden. So wie ein Wasserfall auf dem Boden sich nicht wieder sammeln kann. Alles hat seine Zeit und Saison. Achten Sie darauf, Ihre Zeit weise zu nutzen.

Es wurde mir durch eine Freundin mitgeteilt, dass du immer die Bibel liest. Sie riet mir, zu warten, bis ich älter bin, um die Bibel zu lesen, anstatt es jetzt zu tun. Sie riet mir, im Moment das Leben zu genießen, mit der Versicherung, dass später Zeit zum Lesen sein wird. Nein, ich lese die Bibel jetzt, während ich jung bin. Das Wort Gottes ist mein Licht, meine Lampe, mein Essen, mein Schwert, mein Direktor und alles für mein Leben. Ich investiere meine Zeit ins Studium der Bibel. Erfolg zu erreichen erfordert eine stetige Investition in das Lernen des Wortes. Ich lese die Bibel konsequent innerhalb eines Jahres zu Ende. Ich lese das Neue Testament während der Sommerferien zu Ende. Weise Zeitinvestition ist eine Leidenschaft von mir. Zeit in Gott zu investieren ist niemals eine Verschwendung, egal was du sagst. Zeit in guten Boden zu investieren, ist der Weg, wie man ein erfülltes Leben gewinnt.

Mein Hobby ist es, zu lernen. Ich erweitere ständig mein Wissen. Es gibt keine bessere Art, seine Zeit zu investieren. Menschen erwerben oft falsches Wissen und wenden es falsch an. Wie werden wir zu unserem Feind? Kein Spielen von Anfang an. Hast du jemals einen Dämon gesehen, der der Teufel ist, oder gefallene Engel? Kommen sie mit einem Horn? Er nutzt den lebendigen Menschen, eine kostbare Schöpfung Gottes. Um seine Mission des Tötens, Stehlens und Zerstörens zu erfüllen, nutzt der Teufel Gottes Schöpfungen von Zeit, Leben und Geld aus. Der Weg Satans besteht darin, dich mit dem zu versuchen, was du zuzulassen bereit bist. Jesus sagt: Ich bin der Weg. Zeit, Geld und das von Gott gegebene Wissen in Sein Reich zu investieren, bringt einen unschätzbaren Wert für das Leben und die Produktion der Welt.

Ihre Fähigkeit, die Zeit zu managen, hat großen Einfluss auf Ihre Fähigkeit, Ihren Geist zu managen. Fortschritt ist das Ergebnis einer effektiven Verwaltung und Lenkung des Geistes. Das Leben durchläuft verschiedene Phasen, und ich verstehe das. Unterschiedliche Phasen bringen unterschiedliche Denkweisen mit sich. Gesunde Gedanken erfordern die Entwicklung des Geistes. Mit zunehmendem Alter nehmen Ihre Fähigkeiten ab. Seien Sie achtsam und produktiv, solange Sie noch die Möglichkeit dazu haben. Sagen Sie nicht "später". Später ist eine Vorstellung, die sich nie verwirklichen lässt. Zögern Sie nicht, jede Gelegenheit zu ergreifen, die sich Ihnen bietet. Sie werden überrascht sein, wie mühelos es ist, etwas zu schaffen. Unterstützen Sie die göttliche Mission auf Erden, indem Sie in Gottes Werk investieren.

Am frühen Morgen ging Jesus zum Gebet und betete die ganze Nacht hindurch. Seine Investition liefert uns ein hervorragendes Beispiel. Es ist ein erfüllendes Zeitmanagement. Niemand wird Sie mitten in der Nacht und am frühen Morgen stören. Sie können in aller Ruhe mit Ihrem himmlischen Vater sprechen. Ich liebe die

ELIZABETH DAS

Zeit am frühen Morgen, da meine Verbindung dann nicht unterbrochen wird. Ich bin sicher, Sie verstehen das sehr gut.

Lukas 6:12 Und es begab sich in jenen Tagen, dass er auf einen Berg ging, um zu beten, und die ganze Nacht im Gebet zu Gott verharrte.

Markus 1:35 Und am Morgen, als er noch vor Tagesanbruch aufstand, ging er hinaus und begab sich an einen einsamen Ort und betete dort.

Als er sich mit dem Geist Gottes verband, erhielt er seinen göttlichen Zeitplan und begann sofort mit der Arbeit. Oftmals kennen wir den Plan Gottes nicht und verschwenden unsere Zeit. Viele große Kämpfe, Unfälle, Schwierigkeiten und Sorgen sind die Folge davon. Wenn Sie ein erfolgreiches Leben führen wollen, ist es wichtig, viel Zeit zu investieren. Zeitmanagement war für mich eine Herausforderung, als ich jünger war. Ich hatte eine muslimische Freundin, die ihre Zeit gut einteilen konnte. Ich habe durch ihr Beispiel gelernt, meine Zeit zu managen. Sie stellte ihren Gott immer an die erste Stelle. Ihre Lernmethoden machten sie zur Klassenbesten, bis ich ihre Zeitmanagementtechniken beherrschte und sie überholte. Beachten Sie den Einfluss, den Ihr Unternehmen auf Sie hat. Die Investition von Zeit in einen wertvollen Freund hat mein Leben verändert. Wenn Sie in die falschen Leute investieren, wird Ihr Leben ein großes Durcheinander sein. Wählen Sie einen weisen, klugen, wahrhaftigen und ehrlichen Freund, Ehepartner, Propheten und Lehrer. Das wird die Richtung des Lebens ändern. Es ist wirklich ein Segen, gute Freunde zu haben.

In meinem Freundeskreis finden sich Menschen aller Altersgruppen, von kleinen Kindern bis zu älteren Menschen. Derzeit ist meine Freundin, die mich am längsten kennt, 93 Jahre alt. Bis zu ihrem Tod im Juli 2021 wurde ich von ihr auf die altmodische Weise unterrichtet. Ihr einziger Schwerpunkt war das Lehren und Predigen. Ihre Anwesenheit in meinem Leben ist ein wertvolles Gut. Sie ruft mich immer noch an und sagt mir: Ich bin froh, dass du in mein Leben gekommen bist. Und ich sage dasselbe, weil sie in mein Leben gekommen ist. Ich bin Gott für sie dankbar.

Mein Ziel ist es, Gelegenheiten zu finden, mein Geld in die Armen, Witwen und Waisen zu investieren. Um mein Geld zu investieren, benötige ich einen vertrauenswürdigen Propheten und fleißige Arbeiter. Mein Geld wird in ihren Händen reichlich wachsen, wie zwei Fische. Finde den Boden, der durch Gebet und Fasten bereichert ist. Beobachte ihre Arbeit und ziehe dann in Betracht, in ihren Dienst zu investieren. Sie haben die Macht, einen Segen über dich auszusprechen. Stecke deine Ressourcen in einen Dienst, der in Gottes Reich reinvestiert. Verstehst du das? Bitte gib nicht an den Dieb und die Räuber. Sie werden dein Geld wegblasen. Ich investiere meine Zeit, um mit unzähligen Menschen in Kontakt zu kommen. Lehren, Beten, Beraten und Ermutigen sind mein Geschäft. Um Erfolg zu haben, ist es wichtig, mit den richtigen Menschen in Kontakt zu treten. Der Name des Spiels ist Teamwork. Es darf keine Spaltungen innerhalb des Leibes geben. Es ist wichtig, dass wir als Leib Christi zusammenstehen und Spaltungen und Gruppen, die uns auseinanderreißen, vermeiden. Um das Reich Gottes zu vergrößern, ist es wichtig, sich mit Gleichgesinnten zu verbinden. Der menschgewordene Jesus, der Herr und Jehova ist, reiste umher und vollbrachte Heilungswunder. Jesus war damit beschäftigt, das Werk seines Vaters auszuführen.

Lukas 2:49 Und er sagte zu ihnen: Wie kommt es, dass ihr mich sucht? Wisst ihr nicht, dass ich in den Angelegenheiten meines Vaters tätig sein muss?

Apg 10:38 Wie Gott Jesus von Nazareth gesalbt hat mit dem Heiligen Geist und mit Kraft; der ging umher und tat Gutes und heilte alle, die vom Teufel geplagt waren; denn Gott war mit ihm.

20. DEZEMBER

Ich habe viel Zeit, Geld und Kraft in das Reich Gottes investiert. Wenn wir unsere Zeit dem Reich Gottes widmen, bekommt das Leben einen Sinn. Zeit ist die größte Waffe gegen den Teufel. Was geschieht, wenn wir hinausgehen und tun, was Jesus tat? Blinde werden wieder sehend, Taube wieder hörend, und jemand wird vor Selbstmord oder einer falschen Entscheidung bewahrt. Wenn wir die Schrift in die Tat umsetzen, lernen wir Gott kennen, schlicht und einfach. Betrachten Sie die gegebenen Anweisungen als ein Rezept.

Während ich beim Postamt beschäftigt war, plante und sparte ich für eine Reise nach Indien, wo ich in verschiedenen Orten während meines Urlaubs predigte. Die Wahrheit wurde vielen durch meinen Dienst offenbart. Ich bin ausschließlich in der realen Welt engagiert. Die Kanzel, Position oder Religion sprechen mich nicht an. Ich finde Erfüllung allein in Gott. Wie Er die Tür öffnet, reist Er in einen anderen Teil der Welt und vollbringt etwas Erstaunliches. Ich bemerke immer mehr, dass Menschen Jesus annehmen. Das Reich ist der einzige Ort, an dem wir unsere Bemühungen darauf konzentrieren, die Verlorenen zu Jesus zu führen. Gottes Werk ist wahrhaft erstaunlich. Ich habe keine Notwendigkeit, mich in traditionellen Kirchen oder Megakirchen zu engagieren. Ich werde ausschließlich vom Heiligen Geist geführt. Ich habe dem Herrn gedient, indem ich Krankenhäuser, Pflegeheime, Gefängnisse und Häuser in verschiedenen Städten und Nationen besuchte. Zeitinvestitionen sind entscheidend, aber die Wahl, wo zu investieren, ist von größter Bedeutung. Amen!

LASST UNS BETEN

Herr, wir danken dir, dass du uns den Verstand, die Gesundheit und die Orientierung dafür gibst, wie und was wir mit unserer Zeit, unserem Geld und unserem Leben anfangen sollen. Es ist unsere Entscheidung, wie wir mit unserer Zeit umgehen. Möge der Herr uns helfen, es rechtzeitig und zur richtigen Zeit zu tun. Lass uns unsere Programme mit deinen abstimmen. Macht uns sensibel für deine Stimme. Wir wissen, dass unsere Zeit auf der Erde kurz ist. Wenn wir sie verlieren, werden wir nie wieder zurückkommen. Gib uns die Weisheit, alles in den Plan Gottes zu investieren. Du bist das größte Vorbild, dem wir folgen müssen, und niemand anderes. Wir wissen, dass deine Schöpfung uns braucht. Wir müssen deine Mission weiterführen. Hilf uns, dies nicht zu einer sekundären, sondern zu einer primären Investition von Zeit, Kraft und Leben zu machen. Es ist die beste Investition, nicht nur für uns, sondern für die tausend Generationen nach uns. Segne alle, die ihre Zeit für uns investiert haben, die uns die Wahrheit gebracht und uns aus dieser dunklen und bösen Welt befreit haben. Wir danken dir dafür, dass du dein Blut, dein Leben und deine Zeit investiert hast, indem du uns die Tora und die Bibel gebracht hast. Wie groß bist du, Herr! Wir geben dir alles. Wir geben uns dir hin und lieben dich mit all unserem Verstand, unseren Herzen, unseren Seelen und unserer Kraft. Lass unsere Mission auf Erden dir wohlgefällig sein, in Jesu Namen. Amen! Gott segne Sie!

21. DEZEMBER

GEHORSAM IST DAS FUNDAMENT!

Das bedeutet, dass Ungehorsam keine Grundlage hat, richtig?

Lukas 6:49 Wer aber hört und nicht tut, der ist wie ein Mensch, der ohne Grund ein Haus auf die Erde baute, gegen das der Strom heftig schlug, und alsbald stürzte es ein, und der Schaden an dem Haus war groß.

Wissen Sie jetzt, warum Menschen stolpern und scheitern? Das Fehlen eines Fundaments ist ein Zeichen dafür, dass man nie Fuß fassen wird. Also, was ist das Fundament? Das Fundament ist die Errichtung und Niederlassung. Wir haben Jesus als unser Fundament. Wenn du die Offenbarung oder das Wissen über die Identität von Jesus Christus hast, dann hast du auf dem Fundament der Wahrheit gebaut. Wenn du die Kirche mit der Offenbarung von Jesus baust, wird diese Kirche nicht fallen. Jeder Sturm kann kommen und er wird nicht zerstören. Und wer ist die Kirche? Du bist eine Kirche, Wohnung und Haus Gottes.

Lukas 6:47 Wer zu mir kommt und meine Worte hört und sie tut, den will ich euch zeigen, wem er gleich ist: 48 Er ist gleich einem Menschen, der ein Haus baute und grub tief und legte den Grund auf einen Felsen; und als die Flut kam, schlug der Strom heftig an das Haus und konnte es nicht erschüttern; denn es war auf einen Felsen gegründet.

Höre das Wort Gottes sorgfältig, betend und mit einem aufrichtigen und gehorsamen Herzen, und sieh, was passiert. Möge der Herr dir heute helfen, zu hören und zu gehorchen. Lass den Herrn eine Ohroperation durchführen, um uns auf dem richtigen Weg und Pfad zu halten. Das Wichtigste ist, du tust, was der Herr sagt, ohne hinzuzufügen oder wegzunehmen. Warum scheitert und fällt das Christentum? Warum sind die Menschen nicht dort, wo die Jünger waren? Weil sie andere Fundamente gelegt und Baptisten, Methodisten, Mormonen, Siebenten-Tags-Adventisten, Katholiken, Pfingstler und so weiter gebaut haben. Es ist unsere Aufgabe, unser Fundament zu bewahren, das von den Aposteln und Propheten gelegt wurde, die eine Offenbarung von Jesus Christus hatten.

Jesaja 28:16 Darum, so spricht Gott, der Herr: Siehe, ich lege in Zion einen Stein zur Grundlegung, einen bewährten Stein, einen kostbaren Eckstein, einen sicheren Grund; wer glaubt, soll nicht eilen.

Epheser 2:20 und sind auf das Fundament der Apostel und Propheten gebaut, wobei Jesus Christus selbst der wichtigste Eckstein ist

Bauen Sie Ihre Kirche auf die Offenbarung Jesu. Jesus ist die Grundlage für den Bund des Neuen Testaments. Taufen Sie in Jesu Namen, treiben Sie den Dämon in Jesu Namen aus, und heilen Sie im Namen Jesu. Tun Sie alles in Jesu Namen.

21. DEZEMBER

Jesus ist die fleischgewordene Manifestation des einen Jehova Gott.

Kolosser 1:17 Und alles, was ihr tut in Wort und Tat, das tut alles im Namen des Herrn Jesus, indem ihr Gott und dem Vater durch ihn dankt.

Wenn Sie bei der Taufe nicht den Namen Jesu verwenden, dann erwarten Sie keine Vergebung der Sünden, Heilung, Befreiung usw. Der Teufel würde den ersten Schritt, sich im Namen Jesu taufen zu lassen, ausreden. Sobald Ihre Sünden nicht vergeben sind, hat der Teufel leichten Zugang zu Ihrem Fleisch. Warum? Weil Sie der Wahrheit nicht gehorchen? Gehorchen Sie und haben Sie ein Fundament. Kehren Sie zu den Grundlagen zurück. Gehen Sie zu der Kirche, die auf dem von den Aposteln Petrus und Paulus gelegten Fundament beruht. Sie kann nicht zerstört werden.

Matthäus 7:25 Und es regnete und floss, und die Winde wehten und stießen an das Haus, und es fiel nicht; denn es war auf einen Felsen gegründet.

Warum warnt Gott ständig vor falschen Lehrern und Propheten? Sie legen ein anderes Fundament. Das ist der Grund, warum sie scheitern. Eine Konfession nach der anderen wird von denen gegründet, die nicht die Offenbarung Jesu Christi haben. Jesus baut oder gründet niemals eine Konfession. Wer war es dann? Der Teufel.

Galater 1:6 Ich wundere mich, dass ihr euch so schnell von dem entfernt habt, der euch in die Gnade Christi berufen hat, zu einem anderen Evangelium. 8 Wenn aber wir oder ein Engel vom Himmel euch ein anderes Evangelium predigen als das, das wir euch gepredigt haben, so sei er verflucht. 9 Wie wir zuvor gesagt haben, so sage ich auch jetzt wieder: Wenn jemand euch ein anderes Evangelium predigt, als ihr empfangen habt, der sei verflucht.

Verstehen Sie? Selbst als Paulus noch lebte, war der Teufel dabei, das Fundament von Jesus Christus zu entfernen. Niemand tut das, außer dem Teufel. Nun, diese Menschen hatten nicht die Offenbarung Jesu, da viele von uns aus dem praktizierten Polytheismus kamen. Viele Gottesanbeterin haben kein Problem damit, an die Dreieinigkeit zu glauben. In der Bibel gibt es kein Wort für Dreieinigkeit oder Heilige Dreifaltigkeit. Es ist die Idee Satans, den einen Gott zu spalten und zu beherrschen. Ein Gott nahm Fleisch an, um sein Blut zu vergießen, und nun wohnt sein Geist, den wir den Heiligen Geist nennen, für immer in uns. Wir haben einen Gott im gesamten Alten Testament. Er wirkt als Schöpfer, als Jehovah-Jireh, El Shaddai, Jehovah Shammah, Jehovah Sabaoth, Nissi und Shalom. In der Gegenwart, im Plan der Erlösung, kam er mit dem Namen Jesus, was Jehova Retter bedeutet. Alle oben genannten Namen haben sich in dem Namen Jesus aufgelöst. Wie schön! Jedes Knie soll sich im Himmel, auf der Erde und unter der Erde vor dem Namen Jesus beugen.

Sobald Sie eine Offenbarung haben und dem Wort gehorchen, wird alle Verwirrung über Religion, Konfession und Organisation verschwinden. Unser Problem ist, dass wir uns nicht an Gott wenden, der die Antwort hat, sondern an den Menschen, der vor uns steht. Sie sind nicht Gott; sie sind aus Fleisch und Blut. Nur der Geist gibt Offenbarung, denn unser Gott ist Geist. Geist, Gott kann dir sagen, wer er ist.

Titus 1:16 Sie bekennen, dass sie Gott kennen, aber in den Werken verleugnen sie ihn; sie sind abscheulich und ungehorsam und in jedem guten Werk verwerflich.

Matthäus 11:27 Alles ist mir von meinem Vater übergeben; und niemand kennt den Sohn als nur der Vater; und niemand kennt den Vater als nur der Sohn und der, dem der Sohn ihn offenbaren will.

Ganz gleich, wo Sie leben oder was Sie hören, wir können das Fundament nicht ändern, das die Apostel und Propheten bereits gelegt haben. Das steht in der Apostelgeschichte. Einige Feiernde, die die Identität Jesu nicht kennen, haben sie eingestellt. Sobald sie sich verdrehen und wenden, werden die Worte wirkungslos. Sie wissen, dass es der Herr ist, der durch uns wirkt, wenn wir dem Geist nachgeben. Wir sollen zuhören und gehorchen. Also, mein Freund, höre und gehorche, was Gott in der Bibel geschrieben hat.

Gott ist im Geschäft, um denen zu helfen, die Ohren haben, um zu hören, und Augen, um zu sehen. Möge der Herr uns helfen zu verstehen, dass ein Gott bis in alle Ewigkeit einer bleibt. Auch wenn man drei oder viele predigt. An einem anderen Tag rief mich jemand an. Er sagte, Schwester Das ist Gott, ein Mann oder eine Frau. Ich sagte: "Ich denke, er kommt, um seine Braut zu holen. Unser himmlischer Vater, was denkst du denn? Er sagte, ich wusste, dass Gott ein Mann ist. Wir haben diese verwirrte Generation. Sie wissen nicht, ob sie Männer oder Frauen sind, und was sie über Gott wissen. Sie haben kein Fundament der Wahrheit.

Warum fallen die Nationen? Weg mit der Wahrheit, weg mit der Bibel, dem Gebet und der Verbindung mit Gott, aber das Gebäude bauen und es als Kirche bezeichnen. Wozu soll das gut sein?

Psalm 11:33 Was kann der Gerechte tun, wenn die Grundfesten zerstört sind?

Lest nicht in der Bibel, praktiziert nicht sein Wort. Ihr werdet fallen und scheitern. Gibt es irgendjemanden, der Gott anrufen und bereuen, glauben und gehorchen kann? Lassen Sie mich Sie warnen, der Teufel ist bereit, sich zu zeigen, denn Sie haben es zugelassen. Satan hat die Aufgabe übernommen, weil jemand die Aufgabe nicht richtig gemacht hat. Die Stiftung braucht gehorsame Menschen. Wenn Sie hören, dann gehorchen Sie und sehen Sie, was passiert. Amen!

LASST UNS BETEN

Himmlischer Vater, wir kommen zu dir, um die Wahrheit zu erfahren. Wir wissen, dass nur dein Wort wahr ist. Hilf uns zu gehorchen, damit unsere Arbeit und unser Leben ein solides Fundament haben. Alles braucht ein Fundament. Wenn nicht, wird es scheitern und fallen. Wir sind seine Kirche. Das Wort Gottes sagt, dass der Gehorsam gegenüber dem Wort Gottes das Fundament ist. Wenn wir gehorchen, werden wir unter keinen Umständen fallen, entfernt oder zerstört werden. Es ist wahr, denn wir wissen, Herr, dass du viele ungehorsame Menschen aus ihrer Position gestoßen hast. Judas, König Saul und viele andere Ungerechte sind im Sturm des Lebens untergegangen. Wir wollen dir gehorchen und nachfolgen. Dein Wort wird ewig Bestand haben, und wenn wir darauf stehen, werden auch wir es tun. Herr, wir wollen kein anderes Fundament, als das, das in der Apostelgeschichte gelegt ist. Wir tun Buße und lassen uns in Jesu Namen taufen, um unsere Sünden abzuwaschen, ein reines Gewissen zu haben und den Geist Gottes zu empfangen, damit wir in Jesu Namen allen Stürmen, Prüfungen und Schwierigkeiten trotzen können. Amen! Gott segne Sie!

22. DEZEMBER

KRITIK!

Was ist Kritik? Es ist ein Missbilligung Angriff, Fehler finden, oder Bewertung. Einige sind sehr stark in kritisieren andere um sie fühlen das niedrig. Geringe Wertschätzung ist der Teil von jemandem, der bereits seinen Wert ermordet. Ich kenne einige Menschen, in deren Augen nichts gut genug ist. Sie sind Experten darin, sich auf andere zu konzentrieren. Alles ist gut, bis sie eine milliardenschwere Idee zerstören, weil sie keine größere Vision haben.

Ich umgehe viele Persönlichkeitskulturen und Nationalitäten von Menschen. In Wirklichkeit sind einige Eltern, Freunde und Ehepartner niedrig und werden eine zerstörerische Rolle im Leben anderer spielen. Menschen mit einer minderwertigen Persönlichkeit werden andere runterziehen. Es wird dein Denken und deine Beziehung zu anderen Menschen schädigen. Sei vorsichtig mit diesen Menschen. Niemand braucht ihre Meinung, trotzdem kritisieren sie trotzdem. Wenn du dich hinstellst und sagst, ich bin gut, weil Gott es gesagt hat, dann ist das in Wirklichkeit so.

Psalm 139:14 Ich will dich loben; denn ich bin furchtbar und wunderbar gemacht; wunderbar sind deine Werke, und das weiß meine Seele sehr wohl.

1 Petrus 3:3 Deren Schmuck sei nicht der äußere Schmuck des Haarflechtens und des Tragens von Gold oder des Anlegens von Kleidern;4 sondern der verborgene Schmuck des Herzens, der nicht vergänglich ist, nämlich der Schmuck eines sanften und ruhigen Geistes, der vor Gott einen hohen Wert hat.

Habe ein unbewegliches Fundament, wenn wir nach dem Wort Gottes leben. Niemand wird es wagen, dein Leben zu regieren. Möge der Herr uns helfen in einem dunklen Zeitalter, in dem die Menschen nicht wissen, wie man Kleidung trägt und andere Dinge. Wenn du in einem konservativen Land lebst oder wenn du eine konservative Sichtweise oder eine biblische Sichtweise hast, dann wirst du kritisiert werden.

Sie kritisierten mich für meinen Stil, vor allem für meinen Kleidungsstil. Freunde sagten immer, dass die Leute gegen deine Kleider reden. Weißt du, mir gefällt nicht, wie sie sich kleiden, aber ich würde sie nicht kritisieren. Ich habe mich geändert, weil ich gelernt habe, wie man sich nach dem Wort Gottes kleidet. Das Wort Gottes spricht über das Leben, die Kleiderordnung und unser Verhalten. Eva trug ein Gewand und keine Schürze, weil Gott sie gelehrt hatte. Ich bin nicht heiß und kalt. Das Tuch soll meinen Körper bedecken. Alle 16 Minuten wird ein Mädchen vergewaltigt. Wer verursacht dieses Chaos? Gib dem Teufel nicht die Schuld. Bekenne, dass ich nicht nach den Anweisungen Gottes lebe. Bekenne, dass ich genau wie meine Eltern, Eva und Adam, bin. Extrakosten für persönliche Schönheit. Wer beobachtet dich jetzt in so vielen Details? Kritiker, richtig? Wenn Sie mir nicht glauben, lesen Sie in der Bibel nach, wie sie versucht haben, Jesus zu verderben.

ELIZABETH DAS

Matthäus 11:19 Der Menschensohn kam, aß und trank, und sie sagen: Seht, ein gefräßiger Mensch und ein Weinsäufer, ein Freund der Zöllner und Sünder. Aber die Weisheit ist gerecht für ihre Kinder.

Die Bibel sagt: "Wehe diesen Menschen, denn sie sind zu sehr damit beschäftigt, andere zu verletzen und in die Irre zu führen." Kritiker brauchen Hilfe. Manche sind gute Kritiker, die dich zu einem besseren Menschen machen können. Aber wenn sie gegen das Wort Gottes verstößt, dann sollte man sie ignorieren.

Haben Sie schon einmal Menschen gesehen, die lange Kleider tragen, die ihren Kopf bedecken? Egal, wo sie hingehen, sie werden sich nicht ändern. Lehren mit Überzeugung ist so mächtig, dass es ihnen egal ist, was du sagst oder denkst. Kritiker sind ihnen gleichgültig. Ob es dir gefällt oder nicht, so werden sie sich kleiden. Wie nennt man das nun? Mächtige Lehre. Nichts stört sie. Möge der Herr uns durch die Lehre seines Wortes verwandeln. Wenn du einmal die Wahrheit aus dem Wort Gottes kennst, wirst du dich nie mehr so verändern müssen wie der Fürst der Lüfte; der Teufel versucht, dich zu verändern. Der Designer des Teufels versucht, uns anzupassen, um uns in eine Falle zu locken, damit wir schäbig aussehen. Warum ändert sich alles ständig? Der Teufel kommt auf Ideen und Pläne, indem er Gottes Schöpfung kritisiert. Wie kann man sich so leicht täuschen lassen? Warum lässt du dich vom Teufel verführen? Es ist mir egal, was dem Teufel gefällt. Ich möchte so leben, wie Gott mich mit seiner Kleiderordnung entworfen hat.

Viele Mädchen in asiatischen Ländern wollen westlich aussehen. Da sie kein Wort Gottes in sich haben, lassen sie sich leicht entmutigen und geben Geld aus, um ihre Nase und Augen zu verändern. Viele wollen Falten korrigieren und tun alles, um jünger und hübscher auszusehen. Warum können sie das Geld nicht für den Dienst am Nächsten verwenden?

Wir sehen Menschen, die so viel Make-up auftragen, weil ihnen niemand gesagt hat, dass sie gut aussehen. Es gibt keinen Grund, Geld zu verschwenden, um die von Gott gegebene Schönheit zu zerstören. Das ganze Wort Gottes ist dazu da, eine Schutzhecke um uns zu legen. Es wird uns vor dem Sturm schützen, der vehement gegen unser Leben bläst. Heutzutage ist ein kleines Mädchen dem Gruppenzwang des Weltsystems ausgesetzt. Dieser vergiftet ihre Unschuld und lehrt sie Schminke. Eltern und Großeltern müssen das Wort Gottes ändern, statt ihnen zu helfen, sich der Welt anzupassen. Der Teufel hat sich in die Köpfe vieler geistlich ungebildeter Eltern und Großeltern eingeschlichen. Sie lehren sie, sich weltlich zu kleiden, zu schminken und zu stylen. Kleine Mädchen sind nicht mehr frei. Der Fürst der Lüfte treibt sein Unwesen.

Warum sind wir dann überrascht, wenn ihr kleiner Körper angegriffen oder entführt wird?

2 Korinther 2:11 damit der Satan uns nicht übervorteilt; denn wir wissen, was er vorhat.

Warum geht Satan auf die Nasen, Falten, Augen und Augenbrauen der anderen los? Ich meine, alles ist nicht mehr gut. Es ist Satans Welt, und er will Geld verdienen, indem er Sie täuscht, wenn Sie sich nicht vom Wort Gottes schützen lassen. Wenn du dem Wort Gottes gehorchst, gräbst du ein tiefes Fundament, dein Haus wird nicht fallen oder zerstört werden. Bewahre das Wort im Herzen. Ich lebe in der gleichen Welt und sehe, wie verführerisch sie geworden ist. Möge der Herr dir helfen, so zu denken, wie der Herr denkt und sieht. Er hat Schlamm benutzt und dich erschaffen. Du kannst schön sein, wenn du den Heiligen Geist durch dich leuchten lässt.

Prediger 3:11 Er hat alles schön gemacht zu seiner Zeit; auch hat er die Welt in ihr Herz gelegt, so dass niemand das Werk ergründen kann, das Gott vom Anfang bis zum Ende macht.

Psalm 149:4 Denn der Herr hat Wohlgefallen an seinem Volk; er macht die Sanftmütigen selig.

22. DEZEMBER

Wenn Eltern ein gerechtes Leben führen, wagte es niemand, kleine Kinder zu berühren, aber jetzt, mit der Zusammenarbeit von Eltern und Großeltern, ist ihr Leben in Gefahr. Kleine Kinder sind unschuldig, sie stehen unter dem Schutz und der Führung ihrer Eltern. Wenn das Fundament der Eltern nicht richtig ist, und der Lehrer ist das Fernsehen, was kann Gott dann tun? All diese plastischen Operationen kosten nicht weniger als 4.000 Dollar. In der heutigen Welt wollen die Menschen wie jemand anderes aussehen, aber nicht wie sie selbst. Lerne, deine innere Schönheit zu sehen. Der Teufel spielt nur mit den Köpfen der Menschen, die von ihrer Lust gezogen werden und wirft sie schließlich weg. Warum bist du dein Feind? Ich lebe in derselben Welt, aber mit dem in mir geschriebenen Wort Gottes sündige ich nicht gegen Gott. Wir handeln gut oder schlecht. Wenn du dem Wort gehorcht hast, dann stehst du über Satans Tricks und Taktiken. Satans Macht und Plan werden nicht funktionieren. Die Lust der Augen ist das größte Problem. Lust ist das größte Problem, Punkt. Schau nach oben, sieh durch die Augen Gottes. Wir alle haben Eva und Adam in unserem Haus. Wir schauen Verbotenes! Herr, hilf uns. Möge der Herr uns zum Licht dieser bösen und dunklen Welt machen. Hilf uns, gottgefällige, starke kleine Mädchen und Jungen für das Königreich zu erziehen. Erziehe keine Kinder für Satan und sein Königreich, um kleines Leben zu zerstören. Greife Kritiker mit dem Wort Gottes an, mit einem gefestigten Geist und Standhaftigkeit. Erinnere dich, wer du bist. Du bist Haupt, zuerst, oben und schöne Töchter und Söhne des Königs. Amen!

LASST UNS BETEN

Herr, wir sind dankbar, dass wir deine Kinder sind. Du hast uns im Garten Eden erschaffen und uns bekleidet. Du wusstest, dass der listige Teufel kommen würde, um ihn zu zerstören. Der Teufel führt diejenigen in die Irre, die das Wort Gottes nicht kennen. Aber wir werden nicht in seinen alten schmutzigen Trick verwickelt, indem wir uns von dir über das Wort unterweisen lassen. Es ist kein Spaß, sondern eine Falle, um uns in die Falle zu locken und den Plan Gottes zu zerstören. Wir wissen, dass unsere innere Schönheit wichtiger ist als die äußere. Der Alterungsprozess ist genauso schön. Es ist der Weg Gottes, uns von dieser Erde zu befreien. Danke für die ewige Heimat. Lehre uns die Weisheit Gottes durch dein Wort, denn wir wissen, dass wir das Licht und das Vorbild sind. Unser Herr hat uns auf diese Erde gesetzt, um ihn zu repräsentieren. Wir sind seine Braut und ein ideales Vorbild, wenn wir die Gebote halten. Keine Kritik ist gut, aber wir wissen, dass das Wort Gottes die Waffe gegen alle feurigen Pfeile des Teufels ist. Wir löschen sie alle aus in Jesu Namen. Amen! Gott segne Sie!

23. DEZEMBER

SIEHST DU DEN STACHEL DES TODES IN DER SÜNDE?

Vermeiden Sie es, die Sünde als Spaß, als Party, als vorübergehendes Vergnügen, als notwendigen Lebensunterhalt, als Schönheit, als Autorität, als Weisheit oder als Genuss zu betrachten. Ich hoffe und bete, dass dir die Sünde wie eine Hölle erscheint, in der es brennt und schreit. Was ist Sünde?

Sünde bezieht sich auf Handlungen wie Verbrechen, Übertretung, Vergehen oder Übertretung. Der Bibel zufolge ist Sünde eine Übertretung von Gottes göttlichem Gesetz. Sünde ist eine Idee oder Handlung, die die Beziehung zwischen Gott und einer Person gefährdet.

Sieh es als dauerhafte Trennung deiner Seele von Gott. Wann immer du dich in der Hölle siehst, ist es ein Reich endloser Qual und Pein. Nur zur Erinnerung, es ist noch nicht vorbei. Wenn Gerechtigkeit geschieht, wird es vorbei sein. Der Herr Jesus hat das letzte Wort darüber, wann alles vorbei ist. Hüte dich davor, deinem Fleisch zu erlauben, sich mit der Sünde wohlzufühlen. Bereue mit äußerster Dringlichkeit. Bereue und gib deine sündhaften Handlungen auf. Dein Fleisch wird durch Sünde erfreut, präsentiert in einem attraktiven Paket. Sünde ist bereits ein Teil unseres Wesens. Das Blut wurde durch die Sünde von Adam und Eva verdorben. Die Gegenwart der Sünde läuft tief in unserem Blut. Durch das Befolgen der Gesetze und Vorschriften wirst du auf dem himmlischen Weg bleiben.

Der Teufel kennt sich aus und beeinflusst geschickt jeden Einzelnen. Satan hat ein wachsames Auge auf diejenigen, die in Rechtschaffenheit leben, in der Hoffnung, sie in die Irre zu führen. Der Teufel bereitet alle Pläne vor, um dich und mich in der Hölle zu fangen. Er kennt sowohl den Prozess als auch die erforderlichen Maßnahmen. Sein Plan und seine Strategie sind wertlos, wenn du sie nicht beachtest. Der Teufel wird eine andere Taktik planen. Um alle Pläne Satans zu durchkreuzen, braucht man einen klaren Verstand, bedingungslose Liebe zu Gott, totalen Gehorsam und Unterordnung. Es ist alles vorbei, wenn wir in den Himmel kommen.

Es kann nicht geändert werden, das ist die Realität. Hüte dich vor der trügerischen Illusion, die durch Sünde verursacht wird. Es geht nicht darum, deine Sinne zu befriedigen oder Stolz zu suchen, sondern darum, reine Täuschung und Tod zu umarmen. Der Teufel hat eine neue Idee aus der Hölle und sendet ein neues Paket, um deine Seele zu zerstören. Gott ist da, um die üblichen Verantwortlichkeiten zu übernehmen, sich um deine Seele zu kümmern. Ganz einfach, aber kraftvoll. Der Herr nutzt das unkomplizierte Wort Gottes für Sein Werk. Weil Gott ewig und unveränderlich ist, werden die Gebote, Gesetze und Vorschriften immer gleich bleiben. Es gibt nur einen Weg zum Himmel und einen Weg, die Seele zu retten. Umarme das Wort Gottes so fest, dass es untrennbar mit deinem Herzen und Verstand verbunden ist. Es gibt keinen Grund zur Angst, der Ofen brennt siebenmal heißer und die Löwen sind seit langer Zeit hungrig. Der Herr hat die Macht zu

23. DEZEMBER

retten, während der Teufel sie nicht hat. Der Zweck seiner Pakete ist es, den Narren zu täuschen und die Unschuldigen zu verführen.

Gott ist kein Diktator, sondern ein Schöpfer, Erhalter und Beschützer, der davon abhängig ist, dass Sie sich mit seiner Liebe und seinem Hass identifizieren. Anders geht es nicht! Gott, der allwissend ist, hat einen Zweck für Ihre Schöpfung und denkt ständig an Sie. Der Weg Satans ist trügerisch, während Gott vorhat, Sie zur Wahrheit zu führen und Sie auf den richtigen Weg zu lenkenIch Ich vertraue und glaube nur an das Wort Gottes. Gottes Geist ist ein vertrauenswürdiger Führer und Lehrer. Er wird dich befähigen, das Übernatürliche zu tun. Viele fürchten Gott nicht, sondern leben weiter in Sünde.

1 Timotheus 4:1 Der Geist sagt aber ausdrücklich, dass in der letzten Zeit etliche vom Glauben abfallen werden, indem sie auf verführerische Geister und Lehren der Teufel hören, 2 indem sie Lügen reden in Heuchelei und ihr Gewissen mit einem heißen Eisen versengen lassen;

Wir alle kennen *Römer 6:23a Denn der Lohn der Sünde ist der Tod;*

Nehmen Sie sich etwas Zeit, um darüber nachzudenken, was der Herr direkt zu Ihnen sagt. Er teilt Ihnen genau die Botschaft mit, die er Adam und Eva mitgeteilt hat.

Mose 2:17 Aber von dem Baum der Erkenntnis des Guten und Bösen sollst du nicht essen; denn an dem Tag, an dem du davon isst, wirst du sterben.

Jeder Mensch erlebt den physischen Tod, aber die ewige Trennung der Seele von Gott geschieht im Feuersee. Dies ist das Thema, das der Herr in dieser Aussage anspricht.

Mose 5:5 Und alle Tage, die Adam lebte, waren neunhundertdreißig Jahre, und er starb.

Als Adam sündigte, versuchte er, sich vor Gott zu verstecken. Die Sünde ist mit der Gegenwart Gottes unvereinbar. Man vermeidet es, in der Gegenwart Gottes zu sein.

Sprichwort 28:1a Der Gottlose flieht, wenn ihn niemand verfolgt:

Mose 3:8 Und sie hörten die Stimme Gottes des Herrn, der in der Kühle des Tages im Garten wandelte; und Adam und seine Frau versteckten sich vor dem Angesicht Gottes des Herrn unter den Bäumen des Gartens.

Ein weit verbreiteter Glaube ist, dass die Hölle ein Ort des Elends ist. Ich möchte klarstellen, dass das Leiden der Menschen auf der Erde eine Folge ihrer Sünden ist. Das Vergnügen, das die Sünde bietet, ist nur von kurzer Dauer, während das Elend, das sie verursacht, von langer Dauer ist.

Ich habe erlebt, wie Personen wegen eines Verbrechens festgenommen wurden und in Handschellen vor einem Richter standen. Sie sind der Gnade des Richters ausgeliefert. In Anwesenheit von Zeugen wird der Richter die Strafe nach der Schwere des Vergehens bemessen. Achten Sie auf ihre Gesichter, während sie über einen längeren Zeitraum hinter der Theke arbeiten. Alle reagieren unterschiedlich. Das ist zu viel für sie und ihre Familien. Es ist besonders grausam, Kinder ohne jegliches Mitgefühl zu lebenslanger Haft zu verurteilen. Wie traurig und krank ist das! Stellen Sie sich vor, Sie haben ein paar Tage Ausgangssperre und können Ihr Haus nicht verlassen. Es ist verständlich, wenn man sich von der Welt abgekoppelt fühlt. In letzter Zeit haben uns zahlreiche Stürme daran erinnert, dass wir von der Welt abgeschnitten sind, dass uns das Licht fehlt, das Essen, das Wasser und die Dinge des täglichen Bedarfs. Das können wir nicht ertragen. Stellen Sie sich vor, es wäre von Dauer. Was folgt daraus? Sie sind für immer verschwunden. Wie traurig!

Jesaja 59:2 Aber eure Missetaten haben euch von eurem Gott geschieden, und eure Sünden haben sein Angesicht vor euch verborgen, so dass er euch nicht erhören will.

Deshalb hat der Herr das Heilmittel für Sie und mich gefunden. Er hat ein Leben voller Barmherzigkeit und Gnade geschaffen. Tierblut kann unsere Sünden nicht beseitigen. Die Wirkung von Tierblut ist vorübergehend und bietet keine Befreiung und Vergebung.

Jesaja 59:16 Und er sah, daß kein Mensch da war, und wunderte sich, daß kein Fürsprecher da war; darum brachte sein Arm ihm Rettung, und seine Gerechtigkeit trug ihn. 17 Denn er zog die Gerechtigkeit an wie einen Brustpanzer und den Helm des Heils auf sein Haupt, und er zog die Kleider der Rache an wie ein Kleid und war mit Eifer bekleidet wie ein Mantel.

Du und ich, mein Freund, sollten die Botschaft der Hölle verbreiten. Der Fokus der Predigt hat sich von der Hölle auf den Wohlstand verlagert. Du bist es, der jeden Sonntag jemanden beim Erblühen beobachtet, nicht dich selbst. Der Herr hat die Hölle vor den Augen der Schöpfung Seiner Schöpfung verborgen. Wir haben einen klaren Blick auf die Gelegenheit, das richtige Timing und die Happy Hour. Kannst du Informationen über Satan, unheilige gefallene Engel und Dämonen geben? Um erfolgreich zu sein, müssen wir ein vollständiges Verständnis unseres Gegners haben. Wir werden von Satan und seinem Team umzingelt. Wir müssen eine Lichtquelle sein, damit Dämonen schreien und dem Gericht entfliehen. Der Dämon wird dich anflehen, unterwirf mich nicht der Qual. Der Dämon muss dich identifizieren und verbal anerkennen, dass er weiß, wer du bist. Deine Hingabe an den Heiligen Israels muss vom Dämon anerkannt werden. Unsere Reaktion sollte darin bestehen, die neuen Taktiken des Teufels aufzudecken, anstatt sie als bloße Unterhaltung zu akzeptieren. Alles ist nicht in Ordnung. Es gibt eine Schlange undercover im Weihnachtsmann, verwickelt in Sünden wie Spiele, Drogen, Alkohol und Ehebruch. Wach auf und rüste dich mit Waffen, um dem Teufel zu widerstehen, und er wird vor dir und mir fliehen. Amen!

LASST UNS BETEN

Herr, wir treten vor deinen Altar und bitten dich, uns alle unsere Sünden zu vergeben. Du bist derselbe gestern, heute und in Ewigkeit. Wir bereuen alle unsere Sünden, die wir kennen oder nicht kennen. Wir bitten dich, uns auf den rechten Weg der Gerechtigkeit zu führen. Gib uns die wahren Propheten und Lehrer Gottes. Wir begehren dich und lieben dich. Wir wollen mehr Offenbarung, Weisheit und Verständnis, um dich zu kennen und mit dir zu gehen. Gib uns ein tägliches Gebetsleben. Hilf uns, alle deine Gesetze, Gebote und Vorschriften zu kennen, damit wir nicht in Sünde fallen, in Jesu Namen. Amen! Gott segne Sie!

24. DEZEMBER

HABEN SIE NOCH PLATZ FÜR MICH?

An jenem Tag, als es Zeit war, dass der Herr geboren wurde, gingen Seine Eltern von Herberge zu Herberge, um einen Platz für Ihn zu finden, aber es gab keinen… Er kam als Baby aus dem bescheidenen Haus eines Zimmermanns.. Niemand kann dieses Baby als den betrachten, der Himmel und Erde gemacht hat.

Lukas 2:7 Und sie brachte ihren erstgeborenen Sohn zur Welt und wickelte ihn in Windeln und legte ihn in eine Krippe; denn in der Herberge war kein Platz für sie.

Josef, der Vater, suchte nach einem Raum, in dem er das Kind sicher unterbringen und ausruhen konnte. Für Jesus war kein Platz vorhanden. Heute ist es nicht anders als damals, die Situation bleibt bestehen. In unserem geschäftigen Leben gibt es keinen Platz für Jesus. Die Krippe ist der Ort, an dem das Jesuskind geboren wurde, umgeben von Tieren. Wir feiern Weihnachten, um die Ankunft Christi in dieser Welt zu ehren. Wir verstehen, dass Menschen extrem beschäftigt sein können. Der Teufel besitzt größere Intelligenz und Weisheit als Daniel. Satan hat eine Herausforderung herausgegeben, Jesus zu ersetzen. Satan hat es erfolgreich geschafft, das Leben der Menschen mit Beschäftigung zu füllen, sodass kein Platz für den Herrn bleibt.

Weihnachten ist für uns eine hektische Zeit, gefüllt mit Essen, Feiern, Einkaufen, Geschenken, Fliegen und Autofahren. Für Jesus ist bei den Christen kein Platz. Satan zufolge kann die Geburt Jesu durch seine zahlreichen Ideen zunichte gemacht werden. Haben Sie das hohe Maß an Aktivität beobachtet, das wir in dieser Zeit erleben? Manchmal vergessen wir vor lauter Geschäftigkeit die unglaublichen Taten Jesu während seiner Zeit auf der Erde. Jesus kam, um sich den Schwachen, den Armen, den Leidenden, den Kranken, den Unterdrückten, den Besessenen zu widmen und diejenigen zu heilen, deren Herz gebrochen war.

Ich stieß auf Informationen über jemanden, der sich kürzlich leider das Leben genommen hat. Die Feiertage bringen die Menschen dazu, sich an die guten alten Zeiten zu erinnern. Der Verlust geliebter Menschen und Scheidung verursachen Gefühle von Traurigkeit und Depression. Nach den Feiertagen wird es nur noch schlimmer. Stelle sicher, dass sich Weihnachten nicht um mich, mich selbst und ich dreht. Weihnachten markiert die Geburt Christi. Seine Geburt ist eine Erinnerung daran, einen Platz für die Bedürftigen, Witwen, Armen, Verletzten und alle zu schaffen, die die Aufmerksamkeit Christi brauchen. Es geht um den Herrn Jesus. Es geht nicht darum, was wir bekommen können, sondern darum, Seine Mission zu erfüllen. Es ist traurig, die Selbstsucht bestimmter Personen zu sehen, die persönlichen Gewinn über ihre eigenen Familien stellen. Ich habe immer dafür plädiert, das Geld den Armen und Obdachlosen zu geben, anstatt es für den Eigenbedarf zu behalten.

Heute hatte ich eine tolle Zeit, in der ich ältere Menschen in Genesungsheimen, Rehabilitationszentren und Einrichtungen für betreutes Wohnen besucht habe. Sie brauchen die heilende Berührung von Jesus.

ELIZABETH DAS

Die Schwester meiner Freundin Tammy, ihr Mann, Bruder Shield, und ich besuchten heute einige Genesungs- oder Rehabilitationsheime. Es war eine Zeit des Gebens und Teilens. Wir suchten einige Dinge aus, sprachen Gebete und verteilten sie an zahlreiche ältere Menschen. Wir waren voller Freude, und sie waren es auch. Schaffen Sie Raum für Jesus, damit er an seinem Geburtstag seine Mission erfüllen kann, obwohl er beschäftigt ist.

Dies ist der Zeitpunkt, um den wahren Zweck des Kommens Christi auf die Erde zu demonstrieren. Zeigen Sie ihnen Mitgefühl, Liebe und Fürsorge. Es geht nicht nur darum, Geld für Essen, Geschenke, Einkäufe und andere Dinge auszugeben. Es war kein Platz für seine Geburt vorhanden. Heute ist er trotz unseres vollen Terminkalenders auf der Suche nach einem Zimmer.

Während wir mit unseren Vergnügungen beschäftigt sind, sehen wir die, die hungrig, kalt und in Not sind? Ich weiß, dass der Weihnachtsmann laut dem Teufel den Platz von Jesus eingenommen hat. Der Weihnachtsmann stammt vom Nordpol, von dem man glaubt, dass es der Wohnort Satans ist. Der Teufel will den Zweck von Jesus Christus untergraben und den Fokus auf weltliche Ablenkungen legen. Mögen wir vom Herrn geleitet werden, zu erkennen, dass es nicht um uns geht. Vermeide es, im Überfluss zu kaufen, sondern suche nach denen, die in Not sind. Als Jesus geboren wurde, gab es keinen Platz für Ihn. Heute lebt Er in uns als Heiliger Geist, und wir sagen: Herr, ich habe keine Zeit für dich. „Ich bin damit beschäftigt, mich selbst, meine Familie und meine Party zu unterhalten, also habe ich keine Zeit für deine Mission."

Matthäus 25:35 Denn ich war hungrig, und ihr habt mir zu essen gegeben; ich war durstig, und ihr habt mir zu trinken gegeben; ich war fremd, und ihr habt mich aufgenommen; 36 ich war nackt, und ihr habt mich bekleidet; ich war krank, und ihr habt mich besucht; ich war im Gefängnis, und ihr seid zu mir gekommen. 37 Dann werden ihm die Gerechten antworten und sagen: Herr, wann haben wir dich hungrig gesehen und dir zu essen gegeben, oder durstig und dir zu trinken gegeben? 38 Wann haben wir dich als Fremden gesehen und haben dich aufgenommen, oder nackt und haben dich bekleidet? 39 Oder wann haben wir Dich krank oder im Gefängnis gesehen und sind zu Dir gekommen? 40 Und der König wird antworten und zu ihnen sagen: 'Wahrlich, ich sage euch: Was ihr für einen dieser meiner geringsten Brüder getan habt, das habt ihr mir getan.

Unsere Pläne umfassten die Organisation von Weihnachtsfeiern für die neu konvertierten Menschen in einem fremden Land. Während sie sich von ihrem religiösen Glauben lösen, müssen wir ihnen beibringen, wie wichtig es ist, auf andere zuzugehen und Freundlichkeit zu üben. Es ist an der Zeit, sich einen Moment Zeit zu nehmen, um über die Taten Jesu auf Erden nachzudenken. Ich wurde von einer Dame angesprochen, die einen Kalender mit Bibelstellen für jeden Tag haben wollte. Die Idee war absolut fantastisch. Viele Menschen sind mit der Bibel nicht vertraut. Ein anderer Bruder riet mir, die nagelneue Decke den Obdachlosen zu geben. Ich sagte: "Nun, wenn wir schon geben, dann das Beste". Ich gab ihnen ein kostenloses Mittagessen und schöne Edelstahlboxen als Geschenk und lehrte sie, wie wichtig es ist, Weihnachten zu geben. Jedes Jahr zu Weihnachten verteile ich eine Reihe von Gegenständen an die Neubekehrten.

Wir besuchten Altenheime. Sie baten um Gebete für ihre Familien. Einige Leute haben für mich gebetet. Sie brachten mit uns ihre Freude und Hingabe an Christus zum Ausdruck. Wir haben Öl aufgetragen und für diejenigen gebetet, die auf Heilung und Befreiung warteten, im Glauben, dass der Herr ihnen Heilung schenken würde.

Es war Weihnachten für Christus und nicht für mich. Es ging nicht ums Empfangen, sondern um das Geben. In Indien sind wir Gastgeber eines Treffens. Wir kaufen ihnen ein Mittagessen und das Neue Testament. Sie werden Jesus kennen und verstehen lernen, wenn sie das Wort Gottes und seine Verheißungen lesen. Es ist wichtig, dass die gebrochenen, verletzten, bedürftigen, kranken und unterdrückten Menschen verstehen, dass Jesus, nicht der Weihnachtsmann, derjenige ist, der gekommen ist, um uns zu retten. Er ist gekommen, um seine Schöpfung zu enthüllen. Er ist speziell für Sie und mich gekommen. Wir sollten die Menschen im Gefängnis, die Waisen, die Witwen und die Obdachlosen nicht vergessen, die sehnsüchtig auf Besuch warten. Ich bin auf der Suche nach diesen Menschen.

Möge der Herr uns helfen, über die Oberflächlichkeit dieser Welt hinauszusehen. Unsere Augen sollten auf diejenigen gerichtet sein, für die Jesus menschliche Gestalt annahm. Es ist meine Verantwortung, uns beide daran zu erinnern, unseren Kindern beizubringen, die Liebe Christi zu teilen. Erinnern wir uns daran, dass Jesus kam, um die Welt zu retten, und wir sollten Seinem Beispiel folgen. Wenn wir unsere Weihnachtsliste machen, müssen wir den Weihnachtsmann ausschließen und uns nur auf Jesus konzentrieren. Halte den Teufel dort, wo er hingehört, im Norden. Engel haben es verkündet, und jetzt feiern wir gemeinsam das Kommen Jesu. Er kam für uns beide und schenkte uns ein Leben in Fülle. Ich habe die Pflicht, die Botschaft der Erlösung zu denen zu bringen, die in Not und hilflos sind. Amen! Gott segne dich!

LASST UNS BETEN

Herr, wir wissen, dass du der Grund für diese Jahreszeit bist. Es ist nicht mein oder irgendein anderer Geburtstag. Es ist der Geburtstag von Jesus. Wir wissen, dass sich dein Auftrag nicht ändert. Lass uns Jesus nie entfernen, sondern behalte den Herrn als Zentrum in der Weihnachtszeit. Hilf uns, Jesus in allem zu bewahren. Jesus ist der einzige Weg zur Wahrheit und zum Leben. Lass dich niemals auf Satans Einkaufssystem ein. Verlieren Sie Ihre Mission nicht in der Falle des Kaufens und Essens und vergessen Sie Jesus und seine Mission. Wir müssen uns daran erinnern, was der Grund für Weihnachten ist. Wir müssen uns daran erinnern, dass es nur um Jesus geht. Es ist unsere Aufgabe, die Welt wissen zu lassen, wer nicht zurückkehren kann. Es ist der Teil unseres Segens, den wir mit bedürftigen, hilflosen und hoffnungslosen Menschen teilen. Unser Erlöser wurde geboren, um die Gefangenen zu befreien und die Menschen mit gebrochenem Herzen zu heilen. Wir müssen umhergehen und andere wissen lassen, dass Christus das Zentrum von Weihnachten sein muss. In Jesu Namen, Amen! Gott segne Sie!

25. DEZEMBER

JESUS HAT MICH KÖNIGLICH GEMACHT!

Das Königtum liegt mir im Blut. Der König über alle Könige ist gekommen, um den Fürsten der Finsternis zu besiegen und alles, was verloren und gestohlen war, durch sein Blut zurückzukaufen. Ein Erdbeben, ein Zeichen und ein Wunder sind das Ergebnis einer bedeutenden Veränderung in der geistigen Welt. Der Sterndeuter versteht die Zeichen und Wandlungen der himmlischen Sphäre. Die Geburt Jesu wurde von einem Engel begleitet, der die Nachricht vom Frieden auf Erden überbrachte. Die Mutter des Herrn wurde von einem Erzengel besucht, um die Ankunft des Herrn Jesus anzukündigen

Lukas 1:34 Da sprach Maria zu dem Engel: Wie soll das geschehen, da ich den Menschen nicht kenne? 35 Und der Engel antwortete und sprach zu ihr: Der Heilige Geist wird über dich kommen, und die Kraft des Höchsten wird dich überschatten; darum wird auch das Heilige, das von dir geboren wird, Gottes Sohn genannt werden.

Ein großer König kam auf die Erde, der nicht nur ein Herrscher, sondern auch ein Schöpfer war. Die Enthüllung des Namens kam für Josef überraschend. Eine göttliche Weisung wurde vom himmlischen Vater enthüllt. Die Offenbarung kommt nicht von physischen Wesen, sondern vom Geist Gottes.

Matthäus 1:20 Während er aber über diese Dinge nachdachte, siehe, da erschien ihm der Engel des Herrn im Traum und sprach: Joseph, du Sohn Davids, fürchte dich nicht, Maria, dein Weib, zu dir zu nehmen; denn was in ihr empfangen wird, das ist vom Heiligen Geist. 21 Und sie wird einen Sohn gebären, und du sollst seinen Namen Jesus nennen; denn er wird sein Volk von seinen Sünden erlösen.

Was macht den Namen dieses Königs so bedeutsam? Er wurde lange Zeit geheim gehalten.

Richter 13:18 "Und der Engel des HERRN sprach zu ihm: Warum fragst du so nach meinem Namen, da er doch geheim ist?"

Mit ihrem Verständnis der Verschiebungen von Himmelsobjekten liefern Astrologen göttliche Informationen. Die Bibel spricht über den Stern. Engel werden Sterne genannt.

Offenbarung 1:20 Das Geheimnis der sieben Sterne, die du in meiner rechten Hand gesehen hast, und der sieben goldenen Leuchter. Die sieben Sterne sind die Engel der sieben Gemeinden; und die sieben Leuchter, die du gesehen hast, sind die sieben Gemeinden.

Engel sind himmlische Wesen, die als Vermittler zwischen Himmel und Erde fungieren. Der Himmel ist die Wohnstätte Jesu, während die Erde der Ort ist, an dem seine Schöpfung existiert.

25. DEZEMBER

Der Thron Gottes befindet sich im Himmel, wo er regiert.

Matthäus 2:1 Als aber Jesus zu Bethlehem in Judäa geboren war, zur Zeit des Königs Herodes, siehe, da kamen weise Männer aus dem Morgenland nach Jerusalem und sprachen: Wo ist der, der als König der Juden geboren ist? Denn wir haben seinen Stern gesehen im Morgenland und sind gekommen, ihn anzubeten.

Von Gott autorisierte Personen mit Kenntnissen des himmlischen Bereichs teilen uns göttliche Informationen mit. Engel, Träume, Visionen, Gottes Wort und wahre Propheten sind alles Wege, auf denen Gott uns seine Botschaften offenbart. Ich habe verkündet, dass Jesus mich zu einer königlichen Person gemacht hat. Ja, ich habe eine neue Geburt erlebt, durch Wasser und Geist. Meine neue Geburt kommt von oben. Die Bedeutung von Again ist "von oben". Haben Sie die neue Geburt erlebt? Eine Geburt im Königreich ist notwendig. Sie fühlen sich wie ein König. Die Kinder des Allerhöchsten sind auch dem Teufel bekannt.

Psalmen 82:6 Ich habe gesagt: Ihr seid Götter, und ihr alle seid Kinder des Höchsten.

Das genaue Datum und die Uhrzeit der Geburt des Herrn Jesus sind unbekannt, aber sein Ziel war es, das Reich der Finsternis auf der Erde zu besiegen. Die Sünde von Adam und Eva hielt uns lange Zeit gefangen. Er hat mich mit seinem kostbaren Blut erlöst. Wiederhole jetzt nicht dieselben Sünden. Halte seine Gebote und du wirst Großes tun.

1 Timotheus 6:14 dass du dieses Gebot unbefleckt und untadelig bewahrst bis zur Erscheinung unseres Herrn Jesus Christus:15 den er zu seiner Zeit zeigen wird, der der gesegnete und einzige Potentat ist, der König der Könige und Herr der Herren;

Der Herr hatte einen anderen Plan, als unsere Niederlage zu beobachten - er wollte als kleines Kind kommen. Jetzt ist der Moment gekommen, ihn als den siegreichen König anzubeten und zu preisen. Er hat dich und mich wiederhergestellt. Wenn Sie den Weg zu Jesus finden, werden Sie ihn auch finden. Jeder ist eingeladen, Buße zu tun und seine Sünden zu bereinigen, indem er sich im Blut Jesu taufen lässt. Empfangen Sie den Heiligen Geist.

Unser Wunsch sollte es sein, dem König der Könige zu dienen. Mein Herz sehnt sich danach, ihn in seiner Stärke und Überlegenheit zu verstehen.

Offenbarung 17:14 Diese werden mit dem Lamm Krieg führen, und das Lamm wird sie überwinden; denn es ist der Herr aller Herren und der König aller Könige, und die bei ihm sind, sind berufen und auserwählt und treu.

Um Seine Geburt zu feiern, beschäftigen sich die Menschen mit verschiedenen Aktivitäten wie gutes Essen genießen, verschiedene Orte besuchen, tanzen, trinken, in die Kirche gehen und sich Tage im Voraus vorbereiten. Die wahre Bedeutung Seiner Geburt wird von vielen oft übersehen. Diejenigen, die verloren, besessen und von ihren Feinden festgehalten sind, sind die, für die Er geboren ist. Über Generationen hinweg hat der Teufel viele unter seinem Besitz gehalten. Jesus kam in Seine Welt, um ihnen vollständige Befreiung von Sünden anzubieten. Jesus beschützte uns, indem Er uns in Sein Blut hüllte und uns vor dem Feind versteckte. Die Blutlinie dient als Barriere, die der Teufel nicht überschreiten kann. Diejenigen, die durch Sein Blut erkauft wurden, freuen sich in dieser Zeit am meisten.

Viele Menschen warteten sehnsüchtig auf die Ankunft Jesu, konnten sie aber nicht miterleben, weil sie zwar über Gott Bescheid wussten, aber keine persönliche Beziehung zu ihm hatten. Da sie den höchsten Namen

Jehovas Gottes nicht kannten, war ihnen die Bedeutung der Taufe auf den Namen Jesu nicht bewusst. Diejenigen, die sich nicht an seine Gebote hielten, kannten den verborgenen Namen Jehovas Gottes für die Rettung nicht. Die Anweisung des Herrn ist klar: Ihn zu lieben bedeutet, sein Gebot zu halten. Anstatt Jesus zu folgen, folgen wir oft Kirchen, Organisationen und Konfessionen. Das wird nicht funktionieren, niemals. Jesus ist der einzige Weg, es gibt keine Alternative.

Heute konzentrieren Sie sich vielleicht auf den Konsum und das Auspacken von Geschenken und vernachlässigen dabei die, die weniger Glück haben. Vergessen Sie nicht die Bedürftigen, Kranken, Verletzten, Armen, Waisen, Witwen, Unterdrückten und Besessenen. Besuchen Sie sie in dieser Zeit. Anstatt auf sie zu warten, denken Sie daran, dass sie nicht zu Ihnen kommen können. Jesus ist vom Himmel zu uns gekommen. Der Heilige Geist kommt auf uns herab und wohnt in uns für die Ewigkeit.

Unsere Verantwortung ist es, sicherzustellen, dass die Welt den Namen von König Jesus kennt. Wir müssen die gute Nachricht weltweit verbreiten und allen mitteilen, dass sie Freiheit erfahren können. Der Name von Jesus verbirgt das Blut, das unsere Sünden wegwäscht. Er wird als Geist kommen, um uns zu führen, zu stärken und zu lehren. Wie wunderbar ist das, nicht wahr? Verbreite die gute Nachricht an alle anderen. Frohe Weihnachten! Gott segne dich!

LASST UNS BETEN

Himmlischer Vater, wir kommen, um dir von Herzen dafür zu danken, dass Jesus in diese Welt gekommen ist. Es ist der König des Universums, der an mich gedacht hat. Wir wollen dich in unseren Herzen bewahren und tun, was du für uns getan hast. Wir müssen hingehen und das Gleiche für andere tun, die noch in der Dunkelheit sitzen, gefesselt durch die Ketten von Drogen, Alkohol und lüsternen Sünden. Herr, befreie alle Sünder, wasche sie mit dem Blut Jesu. Halte sie sauber, rein und heilig, um dir zu begegnen. Es ist die wunderbare Kraft des Heiligen Geistes, die durch und in uns wirkt, um wunderbare Befreiung und Heilung zu bewirken. Herr, wir bitten um neue Salbung mit deinem Geist und deiner Kraft, um das zu tun, was du getan hast. Für genau diese Mission gedenken wir heute deiner. Wir erinnern uns an deine Geburt und feiern sie als Heiler, Retter, Erlöser und barmherziger König von Königen und Herr von Herren. Danke, dass du gekommen bist, um den Preis für unsere Sünden zu zahlen und uns aus dem ewigen Tod in der Hölle zu befreien, in Jesu Namen. Amen! Gott segne Sie!

26. DEZEMBER

ES WÜRDE NICHT FUNKTIONIEREN!

Wenn man das Wort Gottes ändert, indem man zur Bibel etwas hinzufügt, entfernt oder subtrahiert, würde es nicht funktionieren. Was meine ich? Die Bibel sagt, wer ein Ohr hat, lasse ihn hören. Hast du ein Ohr zu hören? Mose hatte ein Ohr zu hören. Wenn eine Person hört, setzt sie es in die Anwendung um. Das nennt man wahres Hören. Ein junges Mädchen hörte die Botschaft über den Zehnten. In dieser bestimmten Woche bekam sie ein Geschenk von zehn Dollar. In der folgenden Woche legte sie einen Dollar als Zehnten in den Umschlag. Der Pastor fragte, wie sie Zehnten zahlen könne ohne einen Job. Sie erwähnte, dass sie zehn Dollar bekommen hatte, die sie benutzte, um ihren Zehnten zu zahlen.

Ihr Herz wurde von der Wahrheit überführt. Um zu gehorchen, muss die Predigt mit einem geistlichen Ohr gehört werden. Seien Sie ehrlich und beschönigen Sie nicht, wenn Sie über die Hölle sprechen. Ein wenig Sauerteig durchsäuert den ganzen Klumpen. Ein kleiner Fuchs frisst die Ernte. Was du sagst, kann etwas riskant sein.

Apg 2:37 Als sie aber das hörten, wurden sie in ihrem Herzen erschüttert und sprachen zu Petrus und den übrigen Aposteln: Ihr Männer, liebe Brüder, was sollen wir tun?

Unsere Aufgabe ist es, die Botschaft, das Wort, den Samen und die Wahrheit so zu predigen, wie sie wirklich ist. Addition und Subtraktion werden nicht zum gewünschten Ergebnis führen. Du hast es nicht richtig gemacht, also gab es kein Ergebnis. Auf der Erde nahm Jehova Gott die Gestalt von Jesus an und brachte sich selbst als Opfer dar. Er erfüllte die langjährigen Prophezeiungen, die von unzähligen Propheten ausgesprochen wurden. Es ist vollbracht worden, wie er es gesagt hat. Vollenden, er hat großartige Arbeit geleistet! Es kommt nicht darauf an, wie du anfängst, sondern wie du aufhörst. Beende es gut!

Viele Versuche, das Wort zu verändern, führten zur Bildung zahlreicher Konfessionen, Kirchen, Organisationen und sogar nicht-konfessioneller Kirchen. Es wird nicht funktionieren, wenn Sie auch nur eine kleine Änderung vorgenommen haben, sei es eine Addition oder eine Subtraktion. Wie traurig? Tu, was er sagt! Meine Frage ist, warum müssen Sie addieren und subtrahieren? Haben Sie die Ergebnisse gesehen, die Adam, Eva, Kain, König Saul, der Hohepriester Eli, Ruben, Esau und andere, die das versucht haben, erlebt haben? In einem Land zu leben, das Götzen verehrt, gibt Ihnen nicht das Recht, das Wort Gottes zu verändern. Indem Sie das tun, geben Sie dem Teufel eine Chance. Sie machen sein Wort unwirksam. Das Wort Gottes ist Gott.

Lesen Sie das Buch der Könige, die Chronik, Samuel, die Richter und Rut und finden Sie heraus, was mit diesen schwerhörigen Menschen geschah. Das ist eine Lektion, die man lernen, sich merken und nicht wiederholen sollte.

Jerobeam, der von Gott zum König berufen und gesalbt worden war, achtete wenig darauf, auf seine Stimme zu hören. Wenn du mit Macht, Stellung, Reichtum und Segen gesegnet bist, dann achte darauf, dass du dich sorgfältig an seine Gebote und Satzungen hältst. Schauen Sie auf zu Gott, der Ihnen alles gegeben hat. Bleiben Sie in Verbindung mit Gott, der Sie mit einer Beförderung gesegnet hat.

Daniel, Schadrach, Meschach, Abednego, Esther, Johannes und der Täufer waren alle aufmerksam und gehorsam gegenüber den Worten des Herrn. Viele kümmerten sich nicht um die Folgen, sondern hielten sich an das Wort. Der Herr kann Segen sowohl gewähren als auch wegnehmen. Haltet immer die Integrität des Wortes aufrecht. Der Herr verwandelte ihren Kummer in Freude, den Kampf in Erfolg und beförderte sie in hohe Positionen. Es gibt Menschen, die diese Welt verlassen haben, ohne nachzugeben oder ihre Entschlossenheit aufzugeben.

Jeder, der etwas hinzufügte oder subtrahierte, stand unter einem Fluch, einer Degradierung oder Ausstoßung. Sie brachten Gericht über die Nation. Sie wurden entfernt aus dem Land, in dem Milch und Honig fließt. Gott gab dir ein Auto, Geld, Reichtum und Segen. Also, du hast den Eindruck, dass es in Ordnung ist, eine kleine Affäre mit dem Wort Gottes zu haben? Glaubst du, es ist in Ordnung, leichte Veränderungen in Seinem Wort zu machen durch Hinzufügen, Subtrahieren oder Entfernen? Wenn du das Wort entfernst, entfernst du Gott, indem du alles verlierst, was du von Ihm empfangen hast. Du lädst den Fluch ein. Viele Menschen suchen Gott nur, um aufzusteigen, ignorieren aber das Wort, nachdem sie aufgestiegen sind. Sie glauben, dass Macht und Position in ihrer Hand liegen und Gott deshalb ausgeschaltet werden sollte. Das Fleisch sucht nach der Erfüllung seiner Begierden.

Der Mensch hat die natürliche Tendenz, sein eigener schlimmster Feind zu sein. Wenn wir einmal den richtigen und vollkommenen Weg Gottes begriffen haben, wird das Fleisch unsere Beziehung zu ihm nicht mehr behindern. Streichen Sie Ungehorsam und Rebellion aus der Gleichung. Jesus hat uns den Prozess des Gehorsams Schritt für Schritt vorgeführt.

Lukas 9:23 Und er sprach zu ihnen allen: Wer mir nachfolgen will, der verleugne sich selbst und nehme täglich sein Kreuz auf sich und folge mir nach.

Jesus hielt keinen Vortrag oder eine gute Botschaft, wie man sie heute hört. Er lebte praktisch, was er predigte.

1Petr 2:21 "Denn auch dazu seid ihr berufen; denn auch Christus hat für uns gelitten und uns ein Beispiel hinterlassen, damit ihr seinen Schritten folgt:

Johannes 13:15 Denn ich habe euch ein Beispiel gegeben, damit ihr so handelt, wie ich an euch gehandelt habe.

Vergessen Sie nicht, dass Ihre Taten lauter sprechen als Ihre Worte.

Apg 18:24 Es kam aber nach Ephesus ein Jude mit Namen Apollos, geboren in Alexandrien, ein redegewandter Mann und kundig in der Schrift.

Um dem Reich Jesu zu dienen, musste die Beredsamkeit des Mannes mit der Wahrheit kombiniert werden. Im Reich Gottes gibt es nur Wahrheiten und keine Lügen, und alles wird perfekt funktionieren.

Apg 18:25 Dieser Mann wurde im Weg des Herrn unterwiesen; und da er eifrig im Geiste war, redete und lehrte er fleißig die Dinge des Herrn und kannte nur die Taufe des Johannes. 26 Und er fing an, in der Synagoge kühn zu reden; und als Aquila und Priscilla es hörten, nahmen sie ihn zu sich und erklärten ihm den Weg Gottes genauer.

Er lernte, dass die gültige Taufe zur Vergebung der Sünden im Namen Jesu erfolgt. Nur die Wahrheit hat die Macht, uns frei zu machen. Das Wort ist nur wirksam, wenn es ohne Hinzufügen und Abziehen verwendet wird. Wenn man etwas hinzufügt oder abzieht, dann ist es das Werk des Teufels und nicht das Gottes. Der Teufel hat addiert und subtrahiert, um die Wahrheit anzugreifen. Er hat einen Gott in drei geteilt; er hat den Namen Jesus aus der Taufe entfernt, um das Blut zu entfernen. Indem er die Praxis des Fastens verdreht, gefährdet er das Reich Gottes. Und so weiter und so fort! Der Teufel ist ein Meister der Täuschung und der Lüge. Der Punkt, an dem du stolpern wirst, ist genau das, worauf die Weisheit Satans abzielt. Möge der Herr uns Weisheit und Verständnis schenken, bevor wir die Fragen beantworten, die aus dem Munde von Religiösen oder Ungläubigen kommen. Seien Sie vorsichtig! Die Worte des Herrn haben die höchste Autorität. Zacharias erhielt die Nachricht von der Ankunft des Sohnes Johannes des Täufers. Er konnte es nicht glauben, denn seine Frau war alt.

Lukas 1:20 Und siehe, du wirst stumm sein und nicht mehr reden können bis zu dem Tag, an dem dies alles geschehen wird, weil du meinen Worten nicht geglaubt hast, die sich zu ihrer Zeit erfüllen werden.

Denkt daran: Die Macht liegt im Glauben und im Tun. Fürchte den Tod nicht, sondern glaube und gehorche.

Lukas 1:38 Und Maria sprach: Siehe, das ist die Magd des Herrn; mir geschehe nach deinem Wort. Und der Engel ging von ihr weg.

Die Schlüssel sind Glaube und Gehorsam. Tun Sie, was im Wort Gottes gesagt wird. Gott bat mich, mich taufen zu lassen, als ich auf der Suche nach der Wahrheit war, und ich stimmte zu. Die Macht des Wortes Gottes wurde mir klar, als ich den Namen Jesus vollständig annahm. Glaube, was es sagt. Wenn du gehorchst, kannst du das gleiche Ergebnis erzielen, das ich im Wasser hatte. Amen! Gott segne Sie!

LASST UNS BETEN

Himmlischer Vater, wir kommen zu dir, weil wir wissen, dass wir aufgerufen sind, zu gehorchen, uns zu unterwerfen und uns zu ergeben. Was auch immer geschieht, es liegt in unserer Verantwortung, die Wahrheit weiterzugeben und die Kraft darin zu erfahren. Herr, im Wort Gottes gibt es keine Lüge. Gott hat es gesagt und es wird geschehen, wenn wir gehorchen. Herr, sende uns wahre Lehrer und Propheten. Dein Geist hilft uns, das Wort Gottes zu verstehen. Es ist ein Bereich der Wahrheit und des Lichts. Die lebensrettende, befreiende, heilende und rettende Kraft liegt in der Wahrheit. Hilf uns, auf dem wahren Wort Gottes zu stehen. Hilf uns, dir zu folgen. Hilf uns, dem wahren Propheten und Lehrer zu glauben, der die Lehre aufgestellt hat, eine Offenbarung darüber zu haben, wer Jesus ist. Gib uns die Offenbarung von dir, Jesus, wie du sie Petrus und Paulus gegeben hast. Hilf uns, das Licht, die Wahrheit, zu lieben, ihr zu gehorchen und an sie zu glauben. Wir können dem Wort zeigen, dass es nur funktioniert, wenn wir glauben, wie es ist, in Jesu Namen. Amen! Gott segne Sie!

27. DEZEMBER

DER GEIST IST DIE GRÖSSTES KAPITAL!

Bewahre deinen Verstand, indem du genaue Informationen teilst. Der Verstand kann herunterladen, was du zulässt. Der Verstand ist ein Computer, den du auf Bugs und Viren beobachten musst, die deine Zukunft und Familie kontaminieren können und dich durcheinanderbringen werden. Ein rationaler Verstand ist notwendig, damit wir die Männer und Frauen werden, die Gott möchte, dass wir sind.

Gottes Buch, die Bibel, hat die Macht, den Geist zu verändern. Manche behaupten, ich hätte die Kirche gewechselt, weil sie bestimmte Dinge akzeptiert. Da ich mit ihren Überzeugungen nicht übereinstimme und konservative Ansichten nicht mag, suche ich nach einem alternativen Ort für den Gottesdienst. Die Menschen verlassen die von Menschen gemachte Kirche, weil sie weltliche Wünsche über Gottes Wort stellen. Der Teufel hat bestimmte Dinge in den Kirchen zugelassen, die die Menschen akzeptieren. Jesus bleibt beständig, aber sein Wort kann dich verändern, wenn du dafür offen bist. Wenn du die Wahrheit findest, dann gehorche und übe. Der einfache Akt des Gehorsams wird dir helfen, in der Wahrheit zu bleiben.

Johannes 8:31 Da sprach Jesus zu den Juden, die an ihn glaubten: Wenn ihr in meinem Wort bleibt, so seid ihr wirklich meine Jünger; 32 und ihr werdet die Wahrheit erkennen, und die Wahrheit wird euch frei machen.

Veränderung kann durch Kirchenübergänge, Ehe oder das Annehmen des Lebensstils dieser Welt geschehen. Wenn du dich ständig veränderst, bedeutet es, dass du so beständig wie Wasser bist. Wasser ist niemals stabil. Du kannst nicht auf dem Wasser stehen. Wasser ist der instabilste Boden. Verzichte darauf, dich der Welt anzupassen, indem du falsche Informationen an kostbare Gedanken weitergibst.

Seien Sie vorsichtig, nur das Wort Gottes ist unvergänglich. Warum stabilisieren Sie Ihr Leben nicht, indem Sie das Wort Gottes in Ihren Verstand, Ihren Computer und Ihr Herz aufnehmen? Ich liebe es, dem Wort Gottes zu gehorchen. Es ist etwas ganz Besonderes für mich. Und warum? Erstens: Es ist das Wort Gottes. Zweitens: Es ist für mich geschrieben. Drittens, es wird sich nie ändern. Viertens: Es wird mich verändern. Fünftens: Es wird mich befreien, denn die Wahrheit hat die Macht zu befreien. Sechstens: Wenn ich ihr gehorche, dann ist sie ein Schild und ein Schild für mich. Ich kann es als eine Zahl unter Hunderten zählen. Es ist wichtig, den Verstand zu schützen. Er ist das Dach unseres Hauses. Wir sind das Haus Gottes. Wenn wir dem Wort Gottes nicht gehorchen, machen wir Löcher in das Dach, die undicht werden und das Haus beschädigen. Dem Wort Gottes zu gehorchen schützt den Verstand vor Lecks, während Ungehorsam zu Lecks führen kann.

Philipper 2:5 Diese Gesinnung sei in euch, wie sie auch in Christus Jesus war:

Widerstand gegen die ständigen Veränderungen, die von den Umweltsystemen aufgezwungen werden.

27. DEZEMBER

Römer 12:2 Und seid nicht gleichförmig dieser Welt, sondern werdet verwandelt durch die Erneuerung eures Sinnes, damit ihr prüfen könnt, was der gute und wohlgefällige und vollkommene Wille Gottes ist.

In letzter Zeit beobachten wir, dass viele Menschen ihren Verstand verlieren. Selbst Kinder haben von Geburt an einen unterentwickelten Verstand. Dem Wort Gottes nicht zu gehorchen, führt zu nichts als Flüchen.

Jesaja 26:3 Du bewahrst den in vollkommenem Frieden, der an dich denkt; denn er vertraut auf dich.

Der Verstand ist sehr wichtig, wenn du keinen Verstand hast, dann wird sich dein Leben nur hin und her bewegen. Es hat keinen Sinn, zu leben.

Philipper 4:7 Und der Friede Gottes, der alles Verstehen übersteigt, wird eure Herzen und Sinne bewahren durch Christus Jesus.

Die normale Funktionalität hängt von der Gesundheit des Geistes ab. Wenn Ihr Geist gesund ist, können Sie richtig denken. Die Einfachheit, Fruchtbarkeit und Verheißungen der Bibel erschließen sich durch einfachen Gehorsam. Das Wort Gottes offenbart die Einfachheit des Lebens, aber diejenigen mit einem komplizierten Verstand haben Mühe, sie zu erkennen. Unser Leben ist sicher, wenn wir unserem Verstand erlauben, durch das Wort Gottes zu arbeiten.

Ich berate Menschen vieler Nationalitäten, Altersgruppen und Länder. Die Leute sagen immer, dass Sie große Weisheit besitzen. Ich suche immer nach Gottes Führung, wie ich helfen, lehren und reagieren kann, wenn andere in Not sind.

2 Korinther 11:3 - Ich fürchte aber, dass, wie die Schlange Eva durch ihre List verführte, auch euer Geist nicht verführt werde von der Einfalt, die in Christus ist.

Öffnen Sie dem Satan nicht die Tür. Er ist ein Experte darin, Ihnen Ihren Frieden mit der Freiheit zu nehmen. Mit Jesus haben wir Frieden, Gelassenheit und Freiheit. Ein gesunder Geist ist der wichtigste Faktor in unserem Leben. Der Verstand ist eine Tür für Satan. Viele laden Satan ein, indem sie das böse Material falscher Religionen herunterladen, obwohl Jesus gesagt hat: Ich bin der Weg der Wahrheit. Es ist nicht einfach Neugier, sondern eher ein Mangel an Vorsicht seitens der Menschen. Wir wissen, dass Gift schlecht für den Körper ist und uns töten wird. Das gilt auch für Pornografie, ein Fernsehprogramm, das wie ein Virus daherkommt. Es raubt dem Verstand die guten Daten. Es liegt in unserer Verantwortung, die Bibel zu lesen und auswendig zu lernen. Lernen Sie die Bibel und meditieren Sie. In der Bibel stellt der Herr das gesündeste Material zur Verfügung.

Vermeiden Sie den Lesestoff, der Ihre Fähigkeit, Gottes Stimme zu hören, beeinträchtigt. Als ich aufgewachsen bin, hat mein Vater die Regel aufgestellt, dass wir uns mit keinerlei Lesestoff oder Filmen beschäftigen sollten, und wir hatten keinen Fernseher zu Hause. Ich nehme die Erfahrung eines Menschen wahr, der sich nicht an diese Regel gehalten hat. Die Eingangs- und Ausgangsinformationen, denen wir begegnen, prägen unser Denken. Möge der Herr uns darin leiten, sowohl dem Herrn als auch unseren guten Eltern zu gehorchen. Schlechte Informationen verunreinigen gute Informationen.

Ich habe nie eine Zeitschrift, Romane oder schlechte Literatur gelesen und Filme gemieden. Ich mochte sie nie, hatte aber auch keine Zeit für Unsinn. Es ist wichtig, unser Zuhause vor schädlichen Informationen zu schützen, indem wir die Bücher, Fernsehsendungen und andere Materialien, die wir in unser Haus lassen, sorgfältig auswählen. Unser Zuhause sollte niemals mit der giftigen Luft des Satans verseucht werden.

ELIZABETH DAS

Epheser 4:27 und gebt dem Teufel nicht Raum

1 Thessalonicher 5:22 Enthaltet euch von allem Anschein des Bösen.

Alle schädlichen und giftigen Informationen sind in der Welt vorhanden. Sei vorsichtig, was du liest, siehst und hörst. Kein Bedarf, es im Leben deiner Familie zuzulassen. Satan kommt nicht ohne deine Erlaubnis. Melde dich nicht freiwillig für den Mörder, Dieb und Zerstörer. Der Teufel macht eine mächtige zerstörerische Arbeit, indem er viele Gedanken verändert und weiterhin Böses erfindet, um unsere Gedanken zu fangen. Obwohl die Bibel weithin als das meistverkaufte Buch gilt, ist sie wirklich das nützlichste für praktische Anwendung? Die Bibel ist unser Lebenshandbuch, um Tag und Nacht zu meditieren. Wort ist für Licht, Lampe, Nahrung, Schwert und Hilfe. Der Verstand, von Gott erschaffen, ist der mächtigste Computer; er sollte nicht zerstört werden. Die Verwirrung, die du heute siehst, ist wegen der falschen Information, die in den Gedankencomputer eingefügt wurde. Das Leben präsentiert uns Viren, Gewalt, Selbstmord, und Verwirrung über Geschlecht, unter anderen Dingen. Bleib geschützt von schädlichen Einflüssen, indem du deinen Verstand mit dem Wort Gottes sättigst, dem ultimativen Virenschutz. Halleluja Amen! Gott segne dich!

LASST UNS BETEN

Himmlischer Vater, wir kommen zu dir. Wir wissen, dass niemand den Verstand so machen kann wie du. Aber es ist auch unsere Aufgabe, diesen schönen computer ähnlichen Verstand zu schützen. Wir bitten Gott um Weisheit, wie wir die Löcher und Schäden beheben können. Wir haben eine große Verantwortung, ihn vor allen Arten von Viren zu schützen. Lehre uns, unseren Verstand mit dem Wort Gottes zu reinigen. Wir wissen, wie wir unsere Computer vor allen Arten von Viren schützen können. Bringen Sie uns bei, wie wir Antivirenprogramme für unseren Computer benutzen. Wir lassen alle schlechten Informationen ohne jeden Filter zu. Dein Wort sagt: Wie er in seinem Herzen denkt, so ist er: Wir wollen so denken wie du, indem wir dein Wort lesen. Wir wollen nicht zu denen gehören, die als verstandesgeschädigte Menschen bezeichnet werden. Der Verstand ist das Wichtigste für ein gutes Leben. Lassen Sie unseren Geist täglich gute Daten herunterladen, indem wir lesen, hören und praktizieren, was der Herr sagt. Unsere Welt kann gesund, sicher und gut werden, wenn wir alle die Bibel in unserem Verstand zulassen. Danke, dass die Bibel die gesündesten Daten, das stärkste Tonikum und das virentötendste Buch ist, das von demjenigen gegeben wurde, der den unglaublichen Verstand erschaffen hat - Danke, Herr, in Jesu Namen, Amen! Gott segne Sie!

28. DEZEMBER

WICHTIG!

Was ist die Bedeutung von importunity? Strongs Konkordanz Definition von dem griechischen Wort anaideia, an-ah'-ee-die-ah' bedeutete schamlos. Beharrlichkeit in der Durchführung von Gottes Plan. Unverlegene Kühnheit in der Würde des Glaubens!

Ich arbeite auf dem Gebiet Gottes; ich treffe verschiedene Religionen, Nationalitäten und kultivierte Menschen. Es ist ein großes Privileg, allein dem Herrn Jesus zu dienen und für ihn zu arbeiten. Ich bin mit vielen geistlichen Gaben begabt. So erhalte ich viele Anrufe für Heilung, Befreiung, Seelsorge, Prophetie und andere Anliegen. Ich lernte Menschen kennen, die für sich selbst oder für Konfessionen arbeiten und nicht an Heilung, Situation, Befreiung oder Errettung interessiert sind. Ich war überrascht herauszufinden dass viele Wahrheit-predigende Kirchen Veränderungen erlebt haben. Mein Engagement war immer nur für den Herrn Jesus allein. Also ich bin nicht besorgt über irreführende Botschaften. Es hat mich nicht überrascht, aber war traurig. Was ist der Unterschied zwischen für Jesus arbeiten in seinem Feld und für Kirchen, Denominationen oder Organisationen arbeiten?

Das sind zwei verschiedene Szenarien. Wenn es sich um eine Autorität handelt, gehorchen Sie und handeln entsprechend. Wenn sie geführt werden und mit Gott verbunden sind, werden sie mit Gottes Plänen in Einklang stehen. Wenn nicht, ist es besser, sich von ihnen fernzuhalten, denn sie strotzen nur so vor Eigennutz. Bitte beten Sie darum, dass der Heilige Geist Sie führt, leitet und alle Wahrheit lehrt. Sie sind nicht dazu berufen, die Kirchenbänke eines Gebäudes, der so genannten Kirche, zu füllen, um sich von jemandem melken zu lassen. Investieren Sie Ihr Leben in die Förderung des Himmelreichs auf Erden und helfen Sie dem Teufel nicht dabei, Religion zu etablieren. Ich mache mir mehr Sorgen um die verlorenen, kranken, verletzten und deprimierten Sünder. Ich kümmere mich nicht darum, wer was sagt. Die Kirchen haben heutzutage ihren Auftrag aufgegeben, indem sie Gott ersetzt haben.

Ich lehre und discipuliere immer neue Bekehrte, um Hände auf kranke Leute zu legen, Dämonen auszutreiben, und dann das Wort zu predigen. Wenn es Beweise gibt, werden Leute dem Evangelium zuhören. Heute sagte eine Frau, Ich will die Lahmen gehen sehen. Ich will meine Hand auf Lahme, Blinde, und Taube legen und das Wunder sehen. Ich sagte, mach es. Es braucht eine Hand und den Namen von Jesus mit der Kraft des Heiligen Geistes. Seine Fähigkeit, irgendetwas und alles zu tun, ist abhängig von deiner Wichtigkeit. Gott ändert sich nie, aber du musst Glauben haben um zu arbeiten. Natürlich wird Gott nicht durch Sünder und nominelle oder sogenannte Christen heilen. Gott hat einen Standard für die Auswahl seiner Arbeiter. Der Herr tat viele Wunder durch Paulus.

Apg 19:11 Und Gott tat besondere Wunder durch die Hände des Paulus:12 so dass von seinem Leib den Kranken Tücher oder Schürzen gebracht wurden und die Krankheiten von ihnen wichen und die bösen Geister von ihnen ausfuhren.

ELIZABETH DAS

Warum sehen wir das heute nicht? Ich habe mächtige Wunder, Heilungen und Befreiungen erlebt. Ich bin immer in Gesellschaft von rechtschaffenen Menschen. Nicht alle können an meine Tür kommen. Beten Sie kontinuierlich. Auch das ist das Werk Gottes. Beten Sie weiter und geben Sie nicht auf, auch wenn es beim ersten Mal nicht geklappt hat. Beten Sie wieder und wieder. Der Schlüssel ist, weiterzumachen. Hören Sie nicht auf, tun Sie es wieder und wieder, bis es geschieht. Menschen, die an Gott glauben, suchen Heiler, um Heilung zu finden. Ich suche, frage und klopfe an, bis ich die Antwort finde.

Wenn ich krank bin, schicke ich ein Gebetsanliegen an viele Gotteskrieger. Meistens geht es mir sofort besser. Wenn nicht, sende ich am nächsten Tag wieder Gebetsanliegen. Ich werde nicht aufhören, Gebetsanliegen zu senden, bis alles besser wird. Oft kommt die Heilung durch ein einmaliges Gebet. Wenn nichts geschieht, wenden sich Menschen ohne Glauben an die Medizin, an die Chirurgie und an alternative Mittel. Viele Christen holen sich Hilfe bei einem Medizinmann oder einem Hellseher. Die Kirchen haben die Menschen in die Irre geführt, indem sie ihnen sagten, sie sollten keinen Geistheiler aufsuchen, aber zu einem Arzt zu gehen, sei in Ordnung. Gehen Sie zu Ärzten und Chirurgen, denn sie haben die ungläubige Generation aufgezogen. Ich glaube nicht, dass Gottes heilende Kraft durch jeden wirkt. Paulus oder Petrus legen die Hände auf, aber es ist der Herr, der durch seinen Geist heilt. Er benutzt Menschen. Ich gehe zu demjenigen, der die heilende Kraft hat, mir zu helfen. Sie müssen die Befreiung allein von Jesus bekommen.

Ich habe unzählige Male gearbeitet, doch wenn jemand sich identifiziert, heilen meine Gebete sie. Ich sagte, dass es okay war. Gott hat ein Notizbuch, und Er ist ein Schreiber. Wenn Er es nicht ist, dann muss Er nichts aus seinem Schreiben auslöschen. In der Bibel steht, dass ich den Menschen Gaben gegeben habe, damit Gott den Ruhm erntet. Wenn du einer der 12 Jünger bist, wie Paulus oder Petrus, dann wird dein Name im Himmel aufgezeichnet. Davids Name wird aufgezeichnet. Die Jünger Jesu waren aufdringlich, hartnäckig und hielten sich zu hundert Prozent an das unverfälschte Wort Gottes. Sie fügten nichts hinzu und zogen nichts ab. Gott wird auch dich gebrauchen, wenn du nicht von der Wahrheit abweichst. Er sucht diejenigen, die seine ganze Aufmerksamkeit auf sich ziehen und Gott niemals ruhen lassen. Egal zu welcher Stunde, ich werde beharrlich anklopfen, bis du öffnest. Gott kann durch beharrliches Bitten oder Anklopfen an die Tür des Himmels bewegt werden.

Lukas 18:2-8 ist das Beispiel des Richters, der selbst Gott nicht glaubte, weil die Frau ihn bedrängte, und weil der Richter hartnäckig war und sich ihres Problems annahm.

Lukas 11:5 Und er sprach zu ihnen: Wer von euch hat einen Freund und geht zu ihm um Mitternacht und spricht zu ihm: Freund, leihe mir drei Brote; 6 denn es ist ein Freund von mir auf der Reise zu mir gekommen, und ich habe nichts, was ich ihm vorsetzen könnte? 7 Und er wird von innen her antworten und sagen: Bemühe mich nicht; die Tür ist verschlossen, und meine Kinder sind bei mir im Bett; ich kann nicht aufstehen und dir geben. 8 Ich sage euch: Wenn er auch nicht aufstehen und ihm geben wird, weil er sein Freund ist, so wird er doch aufstehen und ihm geben, so viel er braucht. 9 Und ich sage euch: Bittet, so wird euch gegeben; sucht, so werdet ihr finden; klopft an, so wird euch aufgetan. 10 Denn wer bittet, der empfängt; und wer sucht, der findet; und wer anklopft, dem wird aufgetan.

Wenn man nur einmal darum bittet, hat es keine Bedeutung. Ich besuchte eine ältere Dame, die sagte, ich hätte jeden Tag diese Knieschmerzen. Ich sagte, befiehl den Berg, den du versetzen musst. Sie tat es jeden Tag. Die Schmerzen waren weg. Eine andere Dame sagte, dass ich jeden Tag für meinen unerreichten Mann gebetet habe. Jetzt predigt er das Evangelium. Als ich noch arbeitete, gab ich allen nichtchristlichen Mitarbeitern die Bibel. Eine Dame weigerte sich, die Bibel anzunehmen. Sie sagte, ich würde nicht an die Bibel glauben. Ich habe zehn Jahre lang versucht, sie zu bezeugen. Irgendwann war sie an Krebs erkrankt. Nachdem sie um ein Gebet gebeten hatte, erfuhr sie eine vollständige Heilung. Sie ließ sich auf den Namen

28. DEZEMBER

des Herrn Jesus taufen. Nur zur Klarstellung: Mein Verständnis beschränkt sich auf Gott und das Wort. Ich weiß nichts über Medizin. Meine Eltern waren im medizinischen Bereich tätig. Laut der Bibel hat Jesus 39 Striemen für meine Krankheit erlitten. Es war auch wegen meiner Krankheit. Deshalb versuche ich immer, für andere zu beten. Ich brauche sie, um zu beten, wenn ich Gebet brauche. Es geht um Beharrlichkeit und nichts anderes. Wenn Sie krank sind, Ihre Familie in einer schwierigen Situation ist oder Sie Hilfe bei einem Problem brauchen, klopfen Sie mitten in der Nacht an die Tür des Himmels. Schreien Sie, fasten Sie, bereuen Sie und tun Sie alles, was nötig ist, um seine Aufmerksamkeit zu erlangen. Er wird ein offenes Ohr für Sie haben und bereit sein, Ihre Wünsche zu erfüllen.

Ich war mit einem Bruder gesegnet, der große Weisheit und Glauben besaß. Er hat mir einmal gesagt, dass ich ein Draufgänger bin, der ausdauernd ist, bis ich meine Ziele erreicht habe. Gott zufolge sollen wir ständig seine Gegenwart suchen, indem wir zu verschiedenen Tageszeiten anklopfen, bitten und suchen. Seine Müdigkeit wird ihn dazu bringen, wegen des ständigen Klopfens an seine Tür nachzugeben. Können Sie das tun? Es ist Ihre Aufdringlichkeit; Beharrlichkeit wird Veränderung bringen, in Jesu Namen. Amen!

LASST UNS BETEN

Himmlischer Vater, wir treten vor dich, weil wir wissen, dass du uns niemals abweisen wirst. Das ist eine Lektion, die wir vom Teufel lernen können; er ist hartnäckig und gibt niemals auf oder nach. Lasst uns das Gleiche tun, ohne Unterlass beten. Klopft an, bittet und sucht, bis wir finden und erhalten, was wir wünschen. Herr, ermutige die Menschen, gib ihnen Kühnheit, Mut und Ausdauer, um den Berg zu versetzen, um die Mission auf der Erde und in ihrem Leben zu verwirklichen. Es gibt einen Teil auf unserer Seite, der träge, müde und entmutigt wird. Herr, gib heute Lust, Mut und Ausdauer für die Mission. Wir wissen, dass dein Wort wahr ist, aber wir sind zu beschäftigt und zu faul, dich zu ignorieren. Wir engagieren uns neu für die von Gott gegebene Mission. Unsere Wichtigkeit wird eine große Veränderung auf der Erde bewirken, in Jesu Namen. Amen! Gott segne Sie!

29. DEZEMBER

ICH BIN DAFÜR OFFEN!

Dir sind alle offen, wenn es darum geht, etwas zuzulassen. Dein Haus ist Fremden nicht offen, richtig? Unser Körper ist ein Haus Gottes.

Hebräer 3:6a Christus aber ist wie ein Sohn über sein eigenes Haus, dessen Haus wir sind.

Wenn Sie Ihre Ohren für Jesus öffnen, wird er mit Ihnen kommunizieren. Jesus ist kein Produkt menschlicher Handwerkskunst; als Gott ist er vielmehr unser Schöpfer. Wann immer Sie eine Frage stellen, wird er Ihnen antworten. Fragen Sie, wer der wahre Gott ist, und sehen Sie, was die Antwort offenbart. Halten Sie Ihren Geist offen für die Wahrheit. Wenn Sie offen für Sünden sind,

Römer 5:12 Wie nun durch einen Menschen die Sünde in die Welt gekommen ist und der Tod durch die Sünde, so ist auch der Tod über alle Menschen gekommen, weil sie alle gesündigt haben:

Jetzt liegen die Entscheidungen bei dir. Uns wurde die Macht gegeben, Entscheidungen zu treffen. Sowohl gute als auch schlechte Entscheidungen haben sichtbare Folgen. Für Führung in jeder Situation ist es der beste Weg, sich an das Wort Gottes zu wenden. Die richtige Entscheidung zu treffen erfordert oft Hilfe, Beratung, Ratschläge und Informationen. König Salomo, der einst weise war, verlor seinen Weg, als er Frauen heiratete, die fremde Götzen anbeteten. Er hatte niemanden, an den er sich für Rat oder Führung wenden konnte, weder Berater noch Propheten. Was für eine traurige Geschichte!

Esra 13:26 Hat nicht Salomo, der König von Israel, durch diese Dinge gesündigt? Unter vielen Völkern gab es keinen König wie ihn, der von seinem Gott geliebt wurde, und Gott hat ihn zum König über ganz Israel gemacht; dennoch haben auch ihn die fremdartigen Frauen zur Sünde verführt.

Lassen Sie nicht zu, dass Satan und die Hölle Zugang zu Ihren Kindern haben, indem Sie die Tür öffnen. Wenn Sie sich dafür entscheiden, tragen Sie die Verantwortung für die daraus resultierenden Konsequenzen. Wer hat die Autorität, Entscheidungen für die Kinder und Enkelkinder zu treffen? Die Zeit, in der wir leben, ist gefährlich. Eltern und Großeltern schicken ihre Kinder in die Hölle oder zu einem Kidnapper. Sie erziehen ihre Kinder dazu, wie Hollywood oder Bollywood auszusehen. Was für eine verlorene Generation! Holen Sie sich Weisheit. Ich habe mehrere Fälle von Verurteilungen in Familien beobachtet, aber ihr Stolz auf weltliche Besitztümer und körperliche Begierden macht sie blind. Fürchtet Gott und ändert etwas um eurer kleinen Kinder willen. Führt sie nicht in die Welt ein, sondern macht sie mit dem Wort Gottes bekannt. Der Teufel hat sich aufgrund eurer schlechten Entscheidungen Zutritt verschafft, genau wie Eva, Adam und andere törichte Menschen. Schließe die Tür mit dem Wort Gottes.

29. DEZEMBER

Wenn Sie sich wie David, Josua, Daniel und viele andere dem Plan Gottes öffnen, wird Ihre Geschichte im Buch des Lebens festgehalten werden. Das Buch der Chronik schließt absichtlich jede Erwähnung des sündigen Nordreichs Israel aus. Gott hat all die falschen Leute und ihre Namen ausgelöscht. Ich finde es faszinierend, Geschichte und Chroniken zu lesen. Mein Freund machte eine Bemerkung, in der er sagte, dass Sie nur über das Alte Testament sprechen. Ich sagte, ja, es ist für mich geschrieben.

1 Korinther 10:11 Dies alles aber ist ihnen zum Beispiel widerfahren; und es ist zu unserer Ermahnung geschrieben, über die das Ende der Welt gekommen ist.

Unsere Aufgabe ist es, zu gehen, zu denken, zu handeln, zu leben und das Richtige zu tun. Wir haben die Macht, zu wählen und die Wahrheit für uns selbst zu entdecken. Jeremia hat den König von Juda ständig gewarnt. Sie waren von den Lehren des Herrn abgeschnitten. Schließlich gingen sie für siebzig Jahre in die Gefangenschaft nach Babylon. In Babylon schickte Gott Schwert, Pest und Hungersnot, um das Böse aus dem Land auszurotten. Öffnen Sie sich für den rechten Geist. Seien Sie empfänglich für Gottes Kommunikation durch das Wort, echte Propheten und Erzieher. Erstaunlicherweise wiederholen wir dieselben Fehler. Wenn Gott Ihre Sklaverei, Armut und Schwierigkeiten in Triumph und Freiheit verwandelt, seien Sie besonders vorsichtig. Wir weigern uns, das Wort des Herrn zu akzeptieren, deshalb haben wir die Bibel entfernt. Sehen Sie die Folgen. Die Antwort steht in der Bibel; sie ist zum Greifen nah. Öffne sie und lebe richtig, um die richtigen Entscheidungen zu treffen.

Wenn Menschen mich um Gebet bitten, erhalte ich Antworten von Gott und erlöse sie. Doch nicht jeder ist für Gottes Führung empfänglich. Personen der heutigen Zeit wie Adam, Eva, König Saul und König Salomon müssen immer wieder die Konsequenzen für ihre falschen Entscheidungen tragen. Segen für die, die sich für Gott öffnen, und Fluch für die, die es nicht tun. Ich habe mein Leben Jesus gewidmet. Ich bin offen für seine Absichten. Ich habe meine eigenen Pläne, aber ich gebe Jesus den Vorrang vor allem anderen. In der Saison und außerhalb der Saison ist alles bereit. Ich kann nicht sowohl dem Geld als auch Gott treu sein.

Meine Offenheit ist begrenzt, aber der Heilige Geist hat meine volle Aufmerksamkeit. Gehorsam und das Folgen von Gottes Willen helfen mir, viel Wissen zu erlangen. Ich kann erkennen, wenn jemand versucht, sich hineinzuschleichen, wie Satan in Form einer Schlange. Ich habe es sofort zurechtgewiesen. Offen sein für die richtigen Menschen und den Geist – das wird Gutes bewirken. Sich für Satan zu öffnen, lädt Krankheit, Probleme und Katastrophen ins Leben ein. Religiöse, freundschaftliche oder familiäre Verbindungen können von Satan genutzt werden, um einzudringen. Du wirst es nie verstehen, es sei denn, du bist dir des Wortes Gottes bewusst. Alle vier Generationen verblassen Macht und Wahrheit. Warum? Deine Familie wird viele durch Heirat willkommen heißen, von denen einige anfällig für Satans Einfluss sein könnten. Sie unterstützen Satan mehr als Gott. Kein Fan von Gottes Wegen, aber sie genießen definitiv Filme, die Welt und alles um sie herum. Halte deinen Verstand und dein Herz offen für Gott, Seinen Geist und Sein Wort. Die Welt bietet mehr, als das Leben verlangt, denn das Leben ist kurz. In Indien und sogar in Amerika wurden mir gelegentlich Modelangebote gemacht, aber sowohl Gott als auch ein enger Freund sagten sofort nein. Du wirst dieses Angebot nicht annehmen. Begnüge dich nicht mit dem, was du in deiner Umgebung siehst. Sei offen für Denjenigen, der jenseits deiner Sichtweite ist. Halte deine Augen, Ohren, dein Herz und deinen Verstand auf Jesus gerichtet. Lass nichts Negatives auf deine Ohren, Augen und deinen Verstand einwirken.

Sowohl Frauen als auch Männer haben oft starke religiöse Überzeugungen oder Bräuche, die sich aus ihrer Erziehung ergeben. Ich habe Wissen erworben, aber meine Lernreise ist noch nicht zu Ende, denn ich verlange Beweise, bevor ich etwas glaube. Beweise mich. Auf der Suche nach der Wahrheit ist es weise, für alles offen zu sein und sich vom Heiligen Geist leiten zu lassen.

Wenn du dich Gott öffnest, wird er dich läutern. Es wird viele geben, die behaupten, sie seien nicht bereit. Lassen Sie mich Ihnen sagen: Sie werden nie bereit sein, öffnen Sie sich einfach für Gott, und er wird den Rest tun. Es geschieht nicht durch eure Macht und Kraft, sondern durch den Heiligen Geist. Der Heilige Geist gibt die Kraft, gegen den Teufel, Lügen, Satan und religiöse Dämonen zu kämpfen.

Vergewissern Sie sich immer, dass die Stimme, die Sie hören, auch die Ihrer Lieben, zu Gott gehört. Einige in Ihrer Familie könnten wie Kain, Eva, Adam, der Priester Eli, Absalom und der eifersüchtige Bruder Josephs sein. Seien Sie auch vorsichtig mit sich selbst. Wenn Sie die falschen Dinge zulassen, können Sie sich in Schwierigkeiten bringen. Sie haben die Macht, sich zu öffnen oder zu schließen.

Gott hat uns ständig durch sein Wort geleitet. Ich sage euch: Es ist wunderbar, das Wort zu kennen. Ich bin verliebt in das Buch, das die Bibel heißt. Es ist das Buch Gottes. Wenn Sie das Buch aufschlagen, stellen Sie sicher, dass Ihre Ohren, Ihr Herz, Ihr Geist und Ihre Augen für die Lehren des Herrn empfänglich sind.

Der Herr wird dir kein Leid oder Unrecht antun. Vermeide es, übermäßig intelligent zu sein, bleibe achtsam gegenüber deiner Umgebung. Diejenigen, die dem Unrecht Tür und Tor öffnen, schaffen ihr eigenes Chaos. Denke immer daran, dass du die Verantwortung trägst. Drama und hoffnungsloses Durcheinander? Nein danke. Amen! Gott segne Sie!

LASST UNS BETEN

Herr, es ist eine großartige Sache, dass du uns das Recht gegeben hast, zu wählen, zu öffnen und zu schließen. Herr, wir sind offen für deine Führung und den Heiligen Geist. Wie wunderbar ist es, dass wir wahre Propheten und Lehrer, den Heiligen Geist und das Wort Gottes in unseren Sprachen zur Verfügung haben. Herr, hilf uns, unsere Augen, unseren Verstand und unser Herz für diese gesunde Stärkung, den Reichtum und die Kraft Gottes zu öffnen. Hilf uns, Herr, die Tür vor den giftigen Dingen zu verschließen, die es da draußen gibt. Wir sind gesegnet, das Wort mit dem Geist Gottes zu haben. Viele sind verloren, obdachlos, krank und tot, weil sie mit falschen Informationen in Berührung gekommen sind. Sobald der Teufel in unser Haus, unser Leben oder unseren Körper kommt, sind wir erledigt. Wir sehen AIDS, HIV, Krebs, Schlaganfall, Herzinfarkt und so weiter. Wir treffen Entscheidungen, und unsere Entscheidungen sind manchmal sehr schlecht. Es ist unsere Entscheidung, zu rauchen, Alkohol zu trinken und uns in dieser Welt zu beschäftigen. Wir öffnen uns für diese zerstörerischen, giftigen Dinge. Herr, befreie uns und gib uns Kraft, damit wir die Tür zu den Dingen schließen, die unserem Verstand, unserem Herzen, unserem Leben, unserer Familie und unserem Land schaden. Wir wissen, dass alles leicht verfügbar ist, aber wir schließen heute die Tür vor Satan, der tötet, stiehlt und zerstört, in Jesu Namen. Amen! Gott segne Sie!

30. DEZEMBER

GOTT HAT WEDER FAUL NOCH FEIGE GENANNT!

Eine Person, die Angst hat, kann nicht am Krieg teilnehmen. Viele Schlachten gibt es im echten Lebensfeld. Wenn du nicht mutig und tapfer bist, dann bitte um Mut und Tapferkeit, um auf dem Feld zu bleiben. Viele Kampfszenen werden beängstigend sein, aber Gott steht hinter dir, wenn du Ihm vertraust. Frag Daniel, Mose, Josua und andere. Gott hat keine Verwendung für Menschen, die feige, ängstlich oder faul sind. Es ist möglich, dass sie sagen: "Ich gehe später". Nach dem Wort Gottes sollten wir immer bereit sein, unabhängig vom Zeitpunkt. Man kann das Wort NEIN nicht benutzen, nur Ja, Herr, und Amen!

Ich bin einmal mit einem gebrochenen Bein von Indien in die USA geflogen. In Indien war ich mit einem geistigen Kampf konfrontiert. Ich stieß auf Widerstand, weil ich die Wahrheit verbreitete. Die Wahrheit kann nur durch den Geist Gottes offenbart werden. Religiöse Führer und ihre Anhänger kämpfen mit der Wahrheit und dem Licht. Ich war mit Widerstand aus allen Richtungen konfrontiert. Die Religion behauptet, gottesfürchtig zu sein, lehnt aber die Kraft Gottes in sich ab. Die Anhänger sind zu ängstlich, um sich gegen diese falschen Lehrer und Autoritäten zu stellen. Wenn man in die Schlacht zieht, sind Mut und Kühnheit unerlässlich.

Richter 7:3 So geht nun hin und verkündet vor den Ohren des Volkes: Wer sich fürchtet, der kehre um und verlasse das Gebirge Gilead frühzeitig. Da kehrten zweiundzwanzigtausend vom Volk zurück, und es blieben zehntausend übrig.

Diejenigen, die dem Herrn folgten, erlebten eine ähnliche Situation, als Jesus von den Römern gefangen genommen wurde.

Johannes 20:19 Am Abend desselben Tages, es war der erste Tag der Woche, als die Türen verschlossen waren, wo die Jünger versammelt waren, aus Furcht vor den Juden, kam er zu Jesus, trat in die Mitte und sagte zu ihnen: Friede sei mit euch!

Die Jünger Jesu verließen ihn aus Angst, als er in der Nacht entführt wurde.

Markus 14:46 Und sie legten ihre Hände an ihn und ergriffen ihn. 50 Und sie ließen alle von ihm ab und flohen.

In der Endzeit wird die Angst viel verzehren, wie der Herr vorausgesagt hat. Die Umgebung wird beängstigend werden und alles wird unerwartet geschehen. Zahlreiche Orte verschwinden direkt vor unseren Augen. Naturkatastrophen wie Lava, Überschwemmungen, Tornados und Erdbeben finden derzeit statt. In

Anbetracht dessen hat Gott uns geraten, wachsam zu sein und zu beten. Dieser Kampf erfordert ein göttliches Eingreifen.

Lukas 21:26 Das Herz der Menschen versagt vor Furcht und vor den Dingen, die auf der Erde geschehen werden; denn die Kräfte des Himmels werden erschüttert werden.

Wir erleben eine unglaublich beängstigende und unglaubliche Szene, die sich vor unseren Augen abspielt. Wir sehen jeden Tag schlechte Nachrichten. Unsere Aufgabe ist es nicht, faul herumzuliegen, sondern auf die Knie zu gehen und zu rufen. Erkämpfe im Gebet, damit der Herr Hilfe durch das himmlische Heer sendet. Bete, wie du noch nie gebetet hast. Es ist Zeit für uns zu beten und alles Notwendige zu tun.

Matthäus 26:41 Wacht und betet, dass ihr nicht in Versuchung geratet; denn der Geist ist willig, aber das Fleisch ist schwach.

Gott sagte,

Josua 1:9 Habe ich dir nicht befohlen? Sei stark und unverzagt; fürchte dich nicht und laß dich nicht entmutigen; denn der Herr, dein Gott, ist mit dir, wohin du auch gehst.

Es gibt einen Bedarf an Arbeitern in Gottes Reich. Ich spreche von jemandem, der im Dienste Gottes arbeiten kann. Gehen Sie hinaus und predigen Sie, lehren Sie, taufen Sie in Jesu Namen, treiben Sie Dämonen aus, heilen Sie Kranke, zu jeder Zeit und außerhalb der Zeit willig und bereit zu arbeiten.

Der Garten Eden wurde geschaffen, bevor es einen Menschen gab, der ihn pflegte. Der Garten brauchte jemanden, der sich um ihn kümmert. Faulheit wird den Garten zerstören. Ihnen wurde die Verantwortung übertragen und Sie gehen damit um wie ein Profi. Wenn Sie keine Lust haben, für Gott zu arbeiten, bitten Sie ihn um Hilfe, damit Sie ein starkes Verlangen danach entwickeln. Sie haben Geld verdient, um auswärts zu essen, Urlaub zu machen und sich zu amüsieren. Sind Sie reich in dieser Welt, aber arm im Himmel? Seien Sie reich gegenüber Gott.

Mose 2:15 Und Gott, der Herr, nahm den Menschen und setzte ihn in den Garten Eden, damit er ihn bebaue und bewahre.

Matthäus 9:37 Da sprach er zu seinen Jüngern: Die Ernte ist reichlich, aber der Arbeiter sind wenige. 38 Darum bittet den Herrn der Ernte, dass er Arbeiter in seine Ernte sende.

Dies zeigt unser Investment in unwichtige Dinge. Es ist unmöglich, irgendwo Zeit für Gott zu finden. Der Kirchgang und das Nachdenken über unsere religiöse Routine boten uns eine Möglichkeit zur Selbstrechtfertigung. Sei fruchtbar für das Reich Gottes. In all unseren Aktivitäten gibt es Zeit, um am Weinberg Gottes zu arbeiten. Die Leute behaupten, ich bete, lese das Wort und gehe in die Kirche. Gehst du hinaus und arbeitest für Jesus? Gehst du in Gefängnisse, Haftanstalten, Pflegeheime oder in die nächste Stadt, um die Kranken zu besuchen? Wenn nicht, mach das zu deiner obersten Priorität. Ich will nichts mit diesen fehlgeleiteten Nachfolgern und Führern zu tun haben, die blind und taub sind.

Jeden Morgen widme ich ein paar Stunden dem Gebet und suche nach seinem Willen und seiner Absicht. Danach ist es mir gelungen, mit mehreren Dörfern in Indien und Pfarrern über das Telefon Kontakt aufzunehmen. Es gibt eine große Anzahl von Menschen, die krank und auf der Suche sind und Gottes Hilfe brauchen. Ich biete telefonische Bibelstunden an und bete für die Kranken. Ich habe die Kraft und Autorität

30. DEZEMBER

des Heiligen Geistes genutzt, um mit der Hilfe des Herrn Jesus einen Dämon auszutreiben. In der heutigen Zeit ermöglicht uns die Technologie, die Lehren Jesu Christi in jeden Winkel der Welt zu tragen. Ich habe gebetet, dass Gott dich inspiriert, den Verlorenen zu helfen. Wenn nicht, werden sie für immer verloren sein. Es geht nicht nur um weltliche Arbeit und finanziellen Gewinn. Der allgemeine Glaube ist, dass ein Job notwendig ist, um den gesellschaftlichen Lebensstandard zu erfüllen. Auf einer großartigen Mission kam Gott, um die Kranken zu heilen, zerbrochene Herzen zu heilen, Gefangene zu befreien und das Verlorene wiederherzustellen. Der Herr will wissen, ob du heute meinen Weinberg pflegst. Beantwortest du deine Berufung? Führst du die Mission Gottes fort?

Es ist ganz einfach, eine Kirche unter einem anderen organisatorischen Namen zu besuchen. Es ist an der Zeit, aufzuwachen, sich in Form zu bringen und sich von der Welt und ihrer Verunreinigung zu lösen. Unser Geist ist infiziert und unsere Seelen sind zerstört worden. Warum gehen wir in Kirchen und Bibelschulen? Das ergibt für mich keinen Sinn. Zahlreiche Menschen gehen umher, um Geld zu sammeln und einen üppigen Lebensstil zu genießen. Aber was ist damit, sich schmutzig zu machen? Wenn man auf dem Feld arbeitet, Krankenhäuser besucht und für die Bedürftigen betet, wird man schmutzig. Sich schmutzig zu machen gehört zum Job, wenn man auf dem Feld Jesu arbeitet. Jesus war ständig mit Arbeit beschäftigt, ohne sich auszuruhen.

Markus 6:31 Und er sagte zu ihnen: Geht in die Wüste und ruht eine Weile aus; denn es kamen und gingen viele, und sie hatten nicht einmal Zeit zum Essen.

Meine Schlafdauer auf dem Missionsfeld ist auf 4 Stunden oder weniger begrenzt. Ich bin ständig mit Lehren, Predigen, Dämonenaustreibung und dem Heilen der Kranken durch Handauflegung beschäftigt. Lange Strecken zu reisen ist normal. Es ist immer in Bewegung. Wenn du nach Hause zurückkehrst, bist du völlig erschöpft. Einmal kam ich aus Indien zurück und schlief in meinem Schlafzimmer, obwohl ich einen gebrochenen Fuß hatte. Als ich mich umschaute, hoffte und wünschte ich, dies könnte mein Schlafzimmer sein. Ich war erschöpft nach fast zwei Monaten Reisen. Schlafmangel, ungewohntes Essen und alles andere, was du dir vorstellen kannst. Ich kam zur Erkenntnis, dass ich mich seit fast 10 Tagen in meinem Schlafzimmer befand. Der Raum war für mich aufgrund extremer Müdigkeit nicht wiederzuerkennen. Diese Art von Arbeit ist herausfordernd, weißt du.

Es ist immer das gleiche Szenario, wenn ich aus Kalifornien zurückkehre. Eine Besprechung nach der anderen, Krankenhäuser und ständige Besuche machen einen müde. Es ist eine Menge harter Arbeit. Wir sind nicht dazu bestimmt, an einem Ort zu bleiben und zu spenden, sondern hinauszugehen und denen zu predigen, die verloren sind. Wenn wir unsere Faulheit überwinden und Hindus, Muslime, Buddhisten, Süchtige, Alkoholiker, Gefängnisse und Knäste aufsuchen, können wir die Welt verändern. Möge der Herr uns erwecken und uns den Mut geben, die Botschaft Jesu denen zu verkünden, die verloren sind. Amen! Gott segne Sie!

LASST UNS BETEN

Herr, wir sind so froh, dass Du uns den Heiligen Geist gegeben hast; Du hast uns mit Deinem Geist bevollmächtigt. Du hast uns den Geist der Liebe gegeben, Kraft und einen gesunden Verstand. Wir haben keinen Geist der Angst oder der Faulheit. Der Herr hilft uns, unseren Lebensstil zu disziplinieren, um regelmäßig im Weinberg Gottes zu arbeiten. Wir wollen so sein wie Sie. Alle wussten, dass du der große Prophet bist; so etwas haben sie noch nie gesehen. Herr, du hast gesagt, wir können mehr tun als das, was du getan hast, ja, wir glauben dir. Hilf uns einfach, ein Arbeiter auf dem Feld zu sein. Wir müssen Arbeiter sein. Gib uns eine gute Arbeitsgewohnheit. Hilf uns, einen Weg zu unserem Weinberg zu finden und mach uns aufrichtig und fleißig, um für dich zu arbeiten. Du bist uns ein großes Vorbild gewesen. Hilf uns, unser Kreuz auf uns zu nehmen und dir in Jesu Namen zu folgen. Amen! Gott segne Sie!

31. DEZEMBER

HÖREN, GEHORCHEN UND SICH UNTERWERFEN!

Gott ist auf der Suche nach jemandem, der die von ihm geforderten Befehle ohne Abweichung ausführt. Der Plan ist der von Gott, nicht deiner. Er wird genau das tun, was er gesagt hat. Es ist Gottes Art, der Welt seine Schöpfung zu präsentieren. Behalten Sie die Formel bei, ohne Änderungen vorzunehmen. Meistern Sie die Kunst, Anweisungen zu befolgen. Wenn Sie einmal gelernt haben, seinen Anweisungen zu folgen, werden Sie eine unglaubliche Erfüllung erleben. Gott ist gut. Er sagte, beweise mich. Und er meinte es auch so.

Ich habe es geschafft, fast 25 Prozent meines Gehalts zu Zehnten, Opfergaben und Missionen beizutragen, ohne jemals leihen zu müssen. Ich habe niemals die Rolle eines Schuldners übernommen. Gott hat Seine Versprechen erfüllt. Abraham war ein reicher Mann. Er gab Gott den Zehnten. Von wem wurde es gegeben? Zehnten bedeutet nur, zehn Prozent Gott zu geben. Erinnere dich immer daran, entsprechend den Anforderungen unserer Heilszeit zu geben. Unsere Heilszeit verlangt von uns, den Arbeitern Landoptionen von 30, 60, 100 und unbegrenzt bereitzustellen. Gehe nicht in die Höhle hinein, in der der Dieb Geld stiehlt. Hilf denen, die arm, nackt, hungrig, verwaist und verwitwet sind. Wie hoch ist der Betrag, den Sie stattdessen erhalten?

Maleachi 3:10 Bringt alle Zehnten in das Vorratshaus, damit in meinem Haus Speise ist, und prüft mich hiermit, spricht der Herr der Heerscharen, ob ich euch nicht die Fenster des Himmels auftun und einen Segen über euch ausschütten werde, dass nicht genug Platz da ist, ihn aufzunehmen.11 Und ich will den Fresser um euretwillen züchtigen, und er soll die Früchte eures Bodens nicht verderben, und euer Weinstock soll seine Frucht nicht vor der Zeit auf dem Felde werfen, spricht der Herr der Heerscharen.

Sprüche 3:9 Ehre den Herrn mit deinem Vermögen und mit den ersten Früchten deines ganzen Einkommens.

Befolge die Anweisungen in der Bibel, um Gottes übernatürlichen Eingriff in die Situation zu erleben. Um ihre Echtheit zu beweisen, erfordert die Bibel, dass jemand ihr folgt. Die Leser-Zeitschrift ist nicht mit der Bibel vergleichbar. Beginne, Seine Anweisungen zu praktizieren und zu befolgen. Es gehört zu meiner Routine, täglich mit Lena zu sprechen, einer Frau aus Indien. Alles, was ich Schwester Lena aus der Bibel beibringe, wird sie ohne zu versagen tun. Laut ihr ist die Frau des Mitarbeiters im fortgeschrittenen Stadium von Krebs. Schwester Lena schickte das Gebetstuch und die Bibel, die gesalbt waren. Die hospitalisierte Frau wurde entlassen, nachdem sie mit den Gebetskleidern in Berührung kam. Anfangs war die kranke Frau wütend. Ihr Gesicht verwandelte sich wie der Teufel. Doch sie beschloss, dem Rat einiger weiser Personen zu folgen, und nahm es an. Jetzt ist sie geheilt und liest die Bibel. Lady Lenas Ehemann machte Schwierigkeiten, aber jetzt hat er beschlossen, zu einem Gebetstreffen zu gehen. Er beschrieb die Bibel als ein göttliches und ausgezeichnetes Buch. Er behauptete, dass wenn man weinend durch Gottes Tür tritt, man mit Freude hinausgeht.

Ich schätze Ihren Gehorsam und Ihre Unterordnung. Hört und befolgt, was der Herr sagt! Am 1. Januar 2018, als ich saß, wies mich der Herr an zu schreiben. Ich habe ein ganzes Jahr lang jeden Tag zu Gott gebetet. Er sagte ja, also stand ich auf und begann zu schreiben. Anfangs dauerte es zwischen 8 und 9 Stunden. Ich muss zuerst Gottes Führung erhalten und dann die Schritte des Schreibens, der Bearbeitung, der Aufnahme und der Veröffentlichung abschließen. Es gibt Zeiten, in denen ein Unternehmen auftaucht, aber ich kann nicht schlafen, bis ich es auf YouTube veröffentlicht habe. Manchmal ertappe ich mich dabei, dass ich auf eine große Anzahl von Telefonanrufen für Beratung und Gebet reagieren muss. Trotzdem befolge ich Gottes Gebote. Es ist der letzte Tag des Jahres.

Gott sei Dank! Obwohl Google meinen Kanal gesperrt hat, habe ich weiter geschrieben. Ich wurde von Gott im Voraus vorbereitet. Bevor ich gesperrt wurde, musste ich einen zusätzlichen YouTube-Kanal einrichten. Durch die Barmherzigkeit des Herrn wurde ich geleitet, meine Arbeit fortzusetzen. Seht, er ist ein Anbieter von Lösungen. Bevor mein erstes YouTube-Video gesperrt wurde, hatte er mich bereits darauf vorbereitet, einen weiteren Kanal zu erstellen. Der Teufel ist immer einen Schritt hinter dem Herrn. Seien Sie aufmerksam auf seine Stimme, denn er ist ein Wegbereiter. Ich wurde von einer Prophetin gefragt, was ich an einem anderen Tag getan habe. Ich erwähnte, dass ich ein Buch veröffentlicht habe, und sie wies darauf hin, dass ich bereits das zweite, dritte und vierte Buch fertig habe, da Gott sie gerade herunterlädt. Der Herr hat mich bereits darüber informiert, dass die tägliche geistliche Diät dem Reich Gottes großen Nutzen bringen wird.

Menschen, die materiellen Gütern und Reichtum den Vorrang geben, haben kein Bedürfnis nach Gott. Menschen wie ich, die voll und ganz auf Gott vertrauen, brauchen seine Führung. Jesus ist der Weg, dem man folgen muss. Außerdem hatte ich nicht die Absicht, das erste Buch "I Did It His Way" zu schreiben. Ich dachte, es würde mir Ehre einbringen. Der Teufel ist geschickt darin, unseren Verstand zu verdrehen und durcheinander zu bringen. Die Prophetin wurde vom Herrn an meine Tür geschickt, um über das Buch zu prophezeien. Laut der Prophetin wird Gott durch das Buch, an dem du gearbeitet hast, verherrlicht werden. Gott gab einer anderen Dame den Namen für das Buch "I Did It His Way". Ich habe ihn in meinem Notizbuch notiert, weil ich weiß, dass ich ihn vergessen werde, wenn ich krank bin. Mein Buch 'I did it His Way' erhielt in Religious World die Note A und wird für eine Verfilmung in Betracht gezogen. Ständig rufen mich Verleger an und bitten um die Erlaubnis, mein Buch neu zu veröffentlichen.

Sie mögen als Einzelperson wie Abraham erscheinen, aber wenn Gott in Ihnen ist, kann er Sie in eine Nation wie Israel verwandeln. Aus dem leblosen Schoß der 90-jährigen Sarah kann Gott ein neues Leben hervorbringen.

Jeremia 32:27 Siehe, ich bin der Herr, der Gott allen Fleisches; ist mir etwas zu schwer?

Mose 18:14 Ist dem Herrn etwas zu schwer? Zur festgesetzten Zeit will ich zu dir zurückkehren, so lange das Leben währt, und Sara soll einen Sohn bekommen.

Suchen Sie Gottes Hilfe, um ein gehorsames Herz zu haben. Ergreifen Sie nicht jede Gelegenheit, die sich Ihnen bietet. Suchen Sie Gottes Plan, indem Sie ihn fragen. Berücksichtigen Sie den göttlichen Rat für die Angebote, die Sie bekommen. Mir tun die Menschen leid, die Gottes Plan für Ruhm, Geld und Macht verkaufen. Ich will das nicht. Die Golden Street ist der Ort, an dem ich eines Tages wandeln werde. Ich werde eine Villa haben, aber das Schönste ist, dass ich für immer bei Jesus sein werde. Er hat sich entschieden, diejenigen zu rufen, die treu, gehorsam und unterwürfig sind.

31. DEZEMBER

Ich muss mich von den Ratschlägen des religiösen Führers distanzieren. Ich erkenne sofort, worauf sie ihr Augenmerk richten. Das ist gefährlich. Lieben Sie sich selbst. Betrachten Sie sich als für einen bestimmten Zweck und für eine bestimmte Zeit hier. Suchen Sie danach. Als Frau reise ich in verschiedene Länder, um dort als Missionarin zu arbeiten. Mein Bruder, der sehr weise war, hat mir immer gesagt, worauf ich achten muss. Ich kann seine Sorge nachvollziehen, denn auch ich muss persönlich reisen. Es ist eine andere Geschichte, denn Gott ist derjenige, der dahinter steht, also keine Sorge.

Maria erklärte, sie habe keine Angst, und damit ist die Sache erledigt. Sie zeigte keine Bedenken, ihrem zukünftigen Ehemann Josef Gottes Plan zu offenbaren. Trotz der Gefahr, zu Tode gesteinigt zu werden, war sie immer noch unvorsichtig. Der Erlöser wurde durch sie geboren. Durch einen Dienst, einen Heilsplan und das Beispiel der biblischen Propheten können auch wir den Willen Gottes hervorbringen.

Viele große Propheten aus verschiedenen Nationen haben zahlreiche bemerkenswerte Prophezeiungen in meinem Leben vorausgesagt. Bestimmte Versprechen sind direkt von Gott gemacht. Ich warte geduldig darauf, dass es erfüllt wird. Es ist über 34 Jahre her, seit sie gesprochen wurden, aber ich habe nie das Bedürfnis gehabt, es zu hinterfragen. Sobald Gott gesprochen hat, betrachte es als endgültig. Zeit und Jahreszeiten stehen unter Seiner Kontrolle.

Die Prophezeiung, dass Jesus in diese Welt kommt, hat sich erfüllt, und die zweite Wiederkunft rückt schnell näher. Alles, was wir tun müssen, ist das, was notwendig ist. Unsere Lampe soll reichlich Öl enthalten. Beten wir und bereiten wir uns auf die Begegnung mit dem Bräutigam vor. Richten Sie Ihre Aufmerksamkeit auf Gott. Wir müssen uns geistig und seelisch auf das vorbereiten, was wir in den vergangenen Jahren nicht erreichen konnten. Lassen Sie uns zu Beginn des neuen Jahres dem Gebet, dem Bibellesen, dem Erreichen der Verlorenen, dem Fasten und der Verkündigung des Evangeliums Vorrang einräumen. Können wir die Rüstung Gottes tragen, wenn wir für das Reich Gottes kämpfen? Stellen Sie sicher, dass jeder weiß, dass Jesus Jehova ist. Der höchste Name wurde durch das Leben im Fleisch erlangt. Der Name Jesus steht für Jehovas Retter, der gesandt wurde, um uns zu retten. Unsere Aufgabe in den kommenden Jahren ist es, das Wort Gottes unter denen zu verbreiten, die in der Dunkelheit leben. Möge der Herr Sie und die Ihren zu Beginn des neuen Jahres segnen. Bitte beten Sie für mich. Ich habe dieses Jahr mit dem Schreiben einer täglichen geistlichen Diät abgeschlossen und warte auf den nächsten Auftrag von Gott. Gott segne Sie! Ein frohes neues Jahr!

LASST UNS BETEN

Wir danken dir, dass du uns neue Tage schenkst. Lass unseren Tag neu werden, wie der Herr gesagt hat: Ich mache alles neu. Zeige uns jeden Tag deine Gnade und Barmherzigkeit. Lass deine Gnade und Barmherzigkeit nicht von uns weichen. Wir kommen mit dem Vorsatz, unsere Mission ein Leben lang fortzuführen. Wir wissen, dass unser Leben ein Segen von Gott ist. Wir bitten um Vergebung für unsere Sünden. Vergib uns, was wir in den vergangenen Jahren nicht tun konnten. Aber wir bitten um die Kraft, dir nachzufolgen, wie du gesagt hast: Nimm dein Kreuz auf dich und folge mir nach. Mache uns empfänglicher für die Weisungen des Heiligen Geistes, denn er ist unser Führer und Lehrer. Wir leben in der Gnade der Zeit, da der Heilige Geist, der dein Geist ist, in uns wohnt. Wir weihen die kommenden Jahre in Jesu Namen neu ein. Amen! Gott segne Sie!

ÜBER DEN AUTOR

Hallo, ich bin Elizabeth Das, die Autorin des Buches Tägliche geistliche Diät, eine Andacht für jeden Tag, und ich habe es auf Seine Weise gemacht. Wie ich bereits erwähnt habe, bin ich nicht die Autorin, aber ich habe der Stimme des Herrn gehorcht und geschrieben.

Daily Spiritual Diet ist eine Serie von 12 Monaten in Englisch, Hindi und Gujarati mit vielen Sprachen. Meine Bücher werden in verschiedenen Sprachen veröffentlicht. Der englische Name lautet: I did it 'His Way'.

Der französische Name ist : Je l'ai fait à "sa manière" Der spanische Name ist 'Lo hice a " a Su manera "

Der Gujarati-Name lautet "me te temni rite karyu" ....

Der Hindi-Name lautet 'Maine uske tarike se kiya

Und viele andere Sprachen

Es wird auch in verschiedenen Sprachen erzählt. Ich bete, dass Sie gerettet werden und vor allem, dass Sie Hoffnung finden.

Möge der Herr Sie segnen.

ELIZABETH DAS

Kontakt: nimmidas@gmail.com, nimmidas1952@gmail.com

YouTube-Kanal:
1. http://youtube.com/@täglichspirituelldietelizabet7777/videos
2. http://youtube.com/@neuestestamentkjv9666/videos

Web-Adressen: https://waytoheavenministry.org/

www.ingramcontent.com/pod-product-compliance
Lightning Source LLC
Chambersburg PA
CBHW082314230426
43667CB00034B/2723